리지린의

고조선 연구

대륙 고조선을 찾아서

리지린의

고조선 연구

리지린 지음

이덕일 해역

일러두기

고딕 서체와 각주

1. 리지린이 《고조선 연구》 원저에 직접 인용한 각주는 본문 해당 구절 뒤에 삽입하고 '원저 주'로 표기했다.
2. 해역자 이덕일이 번역하거나 설명을 단 내용은 고딕 서체로 구별했다('원저 주'로 표기한 부분과 한자음을 한글로 표기한 것의 일부를 제외하고 고딕 서체로 된 내용은 모두 해역자가 썼다).
3. 단락으로 분리해서 편집한 한자 인용문의 한글 번역은 모두 해역자 이덕일이 했으나 고딕 처리하지 않았다.
4. 각주는 모두 해역자 이덕일이 달았다.

원문 수정

5. 《고조선 연구》 (1962년 판) 원문의 표기법을 최대한 그대로 살렸다.
6. 본문 속에 나오는 한자 인용문을 별도 단락으로 분리하고 번역문을 함께 실을 경우, 문장의 연결을 위해 원문의 일부를 수정했다.
7. 원문의 오자나 잘못된 인용으로 보이는 곳은 수정을 하고 각주에서 그 이유를 밝혔다.
8. 뜻이 잘 통하지 않거나 문어체일 경우 쉬운 말로 대체했다(예: 소여의→그 시대의/ 상인한→앞에서 인용한/ 우에서→위에서/ 동→같은/ 동상서→같은 책).

한자 표기

9. 한자로 쓰여진 말은 가급적 한글 표기로 바꾼 다음 윗첨자로 한자를 병기했다.
10. 원저자가 한자로만 표기한 것을 해역자가 한글로 음을 달은 경우가 많은데, 이를 구별하여 표시하지는 않았다.
11. 원저자가 한자로만 인용한 문장은 해역자가 모두 한글로 번역해서 실었다.

제목

12. 이 책의 원제목은 《고조선 연구》인데, 남쪽에 비슷한 제목의 책이 나와 있어서 《리지린의 고조선 연구》라고 달았다. 부제는 역자가 추가했다.
13. 원저자가 단 본문의 각 장, 각 절 제목과 작은 제목은 일체 손을 대지 않았다.
14. 본문의 중간 제목은 독자의 내용 파악에 도움을 주기 위해 편집부가 추가해서 달았다.

맞춤법

15. 본문의 맞춤법은 최대한 원문의 북한식 표기를 살리는 방식으로 적용하되, 띄어쓰기는 가급적 한가지 방식으로 통일했다(예: 외곡/ 더우기/ 페지=page).
16. 해역자가 쓴 각주는 남쪽의 맞춤법 규정을 따르되, 일부 북쪽의 표기 방식도 허용했다.
17. 북한의 맞춤법 규정에 따라 두음법칙 적용을 하지 않고 원문 그대로 표기했다(예: 력사/ 련대/ 론증/ 리해/ 린접).
18. 원저자가 두 가지 방식으로 쓴 말을 그대로 살린 경우도 있다(예: 대능하, 대릉하).
19. 사잇소리가 나는 합성어와 뒤에 오는 경음(된소리) 표시할 때 쓰는 어깨점(어깨표, 사이표)을 그대로 표시했다(예: 나루'배/ 배'사공/ 수'범/ 글'자/ 일'꾼/ 한'자 등).
20. 북에서는 현재 의존명사는 모두 붙여쓰고 있는데, 이 책에서는 원저자가 자주 사용한 방식으로 통일했다.
21. 어간 끝모음이 'ㅣ/ ㅐ / ㅔ / ㅚ / ㅟ / ㅢ' 인 경우는 〈여〉로 표기했다(예: 진보적이였다 / 쥐여진/ 되였다).

문장부호

22. 책, 강조, 인용문, '이른바'의 표시 등으로 사용한 《겹꺽은괄호(인용표)》는 그대로 뒀다.
23. 본문에서는 《사기·조선 렬전》이라 한 것을 각주에서는 《사기》〈조선 렬전〉 식으로 표기했다.
24. 원문에 저자가 사용한 쉼표(,)는 가급적 손을 대지 않았으며, 필요하다고 판단한 경우 편집자가 쉼표를 추가했다.
25. 본문 글자 위의 방점은 원저자가 찍은 것이다.
26. 한 단락의 내용이 너무 긴 경우 행갈이를 하기도 했다.

기타

27. 원문에서 몇 차례 "김일성 동지는……"이라는 표현을 사용한 곳이 있는데, 논문의 전체 내용에 영향을 미치지 않는다고 판단하여 그 부분을 삭제했다.

차 례

대륙 고조선사의 진실을 찾아낸 연구에 경탄

《임꺽정》林巨正의 저자인 벽초 홍명희의 아들 홍기문은 1949년 평양에서 발간하던 《력사제문제》歷史諸問題에 〈조선의 고고학에 대한 일제 어용학설의 검토(상·하)〉라는 논문을 실었다. 다음은 그 글의 일부다.

"일본 제국주의가 조선을 완전한 식민지로 만들기에 성공하자 그들의 소위 역사학자들은 조선역사에 대해서 이상한 관심을 보였다. (……) 그들이 입증한 사실의 가장 중요한 것이란 과연 어떠한 것들인가? 첫째 서기 전 1세기부터 4세기까지 약 5백 년 동안 오늘의 평양을 중심으로 한漢나라 식민지인 낙랑군이 설치되었다는 것이요, 둘째 신라·백제와 함께 남조선을 분거하고 있던 가라가 본래 일본의 식민지였다는 것이요 ……."

해방 후 역사학이 나아갈 길

이 글은 조선총독부에서 만든 일제의 식민사학이 두 이론으로 되어 있다고 분석한 글이다. 하나는 낙랑군이 서기 전 108년부터 서기 313년까지 5백여 년 간 평양에 있었다는 '낙랑=평양설'이다. 이는 한사군이 북한 지역에 있었다는 '한사군=한반도설'의 핵심이다. 다른 하나는 가야가 임나라고 주장하는 '가야=임나설'이라는 것이다. 이 글은 북한 학자들이 해방 직후에 북한 역사학계가 나아가야 할 방향을 제대로 잡고 있었음을 보여준다. 남북한을 막론하고 해방 후 역사학계는 조선총독부가 만든 식민사관 이론을 해체하고 1차 사료에 근거를 둔 새로운 역사관을 만들어내야 했는데, 홍기문의 글은 북한 학계가 이 문제에 대해서 올바른 인식을 갖고 있었음을 말해준다.

북한 역사학이 형성된 계기는 1946년 7월 31일 북조선임시인민위원회 김일성 위원장이 남한에 파견원을 보내 역사학자들을 초청한 것이었다. 이 초청에 응해 박시형·김석형·전석담 같은 사회경제사학자들, 즉 맑시스트 역사학자들이 월북했고, 경성대학 법문학부 교수였던 역사학자 백남운도 이후 월북했다. 이들을 주축으로 1947년 2월 17일 북조선임시인민위원회 내에 '조선력사편찬위원회(이하 력사위원회)'가 설립되었다. 위원회는 "가장 과학적이고 선진적인 사상에 의거해서 조선민족의 장구한 역사를 고대부터 오늘날까지 옳게 표현"하겠다는 목표를 내세웠다. '고대부터 오늘날까지'라는 시기의 연속성과 관점의 일관성은 역사학의 가장 기초라는 점에서 시기별로 칸막이를 친 남한의 역사학계와 비교된다.

위원장에는 일제강점기 일본에서 공산주의 활동을 전개하다가 투옥되었던 이청원이 맡았다. 이청원은 최익한의 사위였는데, 최익한은 조선 말기 영남 유림의 거두이자 파리장서 사건으로 투옥되었던 곽종석의 제자이자 사회주의자였고, 1938년부터 〈동아일보〉에 "여유당전서를 독讀함"을 연재했던 다산 정약용 연구 전문가였다. 력사위원회는 1948년 10월 2일 관할 기관을 교육성으로 이관했는데, 위원장은 교육상(敎育相 : 교육부장관) 백남운이 겸임했다. 위원회에는 백남운·박시형·김석형·김광진 등의 역사학자들과 도유호 같은 고고학자들, 그리고 홍명희·한설야·리기영 등의 문학가들과 여러 정치가들도 참여한 범국가적인 위원회였다. 이 위원회의 기관지가 홍기문이 글을 실은 《력사제문제》였다.

홍기문의 글은 해방 후 북한의 역사학계가 걸어야 할 학문방향을 제시한 것이라고 해도 과언이 아니었다. 일제는 한국 강점 후 한국사를 크게 축소했다. 일제의 한국사 축소는 크게 두 방향에서 이뤄졌다. 하나는 한국사의 시간을 축소하는 것으로 단군을 허구의 인물로 만드는 것이었다. 다른 하나는 한국사의 공간 축소로, 대륙과 반도, 해양에서 진행된 한국사의 무대에서 대륙과 해양을 삭제해서 반도사로 축소시키는 것이었다. 그리고 그 반도의 북쪽에는 한사군이란 중국의 식민지가 있었고, 남쪽에는 임나일본부란 일본의 식민지가 있었다는 것이었다. 일제가 조선총독부 중추원 산하에 '조선반도사편찬위원회'를 만들어 《조선반도사》를 편찬한 것은 이런 이유 때문이었다. 따라서 조선총독부가 왜곡한 한국사상像을 해체하고 한국사 본래의 모습을 되찾는 것이 해방 후 남북 역사학계의 공통의 과제가 될 수밖에 없었다.

북한의 한사군 위치 논쟁

북한의 력사위원회는 1948년부터 1950년 6·25 전쟁 직전까지 만 2년이란 짧은 기간에 《력사제문제》를 18집이나 간행했다. 정세호가 1950년 《력사제문제》 16호에 〈고조선의 위치에 대한 일고찰〉을 실었고, 정현은 17호에 〈한사군고漢四郡考〉를 실었다. 두 사람은 고조선이 한반도 북부에 국한된 작은 나라가 아니었고, 고조선의 서쪽 강역은 지금의 북경 부근까지 이르렀다고 보았다. 그 후 연燕나라 장수 진개

秦開에게 1천~2천리의 서쪽 땅을 빼앗긴 이후 지금의 대릉하와 요하 사이까지 밀렸다는 것이다. 한사군도 당연히 한반도 북부가 아니라 요동지역에 있었다고 보았다. 정세호는 이 논문에서 이미 방대한 중국 고대 사료를 인용해 낙랑군이 지금의 평양에 있지 않았다고 주장했다. 북한에서는 1950년에 이미 중국 고대 사료를 근거로 한사군의 위치가 평양이라는 일제 식민사학을 뒤집기 시작한 것이었다. 북한의 이런 역사인식은 정세호가 위 논문에서 인용한 것처럼 국어학자이자 역사학자였던 백연 김두봉과 단재 신채호의 영향을 받은 것이었다. 정세호는 위 논문에서 "백연 김두봉 선생으로부터 들은 바에 의하면 다음과 같다"면서 요동군 양평襄平의 위치를 지금의 태자하太子河 서안西岸에 있었다고 본 것이나 정현이 〈한사군고〉에서 "(신채호는) 패수를 지금(요녕성) 해성현에 있는 헌우락軒芋濼이라고 했는데, 참으로 탁월한 고찰 방법이다"라고 높인 것이 이를 말해준다. 요동군 양평이 과연 태자하 서안인지, 이 시기의 패수가 헌우락인지 아니면 그 서쪽의 대릉하나 하북성 난하灤河인지는 더 연구해야할 주제지만 남한 역사학계가 해방 후 '백연 김두봉'은 말할 것도 없고, '단재 신채호'도 그 이름 석 자만 남기고 그의 학설은 일체의 검토도 없이 모두 폐기시키고, 이나바 이와기치稻葉岩吉, 쓰다 소키치津田左右吉, 이케우치 히로시池內宏 같은 일본인 식민사학자들을 스승으로 떠받든 것과는 사뭇 다른 역사관 계승 모습이 북한에서 전개되었다.

그러나 북한에서도 일제 식민사학의 두 축인 '낙랑군=평양설', 즉 '한사군=한반도설'과 '임나=가야설'을 폐기하고 민족의 관점으로 바라보는 새로운 학설로 대체하는 것은 쉬운 일이 아니었다. '낙랑군=평양설'을 둘러싸고 치열한 논쟁이 전개되었다. 논쟁은 주로 문헌 사료를 토대로 역사를 연구하는 문헌사학자들과 고고학 자료를 토대로 역사를 연구하는 고고학자들 사이에서 전개되었다. 문헌사학자들은 중국의 고대 문헌 사료를 근거로 고조선의 강역이 지금의 하북성 일대까지 걸쳐 있었고, 낙랑군은 고대 요동에 있었다고 주장했다. 이에 맞서 과학원 산하 고고학 및 민속학연구소 소장이었던 고고학자 도유호는 1960년 4월 '고고학상으로 본 고조선에 대한 과학 토론회'에서 "고조선 국가의 영역은 오늘날 대동강을 중심으로 한 일대이며 그 북계를 이룬 패수는 청천강이다"라고 달리 주장했다. 고조선이 평안남도 일대에 있던 소국이란 주장이었다.

그러나 고고학자라고 모두 도유호의 견해에 찬성한 것은 아니었다. 이 토론회 때 중앙역사박물관 관장 황욱은 "고조선의 강역을 압록강 이남만이라고 생각할 필요가 없으며, 료하遼河일대도 고조선의 강역"이라고 주장한 것이 이를 말해준다. 고고학 연구실 소속의 전주농, 정찬영 등은 도유호의 반도 고조선설을 지지했지만 중앙역사박물관의 황욱, 백연행 등은 문헌사학자들의 대륙 고조선설을 지지했다. 이 문제를 두고 북한 고고학계가 둘로 갈라졌다.

고조선에 관한 과학토론회

이 문제에 대한 이견은 좁혀지지 않았고, 과학원 력사연구소는 1961년 6월 21일부터 9월 21일까지 3개월간 7차례에 걸쳐 집중적인 〈고조선에 관한 과학토론회〉를 열었다. 이 토론회에서 과학원 원사 백남운, 과학원 고전연구실장 리상호, 언어문화연구소 교수 정렬모, 중앙당학교 조선사 강좌장 림건상, 김석형 등의 문헌사학자들은 모두 고조선과 낙랑군이 모두 고대 요동에 있었다고 주장했다. 중국의 여러 문헌 사료에 고조선과 낙랑군이 고대 요동에 있었다는 기사가

다수 나오는 상황에서 요동설이 당연하다고 본 것이다.

반면 고고학자 도유호는 유물사관唯物史觀에 기대어 평양설을 주장했다. 그는 《문화유산》 1962년 3호에 실은 〈신천 명사리에서 드러난 고조선 독널에 관하여〉라는 논문에서 "고조선을 논하는 마당에 먼저 문제로 되는 고고학적 자료는 바로 고조선 유물이다. 그것은 가장 본질적인 것이며 기본적인 것"이라고 주장했다. 그는 평양에서 출토된 유물들이 고조선 유물이라면서 "그럼에도 불구하고 고조선 유물이 전연 보이지 않는 고장에서 중국 갈래의 유물을 들고서 여기가 고조선 자리라고 하여서는 정말 말이 통하지 않는다"라고 반박했다. 도유호는 "누가 아무리 무어라고 하던 간에 락랑군 치지(治地 : 다스리던 곳)는 처음부터 평양에 있었다"라고 '고조선의 중심지=낙랑군=평양설'을 주장했다.

그러나 도유호는 알지 못했을지 모르지만 그 시기 리지린이 《고조선 연구》의 제8장 〈고고학적 유물을 통해서 본 고대 조선문화의 분포〉에서 요녕성 서쪽 조양朝陽에서 고조선의 유물인 청동검이 출토되었다면서 "조양에서 발굴된 청동검의 사용자는 고대 조선인이었다고 인정하는 것이 타당하다"라고 쓴 것처럼 일부 유물들을 가지고 반도 고조선설을 주장하는 것은 이미 근거가 무너진 것이었다. 게다가 북한은 1963년 중국과 '조·중고고발굴대'를 조직했고, 이듬해 요동반도 남단 려대(旅大 : 여순과 대련)시에서 고조선 무덤인 강상무덤과 누상무덤을 발굴했다. 그후 중국의 요녕성은 물론 하북성과 내몽골 일대까지 고조선의 표지유물인 '비파형동검' 등이 다수 쏟아질 줄 알았다면 도유호도 일찌감치 손을 들었을 것이다.

북경대에 유학 간 리지린과 고사변 학파의 고힐강

북한 학계에서 고조선의 강역과 낙랑군의 위치에 대해 치열한 논쟁이 벌어지던 1958년 리지린은 북경대 대학원으로 유학을 떠났다. 와세다 대학 출신의 리지린은 해방 후 과학원 력사연구소 고대사연구실에서 근무했고, 1959년 《력사과학》 5호에 〈광개토왕비 발견 경위에 대하여〉를 발표한 역사학자였다. 그가 어떤 경로를 거쳐 유학생으로 선발되었는지는 알 수 없지만 그의 북경대 유학은 그간 그침 없이 전개되던 고조선 논쟁을 정리하기 위해 북한 당국과 학계가 마련한 회심의 한 수였는지도 모른다. 그러나 리지린이 북경대에서 학위를 받는 것은 그리 쉬운 일이 아니었다. 북경대 지도교수가 고사변古史辨 학파의 중심 인물이었던 고힐강顧頡剛 : 1893~1980이었는데, 그는 '낙랑군=평양설'을 지지하는 중화中華사학자였기 때문이다.

고사변 학파는 1920~30년대 중국의 신문화운동을 이끌었던 유명한 학파였다. 이 학파는 중국인들이 그간 습관적으로 받아들였던 숱한 역사적 상식에 의문을 제기했다. "옛것을 의심해서 가짜를 판별한다(疑古辨僞의고판위)"라는 말로 상징되는 고사변 학파는 고힐강, 전현동(錢玄同 : 1887~1939)과 나중 북경대 총장을 역임하고 중화민국(대만)의 중앙연구원 원장이 되는 호적(胡適 : 1891~1962) 등이 중심이었다. 전현동은 한자漢字를 폐지하고 로마자 식의 병음자모로 바꿔야 한다고까지 주장해서 중국인들에게 큰 충격을 주었다.

고사변 학파는 중국 고대사의 숱한 문적들은 유학자들이 의도적으로 조작한 것이라고 주장했는데 심지어 공자가 쓴 《춘추》春秋도 공자가 아닌 노魯나라 사관들이 집단으로 쓴 것이라고 보았다. 고힐강은 〈전현동 선생과 고대 사서史書를 논하다(與錢玄同先生論古史書)〉에서 중국 고대사에는 몇 가지 특징이 있다고 주장했다.

첫째, "시대가 뒤로 갈수록 전설 속 고대사의 기간이 더욱 길어진다."는 것이다. 주周나라 사람들에게 가장 오래된 전설상의 인물은 우禹였는데, 공자 때에는 요순堯舜으로 끌어올려졌고, 전국戰國시대에는 다시 황제黃帝·신농神農씨로 끌어올려지고, 진秦나라 때 삼황三皇이 나오고, 한漢나라 이후 반고盤古가 등장한다는 것이다. 시대가 뒤로 갈수록 역사는 거꾸로 앞으로 간다는 것이다.

둘째, "시대가 뒤로 갈수록 전설상 중심인물에 대한 내용이 확대된다."는 것이다. 공자 때의 순舜임금은 '다스리지 않고도 다스려지는(無爲而治)의 성군聖君'이었지만 맹자孟子 때에는 효자의 모범이 추가되었다는 것이다. 이들은 1926년 《고사변》 제1권을 출간한 이래 1941년의 7권까지 350편의 논문을 발표했다. 이들의 새로운 역사학 연구방법론은 사마천 이래 이른바 '중국을 위해 치욕의 역사는 감춘다'는 '위한휘치爲漢諱恥'의 춘추필법으로 중국의 사가들이 의도적으로 왜곡했던 화華와 이夷의 역사를 새롭게 밝히는 계기가 될 수도 있었다. 1970년대 중국의 낙빈기駱賓基가 청동기에 쓰인 글자를 연구해서 쓴 《금문신고》金文新攷 등을 통해서 중국 고대사가 이夷의 역사임을 밝힌 것처럼 중국 고대사의 진실에 다가갈 수도 있었다.

그러나 고힐강은 끝내 '위한휘치爲漢諱恥'의 춘추필법을 벗어나지 못한 중화주의 역사가였다. 1931년 일제가 만주사변을 일으켜 만주를 차지하고, 만주와 몽골을 중국 본토에서 분리시키는 '만선사관滿鮮史觀'을 제창하고, '중국본토론'을 내세우자 고힐강은 1936년 '변강연구회邊疆硏究會'를 창립해 이에 맞섰다. 일제의 '중국본토론'은 만주·몽골과 조선 등은 중국의 영토가 아니니 중국은 본토에 대해서만 통치권을 가진다는 이론이었다. 곧 일제가 이미 차지한 한반도뿐만 아니라 만주·몽골을 차지하겠다는 이론인데 고힐강은 이에 맞서 만주·몽골 등은 중국사의 강역이란 논리로 맞섰다. 고힐강은 1939년 2월 자신이 주간을 맡고 있는 《변강주간》邊疆周刊에 '중화민족은 하나'라는 글을 게재해 여러 민족들의 혼합으로 중화민족이 형성되었다고 주장했다. 현재 중국공산당에서 한족漢族과 55개 소수민족이 하나의 '중화민족'이란 논리로 소수민족의 강역을 중국 영토라고 우기는 국가 이념의 토대도 고힐강이 만든 것이었다. 고힐강은 또 운남雲南에서 발행하던 《익세보》益世報에 "〈중국본부〉라는 한 이름은 빨리 폐기하는 것이 마땅하다"는 평론에서 중국인들이 중화와 이민족을 나누는 전통적인 화이관華夷觀을 비판했다. '중국본부'라는 용어를 쓰면 일제가 만주와 몽골을 낚아채갈 것이라는 경고였다.

그러나 이는 중국의 고대 사료가 왜곡되었다고 주장하던 고사변학파의 자기 부정이기도 했다. 고사변학파를 주도할 때는 유학사관이 왜곡한 고대사를 의심하자던 고힐강은 막상 한중 고대사에 이르자 철저한 중화사관으로 돌아선 것이었다. 좋게 말하면 애국적 중화사가史家가 된 것이지만 리지린이 《고조선 연구》에서 여러 중국의 역사학자들을 대국주의 사가라고 비판한 것처럼 대국주의 사가로 전락한 것이었다. 고힐강은 위만조선의 도읍이 대동강 남쪽에 있었고, 따라서 낙랑군도 평양에 있었다는 '낙랑=평양설'을 주장했다. 그래서 고힐강은 북한에서 온 유학생 리지린과 충돌할 수밖에 없었다.

리지린의 북경대 박사 논문

역사는 사료로 말하는 학문이다. 보다 정확히는 사료를 바탕으로 과거를 재구성하고 그 의미를 해석하는 학문이다. 리지린은 지도교수 고힐강이 '낙랑군=평양설'을 주장한다는 사실을 알고 있었겠지만 자신의 학문에 자신이 있었을 것이다. 고조선에 대한 그의 학문 체계는 혼자 세운 것이 아니라 김두봉, 신채호를 비롯한 독립운동가들과 해방 후 북한 역사학계를 이끌던 수많은 역사학자들이 함께 세운 것이기 때문이다. 리지린은 북경대에 유학 올 때 이미 중국의 수많은 고대 사서들에 '고조선=대륙설'과 '낙랑=요동설'이 숱하게 나온다는 사실을 잘 알고 있었다. 어떻게 보면 북한 역사학계에서 리지린을 북경대에 보낼 때 필요했던 것은 새로운 학문적 성과가 아니라 북경대 박사라는 '학문적 권위'였는지도 모른다.

리지린은 1960년 12월 박사학위 논문 심사를 위한 구두시험을 치렀다. 고힐강은 자신의 일기(《고힐강 일기(顧頡剛日記 : 8권)》)에 "리지린은 자신의 민족적 자존심을 위해서 한사군의 위치를 우리나라의 동북쪽으로 보고 패수浿水를 요수遼水로 보았다"고 썼다. 그러나 리지린은 단순히 '민족적 자존심' 때문만이 아니라 중국의 수많은 문헌 사료를 바탕으로 고조선사를 연구한 것이었다. 그리고 그 결론은 고조선의 강역이 고대 요동에 걸쳐 있었다는 대륙고조선설이었다. 고힐강은 리지린의 결론을 반박할 만한 사료적 근거를 제시할 수 없었다. 고힐강이 일기에서 "조선의 유학생을 위해서 나도 어쩔 수 없이 4사史의 동이전을 세밀하게 읽지 않을 수 없었다. 이 때문에 나도 적지 않은 수확이 있었"다고 말하고 있는 것처럼 리지린를 제자로 받아들이고 나서야 대륙고조선설에 대한 인식을 갖고 자료를 들여다보았기 때문이다. 4사란 《사기》·《한서》·《삼국지》·《후한서》 등 중국 고대의 4개 역사서를 뜻하는데, 여기에는 한국 고대사의 진실을 말해주는 사료들이 풍부하다. 그 사료들은 대부분 고조선사를 비롯한 한국 고대사가 대륙을 무대로 전개되었음을 말해주고 있다.

고힐강은 리지린의 논문에 대한 평가서를 대학 당국에 제출했는데,

먼저 리지린이 고대 조선족이 현재 중국 영토에 광범위하게 존재했고 그 중심을 요서와 요동일대라고 주장했다고 서술했다. 고힐강은 리지린의 논문이 "문장이 번잡하고 중첩되어 견해 파악이 어려워 설득력이 떨어진다.", "자의적이고 견강부회적으로 역사를 해석했다.", "객관적 연구를 표방했으나 민족주의적 속박에 사로잡혀 있다"는 식으로 비판했다. 그러나 고힐강의 비판은 대부분 총론에 불과했다. 구체적인 비판으로는 예를 들면 "기자箕子와 그 후예를 인정하지 않으면서도 기箕를 왕王을 의미하는 조선어 '검'과 관련되었다고 본다"는 것 등 지엽적인 것에 불과했다. 고힐강은 리지린이 고조선 관련 현존 자료의 95%를 읽었다고 시인한 것처럼 리지린이 고대 4사는 물론《관자管子》·《산해경》·《전국책》·《진서》·《구당서》·《수경주》 등 수많은 중국 사료와 명·청明淸시대 학자들의 연구결과까지 인용하면서 고조선에 대한 견해를 피력한 것을 반박할 사료가 없었다. 고힐강은 1961년 9월 29일자 일기에서 "오늘의 시험은 사실상 형식적인 것이다. 국제적인 우호관계를 위해서 그 결점을 지적하지 않고 반드시 통과시켜야 한다"라고 말했다. 리지린의 견해를 반박할 수 없었던 자신의 학문적 한계를 애써 정치적인 결정 때문으로 희석시키고 있는 것이다.

고조선 토론회에 등장한 리지린

리지린은 1961년 8월~9월 평양에서 열린 '고조선의 생산력과 국가형성에 대한 토론회'에 참석했다. 그의 박사학위 논문이 이미 북경대에서 통과되었다는 소식이 전해졌기 때문에 그의 참석은 큰 관심을 끌었다. 이 토론회에서 리지린은 그간의 연구결과를 토대로 고조선의 강역에 대한 자신의 견해를 제시했고, 과학원 원사 백남운은 "고조선은 압록강 이북과 요서, 요동지방에서 찾아야하며 점차 동쪽으로 옮겨왔다고 보는 것이 타당하다"라고 리지린의 견해에 힘을 실어주었다. 이 토론회는 북한 학계가 해방 직후부터 전개하던 숱한 고조선 관련 논쟁의 종점을 찍는 계기가 되었다. 1962년 리지린의 박사학위 논문인 《고조선 연구》가 출간되면서 북한 학계의 고조선사에 대한 정리는 일단락되었다. 고조선의 강역에 관한 리지린의 핵심 논리는 서기전 5~4세기경까지는 고조선의 강역이 지금의 하북성 난하灤河부터 압록강 북부까지 걸쳐져 있었다가 서기전 3세기 경 연나라 장수 진개秦開에게 1천~2천리의 강역을 빼앗긴 후 요녕성 대릉하大陵河까지로 축소되었다는 것이다. 낙랑군 또한 지금의 평양이 아니라 요동에 있었다고 정리했다.

이 책 《고조선 연구》가 간행되면서 북한 학계에서 '낙랑군=평양설'은 자취를 감추었다. 중국의 방대한 문헌 사료는 물론 중국에서 출토된 여러 고고학 사료들을 가지고 고조선의 강역이 때로는 중국 하북성까지 걸쳐 있다가 요녕성으로 후퇴했다고 논증했는데, 평양 부근의 일부 고고학 유물들, 그것도 일제의 조작설이 만연한 고고학 유물들을 근거로 '낙랑군=평양설'을 펼치는 주장은 더 이상 학문적으로 설 자리가 없었다. 앞서 언급한 것처럼 《고조선 연구》 8장의 〈고고학적 유물을 통해 본 고대 조선 문화의 분포〉에서 리지린은 중국 요서·요동지역의 고고학 발굴결과까지 광범위하게 정리했다. 중국 요령성 지역에서 발굴된 여러 유물들을 가지고 고조선 강역이 지금의 요서지역까지 차지했다고 주장했다. 방대한 문헌 사료는 물론 다양한 고고학 자료를 가지고 대륙 고조선설과 한사군 요동설을 주장하는데 평양 부근에 한정된, 그것도 일제의 조작설이 만연한 고고학 자료만을 근거로 반도 고조선설과 낙랑군 평양설을 주장하는 도유호 등의 논리는 더 이상 설자리가 없었다.

이처럼 북한 학계는 거의 15년 이상에 걸친 치열한 논쟁을 거쳐 '낙랑군=요동설'을 확립시키면서 '낙랑군=평양설'을 무너뜨렸다. 남한 학계가 지금까지 이 문제에 대한 논쟁다운 논쟁 한 번 하지 않고 조선총독부에서 만든 '낙랑군=평양설'을 100년 전에 확립된 '정설'이라고 우기는 사실에 비춰보면 이채롭다고 하지 않을 수 없다. 이 문제에 관한 한 남한 학계가 보인 행태가 전체주의적 태도라고 비판받아도 할 말이 없는 것이다.

'임나=가야설'도 폐기한 북한 학계

북한의 김석형은 평양에서 발행하던 《력사과학》 1963년 1월호에 〈삼한 삼국의 일본 열도 내 분국에 대하여〉라는 논문을 실었다. '낙랑군=평양설(한사군=한반도설)'과 함께 조선총독부 역사관의 또 한 축이었던 '임나=가야설'을 비판하는 논문이었다. '가야=임나설'의 진원지는 메이지明治시대 한국을 점령해야 한다는 논리인 정한론征韓論이었다. 정한론자征韓論者였던 나카 미치요那珂通世 : 1851~1908가 도쿄제국대 출신들이 주축인 사학회에서 만들던 《사학잡지》史學雜誌 : 1896에 〈가라고〉加羅考를 실어 '임나가 가라'라고 주장한 것이 이를 말해준다. 임나가 가야이므로 일본이 한국을 점령하는 것은 침략이 아니라 과거사의 복원이라는 논리다. 그런데 김석형은 위 논문에서 《일본서기》에 나오는 고구려·백제·신라·가라 등은 《삼국사기》에 나오는 고구려·백제·신라·가야가 아니라 이들 나라들이 일본 열도 내에 진출해서 세운 소국이자 분국分國이라고 주장했다. 임나는 가야가 아니라 나라 근처 오카야마에 있었다고 보았다. 일본인 학자들도 일부 극우파를 제외하고는 《일본서기》에 나오는 고구려·백제·신라·가라 등을 《삼국사기》에 나오는 고구려·백제·신라·가야와 같은 나라라고 볼 수 없다는 데 동의하던 상황에서 나온 이 논문은 일본 학계에 엄청난 충격을 주었다.

리지린의 《고조선 연구》와 김석형의 〈삼한 삼국의 일본 열도 내 분국에 대하여〉는 북한 학계가 1962~3년도에 이미 조선총독부 역사관의 두 축인 '한사군=한반도설'과 '임나=가야설'을 완전하게 무너뜨렸음을 뜻하는 것이었다.

반면 남한 학계는 해방 이후 지금까지 이 두 문제에 대해서 단 한 번의 제대로 된 논쟁이나 토론 없이 조선총독부에서 만든 식민사관 이론을 조금 변형시킨 채 이른바 '정설定說'이라고 우기고 있다. 북한 학계에서 거의 60여 년 전에 치열한 논쟁과 고증으로 폐기시킨 '낙랑군=평양설'이 아직 정설이다. 게다가 "임나일본부설은 폐기했다"라고 주장하면서도 임나일본부설의 핵심인 "가야=임나설"은 학계의 정설이라고 주장한다. 자기모순과 이율배반이 식민사학의 특징이다.

2016년 《역사비평》은 봄호와 여름호에 〈한국고대사와 사이비역사학 비판 ①〉과 〈한국고대사와 사이비역사학 비판 ②〉이란 특집 기사를 거듭 실어 조선총독부에서 만든 식민사관을 비판하는 역사학을 '사이비 역사학'으로 매도했다. 그 내용은 결국 낙랑군이 평양에 있었다는 것으로 조선총독부에서 확립시킨 식민사관의 되풀이에 불과했다. 그러자 놀라운 일이 벌어졌다. 한 보수언론에서 이들을 '국사학계의 무서운 아이들'이라고 추켜세웠고, 여러 진보언론들이 뒤질새라 학술면을 대거 할애해서 이들의 주장이 마치 새로운 연구라는 듯 대서특필(그 경위는 이주한 등 저, 《매국의 역사학자, 그들만의 세상》(2017, 만권당)에 자세하다)했다. 이 '무서운 아이들'은 한 언론과 인터뷰하면서 낙랑군의 위치에 대한 질문에, "낙랑군이 평양에 있다는 건 우리뿐 아니라 제대로 된 학자는 모두 동의한다. 100년 전에 이미 논증이 다 끝났다. 바뀔 가능성이 거의 없다고 보면 된다"라고 단정 지었다. 북한 학계에서 60여 년 전에 폐기시킨 조선총독부 학설이 남한 학계의 '제대로 된 학자'들에게는 부동의 정설이라는 것이다. 북한 학자들의 눈에 남한의 역사학자들과 역사학이 어떻게 보이겠는가?

식민사관 카르텔과 분단사학

이 시점에서 생각해봐야 하는 것이 왜 언론들까지 식민사학자들처럼 팩트를 조작하면서 식민사관을 지키려고 애쓰는가 하는 점이다. 진보 언론에서 발행하는 한 주간지의 편집장은 칼럼에서 이렇게 썼다.

> 지금까지 북한 지역에서 진행된 고고학 발굴 결과 평안도와 황해도 일대에 2,600여 기의 낙랑고분이 확인됩니다. 옛 사서의 기록과 이 성과를 근거로 한국의 고대 사학자들은 대부분 낙랑군의 위치를 평양 인근으로 비정합니다. 이것이 '일군의 학자'들 눈에는 견디기 힘든 '식민사학'의 잔재로 비친 것이지요.

북한에서 해방 후 2,600여 기의 낙랑군 고분을 발굴한 결과 '낙랑군=평양설'을 확정 지었다는 것이다. 정말 그럴까? 이것은 북한 학계의 주장을 180도 거꾸로 뒤집어 전달한 것이다. 북한의 역사학자 안병찬은 〈평양일대 락랑유적의 발굴정형에 대하여〉(《조선고고연구》 1995년 제4호)에서 "이 기간에 평양시 락랑구역 안에서만 하여도 2,600여 기에 달하는 무덤"을 발굴한 결과 '낙랑군 무덤은 단 한 개도 찾지 못했다'고

발표했다. 한사군 낙랑'군郡'이 아니라 《삼국사기》에 나오는 낙랑왕 최리의 낙랑'국國'의 유적으로서 한漢나라 무덤과는 완전히 다른 우리 민족 고유의 무덤이라는 것이다. 그런데 이를 거꾸로 뒤집어 독자들을 호도한다. 몰라서 그랬다면 사실을 알게 된 지금은 독자들에게 사과해야 하지만 지금까지 그런 사과는 없다. 식민사관 카르텔과 함께 언론도 불신의 늪으로 빠져드는 것이다. 남한 사회에서 식민사관을 극복하는 것이 얼마나 지난한 과제인가를 상징적으로 말해주는 사례들이기도 하다.

낙랑군 연구로 박사학위를 받았다는 이화여대 교수 오영찬은 "1990년대까지 북한은 평양일대에서 2,600여기의 무덤을 추가로 발굴하였다. 북한 학자들은 이 무덤을 마한의 유적이라고 해석하다가 최근에는 고조선의 후국侯國이었던 낙랑국의 유적이라고 보고 있다. 그러나 평양일대 무덤들은 낙랑군 유적이 분명하다(한국고대사학회 편, 《우리 시대의 한국고대사》, 주류성)"라고 주장했다. 북한 학계에서 여러 근거를 들어서 평양일대의 무덤들이 '낙랑군' 무덤이 아니라 우리 민족 고유의 무덤양식이라고 발표한 것을 부정하려면 그 근거를 제시해야 한다. 그러나 그런 근거는 제시하지 않았다. 그냥 믿을 수 없다는 것이다. 북한의 연구결과를 180도 뒤집어 호도하는 언론과 북한의 발표내용은 무조건 믿을 수 없다는 학자들, 식민사관이 민족 분단을 숙주 삼아 기생하는 '분단사관'이라는 사실을 입증해주는 사례들이다.

그런데 '식민사관' 즉 '분단사관'은 급기야 '민족'과 '민족주의' 자체를 부정하는 악성종양으로 악화되기 시작했다. 해방 후 실증주의로 분장한 남한의 식민사학자들은 자신들의 역사학을 '신민족주의 역사학'이라고 자칭해왔다. 그러다가 조선총독부 학설을 추종하는 역사학의 실체가 드러나자 '민족'과 '민족주의'를 부정하는 것으로 노선을 수정했다. 그러자 뉴라이트는 물론 일부 짝퉁 진보들도 여기에 대거 가담해서 '민족'과 '민족주의' 비판하는 드문 좌우합작 전선을 형성했다. 뉴라이트들은 민족을 20세기에 탄생한 상상의 공동체라면서 1948년에 대한민국이 건국되었다고 주장한다. 이들의 주장이 사실이라면 1948년 8월 15일 건국된 대한민국과 같은 해 9월 9일 건국된 조선민주주의 인민공화국은 통일해야 할 아무런 당위성이 없다. 민족이란 동질성이 없다면 두 나라가 왜 통일해야 하는가?

일부 짝퉁 진보들은 한국 민족주의가 마치 침략주의라도 되는 것처럼 민중들을 호도한다. 이들은 유럽의 민족주의 역사를 한국 민족주의에 무비판적으로 등치시킨다. 유럽은 중세 기독교가 지배하던 코즈모폴리턴 사회가 자본주의 사회로 나아가면서 민족 국가가 나타났고, 곧바로 제국주의로 전환했다. 그래서 유럽의 제국주의적 민족주의는 비판 받아 마땅하다. 동양에서는 일본이 이런 제국주의적 민족주의의 길을 걸었다. 한국 민족주의는 이와 정반대의 길을 걸었다. 리지린의 《고조선 연구》에서 거듭 확인할 수 있는 것처럼 한국 민족은 20세기에 생긴 상상의 공동체가 아니라 고대부터 존재해왔다. 또한 한국 민족주의는 단재 신채호가 민족주의자이자 아나키스트인데서 알 수 있는 것처럼 배타적, 침략적 민족주의가 아니라 민족 간의 평등을 주장한 평등적 민족주의였고, 침략에 저항하는 해방의 민족주의였다. 민족 내부 구성원들 사이에서는 절대적 자유와 평등을 주장했던 인간 해방의 이념이었다.

프랑스의 마르크 블로크(Marc Bloch : 1886~1944)는 나치와 싸우다 총살당한 레지스탕스이자 《봉건사회》를 쓴 고대·중세사학자였다. 그는 단재 신채호(1880~1936)와 여러 면에서 흡사하다. 마르크 블로크가 프랑스 민족주의 역사학자라면 신채호는 한국 민족주의 역사학자였다. 1936년 여순 감옥에서 옥사한 신채호나 1944년 나치에게 총살당한 블로크나 모두 제국주의에 맞서 목숨을 걸었다. 그러나 마르크 블로크는 프랑스에서 훌륭한 역사학자이자 실천적 지식인으로 추앙받는 반면 단재 신채호는 남한의 뉴라이트 계열 역사학자가 공개 학술대회 석상에서 '신채호는 세 자로 말하면 또라이, 네 자로 말하면 정신병자'라고 모독해도 아무도 항의하지 않을 정도로 모멸의 대상이다. 남한에서 단재 신채호의 역사관을 계승한 강단사학자가 한 명도 없다는 사실은 무엇을 말해주는가? 입으로는 단재를 존경한다면서 학설, 즉 행동은 이병도를 추종하는 분절적 사고가 횡행한다. 반면 북한 역사학계는 앞서 인용한 것처럼 단재 신채호의 역사관을 받아들이고 높게 평가한다. 남한 사회가 경제적으로는 북한 사회보다 풍요로운지 몰라도 정신세계는 한없이 빈곤하다.

리지린의 《고조선 연구》를 번역하면서 느낀 것은 북한의 역사학자들은 해방 직후부터 자신들의 눈으로 사물을 바라보기 위해 노력했다는 사실이다. 1960년대 초반에 일제 식민사관은 말할 것도 없고, '대국주의 사상', '대국주의 사가' 등의 용어로 중화패권주의 사관에 대해서도 강하게 비판했다는 사실을 발견한 것은 놀라운 일이었다. 나아가 중국의 대국주의적 봉건 사가들과 조선의 사대주의 사가들의 학설이 일치한다고 비판한 것도 새로웠다. 지도교수인 북경대 고힐강 교수의 도움을 받으면서도 '맥은 흉노'라는 고 교수의 설도 조목조목 비판하는 학문적 기개 앞에선 감탄을 금할 수가 없었다. 남한과 북한을 막론하고 우리의 눈으로 우리 역사를 바라보면 갖게 되는 필연적 역사관이지만 그 시기가 1960년대 초반이었던 것이다.

남한의 역사학자들은 광복 70년이 넘은 아직까지도 일본인의 눈, 그것도 일본 극우파의 눈으로 한국사를 본다. 근·현대는 진보라면서도 조선 후기는 나라를 팔아먹은 노론의 관점으로 보고, 고대는 조선총독부의 관점으로 본다. 이런 분절적 사고를 극복해야 민족의 정신이 바로 설 것이다.

대륙 고조선사의 진실을 찾아냈다는 사실에 경탄

리지린의 《고조선 연구》를 번역하는 동안 1960년대 초반에 이런 방대한 사료를 근거로 대륙 고조선사의 진실을 찾아냈다는 사실에 경탄하지 않을 수 없었다. 남한 학계가 '낙랑군=평양설'을 신주 단지 모시듯 하면서 일체의 토론을 배제한 채 조선총독부 역사관을 정설로 떠받드는 동안 북한 학계는 숱한 연구와 토론을 거쳐 '낙랑군=평양설'을 무너뜨린 것이 1960년대 초반이라는 사실에 닿으면 역사학자의 한 사람으로서 부끄럽지 않을 수 없었다. 러시아의 U. M. 부틴은 리지린의 《고조선 연구》에 자극 받아 방대한 《고조선》을 썼다고 알려져 있다. 반면 대륙고조선설을 주장한 윤내현 교수는 1980년대 초에 안기부의 조사까지 받았다. 강단 사학자들이 윤내현 교수가 리지린의 《고조선 연구》를 봤다고 국가보안법 위반으로 신고했기 때문이다. 앞서 언론의 팩트 조작과 함께 남북 분단이 남한 식민사학계를 지탱하는 가장 큰 숙주임을 나타내는 상징적 사건이다.

이제 남한의 역사학과 북한의 역사학이 민족을 매개로 서로 소통해야 할 때가 되었다. 반민족사학에 맞서는 민족사학과 분단사학에 맞서는 통일사학의 체계를 세울 때가 되었다. 물론 남한의 민족사학자들과 북한 사학자들의 역사관에도 서로 다른 점은 존재한다. 그러나 우리 역사를 우리의 관점으로 보자는 점에서는 서로 일치하기 때문에 이런 큰 틀에서 민족의 동질성을 확대하고, 교류를 확대하는 것으로 통일의 길로 나갈 때가 되었다.

그간 《고조선 연구》 영인본은 나와 있었지만 대부분의 문헌 사료가 한문 그대로 인용된 탓에 한문에 밝은 극소수 독자들 외에는 읽는데 어려움을 겪었다. 필자는 《고조선 연구》를 해역하면서 가능한 원문原文을 찾아 확인하려고 노력했다. 그러나 원문을 찾을 수 없었던 일부 사료는 《고조선 연구》에 실린 사료만을 토대로 번역했다. 이 과정에서 번역상의 오류나 사료 인용상의 오류가 나타난다면 전적으로 나의 책임이다. 오류를 지적해주면 곧바로 수정할 것을 약속드리면서 《고조선 연구》가 우리 학계의 고질병이 된 친일·친중 사대주의 역사관을 청산하고 우리의 관점으로 우리의 역사를 바라보는 한 계기가 된다면 더 바랄 나위가 없다.

조선 건국 4351년(2018년) 9월 마포 한가람역사문화연구소 서재에서

천고(遷固) 이덕일 기(記)

비파형단검

・황해북도 신평군 선암리 돌상자무덤에서 드러난 비파형단검은 B.C. 7세기~B.C. 5세기 경에 만들어진 고조선 시기의 대표적인 청동무기이다. 이 단검은 끝이 뾰족하고 아래로 내려오면서 점차 넓어지다가 양 옆으로 삐여져나가서 돌기부를 이루었는데, 그 아래부분은 움푹 오무라들었다가 다시 넓어져서 둥글게 되었다. 그 생김새가 우리 민족악기의 하나인 비파와 비슷하므로 비파형단검이라고 부른다. 단검 복판에는 새로 등대가 서있다. 이 비파형단검은 초기의 단검에 비하여 날 부분의 선굴곡이 좀 덜한 것이 특징이다. 길이는 22.5cm이다.(좌)

・중국 료녕성 려대시 감정자구의 강상무덤은 돌곽돌무덤으로서 고조선 초기의 가장 대표적인 순장무덤의 하나이다. 동서 28m, 남북 20m의 묘역 안에는 7호 무덤을 중심에 둔 23개의 무덤구뎅이가 있다. 이 무덤에서 많은 유물이 출토되었는데 그 가운데에는 비파형단검도 여러 점 있다. 이 비파형단검은 길이가 29.4cm이다.

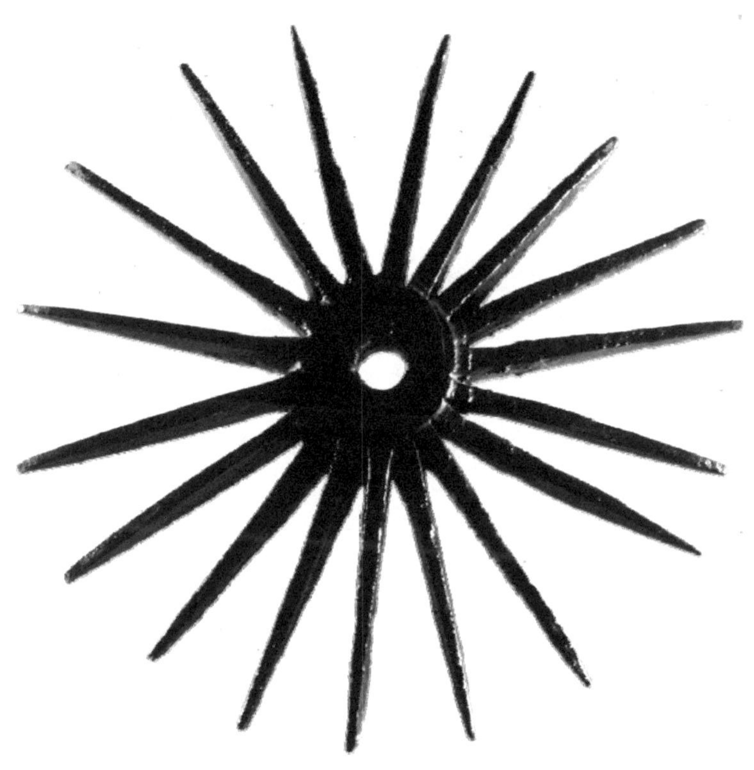

별도끼

황해북도 송림시 석탄리 집자리유적에서 나온 별도끼는 턱자귀와 같은 시기에 나온 유물로서 그 직경은 29cm이다. 별도끼는 지휘봉으로 쓰인 것으로 추정되는 석기로서 혹간에는 별도끼를 고조선 시기 태양을 상징하는 그 어떤 물건과도 대비하고 있다. 이 별도끼는 마치도 중심의 구멍을 가운데에 놓고 태양의 해발이 온 누리에 비치는 것과 같은 느낌을 준다.

청동부뚜막

평양시 락랑구역에서 수집된 이 유물은 1세기~3세기 경에 고조선 유민들이 남긴 것인데 길이는 21.5cm이다.

쇠도끼

평양시 락랑구역에서 수집된 이 쇠도끼는 1세기~3세기 경에 고조선 유민들이 남긴 것으로 길이는 23.8cm이다.

청동세발솥

평양시 락랑구역에 있는 1세기 초 고조선 유민들이 남긴 귀틀무덤인 청백동 8호 무덤에서 나온 것인데 높이는 38.4cm이다.

말관자

불꽃모양으로 된 이 금동말관자들은 평양시 락랑구역에 있는 B.C. 1세기 후반기 고조선 유민들이 남긴 나무곽무덤인 정백동 37호 무덤에서 나온 것이다.

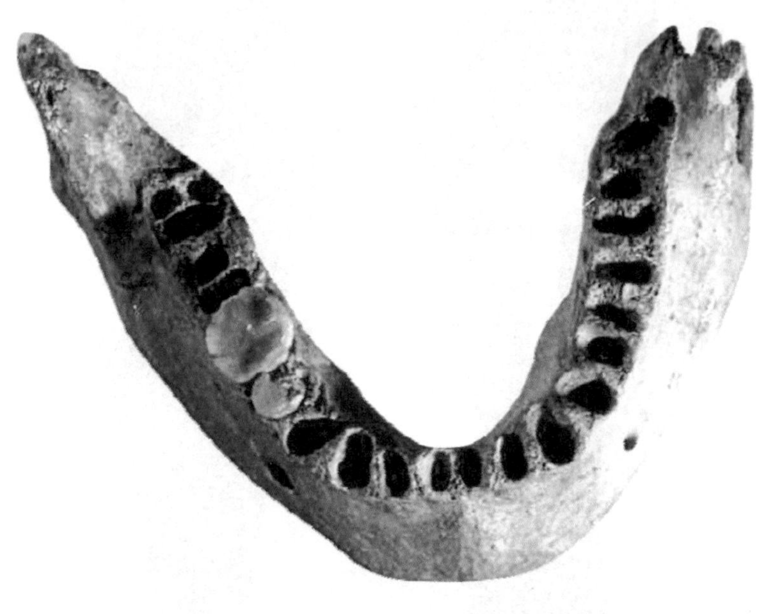

〈승리산사람〉 아래턱뼈화석

평안남도 덕천시의 승리산동굴유적에서 발굴된 이 아래턱뼈화석은 구석기시대 후기의 신인 〈승리산사람〉의 아래턱뼈이다. 한반도에서 처음으로 고인과 신인의 화석이 발견된 덕천 승리산동굴유적은 조선사람의 시원을 밝히는 데서 뿐 아니라 인류진화발전사와 원시사회사 연구에서 특별한 자리를 차지하는 중요한 유적이다.(조선향토대백과)

관산리고인돌

황해남도 은률군 관산리 앞 산등성이에 자리잡은 관산리고인돌은 고인돌과 막음돌, 뚜껑돌로 이우러진 오덕형고임돌로서 고조선 초기의 무덤들 가운데서 가장 큰 것의 하나이다. 무덤칸은 길이 3.3m, 너비 1.4m, 높이 2.15m이며, 뚜껑돌의 크기만 하여도 길이 8.75m, 너비 4.5m, 두께 0.31m나 된다. 뚜껑돌의 웃면과 동쪽고임돌의 안쪽에는 별자리를 새긴 홈구멍들이 있다. 이 고인돌은 고조선 초기의 높은 석조기술 수준과 천문학 발전 수준을 잘 보여준다.

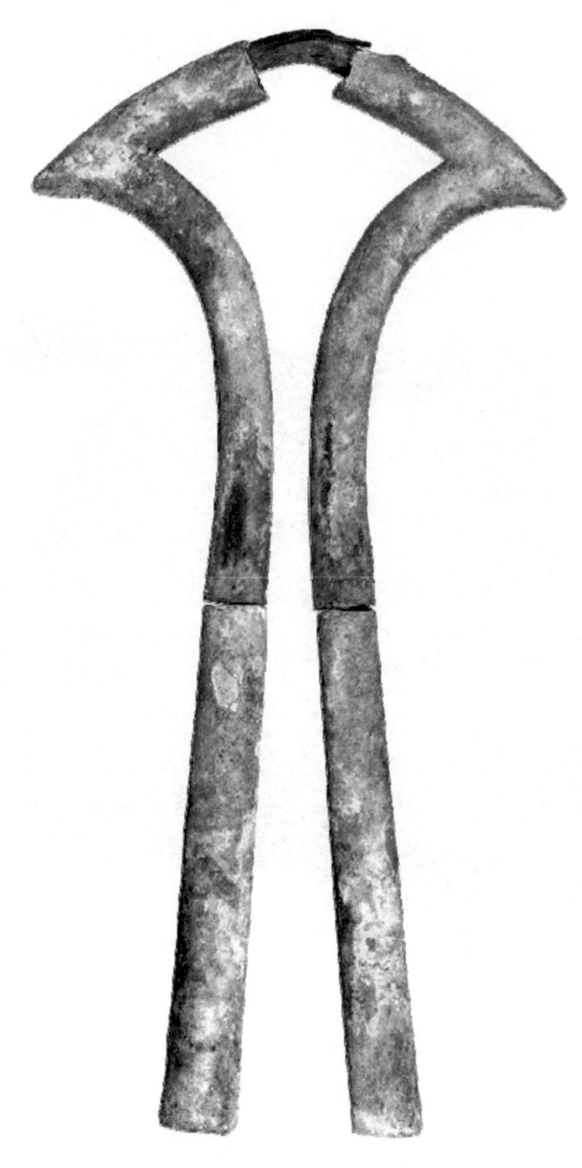

乙모양 동기

평안남도 강서군 태성리의 고조선시기 나무곽무덤인 태성리 10호 무덤에서 나온 이 수레부속품은 길이가 15.5cm이다.

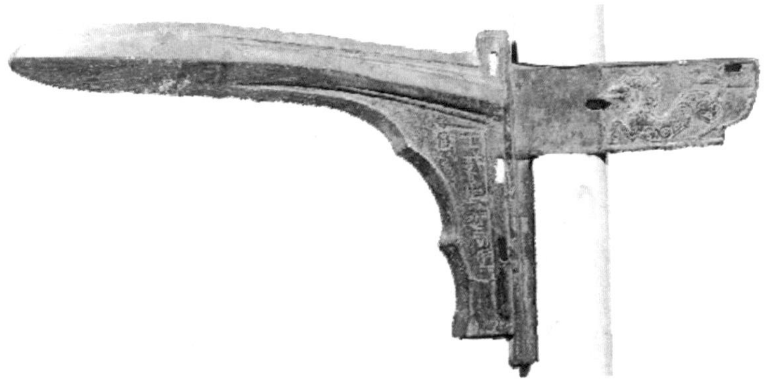

글자새긴 굽접시

중국 료녕성 려대시 려순구구의 윤가촌유적에서는 시기를 달리하는 3개의 문화층이 있는데 그 가운데 아래층 2기 문화에 속하는 3개의 돌무덤과 움무덤들에서는 비판형단검문화를 계승한 B.C. 2천년기 말~ B.C. 1천년기 전반기의 유물들이 출토되었다. 윤가촌유적의 아래층 2기문화 유적 가운데에서 드러난 높이 18cm의 이 굽접시에는 접시바깥면에 명문이 있다.(위)

과

중국 동북지방은 고조선의 옛 땅으로서 일찍부터 문화가 발전하여 오던 곳이다. 중국 동북지방에서 나온 과도 우리 선조들의 뛰여난 재능을 잘 보여주고 있다. 과는 몸이 넙적하고 뿌리가 넓으며 한쪽의 날이 길다. 과의 몸에는 등대와 피홈이 있고 턱이 있다. 이것은 고조선의 높은 군사력을 보여주고 있다.

단군릉기적비

조선민족의 원시조인 단군의 무덤 앞 개건기념비구역에 있는 이 비는 일제의 단군말살책동을 짓부시고 애국적 인사들의 발기로 1936년에 세워졌다. 비문에는 고조선의 시조왕인 단군의 릉을 새로 보수한 사실과 단군을 찬양하여 지은 시의 내용이 서술되어 있다. 비는 잘 다듬은 사각받침돌과 비몸으로 되어있다. 평양시 강동군 강동읍에 위치.(위)

재건된 단군릉

전망이 좋은 대박산 기슭에 새로 일떠선 단군릉은 계단식돌각담무덤으로 1,994개의 화강석을 다듬어 만들었다. 9개 계단으로 쌓은 봉변의 한 변 길이는 50m, 높이는 22m이다. 이 무덤은 1994년에 완공되었다. 무덤 네 귀에는 범조각이, 무덤 앞에는 상돌, 향로, 돌등, 검탑, 망주석이 있으며, 그 앞으로 단군의 아들들과 측근신하들의 조각이 계단 좌우로 대칭하여 서있다. 평행삼각고임천청의 무덤칸 안에는 단군과 안해의 유골이 안치되여 영구보존되고 있다.

널로 쓴 항아리

이 널로 쓴 항아리는 황해남도 신천군 명사리의 골자기의 산비탈에서 발견된 B.C. 5세기~ B.C. 4세기 경의 독무덤이다. 폭넓은 질그릇 2개를 서로 맞대어 놓은 것이다. 나무그루모양 손잡이가 달린 이 질그릇의 색갈은 갈색이다. 명사리유적은 윤가촌유적에서 나온 질그릇과 형태나 질이 거의 같다. 바로 이러한 두 유적에서 나온 질그릇의 공통성은 고조선은 늦어도 B.C. 5세기~B.C. 4세기 경부터 독무덤에 의한 매장풍습이 있었다는 것을 보여준다. 고조선에서 독널은 어린이를 묻는데 썼다. 항아리의 높이는 34cm이다.(위)

남경독무덤

평양시 삼석구역 호남리의 남경유적에서는 9개의 독무덤들이 발굴되었는데 질그릇 3개를 맞붙여 만든 이 돌무덤은 고조선 후기인 B.C. 3세기~B.C. 2세기의 독무덤 가운데서 널로 쓴 단지이다.

돌단검

평안남도 개천시 묵방리의 33호 고인돌에서 나왔다. 고조선 초기의 이 돌단검은 길이가 27.2cm이다.(좌)

좁은놋창끝

황해북도 은파군 갈현리화석동의 B.C. 2세기 후반기에 만들어진 나무곽무덤에서 나온 좁은놋창끝은 B.C. 천년기 후반기의 대표적인 청동무기이다. 길이는 24.8cm이다. 창끝은 날 부분과 장대를 기우기 위한 주머니 부분으로 되어있다. 이 창끝은 고조선 후기의 것으로서 고조선 초기의 것이 잘룩하고 날의 아래 부분이 양 옆으로 퍼졌다면, 후기의 것은 길죽하고 날의 너비가 좁은 것이 특징이다. 너비가 좁아지고 길이가 길어진 것은 이 시기에 와서 창끝이 찌르는 무기로 쓰였기 때문이다. 좁은놋창은 고조선 시기 적들과의 육박전투에서 매우 위력한 전투무기였으며, 또한 짐승사냥에서도 널리 쓰였다.

청동마구

중국 료녕성 려대시 려순구구의 윤가촌유적에서는 시기를 달리하는 3개의 문화층이 있는데 B.C 3세기~ B,C 2세기경에 해당하는 웃문화층에서는 질그릇들이 많이 출토되었다. 이 질그릇은 15호움무덤에서 출토된 민그릇으로서 그릇의 높이는 12cm이다.(위)

멍에대끌장식

황해북도 은파군 갈현리 화석동의 나무곽무덤에서 나온 멍에대끌장식은 수레부속품의 하나이다. 멍에대는 수레채의 앞끝에 직각으로 붙은 것이며, 수레채의 양쪽에 각각 꼭 같은 형태의 것이 대칭으로 되어있다. 이것은 당시 수레가 두 필의 말이 끄는 수레였다는 것을 말해준다. 이 두 필의 말의 목에는 멍에를 메운 다음 거기에 멍에대를 걸었고, 멍에꼭대기의 꼭지에는 삿갓모양동기를 달았다. 길이는 20.3cm이다. 멍에대끌장식은 당시 지배 계급들이 타고 다닌 수레가 대단히 사치하였다는 것을 잘 말하여 준다. 지배 계급들은 당시의 높은 공예술로 만들어진 수레를 타고 다니면서 위세를 뽐냈다.

질그릇

평안북도 룡천군 신암리의 청동말래유적에서 드러난 고조선 초기의 질그릇과 통하는 신석기 시대 말의 질그릇이다.

▮사진제공: 남북역사학자협의회 ▮사진설명: 북한 자료집 인용

지금으로부터 2천여 년 전에 고조선이 망한 후 그 력사는 다만 단편적인 이야기로서 전해 왔을 뿐이며 오늘까지 과학적으로 체계적으로 해명되지 못하고 있다.

그 리유는 크게 두 가지로 나누어서 말할 수 있을 것이다.

첫째는 방법론 상의 결함이며, 둘째는 자료의 결핍이다.

물론 력사 연구에 있어서 방법론과 자료 문제는 불가분리의 관계를 가진다. 그러나 방법론은 선차적으로 중요시되여야 한다. 왜냐하면 그것은 계급적 립장의 문제이며 세계관의 문제이기 때문이다.

역사적 유물론에 기초한 방법론[1]

오늘 우리들이 견지하여야 할 방법론은 력사 연구에 있어서 유일하게 정당한 방법론인 력사적 유물론이다. 물론 력사 연구에 있어서 사료를 장악하지 못하고서는 력사적 유물론의 생활력이 발휘될 수 없다.

고조선에 관한 체계적인 사료는 오늘 거의 없다. 그렇기 때문에

1) 중간 제목은 모두 편집부에서 달았다.

고조선 력사 연구에 있어서 첫째로 제기되는 문제가 사료의 결핍이라고 말할 수도 있을 것이다. 그러나 필자의 견해로서는 역시 방법론 문제가 선차적으로 제기되여야 한다고 인정한다.

왜냐하면 오늘 고조선에 관한 사료의 결핍이 고조선 력사 연구를 불가능하게 한다고는 말할 수 없기 때문이다. 요컨대 우리는 내외의 사료들을 광범히 수집하여 그것들을 력사적 유물론의 방법에 철저히 의거하여 분석하고 종합하고 처리하여야 한다. 사료가 결핍되여 있는 만큼 방법론 문제는 더욱 중요하게 제기되지 않을 수 없다.

필자는 사료의 수집과 취사 선택에서부터 방법론 문제가 날카롭게 제기되는 것이며 사료의 취급은 력사학 분야에서의 계급 투쟁의 제일보로 된다고 생각한다. 왜냐하면 우리에게 주어진 사료는 모두가 다 과거의 지배 계급에 복무한 력사가들과 문필가들에 의하여 기록된 것이기 때문이다.

봉건 시대 력사가들의 립장은 거의 전부가 다 봉건 지배 계급을 옹호하고 그들의 리익을 위하여 력사를 서술했다. 따라서 봉건 시대 력사가들의 세계관과 력사관이 관념론적이 아닐 수 없다.

물론 봉건 시대의 사가들이나 문필가들 중에는 인민을 동정하고 해당 사회의 구체적인 봉건 관리들과 지주들을 증오한 진보적이고 선량한 사람도 있었다. 우리나라 실학자들의 일부는 그러한 학자들이였다. 그들은 비교적 자주성이 강한 립장에서 고조선 력사를 해명하려고 노력하였고, 그 중 일부 선진적인 학자들은 어떤 문제에 있어서는 정확하게 리해한 것도 있으며 또 해결은 못했다 하더라도 후대들에게 중요한 문제들을 적지 않게 시사해 주었다. 그러나 그들은 결코 고조선 력사를 과학적으로 체계화할 수는 없었다.

왜냐하면 그들이 당시의 사회 정세하에서는 진보적이였으나 결코 변증법적 유물론의 세계관을 소유할 수는 없었으며 력사관에 있어서 관념론을 벗어날 수 없었기 때문이다. 그들이 아무리 인민을 동정하고 관료와 지주를 증오했다고 하더라도 그들은 봉건 지주 계급을 계급적으로 증오하고 타도함으로써 농민을 해방할 것을 생각하지 못하였으며 또 할 수 없었다. 봉건 사회 력사 상에서 농민 폭동군이 해당 시기 왕권을 타도한 사실은 있으나 그들이 계급과 계급 투쟁 그것을 인식한 것은 결코 아니였으며 따라서 그들의 력사관은 도저히 변증법적 유물론으로 될 수는 없었으며, 어디까지나 관념론에 떨어졌던 것이다.

그렇기 때문에 우리가 오늘 고조선 력사를 연구함에 있어서 선진적 실학자들의 견해를 절대화한다던가 또는 오늘 우리가 그들의 견해에서부터 출발해야 한다는 리유는 있을 수 없다. 만일 우리가 선진적 실학자들의 사상을 현대화하여 맑스-레닌주의 세계관과 동등시하고, 고조선 력사연구를 그들의 견해로 복구시켜야 한다고 생각한다면 우리는 큰 과오를 범하지 않을 수 없게 될 것이다.

우리는 선진 학자들이 이룩하여 놓은 성과들을 어디까지나 비판적으로 계승하고 발전시켜야 한다.

지배 계급에 유리하게 편집된 〈정사〉

우리가 사료를 취급할 때 이른바 《정사》正史에 대해서는 더욱 경각성 있게 대하여야 한다. 왜냐하면 소위 《정사》는 그 시대의 통치 집단의 요구와 명령에 의하여 철저하게 그들의 리익에 맞게 꾸며진 력사책이기 때문이다. 소위 《정사》의 집필자들은 당대의 통치 집단의 리익에 맞지 않은 일체 자료들은 서슴치 않고 말살하였거나 외곡하였다. 그러나 물론 《정사》는 당대의 국가 권력의 직접적인 지원하에서 꾸며진 것이기 때문에 거기에는 지배 계급에게 유리한 사료는 보다 풍부하게 수록되여 있다. 오늘 우리는 《정사》에 수록된 사료를 예리하게 비판적으로 리용하여야 하며 그것을 이른바 《야사》의 사료보다 무조건적으로 우월시해서는 안 된다.

이른바 《야사》野史는 대체로 소여의 시대의 통치자들의 직접적인 간섭을 떠나서 필자 개인의 사상과 견해에 의하여 서술된 력사 책이다. 그렇기 때문에 《야사》에는 《정사》에서보다 사료가 풍부하게 리용되지는 못하였다 하더라도 《정사》에서 배제된 사료들이 리용될 수 있으며, 또 해당 시기 통치 집단의 리익을 위하여 력사를 외곡, 말살하는 현상이 보다 적을 수 있는 것이다. 물론 어떤 것은 《정사》에서보다도 더 악질적으로 력사를 외곡 말살할 수도 있다.

그렇기 때문에 우리는 고조선 력사와 지리를 연구함에 있어서 소위 《정사》 상의 사료를 절대시해서는 안된다.

고조선 력사와 지리에 관한 우리나라 사료는 대체로 김부식 이후 완전히 인멸되였다. 김부식의 시기에도 고조선에 관한 우리 사료의 대부분이 인멸되기는 하였으나 그래도 약간 사료가 전존되였던 것으로 판단되는데 그는 《삼국사기》를 쓰면서 고조선 력사는 완전히 돌보지 않았다. 물론 그것은 김부식 개인의 죄과로만 돌릴 수 없으며 당시 통치 집단의 죄과인 것이다.

그 후 우리나라에서는 고조선 력사와 지리를 중국 봉건 사가들에 의하여 외곡되고 또는 말살되고 남은 보잘 것 없는 사료에 근거하여 더듬어 보지 않으면 안 되었다.

중국의 봉건 사가들은 력대로 한족을 월등시하고 린접 종족들을 멸시하는 협애한 종족주의 사상을 가지고 한족과 이족夷族의 차별을 강조하였다. 그들은 우리 고대사를 기록함에 있어서도 우리 고대 사회가 자기들의 고대 사회보다 《렬등》함을 론증하는 데 전력을 다하였던 것이다. 특히 우리 고대 사회나 봉건 사회에서의 우수한 것과 자기네의 것과 대등한 것들은 전혀 언급하지 않았고 우리 력사를 서슴치않고 외곡 말살하였던 것이다. 《정사》일수록 그 정도는 심한 것이였다.

삼국 침략 합리화 위해 고조선 역사 지리 왜곡

사마천의 《사기·조선 렬전》을 비롯하여 력대의 중국 《정사》의 우리 고대 국가들에 관한 기록들이 정도의 차이는 있으나 모두 그러한 것이다. 그중에서도 수, 당의 《정사》는 더욱 혹심하였다. 왜냐하면 그것은 수, 당의 통치 집단이 우리 삼국을 침략한 정책과 직접 관련되여 있었기 때문이였다. 《수서》의 편찬자인 위징魏徵은 그에 선행한 중국 《정사》들에서의 고대 조선 제국의 력사와 지리에 관한 기록마저 외곡하여 놓았다. 그는 수, 당의 통치 집단이 우리 삼국을 침략하는 구실을 합리화하기 위하여 고조선 력사 지리를 외곡하였다.

즉 그는 한4군의 위치가 압록강 이남 지역에 있었다는 것을 《증명》함으로써 수, 당의 통치 집단이 우리 삼국을 침략하는 목적이 한4군 지역을 《수복》하는데 있는 듯이 정당화하려고 시도했던 것이다.

일례를 들면 그는 동서(《수서》) 신라전에서 《신라국은 고구려 동남방에 있는데, 한나라 때 낙랑군이 거주하던 곳으로 혹은 사로라고 부른다(新羅國在高麗東南, 居漢時樂浪郡之地, 或稱斯盧)》라고 썼다. 신라의 령역을 한의 락랑군 지역이라고 한 것은 력사의 위조임이 분명하며 그의 이러한 곡필의 목적이 우리 삼국을 침략하려는 당 통치 집단에게 침략의 구실을 제공해 주는데 있었다는 것을 쉽게 간파할 수 있다.

그는 또한 백제의 령역에 대해서도 마찬가지로 외곡하여 옛날 대방군 지역이라고 쓰면서 료동 태수 공손도公孫度가 백제왕 구태仇台에게 자기 딸을 시집 보냈다고 말하였다(동서 백제전). 이 기록은 《삼국지·부여전》의 《공손도가 자기 딸을 부여 왕 위구태尉仇台에게 시집 보냈다》는 기록을 자의로 외곡하여 《백제전》에 기록한 것이 또한 명백하다. 그는 또한 고조선의 패수를 대동강이라고 외곡하였다.

그 후 량 당서唐書도 《수서》에 근거하여 우리 고대 국가들의 력사의 외곡을 되풀이하였고, 그 영향을 받은 우리나라 봉건 사가들은 우리나라 고대사를 사실대로 서술할 수 없었다. 우리나라 봉건 사가들이 고대 국가들의 력사를 중국 봉건 사가들의 곡필에 의거하여 서술하지 않으면 안 되게 되었던 주요한 리유의 하나는 당나라의 침략군 리적李勣의 군대가 평양을 강점한 후 고구려의 문물이 자기들보다 뒤떨어지지 않은 것을 시기하여 고구려 동, 남방의 고전 문헌들을 평양에 집결시켜 불살라 버린 데 있었다(리규경 《오주연문장전산고》 상 5권 대동 서액변증설大東書厄辨證說).

중국 봉건 사가들에 의하여 외곡된 사료에 일방적으로 의거하지 않으면 안 되었던 우리나라 봉건 사회의 조건하에서는 아무리 선진적인 학자일지라도 그 영향하에서 완전히 벗어날 수는 없었다.

봉건 사가들에 의하여 외곡된 사료를 정확하게 비판하고, 그 사료의 리면에 숨겨진 우리나라 고대 사회의 현실을 밝히는 것은 오직 맑스-레닌주의 방법론에 의거함으로써만 가능한 것이다.

일제 통치 시기에는 실학자들이 시도했던 고조선 연구는 중단되었고 우리 고대사는 완전히 말살되었다. 그들은 봉건 사가들이 외곡해 놓은 사료를 자기들의 리익에 맞게 다시 손을 대여 더욱 외곡해 놓았다. 당시 일부 애국 문화 계몽 사상가들이 일제 어용 사학을 반대하여 고조선 력사를 연구하였으나 그들의 민족주의적 관념론적 사관으로써는 도저히 과학적 해명을 가져 올 수 없었다.

력사적으로 물려 받은 고조선 력사 연구의 과제는 해방 후 로동 계급의 력사가들에게 부과되였으며 사실 상 로동 계급의 력사가들만이 이 문제를 해결할 수 있는 것이다.

해방 후 조선 로동 계급의 력사 연구자들은 조선 고대사를 과학적으로 연구할 수 있는 사상적 및 물질적 준비를 튼튼히 갖추게 되었다. 우리들은 맑스－레닌주의 세계관과 력사적 유물론에 확고히 의거하여 연구 사업을 진행함으로써 조선 고대사에 대한 근시안적 편향을 점차 극복해 나아갈 수 있게 되었다.

필자는 고조선의 전설, 종족, 력사 지리, 국가 형성 시기, 생산력과 생산 관계, 계급 투쟁 및 문화 등 각 방면에 걸쳐서 일괄해 보려고 시도하였다. 이를 위하여 필자는 예, 맥, 숙신, 부여, 진국(삼한) 및 옥저에 관해서도 들여다 보지 않을 수 없었다. 그러나 이 문제들에 대해서는 고조선과 관련되는 부분만을 취급하고 전면적 연구는 후일의 과제로 남겨 놓았다.

〈야사〉 등의 문헌 사료와 고고학적 연구 성과에 의거

필자는 이 문제를 연구함에 있어서 오늘 우리에게 쥐여진 외곡된 문헌 사료의 허위를 폭로하고 외곡된 사실을 복원시키기 위하여 전력을 경주하였다. 이를 위해서는 방법론만 가지고서는 부족한 것이며 외곡된 사료의 허위성을 폭로할 수 있는 자료를 장악하여야 하였다. 그러한 자료는 흔히 《야사》로 불리워지고 있는 사료들과 개인의 문집에서 찾을 수 있었다. 필자는 어느 한 문제에 관하여 사료를 취사 선택함에 있어서 어떤 선입견에서 출발하지 않고, 주어진 문제와 관련되는 자료를 전부 수집하여 대조하고 거기서 한 개의 체계적 설명을 도출할 수 있게 된 후에 비로소 사료의 가치를 판단하는 방법을 취하였다. 중국의 《정사》 중 《료사》遼史는 과거에도 오늘도 흔히 무가치한 사료로서 인정되고 있다. 그러나 필자로서는 전통적인 관념으로써 《료사》의 사료적 가치를 일률적으로 부인하는 태도가 과학적이라고는 인정할 수 없게 되었다. 또한 후세 사가들의 저술이라도 력대의 《정사》들에서 취급되지 못한 귀중한 사료에 근거하여 서술된 것이 있음을 인정하게 된 필자는 그러한 저작들을 유력한 사료로써 리용하였다.

필자는 문헌 사료와 함께 우리나라 고고학의 연구 성과들에 의거하려고 노력하였다. 해방 후 우리나라 고고학계에서는 허다한 발굴 사업을 진행하여 우리나라 령역 내에서의 청동기와 철기 사용의 년대를 밝혀 줄 수 있는 자료를 제공해 주고 있다. 이 자료는 고조선의 국가 형성 문제와 생산력 문제를 추단함에 있어서 기본적인 자료의 하나로 된다.

일본 역사가의 조선 고대사 연구 검토 비판

그리고 필자는 지금까지의 일본 부르죠아 력사가들의 조선 고대사 연구 성과들을 남김 없이 검토 비판하려고 노력하였다. 그들은 처음부터 고조선을 조선 고대사로 인정하지 않았고 고조선 력사를 더욱 흐리게 하였다. 그들의 황당한 학설이 오늘도 외국 학계에 일정한 영향을 주고 있기 때문에 필자는 그들의 부당한 견해들을 될수록 폭로하고 비판하는 립장을 취하였다. 필자는 이러한 립장에서 대체로 다음과 같은 문제들을 해명해보려고 시도하였다.

필자는 우선 우리 민족 력사의 유구성을 정확히 밝혀 보려고 시도하였다.

고래로 조선 인민은 우리 민족 력사의 유구성을 자랑하여 왔다.

물론 고조선이 어느 때 국가로서 형성되였는가를 론단할 수 있는 근거를 주는 직접적인 사료는 없다. 그러나 그렇다고 해서 그것이 우리가 고조선의 국가 형성을 고증할 수 없다는 리유로 될 수는 없다. 필자는 고조선의 국가 형성 시기를 추단함에 있어서 고조선의 보다 늦은 시기로부터 시대를 소급해 가면서 간접적인 자료를 리용하는 방법을 취하였다. 우리가 고조선의 국가 형성 문제를 론함에 있어서 주어진 시기에 국가로서의 징표를 다 들 수 없다고 하여 국가로 인정할 수 없다고 말할 수는 없는 것이다. 문헌 사료의 결핍으로 인하여 국가 형성의 여러 가지 징표를 다 들 수 없고 오직 한 가지만 들 수 있는 경우도 있다. 또 그 징표를 들 수 있는 자료가 전혀 없는 경우에는 린접 국가와 관계되는 력사적 사실에 근거하여 그 국가 형성 시기를 추단할 수도 있을 것이다.

혹자는 철기 사용을 국가 형성의 유일한 징표로 되는 것처럼 주장하기도 한다. 즉 우리나라에서 철기 사용 시기가 기원전 몇 세기이니 국가 형성 시기는 그 이상 올라 갈 수 없다고 주장하는 학자도 있다. 필자는 이러한 주장은 력사적 사실을 떠난 형이상학적 독단에 불과하다고 인정한다. 왜냐하면 생산 도구는 해당 사회의 생산력 발전 정도를 측정할 수 있는 주요한 척도로는 될 수 있으나 그것이 해당 사회의 생산 방식을 규정할 수 있는 유일한 징표로는 될 수 없기 때문이다.

엥겔스는 《가족, 사유 재산 및 국가의 기원》에서 희랍 사회에서는 계급 국가 형성 이전에 철을 제조하였다고 썼다. 그러나 그는 어느 사회에서나 그렇다는 것을 가리킨 것은 아니다. 철을 사용하지 않고서도 국가를 형성할 수 있으며 실지로 그러한 나라가 많았다. 가까운 실례를 들면 고조선과 밀접한 관계를 가졌던 중국 고대 국가가 바로 그러하였다. 중국은 철기를 사용하지 않고서도 국가를 형성하였을 뿐만 아니라 철기 없이도 노예 소유자 국가를 유지할 수 있었던 것이다. 철기 사용이 결코 국가 형성의 유일한 조건으로 될 수는 없는 것이다. 그렇기 때문에 고조선 국가 형성 시기 문제를 론함에 있어서 그 유일한 조건으로서 철기 사용 문제를 드는 리론은 성립될 수 없다.

맑스와 엥겔스의 〈아시아적 생산 양식〉 이론에 근거

필자는 우리나라 고대 사회 발전의 합법칙성을 탐구하려고 시도하였다. 종래 부르죠아 사가들이나 또 오늘 부르죠아 사학의 영향을 받은 사가들은 우리나라 고대 사회가 마치 외부적 요인에 의하여 발전할 수 있었던 것처럼 력사를 외곡하고 선전하였으며 또 하고 있다. 우리는 이러한 주장이 완전히 력사주의 원칙을 무시하고 부르죠아의 계급적 리익을 위하여 력사적 사실을 외곡하는 비과학적인 행위라는 것을 폭로하여야 한다.

필자는 우리나라 고대 사회에 일반적 합법칙성이 어떻게 관통되였는가를 탐구하려고 하였다. 그 일반적 합법칙성은 매개 국가의 구체적인 력사적 조건과 현실에 따라서 구현되는 형태는 각이한 것이다. 맑스는 인류의 자본주의적 생산 이전 사회의 소유 형태를 동방적 형태, 고전적 형태, 게르만적 형태 등 세 가지로 분류하였다.

필자는 우리나라 고대 사회의 경제 구성을 연구함에 있어서 맑스와 엥겔스의 아세아적 고대 사회 리론에 충실히 립각하는 립장에서 사료를 분석하고 아세아적 고대 사회의 일반적 특성이 우리나라 고대 국가들에서 어떻게 실현되였는가를 탐구해 보려고 시도하였다. 우리는 맑스, 엥겔스의 아세아적 고대 사회의 리론을 교조주의적으로 적용하는 편향과 그 리론을 완전히 부정하려는 편향을 다 같이 경계하여야 할 것이다. 필자는 이 상반되는 두 가지 편향을 다 경계하면서 사료를 분석하고 맑스, 엥겔스의 아세아 사회 리론이 어떻게 적용되여야 하겠는가 하는 것을 밝혀보려고 하기는 하였으나 매우 불충분하게 되었다는 것을 자인한다[2].

필자는 우리나라가 아세아에 위치했다고 하여 반드시 아세아적 형태에 속하여야 한다는 립장에 서려는 것은 아니다. 우리는 구체적

---

2) 아시아적 생산양식: 칼 맑스가 《경제학비판》(1859) 서문에서 처음 사용한 개념이다. 맑스는 아시아적·고대적·봉건적·근대 부르주아적 생산양식의 순서로 사회구성체를 제시했는데, 이는 아시아적 생산양식이 인류 최초의 생산양식이란 해석이었다. 그래서 아시아적 생산양식이 무엇인가에 대한 논쟁이 시작되었는데, 1925년 중국에서 논쟁이 시작되었다가 이듬해 소련으로 확대되었다. 아시아적 생산양식에 대해 아시아 역사만이 갖는 특수한 사회구성체라는 해석, 고대사회에 선행하는 무계급사회라는 해석, 노예제 사회의 아시아적 변형이란 해석, 봉건사회의 아시아적 변형이란 해석 등이 제기되었다. 이 과정에서 아시아란 지역적 특수성에서만 존재하는 사회구성체가 아니라 인류사회의 발전과정에서 거쳐야 하는 일정한 역사적 단계라고 받아들여졌다. 이는 이미 계급사회 단계에 돌입했지만 지배 계급은 원시적인 농업공동체를 그대로 지배의 대상으로 착취하는 집단으로서 노예제 사회의 초기형태로 인식되었다.
1939년 맑스가 1857~1858년에 작성한 《자본제 생산에 선행하는 여러 형태—자본관계의 형성에 또는 원시적 축적에 선행하는 과정에 관하여》가 발표되면서 아시아적 생산양식 논쟁은 새로운 단계로 접어들었다. 이 논문에서 맑스는 공동체적 토지소유의 3가지 형태를 제시했는데, ①아시아적 공동체의 토지소유형태, ②고전적 공동체의 토지소유형태, ③게르만적 공동체의 토지소유형태가 그것이었다. 아시아적 생산양식이란 아시아적 공동체의 토지소유형태와 대응하는 사회구성체라고 인식되었는데, 이 사회에서 토지는 공동체만이 소유하며, 개개인은 공동체의 구성원으로서 공동체의 토지를 각기 점유한다고 보았다. 이 공동체는 그보다 상위의 공동체 및 그보다 더 상위에 있는 최고 공동체의 대표인 한 사람의 군주에 의해 소유되는 형태를 뜻했다. 이에 따라 인류 최초의 계급사회가 형성된다고 보았는데, 이는 아시아뿐만 아니라 그리스나 유럽의 초기계급사회에도 이러한 생산양식이 존재했다고 해석되었다. 이런 아시아적 생산양식이 어떻게 고대적 생산양식과 봉건적 생산양식으로 이행했는지를 밝히려는 많은 시도가 있었는데, 리지린의 이 책도 이런 시도의 하나라고 볼 수 있다.

사료를 분석함으로써만 우리 고대 사회가 맑스가 말한 세 가지 형태 중 어느 형태에 속한다는 것을 론단할 수 있게 될 것이다. 이러한 립장은 맑스가 말한 세 가지 형태를 무시하려는 립장과는 동일하지 않은 것이다.

필자는 결코 《아세아적 생산 양식》을 고대적 생산 양식과는 다른 또 하나의 생산 양식으로 인정하려는 반맑스주의적 견해를 승인하려는 것이 아니다. 그렇다고 해서 우리가 고대적 생산 양식이 실현되는 아세아적인 일반적 특성을 무시해도 된다는 것을 의미하지는 않는다. 따라서 필자는 오늘 우리가 고대 사회의 아세아적 형태에 관한 맑스의 리론이 무시되여서는 안 된다고 생각한다.

맑스는 고대 사회의 아세아적 형태를 체계적으로 서술하면서 그것이 붕괴되는 과정에 대해서는 구체적으로 언급하지 않았다. 다시 말하면 아세아적 공동체가 해체되는 과정에 대해서는 구체적으로 밝혀 주지 않았다. 필자는 아세아적 공동체가 해체되는 과정도 매개 국가의 력사적 조건에 따라서 각각 다를 것이며 또 그 공동체가 해체된 후에도 그 유제는 장기간 보존될 것이라고 생각한다. 그리고 그 공동체적 유제는 역시 매개 나라의 구체적 조건에 따라서 각각 다를 것이다. 필자는 아세아적 공동체가 파괴되였다고 해서 그 사회는 곧 봉건 사회로 이행하여야 한다는 리론적 근거도 없다고 생각한다. 아세아적 공동체가 해체되였으나 노예 소유자 계급은 그 유제를 강하게 보존하면서 고대적 생산 양식을 유지할 수 있을 것이다. 필자는 우리나라 고대 국가들에서 고대적 생산 양식이 실현되는 형태가 어떠한 것인가를 탐구해 보려고 시도하였다.

중국 봉건 사가들의 곡필로써 꾸며진 사료들에도 어떤 경우에 있어서는 글자 한 자가 매우 중요한 내용을 담고 있다. 그들에 의하여 외곡되고 말살되고 남은 사료에 근거하더라도 우리나라 고대 국가들은 결코 초기적인 노예 소유자 국가가 아니며 아세아적 고대 국가로서는 이미 낡은 국가로서 반영되여 있다고 필자는 인정한다. 왜냐하면 거기에는 아세아적 소유 형태가 존재했던 시기의 흔적이라고 말할 수 있는 자료가 아주 희미하게 남아 있을 뿐이며 현존 사료들은 우리 고대 국가들에 아세아적 공동체의 존재를 확인할 수 있는 자료를 제공해 주지 않고 있기 때문이다.

고대 국가의 계급 투쟁 역사에 주목

필자는 우리 고대 국가들에서의 계급 투쟁의 력사를 찾아 보려고 시도하였다. 계급 투쟁은 결코 계급적 모순이 첨예화된 때에 비로소 전개되는 것이 아니라 계급적 대립이 생긴 첫날부터 진행된 것이다.

어떤 학자는 《삼국지·동이전》에 근거하여 삼한을 계급 국가로 인정할 수 없다고 주장한 사실도 있으나 만일 《삼국지》의 사료가 사실 그렇다면 그것은 《삼국지》의 기록이 잘못된 것이며 력사적 현실은 결코 그럴 수 없었던 것이다. 그러나 진수陳壽(233~297 : 삼국지 편자)가 아무리 곡필을 휘두르면서도 결코 력사적 현실을 다 숨길 수는 없었으며, 그의 주관적 의도와는 달리 삼한 사회의 계급 투쟁의 사실도 반영하고 있는 자료도 있다.

력대로 위만衛滿은 한인漢人으로 인정되여 위씨 조선이 마치 한인들의 통치하에 있었던 것 같이 인정되여 왔다. 그러나 사실은 그런 것이 아니라는 것을 증명할 수 있는 근거가 있다. 만일 위만이 한인이였다면 중국 문헌 사료들에 기록된 자료들을 론리적으로 설명할 수 없게 된다. 사실 상 고조선과 맥국을 침공했던 연나라의 장군 진개秦開

는 맥족 출신이였고 맥국의 반역자였다. 그는 결코 연나라 사람이 아니였다. 필자는 위만 정권의 수립은 고조선 사회의 발전의 계기로 되었다고 인정하며, 그의 정변은 고조선 사회의 계급 투쟁의 반영이라고 보려고 한다.

고조선의 위치

고조선의 위치에 대해서 필자는 기원전 3세기 초까지 오늘의 료동, 료서 지역에 걸쳐 있었고, 서변은 우북평 지역에까지 이르렀다가 기원전 3세기 초 연에게 패전한 후는 오늘의 대릉하(패수) 이동以東으로 축소되였다고 인정하며, 고조선의 수도 왕검성은 오늘의 중국 료녕성 개평蓋平이라는 것을 증명하려고 하였다. 그리고 종래 옥저는 다만 함경남북도에만 위치한 것으로 인정한 설에 대하여 의문을 품지 않을 수 없게 되어 문헌 사료를 세밀히 검토한 바, 옥저는 옥저, 동옥저, 북옥저의 3개 옥저가 있었고, 옥저 지역은 오늘의 중국 즙안集安에서 압록강 밑으로 위치했다는 것을 증명하려고 하였다. 그리고 《예맥》이 강원도에 위치했고, 예는 그 밑(압록강 하류 지역)에서 료동 반도 동변에 걸쳐 위치했다는 것을 증명하려고 하였다. 그리고 《예맥》이 강원도에 위치했다는 력대의 설이 근거가 매우 박약함을 인정하면서 필자의 견해를 내놓으려 한다. 그리고 고대 숙신은 3세기 이후 읍루, 물길, 말갈족과는 완전히 다른 종족이며, 그것은 곧 고조선족이였다는 것을 론증해 보려고 시도하였다.

오늘 이 미성숙하고 결함이 많은 책이나마 당과 인민 앞에 받치게 된 것을 필자로서는 무한한 영광으로 생각한다. 필자는 우리 력사학계의 선배 선생들과 동지들은 물론이고 독자 여러분들이 필자의 잘못을 비판하고 시정하여 앞으로 이 연구 사업을 완성시킴에 있어서 방조가 되도록 하여 주실 것을 충심으로 요망한다.

1962년 9월 13일 저자 리지린[3)]

3) 1962년 북에서 발행된 이 책(원제 《고조선연구》)은 1961년 북경대 논문심사를 받고 통과된 리지린의 박사논문을 일부 수정, 보완한 것이다. 북경대 논문 지도교수는 고사변학파를 주도한 고힐강이었다.

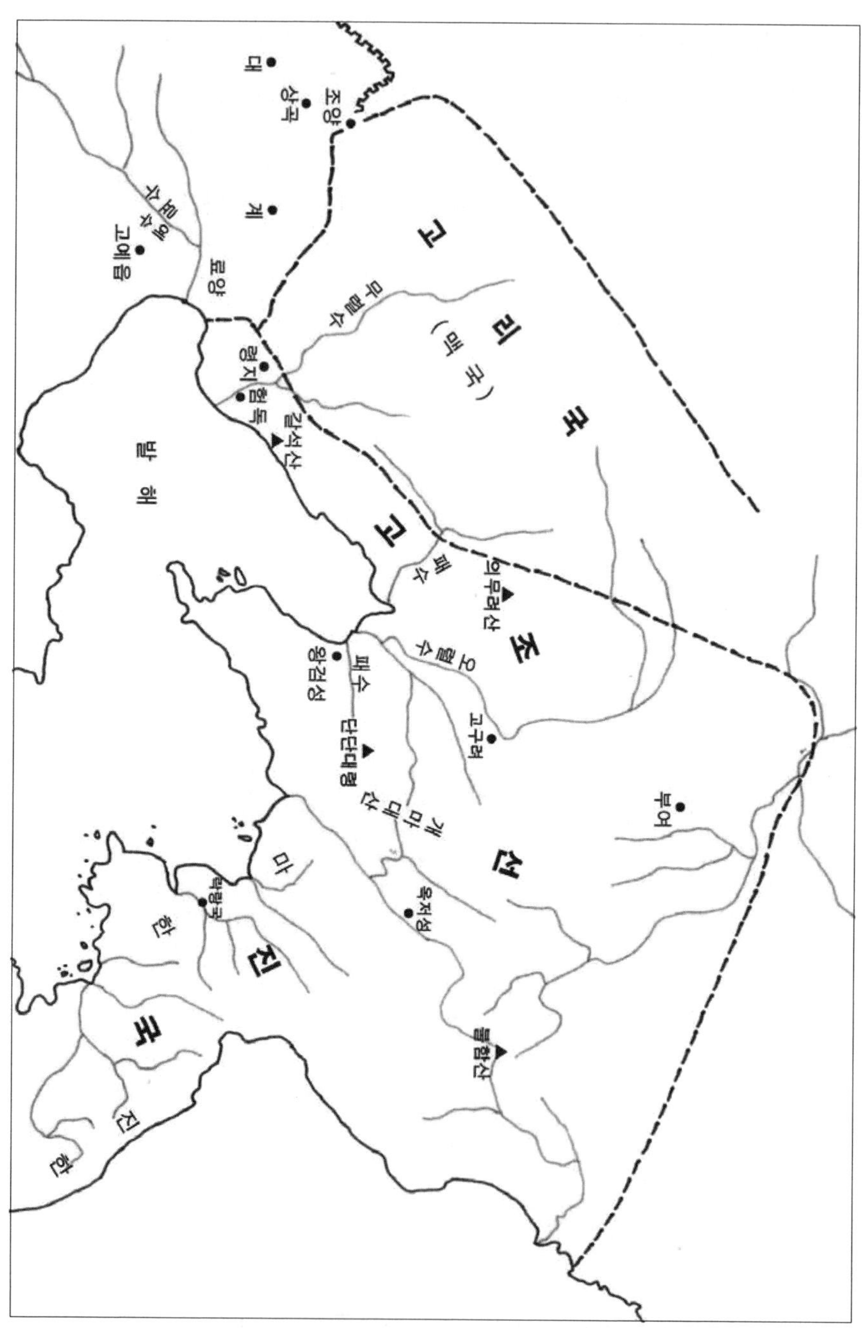

그림1. 기원전 5~4세기 조선 고대 국가들의 위치 약도

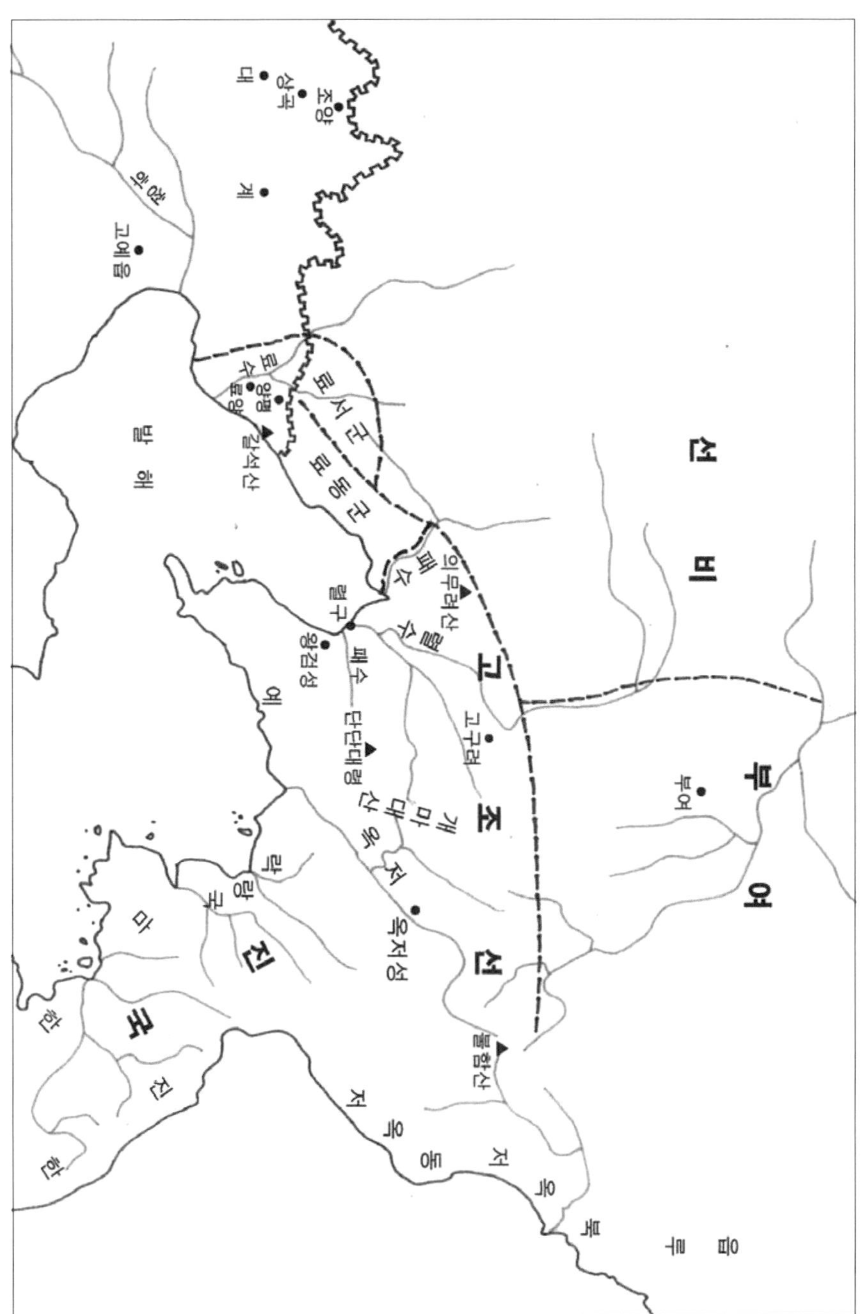

그림2. 기원전 3~2세기 조선 고대 국가들의 위치 약도

제1장

고조선의 력사 지리

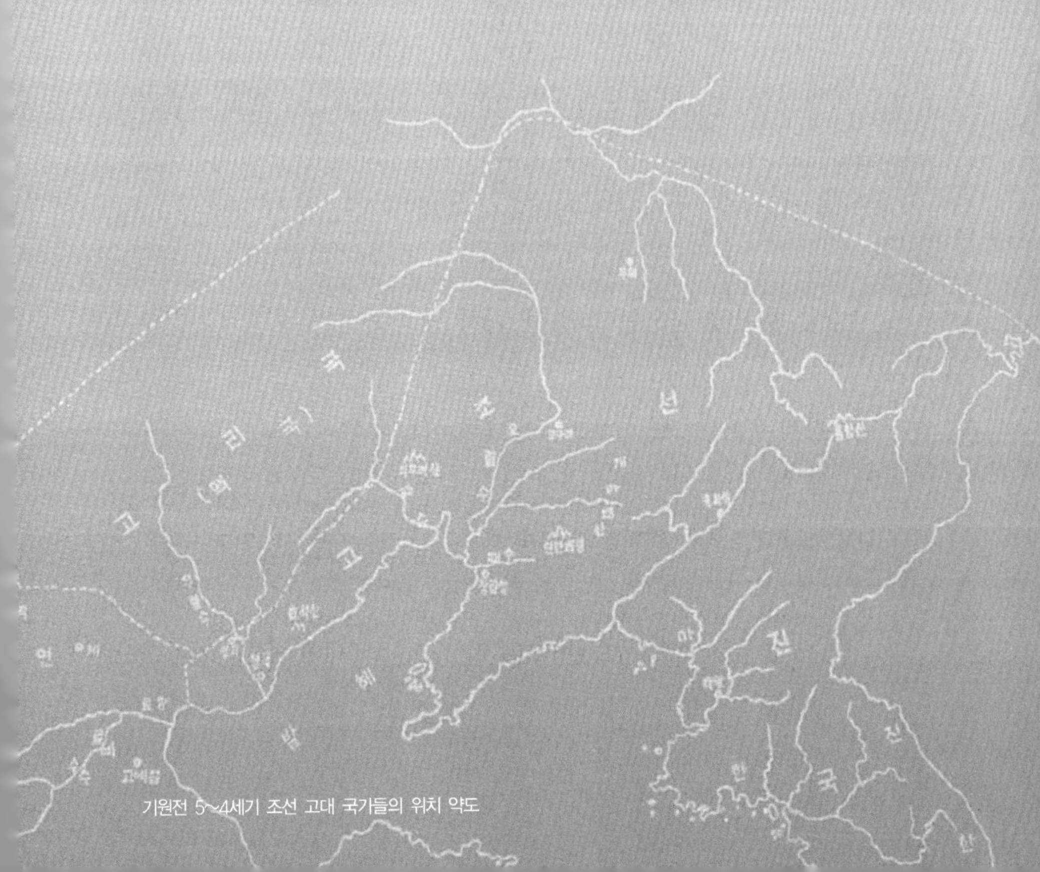

기원전 5~4세기 조선 고대 국가들의 위치 약도

로 인정하고 다음과 같이 씌여 있다.

환공이 관자에게, "내가 듣기에 해내(천하)에 귀중한 예물 일곱 가지가 있다는데, 들을 수 있겠소?"라고 물었다. 관자가 대답하기를, "음산의 연민(옥돌)이 그 하나요, 연나라 자산의 백금이 그 하나요, 발發 조선의 문피가 그 하나요 …."[4)]

桓公問管子曰, 吾聞海內玉幣有七筴, 可得而聞乎. 管子對曰, 陰山之礝碈一筴也, 燕之紫山白金一筴也 發 朝鮮之文皮一筴也 ….

기원전 7세기 중국인들은 발, 조선의 문피를 대단히 귀중한 물품으로 인정하고 있었으며 발, 조선을 자기들의 《해내》로 인정하고 있다.[5)]

그런데 동일한 서적에는 그와는 일치되지 않는 기록이 또 있다.

같은 책 23권 《경중갑》輕重甲에서는 고조선이 제齊나라에서 8천 리가 된다고 씌여 있다.

환공이, "사방의 이민족이 복종하지 않는 것은 그 잘못된 정치가 천하에 퍼져서 그런 것이 아닌지 과인이 걱정하는데, 과인의 행동에 이런 도道가 있겠소?"라고 말하자 관자가 대답하기를 "오吳와 월越이 내조하지 않는 것은 진주와 상아를 예물로 요구했기 때문이고, 발 조선이 내조하지 않는 것은 표범가죽옷을 예물로 요구했기 때문이고 … 한 장의 표범가죽도 그 값어치를 값어치대로 쳐준다면, 8천 리 떨어진 발 조선도 내조할 것입니다"라고 말했다.

桓公曰, 四夷不服, 恐其逆政, 游於天下, 而傷寡人, 寡人之行, 爲此

---

4) 별도 단락으로 분리한 한자 인용문의 한글 해설은 모두 해역자 이덕일이 했다.

5) 여기에서 해내(海內)란 바다 안이란 뜻이 아니라 영역이란 뜻이다.

有道乎? 管子對曰, 吳越不朝, 珠象而以為幣乎! 發朝鮮不朝, 請文皮毤服而以為幣乎! … 一豹之皮容金而金也, 然後八千里之發朝鮮可得而朝也.

이 기록에서 조선을 제나라(오늘의 산동반도)에서 8천 리가 된다고 한 것은 다만 멀다는 뜻을 표시한 막연한 수'자임을 알 수 있다. 왜냐하면 사실에 있어서도 8천 리가 안 되거니와 오월, 우씨, 곤륜 등 지역을 모두 동일하게 8천 리가 된다고 표시하고 있기 때문이다. 이것은 수'자에 대한 고대 중국식 표현이며 이 수'자를 가지고 고조선과 제나라와의 거리를 생각해서는 안 된다. 전자의 경우에 있어서는 조선을 중국의 해내라고 하였는데 이것은 바로 고대 중국인들의 중화사상의 표현이며, 요컨대 자기들의 령토와 린접해 있다는 뜻으로 해석하는 것이 타당할 것이다.

《관자》라는 책이 물론 중국 전국 시대(기원전 403~221년)에 저작된 것은 사실이나 그렇다고 해서 이 책에 수록된 모든 자료가 다 전국 시대의 사실만이라고 인정할 수 없다. 고조선의 국호가 이미 기원전 7세기 중국 나라 사람들에게 알려졌을 뿐만 아니라 그들은 《조선》朝鮮이란 우리의 국호를 글'자로 썼다고 인정된다. 이에 대한 설명은 아래에 다시 언급하게 될 것이다.

또한 혹자는 《조선》朝鮮을 국호가 아니라고 인정하고 있으나 그렇다면 《조선》이란 국호가 언제부터 국호로 변했단 말인가? 또 《발, 조선》發, 朝鮮을 《발조선》發朝鮮으로 읽으면서 그것이 마치 종족명을 가리키는 것으로 해석하는 설도 있으나, 나는 이에 대하여 동의할 수 없다. 이에 대해서는 아래에서 상론하기로 한다.

요컨대 우리는 위에서 인용한 《관자》의 자료로써 발, 조선의 위치를 명확히 알 수는 없으나 중국의 전국 시대 중국인들에게 알려진 문피文皮의 산지에 관한 자료들을 살펴봄으로써 발, 조선의 지역이 대체로 어느 지역이라는 것을 추단할 수 있다.

《후한서》 115권 《동이 예전》에는 《낙랑의 단궁이 이 땅에서 출토된다. 또 무늬 있는 표범가죽이 많다[6](樂浪檀弓出其地, 又多文豹)》라고 씌여 있다. 청 대의 학자 왕선겸王先謙[7]의 집해에는 혜동惠棟[8]의 설을 인용하여 《박물지에서 말하기를, "바다에서는 반어피가 나오고 육지에서는 무늬 있는 표범가죽이 나오고 …", 《이아태부》爾雅太府에서 말하기를, "동북에서 아름다운 것은 척산의 무늬 있는 표범가죽이다"(《集解》 惠棟曰, 博物志云, 海出斑魚皮, 陸出文豹 … 爾雅太府云[9]東北之美者, 有斥山之文皮焉)》라고 썼다. 《이아》爾雅 7 《석지》釋地 9에 《동북에서 아름다운 것에는 척산의 문피가 있다(東北之美者, 有斥山文皮)》라는 기록이 있으며, 이에 대한 《소》疏에서는 다만 《산의 이름이다(山名也)》라고만 쓰고 그 구체적 위치를 밝히지 못하고 있다. 《이아》 본문에서는 《의무려》醫無閭를 동방에 위치한 것으로 쓰고 있으니 《척산》은 그 방향으로 보아 대체로 의무려산 방향에 있는 산이라고 보아야 할 것이다.

그런데 중국 고대 주석가들이 이 산의 위치를 모르고 있는 사정을 고려할 때 우리는 이 산이 중국의 산이 아니라는 것을 짐작할 수 있다. 중국 력사가 장정랑張政烺 교수는 《수서·지리지》隋書地理志와 《태평환우기》太平寰宇記 기록에 근거하여 이 산을 오늘 산동성 영성현

6) 본문의 고딕 부분은 모두 이덕일이 번역했다.

7) 王先謙(왕선겸 : 1842~1917), 호남 장사(長沙) 출신으로, 중국의 저명한 경학가이다. 관직은 국자감 제주(國子監祭酒)에 이르렀다.

8) 혜동(惠棟 : 1697~1758), 강소성 소주(蘇州) 출신으로 저명한 경학가(經學家)이다. 오파경학(吳派經學)의 대표인물이다.

9) 원저의 이아구부(爾雅九府)는 이아태부(爾雅太府)의 오기이므로 바로 잡았다.

榮成縣에 있는 산이라고 인정하고 이 산이 바로 해안에 있는 작은 산으로서 고대로부터 조중朝中(조선과 중국) 해상 교통이 중요한 항구였다고 썼다. 고대에 조선의 문피가 이 항구를 통하여 수입되였기 때문에 《척산의 문피(斥山之文皮)》는 곧 《조선의 문피(朝鮮之文皮)》를 의미한다고 썼다.〔장정랑(張政烺) 등, 《오천년 중조우호관계》 9 페지 : 원저 주)10)

그러나 필자는 이 설에 동의하기 어렵다. 그 리유는 《이아》 본문에 기록된 방위가 맞지 않기 때문이다. 즉 의무려산을 동방이라고 하였으니 산동성에 있는 산을 동북의 산이라고 쓸 수 없다. 그리고 고대의 척산이 만일 오늘의 산동 반도에 있는 산이라면 《이아》 주석자가 몰랐을리 없고 또 《수서》 이전 지리지들에 안 보일리 없다.

그런데 《척산》은 오늘의 료동, 료서 지역에서 찾아 볼 수 없다. 따라서 나는 《척산》이 산 명이 아니라 《관자》에서 문피 산지로서 《발, 조선》發, 朝鮮이라고 쓴 것과 동일한 기록이 글'자를 달리하여 씌여진 것이라고 인정하게 된다. 즉 《이아》의 편자는 문피가 산에서 나는 것이기 때문에 《조선》을 산명으로 바꾸어 넣었다고 해석하련다. 《조선》朝鮮과 《척산》斥山은 한음漢音(중국어 발음)으로서는 통할 수 있다.

BC 7세기 고조선 령역은 의무려산(오늘의 료서) 부근

이 자료들에 의하면 고조선이 문피의 산지로서 중국인들에게 유명하였다. 이 지역들은 모두 동일한 고조선의 지역들임을 알 수 있다. 다시 말하면 《관자》의 발, 조선 지역과 예濊, 락랑, 척산 등 지역은 동일한 고조선 지역이며, 척산이 결코 어느 딴 종족의 지역이였다고

10) 리지린이 《고조선 연구》에 직접 단 주석(각주)은 본문 해당 구절 뒤에 삽입하고 '원저 주'로 표기했다.

보기는 곤난하다. 왜냐하면 중국인들이 기원전 3세기 이전 자기들의 동북 지역의 문피 산지로 그렇게 여러 지역을 구체적으로 알았을 수 없다고 생각되기 때문이다. 즉 기원전 3세기 이후에는 중국인들이 조선의 지역들을 비교적 상세히 알았기 때문에 문피의 산지를 구체적으로 알 수 있었다고 말할 수 있으나, 춘추 시대(기원전 770~404) 중국인들은 막연하게 조선에서 문피가 난다는 정도로 알고 있었다고 보아야 할 것이다.

요컨대 춘추 시대 중국인들이 문피의 산지로서 알고 있던 발, 조선은 후일의 락랑 지방이요, 그것은 또한 의무려산 일대의 지역이였다고 인정할 수 있다. 그리고 문피 산지인 예의 지역은 바로 한 무제 시기 예군 남려南閭가 창해군을 설치했던 그 지역임은 번잡한 고증이 필요하지 않을 것이다. 이 예에 관해서도 아래서 상세히 론급하게 된다. 요컨대 나는 이 예지를 예군 남려의 창해군 지역이라고 인정하며, 그 창해군은 위씨 조선과 한의 령역과의 사이에 개재해 있던 지역이라고 인정한다. 그 예지가 오늘 우리나라 경내에 있었다고 주장할 수 있는 근거는 전연 없다.

그렇다고 하면 문피의 산지로서 중국인들에게 일찍부터 알려졌던 발조선 령역은 중국의 동북방에 위치해야 하며 오늘 우리나라 경내에서 찾아 볼 근거가 없게 된다. 따라서 기원전 7세기 고조선의 령역은 의무려산(오늘의 료서 지역) 좌우에 걸쳐 있었다고 주장할 근거가 있게 된다.[11]

---

11) 남한 학계는 고조선이 평안남도에 있던 소국이라고 주장하다가 지금의 료동 지역에서 고조선 문물이 다수 출토되자 현재의 료동 일대까지로 수정했다. 그러나 고조선의 수도가 료동에서 평양으로 이주했고, 위만 조선의 수도도 평양이었고, 락랑군도 평양 일대에 있었다면서 여전히 일본인들이 만든 반도사관에서 벗어나지 못하고 있다.

2. 《산해경》 12권 《해내북경》海內北經에는 《조선은 렬양 동쪽에 있는데, 바다의 북쪽이고 산의 남쪽인데, 렬양은 연나라에 속해 있다(朝鮮在內列陽東, 海北山南, 列陽屬燕)》라고 씌여 있다. 동서同書 18권 《해내경》에는 《동해의 안쪽과 북해의 모퉁이에 나라가 있는데 조선, 천독天毒으로서 그 사람들은 물가에서 사는데, 사람을 아끼고 사랑한다(東海之內, 北海之隅, 有國名曰朝鮮天毒, 其人水居, 偎人愛之)》라고 씌여 있다.

이 두 가지 자료는 고조선의 위치를 가장 구체적으로 설명해 준다. 전자에 의하면 《렬양》은 과거 연나라의 지역이 아니였고 고조선의 지역이였음을 알 수 있다. 만일 《렬양》이 과거에도 연의 지역이였다면 《렬양이 연나라에 속하였다》고 표현할 리유가 만무한 것이다. 즉 그것은 과거에 고조선의 지역이였던 《렬양》이 연나라에 속하게 되었다는 뜻으로 해석하여야 한다. 그리고 조선이 《해북산남》에 위치하였다고 하였으니, 조선은 바다의 북에 림한 지역이며 조선과 바다 사이에는 다른 명칭을 가진 어떤 지역도 없었다는 것을 의미한다. 때문에 우리는 고조선이 오늘 우리나라(북한) 강역에 위치했었다고 생각할 수 없게 된다. 왜냐하면 만일 고조선을 우리나라 중부 이북 지역이였다고 인정한다면 그것은 《산해경》의 이 사료와 일치되지 않기 때문이다. 즉 그 지역은 남으로 바다와 접할 수 없는 바 그것은 남해와 그 지역 사이에는 진국(3한)이 위치하였기 때문이다.

그러면 앞에서 인용한 자료들에서 말하고 있는 조선의 위치는 어디인가?

곽박郭璞[12]은 주석하여 《조선은 지금의 낙랑현인데, 기자가 봉함을 받은

12) 곽박(郭璞 : 276~324), 하동(河東 : 지금의 산서성) 문희(聞喜)현 사람으로서, 서진(西晋) 때 건평 태수(建平太守)였던 곽원(郭瑗)의 아들이다. 동진(東晉)의 저명한 학자로서 훈고학에 밝았다.

곳이다. 렬수列水는 강 이름인데 지금 대방에 있고, 대방에는 열구현이 있다(朝鮮今樂浪縣, 箕子所封也. 列亦水名也, 今在帶方, 帶方有列口縣)》라고 썼다. 곽박은 고조선의 위치를 자기 시대(4세기 초)의 락랑현(군)이라고 인정하였다. 기원 4세기 동진 시대의 락랑군의 위치가 어디냐? 《진서》晉書 14권 지리지 락랑군 조에는 그 관할현으로써 조선朝鮮, 둔유屯有, 혼미渾彌, 수성遂成, 루방樓方 등을 들고 있다.

이에 대한 고증은 여기서 피하기로 하고, 나는 다만 곽박의 주에 근거하여 이 락랑군이 결코 오늘의 평양 지방이 아니라 료동 지방이였다는 것만 이야기해 둔다. 곽박은 《산해경》의 《렬량》에 대한 주에서 《렬》列 자를 렬수로 해석하였다. 그리고 그는 렬수를 주석하여 《렬은 강의 이름이다. 료동에 있다(列, 水名, 在遼東)》라고 썼는 바, 이 주석은 《방언》方言의 《렬수》 주석과 《후한서》 군군지 락랑군 렬구현 주석에서 찾아 볼 수 있다[13]. 이것으로 보아서 곽박은 고조선의 위치를 료동으로 인정하였으며, 동시에 그의 시대의 대방, 렬구 등 지역도 역시 료동에 위치했다는 것을 말하고 있다.

그리고 《렬양》列陽은 지명인 것이 아니라 '렬수의 북방'이란 뜻으로 해석하여야 한다[14]. 이 '렬양' 지역은 고조선이 연에게 빼앗긴 지역이기 때문에 그 렬수는 그 전 시기 고조선 령역에 있던 렬수임을 주의할 필요가 있다. 따라서 곽박의 시대의 '렬수'와는 사실 상 위치가 동일하지 않은 것이다.

---

13) 《후한서(後漢書)》〈군국지(郡國志)〉의 유주(幽州) 낙랑군(樂浪郡) 렬구(列口)현 조에는 "곽박이 산해경에 주석하기를 《렬은 강이름이다. 렬수는 료동에 있다(郭璞注山海經曰 :「列, 水名. 列水在遼東」)"라는 구절이 있다. 남한 학계는 아직도 일본학자들을 추종해서 사료에 료동에 있다고 말한 렬수를 대동강이라고 주장한다.

14) 강의 북쪽을 양(陽)이라고 한다. 한강의 북쪽을 한양(漢陽)이라고 부른 것은 이 때문이다.

곽박이 말하는 료동은 지금 어느 지역인가?

여기서 제기될 수 있는 문제는 곽박의 시대의 료동이란 오늘 어느 지역을 가리키는가 하는 문제이다. 혹자는 료동을 오늘의 우리나라까지 포함해서 말하는 지리적 개념이라고 생각하는 것 같으나 그런 주장은 력사 지리에 대한 자의적인 해석이며, 그에 대한 론박은 아래에서 언급될 것이다. 여기서는 곽박이 주석한 료동이 과연 오늘의 료하 동쪽이겠는가 하는 문제가 제기된다. 아래에서 다시 언급하겠거니와 《료동》이란 명칭은 연이 고조선을 침공하여 광대한 령토를 빼앗기 전 시기, 즉 기원전 3세기 초 이전 시기에도 연의 령토가 아닌 료동이 있었던 것이다(《전국책》 연책燕策). 그 료동을 오늘의 우리나라를 가리킨 것으로 해석하는 론자도 있으나 그것은 부정확한 설이며 이에 대해서도 아래에서 론급할 것이다. 요컨대 그 료동은 오늘의 란하灤河 이동이라는 뜻임을 우선 이야기해 둔다.

요컨대 곽박이 말하는 료동이란 것은 오늘의 료하 이동이란 뜻인가 그렇지 않으면 란하 이동인가 하는 문제가 제기될 뿐이며, 오늘의 압록강 이남이란 뜻으로 해석할 근거는 전연 없는 것이다.

위에 인용한 자료 중 《산해경·해내 북경》에 의하면 조선이 북해의 연안 지역임을 알 수 있다. 이 《북해》란 것은 황해가 아니고 발해인 것이다. 《동해지내(東海之內)》라는 위치를 오늘의 우리나라 령역을 가리키는 방향이라고 인정할 수는 도저히 없다. 고대 중국인들이 칭한 《동해》란 것은 물론 황해를 말하는 것인데 오늘의 우리나라를 황해의 안에 위치했다고 인정할 수는 없을 것이다. 고조선은 황해의 안인 동시에 북해에 림한 지역인 것이다. 이 자료를 글'자 그대로 해석한다면 황해의 북방인 동시에 발해에 림한 지역으로 된다.

이상과 같이 중국의 가장 오랜 지리 서적인 《산해경》은 고조선의 위치를 조선 반도 내에서 찾을 수 없으며 발해 연안에서 찾아야 한다는 근거를 제공해 준다.

3. 《전국책》戰國策 29권 《연책》燕策 1에는 《소진이 장차 합종을 성사시키러 북쪽으로 가서 연나라 문후文侯(서기전 362~333)에게 말하기를, "연나라 동쪽에는 조선과 료동이 있고, 북쪽에는 임호林胡와 누번樓煩이 있고, 서쪽으로 운중雲中과 구원九原이 있으며, 남쪽에는 호타呼沱와 역수易水가 있는데, 땅이 사방 2천 리며, 군사가 수십 만이며, 병거가 7백 승이고, 기병이 육천 필이고, 식량은 십 년을 지탱할 수 있습니다(蘇秦將爲從, 北說燕文侯曰, 燕東有朝鮮, 遼東, 北有林胡, 樓煩, 西有雲中, 九原, 南有呼沱, 易水, 地方二千餘里, 帶甲數十萬, 車七百乘, 騎六千疋, 粟支十年)》라고 했다"고 씌여 있다.

이 문장의 내용에는 결코 어렵게 생각할 문제가 없다. 그러나 후자는 《연나라 동쪽에는 조선과 료동이 있다(燕東有朝鮮, 遼東)》를 해석하여 이 《조선》은 고조선이 아니라 연의 령토인 것처럼 해석하려고 한다. 그리하여 중국 고대 문헌에 기록된 《조선》을 고조선이 아니고 중국의 한 지방이였다고까지 생각하는 사람이 있다. 그러나 우리는 중국의 력대의 학자들이 조선을 자기 나라의 한 지방이였다고 주장한 사실을 찾아 볼 수 없다.

물론 이 문장으로 보아서 《조선 료동》이 연나라의 령토인 것처럼 해석될 수 있는 것 같은 점도 없지 않으나 설사 그렇게 해석할 수 있더라도 그것은 책사인 소진의 허황한 이야기로 인정하여야 한다. 왜냐하면 소진의 시기에 연이 조선, 료동을 점령한 사실이 없기 때문이다. 그리고 림호와 루번도 역시 소진의 시기에는 아직 연에게 점령된 사실이 없다. 고조선의 령역의 일부분이 연에게 침략된 것은 연의 전성 시기 즉 소왕昭王(기원전 311~279년) 시대 연의 장군 진개에게 사방 2천여 리(혹은 천여 리) 땅을 빼앗긴 사실 이외에는 다른 자료를 찾아 볼 수 없다. 《사기·조선 렬전》에 《연나라 전성기 때부터 일찌기 진반과 조선을 복속시키고, 관리를 설치했다(自始全燕時, 嘗略屬眞番, 朝鮮, 爲置吏)》라는 기사가 있는데, 이것은 아래에서 다시 언급하게 될 바와 같이 《위략》魏略의 기록과 완전히 동일한 내용을 기록한 것이다.

그렇기 때문에 나는 소진이 말한 《연나라 동쪽에는 조선과 료동이 있다(燕東有朝鮮, 遼東)》란 문구를 결코 《조선과 료동이 연의 령토》였다고 해석할 수는 없으며, 《연의 동방에 조선 료동이 있다》고 해석하는 것이 타당하다고 인정한다. 더우기 소진에게 대답한 연 문후文侯의 답변에 《과인의 나라는 작다(寡人國小)》라고 한 것은 조선·료동이 연의 령토가 아니라는 것을 증명해 주는 것이다.

후자는 위에 인용한 자료 중에서의 조선을 고조선이 아니라 연나라의 조선이라고 생각하고, 또 그 료동을 오늘의 료동과 같이 생각하고 있으나 그것도 역시 사료에 대한 인식 부족에서 초래된 망설인 것이다. 그에 대한 고증은 아래에서 료수의 위치를 론할 때 상세히 언급하겠거니와, 여기서는 우선 그에 대한 결론만 말하면 그 료동은 오늘의 료동인 것이 아니라 란하 이동이라는 것은 우선 이야기해 둔다.

고조선 령역은 압록강 이북에서 찾아야

어쨌든 소진의 설에 근거하여 우리는 연나라 문후(기원전 361~333년) 시기 고조선의 위치를 대체로 알 수 있다. 소진이 말하는 연의 판도는 서방은 운중雲中, 구원九原으로부터 동방은 조선 료동까지를

2천 리 지역이라고 인정한 것이다. 동서에는 《또 진秦나라에서 연나라를 공격하려면 운중雲中과 구원九原을 넘어서 대代와 상곡上谷을 거쳐야 한다(夫秦之攻燕也, 踰雲中, 九原, 過代, 上谷)》라고 씌여 있는 바, 이에 근거하여 운중과 구원이 대代의 서방에 위치했음을 알 수 있다. 연의 대代는 오늘의 대동大同[15]이니 운중은 대동시 서쪽 장성 밖임을 알 수 있다. 오늘의 대동으로부터 동쪽 2천 리라면 결코 압록강까지 도달할 수 없다. 《료동지》遼東志(료해 총서에 있음)에 의하면 북경에서 산해관까지가 670리, 산해관에서 심양까지가 810리, 합하여 1,470리가 된다. 심양에서 압록강까지 대략 6백 리 정도 될 것이다. 따라서 압록강에서 북경까지가 대체로 2천여 리 될 것이다. 이 거리는 정다산鄭茶山(정약용)도 《아방강역고》에서 대체로 동일하게 인정하였다. 따라서 《전국책》 자료에 의하면 고조선 령역은 오늘의 우리나라 령역으로 될 수 없으며, 대체로 오늘의 료동과 료서에 걸치는 지역이였음을 알 수 있다.

《사기》 69권 《소진 렬전》에도 동일한 기록이 있는 바, 사마천은 위에서 인용한 《전국책》의 자료에 근거했을 것이며, 따라서 사마천도 고조선의 령역을 오늘의 우리나라 령역으로 본 것이 아니라 료동과 료서에 걸치는 지역으로 인정했다고 우리는 해석할 수 있다.

이상과 같이 전국 시대의 중국 문헌, 자료는 우리에게 고조선 령역을 압록강 이북에서 찾아야 할 근거를 제공해 주고 있다.

4. 《사기·조선 렬전》의 기록을 통하여 고조선의 위치를 고찰해 보자.

---

15) 산서성(山西省) 대동(大同)시를 뜻한다.

동 렬전에는 《한나라가 일어나자 그곳이 멀고 지키는 것이 어렵다고 여겨서 다시 료동의 옛 요새를 수리하고, 패수에 이르러 경계를 삼아 연나라에 속하게 했다(漢興, 爲其遠難守, 復修遼東故塞. 至浿水爲界, 屬燕)》라고 씌여 있는 바, 이 문구는 패수가 고조선과 한과의 국경선임을 명시하는 것이다. 따라서 우리는 한漢 초의 패수의 위치를 고증함으로써 고조선의 위치를 구명할 수 있을 것이다. 이 문제는 아래에서 고증하기로 하고 여기서는 다만 한 침략군의 군사 행동에 관한 기록에 근거하여 고조선의 대체적 위치를 고찰해 보기로 한다.

《사기》에서 고조선의 위치를 추단할 수 있는 기록은 대체로 아래와 같은 것이 있다.

ㄱ. 루선 장군樓船將軍 양복楊僕을 보내서 제齊나라를 따라 발해에서 배를 타고 가게 했다.

遣樓船將軍楊僕從齊浮渤海.

ㄴ. 루선 장군은 제나라 군사 7천 명을 거느리고 먼저 왕험성에 이르렀다. 우거는 성을 지키고 있다가 루선 장군의 군사 수자가 적은 것을 염탐해서 알고 곧 성을 나가 루선 장군을 공격하자 루선 장군의 군대는 무너져 흩어져 달아났다.

樓船將軍將齊兵七千人先至王險. 右渠城守, 窺知樓船軍少, 即出城擊樓船, 樓船軍敗散走.

ㄷ. 루선 장군은 또한 군대가 열구洌口에 이르러 마땅히 좌장군의 군대를 기다려야 하는데도 멋대로 먼저 공격해 군사를 잃은 것이 많아 연좌되어 참형에 해당했는데 속죄금을 내고 서인이 되었다.

樓船將軍亦坐, 兵至洌口, 當待左將軍, 擅先縱, 失亡多, 當誅, 贖爲庶人.

이 자료들 중 (ㄱ)항의 자료는 우선 장군 양복의 수군이 제齊로부터 출발하여 발해에 떠서 왕검성으로 왔다는 것이다. 《발해》라는 명칭은 전국 시대에 이미 불리워진 명칭이다. 《렬자》 5권 《탕문》湯問에는 《발해의 동쪽은 몇만 리인지 알 수 없다. 큰 골짜기가 있다. … 그 중에 산이 다섯 개 있다. 그 하나는 대여岱輿라고 말하고, 둘은 원교員嶠라고 말하고, 셋은 방호方壺라고 말하고, 넷은 영주瀛洲라고 말하고, 다섯은 봉래蓬萊라고 말한다(渤海之東, 不知幾億萬里, 有大壑 … 其中有五山焉. 一曰岱輿, 二曰員嶠, 三曰方壺, 四曰瀛洲, 五曰蓬萊)》라고 씌여 있다. 장담張湛은 주석하여 《사기에서 말하기를 "방장, 영주, 봉래가 있는데, 이 삼신산은 발해 중에 있다(史記曰, 方丈, 瀛洲, 蓬萊, 此三神山在渤海中)》라고 썼다.

중국 고대 력사 상에서 3신산이 있는 발해는 바로 오늘의 발해이며 이에 대하여는 의심을 품을 여지가 없다. 또한 《전국책·제책》齊策에는 《제나라 북쪽에 발해가 있다(齊北有渤海)》라고 씌여 있는 바 이 발해는 물론 오늘의 발해인 것이다. 더우기 한 무제武帝 시대의 발해가 오늘의 발해라는 것을 증명해 주는 자료는 《사기》 29권 《하거서》河渠書이다. 같은 책에는 《이에 하수가 발해로 들어간다(於是, 河入于渤海)》라고 씌여 있고, 이에 대한 《주》에는 《무제 원광 2년에, 황하를 동군으로 옮겨서 다시 발해로 흐르게 했는데, 우 임금 때는 발해로 흐르지 않았다(武帝元光二年. 河徙東郡, 更注渤海, 禹時不注渤海也)》라고 씌여 있다.

한 무제 시대 황하가 흘러든 발해는 오늘의 발해인 것이며 이 사실은 의심할 여지가 없다. 따라서 우리는 루선 장군 양복의 수군이 발해에 떠서 왕검성을 침공했다는 발해가 오늘의 발해이며, 오늘의 황해가 아님을 알 수 있다. 만일 무제가 침략한 고조선의 수도인 왕검성이 오늘의 평양이였다면 어찌하여 《발해에 떠서 왕검성에 이르렀다》고 썼을 것인가? 만일 왕검성이 평양이였다면 《동해에 떠서 왕검성에 이르렀다》고 써야 할 것이다. 따라서 왕검성의 위치를 발해 연안에서 찾는 것이 타당하지 않겠는가?

왕검성 위치 발해 연안에서 찾는 게 타당

(ㄴ)항 자료에 의하면 왕검성이 바다 연안 지역이였음을 추단할 수 있다. 즉 《우거는 성을 지키고 있었는데 루선 장군의 군사 수자가 적은 것을 염탐해서 알고(右渠城守, 窺知樓船軍少)》라는 문구는 고조선 왕검성의 성지기가 왕검성 상에서 직접 양복의 수군의 군세를 목격하여 그 병선이 적었음을 알았다고 해석하여야 할 것이다. 따라서 필자는 왕검성이 발해 연안의 도성이였다고 인정하는 것이 비교적 타당한 해석이라고 생각한다.

(ㄷ)항은 루선 장군이 렬수 하구에서 좌장군이 올 것을 기다려 련합작전을 하여 왕검성을 공격할 것을 기도했던 작전 계획을 위반하여 단독적으로 먼저 군사 행동을 하여 실패했기 때문에 그는 법적 처벌을 받았음을 의미한다. 이에 근거하여 우리는 《렬구》(즉 렬수의 하구)가 왕검성에서 그리 멀지 않은 곳이라는 것을 추단할 수 있다. 기술한 바와 같이 고조선의 렬수는 료동에 있는 강으로 인정되여 왔으며 따라서 《렬구》를 오늘 평양 부근의 어느 강 하구에서 찾는 것은 《사기》의 기록과 맞지 않는다. 그러므로 왕검성을 오늘의 평양이라고 론단할 근거는 성립되지 않는다.

이외에 《사기·조선 렬전》에는 또 《위만이 … 패수를 건너서 진나라 옛 빈 땅인 상하장에 거주했다(滿 … 渡浿水, 居秦故空地, 上下鄣)》라고 씌여 있는 바, 만일 패수가 오늘의 압록강이라고 가정한다면 진 고공지 故空地(옛 빈땅)는 압록강 이남이라야 하며, 따라서 오늘의 우리나라 서북경은 이미 진나라의 식민지로 되였다고 인정하여야 할 것이다. 그러나 력사적 사실이 그러하였다는 것을 증명할 근거는 매우 박약하다. 그리고 또 패수가 대동강이라고 가정한다면 진의 고공지는 대동강 동변이라야 하며 따라서 왕검성은 대동강에서 진의 고공지 동쪽에 위치했어야 하게 된다. 오늘까지 어떠한 학자도 왕검성을 평양 이동 적어도 백여 리 떨어진 곳에서 찾으려 한 사람도 없거니와 또 그럴 수가 도저히 없는 것이다.

《한서·조선 렬전》은 내용 상 대체로 전자와 일치되기 때문에 론의할 필요가 없을 것이다.

기원전 1세기 전반기에 왕충王充은 《료동 락랑 사람들은 지금 시, 서, 춘추의 뜻을 외운다》(論衡 19권《恢國篇》,《遼東樂浪 … 今吟詩書春秋之義 : 원저 주》)고 썼다.

이상 렬거한 자료들은 모두 우리들에게 고조선이 오늘 우리나라 경내에 위치했다고 주장할 근거를 제공해 주지 않는다.

《삼국지·위지·동이전》 고구려 전에는 《고구려는 료동의 동쪽 천리에 있는데, 남쪽으로는 조선, 예맥과 접하고, 동쪽으로는 옥저, 북쪽은 부여와 접한다(高句麗在遼東之東千里. 南與朝鮮, 濊貊, 東與沃沮, 北與夫餘接)》라고 씌여 있는 바, 이것은 얼핏 보면 여기의 조선이 오늘의 우리나라 령역인 것처럼 보이나 사실은 그런 것이 아니며, 이 조선도 역시 오늘의 료동에 있음을 말하는 것이다. 《후한서》의 기록도 동일하다. 이에 관해서는 아래서 《예》와 《옥저》의 위치를 론할 때 상세히 론급하게 된다. 그런데 당 대 이후 정사들에서는 대체로 고조선이 오늘의 우리나라 령역에 있었던 것으로 기록하고 있다. 그러나 《료사》는 고조선의 위치를 오늘의 료동으로 인정하고 있다. 동서 49권 《례지》禮志에는 《료나라는 본래 조선의 옛땅이다(遼本朝鮮故壤)》라 썼고, 동서 38권 지리지 동경도東京道에는 《동경료양부는 본래 조선의 땅이다(東京遼陽府本朝鮮之地)》라고 씌여 있다. 혹자는 말하기를 《료사》는 믿을 수 없는 책이기 때문에 이 자료도 일고할 여지가 없다고 하며 부인하려고 한다. 그러나 우리는 다만 이런 리유로써는 《료사》의 기록을 말살할 수 없는 것이며, 이 자료를 부인하기 위하여서는 《료사》에서 어찌하여 이러한 기록을 남겼는가를 증명해야 한다. 물론 우리는 믿을 수 없는 사료를 인용해서는 안된다. 그러나 그러기 위하여서는 그 론거를 반드시 들어야 한다. 이 장의 결론에서 명백해지겠거니와 나는 여러 가지 자료를 종합하여 판단하건대 《료사》의 이 자료가 정확하다고 인정한다.

고조선 위치를 료동으로 인정한 사가들

《료사》 이외에도 개별적인 사가들, 특히 청조 건륭 시대 사가들은 많은 사람이 고조선의 위치를 오늘의 료동으로 인정하였다. 다음에 그 대표적인 실례를 들어 보기로 한다.

1. 《구당서》舊唐書 199권 《고구려 렬전》에는 《시중 배구와 중서시랑 온언박이 말하기를 "료동의 땅은 주나라에서 기자를 봉한 곳입니다"(侍中裵矩, 中書侍郎溫彦博曰 : 遼東之地, 周爲箕子之國)》라고 썼고, 《수서》隋書 67권 《배구 렬전》裵矩列傳에는 이렇게 썼다.

(배구가) 양제를 따라 새북塞北(장성 북쪽)에 갔는데, 황제의 행차가 계민의 장막에 이르렀다. 이때 고구려에서 사신을 먼저 보내 돌궐과 통했는데, 계민이 감히 감출 수 없어서 이끌어 황제를 보게 했다. 배구가 이로 인해 장계를 올려 말하기를, 고구려의 땅은 본래 고죽국입니다. 주나라 때는 기자를 봉했고, 한나라 때는 삼군으로 나누었는데, 진晋나라 때 료동을 거느렸습니다.

帝巡于塞北, 幸啟民帳. 時高麗遣使先通于突厥, 啟民不敢隱, 引之見帝。矩因奏狀曰: 高麗之地, 本孤竹國也。周代以之封于箕子, 漢世分為三郡, 晉氏亦統遼東.

이 자료들에 근거하면 수, 당 초의 사람인 배구와 온언박은 료동 지방을 고조선 지역이라고 인정하였음을 알 수 있다. 이 량자를 결합시켜 생각하면 전자에서 말하는 료동은 오늘의 료동인 것이 아니라 《고죽국》 지역임을 말하는 것이 명백하다. 《고죽국》이란 것은 란하 중류 지역을 가리키는 것으로 이에 관해서는 《한서·지리지》 주석에서 반고가 이미 말하였으며 그 후 중국의 력대 학자들간에 이론이 없다. 이에 대해서도 아래에서 다시 론급하게 될 것이다.

2. 《후한서》 1권 《광무제기》光武帝紀 건무建武 6년 6월 조의 《처음에 낙랑사람 왕조王調가 (낙랑)군에 의지해 복종하지 않았다(初樂浪人王調據郡不服)》에 대한 당나라 사람 리현李賢[16]의 주에는 《낙랑은 본래 조선국

16) 리현(李賢 : 654~684)은 당(唐) 고종(高宗)의 여섯째 아들이자 무측천의 둘째 아들로서 그 형 리홍(李弘) 사후 태자로 책봉되었다. 후에 폐서인되어 죽었다가 예종(睿宗) 때(711)에 장회태자(章懷太子)란 시호가 내려졌다. 장대안(張大安) 등의 학자들과 함께 《후한서(後漢書)》를 주석했을 정도로 역사와 학문에 능한 군주였다.

이다. 료동에 있다(樂浪故朝鮮國也, 在遼東)》이라고 씌여 있다. 주지하는 바 리현은 중국의 력대 주석가들 중에서 가장 권위 있는 주석가로 인정되는 학자이다. 그는 고조선을 당 대의 료동 지역에 위치했던 것으로 인정하였다. 우리는 당 대의 료동을 오늘의 우리나라 령역으로 해석할 근거가 없다. 여기서 특히 주목하여야 할 것은 당대의 많은 사가들이 고조선 령역을 압록강 이남으로 잡고 있을 때 리현이 고조선을 료동에 있었다고 한 사실이다.

청 대의 자료들로서는 《성경통지》盛京通志, 《만주원류고》滿洲源流考 등이 모두 고조선의 위치를 오늘의 료동으로 인정하고 있다.

3. 《성경통지》 10권 건치 연혁 조에는 《의주는 주周나라 초에는 조선과 경계를 이뤘다. 후에 연나라에 속했다(義州, 周初爲朝鮮界, 後屬燕)》라고 씌여 있다. 《의주》는 오늘의 료하 서쪽 오늘의 금주錦州이다.

4. 《만주원류고》 2권 《어제 삼한정무》三韓訂謬에는 《삼한 건국의 시말은 여러 역사서가 많이 서로 어긋나는데, 방위로써 기준하면, 대개 지금의 봉천 동북의 길림 일대 땅과 접해 있었고, 조선은 우리나라와 처음에 아주 가까웠다(三韓建國本來, 諸史率多牴牾, 以方位準之, 蓋在今奉天東北吉林一帶壤接, 朝鮮與我國朝始基之相近)》라고 씌여 있다. 건륭乾隆[17]은 삼한의 위치를 오늘의 심양, 길림 지대로 인정하였다.

물론 이 문헌들이 비교적 가치가 적은 것으로 공인되고 있으나,

17) 건륭은 청나라 제6대 황제 고종의 연호(1736~1795)이다. 청 고종 애신각라 목인덕(愛新覺羅 穆麟德 : 1711~1799)은 60년 동안 왕위에 있었는데, 할아버지 강희제와 아버지 옹정제를 잇는 청나라의 중흥시대를 이끌었다. 만주족의 뿌리를 찾은 《만주원류고》를 비롯해서 많은 서적을 편찬했던 학자 군주이기도 하다.

그렇다고 해서 우리는 이 문헌들에 실린 자료를 모조리 다 부인해 버릴 근거가 없으며 오히려 위에서 인용한 자료들과 결부시켜 생각할 때 이 자료들도 확실한 근거를 가진 것으로서 긍정할 수 있다.

이상에 렬거한 중국 문헌 사료들이 모두 무근거한 기록들이라고 말 할 수 있겠는가? 물론 그럴 수는 없다. 우리는 아래에서 이 문헌 사료들이 정확하다는 것을 론증할 수 있게 될 것이다.

이제 우리는 고조선의 령역이 대변동을 일으켰던 사정을 중국 문헌 사료를 통하여 살펴 보기로 하자.

제2절. 고대 문헌 상에서 본 고조선 령역의 변동

이 문제를 고찰함에 있어서 가장 기본적인 자료는《사기·조선 렬전》, 동《흉노 렬전》 및《위략》魏略[18]의 기록들이다. 그 중《위략》의 기록이 고조선 령역의 변동에 대하여 가장 명백하게 서술하고 있다. 우선《위략》의 기록을 보기로 하자.

> 옛 기자의 후예인 조선후는 주나라가 쇠약해지자 연나라가 스스로를 높여 왕을 칭하고 동쪽으로 침략하려는 것을 보고, 조선후도 역시 스스로 왕이라 칭하고 군사를 일으켜 역으로 연나라를 공격해서 주 왕실을 받들려 하였는데, 그 대부 예가 간하므로 중지하였다. 예를 서쪽으로 보내 연을 설득하자 연도 그치고 공격하지 않았다. 그 후 그 자손들이 점점 교만하고 포악해지자 연나라에서 장수 진개를 보내 그 서쪽 지방을 공격해서 2천여 리의 땅을 얻고 만반한에 이르러 경계를 삼았다.
>
> 昔箕子之後朝鮮侯見周衰, 燕自尊爲王, 欲東略地, 朝鮮侯亦自稱爲王, 欲興兵逆擊燕, 以尊周室. 其大夫禮諫之, 乃止. 使禮西說燕, 燕止之不攻. 後子孫稍驕虐, 燕乃遣將秦開攻其西方, 取地二千餘

---

18)《위략(魏略)》은 조조가 세운 위(魏)나라의 낭중(郎中)이었던 어환(魚豢)이 지은 책으로 삼국 시대(220~280) 위(魏)나라의 역사를 기록한 역사서다.《삼국지》 등에 그 일부가 전해지는데 한국 고대사와 관련해서 많은 내용이 담겨 있다. 청(淸)나라의 장붕일(張鵬一)이《위략》의 흩어진 일문(逸文)을 모아 편찬한《위략집본(魏略輯本)》 25권이 있다. 어환(魚豢)은 삼국 시대 위나라 경조(京兆 : 현재 하남성 낙양)사람인데, 진(晉)나라가 삼국을 통일한 후에는 벼슬하지 않고, 사학에 전념해《위략(魏略)》을 편찬했다.

里, 至滿潘汗爲界.

《위략》의 저자 어환魚豢은 고조선의 서방 2천여 리의 령역이 연나라 장군 진개에게 탈취당하였다고 썼다. 이에 의하면 료동 만반한에서 서방 2천여 리 지역이 본래 고조선의 령역이였다는 것이다. 진개는 연 소왕(기원전 311~279년)에 복무한 자이며, 따라서 우리는 고조선 령역의 대변동 시기가 기원전 4세기 말~3세기 초라는 것을 알 수 있다.

연이 탈취한 고조선 서방 2천여 리 영역

연이 고조선을 침략한 사실에 대하여 《사기·조선 렬전》에는 다음과 같이 씌여 있다.

> 조선왕 위만은 옛 연나라 사람이다. 연나라 전성기 때 일찌기 진반과 조선을 공략해서 속하게 하고, 관리를 두고 장새를 설치했다.
> 朝鮮王滿者, 故燕人也. 自始全燕時, 嘗略屬真番, 朝鮮, 爲置吏, 築鄣塞.

여기에서는 《연나라 전성기 때(全燕時)》란 것이 어느 시기인가를 밝히지는 않았지만 우리는 연의 력사에서 그 전성 시기를 판단한다면 그의 고조선 침략 시기도 알 수 있는 것이다. 《사기》 34권 《연 소공세가》燕召公世家에 근거하면 연의 전성 시기가 소왕昭王 28년(기원전 284년)에 제나라의 수도 림치臨淄를 점령한 시기임을 알 수 있다.

동서同書(연 소공 세가)는 이렇게 썼다.

연 소왕 28년, 연나라는 성대하게 부유해졌고 군사들은 앞에 서기를 즐기고 날래게 싸웠다. 이에 악의를 상장군으로 삼아 진秦나라, 초나라와 삼진三晉이 함께 모의해 제나라를 정벌했다. 제나라 군사가 무너지고 민왕湣王은 밖으로 달아났다. 연나라 군사가 홀로 북쪽으로 추격해 임치로 쳐들어가 제나라의 보배들을 모두 빼앗고 그 궁실과 종묘를 불살랐다.

燕昭王 二十八年, 燕國殷富, 士卒樂軼輕戰, 於是遂以樂毅爲上將軍, 與秦、楚、三晉合謀以伐齊。齊兵敗, 湣王出亡於外。燕兵獨追北, 入至臨淄, 盡取齊寶, 燒其宮室宗廟.

이에 근거하여 《연나라 전성기 때》가 연 소왕 28년 시기였음을 판단할 수 있다. 사마천의 설에 의하면 연나라 소왕 대에 고조선의 조선, 진반 지역이 연에게 탈취당한 것이다. 이것은 《위략》의 기록과 대체로 일치한다.

우리가 《위략》의 기록을 부인할 근거가 없는 이상 우리는 이 자료에 의거하여야 한다. 그것은 또한 《사기》의 기록과도 일치되기 때문이다.

정다산은 이 문제에 관하여 《아방강역고》에서 다음과 같이 썼다.

내(정약용)가 살펴보니 지금 북경에서 의주까지 거리가 2천1백 리다. 만약 《위략》의 설과 같다면 마침내 압록강 서쪽을 빼앗겼는데, 어찌 다시 만반한을 경계로 할 수 있겠는가?[19] 이 설은 망발이다. 그러나 기자가 땅을 개척할 때 멀리 료수를 지났다는 것은 징험할 수 있다. 《한서》 료동군에 속한 현에 문현文縣이 있고, 반한현番汗縣이 있다.

19) 정약용은 만반한을 료동군 소속으로 보고 있는 것이다.

《후한서》 료동군에 속한 성 중에 문현汶縣, 반한현番汗縣이 있다. 만반한이란 문번한이다(문汶과 만滿은 소리가 서로 가깝다). 《위략·지형지》에 북평군에서 거느리는 현 중에 조선현이 있는데, 주석에서 말하기를, "전한·후한과 진나라 때는 낙랑군에 속했는데, 후에 폐지했다. 연화延和 원년(432) 조선 백성을 비여肥如로 옮겨, 후에 다시 현을 설치했다"라고 했다. 《명일통지》明一統志에서 말하기를 "조선성이 영평부 경내에 있는데, 서로 전하기를 기자가 봉함을 받은 지역이다. 후위後魏에서 현을 설치하고 북평군에 속하게 했다. 북제北齊 때 없애고 신창현에 편입시켰다"고 했다. 내가 살펴보니 지금의 영평부는 옛날의 북평군이다. 또 《위략》에 근거하면 반한潘汗 서쪽 2천여 리는, 옛날 기씨箕氏(기자)가 갖고 있던 곳에 있었다. 지금 료동에서 서쪽으로 2천여 리를 가면 정확히 영평부 경내에 도달한다. 《일통지》에서 말한 것이 진실로 근거가 있다.

鏞案 今北京, 距我義州二千一百里。若如《魏略》之說, 遂失鴨江以西矣, 寧復得以滿潘汗爲界哉. 其說, 妄矣。然箕氏拓地, 遠過遼水, 斯可驗也。《漢書》遼東郡屬縣, 有文縣, 有番汗縣。《後漢書》遼東郡屬城, 有汶縣·番汗縣。滿潘汗者, 汶番汗也。【汶·滿, 聲相近】《魏書·地形志》, 北平郡領縣有朝鮮縣。注云; '二漢·晉, 屬樂浪, 後罷。延和元年徙朝鮮民於肥如, 復置縣.' 《明一統志》云; 朝鮮城在永平府境內, 相傳箕子受封之地。後魏置縣, 屬北平郡。北齊, 省入新昌縣." 鏞案 今之永平府, 古之北平郡也。且據《魏略》, 潘汗以西二千餘里, 在古爲箕氏之有。今自遼東而西, 行二千餘里, 正得永平府境。《一統志》所言, 眞有據也.(《아방강역고·조선고》)

그는 영평부까지 고조선의 령역이였던 것을 승인하나, 서방 2천여 리 지역을 탈취당한 후 고조선과 연과의 경계선은 압록강이며 료동의 만반한으로 될 수 없다고 하면서 《위략》의 설, 즉 《만반한을 경계로 한다》는 설을 망설이라고 론박하였다. 그러면서 그는 고조선의 수도가 평양이였으며, 기자 조선이 강성하였을 때 압록강 이서 2천여 리 지역을 확장할 수 있었다고 인정한 것이다. 그는 영평부[20] 이서 지역이 고조선 지역으로 될 수 있었다는 것은 생각하지 못하였다.

《위략》의 기록 무시한 내외 학자들

《위략》의 기록은 오늘까지도 허다한 내외 학자들에 의하여 무시되여 왔으며 또 무시되고 있다. 그러나 필자는 《위략》의 설이 정확한 근거가 있다고 인정하며 그 정당성은 기타의 사료들로써 증명될 수 있다.

사마천은 연이 고조선의 진반, 조선을 점령한 외에 《사기·흉노렬전》에서 연나라 장군 진개가 동호東胡를 천여 리 밖으로 격퇴한 사실에 대하여 다음과 같이 썼다.

> 그 뒤 연燕나라에 어진 장수인 진개秦開가 있어 호胡의 인질이 되었는데 호胡에서 매우 신임했다. 그는 뒤에 연나라로 돌아와 동호를 습격해서 깨부수었다. 동호는 1천여 리를 후퇴했다. … 연나라도 장성을 쌓았는데, 조양에서 양평에 이르렀고, 상곡, 어양, 우북평, 료서, 료동군을 설치해서 호胡에 맞섰다.
>
> 其後燕有賢將秦開, 爲質於胡, 胡甚信之。歸而襲破走東胡, 東胡卻

20) 명청(明淸)시기 영평부는 지금의 하북성 노룡(盧龍)현 지역이다.

千餘里 …, 燕亦築長城, 自造陽至襄平, 置上谷, 漁陽, 右北平, 遼西, 遼東郡以拒胡.

이 자료는 위에 인용한 《위략》의 자료와 공통점이 있는 바, 그것은 동일한 사람 즉 진개가 동일한 방향 즉 동방으로 정벌 사업을 진행하였다는 사실이다. 그리고 일치되지 않는 점이 있는 바, 그것은 전자에서는 진개가 조선의 서방 2천여 리 령역을 탈취했다고 썼으며, 후자에서는 진개가 동호를 천여 리 동으로 격퇴했다고 하는 사실이다.

따라서 조선과 동호가 어떠한 관계를 가지고 있는가 하는 문제가 제기된다. 동시에 《흉노 렬전》의 자료와 《조선 렬전》의 자료가 어떠한 관계가 있는가 하는 문제가 제기된다. 전술한 바와 같이 《연나라 전성기 때》는 바로 연 소왕 시기이며 진개는 소왕에게 복무한 자이였다.

따라서 진개가 동호를 격퇴한 시기와 연나라 전성기 때 연이 고조선의 진반, 조선 지역을 점령한 시기는 동일한 시기라고 판단된다. 그렇다면 여기에 두 가지 문제가 제기될 수 있다. 하나는 사마천이 어찌하여 연이 전성 시기에 고조선의 진반, 조선을 점령한 사실과 진개가 동호를 천여 리 밖으로 격퇴한 사실을 갈라 썼는가 하는 문제요, 다른 하나는 어환은 어찌하여 다만 진개가 고조선의 서방 2천여 리 령토를 탈취한 사실만을 기록했는가 하는 문제이다.

우리는 이 두 개 자료 중에서 어느 하나만이 정확하고 다른 하나는 망설일 것이라고 간단하게 처리해서는 안 된다.

이 량자가 모두 권위 있는 력사가들이니 그들이 이렇게 각이하게 기록한 사실은 반드시 어떠한 리유가 있을 것이라고 인정하고 문제를 해명해 나가야 한다.

종래 내외의 많은 학자들은 동호가 오로지 선비나 오환의 선조라고

만 인정했기 때문에 위에 인용한 《흉노 렬전》의 자료와 《위략》의 자료를 결부시켜 고찰하지 않았던 것이다.

《흉노 렬전》에 보이는 《동호》를 과연 오로지 오환과 선비의 선조라고만 인정할 수 있겠는가? 주지하는 바와 같이 《동호》란 것은 어떠한 단일한 종족의 명칭인 것이 아니라, 《호》(즉 흉노)의 동방에 거주한 몇 개 종족의 범칭인 것이다. 이에 대해서는 모든 사람들이 의심하지 않을 것이다.

동호가 맥족, 조선족인 아홉 가지 이유

그렇다면 우리는 동호가 반드시 오환과 선비의 선조라고만 단정하기는 어려울 것이 아니겠는가. 필자는 여기서 출발하여 다음과 같은 리유로써 진개에게 동방 천여 리 밖으로 격퇴당한 동호는 맥족을 가리키며, 그리고 사마천은 맥족과 고조선을 구별하여 각이한 종족으로 기록한 것이라고 판단하려는 것이다. 사마천과 어환은 각기 자기 시대에 있어서의 고조선과 맥족의 개념으로써 전래된 사료를 정리하였기 때문에 이 량자의 기록은 상이하게 된 것이라고 판단하려는 것이다.

첫째 리유: 동일한 시기 동일한 사람이 동일한 방향으로 대정벌 전쟁을 진행한 사실이다.

우리는 《흉노 렬전》과 《위략》의 자료에 근거하여 조선과 동호가 모두 연을 위협한 강대한 세력을 가졌던 강국이였음을 알 수 있다[21].

---

21) 단재 신채호는 《사기》 〈흉노 렬전〉의 동호는 고조선의 하나라고 인식했고(《조선상고사》), 최근 고대사연구가인 황순종은 《사기》 〈흉노 렬전〉의 진개의 동호 공략

《위략》에 의하면 조선이 연을 공격하려다가 중지한 사실이 있고, 《사기·흉노 렬전》에 의하면 연나라 장군 진개가 동호에게 인질로 잡혀 갔던 사실을 기록하고 있는 것으로 보아서 이렇게 말할 수 있다. 연의 진개는 동시에 두 나라를 정벌하였다. 따라서 만일 조선과 동호가 아무 관계도 없는 완전히 다른 두 개 종족이였다면 우리는 동일한 인물이 동시에 이 두 개 강국을 격파하였다고 상상하기 어려운 것이다. 만일 조선이 자기와 아무런 관계가 없는 외족과 련합 작전을 하였다면 그 량족을 동시에 정벌할 수도 있다고 상상할 수 있으나 우리는 그렇게 생각할 근거가 없으며, 또 실제로 그것은 상상하기 어려운 것이다. 때문에 이 두 종족은 반드시 밀접한 관계가 있다고 보여진다. 진개가 맥국 출신이며 반역자였다는 사정을 고려할 때 그가 고조선과 맥국을 동시에 공격할 수 있었다는 사실을 자연스럽게 리해할 수 있다. 진개가 맥국 출신이였다는 사실에 대해서는 아래서 고증한다.

동호를 오환과 선비의 선조로 규정한 설을 의심함

둘째 리유: 《후한서》 오환전과 선비전에서 동호를 오환과 선비의 선조로 규정한 후 력대의 많은 학자들은 그 설을 움직일 수 없는 정설로 인정하여 왔다. 그러나 필자는 범엽范曄[22]의 이 설에 대하여 의심을 품지 않을 수없다. 왜냐하면 그는 전한 무제 이후 비로소 한과 련계를 가진 오환과 그리고 후한 대에 이르러 비로소 후한과

기사와 《위략》의 진개의 조선 공략 기사는 같은 사건을 각각 적은 것이라고 인식했다(황순종, 《식민사관의 감춰진 맨얼굴》, 만권당, 2014) 진개가 동호를 공략하고 쌓은 5군의 마지막이 료동군이고, 진개가 고조선을 공략하고 만반한을 경계로 삼았는데, 이 역시 료동이기 때문에 같은 사건이라는 인식이다.

22) 범엽(范曄 : 398~445), 중국 남북조 시기 남조의 유송(劉宋)의 정치가이자 역사학자로서 《후한서(後漢書)》를 편찬했다.

련계를 가지게 된 선비가 전국 시대 그렇게 강성하고 연과 밀접한 련계를 가지고 있었다는 재료를 듣지 못하고 있기 때문이다. 또한 《호》胡라는 칭호는 고대 한인들이 조선족에 대해서도 흔히 칭하고 있었기 때문이다. 례를 들면 《한서·지리지》 현도군 주에서 안사고顔師古는 《응소가 말하기를, "옛 진반인데, 조선 호국이다(應劭曰: 故眞番, 朝鮮胡國)"라고 했다》라고 썼다.

《위략》에서 어환은 《연나라 사람 위만이 망명할 때 호복을 입고 동쪽으로 패수를 건넜다(燕人衛滿亡命, 爲胡服, 東渡浿水)》[23]라고 썼는 바, 이 《호복》胡服은 바로 조선 옷을 말하는 것이다.

《삼국지·위지·동이·고구려전》에는 《지금도 호胡들은 이 성을 책구루라고 부른다. 구루란 (고)구려에서 성을 뜻하는 말이다(今胡猶名此城爲幘溝漊。溝漊者, 句麗名城也)》라고 씌여 있는 바, 진수陳壽[24]는 고구려인을 《호》胡라고 칭한 것이 분명하다.

《수경주》 3권 소료수 주에는 《현(고구려현)은 옛 고구려 호의 나라다〔縣(高句麗縣－필자), 故高句麗胡之國也〕》라고 썼는 바, 력도원酈道元도 고구려를 《호국》이라고 칭했던 것이다.

물론 이 《호국》은 《호》(흉노)와 구별해서 쓴 것이며 따라서 그것은 바로 동호이며, 또는 《동호》의 개념에 포함된 종족의 나라임을 말하고 있는 것을 알 수 있다.

그렇기 때문에 우리는 다음과 같이 해석할 근거를 가지게 된다.

---

23) "동쪽으로 패수를 건넜다"는 위 구절에서도 패수를 압록강, 청천강, 대동강 등으로 비정하는 일본과 남한 학계의 패수 비정은 그르다는 것을 알 수 있다. 패수가 서쪽으로 흐르는 강이면 남쪽으로 건너야지 동쪽으로 건널 수는 없기 때문이다. 패수는 남북으로 흐르는 옛 료동의 강 중에서 찾아야 한다.

24) 진수(陳壽 : 233~297) : 파서군(巴西郡) 안한현〔安漢縣 : 현 사천성 남충(南充)시〕사람으로 서진의 역사학자다. 촉한이 멸망한 후에 서진에서 벼슬해서 저작랑(著作郎)에 제수되었다. 정사 《삼국지(三國志)》를 편찬했다.

즉 《흉노 렬전》에서 말하고 있는 《동호는 천여 리 물러갔다(東胡卻千餘里)》의 《동호》東胡는 다만 오환이나 선비의 선조만을 가리키는 것이 아니라 조선과 맥족을 포함한 일련의 종족들을 가리키는 총칭이라고 해석할 수 있는 것이다.

물론 《동호》의 개념은 오환, 선비 및 기타 흉노의 동방에 위치한 모든 종족들을 가리킬 수 있는 것이다. 그러나 진수와 범엽은 《오환전》과 《선비전》에서 오환이나 선비가 연나라 장군 진개에게 2천여 리(혹은 천여 리) 밖으로 격퇴당한 사실을 기록하지 않고 있으며, 다만 한 초 오환이 흉노의 묵특冒頓(모돈)에게 패망당한 사실만을 기록하고 있을 뿐이다.

《후한서·오환전》에는 《소제 때 오환이 점차 강성해져서 흉노 선우총의 묘를 파헤쳐서 묵특에게 가졌던 원한을 보복했다(昭帝時, 烏桓漸強, 乃發匈奴單于冢墓, 以報冒頓之怨)》라고 씌여 있다. 이것으로써 우리는 오환이 일찌기 묵특에게 패망한 일이 있었다는 사실을 추단할 수 있으나 이 자료는 결코 묵특이 멸망시킨 동호가 곧 오환만의 선조라는 것을 증명할 수는 없는 것이다.

같은 렬전에는 또한 《오환은 본래 동호다. 한나라 초에 흉노 묵특에게 그 나라가 멸망했는데, 그 남은 무리들이 오환산에 들어가서 보존했으므로 그렇게 이름 지은 것이다(烏桓者, 本東胡也. 漢初, 匈奴冒頓滅其國, 餘類保烏桓山, 因以爲號焉)》라고 씌여 있다. 이 자료에 근거하면 오환의 명칭은 흉노에게 패망된 후 비로소 생긴 것이다.

그러나 《사기》 129권 《화식 렬전》 오씨 라烏氏倮 조에는 《연나라는 …북쪽으로는 오환, 부여와 접해있고, 동쪽으로는 예맥, 조선, 진반과 이익이 얽혀 있다(燕 … 北隣烏桓, 夫餘, 東綰穢貊, 朝鮮 眞番之利)》라고 씌여 있고, 《한서》 28권 하 《지리지》 연지燕地 조에는 《… 연나라 태자 단이 남긴 풍속이다 … (연나라)는 북쪽으로 오환, 부여와 이웃하고 있고, 동쪽으로는 진반과 이익으로 장사하고 있다(… 燕丹遺風也, … 北隙烏桓, 夫餘, 東賈眞番之利)》라고 씌여 있다.

이 자료들에 근거하여 우리는 전국 시대 말~한 초 연 북방에 이미 오환이 거주하였음을 알 수 있다. 이 자료는 사마천의 관념에는 이미 동호와 오환을－용례 상 구별하고 있다는 것을 말하는 것이 아니겠는가? 그렇기 때문에 범엽의 설을 반드시 정당한 것이라고 인정할 수 없게 된다. 만일 묵특에게 멸망당한 동호가 오환이였다면 사마천은 어찌하여 《묵특이 오환을 파멸시켰다(冒頓破滅烏桓)》라고 쓰지 않았겠는가? 여기에는 반드시 리유가 있을 것이다.

사마천은 《흉노 렬전》에서 《연나라에는 현명한 장수 진개가 있었다 … 동호를 습격해서 쳐부수니 동호는 천여 리를 물러갔다(燕有賢將秦開 … 襲破走東胡, 東胡郤千餘里)》, 《이때(묵특 때－필자 리지린 원주) 동호가 강성해졌다 … 동호왕은 더욱 교만함이 더해져서 서쪽을 침략했다. 흉노와 사이에는 중간에 버려진 땅이 있어 사람이 살지 않는 곳이 1천여 리나 되었다(是時(冒頓時－필자)東胡彊盛 … 東胡王愈益驕西侵, 與匈奴閒, 中有弃地, 莫居, 千餘里)》, 《묵특에 이르러 흉노가 가장 강대했으며 북이北夷들을 모두 복종시켜 따르게 해서 남쪽의 중국과 적국이 되었다(至冒頓而匈奴最彊大, 盡服從北夷而南與中國爲敵國)》라고 썼다. 이 자료들을 통하여 우리는 사마천이 동호를 북이로 인정하였다는 사실을 용이하게 간파할 수 있다. 왜냐하면 사마천은 동 렬전에서 묵특에게 망한 종족을 동호라고 썼고 여기서는 북이라고 썼기 때문이다.

그는 《화식 렬전》에서는 이렇게 썼다.

> 양楊과 평양平陽에서는 … 북쪽으로는 종種과 대代와 장사를 했다. 종

種과 대代는 석읍石邑의 북쪽인데, 땅이 호胡(흉노)의 변경이어서 자주 도적들의 피해를 입었다. 백성들은 강직하고 사나운 것을 자랑하고 호기롭고 의기로운 것을 잘하며 난리를 일으키고 농사나 상업을 일삼지 않았다. 그러나 북이北夷와 가까워 군사들이 자주 왕래했는데 중국에서 물자를 수송하는 때에는 특별한 벌이가 있기도 했다. 그 백성들은 간악하고 강해서 균등하지 않았다.

楊, 平陽…北賈種, 代, 種, 代, 石北也, 地邊胡, 數被寇。人民矜懻忮, 好氣, 任俠爲姦, 不事農商。然迫近北夷, 師旅亟往, 中國委輸時有奇羨, 其民羯羠不均.

이 자료는 조趙 무령왕(기원전 325~299년) 직전 흉노의 위치에 관한 기록이다. 왜냐하면 종種, 대代 지방 변방에는 《호》胡가 거주하여 빈번히 이 지역을 침범했기 때문이다. 그리고 또 이 자료는 《호》胡와 《북이》北夷를 명백히 갈라 쓰고 있으며, 그 량족이 대代 지역에서 동서로 린접해 있었음을 말해 주고 있다.

《흉노 렬전》에는 《조양자趙襄子가 구주句注를 넘어 대代 땅을 쳐부수어 합병시키고 호맥胡貉과 국경을 맞대었다(趙襄子踰句注, 而破并, 代, 以臨胡貊)》라고 씌여 있다. 그리고 조 무령왕은 《북쪽으로 임호林胡와 누번樓煩을 깨부수고 장성長城을 쌓았다. 또 대代로부터 음산陰山 아래에서 고궐高闕에 이르는 곳을 병탄하고 요새를 만들었다. 이에 운중雲中과 안문과 대군을 설치했다(北破林胡, 樓煩, 築長城自代並陰山下, 至高闕爲塞, 置雲中, 雁門, 代郡)》라고 하였다.

이 자료들을 련결시켜 고찰하면 기원전 5세기 중엽까지 대代 지역에는 《호맥》이 거주하였고 아직 흉노胡는 나타나지 않았다. 그러나 기원전 4세기 말~3세기 초에는 《림호》, 《루번》 등이 대 지역에 나타나게 되여 조 무령왕이 이를 격파하였다. 즉 종, 대 지방을《호》가 자주 침범했다는 것은 흉노(호) 계통인 루번, 림호를 말하는 것이다. 이때《북이》北夷가 계속 조의 북방에 림박하고 있었다.

그렇다면 앞에 인용한 자료의《북이》北夷는 바로 동호임을 알 수 있다.

우리는 이 자료들을 련결시켜 고찰함으로써 흉노에게 망한《북이》(즉 동호)가《호맥》(즉 맥족)임을 알 수 있다. 더우기 그렇게 생각할 수 있는 또 하나의 근거는 사마천은 흉노가 동호를 멸망시켰다고 쓰고, 다시 그 후 연 북방에 오환이 존재했다고 썼다. 만일 동호인 오환이 멸망되였다면 어찌하여 동일한 시기에 그냥 연의 북방에 존재하였겠는가? 사마천은 오환의 명칭을 쓰면서도 오환이 흉노에게 망하였다고는 쓰지 않았다. 그렇기 때문에 우리는《흉노 렬전》의《동호》를 오환과 선비의 선조라고만 론단할 근거가 없게 된다. 그와 반대로 우리는 그 동호가 맥족이라고 주장할 충분한 근거를 가지게 된다. 우리는 또한 오환도 맥족의 일부였다고 추상할 수도 있으나 아직은 그것을 증명할 수 없다.

북이 고리국(부여 왕의 선조, 즉 맥족의 국가)과 묵특에게 패망한 동호를 련결시켜 생각해 보자. 고대 문헌 사료에는 다만《북이 고리국》의 명칭과 간단한 전설이 있을 뿐이고 그 력사의 자료는 없다. 이것이 바로 고리국이 일찌기 멸망한 증거가 아니겠는가?《론형》의 자료에 근거하여 우리는 고리국에 국왕이 존재했다는 사실을 알 수 있으며,《흉노 렬전》에 근거하여 동호에도 국왕이 존재했다는 사실도 알 수 있다.

그러나 오환이나 선비의 사회에는 한漢 대에도 국왕이 존재하지 않았다. 때문에 우리는 묵특에게 멸망당한 동호 왕은 맥족의 고리국

왕이라고 추단할 수 있다.

세째 리유: 사마천은 《사기·흉노 렬전》에서 《동호》, 《호맥》, 《예맥, 조선》 등 명칭을 기록하고 있다. 같은 렬전에서 이렇게 말했다.

> 진문공(기원전 765~716) 때 연燕나라의 북쪽에는 동호東胡와 산융山戎이 있었는데, 각각 나누어 계곡에 살았고 … 이로부터 백여 년 후에, 진 도공 때 … 그후 백여 년 후에, 조양자趙襄子가 구주句注를 넘어 대代 땅을 쳐부수어 합병시키고 호맥胡貉과 국경을 맞대었다. … 조나라는 대代와 구주산句注山의 북쪽을 차지하고 … 진 소왕秦昭王(기원전 306~251년) 때 진나라는 농서隴西와 북지北地와 상군上郡을 가졌고, 장성을 쌓아 호胡에 대비했다. 조趙나라 무령왕武靈王이 또한 풍습을 변경해서 호복胡服을 입고 말을 타고 활 쏘는 것을 훈련시켜서 북쪽으로 임호林胡와 누번樓煩을 쳐부수고 장성長城을 쌓았다. 또 대代로부터 음산陰山 아래에서 고궐高闕에 이르는 곳을 병탄하고 요새를 만들었다. 이에 운중雲中과 안문과 대군을 설치했다.
>
> 그 뒤 연燕나라에 어진 장수인 진개秦開가 있어 호胡의 인질이 되었는데 호胡에서 매우 신임했다. 그는 뒤에 연나라로 돌아와 동호를 습격해서 깨부수었다. 동호는 1천여 리를 후퇴했다.
>
> 秦文公(기원전 765~716) 燕北有東胡, 山戎各分散居谿谷 … 自是之後百有餘年, 晉悼公 … 後百有餘年, 趙襄子踰句注而破并, 代 以臨胡貉 … 趙有代、句注之北 … 秦昭王(기원전 306~251년) 時 … 秦有隴西, 北地、上郡, 築長城以拒胡。而趙武靈王亦變俗胡服, 習騎射, 北破林胡、樓煩。築長城, 自代並陰山下, 至高闕為塞. 而置雲中、鴈門、代郡。其後燕有賢將秦開, 為質於胡, 胡甚信之。歸而襲破走東胡, 東胡卻千餘里.

진개가 인질로 잡혀 갔던 〈호〉는 바로 맥족

이 자료에서 문제로 제기되는 것은 《호》胡, 《동호》東胡, 《예맥》胡貊에 대한 해석이다.

(1) 먼저 《호》胡에 관하여 고찰해 보자. 기술한 바와 같이 진, 한대 중국인들은 《호》胡란 명칭을 북방 《야만》족의 범칭으로 사용하였다. 그러나 일반적으로는 흉노족 계통을 가리켜 《호》라고 칭하였다. 그런데 위에 인용한 자료 중 《진개는 호胡의 인질이 되었는데 호胡에서 매우 신임했다. 그는 뒤에 연나라로 돌아와 동호를 습격해서 깨부수었다(秦開爲質於胡, 胡甚信之. 歸而襲破走東胡)》의 《호》胡는 분명히 《동호》東胡를 가리키고 있으며 결코 흉노는 아닌 것이다. 왜 이렇게 말할 수 있는가 하면 만일 《호》胡를 흉노로 해석한다면 이 문장의 전후의 문구가 련결이 되지 않기 때문이다. 즉 《흉노의 인질이 된(爲質於匈奴)》 진개가 《연나라로 돌아와 동호를 습격해서 깨뜨렸다(歸而襲破東胡)》면 전후 문구의 론리가 통하지 않게 된다.

이렇게 해석해야 할 또 하나의 리유는 또 사마천이 동 렬전에서 진개가 동호를 격파했다는 사실을 쓰기 전에는 연과 흉노의 관계를 전연 언급하지 않고 있다는 사실이다. 그는 다만 연 북방에 동호와 산융이 있다는 사실만을 쓰고, 그 아래서 《진나라는 … 장성을 쌓아 호에 대비했다(秦 … 築長城以拒胡)》, 《조나라는 … 북으로 임호와 루번을 쳐부수었다(趙 … 北破林胡, 樓煩)》라고만 쓰고 있다.

이를 통하여 우리는 연의 북방에는 조 무령왕 시기(기원전 325~299년)까지 흉노(즉 호)는 없었고 동호와 산융이 있었으며, 흉노는 아직 진의 북방에 있었고 조의 북방에 림호와 루번이 있었음을 알 수 있다. 그렇다면 진개 시기까지 연 북방에는 아직 흉노가 아니고 동호가 있었다는 것을 알 수 있다. 진개는 조 무령왕과 동 시기의 인물이다. 따라서 진개가 《호에 인질이 되었다(爲質於胡)》라는 《호》胡는 흉노를 가리키는 것이 아니라 동호를 가리키고 있음이 명백하다.

(2) 《호맥》胡貊에 관하여: 《호맥》胡貊을 《호胡와 맥貊》으로 읽을 것인가 하는 것이 문제로 제기된다. 전술한 바와 같이 《조양자趙襄子가 구주句注를 넘어 대代 땅을 쳐부수어 합병시키고 호맥胡貉과 국경을 맞대었다(趙襄子踰句注而破并, 代 以臨胡貊)》란 문장 전면에는 흉노胡에 관한 기록도 없으며, 또한 조양자 시기 연 북방에 흉노胡가 출현하였다는 기록도 없으며 다만 《연나라 북쪽에는 동호와 산융이 있다(燕北有東胡, 山戎)》라고만 썼다. 조양자(기원전 457~425년) 이후 비로소 조의 북방에 림호와 루번이 출현하였고, 조 무령왕(기원전 325~299년)이 그들을 격파하여 대군代郡을 설치하였는 바 이에 근거하여 조양자 시기 대代 이동에는 아직 호(즉 흉노)가 출현하지 않았음을 알 수 있다.

아래에서 《맥》을 론할 때 다시 론급하게 되겠지만 제의 환공이 북벌하여 《호맥》에게 패전한 사실이 있는 것으로 보아서 《호맥》을 《호와 맥》의 두 개 동족으로 볼 수 없다. 따라서 《호맥》胡貊을 그대로 《호胡인 맥貊》으로 읽더라도 이 맥은 흉노를 의미할 수는 없으며, 그것은 위에서 인용한 례문과 같이 고대 한인들이 맥족도 《호》 계렬로 인정했음을 의미하는 것에 불과한 것이다.

그렇기 때문에 조 무령왕과 거의 동 시기인 연나라 진개 시기 연나라 북방에는 흉노가 아직 나타나지 않았으며 거기에는 맥족이 거주하고 있었음을 알 수 있다. 따라서 진개가 인질로 잡혀 갔던 《호》胡는 바로 맥족이며 동시에 그가 격퇴한 《동호》도 맥족임을 알 수 있다.

이것을 방증해 주는 자료는 《전국책》 19, 《조책》인 바 거기에는

《상산常山에서부터 대代에 이르기까지 상당上黨의 동쪽은 연과 동호의 경계이다(自常山以至代, 上黨東有燕, 東胡之境)》란 기록이다. 우리는 이 자료에서 대와 상당 이동에는 연과 동호가 남북으로 린접해 있었음을 알 수 있다. 따라서 우리는 대와 동호가 거주하는 연의 북방 간에는 다른 어떤 종족도 없었음을 용이하게 간파할 수 있다. 그렇기 때문에 동호는 바로 맥족 외의 다른 어떤 종족으로도 될 수 없다. 다시 말하면 대代 이동에는 맥족이 거주하였음을 위에서 인용한 자료에서 명백히 알 수 있으며, 여기서는 대 이동에 동호 외에는 다른 종족이 없었음을 알 수 있기 때문에 이 맥족을 바로 동호라고 별칭한 것이 명백하게 된다. 우리는 여기서 동호를 맥족 이외의 다른 종족으로 해석할 근거가 없으며, 따라서 진개에게 천여 리 동방으로 격퇴당한 동호는 분명히 맥족이라는 것을 알 수 있다.

연의 북방, 동북방에 맥족 거주

네째 리유: 고대 조선족의 한 갈래인 맥족이 실지로 연의 북방과 동북방에 거주했던 사실이다.

《산해경》 11권 《해내서경》海內西經에는 《맥국은 한수漢水의 동북에 있는데, 연나라에 가까워서 (연나라에) 멸망당했다(貊國在漢水東北, 地近于燕, 滅之)》라고 씌여 있다. 이 기록은 《사기·연 소공 세가》 마지막 부분의 사마천의 평론에 기록된 《연나라는 북쪽으로 만맥을 다그쳤다(燕北迫蠻貊)》란 기록과 내용이 일치된다. 사마천은 《흉노 렬전》에서 《연나라 북쪽에는 동호와 산융이 있다(燕北有東胡, 山戎)》라고 썼다. 그가 동호와 산융을 만맥이라고 칭한 것이 아닌가?

《산해경》에 맥국이라고 쓴 사실로 미루어 보건대 그 시기는 연 소왕 시기로 인정된다. 왜냐하면 맥국이 연에게 멸망당한 사실은 연 소왕 시기 이전에도 이후에도 없었기 때문이다. 따라서 사마천은 동호 여러 족 중에서 주요한 종족을 맥족으로 인정했다는 사실을 알 수 있다. 여기 인용한 《산해경》의 자료에서 《한수》의 위치가 문제로 제기될 수 있다. 이 문제는 아래에서 《예맥》을 론할 때 상세히 언급하기로 한다. 요컨대 여기서는 《한수》가 연 북방에 있는 강이라는 결론만 언급해 둔다. 또 하나 문제로 제기될 수 있는 것은 동일한 《산해경》 내에 《동호》와 《맥》을 두 가지 다 기록하고 있는 사실이다.

앞에서 인용한 《산해경》의 경문 앞에 《동호는 대택의 동쪽에 있고, 이인은 동호의 동쪽에 있다(東胡在大澤東, 夷人在東胡東)》란 기록이 있다. 이 기록만을 보면 《산해경》의 편자는 동호와 맥을 별개의 종족으로 인정하였다고 생각할 수도 있다. 그러나 우리는 그렇게 간단하게 판단할 수 없다. 왜냐하면 《산해경》은 한 사람의 손으로 된 책이 아니고 오랜 시일을 두고 여러 사람의 손으로 씌워진 것이기 때문에 착간이 많고 모순되는 기록이 허다한 것이다. 이것은 주지의 사실이며 따라서 맥과 동호를 각이한 종류인 것처럼 기록한 것은 별로 문제시될 수 없다. 왜 그러냐 하면 위에 인용한 두 가지 기록은 각이한 시대의 각이한 사람이 쓴 것으로 말할 수 있기 때문이다.

만일 나의 해석이 성립된다면 연에게 멸망당한 맥국은 바로 《사기·흉노 렬전》에서 진개에게 격퇴당하였다고 한 동호의 나라이며, 《위략》에서 말한 연나라 진개에게 2천 리 격퇴당했다고 한 조선의 령역에 포함된 것으로 해석할 수 있다. 우리는 이 중요한 자료들의 내용이 결코 우연히 일치되였다고는 볼 수 없을 것이다. 맥은 고대 조선족의 하나이기 때문에 어환은 자기 시대(기원 후 3세기)의 조선족의 개념으로써 맥과 진반, 조선을 통털어 《조선》이라고 인정했다고 해석할 수 없겠는가? 이 문제도 아래에서 《예맥》을 론할 때 상세히 언급하기로 한다.

위에서 이미 언급한 바이지만 우리는 여기서 연의 동방에 조선, 료동이 존재했던 사실을 념두에 두어야 한다. 요컨대 이상 자료들에서 맥과 동호가 결코 각이한 종족이 아니라는 것을 우리는 알 수 있다.

전국 시대 오환과 선비는 왕 있는 국가 아니었다

다섯째 리유: 《사기·흉노 렬전》의 《동호가 천여 리 퇴각하였다》고 한 그 동호가 오환이나 선비의 선조가 아니라고 말할 수 있는 리유가 또 하나 있다. 《흉노 렬전》에는 《묵특이 이미 섰는데, 이때 동호가 강성해졌다 … 동호왕은 교만함이 더욱 심해져서 서쪽을 침략했다(冒頓旣立, 是時東胡彊盛, … 東胡王愈益驕, 西侵)》라고 씌여 있다. 전국 시대의 사회 정황을 서술함에 있어서 《왕》이 있다고 기록한 사실은 그 사회가 상당히 발전하였음을 의미한다. 사마천은 동호는 국왕이 있는 강국이라고 인정한 것이다.

그렇다면 과연 전국 시대의 오환과 선비가 국왕이 있는 발전된 국가를 이루고 있었다고 말할 근거가 있는가? 나는 그렇게 말할 근거가 없다고 생각한다. 《후한서》의 오환 렬전이나 선비 렬전을 보면 우리는 오환과 선비가 기원 1세기 이후에도 아직 충분한 정치 제도가 없었다는 사실을 알 수 있다. 오환은 통치자를 《대인》大人이라고 칭하였으며 《왕》王이라고 칭하지 않았다. 《후한서》 오환 렬전에는 이렇게 씌여 있다.

용감하고 건강하며 이치를 알아서 송사를 결정할 수 있는 자를 대인으로 추대하는데, 대대로 이 업을 전하지는 않는다. 읍락에는 각각 소수小帥가 있는데, 수백천數百千[25]의 촌락이 스스로 부部가 된다. 대인은 소소호所召呼가 있는데, 나무에 새겨 신표로 삼는다. 비록 문자로써 주고 받지 않아도 부중部衆에서 감히 범하지 않는다. 씨성은 일정하지 않으며 대인 건자健者의 이름을 성으로 삼는다.

有勇健能理決鬪訟者, 推爲大人, 無世業相繼. 邑落各有小帥, 數百千落自爲部, 大人有所召呼, 則刻木爲信, 雖無文字, 而部衆不敢違犯. 氏姓無常, 以大人健者名字爲姓.

만일 오환이 전국 시대에 왕을 가졌다면 어찌하여 후한 대에도 《용맹하고 송사를 처리할 수 있는 자가 〈대인〉으로 추대되였다》고 말할 수 있겠는가 하는 문제를 설명할 수 없을 것이다. 따라서 《사기·흉노 렬전》의 《동호왕은 교만함이 더욱 심해져서 서쪽을 침략했다(東胡王愈驕, 西侵)》란 기록은 《후한서》의 오환전과 선비전의 동호와 일치하지 않으며 그것은 《위략》의 기록, 즉 《조선후도 역시 스스로 왕이라 칭하고 군사를 일으켜 거꾸로 연나라를 공격해서 주 왕실을 받들려 하였다(朝鮮侯亦自稱王, 欲興兵逆擊燕)》란 기록과 내용이 대체로 일치한다고 말할 수 있을 것이다. 우리는 《후한서》의 오환, 선비 렬전의 기록으로써는 그 선조들이 후한 대보다 수백 년 전에 국왕이 존재하였고, 연과 흉노를 맹렬하게 침범하였다고 볼 수 있는 근거를 도저히 찾을 수 없다.

그렇기 때문에 전국 시대의 동호를 오환과 선비의 선조라고 단정한 범엽范曄의 설은 성립되기가 매우 어렵다고 인정된다. 만일 나의 주장이 성립될 수 있다면 진개에게 격퇴당한 동호는 《위략》의 설대로

25) 수백천(數百千)은 《한서》 〈엄조 렬전〉의 같은 구절에 대한 안사고의 주석에 따르면 "8, 9백이나 1천"을 뜻한다.

조선이라고 보는 것이 타당할 것이다(즉 맥국을 포함하여).

공통의 방언이 있었던 연과 고조선

여섯째 리유: 연과 고조선 간에 공통된 방언이 있었다는 사실이다. 양웅楊雄(기원전 53~기원 후 18년)의 《방언》方言에는 연나라 외교外郊(도성 밖)와 동북변에서 고조선 렬수 간에 사용된 26개의 방언이 수록되여 있다. 여기에 그것을 일일이 렬거하지 않는다. 이 방언은 연나라 인민과 고조선 인민이 공통으로 사용한 방언이라고 보아야 할 것이다. 이 방언은 아직 언어학적으로 해명되지 못하고 있으며 혹자는 이 방언은 순전히 중국의 방언이요 조선의 방언과는 관계가 없다고 주장한다. 물론 중국 학자인 양웅이 중국의 방언을 수록하였다는 견지에서 볼 때 그것은 중국의 방언인 것은 틀림없으나 그렇다고 해서 그것이 고조선의 언어와 전혀 관련이 없다고 주장할 근거는 없다. 고조선 렬수 지역에까지 그 방언이 통용되였다고 하는 기록을 우리는 거저 부인해 버릴 수는 없는 것이다.

방언이란 동일한 지역에 장기간 생활하는 인민들 간에 점차적으로 이루어지는 것이다. 그렇다면 우리는 연나라의 이 변방은 연의 변방과 고조선 렬수 간에 장기간에 걸쳐 거주한 인민의 언어라고 인정해야 할 것이다. 그런데 우리가 력사적 사실을 보면 이 지역에 연나라 인민들이 거주하게 된 것은 기원전 3세기 전반기부터이다. 그리고 이 지역에서의 중국인들의 세력이 확장된 것은 한 무제가 4군을 설치한 이후이다. 그렇다면 불과 백 여년 간에 고조선인들이 중국의 방언을 사용했다고 상상하기는 매우 곤난하지 않겠는가? 다시 말하면 중국인들과 고조선인이 공통으로 사용한 방언이 순전한 한어漢語라고 보기는 곤난할 것이다.

우리는 중국의 방언들을 리해할 때 고대 중국 북변 지역과 고조선 간에 사용된 방언이 어찌하여 생기게 되였는가를 추단할 수 있다. 오늘 중국의 각 지방 방언들은 수천 년을 경과한 오늘에도 서로 통하지 않는 것이 허다하다. 더우기 압록강 하나를 격하여 살아 내려 온 조·중 량국 인민이 서로 언어를 달리하고 있다는 사정을 고려할 때 우리는 고조선과 연의 방언의 성격을 추측할 수 있다. 그렇기 때문에 우리는 고조선 인민이 불과 1~2백 년 간 중국인들의 영향을 받음으로써 한어를 자기 방언으로서 사용했다고 상상할 수는 없다. 《한서·지리지》에는 고조선과 연과의 사이에 사람이 희소했다고 기록되여 있는 바 이 사정을 결부시켜 생각할 때 더욱 그렇게 생각되는 것이다.

우리가 상상할 수 있는 것은 방언이 통용되는 지역에 고조선과 연의 량국 인민이 섞여 살았다는 사실이다. 다시 말하면 고조선인들은 연나라 북방 지역에까지 거주하였음을 능히 상상할 수 있다. 따라서 이 방언은 고조선인이 오랜 세월을 두고 이 지역에 거주하다가 기원전 3세기 초 이 지역 2천여 리를 상실한 이후 남겨 놓은 고대 조선어의 영향을 받은 연나라의 방언으로 인정하는 것이 타당할 것이다. 요컨대 이 방언의 자료는 《위략》의 기록이 결코 허무한 것이 아니라는 것을 증명해 주는 한 개 자료로 된다. 이 방언은 앞으로 언어학적으로 연구되여야 할 중요한 문제이다.

〈조선〉이란 국호의 해석

일곱째 이유: 《조선》이란 국호의 해석은 본 문제를 해결할 수 있는

근거의 하나로 될 수 있다. 종래 내외의 많은 학자들의 해석이 있는 바 우선 그 대표적인 몇 개 실례를 렬거하자.

(1) 《신증 동국 여지 승람》 51 권 평양부 군명郡名 조에는 《동쪽의 해 뜨는 땅에 살아서 조선이라고 했다(居東表日出之地, 故曰朝鮮)》라고 씌여 있다.

(2) 《동사 강목》 잡기, 《조선 명칭고》에서는 《국조 보감》의 설과 김학봉의 《조선 고이》朝鮮考異의 설을 들고, 그와는 다른 자기의 설을 내놓고 있다. 그에 의하면 《국조 보감》에는 《조선朝鮮은 발음이 조선潮汕인데, 강의 이름을 이름으로 삼은 것이다. 또 말하기를 선鮮은 밝은 것明이다. 땅이 동표東表(동쪽 변방)에 있는데, 해가 밝게 빛난다. 그래서 조선이라고 했다(朝鮮音潮汕, 因水名爲名, 又云, 鮮, 明也, 地在東表, 日光明, 故曰朝鮮)》라고 썼고, 《조선 고이》에는 《선鮮은 밝다는 뜻이다. 땅이 동방에 있는데, 아침해가 선명하기 때문에 조선이라고 했다(鮮, 明也, 地在東方, 朝日鮮明, 故爲朝鮮)》라고 썼다.

안정복은 이 설들과는 견해를 달리하여 《기자의 땅이다. 료遼의 땅은 태반이 그 봉지다. 선비의 동쪽이기 때문에 조선이라고 칭했다(箕子之地, 遼地太半其封域, 而鮮卑之東, 故稱爲朝鮮)》라고 주장하였다.

(3) 신채호와 정인보는 《만주 원류고》에 근거하여 《조선》을 만주어의 《주신》珠申과 동일한 단어로 해석하였다. 《만주 원류고》에는 《수신》殊申을 《소속》所屬으로 해석하고 있다. 그들은 《소속》所屬을 《관할하는 경내管境》로 해석하였다. 또 혹자는 이것을 《족속》으로 해석하기도 한다.

(4) 량주동은 봉건 사가들의 설에서 출발하여 《조》朝 자를 《밝》으로 해석하고, 《선》鮮 자를 《새》로 해석하여 《조선》朝鮮을 《밝새》로 읽은 것이라고 주장하였다.(량주동 《조선 고시가 연구》 39페지 : 원저 주)

(5) 중국 3국 위魏(기원 3세기)의 학자 장안張晏은 《조선에는 습수濕水, 렬수洌水, 선수汕水가 있는데 세 강이 합해서 렬수洌水가 된다. 락랑과 조선은 여기에서 취한 이름이 아닐까 한다(朝鮮有濕水、洌水、汕水, 三水合為洌水, 疑樂浪、朝鮮取名於此也)》라고 썼다.(사기·조선 렬전 집해에 인용되여 있음 : 원저 주)

이러한 설들 중에서 어느 설이 정확한가?

(1) 《동쪽 변방의 해뜨는 땅(東表日出之地)》이라는 설에 대하여 고찰해 보자. 이 설의 주장자들은 《조선》朝鮮을 순전한 한문식 기명으로 해석하였다. 따라서 이 설은 성립되기 어렵다. 왜냐하면 고조선인들이 이미 기원전 6~7 세기에 한'자를 한문식으로 사용했다고 보기는 어려우며, 당시는 역시 리두식으로 한'자를 사용했다고 보는 것이 타당하기 때문이다. 또 설사 《조선》朝鮮을 한문식으로 썼다고 가정하더라도 이것은 명사로 될 수 없다. 그리고 고조선의 지명, 인명들을 보면 그것들은 한문식으로 씌여진 것이 아니라 역시 리두식으로 씌여진 것이다. 《락랑》樂浪 하나만 보더라도 그것은 고대 조선어를 리두식으로 기록한 것이며 결코 한문식으로 썼다고 볼 수 없다.

따라서 《조선》朝鮮을 《아침은 빛나는 나라》로 해석하는 것은 원래의 뜻을 그대로 말한다고 보기는 어렵다.

(2) 안정복의 설도 성립될 수 없다. 왜냐하면 선비의 명칭은 기원 이후에 비로소 중국 력사 서적에 기록되기 시작한 명칭이며 《기자시대》에는 물론 《선비》鮮卑란 명칭이 있을 수 없었으며, 따라서 《선비의 동쪽(鮮卑之東)》이란 지리적 개념이 있을 수 없었다. 이것은 안정복의 편면적인 해석에 불과하다. 그러나 이 설에서 주목해야 할 것은 고조선이 후세의 선비족의 지역(즉 료서, 료동에 걸치는 지역)이라는

설이다.

(3) 신재호와 정인보의 설은 청 대 중국 학자들의 설을 그대로 받아들인 설이다. 《만주 원류고》 1권 《부족》 조에는 《국초에 옛날에는 소속을 주신이라고 칭했는데, 또한 숙신肅愼의 발음이 옮겨진 것이다(國初, 舊稱所屬曰珠申, 亦即肅愼轉音)》라고 씌여 있다. 신채호, 정인보 량씨는 여기의 《소속》所屬을 《관할하는 경내(管境)》로 해석하여 《국호》의 뜻으로 인정하였다. 신채호는 이에 대하여 언어학적인 해석은 하지 못하고 다만 《발숙신發肅愼이 곧 발조선發朝鮮인 동시에 조선朝鮮과 숙신肅愼의 동일同一한 명사가 두 종류로 번역된 것이 명백한데 건륭제乾隆帝의 만주원류고滿洲源流考에 숙신肅愼의 본음을 〈주신〉珠申이라 하고 관경管境이라 하였으니 그러면 조선朝鮮의 발음도 〈주신〉珠申이요 관경管境의 뜻임이 명백하며 …》라고 썼다.

그들은 《만주 원류고》가 대만족주의大滿族主義(대만주족주의) 사상의 산물로서 건륭 황제가 고대 숙신을 자기들의 선조로 합리화하기 위하여 《숙신》肅愼을 자기의 언어 《주신》珠申으로 해석한 사실을 잘 리해하지 못한 것 같다. 우리는 고대 언어의 어휘들을 비교할 때 그 음이 류사하다 하여 성급하게 결론을 내려서는 안 될 것이며 반드시 력사적 사실들과 관련시켜 해석하여야 할 것이다. 건륭은 고대 숙신을 녀진족의 선조로 인정하였으나 나의 견해에 의하면 그렇게 주장할 근거가 없다고 인정한다. 이에 관해서는 아래에서 숙신을 론할 때 다시 론급하기로 한다.

《관자》에 보이는 《발조선》發朝鮮과 《사기》, 《대대례기》大戴禮記 등에 보이는 《발식신》發息愼이 동일한 것으로, 《식신》息愼 즉 《숙신》肅愼이 곧 《조선》朝鮮이란 설에는 나도 동의하나, 《조선》朝鮮을 곧 만주어의 《주신》珠申으로 해석하는 데는 근거가 너무 미약하므로 이를 수긍하기 어렵다.

(4) 량주동의 설도 성립되기 곤난하다. 그는 주장하기를 고대 조선족은 태양 숭배 신앙을 가지고 동으로 혹은 남으로 이동하였으며 도처에서 《밝》이란 지명과 《새》라는 지명을 사용하였다고 하였다. 그리고 그는 《조선》朝鮮이란 고대어를 《밝새》로 읽어야 한다고 주장하였다. 그의 언어학적 해석이 일리가 있는 것 같으나 그의 주장의 출발점은 앞서 인용한 봉건 사가들의 해석인 것이다.

그의 설이 성립되기 위하여서는 고대 조선인이 《조선》朝鮮을 《밝새》로 불렀다는 확실한 근거를 들어야 하며 리두식으로 《밝새》로 발음한 확실한 증거를 들어야 할 것이다. 그러나 우리는 그런 흔적을 전혀 찾아 볼 수 없다. 따라서 나는 그의 설을 긍정하기 어렵다.

(5) 장안의 설은 가장 오랜 설이며 또 력사적 사실과도 부합되는 합리적인 설명이라고 인정된다. 우리가 고대의 력사 지리를 연구할 때는 종래의 많은 설 중에서 가장 오랜 사료에 의거하여 문제를 고찰하는 것이 합리적인 것이다. 왜냐하면 고대 력사 지리에 관한 설은 근고近古할수록 비교적 정확하고 시대를 경과할수록 부정확한 것이 일반적 현상이기 때문이다.

장안의 설이 합리적인 이유

그러면 장안의 설이 어찌하여 합리적이라고 말 할 수 있는가?

그는 《조선에는 습수濕水, 렬수洌水, 선수汕水가 있는데 세 강이 합해서 렬수洌水가 된다. 락랑과 조선은 여기에서 취한 이름이 아닐까 한다(朝鮮有濕水, 洌水, 汕水. 三水合爲洌水, 疑樂浪朝鮮取名於此也)》라고 썼다. 《사기·소진 렬전》의 《연나라 동쪽에 조선과 료동이 있다(燕東有朝鮮,

遼東)》에 대한 《색은》[26]에서도 《조선 두 발음은 강 이름이다(潮仙二音, 水名)》라고 썼다. 그 밖에 장화張華도 역시 《조선에는 천수, 렬수, 선수가 있는데, 세 강이 렬수로 합한다. 낙랑과 조선은 여기에서 취한 음이 아닐까 한다(朝鮮有泉水, 洌水, 汕水. 三水合爲洌水, 疑樂浪朝鮮取名於此也)》라고 썼다.(통전 185권 변방 1 조선 조에 인용됨 : 원저 주)

이러한 자료들을 통해 보면 《조선》이란 국호가 수명水名(강 이름)에서 유래되였다는 설이 중국 고대로부터 전래된 것 같이 보인다. 우리는 이 설들이 중국인들의 설이라고 하여 일축해 버릴 수 없으며 그것은 반드시 력사적 근거가 있을 것이라고 생각하지 않을 수 없다. 혹시 그들이 상상하여 주장한 설일지라도 고조선 령역에 습수, 렬수, 선수가 합류되여 렬수를 이루는 강이 있었음을 인정한 것만은 의심할 바 없다.

그러면 이제 우리는 습수, 렬수, 선수가 합류하여 렬수를 이루는 강이 어디 있는 강인가를 살펴보기로 하자. 나는 오늘 우리나라 령역에서부터 연나라 북방(즉 오늘의 북경 북방)에 이르는 각 지방의 지방지들을 모두 조사하여 본 결과 오늘의 란하灤河 이외의 다른 강에서 찾아 볼 수 없었다. 오늘 우리나라의 강들 중에서는 습수, 렬수, 선수가 합류하며 렬수를 이루는 강이 존재하였음을 고증할 만한 자료가 근본적으로 없다. 물론 고대 지리지에서도 찾아 볼 수 없다.

혹자는 말하기를 장안이 말하는 렬수를 오늘의 료하라고 한다. 그 근거는 료하의 일명이 삼차하三叉河라는 데 있다. 그러나 그 삼차하가 습수, 렬수, 선수가 합류하여 렬수를 이루는 강과 동일한 강이라는 것을 증명할 수 있는 근거가 없다. 때문에 이 견해는 믿을 수 없는

26) 당(唐)나라 사마정(司馬貞)이 《사기》에 주석한 《사기 색은(索隱)》을 뜻함

것이다. 오늘의 료하를 렬수라고 칭했다는 사실은 아래에서 언급하게 된다.

력도원酈道元[27]은 《수경주》水經注 14권 유수濡水 조에서 《유수濡水는 동남쪽으로 흘러 무렬계곡에 닿는데 … 무렬수라고 이른다(濡水…又東南流逕武列溪 謂之武列水)》라고 썼다. 유수란 강은 오늘의 란하이며 란하의 일부를 무렬수라고 칭하였음을 알 수 있다.

《열하지》熱河志 69권 열하 조에는 이렇게 씌여 있다.

> 행궁에는 온천이 있는데 류수流水가 들이 붓는다. 처음 이름은 렬하였는데, 남쪽으로 흐르다가 꺾여서 동쪽으로 흐르고 다시 꺾여서 하영下營에 이르러 란하에 들어간다. 즉 옛 무렬수다.
>
> 行宮內有温泉, 流水注之, 始名熱河, 南流折而東, 復折而南至下營, 入灤河, 即古武列水.

같은 책의 건륭 황제가 지은 유명한 《열하고》에는 《열하가 무렬수인 것은 의심이 없다(熱河之武列水, 無疑)》라고 씌여 있다. 또 같은 책 《개신하기》開新河記에는 《열하의 강물은 … 즉 수경주에서 주석한 이른바 무렬수다(熱河之水 … 即水經注所謂武列水)》라고 씌여 있다.

우리는 이 자료들에 근거하여 고대에 열하(즉 란하의 일 지류)를 《무렬수》라고 칭했음을 알 수 있다. 고대에 무렬수를 략칭하여 《렬수》로 칭한 것은 한식 기명에서는 보통 현상이며 고증할 여지가 없다. 일례를 들면 《청장수》를 《장수》로 략칭하며 또 《압록수》를 《압수》라

27) 력도원(酈道元 : 466년 혹 472~527) : 범양군(范阳郡) 탁현(涿县 : 현 하북성 탁주)사람으로서 북위의 지리학자다. 그는 전부터 내려오는 《수경(水經)》에 주석을 달았는데, 패수(浿水) 같은 부분의 주석은 논란의 여지가 있다.

고 략칭한다. 요컨대 우리는 열하를 《렬수》라고 칭하였다는 사실을 확인할 수 있다.

그러면 《습수》는 어디 있는가? 《수경주》水經注 14권 경문經文[28] 《습여수》濕餘水 조에는 이렇게 씌여 있다.

> 습여수는 상곡 거용관에서 나와서 동쪽으로 흘러 군도현軍都縣 남쪽을 지나서 다시 동쪽으로 흘러 계현薊縣 북쪽을 지난다. 또 북쪽으로 굽어져 동남쪽 호노현狐奴縣 서쪽에 이르러 고하沽河에 들어간다. 濕餘水出上谷居庸關東, 東流過軍都縣南, 又東流過薊縣北, 又北屈東南至狐奴縣西, 入于沽河.

같은 책 경문 《고하》沽河 조에는 《고하는 … 남쪽으로 어양군 고노현孤奴縣 북쪽을 지나서 서남쪽에서 습여수와 합해져서 로하潞河가 된다(沽河 … 南過漁陽狐奴縣北, 西南與濕餘水合, 爲潞河)》라고 씌여 있는데, 력도원은 이에 주注하여 《고수는 또 남쪽에서 왼쪽의 포구수와 만난다(沽水又南, 左會鮑丘水)》라고 하였으니 우리는 《습여수》가 《포구수》와 합류됨을 알 수 있다. 그리고 같은 책 《유수》 조 주에는 《유수는 동남쪽으로 흘러, 낙안정 남쪽으로 흐르다가 동쪽으로 신하新河 옛 도랑과 만나는데, 도랑은 도랑은 옹노현雍奴縣으로부터 포구수鮑丘水를 잇는다(濡水東南流, 逕樂安亭南, 東與新河故瀆合, 瀆自雍奴縣承鮑丘水)》라고 하였으니 습여수와 포구수가 합류함을 또한 알 수 있다. 그렇다면 습여수와 유수가 련결됨을 알 수 있다. 습여수를 략칭하여 《습수》라고 칭한

---

28) 《수경(水經)》은 원 저자가 누구인지 분명하지 않다. 후한의 상흠(桑欽)이 지었다는 설과 진(晋)의 곽박(郭璞)이 지었다는 설이 있다. 《수경》 원저자가 쓴 것이 경문(經文)인데, 여기에 력도원(酈道元)이 주석을 단 것이 《수경주》다. 경문과 후대 력도원의 시각이 들어간 주(注)를 구별해서 해석해야 한다.

사실도 고증이 따로 필요치 않을 것이다. 이상으로써 렬수와 습수가 합류됨을 알 수 있다.

그러면 《선수》란 어떤 강인가? 《수경주》 유수 조에는 《봉대수封大水는 신안평현에서 나와서 서남쪽으로 흐르다가 신안평현 고성 서쪽을 지난다. 지리지의 료서군에 속하는 현이다. 또 동남쪽으로 흘러서 용선수에 들이붓는다(封大水出新安平縣, 西南流, 逕新安平縣故城西, 地理志遼西之屬縣也, 又東南流, 龍鮮水注之)》라고 쓰고 또 봉대수가 신하新河와 합류하며, 신하가 유수와 합류한다고 썼다. 룡선수를 략칭하여 《선수》라고 칭한 것은 무렬수를 렬수로, 습여수를 습수로 략칭함과 동일하다. 따라서 《선수》가 유수와 합류함을 알 수 있다. 유수는 오늘의 란하이며 무렬수의 하류인 것이다.

따라서 우리는 습수, 렬수, 선수가 합류하여 《유수》를 이루었음을 알 수 있다. 그렇다면 이제 남은 문제는 유수를 렬수와 동일시할 수 있겠는가 하는 문제이다.

고대에 열하를 《무렬수》라고 칭하였으니(략칭 렬수), 그 렬수의 하류도 렬수라고 청했을 것이라고 나는 추단한다. 어찌하여 이렇게 판단할 수 있는가? 그것은 《무렬수》는 고대 조선의 강 명과 완전히 동일한 강 명이며 《유수》는 고대 한인漢人들이 《렬수》를 다른 글'자로 써 쓴 것이라고 인정되기 때문이다. 다시 말하면 《렬수》와 《유수》는 동일한 명칭인 것이다.

우리는 력사 상 어떤 지역의 먼저 거주했던 종족이 이동한 후 다른 종족이 그 지역에 이주하여 왔을 때 그 후래자는 선주족이 부른 명칭에 근거하여 그곳의 지명을 자기들의 발음으로써 칭하고 글'자로 옮긴 사실을 볼 수 있다.

례를 들면 퉁구스족이 아무르강이라고 칭하던 것을 한인들이 그것을 흑룡강이라고 개명하였다. 현재는 다만 흑룡강의 하류만을 《아무르》강이라고 칭하게 되였다. 즉 《아무르》란 명칭은 오늘 그 하류에만 남아 있으나 고대에는 흑룡강을 《아무르》강이라고 칭하였던 것이다.

우리는 오늘의 란하(즉 고대의 유수)를 일명 《오란수》烏灤水라고 칭했던 증거를 찾아 볼 수 있다. 《열하지》 란하 조에는 《왕로의 〈행정록〉에 말하기를, 편창령에서부터 사십리, 오란하를 지나면 대개 료나라에 속한 현의 이름인데, 원나라 사람들은 어하御河라고 이름지었다(王魯〈行程錄〉言, 自偏槍嶺四十里, 過烏灤河, 蓋遼有縣名, 元人亦名御河)》라고 씌어 있는 바 오란하는 바로 무렬수의 와전음임을 알 수 있다. 물론 《란》灤 자의 음과 《렬》洌 자의 음은 직접적인 관련이 없으나 나는 그것을 《오란수》烏灤水라고 쓰기 전에 《오유수》烏濡水라고 썼던 것을 후세에 유수를 란하로 개명할 때 《오란수》烏灤水로 고쳐 쓰게 되였다고 추단하려는 것이다.

《열하지》의 기록에 의하면 한 대 이전에는 란하를 《유수》濡水라고 칭하였으며, 력도원이 그것을 《난수》難水라고 썼고 당대에 이르러 《란수》灤水로 고쳐 썼다는 사실을 알 수 있다. 안사고는 《濡》 자의 음을 《놘》(乃官反)nuan이라고 읽었다. 이것은 안사고가 자기 시대의 명칭으로써 고명을 부르기 위한 억설이며 그의 설을 좇아야 할 언어학적 근거가 없는 것이다.

따라서 우리는 그것을 《유수》濡水라고 부르기 전에 《무렬수》武列水라고 칭했다고 판단할 수 있을 것이다. 왜냐하면 《유》濡 음과 《렬》例 음이 상동하기 때문이다.

《당운》唐韻에서는 《濡》 자를 《루》(人朱切)ru라고 발음하고 《집운〉에서도 《루》(汝朱切)ru라고 발음하고 있으며, 《운회》韻會에서는 《료》(人之切)ri라고 발음하고, 《인과 지의 반절음인데 강 이름이다(人之切音

而水名)》이라고 씌여 있다. 이것으로써 《濡》ru 자를 강 명으로 쓸 때는 그것을 《료》 혹은 《루》로 발음하였음을 알 수 있다.[29)]

한 대 이전에 《유수》濡水라고 쓰던 것을 력도원이 《난수》難水로 고쳐 쓰고, 당 대 이후 《란하》灤河라고 또 고쳐 쓰게 되었은 바 나는 여기에 일리가 있다고 인정하게 된다. 만일 안사고의 설대로 한 대 이전에도 《유》濡 자를 《뇐》으로 발음했다면 력도원이가 구태여 《난》難 자로 고쳐 쓸 필요가 없었을 것이 아닌가? 나는 생각컨대 력도원의 시기 이미 중국인들이 《유수》濡水를 《뇐수이》라고 칭하게 되였는데 《유》濡 자가 음이 통하지 않았기 때문에 《난》難 자로 고쳐 쓰게 된 것이라고 판단하련다.

왜냐하면 《무렬수》武列水는 고대 조선어로 《큰강》을 의미하는 《암리》, 《엄리》, 《아리》 등의 리두식 기명이라고 인정되기 때문이다. 결론을 먼저 이야기하면 《유수》濡水는 《렬수》洌水와 동명이며 《무렬수》武列水를 《오유수》烏濡水로 쓸 수도 있는 것이다.

우리는 이에 대하여 언어학적 고찰을 좀더 할 필요가 있을 것이다.

《렬수》例水와 《패수》浿水에 관하여 언어학적으로 고찰한 학자는 신채호 선생이다. 그는 《조선사 연구초》에서 고대 조선어에서 《길다》는 말을 《아리》라고 하였다고 썼다. 그는 그 근거로서 《장백산》長白山의 고명을 《아리민상견》阿爾民商堅[30)]이라고 한 《아리》阿爾로써 증명하

29) 리지린의 반절(反切) 설명은 중국 발음으로 읽어야 이해할 수 있다. '人(ren)'에서 r의 발음을 따고 '朱(zhu)'에서 u의 발음을 따서 '루'라고 읽는 것이다.

30) 상견(商堅)은 희다(白)를 뜻하는 만주어를 한자로 음역한 것이다. 가이민상견아린(歌爾民商堅阿鄰)도 장백산이란 뜻의 만주어인데, 가이민(歌爾民)은 '길다(長)'는 뜻이고, 상견(商堅)은 '희다(白)'는 뜻이며, 아린(阿鄰)은 '산(山)'이란 뜻이다(최남선, 〈동방고민족(東方古民族)의 신성관념(神聖觀念)〉, 《삼천리》 13권 6호(1941. 6) 일제 통감부 문서에도 백두산을 칭하는 8가지 이름 중에 '가이민상견(歌爾民商堅)'을 들고 있다〔《통감부문서 2권》 〈서북변계연혁급교섭안(西北邊界沿革及交涉案)〉〕

였다. 그는 또한 《압》鴨 자를 《아리》로 읽었고 《압수》鴨水를 《아리 가람》(阿利水)으로 읽었으며, 고대 조선인이 장강長江을 《아리 가람》이라고 불렀다고 쓰고 있다. 그리고 그는 고대 조선에서 장강들을 《아리수》阿利水, 《오렬수》烏列水 등으로 기록하였고 《구려수》句麗水를 《욱리하》郁里河로 칭하였다는 사실을 들고 있다. 그는 《압자하》鴨子河를 설명하여 《아리》의 《아》 음은 《아》, 《오》, 《우》의 중간 음으로서 《아》阿, 《오》烏, 《구》句, 《욱》郁 등 여러 글'자로 기록되였으며, 《아리》의 뜻을 따서 《압자하》鴨子河라고 썼다고 주장하였다.

그는 언어학적 근거로서 료의 성종 시기 《혼동강》으로 개칭하기 전의 《압자하》鴨子河와 료하의 고명이 《압록수》鴨綠水(《삼국유사》 3권 흥법 제 3 순도 조려 조)요, 오늘의 《압록강》鴨綠江, 란하의 고명인 《무열수》武列水, 호태왕 비명에 보이는 《욱리수》郁里水(즉 한강의 고명), 락동강의 고명인 《아시라》阿尸良(《삼국사기》 지리지)와 《아례진》阿禮津(일본서기) 등 명칭을 모두 《장강》을 의미하는 《아리가람》으로 인정하였다. 우리는 그의 설을 탁견이라고 인정하지 않을 수 없다.

일본 역사가 시라도리白鳥庫吉(시라토리 구가키치)는 독일 언어학자 월헤름 그루베가 수집한 퉁구스어 계통의 어휘에 근거하며 동명왕 전설에 보이는 《엄호수》掩淲水와 《압록수》를 해석한 바 있다.(일본 사학 잡지 제7편 제1호 《조선 고대 지명고》 : 원저 주) 그는 쓰기를 부여, 말갈, 조선 등 국은 고대에 《아무르》란 명칭을 사용하였다고 하고 《론형》論衡과 《후한서》에서의 《엄호수》掩淲水, 《북사》北史와 《송서》宋書에서의 《엄호수》掩淲水를 모두 《아무코》 혹은 《야무코》라고 읽고 호태왕 비명에서의 《엄리대수》奄利大水를 《암리 대수》로 읽었다. 그리고 그는 이 단어들이 우지－퉁구스어의 《아무르》와 같이 《큰 물》大水을 의미하는 것이라고 주장하였다. 그는 또한 현대 조선어의 《물》이 《아무르》, 《마무르》,

《무렌》 등 어휘들과 관련이 있다고 지적하고 송화강, 압록강 등의 명칭이 모두 큰 강을 의미하는 고대 조선어라고 해석하였다. 나는 그의 해석이 일리가 있다고 인정하게 되며 결국 그의 설은 신채호 선생의 결론에 따르게 된다.

두우杜佑[31]의 《통전》에서는 《압록강》鴨綠江을 해석하여 《압록강… 물의 색이 오리의 머리 색과 같아서 부르는 속명이다(鴨綠江 … 水色似鴨頭, 故俗名之)》라고 씌여 있는 바, 이것은 그의 부회에 불과한 것이다.

습수, 렬수, 선수가 합류하여 렬수를 이루는 강은?

만일 위에서 말한 나의 졸견이 성립된다면 습수, 렬수, 선수가 합류하여 렬수를 이루는 강은 바로 오늘의 란하 이외에 다른 강으로 될 수 없을 것이다. 따라서 장안의 설은 곧 오늘의 란하 류역 일대에 고대 조선족이 거주하였다는 것을 의미하는 것으로 된다.

그러면 이 수명들과 《조선》이란 국호가 어떠한 관계가 있는가에 대하여 대답하여야 할 것이다.

나는 《조선》朝鮮의 고명이 《식신》息愼, 《숙신》肅愼, 또는 《직신》稷愼이였다고 인정하는 바 이에 관해서는 아래서 따로 《숙신》 문제를 고찰할 때 설명하기로 한다. 《식》息, 《숙》肅, 《직》稷의 음은 상통하며 또 이 글자들의 음은 모두 《습》濕 자의 음과 통한다. 장안이 《조선》朝鮮의 고명을 《숙신》肅愼이라고 인정하였는가는 불명확하며 따라서 그가 《조》朝 자의 음을 《습》濕 자의 음과 어떻게 결부시키고 있는지 알 수 없다.

---

31) 두우(杜佑 : 735~812) : 당대의 정치가이자 역사학자로서 재상(宰相)까지 이르렀으며 《통전(通典)》을 썼다.

이제 참고로 《조》朝 자와 《습》濕 자의 고음을 비교해 보기로 하자. 《습》濕 : shi 자의 음은 《당운》唐韻에서는 《터》(他合切)te 이며, 《집운》集韻과 《정운》正韻에서는 《퉈》(託合反)tuo, te 이다. 《조》朝 자의 음은 《차오》(陟遙反)zao 또는 《주》(追輸皮)zhu 이다. 《타》他가 《탁》託, 첫음 《ㅌ》 음과 《척》陟, 《추》追 자의 첫음 《ㅊ》 음이 통하며, 《합》合 : he 자의 끝 음인 《어》와 《요》遙의 끝 음인 《요》, 《輸》 자의 끝 음인 《우》는 역시 통할 수 있다. 따라서 《습》濕 자의 음이 《조》朝 자의 음과 통한다고 말할 수도 있을 것이다. 그러나 이 해석은 사람들을 설득시킬 만큼 자연스럽지 못하다. 따라서 나는 장안이 알았건 몰랐건 간에 《습》濕 자 음이 《숙》肅, 《식》息, 《직》稷 음과 통하며, 《숙신》肅愼(식신, 직신息愼, 稷愼)이 《습수》濕水, 《렬수》洌水 《선수》汕水가 합하여 《렬수》洌水를 이루는 강 명에 유래했다는 고대의 설이 《조선》朝鮮의 명칭의 유래로 된 것으로 바뀌여졌다고 해석하는 것이 타당하다고 생각하게 된다. 사실 상 《숙신》肅愼의 위치와 고조선의 위치가 일치되는 바 이에 관해서도 《숙신》을 고찰할 때 언급하기로 한다. 《선》汕 자 음이 《선》鮮 음과 동일함은 설명을 요하지 않는다.

란하(고칭 무렬수) 이외에 오늘의 산해관 안에 또 하나 《압자하》鴨子河라는 강이 있다. 《영평부지》永平府志 4권 《대청수》大靑水 조에 오늘의 석하石河의 상류를 《압자하》鴨子河라고 칭한다고 썼다. 이 강명은 혼동강의 고명과 완전히 동일한 명칭으로서 현재의 란하를 《무열수》武列水라고 칭하던 시기에 사용된 명칭이라고 판단해서 망설로 되지 않을 것이다. 즉 이 《압자하》鴨子河도 고대 조선족이 남겨 놓은 명칭이라고 인정된다.

《우북평》에는 또한 《흑수》黑水란 강이 있다. 《영평부지》 4권 《산천》 조에는 《영평부 내에 흑수가 있다 … 혹은 말하기를 연나라에서는 물을 룡이라고 부르고, 흑黑을 로盧라고 불렀는데, 이를 취해 현의 이름으로 삼았다. 이는 틀렸다(府治內有黑水 … 或曰, 燕謂水曰龍, 黑曰盧, 縣名取此, 非也)》라고 씌여 있다. 연의 방언으로서 물을 《룡》龍이라고 하는 사실은 주목할 만한 사실이다. 우리 말로 《룡》龍은 《미리》 혹은 《미루》이며 그것은 《물》과 통할 수 있을 것이다. 그렇다면 《흑수》黑水는 곧 《흑룡》黑龍이며, 《흑룡》黑龍은 곧 《아무르》(큰 강)이며 (한인들이 아무르강을 흑룡강黑龍江으로 한역함), 《아무르》는 곧 《무렬수》武列水와 동일한 명사이니, 《흑수》黑水는 《무렬수》武列水를 한문식으로 개칭한 명칭으로 해석된다. 위에서 언급하였거니와 연의 방언이 고조선의 어휘와 일치되고 있는 사실은 바로 고대 조선어가 이 지역에 남았음을 증명해 주는 것으로 된다.

고대 조선어로 해석되는 란하, 료서 지역 지명

여덟째 리유: 오늘의 란하 류역과 료서 지방에 고대 조선어로 해석되는 지명이 있다는 사실이다. 그것은 《왕회해》王會解의 《불령지》不令支라고 한 《불》不, 《불도휴》不屠休의 《불》不, 《관자, 소광》 편에 《발조선》發朝鮮이라고 한 《발》發, 《사기·오제본기》史記五帝本紀와 《대대례기》大戴禮記 7권 《오제덕기》五帝德記에서 《발식신》發息愼이라고 한 《발》發, 《왕회해》의 《발인》發人이라고 한 《발》發 등이다. 《영평부지》 5권《물산》 조에서는 《석명》釋名을 인용하여 《《석명》에서 말하기를 불령지不令支는 령지令支다. 부도휴不屠休는 도휴屠休다. 모두 동북이다(釋名云, 不令支, 令支也, 不屠休, 屠休也, 皆東北夷)》라고 썼다. 이것은 《석명》이 《不》 자를 고유 명사로 해석하지 않고 있음을 의미한다.

그런데 이 《不》 혹은 《發》을 조선족의 명칭으로 해석하는 설이 있다. 이 주장자들은 《발조선》發朝鮮을 해석하여 《발족》이라고 한다. 즉 우리 조선족의 원명이 《발족》이라는 것이다. 그리하여 그들은 《단군왕검》檀君王儉을 《밝은 임금》 즉 《밝족의 임금》이란 뜻으로 해석한다.

과연 그렇게 해석할 수 있을가?

우리는 《불》不, 《발》發, 《부리》夫里, 《비리》卑離, 《벌》伐, 《불이》不而, 《불내》不耐 등 고대 조선어가 무슨 뜻을 의미하는가를 고찰해 볼 필요가 있다. 우리는 이 문제를 고찰함에 있어서 《석명》의 해석에 주목하고 동시에 또한 고대 조선에 흔히 지명과 국명으로 이 단어들이 사용되였다는 사실을 주목해야 한다.

우리는 고구려의 《불내성》不耐城을 한식으로 역譯하며 《국내성》國內城이라고 개칭한 사실을 잘 알고 있다. 따라서 고대 조선어에서 《불》은 《나라》를 의미하였다고 판명하는 데 이의가 없을 것이다. 백제의 《고라부리》古良夫里 : 고량부리, 《일부리》一夫里, 《죽수부리》竹樹夫里 등과 신라의 《음즙벌국》音汁伐國, 《사벌국》沙伐國, 《다벌국》多伐國, 《골벌국》骨伐國, 그리고 삼한의 여러 개의 《비리국》卑離國 등은 모두 《不》, 《發》과 동일한 의미로서 지명 혹은 국명으로 씌여지고 있다. 오늘 이 단어들에 대한 력사학적인 해석은 아직 결론이 없으나, 그것이 《나라》 또는 《성읍》을 의미한다는 견해들은 대체로 일치하고 있다고 나는 알고 있다.

이 문제에 관해서는 외국 학자들도 연구한 바가 있다. 중국 동북지방 력사의 전문가인 풍가승馮家昇[32]은 《不》 자를 해석하여 다음과

32) 풍가승(馮家昇 : 1904~1970) : 산서성 효의(孝義)현 출신으로 역사학자이자 언어학자로서 "료사(遼史) 3대가"로 불린다. 회흘문(回鶻文), 돌궐문(突厥文) 등 중국 북방민족 언어를 연구했으며, 북경대, 동북대, 중국 사회과학원 등에서 가르쳤다.

같이 썼다.

왕회王會는 부도하不屠何라고 이르고, 관자管子는 도하屠何라고 칭했다. 즉 부不 자는 한 번 바라보면 덧붙인 자임을 알 수 있을 것이다. … 왕인王引의 경의술문 권27을 살펴보면, 불률不律을 필筆이라고 이른 조에서 말하기를, 곽박郭璞은, 촉나라 사람은 필筆을 불률不律이라고 이르지 않는다. 어語가 전해서 변한 것이다. 이로 인해 삼가 살펴보면, 《불》不의 소리는 《민》潛을 《불민》不潛이라고 하는 것과 같다(《석구》를 보라見釋邱), 《류》類를 《불류》不類라고 이르고, 《약》若을 《불약不若이라고 이른다》(석어를 보라見釋魚). 설문說文에서 말하기를, 초나라는 《률》聿이라고 이르고, 오나라는 《불률》不律이라고 이르고, 연나라는 《불》弗이라고 이르고, 진나라는 《필》筆이라고 이르는데, 《률》聿, 《률》律은 소리가 서로 가깝다. 《불》不은 소리이고, 《불률》不律은 필筆을 이르니, 《률》律이라고 말하는 것은 필筆을 이른 것일 뿐이다. 정초鄭樵가 주석해서 말하기를, 늦은 소리(緩聲)는 《불률》不律이고, 빠른 소리(急聲)는 《필》筆이다. 그 설은 근사하지만 그르다. 왕씨가 이 《불》不자를 해석한 것이 지극히 당연해서 왕회의 《불》不 자와 서로 인증이 될 수 있을 것이다.

王會謂不屠何, 管子稱屠何, 則不字一望而知爲附加字, … 又按王引之經義述聞卷二十七 不律謂之筆條曰, 郭璞曰, 蜀人呼筆謂不律也, 語之轉變. 引之謹案, 〈不〉者發聲, 猶〈潛〉謂之〈不潛〉(見釋邱), 〈類〉謂之〈不類〉, 〈若〉謂之〈不若〉也(見釋魚). 說文曰, 楚謂之〈聿〉, 吳謂之〈不律〉, 燕謂之〈弗〉, 秦謂之〈筆〉, 〈聿〉, 〈律〉聲相近, 〈不〉發聲也, 〈不律〉謂之筆, 猶言〈律〉 謂之筆耳. 鄭樵注曰, 緩聲爲〈不律〉, 急聲爲〈筆〉, 其說似是而非. 按王氏于此 〈不〉字所 解極當,

可與王會〈不〉字相印證.〔禹貢 제2권 제7기《東北史諸名稱의 (禹貢 제2권 제7기《東北史諸名稱의 解釋》: 원저 주〕

그는《不》자를 무의미한 한 개의 부가어로 해석하고 있으며 그것이 고대 조선어라는 것은 전혀 상상도 못하고 있다. 그의 설도 일리가 있는 것 같으나 타 종족의 국가와 지명 위에《不》자와《發》자가 부가된 것을 중국어의 습관 상 용법으로서 해석할 수 있겠는가? 그럴 수는 없다고 보아야 할 것이다. 그의 론거는 매우 불합리하므로 그의 설을 수긍할 수 없게 된다.

나는 이미 신채호 선생을 비롯한 우리나라 학자들이 말한 바와 같이《발조선》發朝鮮의《發》자를 고대 조선어로 해석하는 것이 타당하다고 인정한다.

일본 역사가 시라도리白鳥도 고대 조선어의 이상 렬거한 단어의 뜻을 해석한 바가 있다.(史學雜誌 제16편 제6권《國語와 外國語의 비교 연구》: 원저 주) 그는 구라파 언어학자들이 수집한 어휘에 기초하여 우랄－알타이어 계통의 여러 민족의 어휘들 중에서《도성》都城을 의미하는 명사,《풀루》,《파을》,《펼》,《퍌》,《벨》,《팔루》,《팔》등 초음이《프》,《브》등 음을 내고, 끝 음이《ㄹ》음을 내고 중간 모음이《아》,《오》,《우》등 음을 내는 단어들을 수집하였다. 그는 이에 근거하여 고대 조선어의《불》不,《벌》伐,《발》發,《부리》夫里 등 단어는 위에서 인용한 우랄－알타이어 계통의《촌읍》村邑과《도성》을 의미하는 단어와 상통하는 것으로 해석하였다. 그의 주장은 근거가 상당히 강하며 또 종래 우리 선배들의 설과 결과적으로 일치하기 때문에 나는 우선 그의 설을 부인할 수 없다고 인정한다.

따라서 나는《발조선》發朝鮮을《밝족》으로 해석하는 설에 동의할 수 없게 되며, 그것은 《조선》朝鮮이란 국호 위에 《發》 자를 첨가한 것으로 해석된다. 고대 한인들이 고조선의 지명을 기록할 때 《發》이란 고대 조선어의 뜻을 잘 리해하지 못하고, 고조선의 《발》이란 지역을 《조선》과 분리시켜 사용했다고 보는 것이 보다 타당할 것으로 인정된다. 고조선에는 《發》 혹은 《不》로 불리운 지역이 여러 곳이 있었으리라는 것은 상상하기 어렵지 않다. 요컨대 《不》, 《發》 등 지명이 란하류역에 존재하였다는 사실은 고조선족이 그 지역에 거주하였음을 의미한다.

《일주서 왕회해》逸周書王會解에는 《발인》發人이란 족명이 보이는 바 그것은 다음 예맥을 고찰할 때 다시 론급하기로 하자.

오늘의 란하 유역에 조선성이 있었다

아홉째 리유: 영평부(오늘의 란하 류역) 경내에 《조선성》과 《락랑》 지방이 있었던 사실이다.

《대명 일통지》大明一統志 5권, 영평부 조에는 《조선성이 영평부 경내에 있다(朝鮮城在永平府境)》라고 씌여 있으며 조선성의 유래에 대한 설명은 없다. 혹자는 그 리유를 이렇게 말할 수 있을 것이다. 즉 북위 연화延和 원년(기원 432년) 영평부(즉 북평군)에 조선현을 설치하였는 바 조선성의 명칭은 그 현명에서 유래되였다고 설명할 수도 있다.

《위서》 106권 지형지 북평군 조에는 《북평군이 거느리는 현은 둘이다 … 조선현과 신창현이다(北平郡領縣二, … 鮮朝, 新昌)》라고 씌여 있고, 조선현에 대한 주석에는 《전한·후한과 진나라 때는 낙랑군에 속했는데, 후에 폐지했다. 연화延和 원년(432) 조선 백성을 비여肥如로 옮겼는데 후에 다시 현을 설치했다(二漢, 晋屬樂浪, 後罷, 延和元年徙朝鮮民於肥如,

復置屬焉)》라고 썼다. 이에 의하면 《조선현》은 락랑군 조선현의 인민을 북평군 지역으로 이주시켰기 때문에 그 지역을 《조선현》으로 명명하였다고 설명하고 있다. 이 기사들을 긍정하더라도 연화 년간에 락랑 조선민을 이주시키고 그 지방을 《락랑》이라고 칭한 것은 오랜 력사적 근거가 있는 것으로 인정된다. 다시 말하면 《조선성》이 있는 고대의 《락랑》 지역에 조선현을 설치한 것으로 인정된다.

나는 영평부 일대가 고대로부터 조선의 령역이였으며 그 지역을 《조선》이라고 칭한 전통적인 관념이 전래되였기 때문이라고 해석하는 것이 자연스럽다고 인정하게 된다. 기술한 바와 같이 장안의 《조선》 국호에 대한 해석이 있는 것으로 보아 그렇게 판단할 수밖에 없다.

이 지역에 고조선의 지역 명칭 즉 《락랑》이란 지명이 보인다. 명대의 곽조경郭造卿의 《로룡새략》盧龍塞略에서는 연산燕山(즉 오늘의 산해관과 련결되는 산) 일대를 《락랑》이라고 칭하고 있다. 이에 관해서는 아래에서 다시 언급한다.

양수경楊守敬은 전연前燕, 후연, 북연, 전진前秦 대의 락랑을 오늘의 료서에서 찾고 있으나(양수경, 력대 여지 연혁 험요도), 그는 연산 일대에서 찾고 있지는 않다.

한족이 료동, 료서에 진출하기 오래 전부터 고대 조선족 거주

나는 이상에 렬거한 자료들로써 고대 조선족이 연의 북방과 동방(란하 류역)에 장기간 거주하였다는 주장이 성립되리라고 생각한다. 우리는 고대 력사 지리를 연구함에 있어서 결코 오늘의 지리적 개념에 구애되여서는 안 된다. 오늘의 료동, 료서 지방에 한인들이 진출한 것은 기원전 3세기 초 부터이며 아득한 옛날부터 그때까지는 고대 조선족이 거기에 거주하였던 것이다.

우리는 결코 위에 인용한 자료들이 우연히 일치된 것이라고 인정할 수 없다. 만일 고대 조선족(예족과 맥족)이 연 북방과 동방에 거주한 사실이 없다면 중국 고대의 허다한 학자들이 어찌하여 이러한 자료들을 중국 력사 서적들에 기록할 수 있었겠는가? 위에서 이미 언급한 바와 같이 《사기·흉노 렬전》에서의 《동호가 … 천여 리를 물러갔다(東胡 … 郤千餘里)》고 한 《동호》는 고대 조선족의 하나인 《맥》족이며, 사마천은 동호와 진반, 조선을 구별하여 《조선 렬전》에서 따로 《나라 전성기 때 일찌기 진반, 조선을 공략해서 속하게 했다(自始全燕時, 嘗略屬眞番, 朝鮮)》라고 썼다고 인정된다.

사마천은 동호와 조선에 관한 고대의 자료를 그대로 인용하여 연의 진개가 동호와 조선의 두 개 종족을 격퇴한 것으로 서술하였다. 이것은 사마천이 자기 시대의 맥과 고조선에 대한 개념으로써 맥족인 동호와 고조선을 갈라 본 것이며, 나는 그로서는 이렇게 서술한 것이 당연하였다고 인정한다. 물론 사마천 시대에는 맥과 조선은 별개의 종족으로서 별개의 국가를 가지고 있었으나 그보다 약 2백여 년 후인 어환의 시대에는 고조선족은 이미 맥족과 완전히 혼합되여 구별할 수 없게 되였던 것이다. 왜냐하면 당시에는 맥족의 국가인 부여와 고구려가 건립된지 이미 오래고 고조선 인민은 이미 그 나라들의 인민으로 소속되였기 때문이다. 그리하여 어환은 진개에게 격퇴당한 동호와 고조선을 통털어 조선으로 인정한 것이라고 판단된다.

그러나 이와는 반대로 그도 동호와 조선을 완전히 다른 종족으로 인정하였다고 주장할 수 있는 점도 있다. 《위략》에는 《오환은 동호다. 한나라 초기에 흉노 묵특이 그 나라를 멸망시켰다(烏丸者, 東胡也. 漢初,

匈奴冑頓滅其國)》라고 썼다. 그도 오환을 동호로 인정하고는 있으나 그 동호가 연 진개에게 천여 리 격퇴당하였다고는 쓰지 않았다. 그가 《사기·흉노 렬전》을 몰랐을 리는 없다. 그러나 그가 그 사실을 기록하지 않은 것은 그 동호를 조선족으로 인정했기 때문이 아닌가 생각된다.

요컨대 위에서 렬거한 자료들에 근거하여 우리는 연 소왕 시기 고대 조선족이 연의 북방과 동방(현 란하 서쪽)에 장구한 세월에 걸쳐 거주하다가 소왕 시기 연나라에게 서방 2천여 리(혹은 천여 리) 령토를 빼앗긴 사실을 인정할 수 있으며 고조선 령역은 기원전 3세기 초경에 대변동이 있었던 것이다.

제3절. 기원전 2세기 말(한4군 설치 시기)까지의 료수 위치(연, 진의 장성의 동단과 관련하여)

진, 한 대 료수는 진의 만리장성의 동단과 직접 관련되기 때문에 우선 만리장성의 동단을 밝혀 보기로 하자.

《사기·흉노 렬전》에는 연의 장성의 위치에 대하여 이렇게 썼다.

> 그 뒤 연燕나라에 현장賢將 진개秦開가 있어 호胡의 인질이 되었는데 호胡에서 매우 신임했다. 그는 뒤에 연나라로 돌아와 동호를 습격해서 쳐부수었다. 동호는 1천여 리를 물러갔다. … 연나라도 장성을 쌓았는데, 조양에서 양평襄平에 이르렀고, 상곡, 어양, 우북평, 료서, 료동군을 설치해서 호胡에 맞섰다.
>
> 其後燕有賢將秦開, 爲質於胡, 胡甚信之。歸而襲破走東胡, 東胡卻千餘里 … 燕亦築長城, 自造陽至襄平, 置上谷、漁陽、右北平、遼西、遼東郡以拒胡.

사마천司馬遷은 연의 장성의 동단을 양평襄平으로 인정하였다. 연 장성은 《동호》를 방어하기 위한 장성이다.

고조선, 맥족(동호)을 방어하기 위해 구축한 연의 장성

이 《동호》에 관해서는 아래서 다시 론증하겠거니와 여기서 먼저 나의 결론을 말하면 그것은 맥족이다. 사마천은 여기서는 연이 동호만을 격퇴하고 장성을 구축한 것 같이 썼으나 사실은 고조선과 맥족을 동시에 격퇴한 것이며, 따라서 장성은 고조선과 맥족의 세력을 동시에 방어하기 위하여 구축했던 것이다. 이에 관해서도 아래서 밝혀질 것이다.

연 장성의 동단인 양평이 어디냐? 위소韋昭(201~273)는 주석하여 《지금 료동을 다스리는 바 되었다(今遼東之所理也)》라고 썼다. 위소는 삼국 오吳나라 사람이며 그는 양평을 삼국 시대의 료동군의 군치로 인정한 것이다.

《진서 지리지》에는 후한 말 공손강公孫康이 료동 양평에 거주하면서 료동, 창려, 현도, 대방, 락랑 등 5군을 설치하여 평주平州로 하고, 그 후 함녕咸寧 2년(276년)에 료동군을 료동국으로 개칭하였다. 당시 창려군은 창려, 빈도賓徒의 2개 현이 있고, 그에 동접하여 료동국이 위치했던 것이다. 창려군에 대한 주석에는 《한나라는 (창려를) 료동속국 도위에게 속하게 했다. 위나라에서 군을 설치했다(漢屬遼東屬國都尉, 魏置郡)》라고 씌여 있다.

이것으로써 삼국 시대의 창려군이 후한 대의 료동 속국의 지역임을 알 수 있다. 《후한서·군국지》 료동 속국 조를 보면, 그 3개 성 창려, 빈도, 도하徒河는 본래 료서에 속하였다고 씌여 있다. 아래서 론증할 바와 같이 이 《료서》는 오늘의 료하 서방이 아니며, 란하 서방이다. 삼국 시대의 료동국은 창려 이동 지역으로 될 것이다.

《위서 지형지》 료동군 조를 보면 북위 시대 료동군에 2개 현 양평, 신창현이 있었는 바, 양평현에 대한 주석을 보면 《전한·후한과 진에 속했는데 후에 파했다. 정광正光(520~525) 때 복구했는데, 청산이 있다(二漢晋屬, 後罷. 正光中復, 有靑山)》라고 씌여 있는 바 이것은 양평의 위치가 전 후 한, 진 대를 통하여 위치 변동이 없다는 것을 의미한다.

물론 북위 시대 료동군의 령역은 축소되였으나 그 중 양평과 신창 두 개 현만은 그대로 보류된 것이다. 우리는 양평과 신창 지역이 한漢 대부터 진晋 대에 이르기까지 위치가 변동되였다는 근거를 어디서도 찾아 볼 수 없다.

그러면 양평은 오늘의 어느 지역이냐? 청산이 있는 지역이 양평이다. 그러면 청산은 어느 지역에 있는가?

《독사방여기요》讀史方輿紀要 18권 직예直隸 9 청산 조에는 이렇게 씌여 있다.

> 영주營州 동남쪽에 있다. 《통전》에는 "사하현徒河縣의 청산이라고 되어 있는데, 류성柳城 동쪽 190리에 있다. 즉 모용한이 선비를 공격할 때 머물렀던 성터다 … 혹은 말하기를 선비산이 곧 청산이라고 한다.
> 在營州東南. 通典, 徒河縣之青山, 在柳城東百九十里, 即 慕容翰攻鮮卑留壁處也. … 或曰, 鮮卑山, 即青山也.

청산은 대체로 산해관과 련결되는 산으로서 창려의 동북방에 위치함을 알 수 있다.

따라서 연 장성의 동단인 양평은 류성柳城 동남 190리 지점이고 창려의 동북방에 위치한 지방이며, 결코 오늘의 료양遼陽 부근이 아니다. 우리는 《한서·지리지》에서도 양평이 오늘의 료하 부근이라는 것을 증명할 근거를 찾을 수 없는 것이다. 류성군과 료동군의 지리적 관계에 대해서는 아래서 좀 더 자세히 언급한다.

실제로 《후한서》 공손강 렬전에서 리현李賢은 양평의 위치를 비여현肥如縣(현 란하 부근)으로 주석하였다. 양평에 대한 주석은 이것이 처음이다.

사마천은 또한 연이 진반, 조선(즉 고조선) 지역을 점탈한 후 연은 장새障塞를 수축하였다고 썼다. 《사기·조선 렬전》에는 이렇게 씌여 있다.

> 연나라 전성기 때부터 일찌기 진반과 조선을 복속시키고, 관리를 두고, 장새障塞를 설치했다. 진나라에서 연을 멸망시킨 후 료동외요遼東外徼에 속하게 했다. 한나라가 일어나자 그곳이 멀고 지키는 것이 어렵다고 여겨서 다시 료동의 옛 요새를 수리하고, 패수에 이르러 경계를 삼아 연나라에 속하게 했다.
> 自始全燕時, 嘗略屬真番, 朝鮮, 爲置吏, 築鄣塞. 秦滅燕, 屬遼東外徼. 漢興, 爲其遠難守, 復修遼東故塞, 至浿水爲界, 屬燕.

《사기·조선 렬전》이 알려주는 여섯 가지 사실

우리는 이 자료를 분석함으로써 다음과 같은 사실들을 알 수 있다. (《진반조선》眞番朝鮮에 대한 해석은 별도로 하기로 하고 여기서는 우선 진반眞番과 조선朝鮮을 떼여 읽기로 한다.)

① 연이 축조한 장새障塞는 연의 관리들이 거주하여 자기들의 통치 세력을 보유하기 위한 것이였으니 그것은 진반, 조선 령역 내에 있었다고 보아야 할 것이다.

② 진이 연의 령역을 점령한 후 연이 축조했던 장새는 료동군 밖의 〈교〉徼 : 요[33])로 되었다. 〈교〉란 것은, 《사해》辭海에는 《요새다. 목책을 세워 만이와 경계로 삼는다(塞也, 立木柵爲蠻夷界)》라고 썼다. 즉 〈교〉

33) 요(徼)는 명사로 쓰이면 변경이란 뜻이다. 리지린은 《사해(辭海)》의 풀이대로 요새로 해석하면서 시종 교로 읽는다. 중국 발음은 jiào다.

는 외족과의 경계선에 축조한 목책 정도의 경비 초소인 것이다.

③ 진이 천하를 통일하던 동란의 시기에 진반, 조선 인민은 종래의 연 세력을 구축했다고 보아야 할 것이며, 그렇기 때문에 진은 연의 지배하에 있던 진반, 조선 지역을 지배하지 못하고 료동외교로 하였다. 사마천이 동 렬전에서 위만이 패수를 건너 와서 진의 옛날 공지에 거주했다고 썼는데, 이 〈공지〉란 말은 진 세력이 미치지 못한 것을 의미한다.

④ 한이 흥기한 후 진의 료동외교는 포기하고 거기서 물러 들어가서 《료동새》를 다시 수축했다. 따라서 이 《료동새》는 료동외교(즉 연의 장새)의 서쪽에 있는 것이다.

⑤ 그 《료동새》는 물론 진이 수축했던 장새이며 그것이 만리장성 동단인가 아닌가는 불명확하다. 요컨대 그것은 패수 서쪽에 있었으며, 연이 진반 령역 내에 구축했고 후일 위만이 오르내린 장새와는 다른 것이다. 그런데 《사기·조선 렬전》에 《위만이 망명하면서 무리 천여 인을 모아서, 상투를 하고 만이 복장으로 동쪽으로 달려 요새를 나와 패수를 건넜다(滿亡命, 聚黨千餘人, 魋結蠻夷服而東走出塞, 渡浿水)》라고 하였다는 《새》塞는 바로 《료동새》일 것이요, 또 동 렬전에 《한나라에서 섭하涉何를 사신으로 보내 우거를 꾸짖고 일깨우게 했는데 우거는 끝까지 조서를 즐겨 받들지 않았다. 섭하는 떠나면서 국경에 이르러 패수浿水에 임해서 마부를 시켜서 섭하를 전송하는 조선의 비왕장裨王長을 찔러 죽이고 강을 건너서 요새로 달려들어 왔다(漢使涉何譙諭右渠, 終不肯奉詔。何去至界上, 臨浿水, 使御刺殺送何者朝鮮裨王長, 即渡, 馳入塞)》라고 하였다는 《새》塞는 바로 료동새일 것이 명백하다. 그런데 《정의》에는 이 《새》塞를 주석하여 《평주 유림관이다(平州榆林關也)》라고 썼다. 평주 유림관이란 것은 오늘의 산해관을 의미한다.

⑥ 한과 고조선과의 국경선은 패수였고 따라서 연의 고 장새(즉 진의 료동 외교, 위만이 오르내린 장새)는 패수 동쪽에 있고, 료동새는 패수 서쪽에 있는 진의 료동새인 것이다.

요컨대 고조선과 한과의 국경선은 패수이나 실지로 한의 전초선은 료동새였던 것이다. 과연 한 초에 진의 장성 동단에서 더 동으로 나가서 료동새를 구축했을 수 있었겠는가. 또 진이 만리장성 동단 밖에 또 하나의 《료동새》를 구축했다고 볼 수 있겠는가? 만리장성의 동단은 요해지에 두었을 것이 명백하니 그 동단 밖에 또 하나의 《료동새》를 구축했다고 보기도 어려우며, 또 실지로 그렇게 말할 근거가 없다. 설사 장성 밖에 장새를 설치했다 하더라도 그것은 장성에서 그리 멀지 않은 지역에 설치한 전선 감시초 정도의 것이였다고 보아야 할 것이다.

그러면 진의 장성의 동단이 어디인가? 《사기·몽념蒙恬 렬전》에는 진의 장성에 관하여 다음과 같이 썼다.

> 시황始皇 26년 … 몽염을 시켜 30만의 군사를 거느리고 북쪽으로 융적戎狄을 추격하고 하남河南을 거두게 했다. 이로 인해 만리장성을 쌓게 하고 지형에 따라 험준한 요새를 만들어 사용하게 했다. 임조臨洮에서 시작하여 료동遼東에 이르렀는데 뻗은 길이는 1만여 리나 되었다. 이에 하수를 건너고 양산陽山에 의지하고 구불구불하게 북쪽까지 이르게 했다.
>
> 始皇二十六年 … 乃使蒙恬將三十萬衆, 北逐戎狄, 收河南, 築長城, 因地形, 用制險塞, 起臨洮, 至遼東 延袤萬餘里。於是渡河, 據陽山, 逶蛇而北.

사마천은 진의 만리장성의 동단을 《료동》이라고 썼으며 《양평》이라고 쓰지 않았다. 따라서 우리는 그가 연 장성 동단과 진의 만리장성의 동단을 동일시하지 않았다는 것으로도 해석할 수도 있다. 그러나 아래서 밝혀질 바와 같이 연, 진 장성의 동단은 대체로 일치되였던 것이다.

같은 렬전 《집해》에는 서광徐廣[34]의 설을 인용하여 《오원五原의 서안양현 북쪽에 음산이 있다. 음산은 하남에 있고, 양산은 하북에 있다(五原西安陽縣北有陰山。陰山在河南, 陽山在河北)》라고 썼고, 장수절張守節[35]의 《정의》正義에는 《료동군은 료수 동쪽에 있는데, 진시황이 쌓은 장성의 동쪽은 료수에 닿고, 서남쪽으로 바다 위에 이른다(遼東郡在遼水東, 始皇長城東至遼水, 西南至海之上)》라고 썼다. 장수절은 사마천이 진의 만리장성의 동단이 료동이라고 한 설을 해석하여, 료수 서쪽 해안이라고 썼다.

그러나 그는 사마천의 설이 잘못되였다고는 말하지 않았다. 따라서 우리가 생각할 수 있는 것은 사마천이 말하는 《료동》은 명칭은 동일하나 그 지역은 당唐 대의 《료동군》과는 다르다는 것을 의미하는 것으로 해석할 수밖에 없게 된다. 다시 말하면 사마천 시대(즉 기원전 2세기 말)의 료동군은 당 대의 료서군 지역에 해당되는 것이다. 우리는 이 사실을 아래에서 더욱 명백히 알 수 있게 될 것이며 장수절의 정의가 옳다는 것을 알게 될 것이다.

---

34) 서광(徐廣 : 352~425) : 동진(東晉)의 동완군(東莞郡) 고막〔姑幕 : 지금 강소성 상주(常州)〕사람이다. 동진의 벼슬아치이자 역사학자였다.

35) 장수절(張守節)은 당(唐)나라 때 역사학자로서 《사기》 삼가주석 중의 하나인 《사기정의》를 편찬했다. 《사기》는 세 대가의 주석이란 뜻의 삼가(三家)주석이 유명하다. 남북조 시대 유송(劉宋)의 배인(裵駰)의 《사기집해》, 당나라 사마정(司馬貞)의 《사기색은》, 당나라 장수절의 《사기정의》를 삼가주석이라고 한다.

장성의 동단에 관한 세 가지 설

그러면 진의 장성의 동단이 어디인가? 이에 대해서는 력대 중국 사가들 간에 다음과 같은 세 가지 설이 있었다.

1. 료동(료수 동)설

사마천은 《사기·흉노 렬전》에서는 연 장성의 동단을 양평이라고 하였고, 같은 책 《몽념 렬전》에서 진의 장성의 동단을 료동이라고 썼다.

우리는 우선 진 장성의 동단을 해명하기 위하여 사마천이 말한 료동의 위치를 밝혀야 하며, 그렇게 함으로써 진, 한 대의 료수의 위치를 밝힐 수 있을 것이다. 《료동》이란 지역명을 결코 성급하게 오늘의 지리적 개념으로써 즉 오늘의 료하의 동쪽이라고 해석해서는 안 된다. 왜냐하면 아래에서 서술할 바와 같이 진, 한 대의 료동군의 위치는 결코 오늘 료하의 동방에 위치한 것이 아니며 료하의 서방에 위치했기 때문이다. 이 문제는 다음에 상세히 론증하기로 하고 여기서는 다만 사마천의 료동설을 오늘의 료동의 개념으로 해석해서는 안 된다는 것만을 이야기해 둔다.

2. 락랑설

《진서》晉書 14권 《지리지》 락랑군 수성현遂成縣 《주》에는 《진나라에서 쌓은 장성이 시작하는 곳이다(秦築長城長之所起)》라고 썼다. 《통전》通典 186권 《변방》邊防 2 《동이·고구려》 조에는 《갈석산은 한나라 낙랑군 수성현에 있는데, 만리장성이 이 산에서 시작한다. 지금 증험해보니 장성은 동쪽으로 료수를 자르고 고려로 들어가는데, 그 유지遺址가 아직도 남아 있다(碣石山在漢樂浪郡遂城縣, 長城起於此山, 今驗長城東截遼水而入高麗, 遺址猶存)》라고 썼다. 즉 《진서》와 《통전》에서는 진 장성의 동단을 락랑군 수성현이라고 인정하고 있다.

3. 료서(료수 서방)설

장수절張守節은 《사기·몽념 렬전》 정의에서 《료동군은 료수 동쪽에 있는데, 진시황이 쌓은 장성의 동쪽은 료수에 닿고, 서남쪽으로 바다 위에 이른다(遼東郡在遼水東. 始皇築長城, 東至遼水西, 南至海之上)》라고 썼다. 그는 진 장성이 료수 서쪽 해상에 이르렀다고 썼다. 이 료수는 당대唐代의 료수인 것이다.

이상의 세 가지 설은 서로 다르다. 그러나 이 설들은 모두 중국의 권위 있는 력사가들의 설이기 때문에 우리는 어느 하나도 경솔하게 처리할 수 없는 것이다. 이 설들은 동일한 력사 지리적 사실에 대한 각이한 주장이다. 이것은 력사가들이 자료의 해석에 있어서 각자가 자기 시대의 지리 지식으로써 해석한 데서 기인된 것이다. 우리는 그들의 자료 리용 상에서 온 착오를 지적하고 시정함으로써만 진 장성의 동단과 료수의 위치를 천명할 수 있는 것이다.

그러면 지금 이상 세 가지 설에 대하여 검토해 보기로 하자.

① 료동설에 대하여36)

사마천이 말한 료동군이 오늘의 어느 지역에 해당되는가? 그는 《사기·조선 렬전》에서 《진나라에서 연을 멸망시킨 후 료동외교遼東外徼에

36) 고대의 료동과 지금의 료동의 차이에 관해서는 윤내현, 《고조선 연구(상)》 234쪽~244쪽과 371쪽 지도 등에 설명되어 있다.

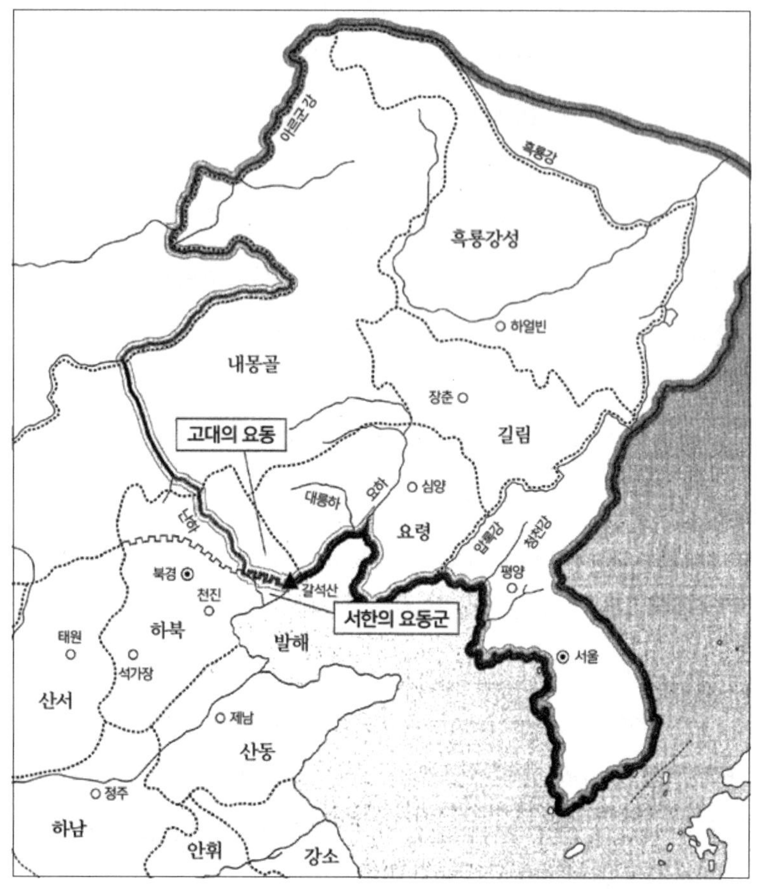

고조선 후기의 강역도.《고조선 연구(상)》(윤내현, 만권당) 371쪽에 실린 지도. ⓒ〈만권당〉

속하게 했다. 한나라가 일어나자 그곳이 멀고 지키는 것이 어렵다고 여겨서 다시 료동의 옛 요새를 수리하고, 패수에 이르러 경계를 삼아 연나라에 속하게 했다(秦滅燕, 屬遼東外徼. 漢興, 爲其遠難守, 復修遼東故塞, 至浿水爲界, 屬燕)》라고 썼다. 그는 말하기를 한漢 초에 진의 료동외교(즉 진반 조선의 고지)가 너무 멀기 때문에 수비하기 곤난하여 료동 고새를 다시 수축하였다고 하였다. 여기서 우리는 다시 수축한 료동 고새는 료동외교와는 다른 별개의 새塞이며 이 고새는 패수 밖에(고조선 측에서 볼 때) 있다는 것을 알 수 있다. 다시 말하면 료동외교는 료동군 밖에 있었던 본래 연나라가 진반, 조선의 령토를 점령하고 설치한 것이며, 한이 다시 수축한 료동 고새는 료동군 내에 있는 것이다. 즉 진반, 조선의 고지−료동외교는 한漢 초에는 유지할 수 없기 때문에 퇴각하여 패수 이서로 들어간 후 료동 고새로써 방비선으로 하였던 것이다. 그러면 이 료동 고새는 무엇을 의미하는가? 상술한 바와 같이 그것은 진 장성 이동 패수 이서 지역이며 장성의 동단과 비교적 가까운 지점에 있었다고 판단하는 것이 타당하다. 요컨대 진, 한 대 료동 지역은 패수의 서방에 위치했으며, 패수 동방의 료동외교는 한 초에는 이미 한이 지배할 수 없었던 것이다. 만일 료동군의 명칭이 료수의 동쪽에 위치함을 의미한다면 이 료수는 패수 서쪽에 위치한 강임은 틀림없다.

한 초 료동외교를 포기하였으니 한의 세력 범위는 축소되고 따라서 료동군의 동부도 다소 축소되였다고 인정되나 그 서부 계선은 변동이 없었다고 인정되며, 연, 진, 한의 료동군 지역은 대체로 변동이 없었다고 말할 수 있다.

연 대의 〈조선, 료동〉은 어느 지역인가

그러면 연燕 대의 료동이 어느 지역인가를 밝혀야 할 것이다.

그런데 이 문제를 해명할 수 있는 직접적 자료가 없기 때문에 부득불 간접적 자료에 의하여 밝힐 수밖에 없다.

《전국책》戰國策 29권 《연책》에는 《소진蘇秦[37])이 … 연나라 문후를 설득해서 말하기를, "연나라 동쪽에는 조선, 료동이 있고(蘇秦 … 說燕文侯曰,

燕東有朝鮮遼東)》라고 씌여 있는데 이 기록은 주목할 만한 것이다. 그러면 여기의 《조선, 료동》朝鮮遼東이란 문구는 어떻게 해석할 것인가? 연이 5군을 설치한 것은 소진 이후이기 때문에 소진 시기 연의 령토는 물론 오늘의 료동에까지 이르지 못했던 것이다. 《위략》에 의하면 연 진개는 조선 서방 2천여 리를 탈취하고 5군을 설치하였다. 그런데 사마천은 《사기·흉노 렬전》에서 연 진개가 동호를 천여 리 밖으로 격퇴하고 5군을 설치하였다고 썼다. 연의 5군 지역이 전부는 아닐지라도 조선 서방 2천여 리 혹은 동호의 서방 천여 리 지역이 거기에 포함되여 있다는 것은 자명한 일이다.

따라서 필자는 《연나라 동쪽에는 조선과 료동이 있다(燕東有朝鮮遼東)》란 이 기록을 연이 조선과 료동을 소유하였다고 해석할 수는 없으며, 연의 동방에는 조선 료동이 있다고 해석해야 타당하다고 생각한다. 요컨대 소진 시대의 《료동》이 절대로 오늘의 료동이라고 생각할 수 없는 것이다(진개가 조선 료동을 정복한 후 료수 이동 지역에 《료동군》을 설치한 것이다). 따라서 《조선 료동》朝鮮遼東은 진개가 조선 서방 2천여 리의 지역을 점령하기 이전의 조선의 《료수》의 동변에 위치한 지역이라고 해석해야 할 것이다.

여기서 주목해야 할 것은 사마정司馬貞의 《사기·소진 렬전》의 《조선 료동》에 대한 《색은》의 해석이다. 거기에는 《조선은 발음이 조선인데, 두 강의 이름이다(朝鮮音潮汕, 二水名)》라고 씌여 있다. 나는 이미 이상에서 말한 바와 같이 《조선》이란 국호가 강의 명칭에 유래되였다고

---

37) 소진(蘇秦 : 기원전 337~기원전 284) : 귀곡자(鬼谷子)의 제자로서 전국(戰國) 시대 진(秦)나라에 대항하기 위해서는 한(韓)·위(魏)·조(趙)·제(齊)·초(楚)·연(燕)의 나머지 육국(六國)이 합종(合縱)해야 한다는 합종책을 주장했다. 소진이 설득한 연(燕) 문후는 연 후문공(後文公 : ?~기원전 333)이니 이때는 연나라가 동호를 물리치기 이전이다. 진개는 문공(후)이 대 후의 연 소왕(昭王 : 재위 기원전 313~기원전 279) 때 장수다.

생각한다. 중국에서는 소진 이전에 이미 우리 국호를 《조선》이라 칭하였으니 소진이 말한 《조선》이란 것은 국호이라고 해석된다. 즉 여기의 《조선》을 연의 지역명으로 해석할 근거는 없다.

연 소왕昭王 이전 조선의 료동이란 어느 지역을 가리키는가? 《료수》란 도대체 어느 강을 가리키는가? 진 시황 21년(기원전 226년) 진나라의 장수 왕분王賁이 계薊를 공략했을 때 연나라 왕 희喜는 료동으로 피난하고 거기에서 잠시 왕 노릇을 하였다(사기·진 시황 본기 21년 조). 이 료동은 결코 오늘의 료동이 아니며 《조선 료동》朝鮮遼東의 료동인 것이다.

한 초 료동이 란하 이동이라는 근거

우리는 한 초의 료동이 결코 오늘의 료동이 아니라 란하 이동이였다는 사실을 증명할 수 있는 근거를 들어 보자.

《사기·진초지제월표》史記·秦楚之際月表 제4 진秦 2세 원년(기원전 209) 9월 조에 《한광이 조나라를 공략해 땅이 계薊까지 이르렀는데, 이것이 자립해서 연왕이 된 시초이다(韓廣爲趙略地至薊, 自立爲燕王始)》라고 씌여 있는 바 즉 한광은 연 왕으로 된 것이다. 같은 한광 30월(기원전 206년 1월38))에는 《연나라에서 료동을 나누었다(燕分爲遼東)》라고 썼고, 같은 해에 연에서는 《장도가 왕이 된 시작이다. 옛 연나라 장수다(王臧荼始, 故燕將)》이라고 씌여 있는 바 이것은 본래의 연의 장수 장도臧荼가 연의 왕으로 되였음을 의미하는 것이다. 그리고 다음달(한광 31월)(기원전 206년 2월)에 료동에서는 《왕 한광의 시작인데, 옛 연왕이다(王韓廣

38) 리지린의 원저에서 월로 쓴 것을 이해를 돕기 위해 조로 바꾸고 연도와 달을 표기했다.

始, 故燕王)》라고 씌여 있는 바 이것은 본래의 연 왕이였던 한광이 료동 왕으로 되였음을 의미한다.[39]

그러면 이 연과 료동의 수도는 어디인가? 같은 년표에는 한광 31월에 (연왕) 장도는 《계》薊에 도읍하였고 동 32월에 (료동왕) 한광은 《무종無終에 도읍하였다》고 기록되여 있다.(모두 기원전 206년 3월의 일이다) 이것은 곧 료동왕의 수도가 《무종》임을 말해 준다. 이와 동일한 기록을 《한서·년표》에서도 찾아 볼 수 있다. 그리고 《한서·고제기》에는 《연왕 한광이 료동왕이 되었다. 연나라 장수 장도가 연왕이 되었는데, 계에 도읍했다(燕王韓廣爲遼東王, 燕將臧荼爲燕王, 都薊)》라고 씌여 있다. 한 초에는 왕족들과 왕의 측근자들은 봉을 받아 《왕》으로 되는 《봉건제》와 군현제가 병존하였다.

우리는 이 자료를, 특히 《사기》의 자료를 절대로 무시할 수 없을 것이다. 한광의 료동《국》은 바로 한 초 로관盧綰의 료동《국》인 것이다. 한 초 한의 령역은 진의 령역을 그대로 제압했기 때문에 이 료동국의 위치는 대체로 변동이 없었다고 볼 수 있다. 만일 변동이 있었다면 료동국의 동부가 축소되였을 것이며 더 확장되였을 수는 없다.

그런데 그 료동국의 수도가 바로 무종無終이였던 것이다. 그러면 무종은 어느 지역인가? 《한서·지리지》에는 무종이 우북평右北平[40]의 한 개 현으로 기록되여 있다. 한 초 료동《국》의 수도가 오늘 란하 서쪽에 있었음을 알 수 있다. 《사기》 년표에 의하면 당시 료동군은

---

39) 《사기 표》는 206년 1월에 연국(燕國)을 연국과 료동군의 둘로 나누었고, 2월에 옛 연나라 장수인 장도(臧荼)가 연왕이 되었고, 이 전의 연왕인 한광(韓廣)이 료동왕으로 처음 등장했다고 설명하고 있다.

40) 중국 학계에서는 진(秦) 때 우북평군의 군치(郡治) 무종(無終)현의 위치를 지금 천진시 계현(薊縣)으로 보고 있다. 우북평군은 전한 때 평강(平剛)현으로 군치를 옮겼는데, 평강현은 현재 내몽고 녕성(寧城)현 전자진(甸子鎮) 흑성고성(黑城古城)으로 옮겼다고 보고 있다. 서진(西晋) 때 우북평군을 북평군으로 개칭했다.

아직 없다.

이를 방증해 주는 또 하나의 자료는 《삼국사기》 20권 고구려 본기 영양왕 24년(613) 조의 《24년 봄 정월에 황제가 조서를 내려 천하의 병사를 징발해 탁군에 집결시키고 백성들을 모집하여 효과驍果로 삼고, 료동 옛 성을 수리하여 군량을 저장했다(二十四年, 春正月, 帝詔徵天下兵, 集涿郡, 募民爲驍果, 修遼東古城, 以貯軍糧)》란 기록이다. 이 자료는 수 양제가 고구려를 침공하기 위한 전쟁 준비를 말하는 것인데, 그는 군대를 징모하여 탁군에 집결시키고 인민을 징용하여 료동 고성을 수축했음을 의미한다. 여기서 말하는 료동 고성이란 것은 분명히 오늘의 료동의 고성이 아니며 탁군(오늘의 북경 근방) 부근에 있었음을 알 수 있다.

그리고 실지로 한 초 료동 지역은 한의 세력이 그리 강하게 침투되지 못하였던 것이다. 《한서·지리지》에는 《상곡에서 료동에 이르기까지 땅은 넓고 백성들은 드물어 여러 차례 호의 침구를 당했다(上谷至遼東, 地廣民稀, 數被胡寇)》라고 씌여 있음은 이를 설명해 준다. 따라서 전국 말기 료동의 정세가 어떠하였는가를 가히 짐작할 수 있다. 그렇다면 이러한 위험한 지역에서 연 왕 회喜가 왕노릇을 했다는 것은 순전히 그의 명의만 가지고 있었음을 말해 주는 동시에 그가 피신해 있던 료동이란 것은 계薊에서 쫓겨나서 바로 란하 동쪽 가까운 지역임을 능히 추단할 수 있다. 그의 피신지를 결코 오늘의 료동으로 인정할 근거는 전혀 없다.

위에 인용한 《사기》와 《한서》의 자료로써 전국 말 한 초의 료동 지방이 결코 오늘의 료하 동쪽인 것이 아니라 한 말의 우북평 지역이였음을 알 수 있으며, 이 사실은 움직일 수 없는 것이다. 왜냐하면 《한서·지리지》보다 백여 년이나 앞선 사마천의 기록이기 때문이다. 다시 말하면 사마천이 말하는 료동은 오늘의 료동인 것이 아니라 우북평 지역 이동을 의미하는 것이다.

중국 학자들도 진, 한 대 료동은 료하 서쪽이라 주장

우리는 이제 다시 중국의 저명한 학자들의 설을 살펴 보기로 하자. 《통전》通典 180권 《주군》州郡 《고청주》古青州 조에는 《진이 천하를 평정한 후 군을 설치했는데, 여기는 제군齊郡이 되었다. 낭야의 동쪽 강역이며 료동이다(秦平天下, 置郡, 此爲齊郡, 瑯掷之東境, 遼東)》라고 쓰고 《료동》을 주석하여 《지금의 안동부(今安東府)》라고 썼다. 이에 의하면 진 대의 료동은 랑야瑯琊의 동방이며, 랑야는 바로 오늘의 천진 남쪽이다. 그렇다면 료동은 천진 동북쪽을 의미한다. 그리고 두우는 진 대의 료동군을 당 대의 안동부로 인정하였다.

《통전》 180권 《주군·안동부》 조에는 《안동부는 동쪽으로 월희부락 2천5백 리에 이르고, 남쪽으로 류성군 경계까지 90리이고, 서쪽으로 거란 경계까지 80리다 …(安東府東至越喜部落二千五百至, 南至柳城郡界九十里, 西至契丹界八十里 …)》라고 씌여 있다. 즉 안동부는 류성군의 북방 90리 지점에 있는 것이다.

그러면 류성군은 어느 지역인가? 같은 책 178권 《주군·류성군》 조에는 이렇게 씌여 있다.

> 류성군은 동쪽으로 료하까지 4백80리에 이르고, 남쪽으로 바다까지 2백60리에 이르고, 서쪽으로 북평군까지 2백 리에 이르고, 북쪽으로 거란 경계까지 50리에 이르고, 동남쪽으로 안동부까지 2백70리에 이른다 ….

> 柳城郡, 東至遼河四百八十里, 南至海二百六十里, 西至北平郡二百里, 北至契丹界五十里, 東南到安東府二百七十里 ….

이 자료에 의하면 안동부가 류성에서 동남으로 2백70리 지점에 있는 것으로서 전자와는 일치하지 않는다. 그 리유를 설명하기 전에 류성군의 위치를 좀 더 구체적으로 확증하자.

같은 책 《영주》 조에는 《영주는 지금 류성현을 다스린다. 은나라 때 고죽국 땅이다 … 대당大唐이 다시 회복해서 영주가 되었는데, 혹은 류성군이 되었다고 한다. 다스리는 현은 하나로서 류성현이다(營州, 今理柳城縣, 殷時孤竹國地 … 大唐復爲營州或爲柳城郡, 領縣一, 柳城)》라고 씌여 있으니 류성군의 오직 하나의 현인 류성현이 은殷 대 고죽국 지역임을 알 수 있다. 고죽국이란 곳은 기술한 바와 같이 란하 중류 동안 즉 열하 부근 지역이다.

《신당서》 39권 《지리지·영주·류성군》 조에는 《류성군은 … 동쪽에 갈석산이 있다(柳城郡 … 東有竭石山)》이라 하였으니 이 자료는 전자와 일치한다. 요컨대 당대의 류성군은 란하 중류 지역이였음을 알 수 있다.

그러면 진 대 료동군이였던 지역이 어느 안동부이냐 하는 문제가 제기된다.

우리는 《구당서》와 《신당서》 또 《통전》을 통하여 안동부가 수차 이동한 사실을 알 수 있다.

《구당서》 39권 《지리지·안동도호부》 조에는 이렇게 씌여 있다.

> 상원上元 3년(676년) 2월 안동부를 료동군 고성으로 이주해 설치했고, 의봉儀鳳 2년(677), 다시 신성新城으로 이주해 설치했고, 성력聖曆 원년

(698) 6월, 안동도독부로 고쳤다. 신룡神龍 원년(705) 다시 안동도호부를 설치했고, 개원開元 2년(714) 안동도호부를 평주平州로 옮겨 설치했다. 천보天寶 2년(743) 료서군 옛 군성郡城에 옮겨 설치했다. 지덕至德(756~758) 후에 폐지했다.

上元三年(676년) 二月, 移安東府於遼東郡故城置。儀鳳二年, 又移置於新城。聖曆元年六月, 改爲安東都督府。神龍元年, 復為安東都護府。開元二年, 移安東都護於平州置。天寶二年, 移於遼西故郡城置。至德後廢.

두우杜佑[41]는 진 대의 료동군을 《지금의 안동부(今安東府)》라고 하였다. 두우는 덕종(780~804년), 헌종(806~820년) 시기 복무한 인물이다. 안동부는 지덕 이후 폐지되였으니 그 년대는 756~762년[42] 사이이다. 그렇다면 두우가 말하는 안동부는 그가 청년 시기에 있었다고 볼 수 있는 안동부이며 즉 그것은 료서 고성에 위치한 시기의 안동부임을 알 수 있다. 즉 《구당서》에서 말하고 있는 료서 고성을 두우는 진 대의 료동군으로 인정한 것이다.

두우는 안동부의 위치를 류성군과 관련시켜 두 가지를 말하였는바 그가 진 대의 료동군이였다고 인정한 안동부가 어느 안동부인가는 매우 불명확하다. 그러나 어느 안동부이건 현 료하의 서쪽에 위치한 것은 명백하다. 그는 안동부가 료동 고성에서 료서 고성으로 이동한 사실을 인정하고 있는 바 이 료동, 료서는 오늘의 료동, 료서를 의미하지 않으며, 그것은 진, 한 대의 료동, 료서를 의미함은 물론이다. 왜냐하

41) 두우(杜佑 : 735~812) : 당나라 때의 정치가이자 역사학자로서 경조(京兆) 만년현(萬年縣 : 지금의 섬서성 서안) 사람이다. 재상까지 올랐으며, 《통전(通典)》을 지었다.

42) 지덕(至德)은 당 숙종(肅宗)의 연호로서 756~758년 사이이다.

면 그는 오늘의 료하 서쪽에 있는 안동부를 진 대의 료동군으로 인정하고 있기 때문이다.

요컨대 두우는 진 대의 료동군을 오늘의 료하 서쪽에 위치한 것으로 인정하였으며 구체적으로는 료서 고성 지역으로 인정한 것이다. 그 료서 고성의 위치를 지금 확증할 수는 없으나 그가 안동부를 진 대의 료동군으로 인정하면서 그 안동부가 료동 고성에서 료서 고성으로 이동하였다고 기록하고 있으니 그 료서 고성은 대체로 오늘의 란하 서쪽에 있는 것으로 추단된다. 왜냐하면 기술한 바와 같이 진, 한 초 료동 왕 한광의 도읍이 료하 서쪽인 무종이였던 사실을 결부시켜 생각할 때 그와 달리는 해석할 수 없게 되기 때문이다.

그런데 《통전》에는 또한 《료수》, 《금 료수》, 《료하》란 명칭을 동시에 쓰고 있다.

《통전·안동 대도호부》 조에 《안동대도호부는 순임금이 청주를 나누어 영주營州를 설치하고 목牧을 두었다. 료수의 동쪽은 마땅히 이곳이다. 춘추 및 전국 때는 함께 연燕에 속했고, 진나라와 전한·후한 때는 료동군이었는데, 동으로 락랑군과 통한다(安東大都護府, 舜分青州爲營州, 置牧. 宜遼水之東是也. 春秋及戰國並屬燕, 秦二漢曰遼東郡. 東通樂浪)》라고 쓰고 그를 주석하여 《락랑은 본래 (고)조선국이다. 한 무제 원봉 3년(기원전 108) 조선인이 그왕의 목을 베고 항복해서 그 땅을 락랑군으로 삼았다. 현토군과 다시 대방군을 설치했는데, 모두 료수의 동쪽에 있었다(樂浪本朝鮮國, 漢武帝元封三年, 朝鮮人斬其王而降, 以其地爲樂浪, 元菟郡, 復又置帶方郡, 並在遼水之東)》라고 썼다. 이 기록들을 얼핏 보면 진, 한 대의 료동군이 오늘의 료하 이동 지역인 것 같이 보인다. 그러나 그는 영주營州를 진, 한 대의 료동군 지역이라고 인정하고 있다.

그리고 동서 178권 《영주》 조에는 《영주는 지금 유성군을 다스린다.

은나라 때는 고죽국이었다(營州, 今理柳城郡, 殷時爲孤竹國地)》라고 썼다. 그러면서 그는 고죽국을 진, 한 대의 료서군 지역이라고 썼다. 이에 관해서는 아래서 다시 론하겠거니와 안동 대도호부 조에는 두우는 영주 즉 고죽국을 료수의 동쪽이라고 인정하였다. 고죽국은 이미 반고가 말하였고 력대 중국의 력사가들이 고증한 바와 같이 오늘의 료하의 동쪽에 위치한 것이 아니라 란하의 동쪽에 위치했던 것이다. 상술한 바와 같이 진, 한 대의 료동군은 류성군 계선과 접하고 서북으로 270리 지점에 류성군 소재지가 있는 것이다. 그렇기 때문에 두우는 료동군을 《료수》의 동에 위치했다고 쓴 것이다.

두우는 고대의 료수와 당唐 대의 료하를 구별해 쓴 것이다. 류성군 조에서는 《동쪽으로 료하가 4백80리(東至遼河四百八十)》라고 쓰고 안동대도호부 조에서는 《영주는 … 마땅히 료수의 동쪽이 이곳이다(營州 … 宜遼水之東是也)》라고 썼다.

요컨대 두우는 진, 한 대의 료동군은 현 료하의 서쪽에 위치했다고 쓰면서 동시에 《료수》의 동에 위치했다고 썼으니 그가 《료하》와 《료수》를 구별해 쓴 것이 명백하다. 그는 당 대의 료하를 료수로 쓴 경우도 있으나 이 때에는 고대의 료수와 자기 시대의 료수를 구별하기 위하여 《지금의 료수(今遼水)》라고 썼다. 그는 같은 책(통전) 《유주》幽州 조의 주에서 《현토군은 낙랑군과 함께 지금의 료수의 동쪽에 있는데, 마땅히 우공禹貢43)의 청주의 땅에 있다(玄菟, 樂浪郡並今遼水之東, 宜在禹貢青州之地)》라고 쓴 것이 그 실례이다.

요컨대 진, 량한(전한·후한) 대의 료동군이 현 료하 서쪽에 위치했음이 명백하다. 진, 량한(전한·후한)의 료동군은 《료수》의 동방에 위치한 것이

43) 《우공(禹貢)》은 《상서(尚書)》의 한 편으로서 중국 고대 지리 및 세금에 관한 내용이다.

며 현 료하의 동방에 위치한 것이 아니다.

두우는 또한 딴 곳에서 진, 한 대의 료동군의 위치를 말하고 있다. 같은 책 178권 《유주》幽州 조에서 《주례·직방》周禮·職方을 인용하여 《주례·직방에서 말하기를 "동북을 유주라고 말하는데, 그 산을 의무려산이라고 한다(周禮職方曰, 東北曰幽州, 其山曰醫無閭)》라고 쓰고 그를 주석하여 《(의무려)산은 료동에 있는데, 지금 류성군 동쪽이다. 료례를 지내는 사당을 설치했다(山在遼東, 今於柳城郡東, 置祠遙禮)》라고 썼다. 의무려산이란 고대로부터 유명한 산으로서 이 산은 오늘 료하 서쪽에 위치한 것이다. 두우는 현 료하 서쪽에 위치한 의무려산을 료동에 있다고 썼으니 이것은 《주례·직방》의 기록을 해석한 것이기 때문에 고대의 료동이란 뜻으로 해석한 것이다.

그러면 료동군과 료서군의 경계선은 어디냐? 두우는 동상서 《영주》營州 조에서 이렇게 썼다.

> 영주는 지금 류성을 다스린다. 은나라 때는 고죽국 땅이었다 … 춘추 때는 땅이 산융에 속했고, 전국 때는 연에 속했는데, 진나라가 천하를 겸병하고 료서군에 소속시켰다. 이한二漢(전한·후한) 및 진晋은 다 이에 따랐다.
>
> 營州今理柳城, 殷時爲孤竹國地, …, 春秋時, 地屬山戎, 戰國時屬燕, 秦并天下, 屬遼西郡, 二漢及晋皆因之.

그는 료서군의 위치를 은 대의 고죽국으로 인정하였으며 당 대의 류성군 령역으로 인정하였다. 고죽국의 위치는 중국의 력대의 학자들이 모두 고증한 바와 같이 오늘의 란하 중류 류역인 것이다. 두우는 같은 책 평주平州 조에서 《지금의 로룡현에 고죽국성이 있다(今盧龍縣有

古孤竹城)》라고 썼다. 고염무顧炎武[44])도 고죽국을 란하 류역으로 고증하였다.

당 대의 갈석산은 현재의 갈석산

이로써 우리는 진, 한 대의 료서군이 당 대의 류성군 지역이며 그것은 란하 류역임을 알 수있다. 그러면 류성군 동단이 어디인가? 위에서 인용한 자료에 근거하면 류성군과 바다와는 260리 거리가 있으며 북평군에서 동쪽으로 2백 리 되는 지역이다. 그런데 이 거리는 군치의 위치를 의미하는 것이며 결코 변경과의 거리를 의미하지 않는다. 《신당서》 39권 《지리지》에는 《영주 유성군은 상급 도독부이다. 본래 료서군이다 … 류성 … 동북진東北鎮에 의무려산사가 있고 또 동쪽에 갈석산이 있다(營州柳城郡, 上都督府。本遼西郡 … 柳城 … 有東北鎮醫巫閭山祠。又東有碣石山)》라고 썼다. 이에 의하면 갈석산이 류성군의 동방에 위치하는 것이다. 그러나 이것은 갈석산이 류성군 내에 있음을 의미하지 않으며 군 외에 있음을 의미한다.

이로써 당 대의 류성군 지역이 현재의 란하 이서에서 시작하여 그 이동에 걸쳐 있었음을 알 수 있다. 당 대의 갈석산이 현재의 갈석산임은 의심할 바 없다[45]. 따라서 우리는 당 대의 류성군이 란하 류역 서안에서 시작하여 대체로 남북으로 뻗어 있으며 그의 군치는 우북평에서 2백 리 되는 지점이다. 이 자료에 근거하여 우리는 진, 한 대의 료서군은 대체로 류성군의 위치와 동일하며 즉 그 많은 부분은 란하

44) 고염무(顧炎武 : 1613~1682) : 명나라 말기 청나라 초기의 저명한 학자로서 황종희(黃宗羲), 왕부지(王夫之)와 함께 '명말청초(明末清初)의 삼대유(三大儒)' 또는 '명말청초 3대 사상가'로 불린다.

45) 현재의 갈석산이란 하북성 창려현 북쪽의 갈석산을 의미한다.

서쪽에 위치하고 있으며 그 동남변과 동북변의 일부는 란하 이동에 걸쳐 있었음을 알 수 있다. 따라서 우리는 료서군과 료동군의 계선을 현재의 란하라고 인정해야 할 것이다.

그렇다면 여기서 독자들은 질문을 제기할 것이다. 즉 진 대의 료동군의 일부가 현 란하 서쪽에(즉 료서 고성) 있었다는 앞의 서술과 모순되지 않는가고, 물론 나의 기록 그 자체만 보면 모순이 있다. 그러나 그것은 진秦 대 한광韓廣의 료동을 말함이요 그것은 한漢 초에 란하 동쪽으로 개편되였다고 인정된다. 왜 이렇게 생각할 수 있는가 하면 《사기》나 《한서》 년표에 료동왕 한광이 무종에 도읍하고 《료동》으로 가지 않고 있다가 살해된 사실을 기록한 자료로 미루어 보아서 그렇게 판단할 수 있다. 즉 한 초에 이르러 행정 구역을 개편할 때 료동군은 란하 동으로 구획했던 것으로 해석된다.

만일 《료동군》이 《료수의 동쪽에 위치한 군》이란 의미라면 그 료수는 절대로 오늘의 료하나 대릉하로는 될 수 없음이 명백하며, 오늘의 란하가 곧 고대의 《료수》로 되여야 한다는 론리적 귀결에 이르게 된다.

진, 한 대에 란하를 〈료수〉라 칭했나?

그러면 란하를 진秦, 한漢 대에 《료수》라고 칭하였는가 하는 문제가 제기된다. 우리는 다행히도 그것을 긍정할 수 있는 근거를 가지고 있다.

중국에서 유일하게 《연사》燕史를 저작한 명 대의 곽조경郭造卿46)의

46) 곽조경(郭造卿 : 1532~1593) : 복건성 복청(福清)현 출신으로 곽우경(郭遇卿)의 동생이다. 《연사(燕史)》, 《영평지(永平志)》, 《로룡새략(盧龍塞略)》 등을 저술했다.

《로룡새략》盧龍塞略 (명 만력 경술 각본)明萬曆庚戌刻本에서 이 자료를 찾아 볼 수 있다. 같은 책 1권 《경부수략경고》經部守略經古 상上에서 《관자》의 사료적 가치를 그리 인정하지 않는다고 하면서 이렇게 썼다.

> 관자의 책에는 속이는 것이 많아서 공문孔門에서는 도가 없다고 했다. 목민 편은 간명한데, 다른 것은 이렇게 심한가? 그리고 《춘추》의 기년을 어그러뜨렸다. 〈경중〉 편(관자)은 또한 부회가 심해서 예부터 의심이 존재했고, 망자罔者가 분별했다.
>
> 管子書多譎, 故孔門無道焉, 牧民編簡明, 它若是其甚乎? 然紀年悖於春秋, 輕重尤爲附會, 故於疑存之, 而罔者辨焉.

그는 《관자》管子 16권 《소문》小問 편의 제 환공桓公과 관중管仲이 산융山戎을 정벌한 사실을 이야기하여 다음과 같이 썼다.

> (환공이) 이에 북쪽 고죽孤竹을 점령하는데, 비이卑耳 계곡 10리쯤 못미쳤을 때, 수레를 멈추고, 놀라서 쳐다보면서 활을 끌어당겼으나 감히 쏘지는 못하고 좌우에 "앞의 사람을 보았느냐?"라고 물었다. "못 보았습니다"라고 하자 환공이, "과인이 사람을 보았는데, 키가 컸으며, 인물의 형태를 갖추었다. 모자를 썼고 오른쪽 소매 있는 옷을 입고, 말 앞을 달려갔다. 일이 아직 건너지 못했는냐? 과인이 크게 의혹한다. 세상에 이런 사람이 있는가?"라고 물었다. 관중이, "신이 듣기에 등산登山의 신에 유아俞兒라는 자가 있는데, 키가 크고 인물의 형태를 갖추었다고 합니다. 패왕霸王이 일어날 때 등산신登山神을 보았는데, 또한 말 앞을 질주해 달려갔으니 도道입니다. 소매 있는 옷은 앞에 강이 있는 것을 보여주는 것입니다. 모자와 오른 쪽 소매가

있는 것은 오른쪽을 따라 건너라고 말해주는 것입니다"라고 답했다. 비이 계곡에 이르렀는데, 그 강이 료수遼水였고, 찬수贊水가 있었다. 말하기를, "왼쪽을 따라서 건너면 그 깊이가 모자에 이르고, 오른쪽을 따라 건너면 그 깊이가 무릎까지 이릅니다. 만약 오른 쪽이라면 크게 건널 수 있습니다." …

乃北伐孤竹, 未至卑耳之谿十里, 闟然止, 瞠然視。引弓而未敢發, 謂左右 : 見是前人乎? 不見也。桓公曰 : 寡人見人長尺, 而人物具焉, 冠, 右袪衣, 走馬前, 事其不濟乎? 寡人大惑, 世有人若此者乎. 管仲對曰 : 臣聞登山之神有俞兒者, 長尺而人物具焉, 霸王之興, 而登山神見, 且走馬前疾, 道也。袪衣, 示前有水也。冠, 右袪衣, 示從右方涉。至卑耳之谿, 其水曰遼水, 有贊水, 曰 : 從左方涉, 其深及冠, 從右方涉, 其深至膝。若右, 其大濟. …

이에 의하면 고죽에 이르기 전(즉 란하를 건너기 전)에 《비이》라는 계곡에 흐르는 강을 《료수》라고 칭하였음을 알 수 있다. 그런데 《관자》의 원문에는 이 《료수》에 관한 기록이 없다.[47] 곽조경이 료수에 관한 기록을 첨가한 것을 우리는 간단하게 망발이라고 할 수 없으며, 그가 《관자》의 자료를 부정확한 것이 많다고 하면서 거기에 없는 《료수》를 기록하고 있으니 반드시 어떠한 근거를 가지고 썼을 것이라고 보아야 할 것이다.

전한 대 류향劉向[48]의 《설원》說苑 18권에도 동일한 내용의 기록이 있는 바 곽조경은 그것에 근거하고 있는 것 같이 보인다. 곽조경은

47) 《관자》 원문에는 "그 강을 료수라고 이른다(其水曰遼水)"는 구절이 빠져있다.

48) 류향(劉向 : 기원전 77~기원전 6) : 전한 왕실의 종실로서, 《설원(說苑)》, 《별록(別錄)》 등을 저술했다.

오래 동안 료동 지방관을 지낸 사람으로서 이 지역 지방지의 권위자이였다. 그의 많은 문장이 《대명일통지》大明一統志에 인용되고 있으며 고염무도 그의 저작을 높이 평가하여 인용하였다. 우리는 다음 자료들에서 곽조경이 말한 것이 결코 망발이 아니라는 것을 론증할 수 있다.

우리는 《수경주》에서 현재의 란하를 고대에 《료수》로 칭했다는 사실을 찾아 볼 수 있다. 같은 책 14권 《유수주》濡水注에는 이렇게 썼다.

> 한나라 영제靈帝(재위 167~189) 때 료서 태수 렴번廉翻의 꿈에 어떤 사람이 자신에게 이르기를, "나는 고죽군孤竹君의 아들이고 백이伯夷의 동생이다. 료해遼海에 내 관곽棺槨이 떠다니고 있는데, 듣기에 그대는 어질고 선하다고 하니 감추고 덮어달라."라고 했다. 다음 날 보니 물 위에 관이 떠 있었는데, 관리 중에 비웃거나 조소하는 자들은 모두 병이 없는데 죽었다. 이에 고쳐서 장사 지내주었다. 《진서·지도지》晉書·地道志에서 말하기를, 료서 사람이 료수에 관이 떠 있는 것을 보고 부수려고 했더니, "나는 고죽군이다. 네가 나를 어찌 부수려 하느냐?"라고 말했다. 그래서 사당을 세워 주었다. 사당은 산 위에 있는데, 성은 산의 옆에 있고, 비여현 남쪽 12리로서, 물이 모이는 곳이다.
>
> 漢靈帝時, 遼西太守廉翻夢人謂己曰 : 余, 孤竹君之子, 伯夷之弟, 遼海漂吾棺槨, 聞君仁善, 願見藏覆。明日視之, 水上有浮棺, 吏嗤笑者皆無疾而死, 於是改葬之。《晉書·地道志》曰 : 遼西人見遼水有浮棺, 欲破之, 語曰 : 我孤竹君也, 汝破我何爲? 因爲立祠焉。祠在山上, 城在山側, 肥如縣南十二里, 水之會也。

여기의 《료서 사람이 료수에 관이 떠 있는 것을 보았다》고 한 이 《료수》는 결코 오늘의 료하로 볼 수 없는 것이다. 왜냐하면 고죽孤竹은 오늘의 란하 류역에 있었으며 비여현은 란하 하류에 위치하고 있기 때문이다. 고염무는 《영평 이주기》營平二州記에서 《란하의 좌동산음은 하수를 끼고 있는데, 고죽군의 세 무덤이 있다(灤河之左洞山陰夾河, 有孤竹君三塚)》라고 썼다. 이로써 고죽국이 란하 류역이였음을 알 수 있다. 《수경주》에 인용된 전설은 후한 말까지 오늘의 란하를 《료수》로 칭하기도 하였음을 말해 준다. 그렇다면 곽조경의 설은 근거가 있는 것이며 결코 망설이라고 할 수 없다.

곽조경은 비이산 계곡의 강을 료수라고 칭하였다.

그러면 비이산이 어디냐? 《영평부지》永平府志 10권 《고적》 비이산 조에는 《관자管子가 환공 20년 고죽을 정벌할 때 비이卑耳 계곡 10리에 미치지 못했다 ··· 《옛 지리지舊志》에는 "고죽의 강역이라고 실려 있다"고 했다(管子, 桓公二十年征孤竹, 未至卑耳之谿十里···舊志載之孤竹之境)》라고 썼다. 이 자료를 상이한 자료와 결부시켜 고찰하면 비이산은 란하 류역 고죽 부근의 산이며, 그 비이산으로부터 흘러 내리는 강을 료수라고 칭한 것이니 그 료수는 오늘의 란하이거나 혹은 그 지류임이 명백하다.

그러면 《료수》라는 명칭이 무엇에 유래된 것인가? 력도원酈道元은 《수경주》 14권 《소료수》小遼水 주에서 《또 현토군 고구려현에 료산이 있는데, 소료수가 나온다(又玄菟高句麗縣有遼山, 小遼水所出)》라고 하였는 바, 《료수》의 명칭이 《료산》에서 유래된 것 같이 썼다. 그러나 그는 그 명칭의 유래를 단정하지는 않았다. 필자는 《료수》의 명칭의 유래를 고대 조선어에서 찾을 수 있다. 고염무는 《한서·지리지》의 료서군의 제 8현인 《교려》(交黎)를 《창려》(昌黎)로 인정하고(《일지록》日知錄

창려昌黎 항), 또 그는 《고고록》考古錄에서 《후한서·군국지》의 《창려는 옛 천료다(昌遼, 故天遼)》를 《창려昌黎는 옛 교려交黎다(昌黎故交黎)》로 읽었다. 이 사실로써 우리는 《려》(黎) 자와 《료》(遼) 자가 통용될 수 있음을 알 수 있다.

따라서 나는 《렬》洌 자도 《려》黎 자로 통용될 수 있으며 또한 《려》黎 자가 《료》遼 자로 통용될 수 있다고 인정하게 된다. 즉 《렬》洌 자는 《료》遼 자로 통용될 수 있는 것이다. 고대 조선어에서 《무렬수》武洌水는 《압록수》鴨綠水, 《압자수》鴨子水, 《엄호수》掩淲水, 《오렬수》烏列水 등과 통하는 《큰 강》이란 뜻으로 해석된다는 우리 학자들의 설에 의거하면서 고대 조선인들이 란하를 《무렬수》武列水라고 썼던 것을, 한인들은 그것을 《료수》라고 썼다고 인정한다. 기술한 바와 같이 현 란하의 고명이 《무렬수》武列水이며 그것이 고조선인들이 칭한 강의 명칭이다.

세 줄기의 료수—청장수, 란하, 렬수

《료수》遼水라는 명칭은 이미 기원전 3세기 이전 한인들이 칭하였으며, 따라서 《료동》이란 명칭도 사용했던 것이다. 그리고 료수는 결코 하나가 아니라 기원전 3세기 이전부터 기원 1세기 초까지의 기간에 현 료하 외에 두 줄기가 있었다.

《료수》에 관한 가장 오랜 기록은 《산해경》에 있다. 《산해경》 13권 《해내동경》海內東經에는 《료수는 위고衛皐 동쪽에서 나와서 동남쪽으로 발해로 들이붓고 료양으로 들어간다(潦水出衛皐東, 東南注渤海, 入遼陽)》라고 씌여 있다. 이 료수는 동남류하여 발해로 들어 가는 강이다. 이 강의 방향은 오늘의 료하와는 완전히 다른 것이다. 《산해경》에서는 이 료수를 기록함에 있어서 《락수》洛水, 《분수》汾水, 《심수》沁水, 《제

수》濟水, 《료수》潦水, 《호타수》虖沱水, 《장수》漳水 등의 순서로 썼는 바 《료수》 외의 모든 강들은 모두 중원의 강들이며 장성 밖의 강은 하나도 없다. 따라서 이 료수를 오늘의 료하로 인정하기에는 무리가 있다.

《수경주》 10권 《청장수》淸漳水 주에는 《청장수는 또 동남에서 료수轑水와 서로 만나는데, 료수는 료수현 서북쪽 료산에서 나온다(淸漳又東南與轑水相得, 轑水出轑河縣西北轑山)》라고 씌여 있다. 이 《료수》는 《료》轑 자를 쓰고 있으나 양수경은 이에 대하여 다음과 같이 해석하고 있다.

> 양수경이 살펴보니, 《수서 지리지》隋志의 료산현遼山縣에는 료수轑水가 있다. 《태평환우기寰宇記는 료양수遼陽水가 팔부령八賦嶺에서 나온다고 했는데, 료양수란 곧 료수轑水이다. 《화순현지》和順縣志는 팔부령이 현의 서북쪽 1백20리에 있는데 즉 료산轑山이라고 말했다.
> 守敬案, 隋志遼山縣有其轑水, 寰宇記 遼陽水出八賦嶺, 遼陽水即轑水, 和順縣 志八賦嶺在縣西北一百二十里卽轑山也.

우리는 이 자료를 통하여 《산해경》의 《료수》가 바로 《청장수》와 합류하는 강임을 알 수 있다. 《료》轑 자는 력도원이 만들은 글'자이며 그는 후세의 《료수》遼水와 구별하기 위하여 그리 하였다고 추단된다.

그러면 《료양》이란 어디 있는 지명인가?

《사기》 20권 《년표》 제8에는 《료양》潦陽이란 후국의 명칭이 기록되여 있고, 그 《색은》에는 《료음 료표는 청하에 있다(潦音遼表在淸河)》라고 쓰고 있다. 따라서 한 초의 《료양》은 청하 류역에 있는 지명임을 알 수 있다.

그러면 《청하》란 어디 있는 강인가? 청하淸河는 바로 《청장수》淸漳水인 것이다. 양수경은 《수경주소》 10권 《탁장수》濁漳水에 대한 《소》에서 《양수경이 살펴보니 여기에서 말하는 청장수는 청하를 이르는 것이다. 형수와 장수 두 강이다(守敬按此所云; 淸漳謂淸河, 衡漳二水也)》라고 쓰고 있다. 이것으로써 우리는 《료양》이 바로 청장수 류역에 있음을 확인할 수 있다. 이 지역은 오늘의 천진 동북부, 청장수와 바다 사이의 지역 북쪽으로 인정된다.

그런데 위에서 인용한 《산해경》의 경문經文에는 《료양으로 들어간다(入潦陽)》는 말이 이 《료수》에 관한 기록의 끝에 씌여 있는 바 이것은 문장 상으로 보아서는 《동남쪽으로 흘러 발해로 들어간다(東南注渤海)》 위에 놓여야 할 것 이라고 인정된다. 왜냐하면 《료수》는 《료양》을 지나서 발해로 들어 가기 때문이다. 이러한 착간錯簡(순서가 잘못됨)은 《산해경》 경문에는 흔히 있는 일로서 별로 문제 삼을 바는 못 된다.

우리는 《대료》수란 강을 《사기》에서도 발견할 수 있다. 《사기》 4권 《조세가》趙世家에는 《대료수와 장수는 위에서 나온다(大潦, 漳水出魏)》라고 씌여 있는 바 이것은 바로 위에 인용한 자료들과 일치되는 《료수》인 것이다. 왜 그런가? 《대료》수와 《장수》가 린접해 있음을 알 수 있기 때문이다.

한 초의 료수에 관한 자료는 또 있다. 《회남자》 4권 《추형훈》墬形訓에는 《여섯 강이란 하수, 적수, 료수, 흑수, 강수, 회수다(六水曰河水, 赤水, 遼水, 黑水, 江水, 淮水)》라고 씌여 있다. 중국의 6대 강의 하나로 인정된 이 《료수》의 위치는 어디냐? 후한의 고유高誘[49])는 주석하여 《료수는 갈석산에서 나와서 새북으로부터 동류하여 곧 료동의 서남으로 내려가서 바다로 들어 간다(遼水出碣石山, 自塞北東流直遼東之西南入海)》라고 썼다. 갈석산이란 바다에서 얼마 멀지 않는 산이며 또 고유가

49) 고유(高誘)는 후한 말기의 학자로서 《회남자(淮南子)》, 《려씨춘추(呂氏春秋)》, 《전국책(戰國策)》에 주석을 달았다.

그것을 몰랐을리 없으니 《료수가 갈석산에서 나온다(遼水出碣石山)》란 글'자는 그 뜻이 매우 애매하다. 또 실지로 갈석산에서 시원하여 동류하여 오늘의 료동 서남으로 흘러 바다로 들어 가는 강이 그 지형으로 보아서 있을 수 없는 것이다. 따라서 우리는 고유의 주석을 달리 해석할 수밖에 없다. 《갈석산에서 나온다(出碣石山)》를 《갈석산에서 시원하다》고 해석하지 말고 《지석산에서 나온다(出砥石山)》의 오기라고 인정하게 된다.

《회남자》의 같은 편에는 료수의 발원지에 대하여 《료수는 지석에서 나온다(遼出砥石)》라고 썼는 바, 고유는 그를 주석하여 《지석은 산 이름인데, 새 외에 있으며, 료수가 나와서 남쪽으로 바다로 들어간다(砥石山名, 在塞外, 遼水所出, 南入海)》라고 썼다. 이 주석은 《한서·지리지》의 료수에 대한 반고의 주석과는 완전히 다르다. 따라서 《한서·지리지》의 료수와는 다른 료수라는 것을 알 수 있다. 또 그 흐르는 방향으로 보아서도 오늘의 료하와는 다른 것이다.

고유는 《지석산》의 위치는 말하지 않고 있다.

력도원은 《수경주》에서 《료수 또한 말하면 지석산에서 나온다(遼水亦言出砥石山)》라고 쓰면서도 《한서·지리지》의 료수의 발원지인 료산과의 관계를 언급하지 못하였다. 양수경은 《수경》의 《소》에서 《살펴보니 료하의 상원은 시라무렌강인데, 고북구 밖 서극등부 경계 안에 있는 산이다(按遼河上源曰西喇木倫河, 出古北口外西克騰部界內山)》라고 썼다. 이것은 양수경의 순전한 추측이며 《지석산》의 설명으로는 될 수 없다. 어째서 이렇게 말할 수 있는가? 《지석산》이란 한식 명칭이며 결코 몽고어가 아니다. 한 초 《시라물룬》(시라무렌) 상류에까지 한漢 세력이 미치지 못하였으며 따라서 그 상류 지방의 산명이 한어로 불리웠을 리가 없다. 그렇기 때문에 양수경의 설은 근거가 없는 것으로 된다.

요컨대 한 초의 료수라는 것은 《한서·지리지》와 수경의 대료수로 될 수는 없다. 더우기 그 방향으로 보아서 그렇게 판단된다. 중국의 력대 지리 학자들이 《지석산》을 고증한 것을 나는 아직 발견하지 못하고 있다. 그래서 나는 이 료수는 남류하여 바다로 들어가는 강인 란하를 가리킨다고 판단해서 결코 망설로 되지 않으리라고 생각한다. 위에서 말한 바와 같이 란하를 계선으로 하여 료동, 료서가 갈라졌던 사실과 결부시켜 생각할 때 그렇게 해석할 수밖에 없다.

《한서》 14권 《제후왕표》 제2에는 《안문 동쪽에서부터 료양에 달하는 곳까지는 연燕과 대代가 된다(自雁門以東, 盡遼陽, 爲燕, 代)》라고 씌여 있다. 그러면 이 《료양》은 어디냐? 이것은 한 초의 연燕 후국의 동단인 것이다. 《사기》 17권 《한흥이래 제후 년표》를 보면 《오나라, 초나라 전후로 제후들은 혹 유배가거나 삭탈되어 연燕과 대代는 북변의 군을 잃었다(吳楚時, 前後, 諸侯或以適削地, 是以燕, 代 無北邊郡)》라고 씌여 있다. 대군代郡은 고조 5년(기원전 202년)에 흉노를 정복하고 설치한 군이며 연 후국의 서방에 위치한 것이다. 연 후국은 기술한 바와 같이 그 수도는 계薊(오늘의 북경 북방)였고, 그 동방에 료동국이 있었는 바 그 수도는 무종無終이였다. 무종은 한 말의 우북평군에 있었으니, 따라서 연의 동단은 란하에 이르게 된다.

그러면 이 《료양》과 《산해경》의 《료양》과는 어떤 관계를 가지는 것인가? 안사고安師古[50]는 《료양》遼陽을 주석하여 《료양은 료수의 북쪽이다(遼陽, 遼水之陽也)》라고 썼으니 이것은 료수의 북방이란 뜻임을 알 수 있다. 따라서 이 료수는 《한서·지리지》와 《산해경》의 료수와는

50) 안사고(安師古 : 581~645): 당나라 때 경학가이고 역사학자인데, 세심한 훈고(訓詁)로 유명했다.

또 다른 료수이며 그것은 바로 란하로 될 수밖에 없다.

사마천은 《사기》에서 《료동》이란 지방에 관하여 쓴 곳도 있다. 《사기》 6권 《진시황 본기》에는 이렇게 씌여 있다.

> 2세 황제가 동쪽으로 군현을 순행하는데 이사가 수종隨從했다. 갈석산에 이르러 바다를 아우르고 남쪽으로 회계에 이르러 시황제가 세운 비석에 모두 글자를 새기고 비석의 옆면에는 따랐던 대신들의 이름을 새겨서 선제先帝가 공로를 이루고 덕을 성대하게 한 것을 빛나게 했다. 황제가 말했다.
>
> "금석金石에 새겨진 것은 모두 시황제께서 하신 일들이다. 지금 칭호를 이어받았는데 금석에 새긴 글에 시황제라고 칭하지 않으면 오랜 후에는 후손들이 한 일처럼 될 것이니 시황제께서 이루신 공로와 성대하신 덕을 칭할 수 없을 것이다."
>
> 승상 이사李斯와 신하 풍거질馮去疾과 어사대부 덕德이 죽음을 무릅쓰고 말하기를, "신들이 청컨대 조서를 자세하게 비석에 새겨서 그 연유를 명백하게 밝히겠습니다. 신들이 죽음을 무릅쓰고 청합니다" 하니 이에 제制에서 "그렇게 하라"고 했다. 드디어 료동에 이르렀다가 돌아왔다.
>
> 二世東行郡縣, 李斯從。到碣石, 並海, 南至會稽, 而盡刻始皇所立刻石, 石旁著, 大臣從者名, 以章先帝成功盛德焉, 皇帝曰, 金石刻盡始皇帝所為也。今襲號而金石刻辭不稱始皇帝, 其於久遠也. 如後嗣為之者, 不稱成功盛德. 丞相臣斯、臣去疾、御史大夫臣德昧死言, 臣請具刻詔書刻石, 因明白矣。臣昧死請. 制曰, 可. 遂至遼東而還.

이 자료에 의하면 진秦의 2세 왕이 동쪽 군현을 유력하여 갈석산까지 갔다. 그리하여 갈석산에 진시황이 세운 비석에 대신들의 이름을 새겨 넣고 진시황의 공덕을 찬양하였다. 2세 황제는 돌아 와서 대신들에게 지금 금석각에서 시황제라는 이름을 새겨 넣지 않았다고 하니 그 신하들이 조서를 석각하자고 청하였다. 그 대신 덕이 죽을 죄를 졌노라고 하면서 황제에게 요청한 바가 허락되어 그는 드디어 료동에 갔다 왔다는 것이다.

요컨대 2세 황제의 대신 덕이라는 자는 진시황의 공덕비에 조서를 석각하기 위하여 료동에까지 갔던 것이니 이 료동은 바로 갈석산을 의미한다. 왜냐하면 진 시황제의 공덕비가 갈석산에 있으며, 그 이동以東 지역이 아니라는 것은 이 인용문에서 충분히 알 수 있기 때문이다. 2세 황제는 시황제가 비석을 세웠던 갈석산에 가서 애비의 공덕을 비석에 새겼던 것이다. 진시황제나 그 아들이 갈석산 이동에 갔던 일이 없으며 오늘의 진황도秦皇島란 바로 그 력사적 사실에서 유래된 지명인 것이다. 따라서 우리는 《사기》 본문의 자료에 근거하여 한 초의 료동은 오늘의 료하 동방이 아니라 란하 동방임을 알 수 있다. 이것은 또한 사마천의 시기의 료동군의 위치를 설명하는 것으로 된다. 그는 한 초의 료동과 자기 시기의 료동을 구별하여 주석한 일이 없다.

《사기·효무본기》孝武本記에는 료서에 관한 기록이 있다. 거기에는 《북쪽으로 갈석산에 이르렀다가, 순행하여 료서에서 돌아서 북변의 구원까지 이르렀다(北至碣石, 巡自遼西歷北邊至九原)》라고 씌여 있는 바 이것은 무제가 갈석산까지 갔다가 료서 지방을 돌아 북변을 거쳐 구원에 이르렀다는 것이다. 갈석산에 이르러 료서를 돌아왔다는 것은 무엇을 의미하는가? 이것은 바로 료서가 갈석산 서쪽에 있음을 의미한다. 만일 이 료서가 후세의 료서 즉 현 료하 이서라면 갈석산에 갔다 료하까지 가고, 다시 갈석산으로 돌아서 북변을 통과하여야 한다. 이 료서를 현 료하의 서쪽으로 볼 수 없는 것이다. 무제가 갈석산에 갔던 것은 원정元鼎 6년(기원전 111년)이다.

따라서 《한서·지리지》의 《료수》와 《료양》 등 명칭은 무제 이후에 한인들이 자기들의 습관대로 고조선의 《렬수》를 《료수》로 고친 것이요, 《료양》이란 지명도 료수와 함께 새로 만든 것이다.

이상으로써 청장수와 란하가 료수였고, 반고가 고조선의 렬수를 《료수》라고 고친 것까지 합하여 3줄기의 료수가 있었음을 알 수 있다.

오늘의 란하는 고조선의 일부 지역

여기서 우리의 주목을 끄는 것은 중국 고대의 《료수》 지역이 고조선인들과 관계되여 있다는 사실이다. 아래에서 예맥을 론할 때 상세히 론급하겠지만 《산해경》에 보이는 《료수》는 청장수와 합류되는 강으로서 그것은 바로 《예수》濊水의 상류이다. 이 예수는 아래서 다시 언급하려는 바와 같이 예인들의 거주 지역이였다고 인정된다.

고대의 무렬수인 오늘의 란하는 물론 고조선의 일부 지역이였다. 이것을 한인들이 《료수》로 칭했고 또 고조선의 《오렬수》(즉 현 료하)를 《료수》라고 개칭한 것이다. 이 서로 다른 세 줄기의 료수가 우연한 수명水名의 일치라고 볼 수는 없을 것이다. 우리는 이상 자료들에 근거하여 《수경주》 저자(력도원)가 책상 위에서 료수를 설명하고 있음을 넉넉히 알 수 있다. 이 《대료수》에 관해서는 《**대료수는 새외 위백평산에서 나와서 동남쪽으로 새에 들어가서 료동 양평현 서쪽을 지난다**(大遼水出塞外衛白平山, 東南入塞過遼東襄平縣西)》라고 씌여 있다. 이것은 《산해경》의 《료수》遼水에 관한 기록을 빌어서 자기 시대[51]의 료수에 기계적으로 맞추어 놓은 기록임이 명백하다. 《산해경》의 《료수는 위고 동쪽에서 나와서, 동남쪽으로 발해에 들이붓고 료양으로 들어간다(遼水出衛皋東, 東南注渤海, 入潦陽)》[52]란 기록에서 《고》皋 자를 《백평》白平으로 고친 것이며 《白平》을 오늘 료동에서 찾아 볼 자료가 없다. 《산해경》문文의 《위고》衛皋는 결코 오늘의 료동에 있던 지명이 아님은 위에서 증명되였다. 《료양》의 명칭도 료수와 관련시켜 옮겨온 것이다.

그리고 《소료수》에 관한 《수경주》의 기록도 동일한 성질의 것이다. 거기에는 《현토군 고구려현에 료산이 있는데, 소료수가 나온다 … (玄菟高句麗縣有遼山, 小遼水所出 …)》라 하였는데, 이 《료산》의 명칭도 《산해경》의 《료수》와 관련되여 있는 산의 명칭을 옮겨 온 것이다. 《수경주 청장수》 주에는 《청장수는 또 동남에서 료수轑水와 서로 만나는데, 료수는 료수현 서북쪽 료산에서 나온다(淸漳又東南與轑水相得, 轑水出轑河縣西北轑山)》라고 씌여 있다.

위에서 인용한 바와 같이 이 료수는 바로 《산해경》의 《료수》이며 그것은 《료산》에서 시원하고 있음을 말해 준다. 중국인으로서는 물론 《산해경》의 《료수》(즉 청하 상류)에 관한 지식이 오늘의 료하에 관한 지식보다 오랬을 것이 명백하다. 왜냐하면 그것은 중원 지대의 강이기 때문이다. 따라서 《소료수》의 설명은 《산해경》의 료수에 관한 지식을 가지고 기계적으로 결부시킨 것이다 물론 《한서·지리지》의 료수와 료산의 설명이 바로 그렇게 중원의 료수와 료산과의 관계를 가지고 설명한 것이 틀림없다.

우리는 이 사실을 우연한 일치라고 볼 수 없는 것이다. 과연 료동의 《료산》이 오늘 어느 산인가를 밝힌 자료는 전혀 없다. 그 료산은

---

51) 북위(北魏 : 386~534) 역도원(酈道元 : 466 혹 472~527)이 살던 시대를 뜻한다.
52) 《산해경》 〈해내동경(海內東經)〉에 나오는 구절이다.

반고가 바로 자기 머리속에서 그린 명칭임에 불과하다고 인정하여야 할 것이다.

한 초의 연나라의 동단은 료양이였다. 《한서》 14권 《제후왕표》諸侯王表 제2에는 이렇게 씌여 있다.

> 한나라가 일어선 초기에 나라 안의 구역을 정했다 … 강토를 나누어 두 등급의 작위를 세웠고, 공신과 제후들은 백여 개의 읍으로 봉하고, 존왕자제는 9개 나라를 열었는데, 안문雁門에서 동쪽 끝의 료양에 이르기까지 연燕으로 삼았다.
> 漢興之初, 海內所定, … 剖裂疆土, 立二等之爵, 功臣侯者百有餘邑, 尊王子弟大啓九國, 自雁門以東盡遼陽爲燕.

안사고는 여기서 《료양》을 주석하여 《**료양은 료수의 북쪽이다**(遼陽, 遼水之陽也)》라고 썼다. 안사고의 주는 근거가 있는 것으로 인정되며 이 료수는 료하를 의미하는 것이 아니라 현 란하를 의미한다. 안사고의 주석은 위에 인용한 《사기·년표》의 연과 료동에 관한 기록과 일치하며 따라서 정확하다. 따라서 한 대의 료동은 란하 이동 지역이라고 우리는 확언할 수 있다.

민일 이러한 해석을 부인하고 《료양》을 오늘의 료양으로 해석한다면 그것은 《사기》와 《한서》의 기록들을 무시하는 자의적인 해석으로 될 수밖에 없다. 따라서 우리는 《한서·지리지》의 《료양》을 오늘의 료양으로 인정할 수 없게 된다. 료동군의 료양은 한 대의 료수(즉 오늘의 란하)의 북변 즉 정확하게는 동북변에 있었던 것이다. 료동군 속현들의 순서로 보아서도 이렇게 말할 수 있지 않을까? 아래서 고증하겠지만 험독險瀆은 오늘의 창려 지역이다. 《한서·지리지》에서는 험독 다음에 료양현을 기록하고 있으니 역시 료양현은 험독과 린접한 현이라고 인정된다.

후한의 정치적 목적 위해 대량수 명칭 위작

《한서·지리지》의 료양에 대한 《주》에는 《대량수는 서남쪽으로 료양에 이른다(大梁水西南至遼陽)》라고 기록되여 있다. 반고가 이 대량수를 오늘의 태자하로 인정하였다면 그는 이 대량수 명칭도 역시 후한의 정치적 목적을 추구하기 위하여 위작한 것이다.

어째서 이렇게 말할 수 있는가?

왜냐하면 《거량수》巨梁水란 강이 포구수鮑邱水의 지류이며 서남류하여 위에서 설명한 료양에 이르기 때문이다. 《수경주》 포구수 주에 《포구수는 또 동쪽으로 거량수에 들이 붓는다(鮑邱水又東, 巨梁水注之)》라고 씌여 있다. 이 《거량수》巨梁水는 곧 《대량수》大梁水가 아닌가? 이 거량수는 서남류하여 료양(오늘의 천진의 동북방)에 이른다. 이러한 지리적 사실을 반고가 몰랐을리 없다. 따라서 반고가 만일 대량수를 오늘의 료동 태자하로, 료양을 오늘의 료양으로 인정하였다면 이것 역시 그가 책상 위에서 지도를 제멋대로 위조한 것으로 될 수밖에 없다.

대량수는 《수경》에는 없고 《수경주》에는 《한서·지리지》를 인용하여 《대량수는 서남쪽으로 료양에 이르러 료遼로 들어간다(大梁水西南至遼陽, 入遼)》라고 씌여 있다. 반고가 대량수를 오늘의 료하의 지류로 인정하였다면 그의 《주》는 분명히 착오다. 그런데 그가 한편 한漢초 연燕의 동단을 료양이라고 쓴 것을 보면 료동군의 료양현도 연 동단의 료양 즉 란하 부근 지역으로 인정했다고 볼 수밖에 없다.

우리는 반고의 지리지를 절대화하지 말아야 한다. 《수경》의 전문가인 력도원도 한漢 대의 혁수洫水를 유수濡水로 오증하여 건륭의 비판을 받은 사실〔건륭 어제문 열하고(乾隆 御製文 熱河考) 열하지(熱河志)에 있음 : 원저 주〕을 참고할 필요가 있다.[53]

그러나 혹자는 《한서·지리지》의 료수에 관한 기록을 들고 전한대 료수를 오늘의 료하로, 따라서 료동을 오늘의 료동이라고 주장한다. 심지어는 그 기록에 근거하여 전국 시대의 료동도 오늘의 료동이라고 주장한다.

그러면 《한서·지리지》 현도군에 대한 반고의 주에 이미 《료수》遼水라는 명칭이 있으니 진, 한秦漢 대의 료수는 바로 오늘의 료하가 아닌가 하는 문제가 제기될 수 있다. 우리는 《한서·지리지》를 리해함에 있어서 그것이 전한前漢 말기의 지리지라는 점을 반드시 고려해야 한다.

《한서 · 지리지》의 료수는 고조선 본래의 렬수(오늘의 료하)

《한서·지리지》에 보이는 료수를 어떻게 해석할 것인가? 그 결론을 먼저 이야기 하면 한인들이 무제 이후 한 말에 고조선 령역으로 진출하면서 그들은 고조선의 본래의 《렬수》(즉 오늘의 료하)를 《료수》遼水라고 칭하였다고 해석된다. 그것은 위에서 말한 바와 같이 이미 현 란하의 고명인 렬수를 《료수》라고 칭했던 것과 꼭 같은 리유에서 그러했을 것으로 인정된다. 우리나라 고대인들은 현 료하를 《오렬수》

53) 《한서》〈지리지〉 어양군(漁陽郡) 백단(白檀)현 조에, "혁수는 북쪽 만이에서 나온다(洫水出北蠻夷)"라는 구절이 있다. 건륭제는 백단현 혁수(洫水)를 력도원이 《수경주》에서 비여(肥如)현 유수(濡水)로 본 것은 혹 혁(洫) 자와 유(濡) 자의 발음이 비슷하기 때문일지 모른다고 하면서 안사고가 혁(洫) 자는 발음이 '호와 격의 반절(呼鵙反 : 혁)'이라고 했고, 유(濡) 자는 발음이 '내와 관의 반절(乃官反:놘)'이므로 서로 다르다고 비판했다.〔《흠정열하지(欽定熱河志)》〕

烏列水 또는 《압록수》鴨綠水라고 칭하였다. 《삼국사기·지리지》에서는 《료동성은 본래 이름이 오렬홀이다(遼東城本名烏列忽)》라고 썼고 《삼국유사》 권 3 《순도조려》順道肇麗에는 《료하는 일명 압록이다(遼河一名鴨綠)》라고 썼다. 이에 관해서는 이미 신채호 선생이 론한 바 있으며, 《오렬》烏列과 《압록》鴨綠은 동일한 고대 조선어의 어휘이며 그것은 또한 《무렬》武列과 동일한 어휘인 것이다. 이 량자는 한음으로는 완전히 동일한 것이다.

우리는 위에서 인용한 고조선의 렬수가 료동에 위치했다고 하는 중국의 문헌 사료가 결코 무근거한 것이 아닐뿐더러 우리 사료와 일치함을 알 수 있다. 따라서 우리는 《렬수는 료동에 있다(洌水在遼東)》의 료동을 오늘의 우리나라 령역 내로 인정할 근거가 전혀 없다. 기술한 바와 같이 《렬》列 자는 《료》遼 자로 기록할 수 있는 것이다. 한문식 기명에 있어서 이러한 실례는 별로 기이한 것이 아니며 현대 한어에서도 흔히 이런 현상이 있는 것이다. 나는 이에 대하여 고대 조선인이 《렬수》列水라고 쓴 것을 한인들은 자기 의사대로 《료수》遼水라고 썼다고 인정하게 된다. 왜냐하면 기술한 바와 같이 《조선 료동》朝鮮遼東이란 것은 《조선의 렬수 동쪽》이란 뜻인데 한인들은 그것을 《렬동》列東이라고 쓰지 않고 《료동》遼東이라고 썼던 것이다. 그와 함께 고조선의 무렬수(략칭 렬수-현 란하)를 《료수》로 칭했던 사실도 위에서 확증되였다.

주지하는 바와 같이 고대 조선에는 《렬수》와 《패수》가 각각 꼭 하나가 있어야 한다는 리유는 없으며 그와 반대로 몇 개도 있을 수 있다. 실지로 《렬수》는 여러 개가 있었다는 사실은 기술한 바와 같이 이미 신채호 선생이 지적하였던 것이다.[54] 따라서 만일 우리가 《렬》列, 《려》黎, 《료》遼 자가 상통할 수 있는 글'자라는 것을 승인한다면 한인들의 세력이 미치였던 고조선 지역의《렬수》를《료수》로 고쳐 썼다는 사실도 인정할 수 있을 것이다.

현재의 료하의 명칭이 어느 시기부터 불리워졌는가는 아직 내외 학계에서 밝혀지지 않았다. 그러나 우리는 이 명칭이 한 세력이 고조선에로 침투한 이후에 생겨난 것으로 추단할 수 있다. 왜냐하면 삼국 시대에 들어 와서도 고구려인들은 현 료하를 료수라고 칭하지 않고《오렬수》烏列水 또는《압록수》鴨綠水라고 칭하고 있었기 때문이다. 즉 이것은 바로《료수》라는 명칭이 한인들이 부른 명칭임을 증명해 주는 충분한 재료로 된다. 요컨대 현 료하를《료수》遼水라고 칭한 것은 한4군 설치 이후 한인들이 개칭한 명칭이다.

만일 현재의 료하만을 진, 한 대에 료수라고 칭하였다면 어찌하여 두우가 료수와 료하를 갈라 보았고 또 진, 한 대의 료동군의 위치를 현 료하의 서쪽이라고 인정하였겠는가? 한 말에 고조선의 렬수를《료수》로 개칭한 것은 사실이나 아직 료동군의 대부분은 그 료수 서쪽에 위치했던 것이다. 한 말까지도 료수는 세 줄기가 있었다. 따라서《한서·지리지》현도군 고구려현 주에 료산과 료수가 있다는 기록 하나만을 가지고 한 대의 료동군이 오늘 료하의 동쪽에 있었다고 주장할 수는 도저히 없다. 만일 그렇게 주장하려면 두우의 설을 부인할 근거가 있어야 한다. 우리는 두우의 설이 다만 후세의 설이라는

---

54) 단재 신채호는〈고사상 이두문 명사해석법(古史上 吏讀文 名詞 解釋法)〉에서 세키노 타다시(關野貞)가〈점제현 신사비〉를 가지고 렬수(列水)를 대동강이라고 주장한 것에 대해서《한서》〈지리지〉의 "렬수는 서쪽으로 점제현에 이르러 바다로 들어간다(列水, 西至黏蟬入海)"라는 구절을 들지만 "이는 列水의 多數됨과《한서(漢書)》주(註)의 안사고(顏師古) 등의 위증(僞增:허위로 덧붙임) 있음을 모른 말이라"고 비판했다. 이 논문은 1929년 서울에서 출간된《조선사연구초(朝鮮史研究草)》에 수록되어 있는데, 신채호의 친구였던 홍명희(洪命熹)의 서문이 실려 있다. 북한은 신채호의 학설을 대체로 신빙하는데 비해서 남한 학계는 일본인 학자들의 학설을 신빙하면서 신채호의 학설은 모른 체 하거나 비난하기 일쑤다.

리유 만으로써는 그것을 부인할 수 없는 것이다.

진 만리장성의 동단은 갈석산

기술한 바와 같이 사마천은 진, 한 초의 료동을 한 말의 우북평 지역에서부터 란하 동쪽에 걸치는 지역으로 인정하였고, 갈석산을 료동에 있다고 인정하였다. 다시 언급하거니와 《사기·년표》의 료동을 의심하고 《한서·지리지》의 료산, 료수에 관한 기록을 절대화한다는 것은 력사 자료 취급에서 원칙을 어기는 착오로 될 것이다.

따라서 사마천이 진의 만리장성의 동단을 료동이라고 한 것을 결코 오늘의 료하 동쪽이라고 해석할 근거가 없다. 그의 료동이란 개념은 바로 진대의 료동이요, 그것은 그 자신이 쓴대로 현 란하의 동쪽 지방인 것이다. 따라서 나는 사마천이 말한 만리장성 동단을 대체로 오늘의 장성 동단과 동일하며 그 설이 정확함을 인정한다.

왜 이렇게 말할 수 있는가? 그것은 본 절의 결론에서 밝혀질 것이나 우선 주요한 리유 하나만을 들기로 한다. 진 만리장성의 동단이 갈석산이란 것은 중국 고래의 정설이다. 그런데 갈석산은 바로 란하 동쪽 오늘의 산해관 부근에 있으며 오늘의 만리장성의 동단이다. 사마천은 진 장성의 동단을 갈석산을 기준으로 하지 않고 다만 《료동》이라고 하였을 뿐이나 그 《료동》이란 바로 다름아닌 갈석산이 있는 지방이였던 것이다. 갈석산에 관해서는 아래서 상세히 론하려 한다.

② 락랑설에 대하여

두우杜佑는 《통전》 126권 《변방 2》 《동이》東夷 하 《고구려》 조에서 이렇게 썼다.

갈석산은 한나라 낙랑군 수성현에 있는데, 만리장성이 이 산에서 시작한다. 지금 증험해보니 장성은 동쪽으로 료수를 자르고 고려로 들어가는데, 그 유지遺址가 아직도 남아 있다.

碣石山在漢樂浪郡遂成縣, 長城起於此山, 今驗長城東截遼水而入高麗, 遺址猶存.

갈석산에 관하여 두우는 주석하여 살펴보니, 《《상서》에서 말하기를, 우갈석을 끼고 황하로 들어간다고 했는데, 우갈석은 곧 하수(황하)에서 바다로 나아간다. 지금 북평군 남쪽 20여 리인데, 즉 고려 가운데 좌갈석이 되었다(尙書云, 夾右碣石入于河, 右碣石卽河赴海處, 在今北平郡南二十餘里, 則高麗中爲左碣石)》라고 썼다. 그는 황하 입구에 있었다는 갈석산을 《우갈석산》으로, 고려 령역 안에 있었다는 갈석산을 《좌갈석산》으로 인정하였다. 그는 또한 《통전》 178권 《주군》 8 《로룡현》盧龍縣 조에서 주석하여 이렇게 썼다.

한나라 비여현에는 갈석산이 있다. 바닷가에 솟아 있어 이런 이름이 생겼다. 《진태강지지》에 말하기를 "진나라가 쌓은 만리장성이 갈석에서 시작하는데, 지금은 고구려 구계舊界(옛 경계)에 있는데, 이 갈석은 아니다"라고 썼다.

漢肥如縣, 有碣石山, 碣然而立, 在海傍, 故名之, 〈晋太康地志〉曰, 秦築長城所起自碣石, 在今高麗舊界, 非此碣石也.

두우는 로룡현(한 대의 비여현)에 갈석산이 있다고 말하면서 《진태강지지》晋太康地志의 설을 승인하고, 진 장성의 동단인 갈석산은 고려(즉 고구려)의 옛 령역 내에 있었는 바 그 갈석산은 로룡현의 갈석산이 아니라고 주장하였다. 다시 말하면 두우는 고구려 구역에 또 하나의 갈석산이 있었다고 주장하는 것이다. 여기서 우리가 주목해야 할 것은 《고구려의 구계舊界》라는 말이다.

《영평부지》永平府志 10권, 《고적·갈석》 조에는 《낙랑군 수성현에는 갈석산이 있는데, 만리장성이 시작하는 곳이다(樂浪遂城縣有碣石山, 長城所起)》라고 썼다. 이것은 앞서 인용한 두우의 설과 동일한 것이다.

갈석산 위치에 관한 몇가지 설

요컨대 두우는 진 장성의 동단이 고려의 옛 령역에 있다고 하였으니 그것은 고구려의 옛 령역임을 의미한다. 그의 생존 시기(9세기 후반기~10세기 전반기)에는 고구려가 이미 망한 시기였으므로 《고려의 구계》란 것은 료동 지방을 의미한 것으로 된다. 전 항에서 이미 인용한 바와 같이 두우는 《현토, 낙랑군 등은 모두 지금 료수의 동쪽에 있다(玄菟, 樂浪等郡並今遼水之東)》라고 하였으니 그가 고구려의 옛 령역을 오늘의 료동 지역으로 본 것이 명백하다. 요컨대 두우는 락랑군 수성현의 갈석산이 당唐 대의 료수(즉 오늘의 료하)의 동쪽에 있으며 따라서 만리장성의 동단이 오늘의 료동에 있다고 인정한 것이다.

두우가 료동에 갈석산이 있다고 인정한 것은 정확한 근거가 없는 것이며, 그가 이렇게 말한 데는 반드시 일정한 리유가 있다고 인정된다.

《진 태강지지》는 무엇에 근거하여 만리장성의 동단을 락랑군 수성현에 있는 갈석산이라고 인정하였는가? 《사기》, 량 《한서》(한서·후한서), 《삼국지》, 《위서》 등에는 모두 락랑군 수성현에 갈석산이 있다는 기록이 없다. 사실 상 오늘의 료동 지방에 갈석산이 있었다는 어떠한 기록도 없다. 료동 지방지들에도 이러한 기록이 없다. 따라서 필자는 《진 태강지지》와 그것을 인용한 두우의 설에는 어떠한 착오가 있다고 인정하게 된다. 우리는 만리장성의 동단인 갈석산의 위치를 밝힘으로써 이들의 착오가 무엇에 유래된 것인가를 알 수 있게 될 것이다.

그러면 만리장성의 동단인 갈석산이 어디 있는가? 갈석산에 관해서는 종래 중국에 여러 설이 있다. 갈석산 위치의 고증에 대하여 《영평부지》永平府志 10권 《고적·갈석》 조와 《창려현지》 2권 《산천·갈석》 조에서 모두 간명하게 서술하고 결론을 내렸다고 인정할 수 있다.

《창려현지》에서는 고래의 3 갈석설을 론박하고 창려현의 갈석산이 유일한 갈석산이라고 론증하였다. 《창려현지》의 저자 하숭태何崧泰는 갈석산이 바다에 침몰되였다는 왕횡王横의 설을 망설이라고 론박하고 또 갈석산이 황하 구에 있을 수 없다는 것을 《우공·도산》禹貢·導山의 기록에 근거하여 론증하였다. 그는 이렇게 썼다.

> 그러나 갈석산은 반드시 황하 하구에 있지 않고 반드시 바닷가에 있다는 것을 많은 책을 인용해서 칭하는 것이 불필요하다. 즉 《우공》의 글의 생각은 밝고 명백하다.
>
> 然碣石之必不在河口, 必在海濱, 不必繁稱博引, 卽以〈禹貢〉之文思之, 可曉然矣.

하숭태는 《상서·우공》 편의 《갈석산》을 창려현의 갈석산이라고 단정하여 이렇게 썼다.

> (갈석)산의 높이는 7리인데, 통선대通仙台 꼭대기에서 계산하면 거의 십 리로서 백 리 밖에서도 바라보면 분명하게 판단할 수 있으니 아주

크다고 할 수 있다. 이른바 대갈석大碣石은 마땅히 산 정상의 선정仙頂에 속해 있는 것으로 판단해야지 산등성이의 천교주天橋柱에 해당한다고 볼 수 없으며, 그 백성들이 바다길을 배로 갈 때 멀리 바라보는 표준이므로 우右 자의 뜻과 잘 어울린다.

山高七里, 通仙台頂計之, 殆將十里,; 百里外望之瞭然可辨, 可以爲大矣, 則所謂大碣石, 斷當屬之山巓之仙頂, 而非山脊之天橋柱所能當, 以其民爲海道行舟遙望之標準, 允協於右. 之義也.

필자는 하숭태의 론증이 정확하다고 인정한다.

《한서·지리지》 우북평군 려성현 조에는 갈석산에 대하여 《려성현은 대갈석산이 현의 서남쪽에 있다(驪城 ; 大碣石在縣西南)》라고 썼다. 이 주석은 반고 자신의 주석이므로 한 대의 갈석산이 려성현에 위치했음이 명백하다. 하숭태는 갈석산이 창려현(즉 한 대 려성현)에 위치한 것 하나 뿐이라는 것을 론증하기 위하여 "대갈석"과 "소갈석"의 위치도 모두 창려현에 위치한 갈석산 상의 산정의 명칭이라는 것을 밝혔다. 그는 《한서·지리지》를 신빙할 수 있는 지리서라고 인정하면서, 《무릇 〈여지서〉에서는 〈한서〉가 가장 근고近古의 것으로 믿을 만한다. 즉 려성 서남쪽의 갈석으로 판단한 것이 사실에 맞다(夫輿地之書, 漢書最近古而可信, 則斷之以驪城之西南而碣石實矣)》라고 썼다. 그리고 그는 려성현의 갈석산 이외에 다른 어떤 하구에서도 갈석산을 찾을 수 없다고 론단하였다.

그는 《진 태강지지》와 《통전》에서 《락랑군 수성현에 갈석산이 있다》고 쓴 설을 구체적으로 론박하지는 않았으나 사실에 있어서는 그 설들을 승인하지 않은 것이다.

중국 지리지가 락랑군 수성현에 갈석산이 있다고 쓴 이유

그러면 《진 태강지지》, 《진서·지리지》 및 《통전》 등은 어찌하여 락랑군 수성현에 갈석산이 있다고 썼는가? 그것이 망설일지라도 그렇게 쓰게 된 데는 반드시 일정한 리유가 있을 것이다. 그것은 그들이 고조선 력사 지리를 소홀히 한 데서부터 온 착오라고 인정하게 된다.

나는 진, 한 대 문헌 사료에서 락랑군 수성현에 갈석산이 위치하였다는 기록을 찾아 볼 수 없기 때문에 갈석산이 위치한 창려 지방에 《락랑》이란 지명이 있지 않는가 하는 문제를 세우고 이에 관한 자료를 찾아보았다.

필자는 이미 사가들이 주장한 바와 같이 《낙랑》樂浪을 《불》不, 《불이》不二, 《불이》不而, 《발》發, 《부리》夫里, 《비리》卑離, 《벌》伐과 동일한 의의를 가지는 지명이라는 전제에서 출발한다. 《열하지》熱河志에 의하면 란하 중역에 위치한 《령지》令支를 《불령지》不令支라고도 칭하였으니 《不》이란 지명이 란하 류역에도 있었다는 것은 이미 위에서 언급하였다. 그 뿐만 아니라 란하 류역을 《락랑》樂浪이라고 칭했다고 인정할 수 있는 구체적 자료가 있다.

《로룡새략》(명, 만력, 경술 각본) 13권 전부傳部 《황렬전》黃列傳에 이것을 말해 주는 기록이 있다. 즉 《임진은 죽었지만 그 죽은 바를 능히 밝히고, 제사를 높여 숭상하니 연산, 낙랑 사람마다 감격하여 분발하기를 바라니 어찌 호로胡虜를 걱정하겠는가(臨陳而死, 又能明其所以死, 隆褒崇祀, 庶幾燕山樂浪, 則人人感奮, 何憂胡虜)》라고 씌여 있다. 연산 산맥은 란하를 건너 갈석산으로 향하여 뻗어 나간 산맥이며 그것은 대체로 오늘의 만리장성 줄기와 일치된다. 따라서 우리는 이 자료에 근거하여 연산 부근 일대를 《락랑》樂浪이라고 칭했던 사실을 알 수 있다. 곽조경의 략도를 보면 로룡새盧龍塞는 란주灤州와 열하와의 중간 지대인 란하 류역에 있다.

또한 같은 책 《복영전》濮英傳에는 이렇게 씌여 있다.

> 복영은 려廬사람이다. 도독색사로서 대령전금산에 나갔다가 회군할 때 오랑캐의 당여들이 매복해 있다가 일어났는데 복영은 마침내 마차에 타고 있었다. 중과부적이었고 다시 말이 넘어지는 것을 보고 붙잡혔는데 음식을 끊고 말을 안 하고 그 배를 갈라 죽었다. 금산후金山侯에 추증하고, 충양忠襄이란 시호를 내렸다. 몇 년 후 다시 락랑공樂浪公을 내렸고, 아들 서嶼는 서량후西涼侯에 봉했다.
>
> 濮英, 廬人, 以都督索事出大寧殿金山 .回軍, 虜餘黨伏發, 英卒爲所乘, 衆寡不敵, 復馬踣見執. 絶食不言, 潛剖其腹而死, 贈金山侯, 謚忠襄, 踰年再贈樂浪公, 子嶼封西涼侯.

이에 의하면 복영이란 사람이 로룡새에서 외적을 방어하다가 이기지 못하여 배를 가르고 자살했는데 후에 그에게 《락랑공》이란 작위를 주었다는 것이다. 이 《락랑공》이란 칭호는 그가 희생된 지역과 관련되여 있음을 알 수 있다.

또한 《통전》 178권 《주군》 8 《류성》 조에는 이렇게 씌여 있다.

> 유룡산有龍山, 선비산鮮卑山은 (류성)현 동남쪽 2백리에 있고, 극성棘城의 동쪽이고, 새외에 선비산이 있는데, 료서의 북쪽 1백 리다. 어느 것이 청산, 석문산, 백랑산, 백랑수인지는 분명하지 않다. 또 한나라 때의 부려현扶黎縣 고성이 동남쪽에 있다.
>
> 有龍山, 鮮卑山在縣東南二百里, 棘城之東. 塞外有鮮卑山, 在遼西

之北一百里, 未詳孰是靑山, 石門山, 白狼山, 白狼水. 又有漢代扶黎縣故城在東南.

이 《백랑》白狼과 《부려》扶黎는 《락랑》樂浪과 동일한 명칭이라고 인정된다.

주지하는 바와 같이 《樂浪》이란 지명은 여러 곳에 있다. 기술한 바와 같이 양수경은 전연前燕, 후연後燕, 북연北燕 및 전진前秦 시대의 락랑을 오늘의 료서 지역에 있었다고 인정하였다(《력대여지연혁험요도歷代輿地沿革險要圖). 이 락랑들은 북위 시대의 락랑군이나 그것은 한4군 설치 이전 오늘의 료서 지역에 이미 《락랑》 지역이 존재했던 흔적이 아니겠는가 생각된다.

그러면 락랑군 수성현에 갈석산이 있다는 설이 어찌하여 생겼는가? 상술한 바와 같이 갈석산은 료서군 려성현驪成에 있다. 필자는 《려성》驪成과 《수성》遂成이 그 어떠한 관계가 있다고 생각한다. 즉 《려성》(驪成)은 음이 상통하는 관계로 《려성》(黎成)으로 쓸 수 있으며, 《려성》(黎成)은 또한 《료성》(遼成)으로 쓸 수 있다. 다시 한 걸음 더 나가서 《료성》(遼成)을 《수성》(遂成)으로 오기할 수 있다고 생각된다. 다시 말하면 갈석산이 락랑 지방 려성에 있다는 고대 기록이 있었는데, 한4군 설치 이후 락랑군에 수성현이 있다는 《한서·지리지》의 기록으로써 고대 기록에 대치시켰다고 인정되는 것이다.

만일 나의 추단이 통하는 것이라면 만리장성의 동단이 락랑군 수성현 갈석산이라는 상인한 설들의 근거가 바로 여기에 있다고 인정된다. 만일 그렇지 않다면 료서군 려성현과 락랑군 수성현에 모두 갈석산이 있다는 설이 어떻게 생길 수 있었겠는가? 나는 그 리유를 달리는 생각할 수 없다. 왜냐하면 락랑군에서 실제 갈석산을 찾을 수 없기 때문이다. 그리고 진의 만리장성이 락랑군까지 이르렀다는 다른 어떠한 자료도 찾을 수 없기 때문이다.

요컨대 진의 만리장성의 동단이 료서 지역에 있는 갈석산이라는 고대의 기록이 시대가 경과함에 따라 여러 가지 지명이 혼입되고 따라서 락랑군 갈석산이 만리장성의 동단이란 설이 생기게 되였다고 인정된다. 따라서 우리는 진의 만리장성의 동단이 오늘의 란하 하류 동쪽에 있는 갈석산이라는 판단이 사실과 부합된다고 본다.

사마천은 갈석산이 당시의 료수 동부에 있었기 때문에 진 장성의 동단을 료동이라고 썼으며, 두우는 진 장성의 동단을 락랑군 수성에 있는 갈석산이라 보았기 때문에 《장성이 동쪽으로 료수를 끊는다(長城東截遼水)》라고 한 것이 아닌가? 그러나 사실에 있어서는 사마천의 견해와 동일한 것을 말하는 것이라고 인정해야 할 것이다. 두우는 《장성이 동쪽으로 료수를 끊고, 고려로 들어가는데, 그 유지가 아직도 있다(長城東截遼水, 而入高麗, 遺地猶存)》라고 썼는데 이 중에서 《고려로 들어가는데, 그 유지가 아직도 있다(而入高麗, 遺地猶存)》란 문구는 그의 억단이다. 그는 《장성이 동쪽으로 료수를 끊고(長城東截遼水)》의 료수를 당 대의 료수로 인정한 데서부터 이러한 론리적 귀결에 도달하게 된 것이다.

일본 어용 사가 이나바의 '진 장성 동단설'

끝으로 한 마디 부언할 것은 일본 제국주의 어용 사가 이나바稻葉岩吉의 소위 진의 장성 동단설이다. 그는 《진 장성 동단 고》를 발표하였는 바 그는 두우의 설에 의거하여 《로룡에 갈석산이 있는데, 진나라 만리장성이 시작된다는 갈석이 고려에 있는데, 이는 옳지 않다(盧龍有碣石

山, 秦長城所起之碣石在高麗. 非此也)》란 문구를 인용하면서, 같은 책 《로룡》 조의 《로룡에 갈석산이 있는데, 진나라 만리장성이 시작된다는 갈석이 고려 옛 강역에 있는데 이 갈석은 아니다(盧龍有碣石山, 秦築長城所起之碣石在高麗舊界, 非此碣石也)》라는 기록은 들지 않았다. 그는 고조선 령역이 진의 식민지였다는 것을 《증명》하기에 급급한 나머지 《통전》의 기록을 이와 같이 불성실하게 인용하였다. 그는 쓰기를 《《한서·지리지》에 근거하면 의심할 바 없이 진 장성의 동단은 현 조선 황해도 수안 경에서 시작하여 대동강 상류로 뻗어 청천강을 넘어 서북으로 향하고, 압록강과 대동강 상류를 돌아 개원 동북 지역으로 향하였다》(稻葉岩吉 秦長城東端考 史學雜誌 제13편 제2호 : 원저 주)고 하였다. 그는 《통전》의 《현토, 낙랑군은 모두 지금의 료수 동쪽이다(玄菟, 樂浪郡並今遼水之東)》란 기록을 들지도 않고, 락랑을 오늘의 평양 지역이라고 억단했기 때문에 진 장성 동단을 황해도 수안군이라고 망발한 것이다.[55]

요컨대 두우의 락랑설은 잘못된 것이다.

③ 료서(료수 이서)설에 대하여

장수절은 《사기》 《정의》에서 《료동군은 료수의 동쪽에 있다. 시황제가 장성을 쌓았는데 동쪽으로는 료수 서쪽에 이르렀다가 남쪽으로 바다 위에 이른다(遼東郡在遼水東. 始皇築長城, 東至遼水西, 南至海之上)》라고 썼다. 그는 진 장성의 동단은 당唐 대의 료수(즉 현 료하)의 서쪽 바다에 이르렀다고 인정하였다. 그는 그 동단의 지점이 어디라는

55) 일제강점기 이나바 이와기치(稻葉岩吉)가 낙랑은 지금의 평양이고 낙랑군 수성현이 황해도 수안이라면서 진나라 만리장성의 동쪽 끝이 수안에서 시작한다고 주장했다. 남한 학계는 아직도 낙랑군 수성현이 황해도 수안군이라는 이나바 이와기치의 억설을 추종한다.

것을 밝히지는 않았다. 따라서 그는 《료동의 갈석산》을 진 장성의 동단이라고 인정하지 않았다고 보아야 할 것이다. 다시 말하면 갈석산이 당 대의 료동에 위치한다는 설을 인정하지 않은 것이다.

그가 료서에 갈석산이 있는 사실을 몰랐을리 없으며, 또한 갈석산이 진 장성의 동단이란 종래의 설을 부인하지도 않았으니 그가 진 장성의 동단을 료서의 해상이라고 쓴 것은 바로 료서 갈석산 앞 바다에 이르렀다는 것을 의미하는 것으로 인정된다. 그는 장성의 동단을 산에서 찾지 않고 바다에서 찾았기 때문에 이렇게 쓴 것이라고 판단된다. 요컨대 장수절의 설은 정당한 것이며 자기 시대의 료수를 기준으로 하였기 때문에 진 장성의 동단을 료서라고 단정한 것이다.

《수경주》水經注 1《하수 주》에도 진 장성의 동단을 갈석산으로 인정하여 《시황이 태자 부소와 몽염에게 명령을 내려 장성을 쌓게 했는데, 임조에서 시작해서 갈석까지 이르렀으니 즉 이 성이 그것이다(始皇令太子扶蘇, 與蒙恬築長城, 起自臨洮至於碣石, 即是城也)》라고 썼다.

진 장성의 동단이 진秦 한漢 대 료수(현 란하)의 동쪽에 위치한 갈석산인데 후세의 학자들이 고대 기록을 각각 자기 시대의 지리 개념으로써 해석한 데서부터 구구한 설이 나오게 된 것이다. 이렇게 보는 것이 타당하지 않겠는가?

만일 우리가 진 장성의 동단을 현 료서의 갈석산이라고 인정한다면 진, 한 대의 료수는 현 란하로 될 수밖에 없다. 위에서 이미 언급하였거니와 한 세력이 고조선 지역으로 진출하면서 《렬수》(현 료하)를 《료수》로 칭한 것이 사실이나, 그것은 무제 이후의 사실이며 따라서 진 장성 동단과는 아무 관계가 없다. 만일 우리가 진, 한 대의 료수를 유일하게 오늘의 료하로 인정한다면 진 장성의 동단은 반드시 오늘의 료동에서 찾아야 한다. 그러나 그것을 증명할 근거가 없는 것이다.

제4절. 고조선의 패수의 위치에 대하여

《사기·조선 렬전》에는 《한나라가 일어나자 그곳이 멀고 지키는 것이 어렵다고 여겨서 다시 료동의 옛 요새를 수리하고, 패수에 이르러 경계를 삼아 연나라에 속하게 했다(漢興, 爲其遠難守, 復修遼東故塞, 至浿水爲界, 屬燕)》라고 씌여 있다. 여기에서 말하고 있는 패수가 어느 곳에 있는 강인가? 이미 위에서 말한 바와 같이 《사기·조선 렬전》의 기록에 의하면 한 초에 진의 료동외교를 포기하고 패수 서쪽으로 퇴각하여 패수를 고조선과의 국경선으로 삼았다. 동 렬전에는 또한 이렇게 씌여 있다.

> 위만이 망명했는데, 무리 천여 인을 모아서, 상투를 하고 만이蠻夷 복장으로 동쪽으로 달려 요새를 나와 패수를 건너서 진나라 옛 빈 땅인 상하장에 거주했다. 그 후 차차 진반, 조선의 만이들과 옛 연燕과 제齊나라 망명자들을 복속시키고 왕이 되어 왕험성에 도읍했다. 滿亡命, 聚黨千餘人, 魋結蠻夷服而東走出塞, 渡浿水, 居秦故空地, 上下鄣, 稍役屬真番、朝鮮蠻夷及故燕、齊亡命者王之, 都王險.

동일한 사실에 대하여 《위략》[56]에는 이렇게 씌여 있다.

56) 《위략》이란 《삼국지》 〈위서(魏書)〉의 '오환선비동이전'에 삽입된 〈위략〉을 뜻한다. 《삼국지》는 진수(陳壽)가 편찬했지만 그 안에 삽입된 〈위략〉은 어환(御患)이 편찬했다.

(조선은) … 후에 그(조선후) 자손이 점점 교만하고 포학해지자, 연나라는 이에 장군 진개秦開를 보내 조선의 서쪽을 공격해 2천여 리의 땅을 빼앗고, 만반한滿番汗에 이르러 경계를 삼으니 조선은 마침내 쇠약해졌다 … 연나라 사람 위만이 망명하면서 호복胡服을 입고 동쪽으로 패수를 건너 준왕에게 나아가 항복했다. 위만은 준왕을 설득해 서쪽 경계에 거주하겠다면서, 중국의 망명자를 거두어 이를 조선의 번병藩屛을 삼겠다고 했다. 준왕은 그를 신임하고 총애하여 박사博士를 제수하고 규圭를 내려주고 백 리의 땅을 봉해 주면서 서쪽 변경을 지키게 했다. 위만은 망명자의 무리를 꾀어 무리가 차차 많아지자, 이에 사람을 보내 준왕에게 거짓으로 "한나라 군사가 10개의 길로 쳐들어오니, 들어가 숙위宿衛하기를 구합니다"라고 하고는 마침내 돌아와 준왕을 공격했다. 준왕은 위만과 싸웠지만 적이 되지 못했다.
後子孫稍驕虐, 燕乃遣將秦開攻其西方, 取地二千餘里, 至滿番汗爲界, 朝鮮遂弱 … 燕人衛滿亡命, 爲胡服, 東度浿(浿 자의 오기)水, 詣準降. 說準求居西界, 收中國亡命. 爲朝鮮藩屛. 準信寵之, 拜爲博士, 賜以圭, 封之百里, 令守西邊. 滿誘亡黨, 衆稍多, 乃詐遣人告準, 言漢兵十道至, 求入宿衛, 遂還攻準. 準與滿戰, 不敵也.

정론을 찾지 못한 패수 위치

우리는 이 자료들에서 다음과 같은 사실을 알 수 있다.

① 패수는 고조선과 한漢과의 국경선이였으며, 패수 이동에 진반, 조선의 령역－즉 진의 고공지의 상, 하 장이 있다는 사실. 《위략》에서는 연, 진 대 고조선과의 국경선을 만반한으로 인정함.

② 위만은 국경선인 패수를 건너 와서 패수 이동의 진 고공지의

상, 하 장에 거주하면서 고조선 왕과 교섭을 진행한 사실.

③ 위만이 거주한 진의 고공지에 거주한 원래의 주인은 고조선인이며, 그 고공지는 연나라 진개 시기에 일시 한인들의 세력하에 놓였다는 사실.

④ 고조선 왕 준은 위만에게 백 리의 땅을 봉해 주었으며 따라서 위만이 거주한 진의 고공지는 약 백 리 되는 지역이라는 사실.

⑤ 위만이 거주한 약 백 리의 지역은 곧 패수 이동의 백 리 지역이며 따라서 왕검성과 패수와의 거리는 백 리 이상 되어야 한다는 사실과 아울러 그 간에는 반드시 어떠한 자연 계선이 있어야 하겠다는 사실.

고조선과 한과의 국경선인 패수는 반드시 이상에 렬거한 력사적, 지리적 사실과 부합되여야 한다. 만일 이러한 력사적 지리적 사실을 떠나서 다만 패수로 인정되는 자료를 고찰할 때는 정확한 결론에 도달할 수 없게 될 것이다. 그렇기 때문에 오늘까지 허다한 학자들이 패수의 위치를 론하여 왔으나 아직 정론에 도달하지 못하고 있다. 우선 우리는 패수와 왕검성은 백 리 이상의 거리가 있다는 것을 념두에 두어야 한다. 이 사실은 절대로 움직일 수 없는 것이다. 만일 왕검성에서 백 리가 되지 않을 강이라면 그것은 고조선과 한의 국경선인 패수로는 결코 될 수 없다.

패수에 관한 기록으로서 가장 오랜 것은 《수경》水經의 기록이다. 《수경》 14권, 《패수》 편에는 《**패수는 락랑군 루방현에서 나와서 동남쪽으로 림패현을 지나서 동쪽으로 바다로 들어간다**(浿水出樂浪鏤方縣, 東南過臨浿縣, 東入于海)》라고 썼다. 고래로 내외의 학자들이 이 설을 부인하였다. 그들은 락랑군의 수다한 강들 중에서 동남류하여 바다로 들어가는 강이 없다는 리유로써 위에서 인용한 《수경》의 설을 망설로 인정하였다. 력도원이 그 대표자이다. 그는 《수경》 주에서 이렇게 말했다.

허신許愼은 "패수는 루방현에서 나와서 동쪽으로 바다로 들어가는데, 일설에는 패수현에서 나온다"고 말했다. 《십삼주지》十三州志는 "패수현은 락랑군 동북쪽에 있고, 루방현은 락랑군 동쪽에 있다고 했으니 아마도 패수현 남쪽에서 나와서 루방현을 지나는 것 같다. 옛날 연나라 사람 위만이 패수 서쪽에서부터 조선에 이르렀는데(생각하기에 서쪽이란 말은 근래에 잘못 새긴 것이다) … 한 무제 원봉元封 2년(서기전 109) 루선 장군 양복楊僕과 좌장군 순체荀彘가 우거를 토벌하는데 우거를 패수에서 쳐부수고 비로소 멸망시켰다. 만약 패수가 동쪽으로 흐른다면 패수를 건널 리유가 없었을 것이다. 그 땅은 지금 고구려를 다스리는 도읍이데, 내가 번사番使(고구려 사신)를 방문하니 성은 패수의 북쪽에 있다고 했다. 그 강은 서쪽으로 옛 락랑군 조선현의 경계를 흐르는데 곧 락랑군을 다스리는 군치郡治로서 한 무제가 설치했는데, 서북쪽으로 흐른다. 그러니 《지리지》에서 "패수는 서쪽으로 증지현에 이르러 바다로 들어간다"고 한 것이다. 또 한나라가 일어난 후 조선이 멀어서 료동 옛 요새를 수리해서 패수에 이르러 경계로 삼았다. 지금과 옛 것을 상고히 보면 일에 차이와 오류가 있으니 아마도 《수경》이 잘못 고증했을 것이다.

許愼云 : "浿水出鏤方, 東入海。一曰出浿水縣", 十三州志曰, "浿水縣在樂浪東北," 鏤方縣在郡東, 蓋出其縣南逕鏤方也。昔燕人衛滿自浿水西至朝鮮(安西近刻訛作而) … 漢武帝元封二年, 遣樓船將軍楊僕、左將軍荀彘討右渠, 破渠于浿水, 遂滅之。若浿水東流, 無渡浿之理, 其地今高句麗之國治, 余訪番使, 言城在浿水之陽。其水西流逕故樂浪朝鮮縣, 即樂浪郡治, 漢武帝置, 而西北流。故《地理志》曰, "浿水西至增地縣入海"。又漢興, 以朝鮮爲遠, 循遼東故塞至浿水爲界。考之今古, 於事差謬, 蓋《經》誤證也.

력도원은 고조선 령역을 오늘의 평양을 중심한 지역으로 인정하였기 때문에 《수경》의 패수에 관한 기록을 오증이라고 인정하였다. 력도원은 위에서 지적한 바와 같은 력사적, 지리적 사실을 떠나서 자기 시대의 패수(즉 대동강)와 한漢 대 국경선인 패수를 동일시하고 《수경》의 패수 설을 론박하였다. 그러나 사실 상 력도원의 설은 성립될 수 없는 것이다.

우리가 《수경》을 자세히 읽어 보면 거기에는 료동, 료서의 물'줄기를 서술하면서 큰 강의 하나인 대릉하大淩河를 서술하지 않은데 대하여 의문을 품지 않을 수 없다. 그리고 또 만일 패수를 대동강이라고 하면 어찌하여 압록강은 서술하지 않았겠는가 하는 의문이 생기게 된다. 《수경》이란 책은 중국의 주요한 강들에 관한 기록이며 외국의 강을 기록했을 리가 만무한 것이다. 우리는 《수경》의 패수에 관한 기록을 결코 간단하게 말살할 수 없는 것이다.

우리는 반드시 《수경》의 《패수》 편에 기록된 바와 같은 그러한 강이 조선 평양에서부터 료서에 이르는 지역의 어느 강에 해당한 것인가를 조사해야 한다. 우리는 문헌 자료 상에서 진, 한 대 이후 료동, 료서의 물'줄기가 변동된 사실을 찾아 볼 수 없으며, 현재 중화인민공화국 지도 상의 물'줄기와 진, 한 대의 물'줄기가 기본적으로 같다고 인정해서 잘못이 없다. 양수경의 《수경주 지도》를 보면 그 물'줄기가 기본적으로 오늘의 물'줄기(료서, 료동의)와 동일하다. 이 지도에 의하면 료동, 료서 지역에서 동남으로 흐르다가 하류에 가서 다시 동으로 흘러 바다로 들어가는 강은 대릉하 이외에 다른 물'줄기를 찾아 볼 수 없다.

대능하를 고대 패수로 볼 수 있는 근거

그러면 대릉하를 고대의 패수로 볼 수 있는 근거가 있는가? 있다. 《열하지》 56권 《대릉하》 조에는 《백랑수는 즉 지금의 대능하다(白狼水, 即今大凌河)》라고 썼다. 우리는 이로써 오늘의 대릉하의 고명이 《백랑수》白狼水였음을 알 수 있다. 그리고 《수경》주 대료수에 대한 주를 보면 력도원이 설명하고 있는 백랑수는 오늘의 대능하와 일치한다. 그는 대능하(백랑수)를 료하의 지류로 인정한 것이다. 때문에 양수경은 《수경주 지도》에서 력도원의 설대로 대능하가 직접 바다로 들어가는 것으로 그리지 않고, 그것이 해변까지 흘러 와서 다시 해안선을 따라 동으로 흘러 료하 하구 근처에서 합류하는 것으로 그리고 있다. 《수경》주에는 이렇게 씌여 있다.

> 백랑수白狼水는 북쪽으로 흘러 백랑현 고성白狼縣故城 동쪽에 닿는다. … 백랑수는 또 동쪽으로 흘러 방성천수方城川水에 붓는다. … 백랑수는 또 동북으로 흘러 창려현 고성昌黎縣故城 서쪽에 닿는다. … 응소應劭는 "지금의 창려"라고 말했다. … 백랑수는 또 동북으로 흘러 룡산龍山 서쪽에 닿는데 연나라 모용황慕容皝의 류성의 북쪽이고, 룡산의 남쪽인데, 복된 땅이다. … 백랑수는 또 북쪽으로 흘러 황룡성黃龍城 동쪽에 닿는다. 《십삼주지》十三州志는 "료동속국 도위遼東屬國都尉가 다스리는 곳이다"라고 했다. … 백랑수는 또 동북으로 나오는데, 동쪽으로 흘러 두 강으로 나뉜다. 오른쪽 강은 아마도 유수渝水다. … 그 강은 동남쪽으로 흘러 바다로 들어간다. 《지리지》에서 "유수渝水는 새외塞外 남쪽에

서 바다로 들어간다"고 했다. 한 강은 동북으로 흘러 새塞를 나와 백랑수가 된다. 또 동남쪽으로 흘러 방현房縣에 이르러 료遼에 들이붓는다. 《위 토지기》魏土地記에서 "백랑수는 아래로 료에 들어간다"라고 했다.[57)]

白狼水北逕白狼縣故城東, … 白狼水又東, 方城川水注之, … 白狼水又東北逕昌黎縣故城西, … 應劭曰 : "今昌黎"也. … 白狼水又東北逕龍山西, 燕慕容皝以柳城之北, 龍山之南, 福地也 … 白狼水又北逕黃龍城東, 《十三州志》曰 : "遼東屬國都尉治". … 白狼水又東北出, 東流分爲二水, 右水疑即渝水也。… 其水東南入海。《地理志》曰: 渝水自塞外南入海。一水東北出塞, 爲白狼水, 又東南流至房縣注于遼。《魏土地記》曰 : "白狼水下入遼"也。

대능하의 물줄기와 완전히 일치하는 것이다. 대능하는 능원凌原 부근 백랑산에서 발원하며 동복으로 흐르고, 조양朝陽 남쪽을 지나 다시 동북으로 흐르고 북표北票의 동쪽에서 다시 동남류하고 의현義懸 동에 이르러 금주錦州 동으로 흐르고, 거기서 남류하여 다시 동남으로 흘러 바다로 들어간다. 력도원은 《위 토지기》에 근거하여 백랑수가 방현에 이르러 료하로 들어간다고 썼으나 그의 설은 정확한 근거가 없는 것이다. 명나라 곽조경은 백랑산에서 발원하였다고 썼으며 백랑산의 위치를 로룡새盧龍塞 동북에 그리고 있다(《계진형승총지도》薊鎭形勝總地圖). 두우가 《통전》에서 말하고 있는 백랑산의 위치는 그와 차이가

57) 백랑수에 관한 위 기사는 대료수(大遼水)에 대한 력도원의 주석이다. 《수경》 경문은 "대료수는 새외(塞外)에서 나와 위백평산(衛白平山)에 이르러 동남으로 새(塞)에 들어가 료동 양평현(襄平縣) 서쪽을 지난다. 또 동남으로 방현(房縣) 서쪽을 지난다(大遼水, 出塞外衛白平山, 東南入塞, 過遼東襄平縣西° 又東南過房縣西)"는 것이다.

있다. 그러나 이것은 백랑수의 물'줄기를 밝힘에 있어서는 큰 문제로 되지 않는다.

대릉하의 고명이 《백랑수》라는 것은 의심할 바 없다. 그러면 대능하를 패수로 인정할 수 있는 근거는 무엇인가? 우리는 《백랑수》白狼水와 《패수》浿水를 동일한 명칭으로 해석할 수 있다고 생각한다. 왜냐하면, 《白》(빠이bai)와 《浿》(파, 혹은 빼이pei) 〔《사기》 정의에는 《패의 발음은 보와 대의 반절이다(浿, 普大反 : 배)》라고 썼고, 《색은》에는 《패의 발음은 방과 패의 반절이다(浿音旁沛反 : 배)》라고 썼다〕는 음이 상통되며 또 《狼》(랑)과 《水》〔라 혹은 라(LA)〕도 음이 상통한다. 다시 말하면, 《白狼水》는 《浿水》를 다른 글'자로 표기한 것으로 해석할 수 있다. 《白狼》의 뜻으로 보면 이것은 분명히 한문식 기법인 바, 이것은 한인들이 고대 조선인이 사용한 명칭을 한문식으로 기록했다고 보여진다.

그리고 딴 측면에서 생각할 수 있는 것은, 만일 《白》 자를 리두로 《불》로 읽을 수 있다면 《락랑》樂浪의 고음 《불라》 혹은 《벌라》와 상통된다. 상술한 바와 같이 백랑수의 발원지인 로룡새 일대는 곧 연산 산맥 일대이며 고대에 그 지역을 《樂浪》이라고 칭했던 것이다. 따라서 《白浪水》의 명칭은 그 발원지인 《樂浪》(즉 연산燕山)에서 유래된 것으로 추측할 수도 있다. 정인보는 《浿水》와 《樂浪》을 다 같이 《벌내》로 읽고 《樂浪》(벌내)의 력점은 《벌》에 있고, 《浿水》(벌내)의 력점은 《내》에 있다고 말하면서 패수는 수도의 강 혹은 국경의 강이라고 주장하였다.(정인보 《조선사 연구》 상 179페지 : 원저 주)

그러나 필자는 그의 설에 동의할 수 없다. 왜냐하면 《浿水》와 《樂浪》이 아무리 근사한 음을 가지고 있다 하더라도 그 어원이 완전히 다른 두 개의 어휘라고 인정되기 때문이다. 만일 《浿水》를 《樂浪》과 완전히 동일한 어휘라고 인정한다면 《浿水》를 《락랑수》樂浪水라든가 혹은 《락수》樂水라고 쓰는 것이 자연스럽지 않겠는가 생각된다. 그러나 문헌 자료 상에는 그렇게 쓴 실례가 하나도 없다.

필자는 이미 《浿水》의 음에 관하여 의견을 발표한 바 있다. 고대 린접 종족들의 강을 의미하는 어휘와 비교하여 볼 때 《浿水》의 첫 음을 《ㅍ》음으로 읽는 것이 정확하다고 인정한다. 그리고 《浿水》는 우리 민족의 고대 언어에서 강을 의미하는 보통 명사였다고 인정한다. 그렇기 때문에 고대 우리 선조들이 거주한 지역에는 여러 곳에 《浿水》로 불리운 강이 존재하였다. 종래 혹자는 《패수》를 완전한 고유 명사로 해석한 관계로 하여 그 위치를 고증하지 못한 실례가 있었다. 그리고 또 그렇기 때문에 패수의 위치에 대하여 각이한 설이 생기게 되기도 하였던 것이다. 진, 한 대 중국 문헌 상에 보이는 패수와 수, 당 대 문헌 상에 보이는 패수는 물론 동일하지 않다. 중국 봉건 사가들 특히 수, 당 이후의 학자들은 당시 대동강을 패수로 칭하였기 때문에 모두 대동강을 《사기·조선 렬전》에 보이는 패수와 동일시했던 것이다. 그리고 또한 평양을 고조선의 왕검성이라고 주장하였다.

요컨대 필자는 《白狼水》는 한인들이《浿水》를 한문으로 류사하게 음사한 것이라고 인정한다.

그러나 필자는 결코 이러한 언어학적 근거로써만 《白狼水》를 패수로 인정하려는 것은 아니다.

여기에 응당 제기될 수 있는 문제는 《수경》 패수 편의 《패수는 락랑군 루방현에서 나온다(浿水出樂浪鏤方縣)》는 기록을 여하히 처리할 것인가 하는 문제이다. 즉 락랑 루방현과 백랑수(즉 대릉하)가 무슨 관계가 있는가 하는 문제이다.

필자는 한漢 대 루방현이 오늘 대릉하 류역이였다는 근거를 찾을 수 있었다. 《료사》 38권 《지리지》 2 《동경도》東京道에는 이렇게 씌여 있다.

자몽현紫蒙縣은 본래 한나라 루방현鏤芳縣이다. 후에 불렬국拂涅國에서 동평부東平府를 설치했다. 몽주蒙州 자몽현紫蒙縣을 거느리는데, 후에 료성遼城으로 이사했다가 함께 황령현黃嶺縣에 편입되었다. 발해에서 다시 자몽현을 복구시켰는데 호수는 1천이다.
紫蒙縣。本漢鏤芳縣地。後拂涅國置東平府, 領蒙州紫蒙縣。後徙遼城, 并入黃嶺縣。渤海復爲紫蒙縣. 戶一千.

그러면 료의 《자몽현》紫蒙懸이 어디냐?
고염무는 《영평이주기》營平二州記에서 다음과 같이 썼다.

《통감》通鑑 현종玄宗 개원開元 22년(734)[58], 장수규張守珪가 자몽현紫蒙縣에서 군대를 이끌고 나가면서 크게 사열해 군대를 어루만졌다. 《진서》晋書에 기재된 주석에 따르면 진한秦漢 사이에 동호東胡읍이 자몽의 들판에 있었다. 《당서·지리지》唐書·地理志에는 평주에 자몽紫蒙. 백랑白狼. 창려昌黎 등의 성이 있는데, 대개 평주 경내이고, 거란의 남쪽 경계다.
通鑑元宗開元二十二年, 張守珪出師紫蒙縣, 大閱以鎭憮之, 注〈晋書, 載記〉, 秦漢之間, 東胡邑紫蒙之野.《唐書·地理志》平州有紫蒙. 白狼. 昌黎等城·蓋平州之境, 契丹之南界也.

---

58) 리지린은 원종(元宗) 개원(開元) 22년이라고 썼지만 당 현종(玄宗)의 오류라서 바로 잡았다. 장수규(張守珪:684~740)의 생몰 년대와 비교해봐도 당 현종이 맞다.

고염무는 또 《진서晋書의 모용외慕容廆의 기재에 따르면 그 선조는 유웅씨有熊氏의 후예로서 대대로 북이읍北夷邑의 자몽의 들판에 거주했다(於紫蒙之野. 晋書, 慕容廆, 載記, 其先有熊氏之苗裔, 世居, 北夷邑於紫蒙之野)》라고 썼다. 《진서》에서는 이 인용문에 계속하여 《호를 동호라고 한다(號曰東胡)》라고 썼다

이에 근거하면 료의 《자몽현》은 동호의 도읍지이였으며 후세의 모용씨의 거점이였다. 료의 자몽현은 백랑, 창려 등지 부근임을 알 수 있다. 고염무는 《일지록·창려변》에서 5개의 창려를 들고 있는 바 그 세 번째로 《위나라에서 룡성龍城에 있는 류성柳城, 창려昌黎, 극성棘城을 병합해서 창려군昌黎郡을 세웠다(魏併柳城, 昌黎, 棘城於龍城, 而立昌黎郡)》라고 쓰고, 룡성의 위치에 대하여 《룡성은 지금 광녕현廣寧懸 땅에 있는데, 고씨가 세운 제齊나라 이후 창려라는 이름은 없어졌다(龍城在今之廣寧懸地·高齊以後, 昌黎之名廢)》라고 썼다. 우리는 이 설에 근거하여 모용씨의 《자몽》은 광녕 지역임을 알 수 있다. 광녕廣寧은 의무려산 남에 있으며 대릉하가 남하하기 시작하는 곳의 동쪽에 해당 된다.

따라서 대릉하가 동남류 할 때는 루방현으로부터 나오게 되는 것이다. 그렇기 때문에 나는 패수는 백랑수가 조양 부근에서 남으로 향하는 곳에서부터 바다까지 이르는 하류의 명칭이라고 추단하련다. 우리가 고대 력사 지리를 연구할 때 고대의 강명이 상류, 중류, 하류가 각각 다른 실례를 얼마든지 볼 수 있는 것으로서 우리는 패수를 백랑수의 하류의 명칭이라고 해석해서 결코 기이하게 생각할 것이 못 된다.

따라서 필자는 한漢과의 국경선이였던 패수를 오늘의 대릉하로 인정한다. 나의 론거는 아래서 더 보충될 것이다. 즉 위에서 필자가 제기한 패수와 왕검성과 관련된 력사적 지리적 관계들이 동시에 해명됨으로써 나의 근거가 보충될 것이다.

우리는 국경선이였던 패수를 오늘의 대릉하로 인정함으로써만 위에 제기한 문제들을 합리적으로 설명할 수 있다.

그런데 《수경》에서 말하는 림패현의 위치를 오늘 고증할 근거가 없으며, 《한서·지리지》에는 락랑군에 림패현이 없고 패수현이 있다. 이로 미루어서 림패현은 락랑군 설치 당시 루방현 남쪽 패수 하류에 설치하였다가 전한前漢 말에 와서는 명칭이 바뀌여진 것이라고 생각된다.

그런데 여기서 제기될 수 있는 문제는 《한서·지리지》 락랑군 패수현 《주》에 기록된 패수와 《수경》의 패수와는 그 물줄기의 방향으로 보아 다른 강이 아닌가 하는 문제이다. 물론 우리는 《한서·지리지》 패수현의 패수와 《사기·조선 렬전》의 국경선인 패수가 동일한 강이 아니라는 것을 용이하게 간취할 수 있다.

네 가지 패수설 검토

우리는 우선 《사기》와 《한서》의 패수 문제를 해결하기 위하여 종래 력사 문헌 상에 기록된 주요한 패수설을 렬거하고, 그 설들이 《사기·조선 렬전》 상의 패수와 어떻게 다른가를 설명하고 넘어 가자.

1. 패수가 료동에 있다는 설

(1) 《사기·조선 렬전》의 패수에 대해서 장수절은 《정의》에서 쓰기를 《지리지에서 말하기를, "패수는 료동 새외에서 나와서 서남으로 락랑현 서쪽에 이르러 바다로 들어간다. 패浿의 발음은 보普와 대大의 반절(패: pai)이다"(地理志云: 浿(沛)水出遼東塞外, 西南至樂浪縣西入海。浿普大反)》라고 하였다.

(2) 《료사, 지리지》遼史, 地理志에는 《료양현遼陽縣은 본래 발해국 금덕현金德縣이다. 한나라 때는 패수현浿水縣이었는데, 고구려에서 구려현勾麗縣으로 삼았고, 발해에서 상락현常樂縣으로 삼았다. 1천5백 호다(遼陽縣。本渤海國金德縣地。漢浿水縣, 高麗改爲勾麗縣, 渤海爲常樂縣。戶一千五百)》라고 씌여 있다.

(3) 《성경통지》盛京通志 산천 조에는 《패수는 또한 어니하라고 한다(浿水亦曰淤泥河)》라고 씌여 있다.

2. 패수가 락랑군에 있다는 설

(1) 《한서·지리지》 료동군 험독현에 대한 안사고의 주에는 신찬의 설을 인용하여 《신찬臣瓚이 말하기를, "왕험성王險城은 락랑군 패수의 동쪽에 있다"(王險城在樂浪郡浿水之東)》라고 씌여 있다.

(2) 같은 책 락랑군 패수현 주에는 《강이 서쪽으로 증지현에 이르러 바다로 들어간다. 왕망은 락선정樂鮮亭이라고 불렀다. 안사고는 패浿의 발음은 보普와 대大의 반절反이다(水西至增地入海。莽曰樂鮮亭。師古曰, 浿音普大反)》라고 씌여 있다.

3. 패수를 대동강으로 인정한 설

(1) 《수경주》 14권 패수 편에 대한 력도원의 주

(2) 《후주서》後周書, 《수서》, 《신당서》, 《통전》 등에서는 모두 패수를 대동강으로 인정하고 있다.

종래 우리나라 봉건 사가들도 흔히 대동강 설을 주장하였다. 《삼국사기》, 《삼국유사》, 《해동 역사》, 《동국 여지 승람》, 《사군지》四郡志 등에서는 모두 대동강 설을 주장하고 있다.

4. 패수를 압록강으로 인정한 설

정약용은《아방강역고》에서 이렇게 썼다.

> 한나라가 일어난 후 그 서부 변경을 잃어버린지 오랜 것을 염려해서 오직 압록수로 경계를 삼았다 … 조선과 연나라의 경계는 패수이다. 정약용이 생각하기에 "패수는 넷이 있다. 여기에서 말하는 패수는 지금의 압록하다.
>
> 漢興, 彌失其西鄙, 唯以鴨水爲界 … 朝鮮與燕界於浿水。鏞案 浿水有四, 此云浿水者, 今之鴨綠河也.59)

오늘 우리나라 학자들은 압록강 설을 주장하는 사람이 있으며, 일본 사가 백조고길白鳥庫吉(시라토리 구라키치), 진전좌우길津田左右吉(쓰다 소키치)도 역시 압록강 설을 주장하였다. 그러면 이상과 같은 각이한 설들은 어떠한 근거들을 가지고 있는가?

《한서 · 지리지》의 패수 기록

《한서·지리지》의 패수가 어느 시기에 패수인가를 밝혀야 할 것이다. 물론《한서·지리지》는 한 말 평제平帝(재위 기원전 1년~기원 6년) 시기의 지리지이며 따라서 그 패수는 락랑군 설치 이후 락랑군의 패수이다. 그러면《한서·지리지》의 패수浿水에 관한 기록을 자세히 검토해 보자.

(1) 료동군 반한番汗 조 반고班固 주에는《패수沛水는 새외에서 나와서 서남쪽으로 바다로 들어간다(沛水出塞外, 西南入海)》라고 썼고, 안사고

59) 이는《아방강역고》〈조선고〉의 글이다. 리지린의 책에는 부(部) 자로 되어 있지만《여유당전서》의《아방강역고》는 비(鄙) 자로 되어 있어 비로 고쳤다.

는 《응소應劭가 말하기를, 한수汗水는 새외에서 나와서 서남쪽으로 바다로 들어간다(汗水出塞外, 西南入海)》라고 썼다.

(2) 락랑군 패수현 조 반고 주에는 《패수는 서쪽으로 증지현에 이르러 바다로 들어간다〔(浿)水西至增地入海〕》라고 썼다.

전자의 《패수》沛水와 후자의 《패수》浿水는 동일하게 《패수》〔안사고는 "패沛의 발음이 보普와 대大의 반절pai이다"라고 말했다(師古曰沛音普蓋)〕로 읽을 수 있으나, 그 지역이 다른 것으로 보아서 이 량자는 분명히 동일한 강이 아니다. 그리고 안사고는 《沛水》에 대한 주석에서 응소應劭가 《패수》沛水를 《한수》汗水로 해석한 것을 인용하면서도 안사고 자신은 《沛水》를 《패수》로 읽었으니 응소의 설이 성립되기 어렵다.

《沛水》패수와 《浿水》패수는 동일하게 고대 조선어의 《강》을 의미하는 어휘에서 온 강명이다. 따라서 우리는 반한현에도 《패수》라고 칭하는 강이 있었다고 판단할 수 있다. 그 강을 《沛水》라고 쓴 것은 또 다른 《패수》浿水와 구별하기 위한 것이다. 다시 말하여 전 한 말에는 료동군 반한현에도 《패수》가 있었고 락랑군에도 《패수》가 있었다.

그런데 락랑군의 패수는 결코 한4군 설치 이전 한과의 국경선인 패수는 아니였다. 어째서 이렇게 말할 수 있는가? 왜냐하면 한 초의 국경선인 패수는 왕검성에서 서방으로 백 리 이상 거리가 있는 강이요, 락랑군의 패수는 왕검성에 림한 강이기 때문이다. 《료사·지리지》에는 료량 부근에 패수가 있다고 씌여 있으며 《성경통지》盛京通志는 그에 근거하여 그 패수를 어니하淤泥河로 비정하였는 바, 이 강은 락랑군의 패수가 《서쪽으로 증지현에 이르러 바다로 들어간다(水西至增地入海)》라는 기록과 일치된다. 즉 락랑군의 패수현의 패수는 료하와 합류하지 않고 바다로 들어가는 것이다.

《사기·조선 렬전》의 장수절의 《정의》에는 《《한서·지리지》에서 "패수浿水는 료동 새외에서 나와서, 서남쪽으로 낙랑현 서쪽에 이르러 바다로 들어간다"고 말했다(漢書地理志云, 浿水, 出遼東塞外, 西南至樂浪縣西入海)》라고 썼다. 그러나 《한서·지리지》에는 이러한 기록이 없고, 다만 《패수浿水는 강이 서쪽으로 증지현에 이르러 바다로 들어간다(水西至增地入海)》와 《패수沛水는 새외에서 나와서 서남쪽으로 바다로 들어간다(沛水出塞外, 西南入海)》라고 씌여 있다. 장수절의 《정의》와 《한서·지리지》의 기록은 동일하지 않다. 장수절의 설은 《한서·지리지》 반한현의 《패수》沛水와 락랑군의 《패수》를 동일한 강으로 인정한 데서부터 유래된 착오라고 보아야 할 것이다. 그는 《한서·지리지》의 《沛水》와 《浿水》에 대한 기록을 자기의 주관으로 해석하여 《패수는 료동 새외에서 나와서, 서남쪽으로 락랑현 서쪽에 이르러 바다로 들어간다(浿水, 出遼東塞外, 西南至樂浪縣西入海)》라고 썼다고 보여진다.

요컨대 《한서·지리지》에서는 《沛水》와 《浿水》를 명백히 두 줄기의 강으로 인정하고 있다. 료동군 반한현의 《沛水》는 바로 국경선으로 되었던 패수가 아닌가? 료동군의 새塞 밖에 위치한 패수는 바로 오늘의 대능하로 될 수밖에 없다.

그렇다면 여기에 질문이 제기될 수 있는 것은 국경선인 패수(즉 《수경》의 패수)는 동남류하는데 《沛水》의 방향과는 모순되지 않는가 하는 문제이다. 물론 모순된다. 이것은 반고가 《沛水》의 방향을 잘못 알고 쓴 것이라고 볼 수밖에 없다. 혹자는 반고의 설을 절대시하려 하고 있으나 그가 강의 물'줄기 방향까지 정확하게 알고 있었다고 보기는 곤난하다. 만일 그렇게 생각하지 않는다면 료동군 반한현의 패수를 비정할 다른 강이 없다. 그렇기 때문에 양수경은 浿水와 沛水를 갈라 보고 《沛水》를 《대료수》大遼水(오늘의 료하)로 비정하였다(《전한 지리도》). 그러나 우리는 료수를 렬수라고 칭한 근거는 있어도 패수라고 칭한 근거를 찾을 수 없다. 따라서 필자는 강줄기의 방향에 있어서 모순이 있더라도 《沛水》를 대능하로 비정하는 것이 타당하다고 인정한다.

《사기·조선 렬전》 및 《위략》의 패수浿水와 《한서·지리지》의 패수浿水는 그 위치가 다르다. 《사기》와 《위략》의 패수는 국경선인 패수요, 《한서》의 패수는 왕검성에 림한 패수인데 만일 한 초 국경선인 패수를 오늘의 대동강으로 비정한다면 왕검성은 응당 대동강 동쪽 백여 리 밖에 위치하여야 하며 오늘의 평양으로 될 수는 없다. 따라서 국경선 패수를 대동강으로 인정하고 동시에 왕검성을 평양으로 비정하는 설은 절대로 성립될 수 없는 것이다.

압록강을 패수로 비정할 때 생기는 네 가지 문제점

그리고 만일 압록강을 국경선인 패수로 인정하며 동시에 왕검성을 평양으로 비정한다면 그보다 더 큰 많은 문제들이 제기된다.

첫째로, 한 초 국경선 패수를 압록강으로 잡는다면, 진의 고공지는 압록강 이남에 위치해야 한다. 왜냐하면 한은 진, 고공지를 버리고 퇴각하여 패수를 국경으로 설정하게 되였기 때문이다. 따라서 연이 점령했던 진반 지역도 압록강 이남으로 되여야 한다. 왜냐하면 상술한 바와 같이 연이 점령했던 진반 지역이 진의 료동외교였으며, 바로 그것이 진의 고공지였기 때문이다.

진반군은 바로 고 진반 지역이였을 것이니 진반군 위치를 왕검성과 압록강 사이에서 찾아야 한다. 그러나 오늘까지 어떠한 학자도 진반군 위치를 평양과 압록강 사이에 있는 것으로 고증한 사람이 없으며 또 그렇게 문제를 제기한 사람도 없었다. 혹자는 진반군은 반드시 고 진반 지역이 아니라고 주장할 수도 있다. 그러나 그런 립증을 하기에는 근거를 찾기가 매우 어려울 것이다. 그리고 연이 수축했던 장새 즉 위만이 거주했던 패수 이동의 상, 하 장障은 압록강 이남에 위치해야 한다. 이 장이 절대로 압록강 이북으로 갈 수는 없다.

둘째로, 패수를 압록강으로 잡고, 료수를 현 료하로 잡는다면, 연, 진의 료동군은 오늘의 료하 이동으로 되여야 한다. 즉《전국책》연책에 보이는《연나라 동쪽에는 조선 료동이 있다(燕東有朝鮮遼東)》라고 한 이《료동》遼東도 오늘의 료동으로 되여야 한다. 이 시기는 소진蘇秦의 시기이며 진개가 조선의 서부 령토를 략탈하기 이전이다.

우리는《전국책》을 자세히 보자. 거기에는 연의 문공이 자기 나라는 아주 작은 나라라고 말하고 있지 않는가? 연 문공(기원전 361~333년) 시기 연나라의 령역이 압록강까지 이르렀다고 볼 근거는 아무 것도 없다. 연나라의 전성 시기는 바로 소왕昭王(기원전 311~279년) 시기였다. 따라서《위략》의 연 진개가 조선 서방 령역 2천여 리를 탈취했다는 기록을 부인하지 않으면 안 되게 된다. 과연 우리가《위략》의 기록을 무시 할 수 있는가? 없다.《한서·지리지》료동군 고구려현 조에《료수》의 명칭이 보인다고 해서《위략》의 기록이 무시될 수는 없다.《위략》이 권위 있는 자료라는 것은 학계에서 공인되고 있다.

국경선인 패수를 압록강이라고 주장한다면 고조선의 령역은 태고 때부터 압록강 이남으로 되여야 하며, 상술한 바와 같은 중국 력대 사가들이 말한《조선이 료동에 있었다》는 설들을 전부 부인하여야 한다. 두우를 비롯한 중국의 봉건 사가들이《한서·지리지》료동군 고구려현 조에 보이는《료수》의 기록을 보지 못하였기 때문에 그들이 진, 한 대의 료동군을 오늘의 료하 서쪽으로 잡았단 말인가? 그럴 수는 도저히 없다.

세째로, 연의 료동을 오늘의 료하 이동으로 잡는다면, 다시 말하면 연, 진, 한의 료동군을 오늘의 료하 이동으로 잡는다면 료동군 고구려현은 연 대부터 료동군 지역으로 되여야 할 것이다. 즉 고구려현은 연 대부터 연의 령토이며, 따라서 고구려인은 연 대부터 연의 예속하에 있어야 한다. 우리는 이 근거를 찾을 수 없다. 만일 압록강 설이 성립되기 위해서는 이 근거를 내놓아야 할 것이다.

정다산은 《아방강역고》에서 패수 즉 압록강 설을 주장하면서 고조선 령역이 우북평까지 이르렀다는 것을 인정하였다. 그는 《위략》에서 말한 바와 같이 만반한을 국경선으로 친다면 우북평까지 조선 서방 2천여 리가 될 수 없다는 것이며 따라서 압록강으로 잡아야 비슷하다고 주장한 것이다. 그는 고조선이 기자의 후예였다는 것을 《영예》로 생각하면서 고조선이 절대로 압록강 이북 오랑캐 지역에 있었을리 없다는 것이다.

정다산 설을 지지하는 사람들은 필자가 위에서 제기한 문제에 대답해야 할 것이다. 그는 《전국책》에 보이는 《료동》에 대하여서는 언급하지 않았지만, 그의 주장으로써는 그 료동이 고조선 령역으로 되여야 하는 론리적 귀결에 도달하게 된다. 그렇다면 고조선에도 료동이 있었다는 것으로 되여야 한다. 그리고 진반은 오늘 료동에 위치하여야 한다. 그러나 여기서 문제가 제기되는 것은 상술한 바와 같이 사기 기록에 의하면 진반이 패수 동쪽에 있어야 하며, 따라서 《사기》의 기록과 모순될 뿐만 아니라 자체 모순에 빠지게 된다.

네째로, 패수를 압록강으로, 왕검성을 평양으로 비정한다면 《사기·조선 렬전》의 기록을 리해할 수 없게 된다. 《사기·조선 렬전》에 의하면 한 무제의 루선 장군인 양복은 좌장군 순채荀彘가 왕검성을 공격하기 위하여 렬구列口 즉 렬수의 하구에서 좌장군을 기다리기로 되여 있었던 것이다. 그렇다면 렬수는 청천강 혹은 대동강으로 될 수밖에 없다. 그러나 《렬수》를 청천강이나 대동강으로 증명할 수 있는 자료는 없다. 기술한 바와 같이 《렬수는 료동에 있다(列水在遼東)》라고 한, 곽박의 주석의 《료동》遼東을 오늘의 우리나라 령역까지 포함한 지역으로 해석할 수는 도저히 없다. 만일 렬수를 청천강이라고 가정해 보자. 그렇다면 한 무제의 해군과 륙군이 청천강 하구에서 합세하여 어떻게 평양(왕검성)을 련합 공격한단 말인가?

《사기·조선 렬전》 기록에 의하면 루선 장군의 해군은 직접 해상에서 왕검성을 들여친 것으로 되여 있다. 즉 왕검성 성지기는 적의 수군의 세력이 크지 못함을 알고 왕검성에서 떨쳐 나와 적을 쳤던 것이다. 이 사실로 보아서 왕검성이 바다에서 그리 떨어져 있었던 것이 아니였음을 알 수 있다. 그런데 청천강 하구에서 한의 수륙군이 합세한다면 한의 수군이 거기서 상륙하여 륙군과 련합하여 륙지로 2백여 리 진군하여야 했을 것이다. 수군이 평양까지 직접 들어올 수 있음에도 불구하고 그렇게 작전을 하지는 않았을 것이라고 봄이 타당할 것이다. 다시 말하면 평양을 치기 위하여 청천강 하구에서 수륙군이 련합한다는 것은 사실 상 군사 행동으로서는 있을 수 없는 일이라고 인정해야 할 것이다.

또 렬수를 대동강으로 인정한다면 왕검성은 렬수에 림하고 있는 것으로 되여야 한다. 그러나 왕검성이 렬수에 림하였다는 것을 증명할 재료는 없다. 대동강을 렬수로 칭했다면 고구려 사람들이 어찌하여 대동강을 《렬수》라 칭하지 않고 현 료하를 《오렬수》라고 칭했겠는가? 따라서 렬수를 대동강으로 볼 근거는 없다.

필자는 이상과 같은 문제를 제기하면서 패수를 압록강으로 비정하는 설이 성립될 수 없다고 인정한다.

왕검성은 패수의 동쪽에 위치

《한서·지리지》 료동군 험독현 주에 신찬臣瓚은 왕검성을 패수의 동쪽에 있다고 인정한 것으로 씌여 있다. 우리가 이 설을 완전히 부인할 근거가 있다면 모르거니와 그럴 수 없는 이상에는 이 설도 고려하여야 할 것이다. 즉 왕검성과 패수 간에는 다른 어떠한 강이 없다는 것으로 생각해야 할 근거가 있게 된다. 그러기에 필자는 이 사료까지 고려해서 국경선인 패수와 왕검성에 림하고 있는 패수의 두 줄기의 패수를 인정하며, 더우기 《한서·지리지》에 《浿水》와 《沛水》를 기록하고 있기 때문에 그렇게 생각하는 것이 합리적이라고 인정한다. 만일 신찬의 설이 근거가 있다면 압록강 패수설은 왕검성이 압록강 동안에 위치함을 증명하여야 한다. 그러나 압록강 동안에서 왕검성을 찾을 수는 없는 것이다.

만일 연이 소왕 이전부터 오늘의 료동 지역을 소유하였고 또 양평을 오늘의 료양 부근으로 인정한다면 어찌하여 장성을 료동 벌판인 양평까지만 구축했겠는가? 연의 강적은 고조선과 동호로 불리워진 맥이 아니였던가? 설사 그 강적이 동호만이라고 하더라도 동호를 그러한 양평에서 어떻게 방어할 수 있단 말인가? 동호가 흉노가 아니라는 것은 중국 학계에서도 공인되여 있는 사실이다. 그 동호가 양평 이동에는 없단 말인가? 양평 이동에 거주한 동호를 어떻게 양평에서 방어할 수 있단 말인가? 양평 동남방에서 내려 미는 맥의 세력은 무엇으로 방어할 수 있었는가?

혹자는 료동외교의 상, 하 장으로 막을 수 있었다고 말한다. 그러나 그 상, 하 장은 패수 이동에 있었던 보루이며 성은 아니다. 그렇다면 패수는 압록강으로는 될 수 없지 않는가? 왜냐하면 상, 하 장은 패수 동쪽에 있었기 때문이다. 이 론자는 아마도 착각이 있거나 혹은《사기》기록을 정독하지 않은 것이 아닌가 생각된다.

제5절. 왕검성의 위치에 대하여

왕검성을 중국 문헌들에는 《왕험성》(王險城)이라고 씌여 있고, 우리나라 문헌들에는 《왕검성》(王儉城)이라고 씌여 있다. 필자는 《왕검성》이 고조선의 수도의 명칭이며, 그것은 리두식 기법에 의한 것이라고 인정한다. 또한 종래 우리나라 언어학자들이 그것을 《임검성》이라고 해석한 설을 타당하다고 필자는 인정한다. 그러나 《왕검성》(王儉城)이라는 세 개 글'자에는 이미 《王》 자와 《城》 자가 한문식으로 기록되였기 때문에 우리는 《王儉城》을 순수한 고조선의 리두식 기록이라고 인정할 수 없다. 주지하는 바와 같이 고대 조선어에서 왕을 《검》, 《곰》, 《겜》이라고 칭했고, 성을 《잣》 혹은 《터》라고 칭했기 때문에 《王儉城》을 순수한 리두식 기명이라고 볼 수 없다.

필자는 다만 이러한 추리에서 뿐만 아니라 문헌 상에서 또 하나의 자료를 찾을 수 있었기 때문이다. 《한서·지리지》 료동군 험독현險瀆縣 조 주에 의하면 험독을 왕검성 혹은 조선의 구도舊都(옛 도읍)라고 해석하고 있다.[60] 필자는 《험독》(險瀆)의 《험》(險) 자도 역시 《검》(儉) 자의 오기이며(혹은 변음이며), 《독》(瀆) 자는 한음漢音으로 《두》du 혹은 《도》로 발음되며 그것은 《터》와 통음된다고 인정한다. 때문에 《險瀆》(즉 檢瀆)은 《검터》이며, 즉 《왕검성》王儉城과 동일한 의미를 가진다. 따라서 고대 중국의 사가들이 《險瀆》을 《왕검성》으로 해석하

60) 《한서》 〈지리지〉의 료동군 험독현에 대한 주석에서 "응소(應劭)는 '조선왕 위만의 도읍이다. 강물이 험한 것에 의지했으므로 험독이라고 불렀다(朝鮮王滿都也°依水險, 故曰險瀆)'라고 말했다.

였고 또는 《조선의 고도》로 해석했던 것이 정당한 근거가 있다고 인정하게 된다.

고대 조선인들은 《왕검성》王儉城이라고 쓰기 전에 이미 《검독》儉瀆이라고 쓴 것이 아니겠는가? 사료 상에서 본다면 위만 시기 조선의 수도는 분명히 《왕검성》王儉城이라고 쓴 것이며, 고조선이 《왕검성》이라고 쓰기 전에 또는 고조선의 《한국》汗國들에서는 그 수도를 《검독》儉瀆이라고 쓴 것이 아니겠는가 생각된다. 증명할 여지 없이 우리는 위만 시기에는 이미 일부분의 한'자는 한문식으로 사용하였다고 인정해야 할 것이다. 즉 필자는 위만 이후 고조선 종래의 리두식 기법이 다소 변화되였다고 인정하게 되며, 《왕검성》王儉城은 그 전의 《검독》儉瀆에 《왕》王 자를 첨가하고 《독》瀆 자를 《성》城 자로 고쳐 쓴 것이라고 인정한다.

왕검성은 발해 연안의 도시

그러면 중국 고대 문헌에 보이는 《왕검성》은 어디이며 《검독》은 어디이냐?

《사기·조선 렬전》에는 《조선왕 위만은 옛 연나라 사람이다 … 왕이 되어서 왕험에 도읍했다(朝鮮王滿者, 故燕人也 … 王之, 都王險)》라고 썼다. 안사고顔師古는 《한서·지리지》 료동군 험독현 주에서 《응소가 말하기를, 왕 위만의 도읍이다(應劭曰 : 王滿都也)》라고 썼다. 우리는 이것으로써 고대 중세의 중국 학자들이 《왕검성》王儉城과 《험독》險瀆을 동일한 지명으로 인정하고 있었다는 것을 알 수 있다. 그러나 물론 우리는 락랑군의 왕검성과 료동군의 험독을 동일한 지방이라고 간주할 수는 없는 것이다. 따라서 우리는 먼저 《王儉城》과 《險瀆》이 동일한 지방인가 아닌가를 고찰하기로 하자. 이제 중국 고대 학자들의 《王險城》과 《險瀆》에 대한 주석을 보면 다음과 같다.

① 반고班固는 《한서·지리지》에서 《험독》險讀을 료동군의 한 개 현명으로 인정하였다.

② 배인裴圖[61]은 《사기·조선 렬전》의 《왕험성》王險城에 대한 《집해》에서 서광徐廣의 설을 인용하여 《창려에 험독이 있다(昌黎有險瀆)》라고 썼다. 배인은 사마천이 기록한 《왕검성》을 《험독》과 동일시하고 《험독》을 창려 지방에 있는 것으로 인정한 것이다. 그러나 서광이 말한 험독은 반드시 왕검성을 말한 것은 아닐 것이다.

③ 《한서·지리지》의 《험독》險瀆에 관한 주에서 응소는 《조선왕 위만의 도읍이다(朝鮮王滿都也)》라고 썼는 바, 그는 료동군 험독현을 위만의 옛 수도라고 인정한 것이다.

④ 신찬의 설은 응소의 설과는 다르다. 그는 《험독》을 주석하여 《왕험성은 락랑군 패수의 동쪽에 있다. 이것이 험독이다(王險城在樂浪郡浿水之東, 此自是險瀆也)》(같은 책)라고 썼다. 그의 뜻은 위만의 왕검성은 락랑군에 있고, 이것은(즉 료동군 험독) 왕검성이 아니고 《험독》險瀆이라는 것이다. 그는 《왕험성》王險城과 《험독》險瀆을 구별하여 응소의 설을 시정한 것이다. 안사고는 응소와 신찬의 두 가지 설을 다 인용하면서 신찬의 설을 옳다고 인정하며, 《신찬의 설이 맞다(瓚說是也)》라고 썼으니 안사고 자신도 《왕검성》王儉城과 《험독》險瀆을 상이한 두 개 지방으로 인정하였음을 알 수 있다.

⑤ 《사기·조선 렬전》의 《왕검성》에 대한 《색은》에는 《위소韋昭가

---

61) 배인(裴駰): 중국 남조의 유송(劉宋 : 420~479) 때 역사학자로서 《삼국지》의 주석을 단 배송지(裴松之)의 아들이다. 《사기집해》 80권을 편찬했는데, 그 부친 배송지, 그 손자 배자야(裴子野)와 합쳐 "사학삼배(史學三裴)"라고 부른다.

말하기를 고읍古邑의 이름이다. 응소應劭는 주석하기를, 《지리지》(한서)에서 말하기를, "료동에 험독현이 있다. 조선왕 위만의 도읍이다"라고 했다(韋昭云, 古邑名. 應劭注, 地理志遼東險瀆縣, 朝鮮王舊都)》라고 씌여 있다. 여기에 인용되여 있는 응소의 설은 《한서·지리지》에 인용되여 있는 응소의 설과는 다른데 어느 것이 정확한지 알 수 없다.

이상 다섯 가지 설을 종합하면 다음과 같은 문제들이 제기된다.

① 험독은 료동군에 있으나 또한 동시에 락랑군 패수 지역에 있는 것 같이 보인다.

② 어떤 사람은 험독을 위만의 수도라고 하였고 또 어떤 사람은 조선왕의 구도라고 하였다. 동시에 《락랑군 조선현》 조의 주에는 《응소가 말하기를 "무왕이 기자를 조선에 봉했다"고 했다(應劭曰: 武王封箕子於朝鮮朝)》라고 썼다. 이 기록은 락랑군 조선현이 (기자) 조선의 옛 수도이라는 것을 말해 준다. 이에 의하면 험독이 위만의 수도였다는 근거가 박약해진다.

③ 《사기·조선 렬전》의 《색은》은 응소의 설을 인용하여 《료동에 험독현이 있다. 조선왕의 옛 도읍이다(遼東有險瀆縣, 朝鮮王舊都)》라고 하였으나 《한서·지리지》에 인용된 응소의 설은 그와 다르니 어찌하여 이렇게 동일한 사람의 설이 서로 다르게 인용되였는가 하는 것이 한 개 문제로 제기된다.

④ 신찬과 안사고는 왕검성과 험독은 두 개의 상이한 지방으로 인정하였다.

위에 제기한 문제들이 상호 모순되는 것이다. 만일 우리가 이상의 문제들을 단순히 문헌 상에서 주석가들의 주석의 정확 여부를 해명하려 한다면 이 문제들을 해결할 도리가 없게 될 것이다. 중국 력대의 권위 있는 주석가들의 주장들이 비록 사실과는 맞지 않더라도 그것이 반드시 어떠한 근거가 있다는 사실을 우리는 념두에 두어야 한다. 즉 그들은 각기 동일하지 않은 근거에서 출발했기 때문에 서로 모순되는 주장이 생기게 된 것이다. 따라서 우리가 위에서 제기한 문제들의 모순을 풀자면 그들이 근거하고 있는 각이한 자료가 무엇인가를 밝혀야 한다.

패수를 압록강, 대동강으로 비정할 수 없다

기술한 바와 같이 고조선의 국경선인 패수가 대동강이나 압록강으로 될 수 없으며, 그것은 대릉하 외에 다른 강으로는 될 수 없다. 또 《사기·조선 렬전》의 전문을 통하여 고찰할 때 왕검성은 발해 연안의 도시로 인정하지 않을 수 없는 것이다. 《삼국지·위지·동이·한전》에는 이렇게 씌여 있다.

> 준은 이미 참람하게 왕을 칭했는데, 연나라 망명인 위만으로부터 공격당해서 빼앗기게 되자 그 좌우 궁인들을 거느리고 바다로 달려가 한韓 땅에 거했다.
>
> 準旣僭號稱王, 爲燕亡人衛滿所攻奪, 將其左右宮人走入海: 居韓地.

고조선 왕 준은 위만에게 패전하여 바다로 들어가 해로로 한韓 땅으로 갔으니, 그 수도가 해안 지역에 있었음을 말해 주지 않는가? 《입해》入海라고 쓴 것을 《바다로 들어 갔다》고 밖에 달리 해석할 수는 없는 것이다. 만일 왕검성이 오늘의 평양이였다면 패전하여 도망친 준이 어찌하여 남포까지 가서 배를 타고 바다에 들어 갔겠는가? 하물며 그가 수 많은 사람들을 거느리고 도망쳤음에랴. 고조선 인민들의 폭동을 리용하여 왕위를 탈취한 위만이가 고조선 왕 준이 남포로 가도록 그냥 두었겠는가? 준이 바다로 들어갔다는 것은 정세가 위급해지게 되자 바다로 피난해 들어간 것이 아니겠는가? 이렇게 해석하는 것이 타당할 것이다.

기술한 바와 같이 패수를 압록강이나 대동강으로 비정한다면 왕검성이 평양으로 될 수 없다. 만일 패수를 대동강으로 비정한다면 왕검성은 대동강 동쪽 백여 리 밖에 있어야 한다. 그러나 평양은 패수 서쪽에 있다. 만일 일본 학자들이 론하는 바와 같이 락랑성지(즉 왕검성지)가 대동강 동안에 있다면 더욱 큰 모순에 빠지게 된다. 력사가들이 고조선과 한과의 국경선인 패수가 어디 있는가를 구명해야 한다. 그러나 그들이 대동강을 패수로 인정하면서 대동강 동안을 락랑군 성지로 인정한다면 위만이 패수를 건너 진 고공지의 상, 하 장에 거주했고, 조선 왕이 그에게 백 리 땅을 봉해 주었던 그 백여 리의 지역은 도대체 어디인가라는 질문에 대답해야 한다. 그들은 이 질문에 대답할 수 없을 것이다.

오래 동안 그들은 모두 국경선인 패수와 왕검성에 림한 패수를 구별하지 못하고, 다만 대동강 남안에서 출토되는 고고학적 유물로써 력사 지리를 증명하려고 기도하였으며 그들은 《사기·조선 렬전》 기록을 완전히 무시하였다. 그들 중 압록강을 패수로 인정한 백조고길白鳥庫吉(시라토리 구라키치), 진전 좌우길津田左右吉(쓰다 소키치)도 역시 국경선 패수와 왕검성에 림한 패수를 구별하지 못하였다. 그는 《사기·조선 렬전》과 《위략》에 기록된 패수를 론한 외에 《한서·지리지》 주서에 보이는 왕검성의 패수를 전연 언급도 하지 않았다.〔백조고길(白鳥庫吉) 한사군강역고(漢四郡疆域考) 동양학보(東洋學報) 제2권 제2호 : 원저 주〕

중국의 저명한 력사 지리학자 양수경楊守敬은 그의 저 《회명헌고》晦明軒稿 중의 《왕검성고》王險城考에서 패수를 대동강으로 인정하였으나 패수와 왕검성의 지리적 관계를 고려하여 왕검성을 평양에 비정할 수 없다고 인정하였다. 즉 그는 《사기·조선 렬전》과 《위략》에서의 패수와 왕검성의 지리적 관계에 기초하여 문제를 고찰했던 것이다. 그가 력사적 사실에 기초하여 문제를 고찰한 태도는 옳았으나, 그의 대국주의 사상은 그의 력사 지리 연구를 전진시킬 수 없게 하였던 것이다. 즉 그는 국경선이였던 패수를 대동강까지 잡았기 때문에 왕검성 위치를 밝힐 수 없는 경지에 떨어지고 말았던 것이다.

요건대 국경선인 패수를 압록강이나 대동강으로 비정할 수 없을진대 왕검성은 평양으로 될 수 없다.

왕검성을 평양이라 주장하는 고고학자의 문제점

고고학자들은 대체로 일치하게 왕검성을 평양이라고 주장한다. 그러나 필자는 그들에게 다음과 같은 문제를 제기한다.

전술한 바와 같이 왕검성이 평양으로 되려면 압록강 이남에서 연, 진, 전한의 유물이 다량으로 출토되여야 한다. 왜 그런가? 기술한 바와 같이 한과 고조선의 국경선이 압록강이였다면 연이 관리를 두고, 장새를 구축하고 통치한 진반의 령역은 그 패수 이동이라야 하며, 또 바로 그 지역이 진의 료동외교이며 전한은 그 지역을 포기하고 패수 이서로 퇴각했으며, 위만을 비롯한 수다한 한인들이 거기에 거주했기 때문이다.

오늘 고조선 력사 지리를 론함에 있어서 《사기·조선 렬전》과 《위략》의 기록을 무시할 권리가 없다. 국경선인 패수가 압록강이라면 압록강 이남 백여 리는 위만을 비롯한 수다한 중국의 피난민들이 거주한 지역으로 돼야 한다. 또 방향으로 보아도 《위략》에는 조선 왕이 그 서부 지방 백여 리를 위만에게 봉하였다고 썼다. 오늘 평양에서 압록강 이남 지역을 서부 지방이라고 말하기도 어렵지 않는가? 어쨌든 압록강 이남에서 연, 진, 전한의 유물이 다량으로 출토되여야 할 것이다. 그러나 필자는 아직 이러한 유물들이 우리의 주목을 끌 수 있도록 출토된 사실을 알지 못하고 있다. 또 소위 락랑 고분에서 전한의 유물이 도대체 얼마나 출토되였는가? 간혹 전 한 대의 유물이 있다 하더라도 그것은 대체로 전 한 말기에 속하는 것들이 아닌가? 한 무제 시기의 유물이 도대체 얼마나 출토했는가? 왕검성을 평양이라고 주장했고, 또 락랑군을 오늘 평양을 중심한 평안도 지역이라고 주장한 것은 바로 우리 봉건 사가들과 그 후 내외의 사가들, 일본 고고학자들이였다.

우리는 특히 일본 고고학자들이 이렇게 주장한 목적을 잘 알고 있다. 조선 민족을 마음대로 모욕하고 유린하기 위한 수단이 바로 그들의 《조선 고고학》이요, 《조선 력사학》이 아니였던가? 그들은 《사기》와 《위략》의 기록을 제멋대로 말살하려고 하였던 것이다. 나는 이상 천박한 연구이지만 그들의 설을 승인할 수 없다.

필자는 압록강 이남이 연나라 소왕昭王 시기 즉 기원전 4세기 말~기원전 3세기 초에 연의 식민지로 되였으며, 계속해서 진, 량한 대에 걸쳐서 무려 4~5백 년간 한인의 식민지로 되여 있었다는 구체적 증거를 찾을 수 없다.

필자는 한과의 국경선이였던 패수를 압록강이나 대동강으로 인정할 근거를 찾을 수 없기 때문에 왕검성을 오늘 우리나라 령역 내에서 찾을 도리가 없으며, 료동 지역에서 찾아야 한다고 인정한다. 전술한 바와 같이 대능하를 국경선인 패수로, 어니하淤泥河를 왕검성의 패수로 인정할 수 있는 근거가 충분하다고 인정하기 때문에 필자는 왕검성을 오늘의 (현 요녕성) 개평蓋平으로 비정하는 것이 타당하다고 인정되게 된다. 개평은 바로 해안 지대이며 또한 어니하(패수)의 하구 동방에 위치하고 있다.[62)]

필자가 개평(현 요녕성)을 왕검성이라 주장하는 이유

개평을 왕검성이라고 주장하는 리유는 또 있다. 오늘의 개평은 고대의 진주辰州(《성경통지》盛京通志 28권 고적 진주 조)이며, 《료사》 38권 지리지·동경도·진주 조에는 《진주辰州는 … 본래 고구려 개모성蓋牟城으로 당 태종이 리세적과 만나서 개모성을 공격해 무너뜨렸다는 곳이 바로 여기다. 발해에서 개주蓋州로 바꾸었고, 또 진주로 바꾸었다(辰州 … 本高句麗蓋牟城, 唐太宗會李世勣攻破蓋牟城, 卽此. 渤海改爲蓋州, 又改辰州)》라고 썼다. 개평이 본래 고구려의 《개모성》이였다는 기록도 위작이라고 주장할 근거는 없다. 오늘의 개평을 고구려인들은 《개모성》이라고 칭했던 사실을 필자는 시인한다.

《개모성》은 고구려의 고성이며 그 명칭은 고대 리두식의 기명이라고 인정된다. 우리는 《개모성》을 《검》성, 또는 《갬성》, 《곰》성의 와전

62) 리지린은 《사기》, 《한서》 등에서 위만이 건넜던 한(漢)과의 국경선 패수와 《한서》 〈지리지〉 료동군 험독현의 주석에서 "왕험성은 패수의 동쪽에 있는데, 이것이 험독이다(王險城在樂浪郡浿水之東, 此自是險瀆也)"라는 구절에서 말하는 패수를 둘로 나누어 보고 있는 것이다. 국경선인 패수는 지금의 대릉하이고, 왕험성의 서쪽에 있는 패수는 현 요하의 지류인 어니하라는 것이다.

음으로 해석할 수 있을 것이다. 위에서도 언급한 바와 같이《곰》, 《검》《갬》등 고대 조선 어휘는 바로《왕》의 뜻이며, 이 단어가 일본으로 류전되여《가미》神로 되였음을 일본 학자들도 승인하고 있는 것이다. 따라서 필자는《개모성》은《검성》檢城의 와전음으로 기록된 지명이라고 인정해서 아무런 착오로 되지 않을 것이라고 생각한다. 필자가 본절 서두에서 서술한 바와 같이《왕검성》은《검성》,《검터》에《王》자가 첨가되고,《성》자는 이미 한문식으로 한자를 사용하게 된 것이라고 인정한다.

오늘 우리는《개모성》이외 다른 지역에서《왕검성》의 명칭이 전래되고 있는 흔적을 찾을 수 없다. 고조선의 수도의 명칭이 그렇게도 완전히 소멸될 수는 없다고 생각된다. 고구려가 평양으로 천도할 때 그들이 왕검성의 명칭을 평양으로 고쳤다고 말할 근거는 없다. 또한 한인들이 그 왕검성을 평양으로 개명했다고 주장할 근거도 없다. 만일 나의 추단이 큰 잘못이 없다면 오늘의 개평은 왕검성의 명칭을 와전된 음으로 보존하고 있다고 보는 것이 타당하지 않겠는가?

당 태종이 리세적과 함께 개모성을 공략했고, 그가 어니하에 빠져 곤난을 겪었다는 사실이 결코 우연하지 않을 것이다. 그것은 즉 개평이 고구려 시대에 군사적 요해였음을 증명해 주는 것이다. 그런 의미에서 보아도 개평이 고조선의 수도로서의 지리적 조건을 구비하고 있는 지역으로 인정된다. 그 뿐이랴? 개평 부근에는《웅악》熊岳 즉《곰산》이 있다(《성경 통지》산천도). 이 웅악은 아마도《왕검성》의《검》과 관련이 있는 것이며, 고조선의 왕(주검)과 관련이 있는 산이 아니겠는가? 그와 동시에 이《곰산》이 단군 신화의 곰 토템과 관련이 있는 것 같이 보인다.

왕검성을 오늘의 개평으로 비정한다면 우리는 국경선인 패수와 왕검성과의 지리적 관계는 모순이 없이 설명할 수 있다. 필자가 서두에서 제기한 력사적 지리적 관계들을 해결할 수 있게 된다. 개평과 대릉하(패수)와의 사이에 료하(고명 오렬수, 압록수), 략칭하여 렬수가 있으며, 거기서부터 대릉하까지는 약 백여 리가 된다. 따라서 우리는 《위략》에 위만이 고조선 왕으로부터 백 리의 땅을 수봉했다는 기록을 합리적으로 설명할 수 있다. 고조선 왕이 그 서방 지역 백 리의 땅을 위만에게 봉하였을진대 그 수도와 그 봉지封地 사이에는 반드시 어떠한 자연 계선이 있었다고 보는 것이 자연스럽다. 그리고 《사기·조선 렬전》에서 루선 장군 양복과 좌장군 순체가 《렬구》에서 합세하여 왕검성을 공격하기로 작전했다는 기록도 자연스럽게 리해된다.

오늘의 료하를 고조선인은 렬수라고 칭했던 것은 기술한 바와 같고, 그 렬수 하구에서 한의 수, 륙군이 련합하여 거기서 얼마 멀지 않은 개평을 공격한다는 작전은 충분히 가능한 것이라고 인정된다. 그와 함께 《렬구》의 고명이 오늘 《영구》營口(료하 하구)의 이름으로 그 자취를 남기고 있지 않는가? 청천강이나 대동강 하구에서 한의 수, 륙군이 합세하여 평양을 공격하려고 작전했다기보다는 렬수(료하) 하구에서 그 수, 륙군이 합세하여 개평을 공략하려고 작전했다고 인정하는 것이 자연스럽게 리해되지 않는가? 그와 함께 루선 장군 양복의 수군이 고조선 인민들에게 격퇴당하여 산중으로 패주하여 거기서 은신하고 있었다는 《사기》의 기록과도 일치된다. 개평은 비록 해안이지만 그 동북쪽으로 가까운 곳에 깊은 산들이 있다.

《사기·조선 렬전》에는 《좌장군이 패수 위에서 (위만 조선)군을 무너뜨리고 (왕검성) 아래까지 전진해서 그 서북쪽을 포위했다(左將軍破浿水上軍, 乃前至城下, 圍其西北)》라고 썼는 바 이 패수는 물론 국경선인 패수를 의미한다. 왜냐하면 만일 왕검성에 림한 패수를 건넜다면 곧 왕검성에 림하게 되며 《성 아래까지 전진해서(前至城下)》라고 기록할 필요가 없기 때문이다. 또한 같은 《사기·조선 렬전》에는 이렇게 씌여 있다.

> 좌장군 순체는 조선의 패수 서쪽 군사를 공격했는데 스스로 전진해 부술 수 없었다. 천자는 두 장군이 유리하지 못하다고 여기고 위산衛山을 시켜 군사의 위세를 따라 우거를 깨우치도록 했다. 우거가 사자를 만나보고 머리를 조아리며 사죄하면서, "항복하기를 원했는데 두 장군이 속이고 신을 죽일까 두려웠습니다. 지금 신절信節(천자의 부절)을 보았으니 항복을 청합니다"라고 말했다. 태자를 들여보내 사죄하고 말 5천 필을 바치고 군대의 식량을 보내기로 했다. 군사 1만여 명이 병기를 가지고 막 패수를 건너려는데 사자(위산)와 좌장군이 그들이 변란을 일으킬까 의심해서 태자에게 "이미 항복했으니 마땅히 군사들에게 병기를 가지지 말도록 명하시오"라고 말했다.
>
> 左將軍擊朝鮮浿水西軍, 未能破自前. 天子爲兩將未有利, 乃使衛山因兵威往諭右渠。 右渠見使者頓首謝 :「願降, 恐兩將詐殺臣 ; 今見信節, 請服降。」遣太子入謝, 獻馬五千匹, 及饋軍糧。人衆萬餘, 持兵, 方渡浿水, 使者及左將軍疑其爲變, 謂太子已服降, 宜命人毋持兵.

여기의 패수도 또한 국경선인 패수로 인정해야 할 것이다. 그렇다면 어찌하여 우거의 군대가 패수 서방에 있었는가 하는 질문이 제기될 수 있다. 그러나 우리는 《사기》의 앞에 인용한 절 위의 기록을 읽음으로써 이에 답변할 수 있다.

거기에는 한의 사신 섭하涉河가 패수 강가에서 조선 비왕 장長을 죽이고 패수를 건너 새塞로 뛰여 들어갔다고 썼다. 이 기록을 자세히 읽어 보면 한의 사신이 조선 비왕 장을 살해하고 패수를 건너 도망쳤을 때 조선의 군대가 패수를 건너 그를 추격했던 것이 명백하다. 사마천이 패수 서쪽에 조선 군대가 있었다(浿水西軍)고 인정한 것은 바로 이러한 경위로 조선 군대가 국경선을 넘어 한의 령역 내로 쳐들어갔던 것을 말한 것이다. 《사기》의 문맥을 자세히 검토하면 한 무제가 대무력을 동원하여 조선을 공격하게 된 동기는 바로 거기에 있었던 것이다. 조선 군대가 섭하를 추격하여 그를 잡아 죽였으니 이것은 고조선 군대가 한의 새를 점령했던 것을 말하여 준다. 조선의 세력이 한을 위압했던 것이 사실이다. 이 때의 료동군 치소는 오늘의 산해관 안의 창려의 북쪽 청산靑山이 있는 양평이였다.

그러면 그 새가 어디냐 하는 문제가 제기된다. 당唐의 장수절張守節은 그 새를 주석하여 《평주 유림관이다(平州楡林關也)》라고 썼다. 당대의 평주 유림관이란 오늘의 산해관을 말한다. 이 주석이 오늘까지 《사기·조선 렬전》의 섭하가 조선 비왕 장長을 죽이고 뛰여 들어갔다는 새에 대한 유일한 것이다. 이 주석을 부인할 근거가 있는가? 후자는 이 설은 당대인의 주석이기 때문에 신빙할 수 없다고 자의로 해석한다. 그들은 당대 학자의 설이기 때문인 것이 아니라 사실은 자기들의 주장인 패수 즉 압록강, 혹은 대동강설이 그것으로 인하여 성립되기 어렵기 때문에 이 주석을 부인하는 것이다.

필자는 장수절의 정의가 결코 자의로 근거 없이 썼다고는 생각할 수 없다. 오히려 그의 주석이 정확하다고 인정하게 된다. 오늘 대릉하(패수)에서 산해관까지는 평야로 련속되여 있으며, 산해관에 이르러야 비로소 실지의 장새를 구축할 수 있는 지리적 조건을 가지게 되여 있는 것이다. 사실 그 새와 패수 간에는 거진 인가가 없는 지대였다고 보인다. 《한서·지리지》 연燕지 조에 료동에는 인가가 드물며 빈번히 호의 침범을 당한다고 한 기록이 그것을 설명해 준다. 섭하가 뛰여 들어갔고 고조선 군대가 점령했던 그 새가 산해관으로 될 수 없다고 주장하는 사람들은 평주 유림관이 아닌 다른 지역에서 그 새가 존재했다는 사실을 고증해야 한다. 요컨대 우리가 《사기·조선 렬전》과 《위략》의 기록에 근거한다면 왕검성의 위치를 오늘의 개평으로 비정할 수밖에 없게 된다.

그렇다면 이제 다시 해명해야 할 문제는 《한서·지리지》의 료동군 험독이 위만의 수도이였다는 설이다. 기술한 바와 같이 고대 한인漢人들은 《험독》險瀆을 고조선의 수도라고 인정하면서 동시에 그것이 료동군에 있었다고 인정하였다. 즉 그들은 왕검성과는 다른 또 하나의 수도(고조선의)를 인정한 것이다. 이 자료를 우리는 간단하게 무근거한 망설로서 말살할 수 없는 것이다. 만일 우리가 고조선이 연 소왕 시기 그 서방 2천여 리의 령토를 연에게 빼앗겼고 또 맥국이 고조선의 북방에 린접하여 위치했다는 사실(이에 대해서는 다른 기회에 상세히 해명하려다)을 인정한다면, 왕검성 이외에 또 하나의 수도가 그 지방에 있었으리라는 것을 용이하게 추측할 수 있다.

응소가 험독과 왕검성을 같은 곳으로 혼동한 이유

그런데 여기서 한 개의 의문이 생길 수 있다. 즉 안사고는 어찌하여 《한서·지리지》 료동군 험독에 대한 주에서 응소의 설을 인용하여 《응소가 "조선왕 위만의 도읍이다"라고 말했다(朝鮮王滿都也)》라고 쓰면서 동시에 신찬의 설을 인용하여 《신찬이 "왕험성은 락랑군 패수의 동쪽에 있는데, 이것이 험독이다"라고 말했다(王險城在樂浪郡浿水之東, 此自是險瀆也)》라고 썼는가 하는 문제이다. 다시 말하면 응소는 어찌하여 료동군 험독과 락랑군 왕검성을 동일한 지방으로 인정하였는가 하는 문제이다. 생각컨대 그가 이렇게 동일시한 데는 그로서의 일정한 리유가 있을 것이다.

그것은 세 가지로 추측할 수 있다. 즉 위만의 수도가 험독에서 왕검성으로 이동하였던가, 또 료동 지방에 고조선의 《후국》의 도읍지가 있었는가, 그렇지 않으면 위만 이전 시기 고조선의 수도가 험독에서 왕검성으로 이동하였는가 하는 추측이다. 전술한 바와 같이 중국 고대 주석가들이 《험독》險瀆을 《왕험성》王險城과 동일한 지명으로 해석하였으며, 또 실지 고대 조선어로 동일한 지명으로 해석되니 료동군의 《險瀆》은 또 하나의 《王險城》이였음을 알 수 있다. 《險瀆》은 분명히 고대 조선의 구 수도였다고 인정되여야 할 것이다. 《한서·지리지》의 본문을 본다면 《험독》險瀆이 락랑군 《왕검성》王險城이 아님은 명백하다. 그러나 응소는 이 두 개 지방을 한 개 지역으로 혼동하였다. 신찬은 이 두 개 지역을 갈라 보고 응소의 설을 시정하였으며 안사고는 신찬의 의견에 동의하였다.

양수경도 험독과 왕검성을 서로 다른 지역으로 인정하고 험독을 대능하 하류 동쪽 동사하東沙河 연안 지역에 비정하였다(전한지리지도前漢地理地圖). 아래에서 서술할 바와 같이 양수경의 고증은 부정확한 것이다. 필자는 응소가 험독과 왕검성을 동일시한 것은 착오이나 그러나 그가 《료동에 험독현이 있는데, 조선왕의 옛 도읍이다(遼東有險瀆縣, 朝鮮王舊都)》라고 한 설은 반드시 리유가 있다고 인정한다. 이것을 근거 없이 망설로 인정해서는 안 된다.

한 대의 료동군 험독은 오늘의 산해관 부근

그러면 한 대의 료동군 험독이란 지방이 도대체 오늘의 어느 지역에 해당되는가? 《사기·조선 렬전》의 《집해》에 인용되어 있는 서광徐廣의 설은 이 문제를 해결할 수 있는 열'쇠로 된다. 동 집해에는 《서광徐廣이, "창려昌黎에 험독이 있다"고 말했다(昌黎有險瀆也)》라고 씌여 있다.

서광은 진晋[63] 대 사람이며 따라서 진 대 창려에 험독이 있다는 것이다. 《위서》 106권 《지형지》 창려군의 주에는 《진나라에서 료동을 분리해 설치했다. 진군眞君 8년(447) 기양을 합병해 소속시켰다(晉分遼東置, 眞君八年倂冀陽屬焉)》[64]라고 썼다. 이에 의하면 창려군은 진대에 료동군의 일부를 분리시켜 설치한 군이며 위魏 대의 지역과 기본적으로 일치되고 있다. 같은 책에는 창려군의 현으로서 룡성龍域, 광흥廣與, 정황定荒 3개를 들고 있으며, 그 《주》를 보면 이 지역들은 모두 류성 지역이다. 《룡성》龍城의 《주》에는 《진군 8년 류성, 창려, 극성을 병합시켜 속하게 했다. 요사堯祠, 유둔성楡頓城, 랑수狼水가 있다(真君八年倂柳城、昌黎、棘城屬焉。有堯祠、楡頓城、狼水)》라고 씌여 있다.

《진서》晋普 14, 《지리지》에는 평주平州의 군으로서 창려군이 있는 바 그 《주》에는 《한나라에서 료동속국 도위에게 속하게 했고, 위나라에서 군을 설치했다. 두 개 현을 관할하는데, 호수는 9백이다(漢屬遼東屬國都尉, 魏置郡。統縣二, 戶九百)》라고 씌여 있다. 그리고 그 속현으로서 창려와 빈도賓徒를 들고 있다.

---

63) 중국은 진(晉)나라를 서진(西晉)과 동진(東晉)으로 나누어 표기한다. 서진은 266~316년, 동진은 317~420년인데, 동진 시기는 북방을 기마민족들이 차지한 오호십육국(304~439) 시기와 남북으로 나뉜다. 서광(徐廣 : 352~425년)은 동진사람이다.

64) 진군은 북위의 태무제(太武帝) 탁발도(拓跋燾)의 연호인 태평진군(太平真君 : 440~451)을 뜻한다. 북위는 동이족의 한 갈래인 선비족이 세운 국가이다.

고염무顧炎武는 《일지록》日知錄 31권 《창려변》昌黎辨에서 다음과 같이 쓰고 있다. 그는 중국 력사 상에 창려란 지방이 5개소 있다고 지적하고, 그 하나로서 《한서·지리지》 료서군 조의 여덟 번째 현인 《교려》交黎를 들고 있다. 그는 《교려》交黎를 《창려》昌黎로 인정하였다. 그는 이렇게 썼다.

> 《한서》의 료서군의 현 중에서 여덟 번째가 창려다. 유수가 머리로 새외에서 받아서 남쪽으로 바다로 들어간다. 동부도위가 다스린다. 응소는 "지금의 창려는(《후한서》는 창료 혹 려의 와전이라고 했다(昌遼或黎之訛也))[65] … 《통감》 주석에서 말하기를 '창려는 한나라 교려交黎현인데, 료서군에 속해 있었고, 후한 때는 료동속국도위에 속해 있었다. 위魏나라 제왕齊王 정시正始 5년(244)[66] 선비족이 내부하자 다시 료동속국을 설치하고 창려현을 세워서 거주하게 했다. 《진서·무제 본기》에는 태강太康 2년(281) 모용외가 창려를 침략했고, 2년에 안북장군安北將軍 엄순嚴詢이 모용외를 창려에서 패퇴시켰다. 성제成帝 함강咸康 2년(336)에 모용황이 창려 동쪽에서 얼음을 밟고 전진해, 무릇 3백여 리를 지나서 림구林口에 이르렀는데, 여기가 유수 하류로서 해구海口에 해당한다.
>
> 《漢書》, 遼西郡之縣, 其八曰昌黎。渝水首受塞外, 南入海, 東郡都尉治。應卲曰 : 今昌黎(後漢書作昌遼或黎之訛也) … 通鑑注云 : 昌黎, 漢交黎縣, 屬遼西郡, 後漢屬遼東屬國都尉。魏齊王正始五年,

65) 해역자가 참고한 《일지록》에는 괄호 안의 '후한서작창료혹려지와야(後漢書作昌遼或黎之訛也)'란 구절이 없다.

66) 정시(正始)는 조위(曹魏), 북연(北燕), 북위(北魏)에서 각각 연호로 썼는데, 여기에서는 조위(曹魏)의 문제(文帝) 조방(曹芳)의 연호 정시(240~249)를 뜻한다. 문제가 제왕(齊王)으로도 불렸다.

鮮卑內附, 復置遼東屬國, 立昌黎縣以居之, 後立昌黎郡。《晉書·武帝紀》: 太康二年, 慕容廆寇昌黎; 二年, 安北將軍嚴詢敗慕容廆於昌黎; 成帝咸康二年, 慕容皝自昌黎東踐冰而進, 凡三百餘里, 至歷林口, 是則在渝水下流而當海口.

바로 여기에 기록된 험독이 창려 지방에 있었음을 알 수 있다. 우리는 이 자료들로써 진 대의 창려가 유수渝水의 연안에 있었음을 알 수 있다. 《수경주》水經注, 대료수大遼水 주를 보면 이렇게 씌여 있다.

백랑수白狼水가 동북쪽에서 나와서 동쪽으로 흘러 두 강으로 나뉜다. 오른쪽 강이 아마도 유수渝水일 것이다. 《지리지》는 "유수는 머리로 백랑수를 받는다"고 했다 … 《지리지》는 "유수는 새외 남쪽에서 바다로 들어간다. 한 강은 동북쪽에서 새외를 나와서 백랑수가 된다"고 했다.

白狼水又東北出, 東流分爲二水, 右水疑即渝水也。《地理志》曰: 渝水首受白狼水 …。《地理志》曰: 渝水自塞外南入海。一水東北出塞爲白狼水.

양수경은 이를 주석하여 력도원이 《유수는 머리로 백랑수를 받는다(渝水首受白狼水)》라고 쓴 白狼水는 원래 《한서·지리지》에는 《水》 자가 없으며, 따라서 그것을 수水 명으로 해석할 것이 아니라 《백랑현》으로 해석해야 한다고 지적하고 있다. 어쨌던 이 유수는 산해관 안에 있는 강으로서 남류하여 바다로 들어가는 강임이 명백하다. 따라서 고염무의 앞에 인용한 창려의 고증이 정확하며 진 대의 창려가 산해관 안에 있으며, 따라서 험독이 산해관 안의 해안 지대에 있었음을 알 수 있다. 다시 말하면 한서 료동군의 험독은 오늘 산해관 부근 해안 지대에 있었던 것이다.

여기서 우리가 고려해야 할 것은 《한서·지리지》의 료서군 《교려》交黎가 후한의 《창료》昌遼인가 하는 문제이다. 《후한서·군국지》에는 《창료는 옛 천료인데, 료서에 속해 있다(昌遼, 故天遼, 屬遼西)》라고 씌여 있다. 이에 대하여 제소남齊召南[67]은 탁견을 발표하였다. 무영전본武英殿本 《후한서·군국지》 고증에서 그는 이렇게 썼다.

> 창료는 옛 천료인데 료서에 속해 있다. 신臣 소남이 살펴보니 "앞의 지리지에는 료서에 천료天遼가 없었습니다. 고염무는 〈고고록〉考古錄에서 이 지리지의 창료가 옛 천료라는 구절을 의심해서 이 다섯 자(昌遼故天遼)는 마땅히 창료는 옛 교려交黎라고 해야 한다고 했습니다. 또 〈안제기〉安帝紀를 살펴보니, 선비鮮卑 부리영夫犁營을 공격했는데, 장회章懷 태자는 주석에서 '부리는 현의 이름으로 료동속국에 속해 있다'고 했습니다. 〈선비전〉鮮卑傳은 또 부려扶黎라고 했고 주석의 문장도 같습니다. 그런즉 전한 때 이름은 교려交黎이고, 후한 때 이름은 부리夫犁이고 또 고쳐서 창려昌黎라고 했습니다. 이 지리지는 마땅히 창려는 옛 부리라고 해야 하지 않을까 합니다. 부夫 자와 천天 자는 더욱 서로 가깝습니다.
>
> 昌遼, 故天遼, 屬遼西. 臣召南按: 〈前志〉 遼西無天遼,顧炎武〈考古錄〉疑此志昌遼故天遼五字當作昌遼故交黎也. 又考〈安帝紀〉, 鮮卑攻 夫犁營. 章懷注曰, 夫犁, 縣名, 屬遼東屬國. 〈鮮卑傳〉又作扶黎, 注文同. 然則前漢名交黎, 後漢名夫犁, 又改曰昌黎也. 疑此志

67) 제소남(齊召南 : 1703~1768), 절강 천태(浙江天台) 사람으로 청나라 한림(翰林)이고, 지리학자다.

當作昌黎故夫犂, 夫與天字尤相近.

제소남은 《후한서·군국지》의 《천료》天遼를 《부료》夫遼의 오기라고 단정하였다. 《후한서·안제기》 원초元初 2년(115) 9월 조에는 《료동 선비가 … 9월에 또 부리를 공격해서 현령을 죽였다(遼東鮮卑 … 九月又攻夫犂, 殺縣令)》라고 씌여 있고, 그에 대한 리현의 주에는 《부리는 현의 이름인데, 료동속국에 속해 있다(夫犂, 縣名, 屬遼東屬國)》라고 썼다. 같은 책 선비 렬전의 《원초 2년, 선비가 무려無慮현을 포위했다 … 후에 부리영으로 바꾸었는데, 장리를 죽였다(元初二年, 鮮卑圍無慮縣, … 後改扶黎營, 殺長吏)》는 구절에 대해 리현은 주에서 《부려현은 료동속국에 속해 있는데, 옛 성이 영주 동남쪽에 있다(扶黎縣屬遼東屬國. 故城在營州東南)》라고 썼다. 제소남은 전 한 대에는 창려를 《교려》交黎라고 썼고, 후한 대에는 《교려》를 《부려》夫黎라고 바꾸어 썼고, 다시 《부려》를 《창려》昌黎로 바꾸어 쓰게 되였다는 것이다.

필자는 고염무와 제소남의 고증이 정확함을 인정하며, 진, 한 대 료서군의 교려현은 곧 후한 대의 료동 속국의 한 개 지방인 창료이며, 이 지역은 오늘 산해관 안, 대체로 오늘의 창려 지역과 일치된다고 인정한다.

그렇다면 여기에 문제가 제기될 수 있다. 그것은 즉 《한서·지리지》에는 험독이 료동군의 한 개 현이라고 씌여 있는데, 어찌하여 험독이 있다는 창려가 전한 대의 료서군에 해당되는가 하는 문제이다. 이 문제는 그리 큰 문제가 아니다. 즉 전한 대 험독현은 료동군에 속했으며 후한 대에는 그것이 료동 속국에 속했던 것이다. 그리고 전한 말에 교려현은 료서군에 속했던 것이 후한 대에는 료동 속국에 속하게 된 것이다.(기술한 바와 같이 전한 말에 료동군이 대능하 이동으로 다소 확장되면서 그 서변도 다소 변동이 있어 창려 계선까지 이르렀다 : 원저 주) 다시 말하면 험독은 전한 말 료동군의 서단에 료서군과 접경 지대에 있었다고 판단된다.

요컨대 험독(전한 대 료동군)은 오늘의 산해관 안에 위치하였다.

험독은 고조선의 옛 도읍지

필자는 이 험독이 일찌기 《고조선의 구도舊都(옛 도읍)이였다》는 설이 확실한 근거가 있다고 인정하게 된다. 전술한 바와 같이 필자는 연산燕山 즉 산해관 부근 일대를 《락랑》이라고 칭한 사실이 있었음을 지적하였다. 그런데 이 험독이 위치했던 지역을 《부리》夫犁라고 칭했던 사실은 필자의 추단을 더욱 근거지어 준다고 생각한다. 《夫犁》(부리)는 곧 《不》, 《夫里》, 《發》, 《伐》, 《卑離》(비리), 《樂浪》 등과 통하는 고대 조선의 《도읍》을 의미하는 단어로 해석된다.

따라서 란하 하류 좌안 지대인 창려에 고조선의 도읍지가 어느 옛날엔가 있었음을 인정하게 된다.

그러나 이 도읍지가 과연 어느 시기의 어떠한 도읍지인가를 천명하기는 매우 곤난하다. 아래서 론하게 될 바와 같이 고조선이 통일적인 국가로 되기 전에 예인濊人은 몇 개의 《국》을 형성하고 있었다고 인정된다. 즉 《개국》蓋國, 《청구국》青邱國, 《숙신국》 등이 그것이며 이 국명들은 모두 기원전 3세기 이전 문헌 기록들에 보인다.

기술한 바와 같이 《조선》이란 국호는 기원전 7세기 한인漢人들이 기록하고 있는 바 이것은 여러 《국》을 통일한 이후의 국가 명칭으로 인정된다. 어째서 이렇게 생각할 수 있는가 하면 이 때 이후 대외 관계에서 《조선》이란 국호만이 보이기 때문이다. 물론 《개국》, 《청구국》, 《숙신국》 등 명칭이 《산해경》에서 《조선》이란 국명과 함께 기록되고 있다. 그러나 이것은 우리가 문헌 사료에서 알 수 있는 한에서는 고조선과 대등한 국가로 인정할 근거는 없으며, 따라서 그 국명들은 고조선의 통치하에 있은 《후국》이였거나 그렇지 않으면 통일 국가 이전에 존재했던 그 명칭을 그대로 사용한 것으로 해석할 수 있다.

필자가 이미 서두에서 렬거한 중국 문헌 자료들, 즉 고죽국이 옛날 조선 땅이였다는 배구裵矩의 설, 험독이 조선의 옛날 도읍지이였다는 설, 그리고 조선의 명칭이 습수濕水, 렬수洌水, 선수汕水가 합류하여 렬수를 이루는 강의 명칭에 유래했다는 설이 결코 우연한 것이 아님을 확인하게 되였다. 그리고 정다산도 승인한 바와 같이 《대명 일통지》에 영평부永平府에 《조선성》朝鮮城이 있다는 사실도 결코 우연한 것이라고 볼 수 없는 것이다. 중국의 대국주의자들인 봉건 사가들이 어찌하여 자기 나라 령역 내에 고대 조선의 령토가 있었다는 것을 근거 없이 말했다고 생각할 수 있단 말인가? 혹자는 이 자료들을 모두 후세 사가들의 곡필이라고 하면서 부인하려 한다. 그러나 우리는 이상과 같이 사리에 맞는 사료들을 부인해 버릴 수가 없는 것이다.

이에 대해서 또 한 가지 제기될 수 있는 문제는 《후한서·군국지》 료동 속국 중에 어찌하여 《창료》昌遼와 《험독》險瀆이 병존하는가 하는 문제이다. 그러나 이 기록이 우리의 판단을 부정할 근거로 될 수는 없는 것이다. 왜냐하면 전한의 《교려》(즉 창려) 지역이 후한 대에 이르러 《창료》와 《험독》의 두 개 현으로 분리되였다고 해석해서 아무 무리가 없을 것이라고 생각한다.

《한서 · 지리지》에 험독은 료동군, 왕검성은 락랑군에 있다고 나와

이상으로써 필자가 서두에서 제기한 문제들이 해결되였다고 생각한다.

《한서·지리지》의 험독현에 대한 주석이 모순이 있는 것이 리유가 있음을 알게 되였다. 응소는 료동군 험독과 락랑군《왕검성》을 동일한 지방으로 혼동하였는 바 이것은 그가《험독》과《왕검성》이 모두 고조선의 수도를 의미한다는 고대의 설과, 왕검성이 락랑군에 위치한다는 확실한 기록을 형이상학적으로 결부시킨 결과임을 알 수 있다.《한서·지리지》에는 험독은 료동군에 있고, 왕검성은 락랑군에 있다고 씌여 있음에도 불구하고 응소는 이 명백한 원문과 모순되게 해석하였다. 그것은 그가 고조선의 수도가 왕검성 외에 또 있을 수 있다는 사실을 전연 고려하지 못하였기 때문이라고 볼 수밖에 달리 리해할 수 없다.

응소의 다른 하나의 해석《료동에는 험독현이 있는데, 조선왕의 옛 도읍이다(遼東有險瀆縣, 朝鮮王舊都)》(사기·조선 렬전·색은)라고 한 것은 도리가 있는 것이다. 위소韋昭도 역시《험독》險瀆을 주석하여《고읍의 이름이다(古邑名)》(같은 책)라고 썼다. 이 설들은 험독과 왕검성을 구별하여 쓴 것으로 해석된다. 전술한 바와 같이 응소의 설은 상이한 두 가지가 있는데 어느 설이 그의 본래의 설인지 알 수 없다. 아마도 응소의《험독은 조선왕 위만의 도읍이다(險瀆是朝鮮王滿都)》란 주는 후세 사가들의 오기인 듯 하다.

《사기·조선 렬전》의《왕험》王險에 대한 배인의 집해에는 서광의 설을 인용하여《창려에는 험독현이 있다(昌黎有險瀆縣也)》라고 썼는데 이 주석은 정확한 측면도 있고 부정확한 측면도 있는 것이다. 배인이 위씨 조선의 왕검성을 료동군의 창려현에 있는 험독과 동일한 것 같이 기록한 것은 전자와 동일한 착오를 범한 것이지만, 그러나《창려에는 험독현이 있다》란 주석 자체는 정확한 것이다.

서광의《창려에는 험독현이 있다(昌黎有險瀆也)》라는 설은 우리에게 귀중한 자료를 제공하여 주었다. 중국의 주석가들이 왕검성과 험독을 동일한 지역으로 혼동한 다른 하나의 리유는 고대에 험독 지역을 역시 《락랑》樂浪이라고 칭하였기 때문이라고도 생각된다. 다시 말하면 상술한 바와 같이 창려를 본래 부리夫犁라고 칭했으며 따라서 《험독》險瀆은 바로 《부리》였던 것이다. 따라서 응소의 한 개 설(즉 《한서·지리지》의 주)은 착오였으나 다른 하나의 설(즉 《사기·조선 렬전》 색은 상의 설)은 력사적 근거가 있었던 것이다.

필자는 이상으로써 고조선의 위치를 개관하였다. 그러나 고조선 령역의 동단 문제는 여기서 취급하지 않았다. 그것은 예와 옥저의 위치와 관련되기 때문에 제3장에서 예맥과 옥저를 고찰할 때 론급하기로 한다.

제2장

고조선

건국 전설 비판

기원전 3~2세기 조선 고대 국가들의 위치 약도

제1절. 단군 신화 비판[68)]

종래 내외의 많은 학자들은 단군 신화에 대하여 구구한 설을 발표하였다.

종래의 설을 분류하면 대체로 다음과 같다.

(1) 단군 신화를 그대로 력사적 사실로 인정하고 따라서 단군 신화로써 조선 력사의 출발점으로 삼고, 이 신화를 신성화 하려는 관념론적 해석(민족주의 사가들 : 정인보 등).

(2) 《실증》학적 해석에 의한 설.

ㄱ. 단군 신화를 무조건적으로 부정하고 조선 력사 상 사료적 가치를 전연 무시하는 견해〔일본 사가 나가 통세(那珂通世나가 미치요) 기타〕.

ㄴ. 단군을 고구려의 국조로서 가작한 인물로 인정하는 설(백조고길白鳥庫吉 : 시라토리 구라기치).

ㄷ. 단군을 묘향산의 산신으로 주장하는 설〔소전성오(小田省吾 오다 쇼쿠)〕.

---

68) 일제가 단군을 말살하기 위해서 광분했다는 것은 주지의 사실이다. 심지어 《삼국유사》의 '석유환국(昔有桓國:옛날에 환국이 있었다)'이란 구절을 '석유환인(昔有桓因: 옛날에 환인이 있었다)'으로 조작했다. 단군을 불교가 들어온 이후에 불가에서 만든 인물로 조작하기 위해서였다. 또한 승려 일연이 원나라의 침략에 맞서 민족주의를 불러 일으키기 위해서 창조한 인물이라고 주장했다. 조선총독부 역사관을 추종한다고 비판받는 남한의 강단사학계에서는 아직도 비슷한 논리를 펴면서 '신화'라는 표현을 쓰고 있다. 남한 강단사학계의 '신화'라는 용어에는 '믿지 못할 이야기'라는 함의가 내포되어 있기에 윤내현 교수를 비롯한 민족사학계는 '신화'라는 표현 대신 '사화(史話)'라는 표현을 쓰고 있다. 리지린이 1962년에 '단군 신화'라고 표현한 것이 '믿지 못할 이야기'라는 뜻이 아님은 설명할 필요도 없을 것이다.

(3) 유물사관에 기초한 과학적 해석.

백남운 선생은 《조선사회경제사》朝鮮社會經濟史 제2장 《단군 신화檀君神話에 대한 비판적 견해見解》에서 요지 다음과 같은 설을 주장하였다.

ㄱ. 단군 신화에 나오는 자연 환경은 고산 삼림 지대이며, 곰, 범과 같은 동물이 많이 서식하고 있는 지방이다.

ㄴ. 신화에 나타나고 있는 쑥靈艾, 마늘蒜, 곡물 등에 의하여 생각하면 생산 발전의 분류에 의하면 바로 미개 시대를 특징 짓는 식용식물의 재배, 즉 정원 재배에서 전야 경작의 단계로 진출하였다는 것을 충분히 간취할 수 있다.

더우기 이 전야 경작은 철의 리용을 전제로 하는 것이며 소위 문명기의 입구에 도달한 것을 의미하는 동시에 경제적 발전의 비약적 단계―농업 공산체의 붕괴기―를 규정할 수 있는 중요한 계기가 잠재하고 있다.

ㄷ. 곰과 범의 동혈 생활은 녀계 추장과 남계 추장과의 병존 관계의 표상이며 단군이 웅녀熊女에게서 출생했다는 것은 현실적으로는 남계 추장의 확립이다.

ㄹ. 단군 왕검의 칭호는 기타 모든 문화 민속의 경우와 같이 주권자의 지배적 계급적 존호이다.

ㅁ. 단군은 신화적으로는 천손, 문학 상으로는 천군, 종교적으로는 주제자 등, 여하히 다면적인 특징이 부여되여 있다 할지라도 실재적인 특정한 인격자는 아니며 묘향산의 산신도 아니며 단목의 정령도 아니며 민족의 부父도 아니며 현실적으로는 농업 공산 사회의 붕괴기에 있어서의 원시 귀족인 남계 추장의 칭호에 불과하다.

이상 제설 중 (1), (2)의 설은 오늘날 우리가 고려할 만한 어떠한 과학적 가치도 없으며 비판의 대상으로도 되지 않는다. 백남운 선생의 학설에 대해서는 아래에서 자기 견해를 서술하면서 분석하게 될 것이다.

백남운 선생은 조선 력사 연구에 유물 사관을 도입하여 처음으로 조선 고대사를 체계화할 것을 시도하였던 것이다.

그의 단군 신화에 대한 반동적 관념론적 사관과의 투쟁은 일정하게 과학적 및 정치적 의의를 가진 것이였다. 그러나 오늘 우리는 단군 신화를 다시 연구할 필요가 없을 만큼 그의 연구 성과가 완전무결한 것이라고 볼 수는 없다.

그의 맑스주의 사학의 과학적 방법론에 의한 단군 신화의 분석은 기본 상 정당하다고 인정해야 할 것이다. 그러나 그의 연구는 적지 않은 결함도 가지고 있다. 그것은 대체로 말해서 첫째로는 방법론 상의 결함이고 둘째로는 구체적인 고조선 력사와 유리하여 다만 단군 전설의 내용들을 인류 력사 발전의 일반적 법칙의 공식에 맞추었다는 점이다.

백 선생은 그의 방법론적 설명에서 《우리들의 립장에서는 신화는 인간의 자연에 대한, 또는 인간이 인간에 대한 생산관계적生產關係的 행동의 반영反映, 또는 지배와 복종의 관념, 형태로서 규정되는 것이라고 해석된다》고 하면서(조선 사회 경제사 17페지), 또한 《모든 신화는 결코 유원悠遠한 원시 시대의 무계급無階級 사회에서 이미 신화로서의 작용을 가지고, 그 후의 역사 시대에 계승된 것이 아니며, 도리여 계급 사회의 형성과 함께 형성된 관념형태觀念形態로서 즉 인간의 인간에 대한 지배 또는 특권적 생산관계를 합리화合理化한 관념형태로서 특수적으로 신비적으로 발전된 것이다. …》(같은 책 23페지)라고 썼다.

과연 모든 신화가 계급 사회 형성과 함께 형성된 관념 형태라고만 볼 수 있는가? 물론 모든 건국 신화들은 계급 사회 형성과 동시에 통치 계급이 조작한 관념 형태였다. 그러나 그 건국 신화는 결코 계급 사회 형성 시기 통치 계급이 그에 선행한 아무러한 관념 형태에도 근거함이 없이 다만 천재적 예술적 재능으로써 허구한 것은 아니다. 원시 시대에 인간은 자연과의 투쟁 과정에서 초자연적인 신령과 마력을 상상하였다. 이러한 몽매한 관념에서 원시 신화와 원시 신앙이 산생된 것이다. 그 원시 신화와 원시 신앙은 사회의 발전과 함께 점차 변질하고 계급 사회의 형성과 함께 통치 계급에게 리용되고 계급 사회의 생산 관계를 반영하는 새로운 관념 형태와 혼합되어 변화된 것이다.

엥겔스는 《호메로스의 서사시와 모든 신화—바로 이러한 것이 희랍인들이 미개로부터 문명으로 넘겨 준 주요한 유산이다》(엥겔스, 가족 사유 재산 및 국가의 기원, 조선로동당출판사 1956년 판 33~34페지 : 원저 주)라고 썼다.

엥겔스의 이 명제는 희랍의 모든 신화가 호메로스의 천재적 재능에 의하여 창조되였다는 것을 의미하는 것은 결코 아니다. 호메로스는 씨족 사회로부터 전래된 원시적 신화들을 그 재료로 리용하여 새로운 생산 관계가 요구하는 관념 형태로 변화시키고 체계화한 것이다.

우리는 계급투쟁이 개시되는 시기 통치 계급만이 자기 리익에 맞도록 신화를 꾸며 내는 것이 아니라 피통치 계급도 원시 신화를 리용하여 자기 계급의 투쟁을 반영하는 관념 형태인 새로운 신화를 만들어 내는 것을 알고 있다. 우리나라에서는 이러한 민간 신화가 잘 연구되지 않아 여기에 구체적 실례를 들 수는 없으나 단군 신화가 꾸며지는 시기에는 그와 대항하는 피통치 계급의 신화도 반드시 꾸며졌다고 보아야 한다. 계급 사회에서 통치 계급 문필가들은 그러한 민간 신화를 기록에 남겨 놓지 않았다. 중국의 경우에 있어서는 그러한 신화가 문헌 기록 상에 남아 있다. 우리 고대사 분야에서는 이 문제가 반드시 연구되여야 할 과제로 제기되고 있다.

우리는 단군 신화를 연구함에 있어서 단군 신화가 국가 형성 시기에 꾸며졌다 하더라도 그 신화의 모든 요소들이 고조선 국가 형성 시기에 통치 계급의 예술적 재능에 의하여 허구된 것으로만 인정해서는 안될 것이다.

다음 백남운 선생은 단군 신화가 형성된 구체적 시대를 추단하지 못하였다. 백 선생은 조선에서의 계급 국가 형성을 고구려부터라고 인정하고 삼한, 부여, 예맥 등을《원시 부족 국가》라고 인정하였으며 고조선을 전연 언급하지 않고 있는 사실로 보아서 그는 단군 신화를 이《원시 부족 국가》 형성 시기에 조작된 것이라고 인정하고 있는 것 같다.

1. 단군 신화에 대한 문헌 자료 고찰과 이 신화의 형성 시기

우선 단군 신화를 기재한 문헌 자료를 고찰함으로써 단군 신화의 형성 시기를 추단해 보자.

(1)《삼국유사》 1권,《기이 고조선》紀異 古朝鮮 조에는 다음과 같이 씌여 있다.

《위서》魏書[69]에 이런 말이 있다. 지금으로부터 2천 년 전에 단군왕검

69) 여기에서 말하는《위서(魏書)》는 현재 전하지 않는다. 북제(北齊)의 위수(魏收)가 찬술한《위서》가 있는데, 이 위서도 송나라 때 이미 29편이 없어졌다. 지금 전해지는《위서》에는 단군에 대한 기록이 없다.

이 서서 아사달에 도읍하고 나라를 열었는데, 국호를 조선이라고 했다. 요堯[70]와 같은 때였다.

《고기》古記에 이런 말이 있다. 옛날에 환국桓國[71]이 있었다. 그 서자 환웅桓雄이 천하에 자주 뜻을 두고 인간세상을 탐내어 구했다. 아버지는 아들의 뜻을 알고, 삼위三危 태백太伯을 내려다보니 널리 인간세계를 이롭게 할 만했다. 이에 천부인天符印 세 개를 주면서 가서 다스리게 했다. 환웅은 무리 3천을 거느리고 태백산太伯山 정상 신단수神檀樹 밑에 내려와서 신시神市라고 불렀다. 이를 환웅천왕이라 하는데, 풍백風伯, 우사雨師, 운사雲師를 거느리고 곡식·수명·질병·형벌·선악 등을 주관하고, 인간의 360여 가지 일을 주관해서 세상을 교화시켰다. 이때 곰 한 마리와 범 한 마리가 같은 굴에서 살았는데 늘 환웅에게 기도해서 사람이 되기를 빌었다. 이때 신이 신령한 쑥 한 심지와 마늘 스무 개를 주면서 "너희들이 이것을 먹고 백일 동안 빛을 보지 않으면 곧 사람의 형상이 될 것이다"라고 말했다. 곰과 범은 이를 얻어먹었다. 기忌한 지 삼칠일三七日(21일)만에 곰은 여자의 몸을 얻었지만 범은 기하지 못해서 사람이 되지 못했다. 웅녀는 혼인할 상대가 없었으므로 늘 단수壇樹 아래에서 아이 배기를 축원했다. 환웅이 임시로 사람으로 변해 혼인해주어서 임신해서 아들을 낳았으니 이름이 단군왕검檀君王儉이었다.

(단군왕검은) 요堯 임금이 즉위한 지 50년인 경인庚寅년에 평양성에

---

70) 《삼국유사》 원문은 고(高)로 되어 있다. 고려 정종의 이름 요(堯)를 피해서 고(高)로 쓴 것이다.

71) 원저에는 인(因)으로 되어 있으나 원래 《삼국유사》 본문에는 국(國)으로 되어 있으므로 국(國)으로 고쳤다. 일제강점기 때 일제는 '석유환국(昔有桓國)'을 '석유환인(昔有桓因)'으로 조작해 단군을 불교가 들어온 이후에 만들어진 인물이라고 끌어내렸다. 그 경위에 대해서는 성삼제, 《고조선, 사라진 역사》(2005)의 7장 〈일본은 《삼국유사》를 변조했다〉에 자세히 나와있다.

도읍하고 비로소 조선이라고 불렀다. 또 백악산白岳山 아사달阿斯達로 옮겼는데, 궁흘산弓忽山, 혹은 금미달今彌達이라고 한다. 나라를 1천5백 년 동안 다스렸다. 주周나라 무왕武王[72]이 즉위한 기묘년己卯年에 기자를 조선에 봉하니 단군은 장당경藏唐京으로 옮겼다가 후에 돌아와 아사달에 숨어서 산신이 되었는데, 나이가 1천9백8세였다.

魏書云 : 乃往二千載有檀君王儉, 立都阿斯達, 開國號朝鮮, 與高(堯)同時. 古記云 : 昔有桓國, 庶子桓雄, 數意天下, 貪求人世. 父知子意, 下視三危太伯, 可以弘益人間, 乃授天符印三箇, 遣往理之. 雄率徒三千, 降於太伯山頂神檀樹下, 謂之神市, 是謂桓雄[73]天王也. 將風伯, 兩師, 雲師, 而主穀, 主命, 主病, 主刑, 主善惡 凡主人間三百六十餘事, 在世理化. 時有一熊一虎, 同穴而居, 常祈于桓雄, 願化爲人. 時神遺靈艾一炷, 蒜二士枚, 曰 : 爾輩食之, 不見日光百日, 便得人形. 熊虎得而食之 忌三七日. 熊得女身, 虎不得忌, 而不得人身. 熊女者無與爲婚, 故每於檀樹下, 呪願有孕. 雄乃假北而婚之, 孕生子, 號曰檀君王儉. 以唐高即位五十年庚寅, 都平壤城, 始稱朝鮮. 又移都於白岳山阿斯達, 又名弓忽山, 又今彌達, 御國一千五百年. 周虎王即位己卯, 射箕子於朝鮮, 檀君乃移於藏唐京, 後還隱於阿斯達爲山神, 壽一千九百八歲.

(2) 《제왕 운기》帝王韻記(고려 이승휴李承休 저)에는 단군을 석제釋帝의 손자라고 쓰고 이렇게 주석했다.

본기本紀에 일렀다. 상제上帝 환인桓因에게 손자가 있었는데 환웅이라

72) 원문은 호왕(虎王)인데, 고려 혜종의 이름 무(武) 자를 휘해서 호(虎)로 쓴 것이다.
73) 환웅(桓雄)을 신웅(神雄)이라고 쓴 판본도 있다. 뜻은 같은 환웅이란 뜻이다.

고 했다.… 손녀에게 약을 먹여 사람의 몸이 되게 하고 단수신檀樹神과 혼인해서 남자를 낳았으니 이름이 단군檀君이었다. 조선의 강역에 자리 잡고 왕이 되었다. 그래서 시라尸羅, 고례高禮, 남옥저沃沮, 북옥저, 동부여東扶餘, 북부여, 예濊와 맥貊은 모두 단군의 후예다. 1천38년을 다스리다가 아사달에 들어가 산신이 되었는데, 죽지 않은 까닭이었다. 本紀曰, 上帝桓因有庶于曰雄 … 是謂檀雄天王也 … 令孫女飮藥成人身, 與檀樹神婚而生男, 名檀君. 據朝鮮之域爲王, 故尸羅, 高禮, 南北沃沮, 東北扶餘, 穢與貊皆檀君之壽也. 理一千三十八年, 入阿斯達山爲神, 不死故也.

(3) 《삼국유사》 1권, 기이 제 2 고구려 조에는 《《단군기》에는 "단군이 서하西河 하백河伯의 딸과 혼인하여 아들을 낳았는데, 이름이 부루夫婁라고 한다"라고 말했다(檀君記云: 君與西河河伯之女要親, 有產子, 名曰夫婁)》라고 씌여 있다. 또 같은 책 왕력王曆 고구려 조에는 《제1대 동명왕인데, 갑신년에 섰다. 18년을 다스렸는데 성은 고高이고 이름은 주몽이다. 추몽이라고도 한다. 단군의 아들이다(第一東明王, 甲申立. 理十八, 姓高, 名朱蒙, 一作 鄒蒙, 檀君之子)》라고 씌여 있다.

(4) 《삼국사기》 13권, 《고구려 시조 동명성왕》 조에는 다음과 같이 씌여 있다.

이보다 앞서 부여왕 해부루解夫婁가 늙도록 자식이 없어서 산천에 제사지내 후사를 구했다. 그 탄 말이 곤연鯤淵에 이르러 큰 돌을 보고 마주 대해 눈물을 흘렸다. 왕이 괴이하게 여겨서 돌을 뒤집게 하자 작은 아이가 있었는데, 금색 개구리 모양이었다(개구리蛙를 달팽이蝸

로 쓴 것도 있다). 왕은 기뻐서 "이는 하늘이 내게 아들을 준 것이 아니냐?"라고 말하고 거두어 길렀는데, 이름을 금와金蛙라고 했다. 크자 세워서 태자로 삼았다.

그 후 그 재상 아란불阿蘭弗이, (왕에게) "일전에 하늘이 내게 내려와서 말하기를 '장차 내 자손에게 이곳에 나라를 세우게 할 것이니 너는 피하라. 동해 바닷가에 땅이 있는데 이름이 가섭원迦葉原이다. 땅이 기름지고 오곡이 자라기에 알맞으니 도읍할 만하다'라고 말했습니다" 라고 말했다. 아란불이 왕에게 권해서 도읍을 그곳으로 옮기고 국호를 동부여라고 했다. 옛 도읍에 사람이 있었는데, 어디에서 왔는지 알 수 없으나 스스로 천제天帝의 아들 해모수解慕漱라면서 와서 도읍으로 삼았다. 해부루가 죽자 금와가 뒤를 이었는데, 이때 태백산太白山 남쪽 우발수優渤水에서 여자를 만나 물었다. "나는 하백의 딸로서 이름은 류화柳花입니다. 여러 동생들과 놀러 나갔는데, 그때 한 남자가 스스로 천제의 아들 해모수라고 말하면서 나를 웅심산熊心山 아래 압록鴨綠 가의 방안으로 유인해 사통하고는 곧바로 가서 돌아오지 않았습니다. 부모는 내가 중매도 없이 사람을 따라갔다고 꾸짖고 마침내 우발수에 귀양보내 살게 했습니다"라고 말했다. 금와는 이상하게 여겨서 방안에 가두어 두었는데, 햇빛이 비추어서 몸을 이끌어 피했는데, 햇빛이 또 따라와 비쳤다. 이로 인해 한 알을 낳았는데 크기가 5승升쯤 되었다. 왕이 버려서 개와 돼지에게 주었으나 모두 먹지 않았고, 또 길에 버렸으나 소와 말이 피했다. 그 후 들에 버리자 새가 와서 날개로 덮어주었다. 왕이 가르려고 했으나 깨뜨릴 수 없어서 마침내 그 어머니에게 돌려주었다. 그 어머니가 물건으로 싸서 따뜻한 곳에 두었더니 한 남자 아이가 껍질을 깨뜨리고 나왔는데, 골격과 외모가 영특하고 기이했다. 나이 일곱 살에 의연하고 보통이 아니어서 스스로 활과 화살을 만들어 쏘았는데, 백발백중이었다. 부여의 속어에 활을 잘 쏘는 자를 주몽이라고 하므로 이로써 이름을 삼았다 운운.

先是, 扶餘王解夫婁, 老無子, 祭山川求嗣. 其所御馬至鯤淵, 見大石, 相對流淚. 王怪之, 使之轉其石, 有小兒, 金色蛙形 〔蛙一作蝸〕. 王喜曰: "此乃天賚我令胤乎." 乃收而養之, 名曰金蛙. 及其長, 立爲太子. 後, 其相阿蘭弗曰, "日者, 天降我曰, 將使吾子孫立國於此, 汝其避之. 東海之濱有地, 號曰迦葉原. 土壤膏腴宜五穀 可都也." 阿蘭弗遂勸王, 移都於彼, 國號東夫餘. 其舊都有人, 不知所從來, 自稱天帝子解慕漱, 來都焉. 及解夫婁薨, 金蛙嗣位. 於是時, 得女子於太白山南優渤水, 問之. 曰: "我是河伯之女, 名柳花. 與諸弟出遊, 時有一男子, 自言天帝子解慕漱, 誘我於熊心山下, 鴨綠邊室中私之, 即往不返. 父母責我無媒而從人, 遂謫居優渤水." 金蛙異之, 幽閉於室中. 爲日所炤, 引身避之, 日影又逐而炤之. 因而有孕生一卵, 大如五升許. 王棄之, 與犬豕, 皆不食, 又棄之路中, 牛馬避之, 後棄之野, 鳥覆翼之. 王欲剖之, 不能破, 遂還其母. 其母以物裹之, 置於暖處, 有一男兒, 破殼而出, 骨表英奇, 年甫七歲, 嶷然異常. 自作弓矢, 射之, 百發百中. 扶餘俗語, 善射爲朱蒙, 故而名云.

(5) 《세종실록 지리지》世宗實錄 地理志에는 《단군 고기》檀君 古記를 인용하였고, 권근權近은 《응제주》應製注에서 《고기》古記를, 리긍익李肯翊은 《연려실기술》燃藜室記述에서 《구사 단군기》舊史 檀君記를, 서거정徐居正은 《필원잡기》筆苑雜記에서 《고기》古記를 인용하여 단군 전설을 기록하였다.

이상 자료들 중 단군 신화를 가장 상세하게 체계화한 것은 《세종실록 지리지》에 기재된 자료이다. 여기 그 원문 전부를 들지 않고 그것이 《삼국유사》三國遺事에서 인용된 《古記》의 내용과 차이가 있다는 사실만을 지적하는 데 그친다.

위에서 인용한 자료들에서 보는 바와 같이 《삼국유사》에 인용된 《고기》의 단군 신화의 내용과 《삼국유사》의 저자인 일연과 동 시대인인 리승휴의 《제왕 운기》 이후에 인용되고 있는 고기록들의 단군 신화의 내용과는 차이가 있다. 《세종 실록 지리지》는 고려조 이래의 여러 가지 자료들을 종합하여 전설을 풍부화시키고 리조 통치 계급의 사상을 첨가하였다. 《삼국유사》에 인용된 단군 신화에는 단군의 아비는 천왕 환인의 서자인 환웅이며 어미는 곰이였다. 그런데 《제왕 운기》에서 단군의 아비를 단수신檀樹神이라고 한 이외에 고려 이후 기록들에서는 단군의 아비가 환웅천왕이라는 점에서는 동일하나 그 어미는 녀곰이 아니고 환(단)웅의 손녀로 되여 있다. 그리고 전자에서는 단군은 기자에게 양위하였다고 기록되여 있으나 후자(고려 이후에 인용된 고기록들)들에서는 단군이 부여 또는 고구려 왕계의 선조로 되여 있다. 그리고 그 외 단군 전설을 구성하고 있는 여러 가지 인소(즉 자연 환경, 생산력, 생산 도구, 생산 관계를 반영하고 있는 소재)들이 각이하다. 여기서 그것을 상세히 론술할 필요가 없기 때문에 더 론하지 않기로 하고 다만 단군 전설이 시대의 변천과 함께 변화되였다는 사실만 지적해 둔다.

우리는 이 자료들의 문헌학적 고찰을 함으로써 단군 전설이 체계화된 시기를 추론해 보자. 물론 우리는 이 자료들을 분석하지 않고서는 단군 전설이 체계화된 시기를 추정할 수 없다. 왜냐하면 우리의 고사인 《고기》, 《단군 고기》, 《구사 단군기》舊史檀君記 등의 편찬 년대를 정확하게 알 수 없기 때문이다. 이 고사들이 삼국 이전에 존재한 것인가 혹은 《삼국사기》 기록에서 보는 바와 같은 삼국의 력사 기록이 시작된 년대 이후의 것인가가 불명하다. 《삼국사기》 기록을 통해 본다면 고구려에서는 국초에 이미 《류기》留記라는 사책이 있었고, 백제에서는 375년(근초고왕 30년)에 비로소 《서기》書記라는 사책을 편찬하였으며, 신라에서는 좀 더 늦어서 543년(진흥왕 6년)에 《국사》國史를 편찬하였다고 기록되여 있다. 단군 전설을 기록한 《고기》는 고구려 국초의 것으로 볼 수도 있으며 혹은 그 이전 고조선이나 부여의 사책으로도 볼 수 있을 것이다. 그러나 이러한 형식 론리적 추리로써는 단군 신화의 형성 년대를 추단할 수 없다. 따라서 우리들은 위에 렬거한 자료들古記의 내용을 검토함으로써 이 신화 형성 년대의 하한을 대체로 추단할 수밖에 없다.

불교사상에 의해 윤색되기도

이미 내외의 여러 학자들이 론한 바와 같이 《고기》古記가 전하는 단군 신화가 불교 사상에 의하여 윤색되였다는 것은 재론할 여지가 없다. 그 몇가지 례를 들면 단군의 조부의 이름인 《桓因》은 범어梵語 《제환인타라》提桓因陀羅74)(천제天帝의 뜻)의 《환인》桓因을 그대로 차용한 명칭이다. 또한 단군의 출생지로 되여 있는 《태백산太白山(혹은 묘향산妙香山) 꼭대기頂의 신단수神檀樹 아래》라는 것도 불교 사상으로 꾸며졌다고 보는 것이 타당할 것이다. 《관불삼매해경》觀佛三昧海經에는 이렇게 쓰여 있다.

74) 무용(武勇)과 전투를 관장하는 인도의 신 인드라(īndra)가 인타라(因陀羅)로 음역되어 석가제환인타라(釋迦提桓因陀羅)가 되었는데 간략히 석제환인이라 일컫는다.

> 비유하면 이란伊蘭과 전단旃檀은 차리산중에서 생기고, 우두전단은 이란 가운데서 났고, 우두전단은 이 수풀에서 났지만 성취하지 못했기에 향을 내지 못한다. 중추월 만한이 땅을 따라서 생기면, 전단수가 이루어지는데, 여러 사람들이 우두전단 위의 묘향에 대해 듣는다. 譬如, 伊蘭與旃檀生此利山中, 牛頭旃檀生伊蘭叢中, 牛頭旃壇生此林, 未成就故不能發香, 仲秋月滿罕從地生, 成旃檀樹, 衆人皆聞牛頭旃檀上妙香.

《화엄경》華嚴經에는 《마라야산에 전향이 있는데, 이름을 우두라 한다(摩羅倻山在旃香, 名曰牛頭)》라 하였고, 《지도론》智度論에는 《마려산을 제외하고는 일체 천단목이 나지 않는다(除摩黎山, 一切無出旃檀木)》라 하였고, 《정법념경》正法念經에는 《고산의 봉우리에 우두전단이 많은데, 만약 제천과 수라가 전투할 때 칼에 의해 상처를 입으면 우두전단을 바른다. 그러면 즉시 낫는다(高山之峯多有牛頭旃檀, 若諸天與修羅戰時, 爲刀所傷, 以牛頭旃檀塗之, 即愈)》라 하였다. 이 불전 자료들을 통해 보면 전단이란 나무가 향기를 가진 신성한 수목으로 인정되어 있음을 볼 수 있다. 그 우두 전단이란 단목이 불보살과 가장 인연 있는 신성한 수목이며 부처의 공양으로 되는 것으로서 불교도들이 신성시한 수목이다. 따라서 단군의 출생지를 태백산(즉 묘향산)의 단목하라고 꾸민 것은 이러한 불전 자료에 근거한 것임을 능히 짐작할 수 있다. 태백산妙香山에 향목이 많은 것(《동국 여지 승람》 묘향산 조 참조)과 결부시켜 그 향목을 우두 전단으로 인정했으리라는 것도 능히 추리할 수 있다.

이러한 근거들로서 우리는 《고기》古記가 전하는 단군 신화는 불교가 수입된 이후 즉 372년(소수림왕 2년) 이후에 불교 사상으로써 윤색되고 문장화된 것임을 알 수 있다. 따라서 단군 신화를 전하고 있는 《고기》古記들은 372년 이후의 기록임을 추단할 수 있다.

그러나 그렇다고 해서 단군 신화가 이 때에 비로소 형성되였다는 근거로는 되지 않는다. 일본 학자 백조白鳥庫吉는 단군 신화는 순전히 불교도들에 의하여 조작된 망설이라고 단정하고 그 이상 단군 신화의 본질을 해명하려고 하지 않았다.〔일본 《사학잡지(史學雜志)》 제3편 12호 백조고길(白鳥庫吉) 〈조선고전설고(朝鮮古傳說考)〉 참조 : 원저 주〕 이 문제는 아래서 다시 론하기로 하고 문헌 상 자료를 더 론하기로 하자.

《삼국유사》에 인용되여 있는 《위서》魏書가 어느 《위서》인가에 따라서 단군 전설이 문장화된 년대는 차이가 생긴다. 정인보의 설대로 그 《위서》가 탁발위拓跋魏의 《위서》가 아니고 삼국 위魏의 《위서》임을 승인해야 할 것이다[75].〔정인보《조선사 연구(상)》 34페지 : 원저 주〕 그 리유로는 《위서》(《삼국유사》권 제1 기이 제2, 고조선 마한 조 참조)와 《후위서》後魏書(같은 책 말갈 발해 조 참조)를 구별하여 썼기 때문에 후자는 곧 탁발 위의 《위서》魏書이며, 전자는 조위曹魏의 《위서》魏書임이 분명하다.

그러나 그 《魏書》가 반드시 왕침王沈[76]의 《魏書》인가는 불명확한 것이다. 정인보는 《삼국유사》에서 《서》書와 《지》志를 각각 들고 있는 것으로 보아 《書》가 있음을 알 수 있으며, 조위의 《서》로는 왕침의 저작이 있을 뿐이라고 단정하였으나 그 《志》와 《書》는 3국의 《위지》魏志와 후 《위서)》魏書의 략칭이라고도 볼 수 있으니 따라서 《삼국유사》에 인용된 《魏書》는 반드시 왕침의 《魏書》라고 단정할 수는 없을 것이다. 왜냐하면 조위의 《魏書》로서는 왕침의 위서와 하후담夏侯湛

---

75) 탁발씨가 세운 북위(北魏)의 《위서(魏書)》가 아니라 조조가 세운 위(魏)나라에 관한 《위서(魏書)》라는 것이다.

76) 《진서(晋書)》 〈왕침 렬전(王沈列傳)〉에 따르면 위(魏)나라 왕침(王沈)은 '문적선생(文籍先生)'이라고 불릴 정도로 문적에 밝았다.

제1절. 고대 문헌 자료 상에서 본 고조선의 위치

우리 옛날 고대 국가들에도 적지 않은 력사 서적들이 있었으나 그것들은 일찌기 인멸되여 유감스럽게도 오늘 우리 손에 남아 있는 것이 단 한 권도 없다. 그 고대 력사 서적들이 《삼국사기》, 《삼국유사》 등에 수다히 인용되고는 있으나 그 필자들은 그 고대 서적들을 그대로 후세에 남겨 주지 못하였다. 우리나라 봉건 사가들은 대부분이 혹심한 사대주의 병에 걸려 우리나라 고대 력사 지리를 똑똑히 남겨 놓지 못하였다. 즉 그들은 고대 서적들의 내용의 알맹이를 후세에 전달하지 못하였다.

우리는 그러한 사료들이 오히려 중국 고대 문헌들에 적게나마 남아 있는 사실을 찾아 볼 수 있다. 오늘 중국 고대 문헌들에 단편적으로 기록되어 있는 고대 조선에 관한 이러저러한 자료들은 결코 그들의 일방적인 기록인 것이 아니라 흔히는 우리 고대 문헌들에 의거해서 쓴 기록들이다. 이 사실은 아래에서 리해할 수 있게 될 것이다.

중국 문헌에 나오는 고조선 위치

따라서 우리는 고조선을 연구함에 있어서 부득이 중국 고대 문헌 자료에 더 많이 의거할 수밖에 없게 되었다. 나는 우선 중국 문헌 자료에서 고조선의 위치를 어떻게 기록하고 있는가를 살피기로 한다.

1. 《관자》管子 23권 《규도》揆度 편에는 조선을 《해내》海內의 지역으

의 《魏書》가 있으며, 그 《魏書》들은 다 《삼국지》三國志에 인용되고 있는 사적들이기 때문이다(《이십이사차기》二十二史劄記 참조). 이 《위서》들은 모두 오늘 전래되지 않고 있다.

그러나 어쨌든 《삼국유사》에 인용된 《魏書》가 《삼국지》 이전에 있은 《魏書》라고 인정되니 기원 3세기 초에는 이미 중국 사적에 단군 전설이 기록되여 있었음을 알 수 있다. 따라서 우리는 단군 전설이 불교가 삼국에 수입된 이후에 비로소 조작된 망설이 아니며 기원 3세기 초기 이전에 이미 존재했음을 알 수 있다.

《삼국유사》에 인용한 《위서》의 단군에 관한 기록을 보면 《《위서》 魏書에 이런 말이 있다. 지금으로부터 2천 년 전에 단군왕검이 서서 아사달에 도읍하고 나라를 열었는데, 국호를 조선이라고 했다. 요堯와 같은 때였다(魏書云, 乃往二千載, 有檀君王儉 立都阿斯達, 開國號朝鮮, 與高同時)》라 하였으며 불교적 색채는 없다. 따라서 우리는 이 자료에 근거하여 단군 신화 형성 시기를 추정하는 수밖에 없을 것이다.

그러면 《魏書》는 무엇에 근거하여 단군 전설을 기록하였는가가 문제로 된다. 조선 사료에 기재된 단군 전설들은(《삼국유사》에 인용된 《고기》古記를 제외하고) 단군을 조선의 창건자라고 인정하면서도 동시에 고구려와 부여의 왕계와 련결시키고, 그 출생지를 고구려 령역 내인 태백산妙香山으로 그 국도를 평양으로 인정하고 있다. 따라서 이 기록들은 고구려가 평양에 천도한 이후에 기록된 것으로 볼 수 있는 근거를 가지고 있다. 그러나 《魏書》에는 단군의 도읍이 《아사달》이요 그 국호를 《조선》이라고만 기록하고, 고구려와 부여와는 아무 련관도 시키지 않았다. 그러므로 《魏書》의 단군 전설의 자료가 혹시 조위曹魏 때에 고구려에서 얻어 간 것일지는 모르나, 그렇다 하더라도 그 자료는 고구려 통치 계급이 단군을 자기 계보와 직접 련결시키기 전 고구려의 지배하에 들어간 고조선 인민들 간에 있었던 구비 전설이였거나 혹은 문헌 자료에 근거했다고 보는 것이 타당할 것이다. 또 이것은 고구려의 통치 계급이 단군 전설을 자기 왕계와 결부시킨 것은 적어도 5세기 초 이후의 사실이였다는 것으로써도 반증될 수 있다. 즉 호태왕 비문에는 단군에 관해서는 언급되여 있지 않은 바 이것은 고구려 통치 계급이 그 왕계를 신성화하여 권위화하기 위하여 단군 전설을 직접 결부시킨 것은 호태왕 이후의 사실이며, 그때까지는 단군을 고구려 왕계의 선조로서 인정하지 않는 것으로 볼 수밖에 없다.

추모왕(동명성왕) 전설과 단군 전설의 공통점

따라서 단군 전설은 이미 고구려 국가 형성 이전에 또는 늦어도 3세기 초엽 이전에 존재하였다고 보아야 할 것이다.

호태왕 비문의 추모왕 전설이 단군 전설과 직접 관계되여 있지는 않으나 단군을 고구려 왕계의 선조로서 결부시킬 요인 즉 모두 《천제(혹 천왕)의 아들(天帝〈或天王〉之子)》이라는 점에서 공통성을 가지고 있다.

단군 전설이 3세기 초 이전에 이미 존재하였다고 보아야 할 또 하나의 근거는 단군 전설이 란생 신화가 아닐 뿐더러 그 영향이 조금도 없다는 사실이다.

그런데 호태왕 비명에는 《아! 옛날 시조 추모왕께서 창업하신 터전이다. (추모왕께서는) 북부여에서 나오셨으며 천제의 아드님이시고, 어머니는 하백의 따님이시다. 알을 갈라 나오셨는데, 태어나시면서부터 성덕이 있었다(惟昔始祖鄒牟王之創基也, 出自北夫餘, 天帝之子, 母河伯[77]女郎, 剖卵

降世, 生而有聖德)》라고 씌여 있다. 여기에는 두 가지 주목할 만한 사실이 있다. 그 첫째는 추모왕이 비록 알을 깨고 났다 하더라도 이 알은 동물과 관련되지 않고 있으며, 그 아비는 천제로 묘사되고 있는 사실이다. 둘째는 추모왕 전설이 신라의 박혁거세, 석탈해, 가락국의 김수로의 란생 신화와는 색채가 다소 다른 점이다.

《삼국유사》 1권 기이紀異 제2 《신라·시조·혁거세》 조에는 이렇게 씌여 있다.

> 이에 높은데 올라서 남쪽을 바라보니 양산楊山 아래 라정蘿井 곁에 이상한 기운이 번개처럼 땅에 드리웠는데, 한 백마가 있어서 무릎 꿇고 절하는 형상이었다. 조금 있다가 가서 보니 보랏빛 알이 하나 있는데(푸른 큰 알이라고도 한다) 말은 사람을 보자 길게 울면서 하늘로 올라갔다. 그 알을 갈라 한 아이를 얻었는데 생김새가 법도가 있고 단정하고 아름다웠다. 놀라고 이상해서 동천東泉에 가서 목욕시켰는데(동천은 사뇌들 북쪽에 있다) 몸에서 광채가 나고 새와 짐승들이 모두 춤을 추는데 하늘과 땅이 진동하고 해와 달이 맑고 밝았다. 그래서 혁거세왕이라고 했다.
>
> 於是乘高南望, 楊山下蘿井傍, 異氣如電光垂地, 有一白馬跪拜之狀. 尋檢之, 有一紫卵(一云青大卵), 馬見人長嘶上天. 剖其卵得童男, 形儀端美, 驚異之, 浴于東泉(東泉寺在詞腦野北). 身生光 彩, 鳥獸率舞, 天地振動, 日月淸明, 因爲赫居世王.

---

77) 원저에는 방(芳) 자로 되어 있으나 석(昔) 자로 고쳤다. 왕건군(王健群)의 판독문도 석(昔)으로 되어 있으며, 그래야 의미가 통한다. 뒷부분도 원저에는 부란출생자(剖卵出生子)로 되어 있지만 판독문에 따라 부란강세 생이 유성덕(剖卵降世, 生而, 有聖德)으로 고쳤다.

동일한 전설에 대하여 《삼국사기·신라 본기》 제 1에서는 이렇게 씌여 있다.

> (이보다 앞서) 조선 유민들이 산곡 사이에 나누어 살면서 육촌을 이루었다. 첫째 알천閼川 양산촌楊山村, 둘째 돌산突山 고허촌高墟村, 셋째 취산觜山 진지촌珍支村(혹은 간진촌干珍村), 넷째 무산茂山 대수촌大樹村, 다섯째 금산金山 가리촌加利村, 여섯째 명활산明活山 고야촌高耶村인데, 이것이 진한辰韓 육부가 되었다. 고허촌 소벌공이 양산 기슭을 바라보니 라정 곁 수풀 사이에 말이 무릎 꿇고 울었다. 즉시 가서 보니 홀연히 말은 보이지 않고 다만 큰 알이 있었다. 갈라보니 갓난아이가 나왔는데, 즉시 거두어 길렀다. 나이가 10여 세가 되자 어리지만 지덕이 뛰어나고 숙성했다. 육부 사람들이 그 난 것이 신이神異하므로 이를 받들고 존경했는데, 이에 이르러 임금으로 삼았다. 진인辰人들은 표주박瓠을 박朴이라고 했는데, 처음 큰 알이 표주박과 같았으므로 박朴을 성으로 삼았다. 거서간居西干은 진辰나라 말로 왕이란 뜻이다.
> (先是)朝鮮遺民分居山谷之間, 爲六村. 一曰閼川楊山村, 二曰突山高墟村, 三曰觜山珍支村(或은 干珍付), 四曰茂山大樹村, 五曰金山加利村, 六曰明活山高耶村, 是爲辰韓六部. 高墟村蘇伐公, 望楊山麓, 蘿井傍林間, 有馬跪而嘶, 則往觀之, 忽不見馬, 只有大卵. 剖之, 有嬰兒出焉, 則收而養之. 及年十餘歲, 岐嶷然夙成, 六部人其生神異, 推尊之, 至是立爲君焉. 辰人謂瓠爲朴, 以初大卵如瓠, 故以朴爲姓. 居西干, 辰言王.

이 전설에서 찾아 볼 수 있는 특징은 알과 동물이 결부되여 있는 사실이며, 박혁거세가 알을 깨고 나왔다는 사실이다. 그런데 위에 인용한 고구려 추모왕 전설에는 알과 동물과의 관계가 없고 그 아비가 천제로 되여 있는 바 이것은 분명히 신라의 란생 신화와는 색채가 다른 것이다. 추모왕의 란생 신화의 사상은 천제의 사상과 란생 신화의 사상이 결합된 것으로서 이 신화는 그 시대성을 찾아 볼 수 있는 요소를 가지고 있다. 왜냐하면 호태왕 비문 이전에는 그러한 란생 신화를 직접적으로 전하고 있는 자료가 없기 때문이다.

례를 들면 《론형》論衡과 《위략》에 기록된 동명왕의 전설이 그것을 말해 준다. 고구려 추모왕의 전설이 부여 동명왕의 전설을 그대로 취했다는 데 대해서는 이의가 없을 것이다. 그렇다면 동일한 전설을 전하는데 그 시대적 차이에 따라서 그 내용이 변화되였음을 알 수 있다. 《삼국지·위지》 주에 이렇게 씌여 있다.

> 위략에서 말하였다. 구지舊志에 또 말하기를 북방에 고리국槀離國이 있는데, 그 왕의 시비侍婢가 임신을 했다. 왕이 죽이려고 하자 비가 말하기를 "닭의 알 크기만한 기운이 나에게 내려왔습니다"라고 했는데, 그 후에 아들을 낳았다.
>
> 魏略曰 : 舊志又言, 昔北方有槀離之國者, 其王侍婢有身, 王欲殺之, 婢云, 有氣如雞子來下我, 後生子.

여기서 《계자》라고 한 것은 계란을 말하는 것으로서 란생 신화의 요소가 가미되기는 하였으나 동명왕은 기氣에서 생겨났고 직접 알에서 생겨났다고 하지는 않았다. 그렇기 때문에 《위략》에 기록된 동명왕의 출생 전설을 완전한 란생 신화로 보기는 곤난할 것이다. 동명왕 전설을 기록한 것 중에서 가장 이른 《론형》에도 동일한 기록이 있다.

《론형》 2권 《길험》吉驗 편에는 《북이 고리국의 시비가 임신을 해서

왕이 죽이려고 하자 시비가 대답하기를 "닭의 알만한 기운이 하늘에서 내게 내려와서 임신을 했습니다"라고 했는데, 나중에 아들을 낳았다(北夷橐離國侍婢有娠, 王欲殺之, 婢對曰, 有氣大如雞子, 從天而下我, 故有娠, 後生子)》라고 씌여 있다.

그런데 동일한 부여 건국 신화가 《수서》에서는 삼국의 란생 신화와 동일한 내용으로 윤색되였다. 《수서》 81권 《동이·고려전》에는 이렇게 씌여 있다.

> 고려의 선조는 부여에서 나왔다. 부여왕이 일찌기 하백녀를 얻어서 실내에 유폐시켰는데, 햇빛이 따라 비추어 이에 감응해 마침내 임신했다. 큰 알 하나를 낳았는데, 남자가 껍질을 깨고 나왔으니 이름이 주몽이었다.
>
> 高麗之先(出自)[78]夫餘, 夫餘王嘗得河伯女, 因閉於室內, 爲日光隨而照之, 感而遂孕, 生一大卵, 有男子破殼而出, 名曰朱蒙.

호태왕 비문의 추모왕 출생 전설과 《위략》, 《론형》에 기록된 동명왕의 출생 전설은 동일한 사실을 전하고 있으나 그 시대의 차이에 따라 내용이 다르게 되였다. 그 전자는 란생 신화이며 후자는 란생 신화의 영향이 가미된 《기생》氣生 신화인 것이다. 물론 《론형》에 기록된 동명왕 전설은 왕충王充[79]의 기氣에 관한 사상의 영향이 있을 수 있으나 그렇다고 해서 그 전설을 그가 임의로 조작했다고 보아서는 안 될 것이다. 그 량자 간에는 일맥 상통하는 요소가 있으니 즉 하나는

78) 원저는 유(有) 자로 되어 있는데 《수서(隋書)》 원문에 따라 출자(出自)로 고쳤다. 뒤의 감이잉(感而孕)도 원문에 따라 감이수잉(感而遂孕)으로 고쳤다.

79) 왕충(王充 : 27~97년 경) : 후한의 학자로 《론형(論衡)》, 《양성(養性)》, 《기속절의(譏俗節義)》, 《정무(政務)》 등의 저서를 남겼는데, 《론형》만 전해지고 있다.

알卵의 관념이 모두 개재된 것이요, 다른 하나는 그 아비를 하늘과 관련시키고 있는 점이다.

북부 조선에는 난생 신화 없어

그런데 호태왕 비문에는 그 요소들이 좀더 풍부화되었다.

요컨대 문헌 기록 상에는 북부 조선에는 란생 신화가 없으며, 호태왕 비문에서부터 란생 신화가 명백하게 나타난다. 고리국 왕자 동명의 전설에는 추모왕의 란생 신화와는 색채가 다른 란생 신화의 요소가 있다. 왕충은 기원 1세기 중기의 인물이니 부여에는 그 이전 늦어도 기원전 2~1세기에 추모왕의 란생 신화와는 색채가 다른 란생 신화의 요소가 있었다고 보아야 할 것이다.

그러면 조선의 란생 신화 사상이 어떻게 발생하였는가 하는 것이 문제로 제기될 여지가 있게 된다. 신라나 가락국의 란생 신화 및 호태왕 비문에 보이는 란생 신화들은 모두 그 국가의 시조들이 알을 깨고 나왔다는 점에서 동일하며, 역시 그것들은 동일한 성질의 란생 신화로 인정될 수 있다. 다시 말하면 호태왕 시대 삼국에는 동일한 성질의 란생 신화의 사상이 류포되였음을 말해 준다. 그러나 부여 전설에 보이는 란생 신화의 내용은 전자와 다르다. 즉 여기서는 그 국가의 시조가 알을 깨고 나온 것이 아니라 그 어미가 알을 먹고 산생했다는 신화의 영향을 받았다고 보여진다. 따라서 부여 전설은 삼국의 란생 신화와 그 색채를 달리하고 있으며, 그 신화 계렬은 삼국의 것과는 다른 것으로 보여진다.

여기서 우리는 고대 조선 종족들과 가장 밀접한 문화적 련계를 가졌던 중국의 란생 신화를 고찰해 볼 필요가 있다.

그 대표적인 것의 하나는 은 시조의 란생 신화요, 다른 하나는 기원전 10세기 서왕徐王 언偃의 란생 신화이다. 서왕 언은 동이족이다. 은 시조 설契의 출생 전설은 《사기·은 본기기》에 이렇게 씌여 있다.

> 은설은 어머니가 간적인데, 유웅씨의 딸로서 제곡의 둘째 왕비가 되었다. 세 사람이 목욕하러 갔는데, 검은 새가 그 알을 떨어뜨리는 것을 보고 간적이 취해서 삼키니 이에 임신해서 설을 낳았다.
>
> 殷契, 母日簡狄, 有娀氏女, 爲帝嚳次妃, 三人行浴, 見玄鳥墮其卵, 簡狄取之呑, 因孕而生契.

은 시조 신화는 그 어미가 제비玄鳥의 알을 먹고 설을 산생했다는 것이다.

장화張華의 《박물지》博物志 7권 《이문》異聞에 서왕 언[80]의 출생 신화를 기록하여 이렇게 썼다.

> 서군徐君의 궁인이 임신해서 알을 낳았는데 상서롭지 못하게 여겨서 강 가에 버렸다. 자식 없는 홀어머니에게 개가 있었는데 이름이 곡창이었다. 버린 알을 보존해서 입에 물고 어머니에게 돌아오자 어머니가

80) 서국(徐國)은 하·은·주(夏殷周) 및 춘추시기 지금의 산동성 담성〔郯城 : 현 림기(臨沂)〕일대에 존재했던 고대왕국으로 서융(徐戎), 서이(徐夷), 서방(徐方) 등으로 불렸다. 군주의 성은 영성(嬴姓)이다. 영(嬴)을 성씨로 쓰는 고대 왕국 중에는 나중 중원을 통일하는 진(秦)나라를 비롯해서 회이(淮夷)국, 조국(趙國), 량국(梁國) 등 10여 개가 넘는다. 주(周) 목왕(穆王 : 재위 기원전 976~기원전 922) 때 서왕(徐王) 언(偃)은 지금의 산동성과 안휘성 동북부 사현(泗县)과 강소성 서쪽의 사홍(泗洪) 일대까지 걸치는 서국(徐國)을 건설했는데, 《후한서》 〈동이 렬전〉에는 "지방 5백 리에 인의를 실천하니 륙지에서 조공하는 나라가 36국(地方五百里, 行仁義, 陸地而朝者三十有六國)"이라고 묘사하고 있다. 주나라에 맞선 동방 제국(諸國)의 맹주였으나 춘추 때 초(楚)나라에 패했다가 기원전 512년 오(吳)나라에 멸망했다.

덮어서 따뜻하게 해주자 마침내 어린아이가 되었고, 언偃을 낳았다. 徐君之宮人, 娠而生卵, 以爲不祥, 棄於水濱, 孤獨母有犬, 名鵠倉, 持所棄卵, 銜而歸母, 母覆煖之, 遂成小兒, 生而偃.

이 신화는 서왕 언이 직접 알에서 나온 것을 말하여 준다.

이 량자가 그 내용에서 상이한 점을 가지고 있으나 물론 란생 신화라는 점에서는 동일한 사상적 근원을 가지고 있는 것이다. 그러나 그 차이점은 결코 우연하게 산생된 것이 아니며, 량자 간 문화의 성질의 차이에서 유래된 것이라고 보아야 할 것이다.

조선 란생 신화 중에서 신라, 가락국, 호태왕 비문에 보이는 고구려의 란생 신화는 중국 동부 황해 연안에 거주했던 동이족의 국가이였던 서왕의 전설과 그 내용이 상통하며, 부여 동명왕 출생 전설에서 보이는 란생 신화의 요소는 은 시조의 란생 신화의 내용과 상통하는 점이 있다.

우리가 여기서 고찰하여야 할 것은 이 란생 신화가 도대체 어느 종족의 신화인가 하는 문제이다.

나는 이 란생 신화는 고대 발해, 황해 연안에 거주했던 가장 오랜 종족인 《조이》鳥夷의 신화에서 기원한 것으로 인정하려고 한다. 《조이》의 명칭은 《상서·우공》 편에 보이며, 오늘 중국의 력사 상에서는 가장 오랜 종족의 하나로 인정되고 있다. 아래에서 다시 언급되겠지만 후세의 학자들이 《조이》鳥夷를 《도이》島夷로 개작했는데 그것은 잘못이다. 《사기·오제본기》와 《대대례기》 등에는 《조이》의 명칭이 그대로 기록되여 있다.

《좌전·소공》 17권 《전》傳에 《조이》에 관한 기록이 있다.

가을에 담郯나라 군주인 자작이 찾아오자 로魯나라 소공昭公이 그에게 큰 연회를 베풀었다. 소공이 묻기를 '소호씨少皞氏가 새 이름으로 관직의 명칭을 삼은 것은 무슨 까닭입니까?'라고 하자 (담나라 군주가) '우리 소호씨 지摯께서 임금이 되시자 봉조鳳鳥가 날아왔습니다. 그래서 새를 벼리로 삼아 조사鳥師가 되어 새 이름으로 관직명을 삼으셨습니다. 봉조씨는 력歷을 주관했고, 현조씨玄鳥氏는 춘분·추분을 주관했고, 백조씨伯趙氏는 하지·동지를 주관했고, 청조씨靑鳥氏는 양기陽氣가 만물의 힘을 열어주는 일을 주관했고, 단조씨丹鳥氏는 음기가 만물의 힘을 정지시키는 일을 주관했고, 축구씨祝鳩氏는 사도司徒가 되었고, 저구鴡鳩씨는 사마司馬가 되었고, 시구씨鳲鳩氏는 사공司空이 되었고, 상구씨爽鳩氏는 사구司寇가 되었고, 골구씨鶻鳩氏는 사사司事가 되었습니다.

秋, 郯子來朝, 公與之宴, 昭公問焉, 曰少皞氏鳥名官何故也 … 我高少皞氏摯之立也[81], 鳳鳥適至, 故紀於鳥, 爲鳥師而鳥名. 鳳鳥氏歷正也, 玄鳥氏司分者也, 伯趙氏司至者也, 靑鳥氏司啓也, 丹鳥氏司閉者也, 祝鳩氏司徒也, 鴡鳩氏司馬也, 鳲鳩氏司空也, 爽鳩氏司寇也, 鶻鳩氏司事也.

이 기록은 중국 고대의 전설적 인물인 소호씨가 새의 명칭으로써 관명官名을 지었음을 말하고 있다. 중국 고대 전설에서 태호씨太皞氏, 소호씨가 모두 동이족의 전설이라는 것을 고힐강顧頡剛 교수가 일찌기 고증하였으며(《고사변》古史辨 제7책 상 편 256페지) 이 설은 오늘까지

81) 원저의 '지지현야(摯之玄也)'를 《춘추좌씨전》 소공(昭公) 전(傳) 17년 조의 원문에 따라 '지지립야(摯之立也)'로 고쳤다. 그 외에도 몇 글자를 《춘추좌씨전》의 원문에 따라 고쳤다. 진구(瞋鳩)의 진(瞋) 자는 원래는 차(且)+조(鳥) 자다.

공인되고 있다.

소호씨 계통은 새를 토템으로 한 이족夷族이며, 이 이족은 바로 조이鳥夷로 판단되는 것이다. 이 소호씨의 봉조 신화는 곧 은족 신화의 현조玄鳥와 동일한 것으로 인정되고 있는 바(위의 책 258페지) 이로써 조이가 란생 신화를 가졌다고 추단할 수 있다. 물론 고대 문헌에 《조이》로 불리워진 종족은 발해, 황해 연안에 광대한 지역에 분포되여 있었으며, 그것은 결코 특정된 어느 한 개의 종족 명은 아니였다. 중국 고대사 분야에서는 은 왕조는 이 조이의 문화(즉 룡산〈龍山〉문화)[82]의 영향을 받았고 서왕 언은 동이족으로서 조이의 후예였으며, 진秦의 성은 《영》嬴이며 소호少皞(즉 동이족)의 성도 《영》이였으니, 진은 본래 동방 이족이 후에 서천西遷한 것이라고 인정하는 설이 있다.

조이 계통 원주민의 난생 신화

그러면 조이와 고대 조선족과는 어떠한 관계를 가지는가?

조이는 발해 연안과 황해 연안에 거주한 원시족들의 범칭이였으니 조선반도에 거주한 원시족도 조이 계통에 속한 것이라고 보여진다. 우리가 예와 맥을 북방 계통이라고 인정할진대 이 북방 계통 종족이 고대 조선 지역에 정착하기 전 원주민을 조이 계통이라고 볼 수 있는

82) 룡산문화(龍山文化)는 황하 중, 하류 지역의 신석기 후기의 문화유적인데, 석기와 동기(銅器)가 함께 나오는 동석(銅石)병용기의 문화다. 1928년 고고학자 오금정(吳金鼎)이 산동성 제남(齊南)시 력성(歷城)현 룡산(龍山)진에서 처음 발견해서 룡산문화라 불린다. 서기전 2500년~서기전 2000년 전의 문화로서 산동성을 비롯해서 하남(河南), 산서(山西), 섬서(陝西)성 등지에 분포되어 있다. 흑도(黑陶)와 옥기(玉器) 등이 발견되었다. 서기전 4500년~서기전 2500년 전의 문화인 산동성 태안(泰安)시의 대문구(大汶口) 문화를 계승했다고 인정되고 있다.

근거는 무엇인가?

① 고대 문헌에 나타나고 있는 조이의 거주 지역은 고조선 지역과 일치한다. 즉 조이가 거주하던 발해 연안 지역에 예족이 정착하게 된 흔적을 찾아 볼 수 있다.

② 《삼국지·위지·한전》 변진 조에 《장가들고 시집가는 예속에는 남녀의 분별이 있다. 큰 새의 깃털로 죽은 자를 보내는데, 그 뜻은 죽은 자가 새처럼 높이 날아오르라는 것이다(嫁娶禮俗, 男女有別. 以大鳥羽送死, 其意欲使死者飛揚)》이라고 씌여 있다. 이와 동일한 기록이 《한원·삼한》翰苑·三韓 조에도 있는 바 이것은 《삼국지》의 글을 그냥 옮겨 놓은 것에 불과하다.

이 자료는 진한 사람들이 장사를 지낼 때 큰 새의 나래로 시체를 부쳐 주었는 바 그것은 죽은 사람으로 하여금 날아 가도록 하는 것을 의미하였다. 《큰 새의 나래로 장사 지내는》 진한인의 풍습은 그 원시 시대부터 내려온 풍습일 것이며, 그 풍습은 원시 토템(새의) 사상의 잔여가 전래된 것이 아니겠는가? 즉 그것은 《조이》로 불리우던 시대의 풍습의 잔여라고 인정된다.

그리고 고대 조선과 산동반도는 고고학적 자료에 있어서도 공통된 점이 있다. 그리고 조선반도와 중국 산동 지방에는 원시 시대로부터 란생 신화가 공통되고 있었으나 단군 신화에는 란생 신화의 요소가 전혀 반영되여 있지 않다. 이 사실은 조이 계통인 원주민과 단군 신화를 가진 고조선족인 예족은 계통을 달리하고 있음을 의미한다고 해석된다. 예족이 곧 고조선족이라는 데 대해서는 아래서 《예맥》을 론할 때 자세히 론급하려 한다.

예족이 정착하기 전에 거주했던 원주민인 조이의 란생 신화가 예족의 단군 신화에 전혀 반영되여 있지 않고 있는 사실은 예족의 문화가 조이의 문화를 완전히 극복한 까닭이라고 밖에 달리는 생각할 수 없다.

그러나 조선반도 내에 류포되여 있는 란생 신화는 예족의 원시 문화의 지배를 받지 않았다는 사실을 의미하는 것으로 해석된다. 그것은 즉 예족이 신석기 시대부터 서서히 조선반도에로 이동하기는 하였으나 그 세력은 고조선 지역에서보다는 약하였기 때문에 원주민인 조이의 신화가 지배적인 것으로 남아 있었다고 보여진다.

그러면 부여 동명왕 전설에 보이는 란생 신화의 요소와 은 시조 란생 신화의 요소는 어떤 관계를 가지는가?

나는 이 량자의 공통점이 있는 것은 일정한 리유가 있다고 생각된다. 고대 문헌 사료에 근거하면 부여 문화와 은 문화가 밀접한 관계를 가졌음을 알 수 있다. 《삼국지·위지·동이·부여전》에는 《은 정월에 하늘에 제사 지낸다(以殷正月祭天)》 《옷은 흰 것을 숭상한다(衣尙白)》 등 기록이 있는 바 이것은 은 문화와 밀접한 관계가 있음을 말해준다. 따라서 고리국 왕자 동명의 전설에도 은의 탄생 설화의 영향이 미칠 수 있었으리라고 추단된다.

부여의 통치자들은 맥족으로서 그 일부는 벌써 기원전 12세기 이전부터 중국 은殷나라와 린접하여 밀접한 관계를 가졌고, 고리국 왕자 동명이 예지濊地(현 송화강 이남)로 이동할 때까지 그 대부분이 오늘 중국 하북성 북부와 내몽고 남부에 거주하였던 것이다. 이에 관해서는 아래서 재론한다. 물론 부여의 신화가 은의 그것과 완전히 동일한 것은 아니나 부분적인 요소가 공통되기 때문에 필자는 은 문화와 밀접한 관계가 있었다고 추단하는 것이다.

원시 사회에서 발생하는 신화가 물론 간단하게 타 종족 문화의 영향으로 이루어지는 것이 아니며 그 반대로 신화는 그 종족의 특유한 독자성을 가장 농후하게 가지는 것이다. 물론 우리는 부르죠아 고고학자들이 주장하는 반동적인 문화 이동론을 견결히 반대한다. 그러나 문화 교류 과정에서 호상 영향을 준다는 것을 부인하는 것은 아니다.

하늘 숭배 사상이 기본 요소인 단군 신화, 고주몽 전설

부여 동명왕 전설의 최초의 기록인 《론형》의 자료에는 하늘의 숭배 사상이 기본을 이루고 있으며, 동명왕은 하늘과 인연을 가졌다는 사상이 중심이다. 즉 부여왕은 하늘과 혈연 관계를 가지고 있으며 천天은 부여족의 조종신으로 숭배되고 있다. 그런데 왕충王充은 하늘에서 내려온 기氣가 계란鷄卵같다고 한 것이니 이것은 분명히 란생 신화의 요소가 후세에 부가된 것으로 해석된다. 만일 은殷 란생 신화卵生神話를 받아 자기 신화로 만들었다면 란생 신화 사상이 중심이 될 것인데 여기서는 하늘天 사상이 중심이 되고 있다. 따라서 은殷 란생 신화와 고리국 왕자 동명東明신화는 본질적으로 상이한 사상의 표현인 것이며, 후세 문화 교류 과정에서 은 란생 신화의 요소가 부가된 것으로 보인다. 동명 전설이 후세에 더욱 윤색되고 있는 사실로 미루어서 더욱 그렇게 판단된다. 하늘 숭배 사상이 중요한 요소라는 점에서 단군 신화와 기본적으로 공통된다. 그와 마찬가지로 고주몽高朱蒙의 전설도 하늘 숭배 사상이 기본 요소로 되고 있으며, 란생 신화의 요소는 고리국 왕자 동명의 란생 신화 사상이 전래되어 오다가 신라新羅, 가락국駕洛國의 란생 설화 등 조선반도 내의 란생 신화 사상의 영향을 받아 개작된 것으로 보여진다.

왜 그렇게 생각할 수 있는가 하면 부여 왕족과 동일 계렬에 속하며 동명왕 전설을 대체로 그대로 가져다가 고주몽의 전설을 꾸미면서 거기에 신라와 가락국의 란생 신화와 동일한 신화가 첨가되여 있기 때문이다.

고주몽의 전설은 현존 자료로서는 호태왕好太王 비명碑銘의 자료가 제일 이른 것이다. 그 전설은 고구려 건국과 관련되여 있을 것이라고 추단된다. 다시 말하면 고구려 란생 설화는 고구려 건국 이전 맥족貊族의 국가 즉 고리국의 란생 신화를 그대로 계승하였으나 천제天帝의 사상이 중심이였을 것이라고 생각된다. 동명은 고리국 왕자이며 고구려 역시 고리국(즉 맥국)의 후신국이였다. 이에 대해서도 아래에서 구체적으로 언급하게 된다.

부여나 고구려 전설에서 단군과 직접 결부시킨 것은 후세의 일이며 부여나 고구려 건국 당시에는 결부되여 있지 않았다. 예족은 고조선을 형성하였고 맥족은 부여와 고구려를 형성하였다. 그 각국의 건국 신화가 서로 다른 것은 그 각국의 국가 형성 과정이 상이하며 그 정치적 단위가 상이하였다는 것을 의미할 것이다. 고조선은 실제에 있어서 부여, 고구려와는 다른 별개의 국가이였으며 장구한 기간을 걸쳐 그 정치 생활이 각이하였던 것이다.

단군 신화 발생 시기는 기자 전설 이전

그러면 단군 전설이 발생한 시기가 언제인가를 추단해 보기로 하자. 단군 전설이 시대를 경과함에 따라 윤색되고 복잡화된 것은 물론이다. 오늘 잔존하지 않는 문헌에서 단군 전설을 기재한 것이 《위서》魏書라고 해서 고구려에서 단군 전설이 윤색되게 된 것을 《위서》에서 자료를 취했다고 속단해서는 안된다. 고조선 창건 신화를 고구려인들보다 중국인들이 더 잘 알거나 더 먼저 알았다고 볼 수는 없을 것이며 따라서 《위서》는 고조선이거나 고구려의 자료를 취했다고 보아야 할 것이다.

요컨대 《위서》의 단군 전설이 고구려나 부여의 왕계와 직접적인 관련이 없는 것으로 보아서 이 전설의 기본 내용은 부여 건국 이전에 있었다고 보는 것이 타당할 것이다. 또한 단군 신화는 고조선의 건국자가 조선인이며 은인殷人인 기자箕子의 선조도 아니고 위만衛滿의 선조도 아님을 명백히 말하고 있으니, 역시 기자 전설이 조작되기 전이거나 또는 위만 조선 이전에 발생한 것으로 추측할 수 있다.

왜냐하면 고조선 왕권을 탈취한 위만이 어떠한 신화를 조작하더라도 그것은 당시 고조선 인민들을 설복시킬 수는 도저히 없었다고 보아야 하겠기 때문이다. 그리고 고조선은 위만 이전에 이미 고대 국가로서 국왕이 존재했던 만큼 반드시 그 국왕의 시조를 신성화한 전설이 있었다고 보아야 하겠기 때문이다. 즉 고조선은 국가로서 오랜 시일을 경과하도록 그 건국 신화나 건국자에 관한 전설이 꾸며지지 않았다고 볼 수는 도저히 없다고 인정되기 때문이다. 일반적으로 국가 발생 시기에는 그 통치자의 권력을 신성화하기 위하여 건국 신화를 조작하는 것이다. 그러한 일반적 현상에 비추어서 뿐만 아니라 고조선의 구체적 력사를 고려할 때 그렇게 판단할 수밖에 없다.

《위서》魏書의 단군 신화에 단군은 조선의 개국자이며 그 수도를 평양이나 왕검성王儉城이라고 하지 않고 《아사달》이라고 하였으니 이것은 분명히 왕부王否나 준準 시대 고조선의 수도가 아님이 명백하다. 따라서 《위서》에 기록된 단군 전설은 부, 준 시대 이전 즉 기원전 3세기 이전에 이미 존재했다고 추론할 수 있을 것이다.

2. 단군 신화의 분석과 비판

우리는 단군 신화를 고조선의 창건자로서의 력사적 인물의 력사로 볼 수는 없다[83]. 그러나 이 전설은 어떠한 력사가가 임의로 아무 근거 없이 꾸며 낸 것이 아니며 인민들을 설복시킬 수 있는 일정한 근거를 가졌을 것이다. 따라서 이 신화는 조선 인민이 경과한 일정한 시기의 구체적 사회상을 반영하는 신화라고 보아야 한다. 이제 단군 전설을 분석하여 보자.

단군의 아비父는 환웅桓雄이고, 환웅의 아비는 환인桓因이요, 그는 상제上帝이다. 그리고 그 어미母는 웅녀熊女이다. 이 내용이 《위서》魏書에는 없으며 《삼국유사》에 인용한 《고기》古記에는 환인을 천왕이라고만 쓰고 그의 아비 환인을 《상제》라고는 쓰지 않았다. 《세종실록 지리지》에 인용된 《단군 고기》와 권근權近의 《응제 시주》應製詩註에 인용된 《고기》에는 환인을 상제로 인정하여 《상제 환인》이라고 썼다. 《위서》에는 다만 《지금으로부터 2천년 전에 단군왕검이 있었다(乃往二千載, 有檀君王儉)》라고만 썼다. 조선 《고기》들에 상제 환인이라고 쓴 것은 상술한 바와 같이 환인이란 말이 곧 천제의 뜻을 가지는 범어梵語로서 상제 환인은 상제인 환인이란 뜻이 아니요, 한어漢語인 상제와 범어인 환인을 결합하여 결국 천제를 중복한 것이다. 따라서 단군은 천제의 손자로 인정된 것이다.

단군은 고조선의 개국자

그렇다면 《삼국유사》는 일방 《위서》를 인용하여 다만 구체적인

83) 현재 북한은 단군을 고조선의 건국시조로 인식하고 있다. 《단군과 고조선에 관한 연구론문집》(사회과학출판사, 1994, 평양)에 이런 인식이 구체적으로 담겨 있다.

군주로서 《단군왕검》이라고 쓰면서 어째서 그와 아울러 《고기》를 인용하여 《환인 서자》桓因庶子인 환웅이 인간으로 되여 지상에 내려와 웅녀熊女와 결혼하여 단군을 산생하였다고 썼는가 하는 것이 문제로 된다. 일연一然은 불도佛徒로서 《환인》의 뜻을 물론 알았을 것인데 어째서 단군 왕검을 환인 서자인 환웅의 아들로 인정하였는가? 우리는 이것을 일연이 무식해서 그리했다고 해석할 수는 없다.

고대 조선어 연구 분야에서 왕검을 《임검》의 리두식 기록이라는 해석이 부정되지 않는다면 《단군》의 《단》이란 글'자는 인명이 아니라 하늘과 밀접한 관계가 있는 어떠한 뜻을 가지는 단어라고 해석된다. 왜냐하면 일연은 《고기》대로 단군을 천제의 손자로 인정하면서 단군 그 자체를 천제라고는 인정하지 않았으며, 지상에 군림한 천자天子로서 인정하였기 때문이다. 단군 전설은 모든 기록들에서 천제의 손이요 천왕의 자이며 지상의 국왕으로서 인정되여 있다. 일본 학자 백조고길白鳥庫吉(시라토리 구라키치)은 단군을 몽고어 《텡그리》(天, 등길리謄吉利 혹은 당길리檔吉利로 음사됨)와 동일한 뜻으로 해석하였다.〔《사학잡지(史學雜誌) 제5편 제12호, 백조고길(白鳥庫吉), 〈조선고전설고(朝鮮古傳說考)〉 : 원저 주〕 즉 그는 고대 조선어에서 하늘을 뜻하는 《텡그리》와 류사한 어휘가 있었다고 억측하여 단군은 곧 천제의 뜻으로 해석하고, 따라서 단군 전설은 조선의 개국 전설로 인정할 수 없는 망설이라고 하였다. 량주동梁往東도 고대 조선어에서 하늘을 《텡그리》라고 칭했다고 론하였다.(량주동 《조선 고시가 연구》 : 원저 주)

그는 《주서》周書 49권 《이역 상·고려》異域上 高麗에 기재된 《또 신좌神座 두 곳이 있는데, 하나는 부여신으로서 나무로 부인을 목각한 상이고, 하나는 등고신인데 이르기를 그 시조 부여신의 아들이라고 하였다(又有神座二所, 一日夫餘神刻木作婦人之像, 一日登高神, 云是其始祖夫餘神之

子)》에서 등고登高를 몽고어《텡그리》와 동일한 고대 조선어의 단어라고 해석하였다. 그러나 필자는 이것으로써 조선 고대어에서 하늘天을《텡그리》와 류사한 단어로 불렀다고 보기에는 근거가 매우 박약하다고 생각한다. 더우기 그렇게 생각되는 리유는 만일《등고신》登高神을《천신》天神으로 해석한다면 그《천신》天神이 부여신의 아들로 될 수는 도저히 없기 때문이다. 생각컨대 하늘이라든가 땅이란 단어는 인간 생활의 개시와 동시에 사용되여 온 단어일 것이며, 그 단어가 력사 과정에서 그리 용이하게 다른 말로 변화되였으리라고 생각하기는 어려울 것이다. 따라서《등고》登高란 단어가《하늘》天로 변했다는 것을 증명할 수 없는 이상 백조나 량주동의 설을 승인할 수 없다.

또한 단군의 명칭 해석에 있어서 종래 조선 학자들 간에도《檀》(박달나무 단) 자를《壇》(제단 단) 자로 써야 한다고 주장한 사람도 있으며 또 실지 일연은《삼국유사》三國遺事에는《단군》壇君이라고 썼다.《壇》(제단 단) 자를 주장하는 사람들의 론거는 국왕이 제단을 주재했기 때문이라고 하는 것 같으나 그것은 사리에 맞지 않게 된다. 만일 그렇다면《壇君》이란 명칭과 그 신화의 형성도 조선 사람이 한'자를 한문식으로 사용하기 시작한 이후의 사실로 될 것이기 때문이다.

고조선 사람들이 한문을 사용한 것은 사실이나 그것을 리두식으로 사용했다고 보는 것이 타당하기 때문에《檀君》이란 명칭은 역시 리두식 기법記法으로 된 것이라고 보는 것이 타당할 것이다. 따라서《檀》자이든《壇》자이든 아무런 관계가 없을 것이다.

또 혹자는《檀》자를《박달나무》의 첫 음《박》의 리두식 기명으로 해석하여《檀君王儉》을《밝은 임금》으로 해석하나 이것도 역시 합리적인 설명으로 보기는 어렵다. 만일 그렇다면 일연이 어찌하여《壇君》이라고 썼겠는가 하는 문제도 풀릴 수 없다.

나는 억측하건대 《檀》이나 《壇》은 모두 《다》를 한'자로 음사音寫한 것이 아니겠는가 생각하게 된다. 조선 고대 언어전문가들의 일설에 의하면 《다》는 《따》地의 고어이며 또 《달》達 자로도 기록될 수 있다고 한다. 즉 《檀君》을 《단임검－다임검》으로 해석해 보려는 것이다.

어째서 이러한 억측을 할 수 있는가 하면 위에서 간단히 언급한 바와 같이 단군은 구체적인 지상의 나라 즉 고조선의 개국자로서 인정되어 있기 때문이다. 다시 말하면 단군은 《다임검》이며, 그것이 곧 국왕의 뜻으로 칭해졌다고 추측된다.

만일 단군을 천군天君으로 생각한다면 단군이 사망 후 하늘로 올라갔다고 생각해야 하겠는데 모든 기록들은 단군이 죽어 아사달산의 산신山神으로 되였다고 썼다. 이 사실로 보아서도 단군을 《천군》으로 인정한 것이 아니라는 것이 명백하며 어디까지나 지상의 군주로 보았다.

우리는 《삼국유사》에 인용된 위서魏書 이전 단군 신화에 관한 자료를 알지 못하기 때문에 과연 《단군》을 고조선인들이 어떠한 글'자로 어떤 고음古音을 음사音寫)한 말인지 명확히는 알 수 없다. 따라서 《檀君》이란 글'자를 과연 고조선인이 먼저 썼겠는가 혹은 중국인들이 고조선인들로부터 구비 전설을 얻어 듣고 《檀君》이란 글'자로 음사했겠는가는 지금 알 길이 없다. 왜 그렇게 추측되는가 하면 《단군檀君》의 《君》 자는 본명히 한문식 기록이며 《단》檀 자는 한문식 기록으로 보아지지 않기 때문이다. 즉 《檀》 자는 고조선어를 음사한 것이라고 보는 것이 자연스럽다. 후세 조선 기록들에서 단군을 불교 사상과 결부시키게 된 것은 바로 《檀》 자에 기인되여 단목檀木과 결부시킨 것이라고 보아진다. 《위서魏書》에 《단군왕검檀君王儉》이라고 쓴 것은 《檀王險》(다임검)이란 고대 조선어에 한어 《君》 자를 첨가한 기록이라고 해석된다. 《다임검》은 《檀王儉》으로 음사할 수 있지 않겠는가.

요컨대 단군은 천제의 손으로서 지상의 국왕을 의미한다. 전설에서는 환웅을 《신시》神市라고 칭하였는 바 《무리 3천을 거느리고 태백산 정상 신단수 밑에 내려와서 신시神市라고 불렀다. 이 분을 환웅천왕이라 한다(率徒三千, 降於太伯頂神檀樹下, 謂之神市, 是謂桓雄天王也)》, 《신시》는 곧 《신지》臣智일 것이요 그것은 조선 고대 국가들에서 《왕》을 의미하였다.

단군 신화 제재 분석

그러면 단군 신화에 리용되고 있는 제재題材들을 분석해 보자.

ㄱ. 자연 환경은 산림 지대이다. 즉 곰과 범 등 맹수가 서식한 지대이다.

ㄴ. 암곰과 수'범이 동혈 생활을 했다는 자료는 백남운 선생이 분석한 바와 같이 녀계 추장과 남성 군장의 병존 관계를 표상한 것이 아니며, 단군이 웅녀熊女에서 출생 했다는 것은 남계 추장의 확립을 의미한다고 보기 어렵다. 우리는 곰과 범을 두 개 씨족의 토템으로 인정해야 하겠다고 생각한다. 왜 그렇게 생각해야 하겠는가 하면 곰과 범이 단순한 신앙적 대상의 동물인 것이 아니라 곰이 직접 존귀한 국왕과 혈연적 관계를 가지고 있기 때문이다. 단군 전설의 곰과 범은 결코 초자연적인 령물이 아니라 구체적인 동물이다. 중국 고대 전설에서 황제黃帝의 호號를 《유웅씨》有熊氏(《사기·오제본기史記 五帝本紀에 대한 집해集解에 인용된 서광徐廣의 설說)라고 칭한 사상과 류사한

사상의 표현이라고 보이며, 그것은 곧 토테미즘의 반영이라고 해석하는 것이 타당할 것이다.

물론 곰과 범이 고대 여러 족속들 간에서 신성시되고 민간 신앙의 대상으로 된 사실은 흔히 있다. 례를 들어 아이누족은 웅제熊祭를 지내고 있으며, 중국에서도 한 대漢代에 행해진 나儺의 의식儀式에서 웅피熊皮를 쓰고 무기를 들고 악귀를 쫓는 행사를 진행하였다(후한서·례의지). 또 고대 중국 황제 전설에서는 황제의 군대를 웅피熊羆(웅비)로 비유하고 있다(사기 오제본기史記 五帝本紀 황제기黃帝紀). 이러한 사실은 아이누족이나 고대 한족이 곰을 신성시하고 신앙의 대상으로 하고 있음을 말해 준다. 범도 역시 곰과 마찬가지로 고대 한족 간에는 악귀惡鬼를 쫓는 민간 신앙의 대상으로 되여 있었다. 《풍속통》風俗通 8권에 범의 신앙에 관한 기록이 있다. 이것은 고대 중국인이 범을 악귀를 쫓는 령물로서 신앙했음을 의미한다. 이러한 범의 신앙은 고대 조선에도 있었다. 《삼국지·위지·동이·예전》三國志·魏志·東夷·濊傳에 《늘 10월이면 하늘에 제사를 지내는데, 낮과 밤으로 술 마시고 노래부르고 춤추니 이를 무천舞天이라 한다. 또 호랑이에게 제사지내는데 신으로 여긴다(常用十月節祭天, 晝夜飮酒歌舞, 名之爲舞天. 又祭虎, 以爲神)》라 하였고 《후한서·동이·예전》에도 동일한 기록이 있다.

이와 같이 범과 곰이 신성시되고 그것이 신적 존재로서 신앙의 대상으로 되였으나 그것들은 범이나 곰이 추장이나 국왕의 선조로서 묘사되여 있는 단군 전설의 사상과는 다른 것이다. 단군 신화에서의 곰은 직접 인간으로 화신하고 직접 인간과 혈연적 관계가 있는 것으로 되여 있으니 이것은 곰이 동물의 《왕》으로 되여 있는 지방에서 인간의 《왕》으로 군림한 자가 곰을 토템으로 하였음을 말해준다. 따라서 단군 신화에서의 범과 곰은 후세 초자연적 령물로 신앙된 사상보다 더 원시적인 사상의 표현으로 보아야 할 것이 아니겠는가 생각된다.

곰과 범이 동혈하다가 곰이 인간으로 화하여 통치자인 단군을 낳았다고 한 것은 결코 일시에 조작된 것이 아니라 두 계단을 경과한 신화라고 해석하여야 할 것이다. 즉 곰 토템 신화가 선행하였고 군사 민주주의[84] 단계로 이행하면서 그 토템 씨족장이 지배자로 등장하게 되였을 때 지배자로서의 단군이 나타나게 된 것이라고 해석하는 것이 타당할 것이다.

엥겔스는 군사 수장의 출현에 대하여 다음과 같이 썼다.

> 이 바실레우스軍事首長는 군사적 권한 외에 제관祭官 및 재판관의 권한도 가지고 있었다. 후자는 엄밀히 규정되여 있지 않았었지마는 전자는 종족 또는 종족 동맹의 최고 대표자로서의 그에게 속하여 있었다. 민사적 권리나 행정 상의 권리에 관하여서는 아무 데도 론급되여 있지 않지마는 바실레우스는 직위 상으로 보아 평의회의 성원이였던 것 같다. 따라서 〈바실레우스〉를 독일어로 〈könig〉(왕)라고 번역하는 것은 어원학적으로 완전히 옳다. 왜냐하면 〈könig〉(kuning)라는 말은 kuni, künne로부터 나온 말로서 〈씨족의 추장〉을 의미하는 까닭이다.
>
> (엥겔스 《가족, 사유 재산 및 국가의 기원》 조선로동당출판사 1955년 판, 159~160페지)

이 군사 수장은 처음으로 지상의 《왕》으로 군림한 것이다.

ㄷ. 하늘의 사상 : 단군은 천제의 서자 환웅 천왕의 아들로 묘사되여 있다. 하늘은 인격신으로 되여 있고 그 인격신이 종족신인 곰과 결합되

---

84) 공동체 사회에서 군사상의 책임자나 우두머리를 구성원의 합의에 의하여 선출하는 자연발생적 민주주의.

여 일체로 되여 있다. 물론 고조선 씨족 사회에서 씨족신으로서의 곰과 범의 토템이 선행하여 존재하였으며, 군사 수장의 출현과 함께 천신의 사상이 발생하고 그 량자가 결합되였다고 보아야 할 것이다. 지상신으로서의 천제의 사상은 통치자가 출현한 현실 사회적 관계의 반영인 것이다.

그런데 조선 력사 상에서 지상신至上神으로서의 천제의 관념이 어느 시기에 발생하였는가는 아직 미해명의 문제로 남아 있다. 혹자는 《삼국유사》에 인용된 《위서》에는 단군이 천왕의 아들이라는 기록이 없기 때문에 단군 신화에 천제의 관념이 결합된 것은 삼국 이후의 사실이라고 주장할 수도 있을 것이다. 그러나 위에서 간단히 지적한 바와 같이 《위서》에 기재된 단군 신화의 내용은 극히 간단하여 신화의 전부가 기록되였다고 보기 어렵다. 따라서 《위서》에 기재된 단군 신화에 천제의 관념이 없다고 해서 조선에서의 천제의 관념의 발생을 《위서》 이후(즉 기원 3세기 이후)라고 주장할 수는 도저히 없을 것이다. 부여와 고구려 건국 전설에 천제의 관념이 반영되여 있는 사실로 미루어서, 고조선에서의 천제의 관념은 부여 건국 이전에 발생했다고 판단할 수 있다. 단군 전설은 지상신至上神으로서 하늘의 사상과 토테미즘이 결합된 것이기 때문에 만일 단군 씨족의 토템 신화가 시대를 추정할 수 없는 아득한 옛날에 생겼다는 나의 추론이 성립될 수 있다면 조선에서의 천제의 관념은 늦어도 기원전 12세기 이전 시기로 보아야 할 것이다.

ㄹ. 단군의 아비 환웅이 《무리 3천을 거느리고 태백산太伯山 정상 신단수神檀樹 밑에 내려와서 신시神市라고 불렀다. 이 분을 환웅천왕이라 한다(率徒三千, 降於太伯山頂神檀樹下, 謂之神市, 是謂桓雄天王也)》를 어떻

게 해석할 것인가? 이것은 《천왕》인 환웅이 많은 도당을 거느리고 정복 사업을 진행한 사실의 반영으로 해석하는 것이 자연스러우며 결코 신비적으로 해석할 것이 아니다. 《풍백風伯, 우사雨師, 운사雲師를 거느리고 곡식·수명·질병·형벌·선악 등을 주관했다(將風伯, 雨師, 雲師, 而主穀, 主命, 主病, 主刑, 主善惡)》라고 한 것은 통치자의 출현을 후세의 관념으로 리상화한 것이며 엥겔스가 교시한 바와 같이 군사 수장의 권한이 행사된 사실이 신화화된 것이라고 해석하는 것이 타당할 것이다.

ㅁ. 이 전설에는 농업에 관한 사실만을 전하고 있으며 목축이나 수렵에 관한 사실은 전연 반영되여 있지 않다. 쑥, 마늘, 곡식 등은 그것을 설명해 주며, 따라서 고조선은 벌써 곰 토템이 발생했던 시기에는 완전한 농업 생활을 하였음을 말하여 준다. 백남운 선생은 이 문제를 해석에 있어서 《전야 경작은 철의 리용을 전제로 하는 것으로서 소위 문명의 입구에 달한 것을 의미함과 동시에 경제 발전의 비약적 단계—농업 공산체의 붕괴기—를 규정할 수 있는 중요한 계기가 잠재한다》고 썼다. 물론 우리는 희랍 력사 발전 행정에서 그러한 사실을 알 수 있다. 엥겔스는 원시 사회 말기 단계에서 철의 사용이 개시된다고 썼다. 그는 《발달한 철기, 대장'간, 풀무, 손手절구, 제도용製陶用 원판圓板(록로轆轤—필자(리지린)), 식물성 기름 및 술의 제조, 공예로 넘어가고 있는 발달한 금속 가공, 하차荷車와 전차戰車, 통나무와 널판으로 하는 조선造船, 미술로서의 건축의 시작, 치형 성벽齒形城壁과 탑으로 에워 싸인 도시, 호메르스의 서사시와 모든 신화—바로 이러한 것이 희랍인들이 미개(야만)로부터 문명으로 넘겨 준 주요한 유산이다》(엥겔스 : 《가족, 사유 재산 및 국가의 기원》, 조선로동당출판사 1955년

판 33~34페지)라고 썼다.

그렇다고 해서 어느 민족 력사에서나 철의 사용이 원시 사회 말기 단계에서 시작되는 것은 아니다. 중국 력사에서는 철기를 사용하기 전에 벌써 장구한 계급 국가가 존속되였다. 그렇기 때문에 우리는 단군 신화가 철기 사용이 개시된 시기에 조작되였다던가 또는 조선에서의 철기 사용의 개시된 시기를 아직 군사 민주주의 계단에 처해 있는 시기라고 주장할 수는 도저히 없다.

ㅂ. 단군이 《1,500년 간 나라를 다스렸다》고 한 기록을 군사 민주주의 단계의 기간이라고 해석하기는 곤난하다. 왜냐하면 군사 민주주의 단계를 1,500년이나 길게 잡을 수 없기 때문이다. 따라서 나는 단군 씨족의 곰 토템의 발생 시기부터 군사 민주주의 단계에서 군사 수장으로서의 《단군》의 지배 시기가 끝나고 고대 국가를 형성할 때까지의 기간으로 해석할 수밖에 없다. 요컨대 이 기간은 곰 토템을 가진 시기부터 군사 민주주의 단계 전 기간을 통한 군사 수장으로서의 단군 씨족의 세습제를 표명한 것으로 해석해야 할 것이다.

그러면 단군이 조선을 창건하였다는 전설과 모순되지 않는가 하는 문제가 제기된다. 나는 여기에 아무 모순이 없다고 생각한다. 왜냐하면 《단군》은 어느 특정한 인명이 아니고 요컨대 《땅의 지배자》라는 뜻이니 곰 토템을 가진 씨족의 《단군》이 군사 민주주의 단계를 끝냈지만 그 후계자도 역시 《단군》의 명칭을 리용하여 고조선의 창건자로 등장한 것으로 인정할 수 있기 때문이다.

혹자는 《형벌을 주관한다(主刑)》란 기록을 가지고 고대 국가의 사회 관계를 반영한 것이라고 해석할 수도 있을 것이다. 그러나 엥겔스가 지적한 바와 같이 희랍의 군사 수장은 군사권 외에 제사, 재판의 권한을 가지고 있었던 것이다. 따라서 단군 신화에서의 《주형》이란 자료는 군사 수장의 권한이라고 해석하는 것이 타당할 것이다.

삼위산과 알타이산

상술한 바와 같이 단군 신화는 시대가 변동함에 따라서 리상화되고 복잡화되였다. 그러나 우리는 단군 신화와 관련되여 있는 지명을 고찰할 때 이것이 절대로 후세인들의 황당한 허구가 아니며, 유구한 옛날부터 전래된 신화에 근거하여 꾸며졌다는 것을 알 수 있다. 우리는 이제 이 전설에 보이는 지명을 고찰해 보기로 하자.

조선 《고기》에 의하면 단군의 출생지는 《삼위 태백》三危太伯이다. 이 《삼위 태백》은 한 개의 지명이 아니라 삼위와 태백의 두 개 지명을 결부시킨 것이라고 나는 생각한다.

《동국여지승람》의 저자는 삼위 태백을 황해도 구월산으로 인정하고 있다. 그러나 이 설은 후세 사람들의 부회에 불과한 것이다. 우리는 《삼위》라는 지명을 우리나라 지리 문헌들에서는 찾아 볼 수 없다. 태백산은 《삼국유사》에서 묘향산이라고 쓰고 있으나 이것은 후세의 부회된 명칭이며, 고조선 국가 형성시의 명칭이라고는 도저히 볼 수 없는 것이다.

요컨대 삼위와 태백은 별개의 지명인데 후세의 불도들이 이 량자를 억지로 결부시킨 것에 불과하다.

《삼위》란 지명은 중국 고대 문헌 상에서 볼 수 있는 유명한 산이다. 《상서·순전》尚書·舜典에는 다음과 같은 기록이 있다.

공공共工을 유주幽州로 유배보내고, 환두驩兜85)를 숭산崇山으로 추방하고, 삼묘三苗를 삼위三危로 내치고, 곤鯀을 우산羽山에서 죽였다. 流共工于幽州, 放驩兜于崇山, 竄三苗于三危, 殛鯀于羽山.

같은 책 《우공》 편에는 《삼위에 집을 짓고 사니 삼묘의 공이 크게 퍼졌다 … 흑수를 이끌어 삼위에 이르게 해서 남해에 들어가고, 적석의 황하를 룡문으로 이끌었다(三危旣宅, 三苗丕敍 … 導黑水至于三危, 入于南海, 導河積石于龍門)》라고 씌여 있다.

그러면 이 삼위산이 어디 있는 산인가?

고힐강 교수는 《우공》 편의 삼위산의 위치를 고증하여 다음과 같이 썼다.

> 삼위산三危山에 대해서 《춘추좌전》 소공昭公 9년 조에 대한 두예杜預의 주에는 "삼위산은 과주瓜州에 있는데 지금의 돈황敦煌이다"라고 말했다. 지금 감숙성 돈황현 남쪽 당하黨河 곁에 삼위산이 있다. 옛 설에서 말하는 우공禹貢의 삼위다. 단 《한서·지리지》와 《후한서·지리지》의 돈황현에는 삼위에 대한 말이 없다. 《후한서·서강전》西羌傳에는 '순임금이 네 죄수를 유배 보냈다가 삼위로 옮겼는데, 하관河關현 서남쪽 강羌땅이다. 사지賜支에 가깝고 하수河首에 이르는데, 연결된 땅이 천리다'라고 했는데 이 구절이 말하는 것은 매우 넓어서 또한 정확하게 삼위의 소재를 지적할 수 없다. 《사기·색은》에서 인용한 하도河圖의 설에 따르면 '삼위산은 조서鳥鼠 서남쪽에 있는데, 민산岷山이 서로 연결되어 있다'고 했다. 공영달孔穎達이 《상서》尙書 주석에서 인용한 정현鄭玄의 설도 같다. 지금 연구해보니 《후한서·군국지》의 롱서군

85) 원저는 환흥(驩興)으로 되어 있으나 환두(驩兜)의 잘못이므로 《상서(尙書)》 원문에 의해 바로 잡았다.

隴西郡 수양현首陽縣에 대해 류소劉昭가 주석하기를 《지도기》地道記에서 말하기를 '삼위가 있는 곳은 삼묘三苗의 처소다'라고 했다. 《후한서》는 수양현은 지금의 감숙甘肅 위원渭源현 동북이고, 조서산鳥鼠山은 지금 위하渭河 서쪽에 있고, 민산岷山은 지금 감숙 민현岷縣 남쪽에 있는데, 삼위가 있는 곳은 이 몇 곳과 상관있는 지명에서 찾아내는 것이 좋을 것이다. 또 《한서·풍봉세전》馮奉世86)은 영광永光 2년(기원전 42년) 롱서隴西의 강족을 풍봉세가 토벌하고 '수양의 서극西極 위에 주둔했다'고 했는데, 여순如淳은 주석에서 '서극西極은 산이름이다'라고 말했다. 곽박郭璞은 《회남자》淮南子 〈지형〉地形 편 주석에서 설명하기를 '삼위는 서극西極의 산이다'라고 했는데, 그렇다면 우공의 삼위는 곧 풍봉세가 올랐던 서극산西極山이다. 육덕명陸德明은 《장자음의》莊子音義에서 말하기를 '삼위는 지금 천수군天水郡에 속해 있다'고 했는데, 이는 서극西極을 지목해서 말한 것이다. 서극산이 지금의 이름으로 무엇인지를 구명하는 것에 불과할 뿐으로 이미 지목할 수는 없다. 三危山, 左傳昭公九年杜預注說 : '三危山在瓜州, 今敦煌'. 今甘肅敦煌縣南黨河傍有三危山, 舊說乃禹貢的三危, 但是漢書地理志和後漢書郡國志敦煌縣不說有三危, 後漢書西羌傳說 : '舜流四凶, 徙之三危, 河關之西南羌也. 濱於賜支, 至於河首, 綿地千里', 這包括很廣, 也不能确指三危所在. 史記索隱引河圖說 : '三危山在鳥鼠西南, 與岷山相連'. 孔穎達尙書疏引鄭玄說同. 今按後漢書郡國志隴西郡首陽縣劉昭注說 : '地道記曰 有三危, 三苗所處.' 後漢首陽縣在今甘肅渭源縣東北, 鳥鼠山在今渭河西, 岷山在今甘肅岷縣南, 三危所在, 可以從這幾處相關的地名找出來了. 又後漢書馮奉世傳

86) 원저는 《후한서》라고 했지만 《한서》에 〈풍봉세 렬전〉이 있으므로 바로 잡았다.

說：'永光二年隴西羌, 馮奉世討伐, '屯首陽西極上'. 如淳注說：'西極, 山名'. 郭璞注淮南子地形篇說: '三危, 西極之山'. 那么禹貢三危, 即馮奉世所登的西極山, 陸德明莊子音義說 '三危今屬天水郡', 也是指西極而言. 不過西極山究竟今名什么, 已不可指.〔중국 과학원 출판사판 《중국고대지리명저선독(中國古代地理名著選讀)》 29~30페지 : 원저 주〕

이에 의하면 고대의 《삼위산》은 오늘 중국의 서쪽 맨 끝에 있는 산이라는 것은 확실하나 오늘의 어느 산인가는 불명확하다. 일본의 어떤 사가는 삼위산을 알타이산으로 비정하고 있다.〔《동양 국사 지도(일본) : 원저 주〕

일본 사가의 설은 부정확하기는 하나 삼위산이 대체로 알타이산과 련결되는 현 중국 서북방의 산인 것은 틀림없다. 이 산이 기원전 2천여 년 전에 도대체 어느 종족의 거주지였는가는 오늘 불명확하며 그것은 물론 당시 한족의 령유지는 아니였다.

고조선 최초의 수도

그러면 어찌하여 단군 신화에 이러한 산이 관계되여 있는가? 이 문제를 고찰함에 있어서 우리는 단군 신화의 가장 이른 기록을 살펴볼 필요가 있다. 《위서》에는 이 산이 기록되여 있지 않다. 그런데 《삼국유사》에 인용되여 있는 《고기》에 이 산명이 기록되여 있다. 이것은 무엇을 의미하는가?

《고기》의 편찬자들이 《삼위》三危를 고대 중국의 유명한 산임을 모르고 썼다고 보기는 곤난하다. 전술한 바와 같이 기원 1세기 초 락랑 사람들이 《서경》을 통달했다는 것이 확증되니(론형 회국論衡 恢國

편) 고조선인들이 《삼위》가 《서경》에 보이는 산 명임을 알았을 것이 명백하다. 그렇다면 《고기》의 편자들이 어찌하여 그 먼 곳에 있는 산 이름을 단군 신화와 결부시켰는가? 이것을 《고기》 편자들의 중국에 대한 사대주의 사상의 표현이라고 지적할 근거는 없다. 그들은 단군을 고조선의 창건자로 인정한 것이며 결코 그가 한족과 관련이 있다고 생각한 것은 아니였다.

단군이 구체적 인물의 이름이 아닐진대 고조선족의 선조가 《삼위산》과 관련되고 있었다는 것을 《고기》 편자들이 인정했다고 볼 수 있을 것이다. 즉 《고기》의 편찬자는 단군이 삼위산에서 출생하며 1,908세에 이르러 《아사달》산에 들어가 산신이 되였다는 것이다. 단군 신화에 《삼위산》이 관련되여 있는 사실은 주목하여야 할 문제로 남는다. 이 사실은 고조선족이 알타이 지역에서 이동하여 왔다고 추측할 수 있는 하나의 근거로 될 수도 있으나 우리는 이 한 가지 사실만을 가지고서는 그것을 론단할 수는 없다.

이 문제는 하나의 전문적인 연구 과제로 남기고 아사달산에서 고조선의 발상지를 찾는 것이 타당할 것이다. 《위서》에는 고조선의 수도를 《아사달》이라고 썼고, 《고기》에서도 단군의 도읍지를 《삼위 태백》이라고는 쓰지 않고 처음 평양에 도읍했다가 《아사달》로 천도했다고 쓰고 있다. 일연은 고조선의 최초의 수도를 평양이라고 하였으나 이 설[87]은 확실한 근거가 없는 것이므로 필자는 수긍할 수 없다.

87) 북한은 고조선의 중심지를 요동으로 봤으나 현재는 "고조선의 수도, 단군의 도읍지는 평양이였다(현명호, 〈고조선의 성립과 수도문제〉, 《단군과 고조선에 관한 연구론문집》, 사회과학출판사, 평양, 1994, 60쪽)"라고 수정했다. 강동군 단군릉에서 나온 유골에 대한 측정결과 지금으로부터 5,011년 전의 유골이라면서 "과거 사회에서는 왕들의 무덤을 수도부근에 쓰는 것이 대체로 하나의 관례로 되어있었다고 볼 수 있다"면서 단군릉을 근거로 평양을 단군의 도읍지라고 수정한 것이다. 평양을 중심으로 역사를 해석하는 주체사관의 일환인데, 그러나 고조선의 강역은 여전히 고대 요동까지 걸쳐 있었다고 보고 있다.

군사 수장으로서의 《단군》 조선의 발상지는 《아사달》로 보는 것이 타당할 것이다.

할빈 완달산을 아사달로 해석한 신채호

그러면 아사달산은 어디 있는 산이냐? 이 산의 위치에 관하여 종래 각이한 설이 있다.

① 《삼국유사》 1권 《고조선》 조에는 《《경經》에는 무엽산無葉山이라 하고, 또한 백악白岳이라고도 하니 백주 땅에 있다. 혹은 개성開城 동쪽에 있다고 하는데 지금의 백악궁白岳宮이 그것이다(經云無葉山, 亦本白岳, 在白州地. 或云開城東, 今日安岳宮是)》라고 씌여 있다.

일연은 《아사달》이란 명칭에 구애되지 않고 《경》經에 근거하여 해석하고 있는 바 우리는 이에 대하여 주목해야 할 것이다. 이 《경》은 불경인가 《산해경》인가 불명확하나 어쨌든 이 《경》이 우리나라 《경》이 아니라는 것은 말할 수 있을 것이다. 이 사실은 일연이 생존하던 시기 《아사달》이란 산을 조선 경내에서 찾을 수 없었다는 사정을 말하여 주는 것이다. 과학원 고전 연구소 번역본 《삼국유사》의 주에는 그 《경》을 《산해경》이라고 주석하고 있으나 현행본 《산해경》에서는 《아사달산》을 찾아 볼 수 없으니 딴 경서인 것 같이 보인다.

② 《동국 여지 승람》과 기타 리조 시대의 허다한 학자들은 《아사달》을 《구월산》으로 해석하였다. 그러나 이것은 신채호 선생이 론박한 바와 같이 부회에 불과한 것이다.

③ 신단재(신채호)는 《조선사 연구 초》에서 앞의 두 설에 대해서 다음과 같은 요지로 비판했다.

아사阿斯는 〈아홉〉이요 〈달〉達은 〈달〉이니 구월九月의 의義라 하나, 아사阿斯를 앗, 엇 ,옷 ,웃, 혹或 아쓰, 오 쓰, 우쓰 등으로 읽을 수 있으나 아홉으로 읽을 수 없으며 달達의 음은 〈대〉니, 〈대〉는 신령의 뜻이니 아사달阿斯達을 구월산九月山으로 해석함은 불가不可하며 구월산의 고명은 궁흘弓忽이요. … 구월을 아사달로 위증하야 단군의 후예가 구월산으로 이도移都한 사실을 위조하였으나 … 사실이 아니니라 북부여의 고명이 조리비서助利非西요, 할빈의 고명이 비서갑非西岬이라. 속어에 팔월 추석을 가우절이라 하고 삼국사기에는 가배절嘉俳節이라 하였으니 비非, 배俳 등 자 고음에 《우》임이 명백하니 비서非西와 아사阿斯가 음이 상근할 뿐더러 단군 후예인 해부루는 할빈에서 동천하야 동부여가 되며 해모수는 할빈에서 굴기하야 북부여가 되였은즉 아사달阿斯達은 곧 비서갑非西岬이니 금今 할빈의 완달산完達山이 그 유지가 될지니라.

나는 신단재의 설이 일리가 있다고 인정하나, 부여 왕족이 단군의 후예이기 때문에 부여 지역을 곧 고조선 지역으로 인정함으로써 부여의 지역에 있던 《비서갑》非西岬이 곧 《아사달》로 된다는 론리에는 동의하기 어렵다. 왜냐하면 단군 신화는 부여 건국 전설과는 완전히 다른 별개의 고조선 건국 전설이며 또 아래에서 론할 바와 같이 고조선과 부여는 완전히 다른 국가였기 때문이다. 후세 사가들이 부여 왕계를 단군의 후예로 만들었으나 부여 건국 전설에는 그것이 전연 반영되여 있지 않고, 부여는 고리국의 왕자 동명이 건국한 국가로 인정되여 있다. 따라서 부여의 왕계를 단군의 후예로 인정하여야 할 하등의 근거가 없게 된다.

그렇기 때문에 신단재의 론리적 전제에서 이 부분은 승인하기 어려우나 할빈 교외에 있는 완달산의 구명을 《아사달》로 해석한 데 대해서는 동의할 수밖에 없다. 오늘까지 《아사달》의 지명 해석과 그 고충에 있어서 그의 설이 가장 유력한 것이기 때문에 나는 우선 그의 설을 좇으려 한다.

여기에는 또 하나의 리유가 있다. 부여 건국 전설에 의하면 부여 지역이 예인의 원주 지역임이 분명하니 그 예인의 중심지가 《비서갑》非西岬이였다고 말할 근거가 있다. 나는 아래에서 론급할 바와 같이 고조선족은 곧 예족이라고 인정한다. 그 예인의 여러 부족들이 선후하여 점차 해안 지대로 이동하고, 계급 국가 형성 이전 시기부터 오늘 료동 개평 지역에서 중심을 이루었다고 보여진다.

기술한 바와 같이 나는 고조선 수도를 개평으로 인정하며 또 바로 그 부근에 《곰산》이 있다(성경통지·료동지盛京通志 遼東志). 이 《곰산》熊岳은 바로 《검산》으로 읽을 것이며 이것이 고조선 국가의 발생지로 인정된다. 거기에 정착한 고조선족은 이미 국가 형성 이전에 여러 지역으로 이동하였는 바 그 일부는 오늘의 중국 하북성 《예수》濊水 지역에까지 진출하였고, 또다른 일부는 압록강 이남으로 진출하여 거기의 원주민과 융합하여 《한족》韓族을 이루게 되였다고 인정된다.

《아사달산》과 류사한 지명이 《수경주》에 있기는 있다. 동서 《하수주》河水注에는 《아누달산》阿搙達山(anudashan, 아뇩달산)이란 산명이 보인다. 동 주석에서는 이 산을 《곤륜산》으로 인정하고 있다. 이것을 《삼위산》의 위치와 비교한다면 그와 동일한 방면에 있는 것이 사실이며 또 《삼위산》에서 《아사달산》으로 이동했다는 이야기와도 비슷이 합치되기는 한다. 그러나 이 산을 고조선족의 중심 지역이였다고 해석할 아무러한 근거가 없다.

요컨대 군사 수장으로서의 《단군》의 토템 신화는 《위서》의 기록에 근거하여 《위서》를 저작한 시기 즉 기원 3세기 중기 이전 2천 년 경에 발생했다고 인정하여 큰 잘못이 없을 것이다. 《고기》에는 《단군 조선》이 기자 이전(기원전 12세기 이전)에 1,500년 간 존속되였다고 쓰면서 동시에 요堯와 동 시대 인물로 인정하고 있으나 이 년대 계산은 우선 부정확한 것이며, 그 산출의 근거가 불명확하다. 그리고 다음 절에서 론술할 바와 같이 《기자 조선》 전설은 위작이며 따라서 《단군 조선》이 기원전 12세기에 종말을 지었다는 《고기》의 기록은 황당한 설이다. 고조선은 첫날부터 망국 시기까지 단군 신화를 그 통치의 주요한 관념적 무기로 삼았다고 보는 것이 타당할 것이며, 위씨 조선도 결코 단군 신화를 말살할 수 없었던 것이다.

단군 신화는 세 개 단계를 거쳐서 체계화된 것으로 볼 수 있다. 즉 첫 단계에서는 씨족 사회에서의 단순한 씨족 토템이 생겼고, 둘째 단계에서는 군사 민주주의 단계로 이행하는 시기 군사 수장으로서의 《단군》이 등장하게 되었고, 세째 단계에서는 계급 국가 형성 후 고조선 국왕으로서의 《단군》이 등장하게 된 것이 아니겠는가? 아사달산에서 《땅의 지배자》로서 출현하게 된 것은 이미 둘째 단계에 해당되는 시기 즉 군사 민주주의 단계이며, 토템 신화의 발생은 아득한 옛날의 일일 것이다. 억단을 감히 해 본다면 그것은 기원전 12세기 이전 1500년 경 즉 기원전 27세기 경이라고 말해 볼 수 있을 것이다.

제2절. 기자 조선 전설 비판

기자箕子가 고조선으로 왔다는 전설이 력사적 사실인가 아닌가를 고증하는 것은 고조선 력사 연구에 있어서 매우 중요한 의의를 가지는 문제이다. 왜냐하면 만일 기자가 서주 초(기원전 12세기) 고조선으로 와서 문물 제도를 제정하고 왕으로 군림하여 국가를 수립했다는 전설이 사실이라면 고조선의 국가 형성기는 늦어도 기원전 12세기로 되여야 하겠기 때문이다. 과연 기자 전설이 력사적 사실이겠는가를 고찰해 보자. 우리나라에서는 어느 시대부터 기자 전설이 숭상되기 시작했는가?

기자가 고조선으로 와서 문물 제도를 창설하였다는 중국측 기록은 《한서·지리지》와 《삼국지·예전》이다. 그러나 이 문헌들에는 고조선인이 기자를 숭상했다는 기록은 없다. 진수는 중국에서 자기 시대까지 전래된 전통적인 《기자 전설》을 《예전》濊傳에 기록하고 있을 뿐이다. 《기자 전설》을 《예전》에 기록한 리유는 예인濊人이 곧 고조선족이였다는 것을 의미한다고 생각되는 바 이에 대해서는 다음 장에서 다시 언급한다.

고구려 때부터 기자 전설 신봉?

우리가 오늘 알 수 있는 것은 고구려 때부터 기자를 숭상하여 제사를 지낸 사실이 있다. 《신당서·동이·고구려전》新唐書東夷高句麗傳에는 《… 풍속에 음사가 많고, 영성靈星·일日·기자箕子·가한可汗 등을 신으로 섬긴다

(… 俗多淫祠, 祠靈星及日, 箕子, 可汗等神)》[88]라고 썼다. 여기에 고구려가 기자를 제사한 것이 어느 때부터인가는 기록되여 있지 않으나, 《신당서》에는 고구려가 평양으로 천도한 이후 고구려 력사를 기록하고 있는 사실로 미루어 보아서 고구려가 기자를 제사했다는 기사는 역시 고구려가 평양으로 천도한 이후의 사실을 기록한 것으로 보아야 할 것이다. 《신당서》 이전 정사正史들의 동이 렬전東夷列傳들에는 기자에 관한 기사가 보이지 않는다. 고구려가 평양으로 천도한 이후 기자 전설을 신봉해 오다가 고려 초 숙종肅宗(기원 1096~1105)대에 와서는 기자의 분묘와 사당을 만들고 기자 숭상열이 더욱 높아지게 되였다. 《고려사》 63권 《례, 5, 잡사》초에는 이런 기록이 있다.

> 숙종 7년(1102) 10월 임자 초하루 예부禮部에서 상주하기를, "우리나라의 교화와 예의는 기자箕子로부터 비롯되었는데 사전祀典에 등재되지 못하였습니다. 바라옵건대 그 무덤을 찾고 사당을 세워서 제사를 지내게 하소서"라고 아뢰자 따랐다.
>
> 肅宗七年(1102) 十月 壬子朔禮部奏, 我國敎化禮義, 自箕子始, 而不載祀典, 乞求其墳塋, 立祠以祭, 從之.

---

88) "고구려가 평양으로 천도한 이후 기자 전설을 신봉"했다는 말은《구당서(舊唐書)》〈고려(고구려) 열전〉의 "고구려의 풍속은 음사(淫祀 : 귀신에게 지내는 제사)가 많아서 영성신(靈星神), 일신(日神), 가한신(可汗神), 기자신(箕子神)을 섬긴다(其俗多淫祀, 事靈星神, 日神, 可汗神,箕子神)"는 구절에서 따온 것 같다. 기자신 앞의 가한신은 단군을 뜻하는 것으로 해석한다. 그런데 같은《구당서》〈고려 렬전〉 조금 뒷부분에, "요동의 땅은 주(周)에 의해 기자의 나라가 되었는데, 한나라에서 현도군으로 삼았다(遼東之地, 周爲箕子之國, 漢家玄菟郡耳)"는 구절이 나온다. 이는 주나라에서 형식적으로 기자의 나라로 봉한 지역이 고대 요동임을 말해주는 것이므로 이를 근거로 "고구려가 평양으로 천도한 이후 기자 전설을 신봉했다"고 볼 수는 없다.

그런데 같은 책에는 《충숙왕 12년(1325). 지금 평양부에 기자 사당을 세우고 제사 지냈다(今平壤府立箕子祠祭)》라는 기록이 또 있다. 이 기록들에 의하면 1102년에 건립한 기자의 분묘와 사당과 1325년에 건립한 사당은 다른 것 같이도 보인다. 그러나 기자묘는 평양 이외에 다른 지역에 있다는 기록이 없다. 《고려사》 58권 지리지 평양부 조에는 《기자묘는 평양부 땅 토산 위에 있다(箕子墓在府城地兎山上)》라고 씌여 있다. 따라서 기자묘는 1102년에 평양에 건립하였다가 1325년에 다시 사당을 복구한 것으로 보인다.

요컨대 조선에서는 12세기 후반기에 기자 숭상열이 높아졌음을 알 수 있다. 리조에 와서는 기자 전설을 체계화하였는 바, 한백겸韓百謙은 《기전고》箕田考(1837년 해창海昌 장씨蔣氏 해별하재총서刻別下齋叢書 소수所收)를 저술하고, 윤두수尹斗壽는 《기자지》箕子志를 저술하여 모든 유학자들이 기자 전설을 신봉하고 그것을 자랑으로 삼았다. 이 현상은 물론 리조 봉건 통치 계급의 사대주의 사상의 직접적인 반영인 것이다.

리조 유학자들 간에도 기자가 서주왕西周王의 봉封을 받고 조선으로 왔는가, 또는 조선으로 망명하여 왔는가 하는 문제에 대해서는 이론이 있었다. 리률곡李栗谷은 《기자 실기》 일 편을 저술하여 기자 수봉설受封說을 반대하였다. 그러나 어쨌든 리조 유학자들 간에 전설 자체를 부인한 사람은 한 사람도 없었다. 일본 제국주의 침략자들이 조선을 강점한 후 봉건 지주 계급을 침략의 도구로 만들기 위하여 반동적 유교 사상을 장려하고, 기자 전설을 리용하였다. 요컨대 과거 봉건 통치 계급과 일본 식민주의자들과 그 주구－지주, 예속 자본가들은 자기들의 계급적 리익을 위하여 기자 전설을 리용하였다.

물론 우리는 기자가 중국인이라고 해서, 또 기자 전설이 과거 통치 계급에게 복무된 사상이라고 해서 과학적 론증이 없이 그것을 부인해서는 사람들을 설득시킬 수 없는 것이다. 중국에서도 력대로 이 전설이 력사적 사실로서 인정되여 왔으며 오늘까지도 적지 않은 사람들이 그렇게 인정하고 있다. 어떤 력사가는 은족殷族이 본래 동북방 계통의 종족으로서 고조선족과 동일한 동이 계통이라고 주장한다.〔장정랑(張政烺) 등《오천년래의 중조우호관계(五千年來的 中朝友好關係)》6페지 : 원저 주〕

나는 문헌 사료를 통하여 기자 조선 전설이 력사적 사실로서 인정될 수 있는가 없는가를 론하려고 한다.

중국 사료엔 진, 한 초부터 기자 등장

우선 중국 고대 문헌 사료들을 통하여 기자 전설을 살려 보기로 하자. 기자 조선 전설을 기록한 가장 이른 문헌은《상서 대전》尙書大傳인 바, 동서 3권《주전·홍범》周傳, 洪範에는 이렇게 씌여 있다.

> 무왕이 은을 꺾은 후 기자를 석방시켰는데, 기자는 주에 의해 석방된 것을 참을 수 없어서 조선으로 떠나갔다. 무왕이 이를 듣고 조선에 봉했다.
>
> 武王勝殷, 釋箕子之囚, 箕子不忍爲周之釋, 走之朝鮮, 武王聞之, 因以朝鮮封之.

이에 의하면 서주가 은殷을 정복하고 은 정권에게 구금되여 있는 기자를 석방하여 주었는데, 기자는 자기 나라를 정복한 주나라의 용서를 받는 것을 참지 못하여 조선으로 왔다. 주 무왕은 그 소식을 듣고 조선 후侯로 봉하였다는 것이다. 혹자는 이 조선을 고조선이 아니고 중국의 한 지방이라고 해석하려는 사람도 있으나, 그러한 생각은 아무 근거가 없는 이야기다. 고대 중국 문헌에 보이는 조선을 고조선이 아니라고 생각하는 경향은 고조선 국가의 유구성을 부인하려는 그릇된 견해의 표현인 것이며, 우리는 그 조선을 중국의 한 개 지방이라고 해석할 아무러한 근거도 발견할 수 없다.

정현鄭玄[89]은 위의 인용문을 주석하여 《조선은 지금의 락랑군이다(朝鮮, 今樂浪郡)》라고 썼다. 대국주의자들인 중국 봉건 사가들이 《조선》이 만일 자기 나라의 한 개 지방이였다면 이렇게 해석할리는 만무한 것이다. 그들은 조선을 자기의 지방으로는 인정할 근거가 없기 때문에 억지로 《후국》이라고 말한 것이다. 이것은 바로 온 천하가 자기들의 지배하에 있는 듯이 생각한 소위 《천자》天子의 사상을 반영한 것이며 이러한 실례는 비단 조선에 대해서 뿐이 아니였다.

《상서 대전》 이후의 문헌으로서는 《사기》 38권 《송 미자세가》宋微子世家에 기자 전설이 보이는 바, 거기에는 《무왕이 은나라를 꺾은 후 기자를 방문했다 … 이에 무왕은 기자를 조선에 봉했지만 신하는 아니었다(武王既克殷, 訪問箕子, … 於是, 武王乃封箕子於朝鮮, 而不臣也)》[90]라고 씌여 있다. 벌써 이 자료에서는 전자의 내용과 달리 기록되여 있다. 여기서는 무왕이 기자를 조선으로 봉해서 보낸 것으로 되여 있다. 우리는 벌써 여기서 기자 전설이 정확한 근거가 없이 서술되고 있다는 사실을 간파할 수 있다.

주지하는 바와 같이 《상서 대전》은 진秦 복생伏生[91]의 저작이며,

---

89) 정현(鄭玄 : 127~200년) : 후한의 경학가로서 전한·후한의 경학(經學)을 대성시켜 '경신(經神)'이라고 불렸다.

90) 원저의 '기불어조선(箕不於朝鮮)'은 '기자어조선(箕子於朝鮮)'의 잘못이므로 《사기》 〈송미자세가〉 본문에 따라 바로 잡았다.

91) 복생(伏生 : 생몰년 미상) : 젊을 때 진(秦)나라의 박사(博士)를 역임하면서 《상서

복생이 기자 전설을 무엇에 근거하여 기록했는지는 알 수 없으나 《상서 대전》 이전의 현존 문헌 상에서는 기자가 조선으로 왔다는 전설은 찾아 볼 수 없다. 오늘 우리는 《상서 대전》의 기자 전설이 무엇에 근거했는가를 천명할 방법이 없다. 그러나 우리는 현존 문헌 사료들을 조사 연구함으로써 《상서 대전》의 기자 전설이 확고한 사료에 근거하지 않았다는 사실을 추단할 수 있게 된다.

중국 력사가 고힐강顧頡剛교수는 이에 관하여 다음과 같이 썼다.

> 《상서대전》에 이르러 고쳐진 본이 어느 책인가에 대해서는 혹 한나라 초의 전설에서 나왔다고도 말할 수는 있지만 지금으로서는 알 수 없다. 그런 사실은 옛 서적에서는 증명할 수 없다. 다만 조선의 거리가 당시 중국 땅과 멀리 떨어져 있어서 주 무왕의 봉함을 받을 수 없었으리라는 것은 단정할 수 있다. 이 전설은 당시 진나라, 한나라 사이 때 조선왕이 기씨라는 데서 나왔다고 추정할 수 있지만 (《삼국지·위서》 동이 렬전 한조를 보라) 여기에서 나온 억측일 뿐이다. 그러나 기준이 조선의 왕이 되었다는 한 가지 사실과 주 무왕이 기자를 봉했다는 또 한 가지 사실이 우연히 성씨가 일치했다고 마침내 앞의 한 가지 사실로써 뒤의 한 가지 사실도 맞다고 단정하는 것은 옳지 못하다. 至《大傳》更本之何書, 抑或出於漢初傳說, 今不可知, 然其事於故籍無徵, 旦朝鮮離當時中土絕遠, 非周武之所得而封 則可斷也. 推想所以有此傳說之故, 當由秦, 漢間之朝鮮王爲箕氏(見三國魏書, 東夷韓傳), 因有此臆測耳. 然箕準王朝鮮爲一事, 武王封箕子又爲

(尙書)》를 전문으로 연구했다. 진시황 34년(서기전 213) 분유갱서 때 《상서》를 벽 속에 감추어 보존했다. 한(漢)나라 공안국(孔安國)이 그에게 사사한 것으로 전해지는데 《금문(今文) 상서》 28권은 복생이 보존해 전해졌다고 알려지고 있다.

一事[92], 不當以姓氏之偶合, 而遂憑前一事以斷說後一事, 固無疑.

〔고힐강(顧頡剛) 랑구촌수필기자봉국(浪口村隋筆 箕子封國) : 원저 주〕

이에 의하면 《상서 대전》의 기자 조선설은 대체로 한 초의 전설에 유래된 것으로 인정하며, 그것은 서주의 무왕이 기자를 자기의 후侯로 봉한 억측과 고조선왕의 성이 기씨였다는 두 가지 사실을 결합시켜 조작한 것이라고 한다. 이 설에도 일리가 있으나 이 전설이 이렇게 간단하게 날조되었다고 생각하기는 곤난하다.

그리고 우리나라의 일부 언어학자들은 《기》箕 자를 리두문으로 해석하여 《검》(즉 왕)으로 읽음으로써, 《기부》箕否와 《기준》箕準을 《왕부》와 《왕준》으로 읽어야 한다고 주장한다. 따라서 그들은 고조선왕의 성이 《기》씨가 아니였고 기자와는 아무 인연이 없다고 주장한다. 이러한 해석은 일리가 있다고 인정된다. 그러나 단지 이러한 언어학적 해석으로써 기자 조선 전설을 부인하는 것은 근거가 불충분한 것이다.

또 어떤 사가들은 《위략》, 《삼국지》, 《후한서》 등에서 고조선왕 부와 준에 관한 력사를 기록하면서도 《기》箕 성을 부치지 않고 있다는 사실에 근거하여 고조선왕이 《기씨》였다는 설이 성립될 수 없다고 주장한다. 따라서 그들은 고조선왕과 기자와는 아무러한 인연도 없다는 것을 근거로 하여 기자 전설을 부인한다. 이러한 주장도 일리는 있으나 그 근거가 역시 불충분한 것이다. 《위략》, 《삼국지》, 《후한서》의 필자들은 고조선왕을 기자의 자손이라고 인정하고 글을 썼기 때문에 부왕이나 준왕의 성을 략하여 쓴 것이며 결코 그들이 고조선왕의 성을 《기씨》가 아니라고 인정하여 쓴 것은 아니다.

92) 원저에는 '무왕봉기자우위일사(武王封箕子又爲一事)'라는 한 구절이 빠져있다.

《사기·조선 렬전》에는 고조선의 대신 고관들의 《성명》으로 《로인》路人, 《한음》韓陰, 《참》參, 《왕협》王唊, 《성기》成己 등이 기록되어 있다. 이 사실로 보아서 고조선의 귀족 관료들은 한'자로 이름을 썼다는 사실을 알 수 있다. 물론 성을 썼는가 안 썼는가는 이 자료만 가지고서는 알 수 없다. 여기의 인명들이 과연 한식 성명인가는 판단하기 어렵다. 그러나 어쨌든 한'자로 두 자 이름을 쓴 것은 사실이니, 그 국왕도 그러한 《성명》을 썼다고 말할 수 있을 것이다. 따라서 고조선 왕의 성명을 근거로 하여 기자 조선 전설을 부인하는 것은 불충분한 것이다. 고 교수의 설과 같이 고조선왕의 성명이 《기부》箕否이기 때문에 그것이 《기자》箕子의 성과 우연히 일치했을 수도 있는 것이다.

기자 조선 전설이 진-한 초에 위조되였다는 사실은 의심할 바 없다. 왜냐하면 그 이전 문헌들에는 기자가 조선으로 왔다는 기록이 전연 없기 때문이다.

《론어·미자》微子 편에는 《미자는 떠나갔고, 기자는 종이 되었고 비간은 간쟁하다가 죽었는데, 공자가 은나라에는 세 사람의 어진이가 있다고 말했다(微子去之, 箕子爲之奴, 比干諫而死, 孔子曰殷有三仁焉)》라고 씌여 있을 뿐이다. 즉 공자는 기자가 조선으로 왔다는 것을 상상도 하지 못하고 있는 것이다.

《죽서기년》竹書紀年 4권 《주기·무왕》 조에는 《무왕은 따르지 않았다가 주왕이 비간을 죽이고, 기자를 감옥에 넣고, 미자가 떠나감에 이르러 이에 주를 정벌했다(武王不從, 及紂殺比干, 囚箕子, 微子去之, 乃伐紂)》라고 씌여 있다. 또 같은 책에는 《무왕 16년에 기자가 와서 조알했고, 가을에 무왕의 군대가 포고를 멸망시켰다(武王十六年, 箕子來朝, 秋王師滅蒲姑)》라고 씌여 있으며 이것은 기자가 서주 왕실에 래왕 했음을 의미한다.

《한시 외전》韓詩外傳 3권 《무왕》 조에는 《은나라 왕실의 후예를 송나라에 봉하고, 비간의 묘를 봉했으며, 기자를 석방시켜서 상용의 마을을 표창하게 했다(封殷之後于宋, 封比干之墓, 釋箕子之囚, 表商容之閭)》라고 씌여 있으며, 기자는 서주 령역 내에 있는 것으로 인정되고 있다.

이러한 자료들에 근거하건대 중국 고대 문헌들에는 《상서 대전》에 이르기까지 기자가 고조선에 왔다는 기록이 없음을 알 수 있다.

사마천이 《사기》의 《본기》와 《조선 렬전》에서 기자 조선 이야기를 조금도 언급하지 않은 사실로 미루어서 그도 그 전설을 확신하지 않았다는 것을 짐작할 수 있다.

도대체 기자라는 인물이 어떠한 존재인가? 중국의 력대 학자들이 기자의 성명이 무엇인지도 모르고 있은 형편이다. 《기자》란 명칭은 본래의 성명인 것이 아니라 《기국의 자》(箕國之子)라는 뜻이다.

청 대의 고증 학자 최술崔述은 《상고신록》商考信錄 1권에서 다음과 같이 썼다(《최동벽유서》崔東壁遺書에 수록됨).

> 《사기·은본기》는 미자가 떠나간 것이 기자가 종이 되고 비간이 죽기 이전의 일이라고 했지만 《사기》에는 기자와 비간이 화를 입은 이후라고 쓰고 있다. 내가 살펴보니 (비간이) 간쟁했지만 듣지 않았다는 것을 상고하니 다른 성씨의 먼 신하였기 때문이다. 미자는 상나라 왕실의 가까운 친척인데 어찌 이를 비간과 비교하겠는가? 또 《사기·본기》와 《사기·세가》의 글은 서로 모순이 있다. 세가는 또 상서 미자 편에 비간이 간쟁하기 전이라고 썼다. 이는 즉 사마천이 원래 일정한 견해가 없었던 것이다.
>
> 史記殷本紀, 微子之去, 在箕奴, 比死之前, 而宋世家則載于箕, 比受禍之後. 余按, 諫不聽而考, 乃異性疏遠之臣然耳, 微子, 商之懿親, 豈以得

此爲比, 且本紀, 世家之文既矛盾, 而世家又載商書微子篇文於箕, 比未諫之前, 則司馬氏原無定見也.

그는 《사기》의 《본기》와 《세가》의 기자에 관한 기록이 모순이 있기 때문에 사마천이 정견定見이 없었다는 것을 지적하였다. 우리는 최씨의 고증으로써 사마천도 기자에 관한 구체적 자료를 장악하지 못하였음을 알 수 있다. 사마천 이후의 중국의 일부 학자들은 기자 조선 전설을 부인하였다.

중국 대국주의자와 조선의 사대주의 학자

진晋의 두예杜預[93]는 《사기》〈송세가〉宋世家의 《색은》에 인용된 주석에서 《량국 몽현에 기자의 무덤이 있다(梁國蒙縣有箕子塚)》라고 썼다(사기·송세가宋世家 집해에 인용됨)[94]. 이에 의하면 기자의 무덤이 오늘 하남성에 해당되는 량국 몽현에 있다는 것이다[95]. 이것은 곧 두예가 기자가 조선으로 왔다는 설을 부인한 증거로 된다.

그런데 정다산은 두예의 설을 반박하여 《정약용이 살펴보니, 《사기·색은》에서 두예는 '량국 몽현에 기자의 무덤이 있다'고 주석했는데 … 지금 《일통지》를 살펴보니 몽현에는 이런 문장이 없다(鏞案, 史記索隱社預注

93) 두예(杜預 : 222~285) : 조위(曹魏 : 조조가 세운 위) 말기와 서진(西晋) 때의 정치가이자 학자이다. 진나라가 중원을 통일하는데 공을 세웠으며 특히 역사서에 정통해 《춘추좌전》〈집해〉를 편찬했다.

94) 원저는 《사기》〈송세가〉 집해에 인용되었다고 썼지만 《색은》에 인용되었으므로 바로 잡았다.

95) 서기 전 12세기 경의 사람인 기자의 무덤은 현재 산동성과 하남성이 만나는 상구(商丘)시 외곽에 있다. 평양에 있던 기자의 무덤은 고려 후기에 유학자들이 기자동래설에 의해 서기 12세기 이후에 만든 가묘(假墓)다.

云, 梁國蒙縣有箕子塚 … 今一統志, 蒙縣無此文)》[96]라고 썼다(아방강역고). 리조 말의 가장 진보적인 실학자였던 그도 기자묘가 중국에 있다는 설을 반대하고 기자를 숭상했으니 사대주의 병이 얼마나 혹독하였는가를 가히 짐작할 수 있다.

그의 말대로 사실 상 《대명일통지》에는 《몽현에는 기자의 무덤이 있다(蒙縣有箕子塚)》란 기록이 없다. 그러나 그렇다고 해서 그것이 두예의 설을 부정할 수 있는 근거로는 될 수 없다. 대국주의자들의 립장에서는 두예의 설을 의식적으로 말살할 수 있는 것이다. 또 사실 상 《대명일통지》의 편자들이 그러했을 것이다.

역시 청 대의 고증 학자인 정은택程恩澤[97]은 《전국책 지명고》戰國策地名考(《오아당총서》粵雅堂叢書에 수록됨) 18권 《기국》箕國 조에서 다음과 같이 썼다.

> 두예는 "량국 몽현에 기자의 무덤이 있다"고 말했는데, 지금 하남성 상구현에 있으니 곧 북박北亳[98]이다. 기자가 봉함 받은 곳은 아마도 여기로 보는 것이 근사할 것이다. 지금 태원부 태곡현 동남쪽 35리에 기자성이 있는데, 《춘추》에서 진晋나라 사람들이 적인狄人들을 기箕땅에서 처부수었다. 습주 포현에 또한 기성이 있다고 했다. 《춘추 좌씨전》은 "우리의 기箕와 고郜를 불태웠다"[99]라는 말이 있는데, 이는

---

96) 원저는 '금일통지, 몽현무지(今一統志, 蒙縣無之)'라고 썼지만 정약용의 《아방강역고》 원문은 '금일통지, 몽현무차문(今一統志, 蒙縣無此文)'이라고 되어 있다. 《아방강역고》 〈조선고〉에 따라서 바꾸었다.

97) 정은택(程恩澤 : 1785~1837)은 안휘성 흡현(歙縣) 출신으로 청나라 때 시독학사(侍讀學士), 내각학사(內閣學士) 등을 역임한 정치가이자 학자였다.

98) 박(亳)은 옛 은[殷 : 상(商)]나라 수도 자리로서 북박(北亳)은 하남성 상구(商丘)이고, 서박은 하남성 언사(偃師)다. 그렇기에 은나라 사람 기자의 무덤이 이곳에 있다고 한 것이다.

99) 《춘추 좌씨전》 성공(成公) 13년 조의 구절인데, 아래에 보다 자세한 내용이 나온다.

모두 다른 곳들로서 이와는 관계가 없다. 《상서 지리지》에서 "진나라 사람들이 적인을 기땅에서 쳐부수었다"는 것을 지금의 유사楡社현이라고 하지만 틀린 말이다. 유사는 아마도 유차楡次가 잘못 전해진 것이다.

杜預曰, 梁國蒙縣有箕子塚, 在令河南商丘縣, 即北亳也. 箕子所封似應在此. 今太原府太谷縣東南三十五里有箕城, 春秋所云, 晋人敗狄于箕也 ; 濕州蒲縣亦有箕城, 左傳所云 '焚我箕, 郜也' : 皆是異地, 與此無涉. 尙書地理今釋以, '晋人敗狄于箕', 即今楡社縣, 非是. 楡社蓋楡次之訛.

정은택은 기자는 량국 몽현에 봉을 받았을 것이라고 주장하였다. 그는 그밖에 《기》箕라는 지명이 여러 기록에 있으나 그것들은 다 기자의 후국이 아니였다고 주장하고, 기자가 죽은 지방인 몽현이 곧 기자의 후국이였다는 것이다.[100]

물론 두예의 설을 부인할 근거는 없다. 그러나 그렇다고 해서 두예의 설이 기자 조선 전설을 부인할 수 있는 절대적인 자료로 될 수는 없는 것이다. 왜냐하면 기자가 조선에 왔다가 다시 몽현으로 돌아가서 죽었다고 생각할 수도 있기 때문이다. 그러나 기술한 바와 같이 기자가 조선에 왔다는 것을 증명할 수 있는 자료는 없다. 기자 조선 전설은 중국 대국주의자들의 《조선은 서주 왕실의 한 개 후국이라》는 관념의 표현에 불과한 것이며, 따라서 이러한 전설은 고조선 지역이 한인들에게 침범되고 그 일부가 그들의 지배하에 놓이게 된 이후에 날조되였다고 보는 것이 타당할 것이다.

100) 현재도 하남성 상구시에 기자의 무덤이 있다.

기자 조선 전설의 허황성

이제 우리는 진일보하여 기자가 서주 령역 내에서 봉을 받았다는 증거를 들므로써 기자 조선 전설의 허황성을 론증하기로 하자.

기자 봉지箕子封地에 관한 재료는 《좌전》左傳 희공 15년 전僖公十五年傳에서 찾아볼 수 있다.

> 이 해 진晋나라가 또 굶주렸다. 진秦나라 군주인 백작이 곡식을 보내며 말하기를 '나는 그 군주를 원망하고, 그 백성들을 불쌍하게 여긴다. 내가 또 들으니 당숙唐叔이 제후로 봉해질 때 기자가 "그 후손은 반드시 크게 될 것이다"라고 말했다고 한다. 그러니 진晋나라를 쉽게 차지하겠다고 바랄 수 있겠는가?
>
> 是歲, 晋又飢, 秦伯又餼之粟曰 : 吾怨其君, 而矜其民, 且吾聞唐叔之封也. 箕子曰 : 〈其後必大〉, 晋其庸可冀乎.

이 기록에 의하면 기자는 당숙唐叔의 봉국封國이 장래 강대해질 것을 예견하였다. 만일 《상서 대전》의 기록과 같이 기자가 무왕에 의하여 석방되여 곧 조선으로 왔고, 그가 조선으로 온 후 무왕의 봉을 받았다면, 기자는 당숙의 봉국(당唐은 곧 진即晋)의 장래에 대하여 예측하여 말하기도 곤난하였을 것이라고 보이거니와, 기자가 조선에서 말한 것이 《좌전》 전문傳文으로 기록되였다고 보기는 더욱 곤난한 것이다. 《좌전》의 이 자료를 말살할 근거가 없는 이상 우리는 이에 근거하여 기자의 봉국의 위치를 생각하지 않으면 안 될 것이다. 기자가 당숙의 봉국의 장래를 예견한 사실로 보아서 기자는 당, 즉 진晋의 국력과 정황을 잘 료해하고 있었다고 보아야 할 것이며, 따라서 기자의 봉국은 당과 그리 멀지 않은 곳에 있었다고 보아야 할 것이다. 고조선의 위치를 오늘 조선 령역으로 잡는다면 더욱 그렇게 생각할 수밖에 없고, 고조선이 료동이나 료서에 위치했다고 하더라도 기자가 거기에서 당唐(산서성에 위치함)의 장래를 예측하였다고 보기는 곤난한 것이다. 《죽서 기년》 3권 《은상기》殷商紀에는 《무왕 16년 기자가 와서 조알했다(武王十六年, 箕子來朝)》라고 기록되여 있는 바 이에 의하면 기자의 봉국이 주실周室과 그리 멀지 않은 곳에 있었다고 보여지며 타국인 조선에 거주했다고 보기는 매우 어렵다. 때문에 고염무顧炎武는 《대명일통지》의 설을 취하여 기자 수봉지를〔현재의 하북성 로룡현(盧龍縣)〕 영평부경永平府境으로 인정하였다. 《일지록》日知錄 31권 《대평일통지》 조에서 이렇게 썼다.

> 《일통지》에서 말하기를 '조선성이 영평부 경내에 있는데, 기자가 봉함을 받은 지역이다'라고 했다. 즉 기자는 지금의 영평후永平矣로 봉함을 받은 것이다.
> 一統志乃曰: '朝鮮城在永平府境內, 箕子受封之地'; 則是箕子封於今之永平矣.

그는 조선을 기자의 수봉지라는 종래의 대국주의적 립장에 섰기 때문에 《대명일통지》 설을 그대로 승인하였다. 영평부경이 고조선 령역이였다는 점에 대해서는 상술한 바이어니와 그렇다고 해서 그 조선 령역을 기자의 수봉지라고 론단할 수는 없는 것이다. 왜냐하면 고조선이 서주 왕실의 후국으로 되였다는 어떠한 근거도 없기 때문이다.

기자는 사람 이름 아니다

주지하는 바와 같이 기자의 성명을 알 수 있는 자료가 없다. 《좌전·희공》 15년 전 《소》에는 《《정의》에서 말하기를 역대의 여러 서적을 조사해 보니 기자의 이름을 찾을 수 없다. 오직 사마표司馬彪만 《장자》 주석에서 "기자의 이름은 서여胥餘이다"라고 했는데, 그것이 사실인지 아닌지는 모르겠다(正義曰, … 歷檢諸書, 不見箕子名, 唯司馬彪註莊子云, 胥餘箕子名, 不知其然否)》라고 썼다.

기자는 성명이 아님이 분명하니 《箕子》란 명칭의 유래는 아마도 그가 봉을 받은 후 국의 명칭에 유래된 것일 것이다. 기자는 성명이 아닐진대, 성명도 전래되지 않은 사람을 고조선의 통치자로 묘사한 중국의 문헌 기록들을 믿을 수 없는 것이 아닌가. 그리고 기자라는 은조 왕족이 서주西周의 봉지封地를 받았으리라는 것은 충분히 가능하기 때문에 우리는 《箕》가 바로 기자의 봉지이였다고 판단하는 것이 타당할 것이다.

우리는 《춘추 좌씨전》에서 《箕》에 관한 기록들을 찾아 볼 수 있다.

같은 책 《희공》僖公33년 《경》經에는 《진晋나라 사람이 적인을 기에서 쳐부수었다(晋人敗狄于箕)》라고 씌여 있고, 같은 조항의 《전》傳에는 《적인이 진晋나라를 정벌해서 기에 이르렀다(狄伐晋於箕)》라고 씌여 있다. 이 《箕》는 신나라 즉 오늘의 산서성 지역임을 말해 준다.

같은 책 《소공》昭公 23년 《傳》에는 《노나라에서 주邾나라 군사를 취하자 주나라 사람이 진晋나라에 호소했다. 진나라 사람이 노나라 손숙착을 기箕에 옮기게 했다(魯取邾師, 邾愬于晋, 晋人執叔孫婼,[101] 舘諸箕)》라

101) 원저는 손숙락(叔孫諾)으로 되어 있지만 《춘추 좌씨전》의 원문은 '손숙착(叔孫婼)'이므로 바꾸었다. 원저의 문장은 《춘추 좌씨전》의 내용을 축약한 것인데,

고 하였는 바, 이 《箕》도 역시 진晋나라, 즉 전자의 《기》의 위치와 동일함을 알 수 있다.

《箕》라는 지명은 이 외에도 찾아 볼 수 있다.

동상서 《성공》成公 13년 《전》에는 이렇게 씌여 있다.

> (진秦나라) 군주께서 또한 우리와 화평의 맹세를 하는 은혜를 베풀지 않으시고, 우리가 적인狄人과 싸우는 것을 이로운 것으로 여겨서 우리 하현河縣으로 쳐들어와서 기箕와 고郜를 불태우고, 우리가 농사지은 것을 베어가고 우리 변경의 백성을 학살했습니다.
>
> 君亦不惠稱盟, 利我有狄難, 入我河縣, 焚我箕. 郜, 芟夷我農功, 虔劉我邊陲.

이 문장 상 만으로서는 《箕》의 위치를 똑똑히 알 수 없다. 두杜씨는 이를 주석하여 《태원 양읍현 남쪽에 기성이 있다(太原陽邑縣南有箕城)》라고 썼다. 고염무는 이를 론박하며 이렇게 썼다.

> 해석해 보면, 태원 양읍현 남쪽에 기성箕城이 있다는 것은 사실이 아니다. 양읍은 지금의 태곡현인데, 양공襄公 때는 아직 진晋나라가 차지하지 못했다. 《춘추 좌씨전》의 전傳에 "적인狄人이 진晋과 기箕를 정벌했다"고 말한 것은 '제齊나라에서 우리와 청淸 땅을 정벌했다'고 말한 것과 같다.
>
> 解曰 : 太原陽邑縣南有箕城, 非也. 陽邑在今之太谷縣, 襄公時未爲晋有, 傳言 〈狄伐晋及箕〉, 猶之言齊伐我及淸也.

노나라가 주(邾)를 공격하자 주나라의 호소를 받은 진(晋)나라가 개입해서 진나라에 사신으로 온 노나라 공손착을 체포해서 기 땅에 옮겨두었다는 내용이다.

즉 그는 태원 양읍이 양공 시대에는 아직 진의 령토가 아니였기 때문에 태원 양읍현의 《箕城》이 기자의 봉지가 아니라는 것이다(일지록日知錄 권 21 기조箕條).

고힐강 교수는 이를 옳다고 시인하고 다시 강영江永의 설을 인용하여 다음과 같이 썼다.

> 또 태원은 빈하濱河가 아니다. 그래서 강영은 《춘추지리고실》에서 논박하기를 "살펴보니 이 해에 적인狄人이 진晋나라를 정벌했다는 것은 백적白狄이다. 백적은 서하西河에 있어서 하수를 건너 진晋을 정벌한 것이니 기箕 땅은 당연히 하수 부근에 있어야 하는데 … 지금의 산서성 포현蒲縣이 본래 한나라 하동군河東郡 포자현蒲子縣으로서 동북쪽에 기성箕城이 있다. … 진나라 사람이 적인을 기성에서 쳐부쉈다는 것은 당연히 이곳이다. 만약 태곡太谷(양읍陽邑이 지금의 태곡이 되었다)의 기 땅이라면, 백적과 거리가 너무 머니 다른 땅이다"라고 했다. 따라서 기자가 봉함을 받은 곳은 마땅히 지금의 산서성 경내이다. (《량구촌수필 기자봉국》)
>
> 又太原不濱河, 故江永〈春秋地理考實〉亦駁云 : '按此年狄伐晋, 白狄也, 白狄在西河, 渡河而伐晋, 箕地當近河 … 今山西蒲縣本漢河東郡蒲子縣地, 東北有箕城 … 晋人敗狄於箕, 當在此, 若太谷(陽邑爲今太谷)之箕, 去白狄遠, 其別一地' 然則箕子所封, 當在今山西境矣. (《浪口村隨筆 箕子封國》)

이 자료들에 근거하면 로魯의 성공成公(기원전 590~573년), 양공襄公(기원전 572~542년) 시대의 《箕》는 태곡 양읍현 남에 있는 《箕》와는 다른 지방임을 알 수 있다. 그렇기 때문에 고힐강 교수는 기자의 봉국을 산서 서경에 위치했다고 인정하였다. 그는 다시 《箕》라는 지역이 하나가 아닌 사실에 대하여 다음과 같이 썼다.

> 두예와 강영 두 학자의 설에 의하면 태곡 포자현에도 기성箕城이 있는데, 두 성이 하나는 분수汾水 동쪽에 있고 하나는 분수 서쪽에 있는데, 서로 거리가 상당히 떨어져 있다. 혹은 기국箕國이 일찌기 천도한 것인가? 태곡의 기箕가 처음 봉함 받은 당唐 땅에서 아주 가깝고, 포현의 기箕 역시 후에 천도한 익翼에 가깝다. 그 땅이 연달아 쇠퇴해 진나라에게 멸망을 당한 것인가?
> 依杜, 江二家說, 太谷蒲子縣并有箕城, 兩城一在汾東, 一在汾西, 有相當之距離,. 或箕國曾遷乎? 谷之箕密邇初封之唐, 蒲縣之箕亦近後遷之翼, 其以壤地毗連而被滅於晋乎?

이에 의하면 두 개의 기성箕城이 있는데 하나는 분수汾水 동쪽에 있고, 다른 하나는 분수 서쪽에 있다. 그런데 태곡에 있는 기성이 서주 초의 당唐국과 가깝기 때문에 처음 기자의 봉국이 거기에 있다가 후일에 포자현으로 옮겼다는 것이다.

그런데 기술한 바와 같이 정은택은 태곡현 동남에 있는 《箕》 지역을 기자의 봉국으로 인정하지 않고, 량국 몽현(현 하남성)을 기자의 봉국으로 인정하였다. 그의 설에 의하면 《좌전》에 기록된 《箕》는 서주 초의 《기국》이 아니고 춘추 시대의 《기국》이라고 하였는 바, 태곡현의 《기국》을 기자의 봉국으로 인정하기에는 근거가 박약하게 된다. 따라서 나는 정씨의 설대로 량국 몽현이 기자의 봉국이였다가 그 《기국》이 산서 지역으로 이동했다고 해석하는 것이 타당할 것이라고 생각한다.

《한서·지리지·량야군》琅邪郡 조에도 《箕》현이 있다. 같은 주석에는

《제후국이었다. 우공禹貢에 유수濰水가 북쪽에서 도창都昌에 이르러 바다로 들어가는데, 3개 군을 지나며 5백20리를 가서 연주兗州를 적신다(侯國。禹貢濰水北至昌都入海, 過郡三, 行五百二十里, 兗州寖也)》라고 씌어 있다. 이에 의하면 랑야군(오늘의 천진 이남 지역)에도 고대의 《箕》후국이 있었음을 알 수 있다.

양수경은 《수경주도·기수 편·탁장수 편·하수 편》水經注圖·淇水篇·濁漳水篇·河水篇에서 이 랑야군의 기 후국 지역을 대체로 고예읍古濊邑 지역과 일치시키고 있다. 즉 다시 말하면 《수경주》에 보이는 고예읍은 《한서·지리지》에 보이는 고 기국箕國과 지리적으로 일치함을 말해준다. 그는 또한 하북성의 예수濊水 외에 하남성 박亳지역, 즉 상구商邱현 지역에서도 예수를 찾고 있으며 《전국 강역도》에서는 고 기국을 바로 하남 예수 지역에서 찾고 있다. 이 두 개의 기국이 모두 예수 지역과 일치하고 있다.

그 두 가지 중에서 어느 것이 정확한지 아직 판단할 수 없다. 그러나 이상의 자료들을 종합해 보면 서주 초의 《기국》이 산서성에 있었다기보다는 하남성 상구현이나 혹은 하북성 예수(청장수) 류역에 있었다고 보는 것이 근거가 보다 강하다고 인정할 수 있다.

요컨대 기자의 봉지가 조선(현 한반도 북부)이였다고 주장할 수 있는 근거는 매우 박약하다. 더우기 그렇게 생각할 수 있는 또 하나의 근거는 진국에 고대의 성姓인 《기씨》가 있다는 사실이다. 《국어, 진어》國語.晋語 4에는 《서胥, 적籍, 호狐, 기箕, 란欒, 극郤, 백柏, 선先, 양설羊舌, 동董, 한韓씨가 세상에서 늘 관직에 나아간다(胥, 籍, 狐, 箕, 欒, 郤, 栢, 先, 羊舌, 董, 韓, 世常進官)[102]》라고 썼으며, 위씨 주韋氏注에는

102) 《국어(國語)》의 다른 판본에는 '세상진관(世常進官)'이 '실장근관(實掌近官:실로 요직을 장악한다)'라고 되어 있다. 《국어》는 춘추 시대 8국의 역사를 적은 것으로

《11족이 진나라의 옛 성씨이다(十一族, 晋之舊姓)》라고 썼다.

고힐강 교수는 이에 대하여 《이는 진晋나라의 옛 성 중에 기가 있는데, 기자의 후예가 되었다가 망국 후에도 남은 것인가?(是即晋之舊姓有箕, 其爲箕子之後, 亡國之餘乎?)》라고 하면서 그 론거로서는 《좌전, 문공》 7년 《전》의 《이에 선멸先蔑을 보내 (공자 옹을 맞이하려던 일을 뒤집고) 령공靈公을 군주로 세우고, (옹을 호위하고 오는) 진秦나라 군사를 막기로 했다. 기정箕鄭은 도읍에 남아서 지키고(乃背先蔑而立靈公, 以禦秦師, 箕鄭居守)》와, 같은 책 8년 《전》의 《이夷에 군사를 집결시켰을 때 진晋나라 군주인 후작이 장차 기정보箕鄭父와 …(夷之蒐, 晋侯將登箕鄭父)》와, 같은 《소공》 22년 《전》傳의 《진나라에서 기유箕遺와 … 군사들이 강을 건너게 해서 전성前城을 취했다(晉箕遺 … 濟師, 取前城)》는 등 자료를 들고 《이 기씨 중에서 상고할 수 있다(此箕氏中之可稽者也)》라고 썼다. 고염무는 이미 이 《箕氏》를 읍명邑名에 유래한 것이라고 론단하였다. 《일지록》日知錄 31권 《기》箕 조에서 《《춘추 좌씨전》 문공 8년 조에 기정보箕鄭父가 있고, 양공 21년 조에 기유箕遺가 있는데, 이 또한 마땅히 읍씨 그 사람들이다(文公八年有箕鄭父, 襄公二十一年有箕遺, 當亦以邑氏其人者矣)》라고 썼다. 우리는 기자의 성명이 전래되지 않은 사실로써 《기자》箕子란 명칭이 《기국》箕國에 유래한 것이며, 따라서 그 기자는 조선에 수봉한 것이 아니라 량국 몽현에 수봉하였다가 그 후 기국이 산서 경지로 이동되였다고 볼 수 있을 것이다. 우리는 서주 초 기국에 봉을 받은 자는 기자 이외에 다른 사람을 찾아 볼 수 없기 때문에 더욱 그렇게 생각하게 되는 것이다.

《춘추 좌씨전》의 편자인 좌구명(左丘明)이 쓴 것이다.

기자 전설의 사료적 가치

따라서 기자와 고조선과는 아무 관계도 없으며 기자에 의하여 고조선 문물 제도가 수립되였다는 고래의 전설이 그대로는 성립될 수 없게 된다. 그러나 그렇다고 해서 기자 전설이 조선 고대사를 연구함에 있어서 아무러한 자료로도 될 수 없다는 것을 의미하는 것은 아니다. 우리는 반드시 기자 전설에 포함되여 있는 사료적 가치를 인정하고 그것을 리용하여야 할 것이다. 그러면 우리는 이 전설에서 어떠한 사료적 가치를 발견 할 수 있는가?

그것은 첫째로 자고로 중국인들이 은殷－주周 시대에 수다한 중국인(은의 유민, 또는 산동에 거주했던 동이족)들이 고조선으로 이동한 사실을 인정한 그 점이다. 이 사실에 관해서는 자고로 내외의 학자들이 공인하였으며, 오늘 우리가 회의懷疑할 여지가 없을 것이다.

둘째로는 자고로 중국인들이 고조선의 문물 제도가 은－주 시대에 해당하는 시기에 수립된 사실을 공인해 왔다는 점이다. 은－주 시대에 수다한 중국인이 조선으로 망명해 왔다는 사실은 당시 조선에 문물 제도가 수립되여 있었다는 것을 증명해 준다고 보아야 할 것이다. 왜냐하면 은－주 시대(기원전 12세기) 동란 시기 수다한 중국인이 망명해 왔다는 사실은 그들이 조선을 자기들의 안정할 수 있는 지역이라고 인정했다고 보아야 하겠기 때문이다. 만일 그렇지 않고 당시 조선이 아직 아무러한 문물 제도도 없고 원시 사회에 처해 있었다면 중국인들은 주변의 다른 외족의 지역으로 가지 않고 조선으로 왔을리가 없을 것이다. 또한 설사 중국인들의 중국의 선진 문물 제도를 전수傳授함으로써 비로소 고조선 문물 제도가 수립 되였다 하더라도 벌써 은－주 시대에 고조선 인민들은 은, 주의 노예 소유자 국가의 문물 제도를 받아 들여 자기 문물 제도를 수립할 수 있는 정도로 사회가 발전하고 있었다고 인정해야 할 것이다.

세째로는 은—주 시대에 중국인들이 대량적으로 조선으로 망명해 왔다면, 벌써 당시 중국인들은 조선에 관한 지식을 가지고 있었음을 말해주는 것으로 되며 따라서 은대 중국인들은 고조선에 관한 지식을 가지고 있었음을 알 수 있다. 따라서 고조선은 이미 은과도 밀접한 관계를 가지고 있었다는 사실을 우리는 승인해야 할 것이다..

기자 전설을 통하여 추론할 수 있는 이러한 력사적 사실들은 기자 조선 전설 조작의 주요한 근거로 되였다고 보아야 할 것이다. 만일 고대 중국에 있어서 주변 족속들을 모두 야만족으로 묘사한 중국 학자들이 위에서 렬거한 고조선의 제 사실들을 인정하지 않았다면 그들은 도저히 기자 조선 전설을 조작해 냈을리가 없을 것이다. 다시 말하면 고대 중국 학자들이 야만 단계에 처해 있던 고조선을 고의로 문물 제도를 구비한 나라로 인정했을리는 없을 것이다. 복생伏生(기원전 3세기 말~2세기 초)이 기자 전설을 문서 상에 기록할 때까지 중국에는 고조선이 벌써 은—주 시대(기원전 12세기) 중국과 동등한 문명을 가졌다는 것을 인정한 자료가 어떠한 형식으로 전래되였을 것이라고 인정하는 것이 타당하다.

한인의 고조선 침입 이후 기자 조선 전설 날조

그런데 그렇다면 기자 전설이 어찌하여 조작되였겠는가 하는 문제가 제기된다.

나는 이 문제에 대하여 다음 몇 가지로 생각해 보려는 것이다.

1. 고대 중국인이 성좌명星座名과 고대 중국의 중화中華사상이 결합된 견해로써 은-주 시대에 조선과 력사적 관계가 밀접했던 력사적 사실을 설명한 것이라고 판단해 보려는 것이다. 어째서 그렇게 말할 수 있는가? 력대 정사 천문지와 기타 천문에 관한 기록들, 례를 들어 《삼재도회·천문》三才圖會·天文 편, 《열하지》熱河志, 《북평지》北平志, 《료동지》遼東志, 《성경 통지》盛京通志 등의 천문에 관한 기록을 보면, 료서, 료동, 고조선 지역의 방위는 기성箕星의 방위와 일치되는 것으로 기록되어 있다.

《사기》史記 27권 《천관서》天官書에는 이렇게 씌여 있다.

> 동관東官은 창룡蒼龍이라고 하는데 방수房宿와 심수心宿가 있으며 방수는 명당이 된다. … 동북쪽으로 열두 개의 별이 굽어져 있는데, 기旗라고 한다. … 그 남북에 두 큰 별이 있는데 남문南門이라고 한다. … 미수尾宿는 9개의 작은 별이 있는데, 군주와 신하를 말한다. 멀리 떨어져 있으면 화목하지 못하다. 기수箕宿는 손님을 조롱해서 구설口舌이라고 한다.
>
> 東官蒼龍房心, 心爲明堂. … 東北曲十二星曰旗 … 其南北兩大星曰南門 … 尾爲九子, 君臣斥絕不和, 箕爲敖客, 曰口舌.

같은 책 《정의》正義에는 《미尾와 기箕이다. 미尾는 석목析木103)의 나루가 되고 새벽에는 인寅에 있으며 연燕나라의 분야이다(尾箕 : 尾爲析木之津, 於辰在寅, 燕之分野)》라고 썼다. 이로 미루어 보아 미기 성좌가 동북방에 있음을 알 수 있다. 《한서》 26권 《천문지》에는 《기성箕星은

---

103) 석목(析木)은 성차(星次 : 28수의 차례)의 이름인데, 기(箕)·두(斗) 두 별 사이로 정동쪽인 인방(寅方)에 해당된다.

풍성風星이 되는데, 동북방에 있는 별이다(箕星爲風, 東北之星也)》라고 씌여 있다.

《당서》 36권 《천문지》에는 이렇게 씌여 있다.

> 미수와 기수는 석목의 성차星次다. … 그 분야는 발해 구하의 북쪽에서부터 하간河間, 탁군涿郡, 광양국 및 상곡, 어양, 우북령, 료동, 현도를 달하며 옛 북연北燕, 고죽, 무종 및 동방의 구이九夷의 나라가 모두 석목의 분야다. … 기수는 남두南斗와 서로 가까운데, 그래서 그 분야는 오吳나라에 있고, 월나라의 동쪽에 있다.
>
> 尾箕析木之次也 … 其分野, 自渤海, 九河之北, 盡河間, 涿郡, 廣陽國, 及上谷, 漁陽, 右北平, 遼東, 樂浪, 玄菟, 古之北燕, 孤竹, 無終, 及東方九夷之國, 皆析木之分也. … 箕與南斗相近, 故其分野在吳,越之東.

이 자료에 근거하면 고대 중국인이 고조선 지역이 기성箕星의 방위에 위치했다고 인정하였다는 사실을 알 수 있다.

《삼재 도회》三才圖會104) 1권 《천문》에는 이렇게 씌여 있다.

> 기는 별자리인데 … 기箕는 천기天箕라고도 하며, 바람과 구설과 생객과 만이와 호맥을 주관한다. 만이蠻夷가 장차 움직이려 하면 먼저 기수에서 나타난다.
>
> 箕曰星 … 箕一曰天箕, 主入風, 又主口舌, 生客, 蠻夷胡貊, 故蠻夷

104) 명(明)나라 때에 왕기(王圻)가 편찬한 류서(類書)로서 일종의 백과사전이다. 모두 106권이며 여러 사물을 그림에 따라 천지인(天地人)의 삼재(三才)로 나누어 설명하고 있다.

將動先表箕焉.

이로써 기성과 만이 호맥과 밀접한 관련이 있은 것으로 인정된 사실을 알 수 있다.

전례와 결부시켜 생각할 때, 이 만이 호맥은 주로 고대 조선족을 가리키고 있음을 알 수 있는 바, 따라서 고대 중국인이 기성과 고조선이 밀접한 관계를 가지고 있다고 생각했으며 그것은 그들이 《**만이가 장차 움직이려 하면 먼저 기수에서 나타난다**(蠻夷將動, 先表箕焉)》라고 생각할 정도이였다. 그런데 고대 중국에서 성좌의 명칭과 제후국의 명칭이 일치되고 있는 사실을 상기할 필요가 있다. 《삼재 도회》 2권 《천문·북녀성좌》 조에는 이렇게 씌여 있다.

12성좌가 있는데, 구감九坎의 동쪽에 있는 별 하나를 제齊라고 하고, 북쪽에 있는 두 별을 조趙라고 하고, 조의 북쪽을 정鄭이라고 하고, 정의 북쪽에 있는 별 하나를 월越이라고 하고, 월의 동쪽에 있는 두 별을 주周라고 하고, 주의 동남북쪽에 늘어서 있는 두 별을 진秦이라고 하고, 진의 남쪽의 두 별을 대代라고 하고, 대 서쪽의 별 하나를 진晋이라고 하고, 진의 북쪽의 별 하나를 한韓이라고 하고, 한의 북쪽의 별 하나를 위魏라고 하고, 위의 남쪽의 별 하나를 연燕이라고 하는데, 그 별들이 변하면 각각 나라들에 재해를 헤아린다.

有十二星, 有一星在九坎之東曰齊, 北二星曰趙, 趙北曰鄭, 鄭北一星曰越, 越東二星曰周, 周東南北列二星曰秦, 秦南二星曰代, 代西一星曰晋, 晋北一星曰韓, 韓北一星曰魏, 魏南一星曰燕, 其星有變, 各以國而論災也.

이에 의하면 성좌명과 제후 국명이 일치되고 있음을 알 수 있다. 성좌명이 선행한 것인가 혹은 국명이 선행된 것인가는 불명하나 그 두 가지 경우가 다 있었을 것이다.

따라서 우리는 기성箕星의 방위인 동북방 지역이였던 고조선을 고대 중국인이 일명 기箕라고 칭했을 수 있었을 것이라고 억측할 수도 있다.

2. 기자와 예인의 거주 지역과 관계가 있었다고 볼 수 있다. 우리는 고조선 사람인 예인의 일부가 은-서주 초(기원전 12세기)에 오늘의 하북, 하남성의 예수濊水 지역에까지 진출하였다고 인정할 수 있다. 이에 관해서는 아래에서 다시 론급하려 한다. 기술한 바와 같이 기국의 위치는 예인의 거주 지역이였던 예수 일대와 일치한다. 이 사실은 기자 조선 전설을 발생하게 하는 근거로 될 수 있었을 것으로 생각된다. 아래에서 론급될 바와 같이 고조선족은 분명히 예족이였다. 그렇기 때문에 나는 기자를 위수로 한 은 유민이 예인의 거주 지역이였던 기 지역으로 망명해 왔다고 판단하려는 것이다. 즉 예인들은 은 말-서주 초 동란 시기에 예수 지역 고 예읍으로부터 밀려 나오고 그 자리에 기자를 봉했다고 보여진다. 그 예읍은 하북성 창현滄縣 동북에 위치하였다.

《수경주》 청장수 주에는 《청장수는 장무현 고성 서쪽을 지나는데, 옛 예읍의 땅이다. 그 지류에서 나와서 예수라고 부른다(淸漳逕章武縣故城西, 故濊邑地, 枝瀆出焉, 謂之濊水)》라고 씌여 있는 바 이 예읍의 위치와 《한서·지리지》 랑야군 기현(고 후국)의 위치가 일치된다. 우리는 이 사실을 결코 우연한 현상으로 볼 수 없을 것이다. 기술한 바와 같이 《箕》는 《검》으로 읽을 수 있으며 따라서 《箕城》은 《검잣》 즉 《왕검성》

과 동일한 뜻으로 해석할 수 있다. 따라서 나는 예인으로 불리워진 고조선인들은 자기들의 《읍》을 《기성》이라고 칭했고, 중국인들은 그것을 《예읍》이라고 칭했다고 추단한다. 서주 초 은의 유민들이 고조선인들이 거주하던 《기성》 지역으로 망명하고 거기에 봉을 받은 자를 후일에 《기자》라고 칭하게 되였다고 생각하게 된다.

물론 그 지역에는 고조선인들이 얼마간 남아 있었을 것도 짐작할 수 있다. 《삼국지·동이·예전》에 기자 전설이 기록되여 있는 것은 이러한 력사적 근원을 가지고 있는 것이 아니겠는가? 이러한 력사적 사실이 이러저러한 형식으로 전래되여 오다가 한인의 세력이 고조선에로 침입해 들어오면서 고조선인을 회유하기 위하여 기자 조선 전설을 날조한 것으로 짐작된다. 고조선 국가와 기자와는 아무러한 관계도 없는 것이다. 예인의 《기성》에 도읍하게 된 기국은 후일 산서 경으로 이동하였다. 이 사실은 위에 인용한 자료들로써도 알 수 있거니와 《산서 통지》 89권 《금석기》金石器 조에 산서성 경내에서 《기》 자를 새긴 정鼎을 발견했다는 기록으로써 더욱 확증된다.

우리는 이상 두 가지 경우를 생각할 수 있다. 아직 이 두 가지 추측 중에서 어느 것이 보다 합리적이겠는가는 단정하기 어려우나 나로서는 둘째 경우가 보다 타당할 것이라고 생각한다.

요컨대 상술한 바와 같이 《기자 조선》 전설을 부정할 충분한 근거를 중국 문헌 자료 자체에서 찾아 낼 수 있는 것이다.

제3장

예족(濊族)과 맥족(貊族)에 대한 고찰

기원전 5~4세기 조선 고대 국가들의 위치 약도

제1절. 예족과 맥족에 대하여

종래 사가들은 흔히 《예》濊족과 《맥》貊족을 갈라 보지 않고 《예맥》濊貊족으로 불러왔으며, 또 그것이 마치 고조선이나 부여, 고구려족과 다른 또 하나의 종족으로 인정한 견해도 있었다. 나는 여기서 예족과 맥족이 어떠한 관계를 가지고 있으며 또한 그것들이 고조선족과 부여, 고구려족과는 어떤 관계를 가지고 있는가를 해명하여 보기로 한다.

1. 예족에 대하여

우리가 고대 중국 문헌 사료를 조사해 보면 기원전 3세기 이전의 문헌과 또 그 문헌에 근거하여 기록한 문헌 사료들에서는 일반적으로 《예》와 《맥》을 구별하여 쓰고 있다.

그런데 기원전 3세기 이전의 문헌 사료 중에는 《맥》에 관한 기록은 풍부하나 《예》에 관한 기록은 매우 드물다. 내가 조사해 본 결과에 의하면 《일주서》逸周書와 《관자·소광》管子·小匡 편 이외의 다른 문헌에서는 《예》는 보이지 않았다. 그러나 진, 한 대 이후(기원전 3세기 이후)의 문헌으로서 고대의 력사를 취급한 기록들에는 《예》에 관한 기록이 허다하다.

《일주서》 7권 《왕회해》王會解에는 다음과 같이 기록되어 있다.

> 성주成周[105]의 회맹 때 … 서쪽을 향하여 앉은 자는 정북방의 직신稷愼

105) 성주(成周)는 지금의 하남성(河南省) 낙양현(洛陽縣)의 동북쪽에 있는 지명으로 주(周) 경왕(敬王) 때 도읍을 옮긴 곳이다. 성주지회(成周之會)는 기원전 12세기

인데 큰 사슴을 바쳤고, 예인穢人은 전아前兒를 바쳤는데 전아는 원숭이 같아서 서고, 다니고 말하는 것이 소아小兒와 비슷하다. 량이良夷는 재자在子를 바쳤는데, 재자는 자라(鼈)의 몸에 사람의 머리를 하고 있는데, 배가 기름져서 콩잎으로 뜸을 뜨면 "재자"라고 말하면서 소리 지른다. 양주楊州는 우禺를 바쳤는데 우는 물고기 이름이다. 해解는 유관隃冠을 바쳤다[106]. 발인發人은 포麃(큰 사슴)를 바쳤는데, 포는 녹鹿(사슴)과 같이 빨리 달린다. 유인俞人은 수마雖馬를 바쳤고, 청구靑丘는 꼬리 아홉 달린 여우를 바쳤다. …

成周之會 … 西面者, 正北方, 稷愼大麈. 穢人前兒, 前兒獼猴, 立, 行, 聲似小兒. 良夷在子, 在子鼈身人首, 脂其腹, 炙之藿則鳴, 曰在子. 楊州禺, 禺, 魚名, 解隃冠. 鮮隃冠. 發人, 麃麃者, 若鹿, 迅走, 俞人雖馬. 靑丘狐九尾. …

《주서》는 서주의 력사책이며 《한서·예문지》에서의 《주서》에 대한 주注에는 《주사기周史記인데, 안사고顔師古가, "류향劉向은 '주나라 때 고서誥誓[107]의 호령이다. 대개 공자가 1백 편 넘게 지었는데, 지금 남은 것은 45편이다'라고 했다(周史記. 師古曰 : 劉向云周時誥誓號令也. 蓋孔子所論百篇之餘, 今之存者四十五篇矣)》라고 썼다. 이에 의하면 《주서》

경 주나라 왕실이 삼감(三監)의 난을 평정한 뒤 널리 제후들을 불러서 개최한 대회였다.

106) 조선 후기의 학자 성해응(成海應 : 1760~1830)은 《연경재전집(研經齋全集) 북변잡의(北邊雜議)》에서 위의 '해유관(解隃冠)'에 대해 '왈양주우우, 어명선유관(曰楊州禺禺°魚名鮮隃冠 : 양주를 우우라고 하는데, 선유관이라는 물고기 이름이다)'라고 설명했다. 리지린은 해(解)를 종족의 명칭으로 보고, 유관(隃冠)을 동물의 명칭으로 보았는데, 유관이 무슨 동물인지는 알 수 없다.

107) 고서(誥誓)는 《상서(尙書)》 중에서 《탕서(湯誓)》, 《목서(牧誓)》, 《대고(大誥)》, 《강고(康誥)》, 《주고(酒誥)》, 《소고(召誥)》, 《낙고(洛誥)》, 《비서(費誓)》, 《진서(秦誓)》, 《탕고(湯誥)》, 《중훼지고(仲虺之誥)》 편을 합쳐서 부르는 말이다.

는 이미(공자가 살아 있던) 기원전 6세기에 존재했음을 알 수 있다. 이 책은 후세에 《일주서》逸周書 또는 《급총주서》汲冢周書라고 칭하게 되였다. 《왕회해》 편은 서주 왕실에서 제후들과 주변 제족이 조알하는 회의를 기록한 편인 바 여기서는 외족이 참석하는 위치가 그들의 거주 지역의 위치와 일치되였다는 것이다. 례하면 서주의 동방에 거주한 이족들은 왕실 회장의 동쪽에 렬석하여 서쪽으로 향해 앉는다는 것이다. 이 기록에 서로 향하여(西面者) 참석한 외족들은 동이족을 의미하게 된다.

동이의 다양한 명칭

우리는 이 기록에서 《동이》의 명칭으로서 《직신》, 《예인》, 《량이》, 《양주》, 《해》, 《발인》, 《유인》, 《청구》 등을 찾아볼 수 있다. 그리고 같은 책에서 북적北狄, 북이 혹은 동북이의 명칭으로서 《고이》高夷, 《고죽》孤竹, 《불령지》不令支, 《불도휴》不屠休, 《산융》山戎 등을 들고 있다.

우리는 《일주서·왕회해》 편의 저작 년대는 기원전 6세기 이전으로 볼 수 있으나 이상 렬거한 동이, 북이, 동북이의 명칭이 있는 것으로 보아서 그것을 서주 초의 기록이라고는 볼 수 없다. 그리고 그 내용은 전국 시대의 사실이 아니며 늦어도 춘추 시대 또는 그 이전의 사실로 인정하여야 할 것이다.

왜냐하면 이 자료에서는 《상서·우공》 편에 기록되여 있는 동이의 명칭들 즉 《우이》嵎夷, 《래이》萊夷, 《회이》淮夷, 《조이》鳥夷 그리고 《서이》徐夷의 명칭조차도 들고 있지 않기 때문이다. 따라서 이 기록은 《상서》에 보이는 고대의 동이 제족諸族의 일부가 중국화中國化되고 그 명칭이 현실적으로 존재하지 않게된 시기인 춘추 시대의 기록이라고 추단된다. 그러나 그렇다고 해서 이 동이의 명칭들이 모두 춘추 시대 이후의 것이라고 단정할 수 있는 근거는 없으며 그 중에는 서주 시대의 동이 명칭도 있다고 보아야 할 것이다.

그런데 이 기록에서 주목할 만한 사실은 이 기록 중에 서주, 춘추 시대 중국 북방의 가장 강유력한 종족이였던 《맥》족의 명칭이 없는 사실이다.

이 기록에서는 《예》족을 《예맥》이라고 쓰지 않고 다만 《예인》이라고 쓰고 있는 바, 우리는 이 사실을 통하여 《예》와 《맥》을 구별하고 있는 사실을 알 수 있다. 우리는 《일주서》의 편자가 《맥》에 관한 자료를 장악하지 못했기 때문에 그것을 기록하지 않았다고 볼 수는 없다. 더우기 춘추 시대 맥이 북방의 가장 강대한 종족이였으며 이미 《시경》에 기록되였으니 춘추 전국 시대 한인들이 몰랐다고 말할 수 없을 것이다. 그와 동시에 우리는 또한 《예》와 《맥》이 동일한 족명이기 때문에 《맥》을 기록하지 않았다고 말할 수 있는 근거도 없다. 따라서 이 편자가 《맥》에 대하여 기록하지 않은 것은 반드시 일정한 리유가 있는 것으로 보아야 할 것이다.

《왕회해》 편에 의하면 예는 서주의 동변에 거주하였으니 예와 맥은 거주 지역이 달랐음을 알 수 있다.

요컨대 《왕회해》의 예인에 관한 자료는 늦어도 고조선 국가 형성 이전 시기와 관련되는 기록이라고 판단하는 것이 타당할 것이다. 왜냐하면 거기에는 《조선》이란 명칭이 없으며, 또한 《조선》의 국호로써 중국과 관계를 가진 이후 시기와 관련되는 자료에서는 위에 인용한 여러 종족들이 모두 중국의 동방에 거주했다는 것을 말하고 있는 것이 전혀 없기 때문이다. 《사기》에는 다만 연과 흉노의 동방에 예, 맥, 조선, 진반 등이 있다고 기록하였을 뿐이다. 여기의 예는 고조선의 국명으로서 씌여진 것이다.

그리고 《왕회해》에 《조선》이란 명칭이 기록되지 않고 있는 사실인 바 이에 관해서는 아래에서 《숙신》을 론할 때 론급하기로 한다.

그런데 한편 《관자·소광》 편에서는 《환공이 말하기를 … 제후들과 아홉 번 회합해서 천하를 바로 잡았다. 북으로 고죽, 산융, 예, 맥, 구진하까지 이르렀다(桓公曰. … 九合諸侯, 一匡天下, 北至於孤竹, 山戎, 穢, 貊, 拘秦夏)》라고 씌여 있다. 여기의 《예》穢와 《맥》貊을 합하여 《穢貊》으로 읽을 수 있다고도 생각되나 동서의 다른 용례와 결부시켜 생각할 때 역시 이것은 《예》와 《맥》으로 갈라 읽는 것이 타당하다. 같은 《소광》 편에서 제나라 환공이 맥족에게 패전한 사실을 기록하여 《환공이 … 호맥에게 패했다(桓公 … 敗胡貊)》라고 썼다. 이 《호맥》胡貊이란 것은 곧 《貊》을 의미하는 것이며 이에 대해서는 아래서 설명하게 된다. 아래서 인용할 바와 같이 기원전 3세기 이전 문헌들에서는 모두 맥족을 《貊》이라고 쓰고 있으며, 《예맥》이라고 쓰고 있지 않은 사실들과 결부시켜 생각할 때 위에 인용한 자료에서 《穢》와 《貊》으로 갈라서 읽는 것이 타당하다. 사실 상 고죽 지역에서 예와 맥은 린접하여 있었던 것이기 때문에 《예》와 《맥》으로 갈라 읽는 것이 력사적 사실과도 일치하게 된다.

예와 맥의 관계

그러면 문헌 자료 상에 있어서 예와 맥은 어떠한 관계를 가지고 있는가를 살펴보기로 하자.

위에서 언급한 바와 같이 기원전 3세기 이전의 문헌에서는 《예》에 관한 기록이 적고, 그 후에는(즉 한 대) 예와 맥을 갈라 쓴 기록도 있고, 또 《예》를 《예맥》이라고 쓴 실례도 있고, 《맥》을 《예맥》이라고 쓴 실례도 있다. 요컨대 한 대 이후 한인들이 고조선과 접촉이 밀접해 지면서부터 그들은 예와 맥을 혼동하고 구별할 수 없었던 것으로 보인다.

예와 맥을 구별해 쓴 실례를 들면 다음과 같은 것이 있다.

《사기》 30권, 《평준서》平準書에는 《팽오가 장사길을 열어 조선을 멸망시키고, 창해군을 설치했다(彭吳賈滅朝鮮, 置滄海郡)》라고 씌여 있고, 같은 주석 《색은(사마정 주석)》에는 《팽오는 사람 이름이다. 처음으로 (조선의) 그길을 열어서 멸망시켰다. 조선은 이민족의 이름이다[(彭吳), 人姓名, 始開其道而滅之. 朝鮮, 番名]》[108]라고 씌여 있다. 사마정의 《멸》(滅) 자에 대한 주석은 믿을 수 없는 것이다. 왜냐하면 력사 상 한의 상인 팽오가 조선을 멸망시킨 사실이 없기 때문이다. 때문에 《멸》(滅) 자는 응당 《예》(濊) 자의 오기로 볼 수 있다[109]. 동일한 사실에 대하여 《한서》 24권 《식화지》 제4 하에는 《팽오가 예맥, 조선과 개통하고 창해군을 설치했다(彭吳穿穢貊, 朝鮮, 置滄海郡)》라고 씌여 있다. 그것으로써 위에 인용한 《사기》의 기록이 후세의 오기라고 보아야 할 것이다.

《멸》(滅) 자를 《예》(濊) 자로 오기한 실례도 있다. 《잠부론》潛夫論 2권 《사현》思賢에는 《근고 이래 대신 망한 자가 셋이 있는데, 예국은 수를 셀 수 없다(近古以來, 亡代有三, 穢國不數)》라고 씌여 있는 바 이것은 왕계배汪繼培가 주석에서 지적한 바와 같이 《예》(穢) 자가 《멸》(滅) 자의 오기임이 분명하다.[110]

---

108) 《사기》 〈평준서〉의 다른 판본에는 '조선, 번명(朝鮮, 番名)'이란 구절이 없다.

109) 리지린의 주장대로 멸(滅) 자를 예(濊) 자로 바꾸면 '《팽오가 예, 조선과 장사해서 창해군을 설치했다(彭吳賈濊朝鮮, 置滄海郡)》'라고 해석된다.

110) 예를 멸로 바꾸어 해석하면 《근고 이래 대신 망한 자가 셋이 있는데, 멸망한 나라는 수를 셀 수 없다(近古以來, 亡代有三, 滅國不數)》로 번역된다.

그렇다면 위에 인용한《彭吳賈滅朝鮮, 置滄海郡》(팽오가 조선과 무역을 하여 조선을 멸망시키고 창해군을 설치했다)를《彭吳賈濊, 朝鮮, 置滄海郡》(팽오가 예와 조선에 래왕하여 무역을 하고 한 무제에게 정보를 제공하여 창해군을 설치하도록 하였다)로 개정하여야 할 것이다.

위에 인용한《한서·식화지》에서는《예》와《맥》을 구별하지 않고《예》를《예맥》이라고 쓰고 있다. 이《예맥》은 곧《예》인 바, 그것은《사기》의 기록에서 창해군은 예군濊君 남려南閭의 지역이라는 것으로써 명백히 알 수 있다. 그러나《한서》의 저자 반고班固는 한편《예》와《맥》을 구별하고 있으며 그것은 다음 인용문에서 똑똑히 알 수 있다.

《한서·무제기》 원삭元朔 원년 조에《동이 예군 남려 등이 28만인으로 항복해서 창해군을 만들었다(東夷濊君南閭等口二十八萬人降, 爲蒼海郡)》라고 씌여 있다. 그는《예맥군》이라고 쓰지 않고《예군》이라고 썼다.

진수는《삼국지·동이전》에서《예전》濊傳을 썼고 동시에 맥족의 국가인《부여전》,《고구려전》을 썼으니 그도 예와 맥을 갈라 본 것이 분명하다. 그러나 그도《예》와《예맥》을 혼동하여 쓰기도 하였다. 동서《부여전》에서는《그 도장에 '예왕의 도장이다'라는 글귀가 있다. 나라에 옛 성이 있는데, 이름이 예성이니 아마도 본래 예맥의 땅이었다가 부여가 그 가운데 왕이 되었으므로 스스로 망명한 사람이라고 말하는 이유와 비슷한 것 같다(其印文言,〈濊王之印〉. 國有故城名濊城, 蓋本濊貊之地, 而夫餘王其中, 自謂亡人, 抑有似也)》라고 썼다. 이 기록은 분명히 그가《예》와《예맥》을 동일시했다는 것을 말해 준다. 그는 부여족을 맥족이라고는 직접 쓰지 않았으나 예족과 구별하여 맥족이라는 것을 간접적으로 말하고 있다. 그는 같은《동이전》에서 고구려를 맥족으로 인정하고 그것을 부여의 한 갈래라고 쓰고 있으니 그가 《예》와 《맥》을 별개의 종족으로 인정했다는 사실이 명백하다. 그는 또한 같은 《동옥저전》에서 이렇게 썼다.

> 한 무제 원봉 2년에 조선을 정벌해서 위만의 손자 우거를 죽이고, 그 땅을 나누어 4군으로 삼았다. 옥저성은 현도군이 되었는데, 뒤에 이맥夷貊의 침략을 당했다. … 오직 불내예후만이 오늘에 이르기까지 공조, 주부 등의 여러 조曹를 두었는데, 모두 예의 백성이 차지했다. 漢武帝元封二年, 伐朝鮮, 殺滿孫右渠, 分其地爲四郡, 以沃沮城爲玄菟郡, 後爲夷貊所侵. … 唯不耐濊侯至今猶置功曹 主簿諸曹, 皆濊民作之.

이와 같이 쓴 것으로 보아서 그가 예와 맥을 딴 종족으로 갈라 본 것이 더욱 명백하다.

《후한서·동이전》에서도 역시 예와 맥을 별개의 종족으로 갈라 본 것이 명백하다. 범엽은 《예전》을 쓰고 거기서 《예 및 옥저, (고)구려는 모두 본래 조선의 땅이다(濊及沃沮, 句驪本皆朝鮮之地也)》, 《예군 남려 … (濊君南閭 …)》 등이라고 쓰는 동시에 《구려전》에서는 《(고)구려는 일명 맥이다(句驪, 一名貊耳)》라고 썼으니 그가 예와 맥을 두 개의 종족으로 인정하기도 한 것이 분명하다.

우리는 이 자료들에 근거하여 예와 맥이 두 개의 다른 종족명임을 알 수 있다. 그러나 예와 맥을 혼동하고 붙여서 《예맥》濊貊이라고 쓴 경우도 있다.

《삼국지·동이·부여전》에는 《지금의 부여에는 … 옛 고성이 있는데, 이름이 예성이다. 대개 본래 예맥의 땅이다(今夫餘 … 有故城, 名濊城, 蓋本

濊貊之地)》라고 씌여 있다. 진수는 부여 지역을 《본래의 예맥의 땅》이라고 쓰면서도 그 고성을 《예성》이라고 썼으니 이는 예와 예맥을 동일시한 것을 말해 준다.

그러나 《대개 본래 예맥의 땅이다(蓋本濊貊之地)》를 《대개 예의 땅이다(蓋濊之地)》와 동일하게 해석할 수 있겠는가 하는 의문이 생긴다. 그가 《濊貊》이라고 쓴 리유는 두 가지로 해석할 수 있을 것이다. 즉 그가 《예맥》을 《예지의 맥》이란 개념으로 썼는가 혹은 예와 맥을 불철저하게 구별하여 모호한 개념으로 썼는가의 어느 하나일 것이다. 동일한 사실에 대하여 《후한서·동이·부여전》에서는 《부여국은 … 본래 예의 땅이다(夫餘國 … 本濊地也)》라고 쓰고 있으니 그는 진수가 《부여전)에서 쓴 《예맥》을 《예》로 해석하고 있음을 알 수 있다.

《한서》 99권 《왕망전》에서는 이렇게 씌여 있다.

《엄우》가 (왕망에게) 상주해서 말하기를, 맥인이 법을 범하고, (고구려후) 추騶가 일어나서 좇지 않으니 마땅히 위로해야 합니다. 지금 큰 죄를 입을까 두려워해서 마침내 반란을 일으킬까 두렵습니다. 부여의 족속들이 반드시 이들에게 화답할 것이니 흉노가 아직 극복되지 않았는데, 부여와 예맥이 다시 일어서면 이는 큰 우환입니다.

嚴尤奏言, 貉人犯法, 不從騶起, 正有它心, 宜令州郡且尉(慰)安之。今猥被以大罪, 恐其遂畔, 夫餘之屬必有和者。匈奴未克, 夫餘·穢貉復起, 此大憂也.

(후한서를 쓴) 반고는 맥을 예맥이라고 쓴 것이다. 즉 그는 고구려인을 《맥인》이라고 칭하고 동시에 《예맥》이라고도 칭한 것이다. 《후한서·동이전》 서론 《동이》 조에서 반고는 이와 동일한 사실에 대하여

《왕망이 임금 자리를 찬탈하자 맥인이 변경을 노략질했다(王莽簒位, 貊人寇邊)》라고 썼는 바 그 맥인은 바로 고구려인을 의미하는 것이다. 이것은 반드시 반고 이전에 이미 《맥》을 《예맥》으로 칭한 사실이 있기 때문이라고 보아야 할 것이다.

사마천은 《사기·흉노 렬전》에서 《여러 좌방左方의 왕王이나 장수는 동쪽에 살며 … 동쪽으로 예맥穢貉, 조선朝鮮과 접했다(諸左方王將居東方 … 東接穢貉·朝鮮)》라고 쓰고, 《사기》 129권 《화식 렬전》 오씨라烏氏倮조에서는 《북쪽으로는 오환烏桓, 부여扶餘와 이웃하고 있고, 동쪽으로는 예맥穢貉과 조선朝鮮과 진반眞番과 이익으로 얽혀있다(北隣烏桓, 夫餘, 東綰穢貉·朝鮮·眞番之利)》라고 썼다. 또 위에 인용한 《평준서》에서는 《팽오는 장사로 조선을 멸滅(예濊의 오자)했다(彭吳賈滅(濊 자의 오자)朝鮮)》라고 썼다. 이 자료들에서 《穢貊》은 《예》나 《맥》의 어느 하나를 의미하거나 또는 《예》와 《맥》의 2개 종족을 의미하며 결코 《예맥》이라는 종족을 의미하는 것으로 해석할 수 없다.

기술한 바와 같이 《한서》에서는 《맥》을 《예맥》이라고도 썼고, 《삼국지》에서는 《예》를 《예맥》이라고도 썼다. 그러나 이 문헌들에서는 《예》와 《맥》을 별개의 종족으로 갈라 보았던 것이다. 즉 《한서》, 《삼국지》, 《후한서》 등 문헌에서는 《예》와 《맥》을 별개의 종족으로 갈라 보면서도 그 어느 하나를 또한 《예맥》이라고도 썼으니 이러한 부정확한 기록은 이 문헌들의 필자들은 예와 맥을 애매하게 구별한 데도 리유가 있겠거니와 또한 한문식 기록법에서 글'자를 아래 위의 문구의 글'자 수와 맞춰서 쓰는 습관에도 기인된 것으로 보여진다.

(한서를 쓴) 반고가 예와 맥을 두 개의 종족으로 갈라 보았으니 그보다 앞선 사마천은 더욱 《예》와 《맥》을 구별해 보았을 것이라고 추단하는 것이 자연스럽다.

왜냐하면 기술한 바와 같이 사마천 이전 시기의 고대 문헌들에는 《예맥》이라고 쓴 기록이 없고, 《예》와 《맥》을 명백히 갈라 쓰고 있기 때문이다. 그보다도 더욱 그렇게 해석되는 주요한 리유는 바로 사마천의 시기에 예군濊君 남려南閭의 지역에 창해군을 설치했던 사실로 보아서 예군의 지배하의 위씨 조선과는 다른 예인의 정치 조직이 있었기 때문이다. 사마천은 《예맥·조선》이라고 썼으나 《예맥》은 바로 예군이 통치하던 《예》의 지역이거나 또는 그 《예》와 맥(즉 부여)의 지역이며, 조선은 위 우거의 통치하던 조선인 것이 명백하다. 우리는 《예군》의 《예》를 제외하고 그와는 다른 《예맥》을 찾을 수 있는 자료를 찾아 볼 수 없다.

후세로 내려오면서 《예》와 《맥》의 구별은 매우 모호하였다. 배인裴駰(《사기집해》 편찬자)은 예와 맥을 완전히 동일한 종족의 두 개의 명칭으로 해석하였다. 그것은 《사기·흉노 렬전》의 《조양자趙襄子가 구주句注를 넘어 대代 땅을 처부수어 합병시키고 호맥胡貉과 국경을 맞대었다(趙襄子踰句注, 而破并代以臨胡貊)》에 대한 《색은》 주석에서 그는 《위소가 말하기를 구주는 산 이름인데, 음관에 있다. 살펴보니 맥은 곧 예다(韋昭云, (句注山名), 在陰館, 案貊即濊也)》[111]라고 쓴 사실로써 알 수 있다.

이러한 자료들을 종합하여 보면 예와 맥이 두 개의 종족 단위였던 것이 점차 혼합되게 되면서 예와 맥을 구별하지 못하고 량사는 동일한 종족으로 칭하게 된 것이라고 판단된다.

그러면 예인의 거주 지역이 어디인가?

---

111) 이 구절에 대한 삼가주석은 다음과 같다. 구주(句注)에 대해 "《집해(集解 : 배인)》는 발음은 구(鉤)인데, 산 이름이다. 안문(鴈門)에 있다." "《색은(索隱 : 사마정)》은 복건(服虔)이 말하기를 '구(句)의 발음은 구(拘)다'라고 했다. 위소(韋昭)는 '산이름인데, 음관(陰館)에 있다'고 했다. 호맥(胡貉)에 대해 《색은(索隱)》은 살펴보니 '맥(貉)은 곧 예(濊)다. 발음은 맥(亡格反)이다.

예의 거주지에 대하여

《한서·무제기》 원삭元朔 원년 조에는 《동이 예군 남려 등 28만 명이 항복해서 창해군을 만들었다(東夷濊君南閭等口二十八萬人, 降爲蒼海郡)》라고 쓰고 있다.

동일한 사실에 대하여 《후한서·동이·예전》에는 《원삭 원년元朔元年(기원전 128년) 예군 남려 등이 우거를 배반하고 28만 명을 거느리고 료동에 이르러 내속했다. 무제는 그 땅을 창해군으로 삼았다가 수년 후에 곧 파했다〔元朔元年(기원전 128년) 濊君南閭等畔右渠, 率二十八萬口詣遼東內屬, 武帝以其地爲蒼海郡, 數年乃罷〕》라고 씌여 있다.

이 자료에 근거하면 창해군은 예군 남려의 판도임이 명백하며, 그것은 위 우거를 반대한 한 개의 정치 세력이였음을 알 수 있다. 따라서 우리는 《팽오가 예, 조선과 장사하여 창해군을 설치했다(彭吳賈穢, 朝鮮, 置滄海之郡)》의 《예조선(穢朝鮮)》을 《예》와 《조선》으로 해석해야 할 것이 아닌가? 여기에서의 조선은 위씨 조선이며, 예는 그에 지배하에 놓이지 않은 고조선의 일부 유민으로 인정된다. 고조선족은 곧 예족이였으며, 위만 이후 그에게 복속되지 않은 고조선족의 일부 유민이 한 개의 정치 집단을 이루면서부터 예인이 조선인과 별개의 종족인 것 같이 구별되여 기록되게 되였다.

따라서 《팽오가 예맥, 조선과 개통하고 창해군을 설치했다〔彭吳穿穢貊, 朝鮮, 置滄海郡(한서·식화지)〕》의 《穢貊》은 《예》를 의미한다. 팽오는 예와 조선에 래왕하여 무역을 하면서 그 정세를 잘 료해하고 한무제로 하여금 위 우거를 반대한 예군 남려를 예속시켜 창해군을 설치하게 하였던 것이다.

우리는 창해군의 위치를 밝히기 위하여 예와 고조선족과의 관계를 먼저 고찰할 필요가 있다.

진수는《삼국지·예전》에서 고조선 력사를 기록하고 있다. 그가《예전》에서 고조선 력사를 기록한 것은 반드시 리유가 있을 것이며, 그 리유는 그가 고조선족을 곧 예인이라고 인정한 것으로 생각할 수 있을 것이다. 물론 그는 락랑군의 령동 7현의 인민을 예인이라고 쓰면서 이 예인이 락랑군 령서의 고조선인과 어떤 관계를 가지고 있는가를 구체적으로 설명은 하지 않았다.

그러나 이 예인을 고조선족과 별개의 종족으로 인정할 수는 없다. 왜냐하면 만일 예와 고조선족이 별개의 종족이였다면 각이한 두 개 종족을 동일한 락랑군의 통치하에 두었을 수 없었을 것이라고 보여지기 때문이다. 그러나 예인을 조선(즉 위씨 조선) 인민과 다르게 취급하고 있는 것은 반드시 리유가 있을 것이다. 이 사실은 위에 인용한 예군 남려가 위 우거를 반대한 한 개의 정치 세력으로서 활동한 사실로 보아서도 충분히 알 수 있다. 따라서 우리는 이 예인을 위씨 정권을 반대한 고조선 유민의 한 개 정치적 집단으로 해석할 수 있다.

고조선 령역은 실로 방대하였으며 위씨 정권하에 들어가지 않았던 고조선 유민은 예인뿐은 아니였다.

《후한서·동이·예전》에는《예 및 옥저, (고)구려는 본래 모두 조선의 땅이었다. 옛날에 무왕이 기자를 조선에 봉했다 … (濊及沃沮, 句驪本皆朝鮮之地也. 昔武王封箕子於朝鮮 …)》라고 기록되여 있다. 이 기록에 의하면 예, 옥저 및 구려가 모두 본래의 고조선 령역이였음이 명백하다. 더우기 고구려 령역이 고조선 령역이였다는 사실을 주의하고 넘어갈 필요가 있다.

여기서 말하는 고조선 령역이 과연 어느 시기의 령역을 가리키고 있는가는 불명확하다. 그러나 예, 옥저, 고구려 등이 본래 조선 령역이였다고 쓰면서 그 조선에 《기자가 봉을 받았다》고 쓴 것으로 보아서 그것은 위씨 조선 이전 시기의 고조선 령역을 의미한다고 보는 것이 타당할 것이다.

예의 지역은 대체로 부여 영역과 인접

그러면 예의 지역은 어디인가?

《삼국지·부여전》에서는 부여의 령역이 원래의 《예맥》의 지역이라고 썼고, 《후한서·부여전》에서는 그것을 본래의 《예》의 지역이라고 썼다. 이미 언급한 바와 같이 진수는 《예맥》을 《예》와 동일한 개념으로 쓴 것이다. 그는 동 렬전에서 부여에 있는 고성을 《예성》이라고 썼고, 또 부여왕의 도장에 《예왕지 인》濊王之印(예왕의 도장)이라고 썼다고 기록한 사실이 그것을 확증해 준다.

따라서 우리는 부여 건국 이전에 예인은 오늘의 중국 길림성 일대에 거주하였음을 알 수 있다. 그리고 위에서 인용한 창해군은 예인들이 거주한 지역이다. 그 설치 시대는 부여 건국 시기보다 적어도 백 년 이상 늦기는 하나 그 령역은 부여 지역에서 밀려 나온 예인의 령역이였다고 보여지므로 그 지역이 대체로 부여 령역과 린접되였던 것으로 보인다.

그러면 창해군이 어느 지역에 설치되였던가? 이 창해군을 설치한 예군濊君에 대하여 종래 일부 사가들은 중국의 창해군倉海君과 혼동한 일이 있었다.

《사기》 55권 《류후세가》留侯世家에는 이렇게 씌여 있다.

장량(유후 장량)留侯張良은 일찌기 예禮를 회양淮陽에서 배웠다. 동쪽으로 가서 창해군倉海君을 만났다. 력사를 얻어 무게가 1백20근이 되는 철퇴를 만들었다. 진시황이 동쪽으로 유람하는데, 장량이 객과 함께 진시황을 박랑사 한가운데서 공격했다.

良(留侯張良), 嘗學禮淮陽, 東見倉海君, 得力士, 爲鐵椎重百二十斤, 秦始皇東遊, 良與客狙擊秦皇帝博浪沙中.

이 구절의 《집해》에는 《여순은 "진秦의 군현郡縣에는 창해倉海가 없다. 어떤 이는 동이東夷의 군장君長이라고 했다"라고 했다(如淳曰; 秦郡縣無倉海, 或曰東夷君長)》라고 씌여 있고, 같은 구절의 《색은》에는 《요찰姚察은 무제武帝 때 동이東夷의 예군穢君을 항복시키고 창해군倉海郡으로 삼았는데 어떤 이는 이로써 이름 지은 것이 아마도 그에 가깝기 때문일 것이라고 했다(姚察以爲武帝時東夷穢君降, 爲倉海君, 或因以名, 蓋得其近也)》라고 씌여 있다. 그리고 같은 구절의 《정의》에는 이렇게 씌여 있다.

《한서·무제기》에는 "원삭元朔 원년 동이東夷의 예군穢君 남려南閭 등이 투항해 창해군으로 삼았는데 지금의 맥예국貊穢國이다"라고 했는데 뜻을 얻었다. 태사공이 사기를 편찬할 때 이미 항복해서 군郡이 되었으므로 스스로 기록한 것이다. 《괄지지》에는 "예맥穢貊은 고려高麗의 남쪽에 있고 신라新羅의 북쪽에 있고 동쪽은 대해大海의 서쪽에 이른다"라고 했다.

漢書武帝紀云: (元朔)元年, 東夷濊君南閭等降, 爲倉海郡, 今穢貊國, 得之. 太史公修史時已降爲郡, 自書之. 括地志云: 濊貊在高麗南, 新羅北, 東至大海西.

이 자료를 얼핏 보면 이미 진시황 시기에 《예》의 창해군君이 회양

(오늘의 하남성)에 존재한 것 같이 보인다. 그러나 예군 남려는 위우거를 배반하고 한 세력과 결탁한 사실로 보아서 고조선 령역 내에 있던 예인의 정치 세력을 대표한 것으로 인정된다. 따라서 《창해》라는 지명이 동일하다고 해서 진시황 시기(기원전 3세기 말)의 창해군君의 지역과 위 우거 시기(기원전 2세기 말)의 예군 남려의 창해군郡을 동일한 지역으로 인정할 수는 없다.

나는 예군 남려의 창해군郡 지역은 한의 령역과 고조선 령역 간에 위치했다고 보는 것이 타당하다고 생각한다. 왜냐하면 기원전 128년(원삭 원년)에 한무제는 위 우거의 세력을 억제하기 위하여 예군 남려와 결탁한 것이니 그 창해군의 위치는 위씨 조선과 한의 령역간에 즉 국경 지대에 설치했다고 보는 것이 자연스럽기 때문이다. 더우기 그렇게 생각할 수 있는 리유는 한이 창해군을 설치하고 예군 남려와 교섭을 함에 있어서 위씨 조선 령역을 통과하여 진행했다고 볼 수는 도저히 없다는 사실이다. 요컨대 창해군은 고조선과 한 령역 사이, 발해 연안 지대에서 찾아야 할 것이다. 《후한서·예전》에 《예군 남려가 28만 인구를 거느리고 료동에 이르렀다》는 기록은 이 사정을 잘 말해 준다.

기술한 바와 같이 기원전 3세기 말(한 초) 고조선과 한의 령역 간에는 《진 고공지》인 지역이 있었으며, 나는 그 지역을 오늘의 료하와 대능하 간의 지역으로 인정하였다. 그 지역은 본래 연나라에게 강점되였던 바 고조선 인민들은 반연 투쟁을 계속하였고, 진한 초에 역시 반한漢투쟁을 강화하였기 때문에 한은 그 지역으로부터 물러가지 않으면 안 되었던 것이다. 그리하여 한 세력은 패수(대능하) 서쪽으로 밀려 나갔다. 이 수복한 지역에 위만이 망명하였다가 왕위를 찬탈했던 것이다.

우리는 이 지역을 제외하고 다른 곳에서 《창해군》을 찾을 수 없다. 어찌하여 이렇게 말할 수 있는가?

《창해》가 《발해》의 별칭임은 주지의 사실이다. 《수서》 64권 《래호아전》來護兒傳에는 《료동의 전역 때 래호아가 루선을 거느리고 창해를 가리켰다(遼東之役, 護兒率樓船, 指滄海)》라고 씌여 있고, 《당서》 39권 《지리지·하북도》 조에는 《창해는 경성군 위에 있는데, 본래 발해군에서 다스렸다(滄海景城郡上, 本勃海郡治)》라고 씌여 있는 바, 이 자료들은 창해가 곧 발해임을 증명해 준다. 따라서 창해군은 반드시 발해 연안에서 찾아야 하며, 황해 연안이나 조선 반도 내에서 찾을 수 없는 것이다. 그런데 일본 사가 시라도리는 《창해는 부여 땅에 있지 않고 조선의 북방 료동 새 외에 있었음은 명백하다》(《동양학보 東洋學報》 2권, 2호, 백조고길(白鳥庫吉), 《한사군강역고(漢四郡彊域考) : 원저 주》)고 쓰고, 그 리유로서 《한이 압록강 류역의 예맥을 창해군으로 한 것은 당이 장백산 동북에 거주한 말갈을 발해군으로 한 것과 비교할 것이다. 가탐賈耽의 〈도리기〉道里記에 의하면 발해의 조공로는 국도에서 압록강을 나가 발해를 항행하여 동래東萊에 이르렀다. 한에서 창해에 간 것도 역시 이 항로에 의하였을 것이니 발해군 즉 창해군의 명칭은 모두 이 관계에서 생긴 명칭일 것이다》고 썼다.

그는 당唐 대의 발해군을 가지고 한漢 대의 창해군의 위치를 고증하려 하였다. 그러나 우리는 이미 한 대에 발해군이 존재하였던 자료를 가지고 창해군의 위치를 판단하는 것이 더 정확할 것이라고 인정한다. 《한서·지리지》에는 《발해군》이 있으며, 그 주에는 《고제가 설치했는데 왕망은 영하군이라고 했다. 유주에 속해 있다. 안사고는 '발해 가에 있으므로 그렇게 이름지었다'고 했다(高帝置, 莽曰迎河, 屬幽州, 師古曰, 在渤海之濱, 因以爲名)》라고 씌여 있다. 또한 《수서》 30권 《지리지》에도 수隋

나라 예주豫州에 발해군이 존재했음을 기록하고 있다.

그러나 백조고길은 이런 자료들을 무시하고 당나라의 발해군을 가지고 고증하려 하였다. 그것은 그의 고조선 위치에 대한 선견에서 유래된 억측인 바, 즉 그는 창해군이 고조선과 한 령역 간에 위치했으리라는 추측과 그 고조선이 압록강 이남 지역이라는 전제에서 결론을 찾았던 것이다. 창해가 발해의 별칭임을 인정하면서도 그는 어찌하여 창해군을 발해 연안에서 찾지 않고 압록강 류역에서 찾으려 하였는가? 압록강 연안이라면 그 지역은 발해 연안인 것이 아니라 바로 황해 연안인 것이다. 후세 당대에 말갈 지역을 《발해군》이라고 칭한 것을 말갈이 발해를 항행하여 조공했기 때문이라고 설명하는 근거가 매우 박약하였다.

그가 예맥(《삼국지》의 예)의 지역을 압록강 류역으로 인정한 사실은 정당하다고 인정된다. 《삼국지》와 《후한서》의 《예전》 및 《옥저전》에 기록된 예의 위치는 분명히 압록강 류역이며 결코 조선 반도 내에 있었던 것은 아니다. 이 예의 위치에 관하여 종래의 견해가 부정확한 점이 있었다고 인정되기 때문에 이 문제에 대해서는 아래서 따로 소절을 설정하여 설명하고, 또 옥저 문제를 고찰할 때에도 언급하게 되기 때문에 여기서는 설명하지 않기로 한다.

창해군을 압록강 유역으로 인정한 백조고길 비판

백조고길이 예군 남려의 창해군을 압록강 류역으로 인정한 것은 형식론리적으로는 통하는 바 있다. 그러나 예를 고조선족과 다른 별개의 종족으로 인정했기 때문에 예의 지역을 《삼국지》와 《후한서》의 《예전》 및 《옥저전》에 보이는 예의 지역으로 국한시켜 버렸던 것이다. 그러나 예족은 바로 고조선족이였고 고조선의 준 왕조가 망한 후 위씨 왕조에 예속되지 않은 고조선족의 일부 유민들을 예인이라고 칭했으며, 따라서 그 유민들이 점차 한 세력하에 예속되게 되면서 그 지역은 점차 적어지지 않을 수 없었었던 것이다. 한무제 시 설치했던 예인의 지역인 창해군은 수년 후에 곧 폐지되였으나 그 대신 한이 4군을 설치하게 된 후 그 지역은 4군 령역으로 편입되여 그후 그 지역의 예인은 기록 상에 나타날 수 없게 되고, 압록강 류역에 거주하던 예인만이 기록에 나타나게 되었다고 보는 것이 타당할 것이다. 왜냐하면 《예군 남려가 위 우거를 배반하고 28만 명을 거느리고 료동에 가서 내속內屬하였다》고 하였으니 이것은 예인이 료동군과 린접한 지역에 거주했음을 의미하기 때문이다.

《한서·지리지》에 의하면 료동군 인구가 27만2천539명이고, 락랑군 인구가 40만6천748명이다. 이 인구와 대비하면 남려가 인솔한 예인의 수는 료동군 인구보다 오히려 많다. 그런데 압록강 류역의 예인은 락랑군의 령동 7현의 인구에 불과한 것이니 창해군의 예인의 절대 다수가 령동 7현이 아닌 다른 군현 내에 속하게 되었음을 알 수 있다. 그리고 그 많은 예인이 압록강 연안에서 료하 서쪽인 료동에까지 갔다고 볼 수는 도저히 없다.

따라서 창해군 위치는 한의 령역과 린접한 대능하(고 패수)와 련접된 지역이라고 보아야 할 것이다. 백조고길은 이러한 력사적 사실들을 호상 련관시켜 고찰하지 못하고, 다만 단편적인 기록만에 의거했기 때문에 부정확한 결론에 도달했던 것이다. 혹시 일 보를 양보한다면 압록강 류역의 예인은 본래 창해군 지역의 예인의 일부가 그리로 이동했다고 상상할 수는 있으나 그것은 정확한 근거가 없기 때문에 성립되기 어렵다.

요컨대 백조고길의 설은 수긍할 수 없다. 부르죠아 사학의 제한성은 력사 지리 고증에서도 명백하게 표현되는 것이다. 그들의 정치적 목적에 기초하고 거기서부터 형식론리적으로 사료를 취급하기 때문에 그들은 객관적 사실史實에 접근할 수 없게 되는 것이다.

창해군을 발해 연안에서 찾아야 한다는 리유는 또 있다.

《려씨춘추》呂氏春秋 12권 《시군람》恃君覽에는 《비非 바닷가 동쪽은 이夷, 예濊의 고향이다(非濱之東, 夷穢之鄉)》라고 씌여 있는데 그에 대한 고유高誘(후한 사람)의 주에는 《"비非 자"는 마땅히 "북北 자"가 되어야 할 것으로 생각된다. 북해의 동쪽이란 뜻이다("非" 疑當作 "北" 猶言北海之東也)》라고 쓰고 또 《동방을 이夷, 예濊라고 하는데, 이국의 이름이다(東方曰夷, 穢, 夷國名)》라고 썼다. 따라서 고유는 북해의 동쪽에 위치한 지역(즉 고조선 지역)을 《예국》으로 인정한 것이다. 《북해》란 것은 발해를 의미하니 이 지역은 바로 오늘의 료동 혹은 료서와 료동에 걸치는 지방을 가리키는 것이다.

위에서 인용한 《삼국지》, 《후한서》 부여전들에서 《부여는 … 옛 예땅이다(夫餘 … 故濊地)》라고 한 자료와 결부시켜 생각하면 《예인》은 오늘의 료동 지방 해변 뿐만 아니라 길림성 일대에까지 걸쳐서 거주했다는 사실을 인정하게 된다.

그런데 일방 《예》의 이름을 가진 《예수》濊水와 《예읍》이 오늘의 하북성 지역에도 있다[112].

《수경주·탁장수주》水經注·濁漳水注에는 《청장수는 장무현 고성 서쪽을 지나는데, 옛 예읍의 땅이다. 그 지류에서 나와서 예수라고 부른다(清漳逕章武縣故城西, 故濊邑地, 枝瀆出焉, 謂之濊水)》라고 씌여 있다.

---

112) 예수(濊水), 즉 예강은 현재 하북성 대성(大城)현에 있었다. 창주(滄州)시와 경계를 접하고 있었는데, 지금은 없어졌다.

《태평환우기》太平寰宇記 하북도 진주 평산현 조에는 이렇게 씌여 있다.

> 수국경隋國經: 방산房山은 … 예수가 나오는데, 또한 석구수石臼水라고 한다. 또한 녹수鹿水라고 이르는데, 행당行唐에서 나와서 가다가 동쪽으로 박릉博陵(지금의 하북성 안평현安平縣)[113]으로 들어간다. 목도구木刀溝라고 이르고 또 지가사수之袈裟水라고 하는데 … 남쪽으로 흘러서 호타하滹沱河로 들어간다.
>
> 隋國經: 房山, … 濊水出焉, 亦謂之石臼水. 又謂之鹿水, 出行唐, 東入博陵(今河北安平縣), 謂之木刀溝, 又謂之袈裟水, … 南流入滹沱河.

《속한서續漢書·군국지》 기주 상산국冀州常山國 조에는 《남쪽 행당(지금의 하북성 행당현)에는 석구곡이 있다〔南行唐(今河北行唐縣) 有石臼谷〕》라고 씌여 있다.

우리는 이 자료들을 통하여 예수가 하북성 행당현, 안평현에 걸쳐 있었음을 알 수 있다. 장무章武 고성은 오늘 하북성 창현滄縣 동북에 있으니, 고예읍은 바로 하북성 창현 북쪽 지역으로 될 것이다. 예수는 청장수의 지류이며, 탁장수 청장수 지역에 《예읍》이 있었고 예수가 있었으니 이 지역은 고대 예인이 거주한 지역이였다고 판단된다.

---

113) 박릉군은 후한(後漢 : 동한) 환제(桓帝) 연희(延熹) 원년(158년)에 중산(中山)을 나누어 설치했는데(《후한서》) 《수경주》에는 본초(本初) 원년(146) 설치했다고 나온다. 학자들은 대체로 연희 원년 설치설을 지지하는데, 중국에서는 박릉군, 즉 안평현을 지금의 하북성 려현(蠡县) 려오진(蠡吾鎭) 남쪽으로 비정한다. 압록강 대안 단동(丹東 : 옛 안동)에서 '안평(安平)'이라 새긴 기와가 나왔다면서 단동을 서안평으로 비정하는 남한 학계의 논리가 비약임을 잘 알 수 있다. 행당현은 지금의 하북성 석가장(石家庄)시 산하 현이다.

그렇게 판단할 수 있는 근거는 또 하나 있다. 정은택程恩澤은 《전국책지명고》戰國策地名考 8권 《조·상장》趙·上漳 조에서 이렇게 썼다.

> 설문說文: 탁장수濁漳水는 상당上黨군 장자長子현 녹곡산鹿谷山에서 나와 동쪽으로 청장수淸漳水로 들어간다. 청장수는 점산 대요沾山大要(옛날에는 "요腰" 자를 세속에서는 "구龜"라고 쓰는데 틀렸다)곡에서 나와 하수로 들어간다. 남장수南漳水는 남군에서 나온다. 정은택이 살펴보니 《회남자 추형훈》에 청장수는 갈려褐戾에서 나오고, 탁장수는 발포發包(곧 발구發鳩)에서 나온다. 고유高誘는 주석하기를, "두 장수漳水는 합쳐 흐르다가 위군魏郡에서 청하淸河(《수경》은 그 강은 동북쪽으로 광종현廣宗縣을 지나는데 청하라고 이른다)로 들어간다"고 했다. 수경주水經注는 탁장수는 장자현 서쪽 발구산發鳩山에서 나온다고 했다.
>
> 說文: 濁漳出上黨長子鹿谷山, 東入淸漳, 淸漳出沾山大要[114](古"腰"字, 俗作"龜"非) 谷, 入河, 南漳出南郡. 恩澤案, 淮南·墬形訓: 淸漳出褐戾, 濁漳出發包(即發鳩), 高誘註: 二漳合流經魏郡入淸河.(水經淇水東北過廣宗縣, 謂之淸河). 水經注: 濁漳水出長子縣西發鳩山.

우리는 이 자료에서 탁장수가 《발포》發包 즉 《발구산》發鳩山에서 류원하고 있다는 사실을 주목하여야 한다. 이것은 예수가 바로 《발포》, 《발구》에서 시원하고 있음을 의미한다. 예수, 예읍, 발포, 발구

114) 리지린의 원저에는 인(寅)이라고 썼는데 요(要) 자로 바꾸었다. 《설문(說文)》에 "청장수는 점산 대요곡에서 나와 북쪽으로 하수로 들어간다(淸漳, 出沾山大要谷北入河)"는 문장에서 딴 것으로 보이기 때문이다.

등이 한 개 지방에 존재하였다는 사실을 우리는 결코 우연한 현상이라고 볼 수 없지 않는가?

이것은 이미 위에서 루루히 설명한 바와 같이 《발》發은 고대 조선의 지명에 특유한 명칭들인 것이다. 생각컨대 이것은 《왕회해》에 기록된 《예인》, 《발인》發人과 관계되는 것이요, 《관자》에 있는 《발, 조선》의 명칭과 관련되는 것이다. 이 지명들을 고대 한어로 해석할 수 없을 것이다.

따라서 나는 이 지역(오늘 하북성 창현)에 고대 예족의 일부가 거주하였다고 판단하려는 것이다.

이렇게 판단할 수 있는 다른 근거는 기술한 바와 같이 현 하북성 란하 중류, 하류 지역에 고조선인이 거주하였고, 또 그 지역의 연산 일대를 《락랑》이라고 칭한 사실을 생각할 때 거기서부터 고조선인인 예인이 하북성까지 진출할 수 있다고 판단되기 때문이다. 그와 함께 《왕회해》의 기록을 보면 예인과 량이良夷가 린거隣居했다고 판단되니 이 기록과 하북성에 예인이 거주하고 연산 일대에 량이가 거주했다는 사실은 아무 모순이 없을뿐더러 오히려 완전히 일치한다고 보아야 할 것이다. 왜냐하면 기술한 바와 같이 《왕회해》에 기록된 동이 제족의 명칭은 조선이 서방 2천 리 령역을 상실하기 전 오늘의 료서, 료동에 거주한 종족들의 명칭이였기 때문이다.

양수경은 그의 《력사지도》에서 상인한 자료들을 승인하고 있을뿐더러 더욱 주목할 만한 자료를 제공해 주고 있다. 그의 《수경주도》水經注圖의 《탁장수》 편, 《심수》沁水 편 지도에서 예수의 발원지인 《발구산》 부근에 《고려수》高麗水를 그리고 있다. 이 《고려수》는 《대청여지도》大淸輿地圖 상에 있는 수명이다. 이 《고려수》는 곧 《예수》의 상류인 것이다. 나는 이 사실을 결코 우연한 사실로 볼 수 없다. 확실한 근거는 없으나 이 《고려수》의 명칭은 고래로 중국인들이 《예》와 《고려》(즉 조선)를 동일시한 데서 유래된 것이라 생각한다. 이렇게 해석하는 것이 력사적 사실과 부합된다. 이미 《기자 전설에 대하여》에서 언급한 바와 같이 양수경은 하남성 상구현에도 예수가 있었다는 것을 인정하였으며 (《전국강역도》에서), 고 기국箕國을 그 예수 부근으로 인정하였다. 나는 이 예수 류역도 역시 예인의 거주 지역이라고 인정할 수 있다고 생각한다.

기술한 바와 같이 고조선이 연 진개에게 그 서방 2천 리 지역을 빼앗긴 사실에 근거하여 우리는 고조선 인민들이 하북성 예수 지역에까지 진출했다는 사실을 조금도 의아하게 생각할 수 없다. 따라서 고예읍은 결코 지명의 문'자 상 우연한 일치인 것이 아니라 고조선인의 거주 지역이였으며 일정한 행정 단위였다고 판단해서 망설로 되지 않을 것이다.

우리는 이상의 자료들에 근거하여 예족의 거주 지역은 실로 광대하였음을 알 수 있게 되었다.

예인의 거주 지역은 고조선 영역과 일치

그런데 한편 《삼국지·동이·예전》과 《후한서·동이·예전》에는 예가 오늘 우리나라 동해안에 거주한 것처럼 기록하고 있다.

《후한서》에는 이렇게 씌여 있다.

> 예는 북쪽으로는 고구려, 옥저가 있고, 남쪽으로는 진한과 접해 있고, 동쪽은 큰 바다에 닿고, 서쪽은 락랑에 이른다. 예 및 옥저, (고)구려는 본래 모두 조선의 땅이었다.

濊, 北與高句麗, 沃沮, 南與辰韓接, 東窮大海, 西至樂浪, 濊及沃沮, 句驪本皆朝鮮之地也.

《삼국지》에는 이렇게 씌여 있다.

예는 남쪽으로는 진한이 있고, 북쪽은 고구려, 옥저가 있고, 동쪽은 큰 바다에 닿는데, 지금 조선의 동쪽이 다 그 땅이다.
濊, 南與辰韓, 北與高句麗沃沮接, 東窮大海, 今朝鮮之東皆其地也.

진수(삼국지)와 범엽(후한서)은 부여를 본래의 《예맥의 땅》, 또는 《예의 땅》이라고 쓰고, 그 고성을 《예성》, 부여왕계의 선대의 도장을 《예왕의 인》이라고 쓰면서도 《오늘의 조선 동해안이 예의 땅》이라고 썼다. 그들은 예인의 이동에 관해서는 전연 언급하지 않고 있으며, 또 진수가 말한 《조선》이 과연 어느 지역을 가리키는가가 문제로 되니 그들이 말한 《조선 동해안》을 성급하게 오늘 우리나라의 동해안으로 해석하지 말아야 한다. 그들이 예의 이동에 관해서 한 마디도 언급하지 않은 것은 반드시 리유가 있을 것이며, 이 문제는 아래에서 다시 론급하기로 하고 나는 여기서 그 예인의 지역은 료동 반도 동쪽에서 압록강 중류 지역에 이르는 지방이라는 것을 먼저 이야기해 둔다.

요컨대 고대 문헌 사료에 나타나고 있는 예인의 거주 지역은 하북성에서부터 료서, 료동 일대와 송화강 류역에까지에 걸치는 광대한 지역이였음을 알 수 있다. 이 예는 곧 고조선족이며 기술한 바와 같이 위만 이후 그 정권에 속하지 않은 일부 유민만을 예라고 칭하게 되었던 것이다. 물론 예의 령역은 시대의 변동에 따라서 변동이 있었으며 고조선이 서방 2천 리 령역을 연에게 빼앗기기 전에는 광대하였으나 그후 점차 축소되였고, 위만 이후 예와 조선을 갈라 부르게 된 이후 예의 지역이 점차 축소되여 오다가 한4군이 설치된 후 그 령역은 한4군으로 점차 편입되고 나중에는 압록강 류역 일부에 국한되게 되었다.

이와 같이 기원전 3세기 초 이전 예인의 거주 지역은 고조선의 령역과 일치하며, 그와 함께 《삼국지》, 《후한서》의 《예전》들에서 각각 고조선의 력사를 기록하고 있는 사실에 근거하여 예는 바로 고조선족이였다고 판단할 수 있다. 예는 고조선인의 종족명으로 불리우면서 후일에는 지명으로 되기도 하였다.

예군 남려의 창해군은 어디인가?

그러면 이 광대한 지역에서 어느 지방이 예군 남려의 창해군인가? 우리는 이 문제를 고찰함에 있어서 위 우거와 대항할 수 있었던 정치적 세력을 찾는 것이 중요하다.

《사기·조선 렬전》에서는 진반, 조선, 림둔 등을 구별하여 쓰고 있다. 위씨 조선 이전 시기 《진반》은 고조선의 한 개의 행정 구역 혹은 《후국》이였다. 《진반》을 《진》과 《반》의 두 개 지역으로 볼 수 있는가 하는 문제는 아래에서 언급하기로 하자. 요컨대 《진반》과 《조선》은 고조선의 두 개의 지역이였다. 즉 《조선》은 고조선의 왕기王畿(왕이 있는 서울 부근) 지역이고 《진반》은 고조선의 지방 행정 구역(후국 혹은 한국)이였다. 다시 말하면 《조선》이란 국가 령역 내에 경기 지방을 《조선》이라고 칭하였던 것이다. 어째서 이렇게 말할 수 있는가 하면 후일 한4군 설치 이후 락랑군 내에 조선현을 설치한 사실은 바로 이러한 력사적 사실을 설명해 주는 것으로 보아야 할 것이다. 후일의 락랑군이 바로 고조선의 왕기 지역이였으며 그 지역을 《조선》이라고도 칭했으며, 락랑군 설치 이후는 《조선》이란 명칭을 한 개 현의 명칭으로 삼았던 것이다. 종래 《진반》과 《조선》을 합쳐서 《진반조선》이라고 해석한 설도 있으나 필자는 이에 동의할 수 없다.

왜냐하면 사마천은 《진반, 조선》眞番, 朝鮮이라고 쓰면서 동일한 《조선 렬전》에서 위만이 《그 주변의 소읍들을 침략하여 항복시키니 진반, 림둔도 다 와서 복속했다(侵降其旁小邑, 眞番·臨屯)》라고 쓰고 있는 것으로 보아서 그는 분명히 《진반》을 《조선》 지역과는 다른 지역으로 보았기 때문이다. 이렇게 말할 수 있는 또 하나의 리유는 《사기·화식렬전》에는 《(연나라는) … 북쪽으로는 오환, 부여와 접해있고, 동쪽으로는 예맥과 조선과 진반의 이익과 얽혀 있다(北隣烏桓. 夫餘·東綰穢貊·朝鮮·眞番之利)》라고 쓰고 있는 사실이다. 만일 《진반조선》이 한 개의 명칭이라면 《조선진반》이라고 거꾸로 쓸 수 없지 않겠는가?

위에 인용한 《그 주변의 소읍들을 침략하여 항복시키니 진반·림둔도 다 와서 복속했다(侵降其旁小邑, 眞番·臨屯)》란 자료에서 《진반》은 고조선 왕기 지역인 《조선》 부근의 작은 읍이였으며, 위만이 정권을 잡은 후 그 지역을 침공하여 자기 지배하에 두었던 것이다. 그리고 역시 동 《조선 렬전》에는 《진반 곁의 진국(혹은 여러 나라)〔眞番旁辰國(혹은 衆國)〕》이라고 쓰고 있는 것을 보아서 《진반》이 비록 위 우거의 지배하에 있었다 하더라도 그것이 특수한 행정 구역이였음을 알 수 있다. 다시 말하면 《진반》의 명칭을 계속 사용하고 있는 것으로 보면 진반의 세력은 그냥 존속되고 있었다고 보여진다. 사마천 시대에 예인 지역에서 위 우거와 대항할 만한 정치적 세력은 《진반》을 제외하고 다른 어떤 것도 찾아볼 수 없다.

따라서 나는 예군 남려는 진반 지역의 예인을 통치한 통치자로 인정하게 된다.

그러면 그 진반 지역이 어디냐? 예군 남려는 한무제 정권과 료동에서 교섭하였던 사실, 즉 예군 남려가 료동으로 가서 교섭한 사실로 보아서 그것은 위씨 조선과 료동 지역의 중간 지대로 인정된다. 왜냐하면 만일 그 예군의 지역이 고조선 동쪽에 위치했다면 남려가 고조선 지역을 거쳐서 한 세력과 결탁할 수 없었겠기 때문이다.

《조선 렬전》에 《진반 곁의 진국이 위로 글을 올려 천자를 뵙고자 해도 가로막고 통하지 못하게 했다(眞番旁辰國欲上書見天子, 又擁閼不通)》는 기록으로 보아서 그 사정을 넉넉히 알 수 있다. 따라서 그 지역은 국경선인 대릉하와 료하 사이에 위치했다고 보여진다. 예군 남려의 창해군을 오늘 우리나라 령역 내에서 찾아볼 근거는 전혀 없다.

2. 맥족에 대하여

맥족貊族은 고대 중국인들에게 있어서는 그 린근의 족들 중 가장 강력한 종족으로서 알려졌다. 중국 고대 문헌 사료에서 《맥》에 관한 자료를 들어 보자.

(1) 《맥》에 관한 가장 이른 문헌 자료는 《시경·대아·한혁》詩經·大雅·韓奕인 바 이것은 서주 선왕宣王(기원전 827~782년) 시기 윤길보尹吉甫의 작품이다. 여기에는 다음과 같이 기록되여 있다.

> 높은 저 한나라 성이여, 연나라 백성들이 완성했네, 선조들의 명을 받들어 백만百蠻을 다스리시네, 왕께서 한후韓侯에게 추追나라와 맥貊나라를 내리셨네, 북쪽 나라 맡아서 다스리고 그 백작이 되셨네, 성 쌓고 호 파고 밭 정리하고 세금을 부과해 비貔(표범의 일종) 가죽과 붉은

표범 가죽과 누런 말곰 가죽을 바치네.[115]

溥彼韓城, 燕師所完, 以先祖受命, 因時百蠻. 王錫韓侯, 其追其貊, 奄受北國, 因以其伯, 實墉實壑, 實畝實籍, 獻其貔皮, 赤豹黄羆.

이 시구에 대한 해석은 자고로 여러 가지가 있다. 《연》燕 자의 해석 여하에 따라서 맥의 거주 지역이 달라지게 된다. 우선 정현鄭玄(후한인)의 《전》箋에 근거하여 해석하여 본다면 아래와 같다.

저 커다란溥 한성은 옛날 평안한 시기燕 인민들師이 완공한 것이다. 한후의 선조, 즉 무왕의 아들로서 공덕 있는 자가 선왕의 명을 받아 한후로 봉을 받았을 때, 그 령지는 밖으로 만맥蠻貊에 접하였는데 시절에 따라 많은 만국들이 공헌하여 래왕하였다. 그 후 한후가 쇠약하게 되어 선조의 업을 상실하였던 것인데 지금 선왕이 한후의 현명함을 보고 선조의 구직舊職에 복구시키고 만복蠻服인 되追와 맥의 융적령戎狄令을 주어 그 왕기의 북망국을 보위하게 하고 그 선조의 작위대로 백伯을 주었다.(리지린 해석)

이 해석의 비판에 앞서 언급하여야 할 것은 《백만》이란 것은 《남만》의 《만》이 아니라 《되》追[116]와 《맥》의 여러 《나라》를 의미한다는 사실이다.

115) 《시경》 〈대아〉의 '한혁(韓奕)' 편은 '큰 한나라'라는 뜻인데, 이 한(韓)이 나라 군사를 시켜 성을 쌓게 할 정도로 국력이 큰 나라였다는 노래이다. 이 한후(韓侯)의 한국이 우리 민족의 국가라는 뜻이다.

116) 리지린은 '추(追)'를 이민족이라는 의미의 '되'라고 읽는 것이다. 《좌전(左傳)》 〈장공(莊公)〉 18년 조에 "추융이 제의 서쪽에 있다(追戎于濟西)"는 구절이 있다.

맥은 중국 북방에 거주한 동이족

그러면 《되》와 《맥》은 어떤 종족에 속하는가? 동서 공영달孔穎達의 《정의》에서는 그것을 융과 적의 두 개 종족으로 해석하였다. 중국 고대 문헌 상의 《융》, 《적》이란 것은 북방 종족과 서방 종족의 모호한 통칭이다. 그런데 같은 책 《정의》에서는 여러 가지 고대 문헌들을 인용하여 다음과 같이 쓰고 있다.

> 경經과 전傳에서 말하는 맥은 동이를 말하는 경우가 많다. 옛날 직방職方은 사이四夷와 구맥九貊을 관장했다. 정지鄭志(위(魏)의 정소동(鄭小同)의 저작)는 조상趙商에게 답해서 "구맥은 곧 구이九夷다"라고 말했다. 또 추관秋官의 맥예貊隷에 대한 주석에서 "동북이를 정벌하고 체포했다"고 했는데, 이는 곧 맥으로서 동이의 종족이고, 북쪽에 나누어 산다. 따라서 이때에는 맥貊이 한후韓侯가 되어 다스렸으므로 로송魯頌(시경의 편명)에서 "회이淮夷 만맥蠻貊과 저 남쪽 이夷들이 따르지 않는 이 없네"라고 노래했는데, 이는 로魯 희공僖公 때 맥이 로나라 근처에 있었음을 말해준다.
>
> 經傳說貊多是東夷, 故職方掌四夷九貊, 鄭志·答趙商云: 九貊即九夷也, 又秋官·貊隷·注云: 征東北夷所獲; 是貊者, 東夷之種, 而分居於北, 故於此時, 貊爲韓侯所統魯頌云: 淮夷蠻貊, 莫不率從[117], 是於魯僖公之時, 貊近魯也.

이 자료에 근거하여 우리는 서주 시대 중국 북방에 거주한 동이족을

---

117) 원저의 석(石) 자를 《모시(毛詩 : 시경) 로송(魯頌)》 〈경지십(駉之什) 비궁(閟宮)〉의 원문에 따라 불(不) 자로 고쳤다.

《맥》이라고 칭했다는 사실을 알 수 있다.

그런데 《주례·하관사마》周禮夏官司馬에는 《직방씨는 … 사이, 팔만, 칠려, 구맥, 오융, 육적의 백성을 관장한다(職方氏掌 … 四夷, 八蠻, 七閩, 九貊, 五戎, 六狄之人民)》라고 쓰고 《이》와 《맥》을 별개의 종족으로 구별하고 있다. 이것은 위에 인용한 《정지·답조상》鄭志·答趙商의 《구맥 즉 구이(九貊即九夷也)》라는 해석과는 일치하지 않는다. 따라서 혹자는 《맥》과 《이》를 동일한 계통이 아닌 별개의 종족이라고 주장한다.

그러나 과연 그렇게 해석하는 것이 정당하겠는가? 우리는 이 문제를 해명함에 있어서 서주西周(서기전 1046~서기전 771년) 시대의 《이》가 어느 종족인가를 천명하여야 할 것이다. 이족의 개념은 시대가 경과함에 따라 풍부화된 것이며, 그 풍부화된 개념으로서의 《이》를 서주 시대의 《이》와 혼동해서는 안된다.

서주 시대의 《이》에 관한 자료를 조사해 보자.

《상서·우공》尙書·禹貢 량주梁州 조에는 이렇게 씌여 있다.

> 화산華山의 남쪽에서 흑수까지가 량주梁州다. 민산岷山과 파산嶓山 일대를 농사를 짓게 하고, 타수沱水와 잠수潛水를 통하게 했다. 채산蔡山과 몽산蒙山 일대도 경작하게 하고, 화수和水의 이족을 잘 다스리는 공적을 이루었다.
>
> 華陽, 黑水惟梁州. 岷·嶓旣藝; 沱·潛旣道; 蔡·蒙旅平; 和夷底績.

고힐강顧頡剛 교수의 해석에 의하면 《화이》和夷의 거주 지역은 량주 동계東界 지방 즉 오늘의 호북성 무당산武當山 일대의 지역이다.〔고힐강(顧頡剛), 중국고대지리명저선주(中國古代地理名著選注), 26페지, 중국과학원지리연구소편(中國科學院地理硏究所編) : 원저 주〕

《화이》는 《상서》의 《우이》嵎夷, 《래이》萊夷, 《회이》淮夷, 《조이》鳥夷(현행본 《상서》에는 《도이》島夷라고 씌여 있으나 이것은 후세의 위작 〈가짜 공안국 전〉이며 현행본이 잘못된 것이다) 등의 거주 지역인 중국·동해 연안 지역과는 반대되는 서방 지역임을 알 수 있다. 따라서 서주 시대의 4이四夷라는 개념은 서주의 사면에 거주하는 외족이라는 뜻으로 사용된 개념임을 알 수 있다.

그러나 서주 시대의 동이는 주로 서주 령역의 동방인 산동 지방에서 절강 지방에 이로는 황해 연안 일대에 거주한 이족을 가리킬 것이며, 《일주서》에 기록된 바와 같은 동이들을 의미하지 않는다. 그렇기 때문에 《주례·하관사마》의 《옛 직방씨가 사이, 구맥을 관장한다(故職方氏掌四夷·九貊)》란 기록은 《정지·답조상》의 《구맥은 곧 구이(九貊即九夷也)》라는 기록과 또 그와 마찬가지로 《맥》족을 《동이족》이라고 해석한 허다한 기록들과는 아무 모순이 존재하지 않는다.

다시 말하면 서주 시대에는 《맥》과 《이》를 명백히 구별하여 기록하였으나 후세의 사가들은 후세의 동이와 맥의 개념으로서 서주 시대의 《맥》과 《이》를 해석하고 동일시해 버린 것이다. 《정지》鄭志(위魏의 정소동鄭小同의 저작)에서는 《맥》을 곧 동이족과 동일한 종족으로 인정하였다. 이 문제를 해결하기 위하여 우리는 《맥》의 거주 지역과 그 이동 정형, 또 그것이 춘추 시대 이래 동이로 불리워진 고대 조선족들과 어떤 관계를 가지는가를 고찰하여야 할 것이다.

《시경 · 한혁》에 관한 중국 학자들의 해석

우선 우리는 위에 인용한 《시경·한혁》의 자료를 검토하기로 하자. 이 시구의 해석 여하에 따라서 맥족의 거주 지역의 차이가 생기게 된다. 우리는 위에 인용한 정현의 해석을 검토하기 위하여 기타 학자들의 해석을 살펴 보기로 하자.

왕부王符의 《잠부론》潛夫論 9권 《지씨성》志氏姓 제35에는 이렇게 씌여 있다.

> 환숙桓叔의 후예에 한씨韓氏, 언씨言氏, 영씨嬰氏, 화여씨禍餘氏, 공족씨公族氏, 장씨張氏가 있는데 이는 모두 한의 후예로서 희姬성이다. 옛날 주 선왕 때 또한 한후韓侯가 있었는데, 그 나라는 연燕과 가까웠다. 그래서 시詩에서 "높은 저 한나라 성이여, 연나라 백성들이 완성했네"라고 한 것이다. 그후 한서韓西도 성이 한韓이었는데, 위만에게 정벌당해서 바다 가운데 옮겨 거주했다.
>
> 桓叔之後有韓氏, 言氏, 嬰氏, 禍餘氏, 公族氏, 張氏, 此皆韓後, 姬姓也. 昔周宣王亦有韓侯, 其國也近燕, 故詩云: 普彼韓城, 燕師所完. 其後韓西亦姓韓, 爲衛滿所伐, 遷居海中.

왕계배汪繼培의 《전》箋에는 《석문釋文에서 말하기를 "왕숙, 손육은 모두 이를 연나라라고 했다"(釋文云: 王肅, 孫毓並云, 此燕國)》라고 씌여 있다. 이 자료에 의하면 왕부, 왕숙, 손육 등은 《燕》 자를 《연나라》로 해석하고 있음을 알 수 있다. 그러나 그 연나라의 위치에 관해서는 언급하지 않고 있다. 그런데 같은 구절의 《전》에는 《살펴보니, 한서韓西는 아마도 곧 조선일 것이다. 조朝 자를 잘못 한韓 자로 쓴 것으로 서西는 곧 한韓이 변한 것이다. 그래서 《상서대전》에서 서방西方을 선방鮮方이라고 했다(案, 韓西, 蓋即朝鮮, 朝誤爲韓, 西即鮮之轉, 故尙書大傳以西方爲鮮方)》라고 썼다. 이에 근거하면 마치 고조선 왕도 《한》으로 설명하고, 서주 선왕 시대 한후의 후예인 듯이 설명하고 있다.

이에 관해서는 종래 중국의 대국주의적 봉건 사가들이 흔히 주장했고, 또 우리나라 사대주의 사가들도 그 설을 그대로 받아들였던 것이다. 이 문제에 관한 비판은 아래서 《삼한》을 론할 때 언급하기로 한다.

명 대의 학자 곽조경은 《연사》燕史에서 《시에서 말하기를 "추追나라와 맥貊나라를 내리셨네"라고 했는데, 연사燕師는 북국에 있고, 한韓은 연나라 북쪽에 있고, 맥貊은 한의 북국이다. 한韓은 이미 연나라에 귀의했는데, 한이 따라서 동쪽으로 천도해, 삼한이 되었다(詩云: 其追其貊, 燕師之北國也, 韓在燕北, 貊爲韓之北國, 韓旣歸于燕, 韓從而東遷, 漢初, 爲三韓)》라고 썼으며, 그도 《燕》 자를 《연나라》로 해석하였다. 그러나 그는 연의 위치를 밝히지 않고 다만 《한이 연의 북방에 위치하였고 맥은 한의 북방에 위치하였다》고 썼을 뿐이다.

그는 같은 책의 《연웅기》燕雄記에서 《연은 … 주나라 초의 본 이름이다. 서쪽으로부터 동쪽과 북쪽으로 나아갔다(燕 … 周初本之名, 自西徂東而北)》라고 썼으며, 그는 주 초의 연이 서방에 위치하였다가 후에 동으로 이동했다고 인정했음을 알 수 있다. 그러나 서주 선왕 시대 연이 서방에 위치했는가에 대해서는 밝히지 않았다. 그리고 그도 역시 고古 한국이 동천하며 삼한으로 되었다고 주장하고 있는데 이 대국주의 사상의 표현에 대해서도 아래서 비판하기로 한다.

다음 정은택程恩澤의 설을 들어 보자. 그는 《전국책 지명고》 20권 《고읍》古邑 하下에서 《옛 한국은 지금 순천부順天府 고안현固安縣[118])에 있는데, 한나라 때 탁군 방성현이었다(古韓國在今順天府固安縣, 於漢爲涿郡方城縣)》라고 썼다. 그가 《고 한국》의 위치를 오늘(즉 청 대)의 순천부

---

118) 청 대의 순천부 고안현을 중국에서는 지금의 하북성(河北省) 랑방시(廊坊市) 산하 고안현(固安縣)으로 보고 있다. 이 일대가 옛 한국이 있던 자리라는 것이다.

로 인정하고 있는 것으로 보아서 그는《시·한혁》편의《연》을《북연》으로 해석한 것으로 인정할 수 있다.

청 말의 학자 장병진章炳麟은《시·한혁》편에 보이는 한후국의 위치를 북경의 북방 120리 거리에 있는 고안현固安縣 지역으로, 연을 전국시대의 연 즉 오늘의 북경 일대로 잡고 있다.〔장병린(章炳麟), 태염문록속편(太炎文錄續編) 1권 : 원저 주〕 그의 우리나라 고대 국가 력사에 대한 대국주의적 관점에 대해서도 한을 고찰할 때 비판하기로 하자. 요컨대 그는 연의 북방에 한후국이 있고 그 한후국이 동천하여 삼한으로 되고 맥족은 그 삼한의 북방에 거주하였는 바 예맥, 소수맥, 부여, 예왕 등을 맥족으로 인정하고 있다.

중국의 저명한 학자들은《시경·한혁》의《燕》자를 정씨《전》箋대로《평안한 시기》로 해석하지 않고 연 후국으로 해석하였다. 나는 그들의 해석이 정당하다고 인정하며, 그 〈연〉의 위치를 고찰해 보기로 한다.

서주 시대 연의 위치와 고힐강 교수의 설

현재 중국 사학계에서도 아직 서주 시대의 연의 위치 문제는 미해명의 문제로 남아 있다. 종래 내외 학자들은 흔히 서주 시대의 연의 위치를 전국戰國 시대(서기전 475~서기전 221)의 연의 위치와 동일시하고 있으나 그것은 부정확한 견해이다.

서주 시대의 연의 위치에 대해서는 고힐강 교수가 일찌기 해명한 바 있고 아직까지 그 설이 부정되지 않고 있다.

그는《연국은 일찌기 분수 류역으로 천도했다는 논고(燕國曾遷汾水流域考)》에서 다음과 같이 쓰고 있다.[119]

내 생각에, 연나라는 처음 지금의 산서성 경내로 천도했다가 다시 하북성 경내로 천도했다.

予意, 燕之始遷在今山西境, 再遷乃至河北境.

즉 그는 서주 초 연나라는 왕기王畿 주변에 있다가 산서성 경지로 천국遷國(나라를 옮김)하고 그후 다시 하북성으로 천국하였다는 것이다.

그는《한혁》편을 해석하여 다음과 같이 썼다.

한국韓國이 있던 곳은 시詩에서는 비록 명확하게 말하지 않았지만 위에서 열거한 여러 서적들에서 한 말들로 추측한다면《모시전》에 다만 훈고訓詁에만 나타나는데, 사료를 고찰해도 보충할 수 없다. 정鄭씨는 전箋에서 말하기를 "량산에 있는 한국산이 가장 높고 커서 나라를 위한[120] 진소鎭所 망사望祀를 지낸다. … 량산은 지금 좌풍익左馮翊 하양夏陽[121] 서북쪽이다. 한韓은 희성姬姓의 나라인데, 후에 진晋에게 멸망했다. 그래서 대부 한씨는 읍으로써 이름을 삼은 것이다"라고 했다. … 분왕汾王은 려왕厲王이다. 려왕은 체彘 땅으로 유배갔는데, 체는 분수汾水 위에 있다. 그래서 시인이 이로써 호를 삼은 것이다.

---

119) 《설문(說文)》에서는 "분수는 태원 진양산 서남쪽에서 하수로 들어간다. 혹은 분양 북쪽 산에서 기주에 물을 댄다고 말한다(水出太原晉陽山西南入河, 或曰出汾陽北山冀州浸)"라고 말하고 있다. 《수경(水經)》은 "분수는 태원 분양현 북쪽 관잠산에서 나온다(汾水出太原汾陽縣北管涔山)"라고 말하고 있다. 태원은 산서성에 있다.

120) 원저는 '진탁(鎭柝)'이라고 되어 있는데, 《모시 주소(注疏)》 한혁(韓奕) 조에 '진소(鎭所)'로 되어 있어서 바로 잡았다.

121) 원저의 '재(在)'를 《모시 주소》에 따라 '좌(左)'로 바꾸었다. 좌풍익은 지금의 섬서(陝西)성 대려(大荔)현 지역이다. 《사기 하(夏) 본기》의 량주와 기주에 대한 《집해》 주석에는 "정현이 … 량산은 좌풍익 하양에 있다. 기산은 우부부풍 미양에 있다"고 했다(鄭玄曰 … 梁山在左馮翊夏陽, 岐山在右扶風美陽)고 말하고 있다. 기산은 섬서성 보계(寶鷄)시에 있다.

한漢나라 하양이 지금 한성韓城이 되었는데, 아마도 정현鄭玄에 이르러 지금 섬서성의 한성韓城 경내에 있다고 말한 것 같다. 그러나 연나라 도읍은 계薊[122]에 있어서 한韓과는 거리가 너무 멀다. 어떻게 한성韓城을 연나라 백성들이 완성했겠는가? 이해할 수 없으니 곡설曲說로 말한 것이 "연燕" 자를 "편안하다"는 뜻으로 본 것이다. 크도다. 저 한국성이라는 것은 옛날 평안할 때 중민衆民들이 지어 완성시켰다는 것인데, 장차 연燕 자를 "편안하다靜"는 뜻으로 사용하고 나라 이름의 뜻으로는 쓰지 않아서 감춘 것이다.

韓國所在, 詩中雖未明言, 而可籍上列諸語以推之, 毛詩傳但著訓詁, 無補於考史. 鄭箋云: 梁山於韓國之山最高大, 爲國之鎭所望祀焉. … 梁山今左馮翊夏陽西北, 韓姬姓之國, 後爲晋所滅, 故大夫韓氏以爲邑名焉. … 汾王, 厲王也. 厲王流於彘, 彘在汾水之上, 故詩人因以號之. 漢夏陽爲今韓城, 蓋至鄭玄而云在今陝西韓城縣境. 然燕都於薊, 離韓絶遠, 何以韓城爲燕師所完; 旣不可解, 則曲說之曰: "燕"安也, 大矣彼韓國之城, 乃古平安時衆民之所築完, 將燕字解作靜詞而不作名詞以掩飾之.

그는 연의 위치에 대하여 또한 다음과 같이 썼다.

연은 분수汾水 곁에 나라를 세웠는데, 한韓 또한 여기에서 서로 거리가 가깝다. 그래서 연나라 백성들이 한성을 쌓았다. 한국韓國으로써 고찰해서 정하면 연나라 백성들의 있는 곳은 다시 연산燕山, 연택燕澤, 연융嚥戎과 서로 증거가 되기에 족하다. 두 나라가 만난 곳이 지금의

122) 계(薊)는 지금의 북경시 서남쪽으로 보는데, 천진으로 보는 견해도 있다.

산서성 서부임을 알 수 있다. 연燕이 북쪽에 거주하던 곳에는 그래서 관잠산管涔山이 있었고, 한韓이 거주하던 남쪽은 그래서 려량呂梁이 있었다. 그 후에 하나는 멸망하고 하나는 천도해서 그 땅은 모두 진晋에 귀속되었다. 이를 나누어 결론을 얻으면 또한 고사를 논한 자들이 한 번 유쾌하다고 헤아릴 수 있다.

燕立國於汾水傍, 韓亦於是, 相去旣近, 故燕師築韓城. 由韓國之考定, 而燕師所在更足與燕山, 燕澤, 𤓰戎相證成, 知二國會同處在今山西西部, 燕居於北, 故有管涔, 韓居於南故有呂梁. 其後一滅一遷, 而地盡歸於晋. 北結論之獲得, 度亦論古史者之一快也.

이에 의하면 서주 선왕 시대(기원전 9세기 말~8세기 초)의 연은 오늘의 산서성 서부에 위치하였으며, 맥은 그 북방에 위치했던 것이다.

필자는 중국 고대 문헌 자료들에서 맥의 위치를 조사해 보았는바 춘추 시대의 맥의 위치는 벌써 후일의 연나라의 훨씬 서북쪽까지 이르고 있는 사실을 확인하게 되였다. 따라서 《시경·한혁》 편에 보이는 맥과 연은 절대로 전국 시대의 연과 그 북방과의 위치 관계로 인정할 수 없고, 고힐강 교수의 《연》에 대한 고증이 정확함을 인정하고 그의 설에 좇기로 한다.

(2) 《시경·로송·비궁》魯頌·閟宮 편에도 《맥》에 관한 자료가 있다.

부산鳧山과 역산繹山을 차지하고 비로소 저 서나라 땅까지 뻗어, 바다가까지 이르니 회이淮夷 만맥蠻貊과 저 남이南夷까지 따르지 않는 자 없고, 감히 받들지 않는 자 없으니 로나라 제후는 이에 순하네.

保有鳧繹, 遂荒徐宅, 至于海邦, 淮夷蠻貊, 及彼南夷, 莫不率從, 莫敢不諾, 魯侯是若.

여기에는 만맥과 회이가 동시에 기록되여 있으니 이것은 만맥이 서주 시대(기원전 12~8세기)의 동이와는 다른 종족임을 말해 준다. 즉 그것은 이夷족과 구별되는 북방족인 맥족으로 해석하는 것이 정당할 것이다. 이 자료를 통하여 우리는 춘추 시대(기원전 8~5세기) 로魯나라의 북방에 맥족이 거주하였다는 사실을 알 수 있다. 이 시구는 위에 인용한《한혁》편《정의》에 인용되고 있으니 고대 중국 학자들도 그 량자의 맥을 동일한 맥족으로 인정하였음을 의미한다.

(3)《묵자》墨子 4권《겸애》兼愛 중에는《룡문에 이르기까지 물길을 파서 연燕나라와 대代나라와 호맥胡麥과 서하西河의 백성들을 이롭게 했다(鑿爲龍門, 以利燕, 代, 胡貊與西河之民)》라고 씌여 있다. 그리고 같은 책《비공》非攻 편에는《비록 북쪽에 있는 자는 또 어찌 하나만 드러난 것이 아닌데 그 연燕, 대代, 호맥胡麥 사이에서 멸망한 까닭도 또한 공격전쟁 때문이었다(雖北者且, 不一著何, 其所以亡於燕, 代, 胡貊間者, 亦以攻戰也)》[123]라고 씌여 있다.

이 두 개 자료는 맥이 대체로 연, 대 부근(즉 오늘의 (산서성) 대동지역)이며,《한혁》편에 기록된 맥의 위치보다 다소 동쪽임을 알 수 있다. 이것은 이미 위에서 론급한 바《사기·흉노 렬전》에 보이는 맥의 위치 즉 조양자가 대에서 호맥에 림하였다는 기록과 일치된다.

---

123) 원저는 '수북자단 불일저휴(雖北者旦, 不一著休)'로 되어 있으나《묵자》〈비공〉의 원문에 따라 '雖北者且, 不一著何'로 고쳤다.《묵자》〈비공〉의 다른 판본은 '수북자중산제국(雖北者中山諸國 : 북방에 있는 중산의 여러 나라들)'이라고도 되어 있다.

(4) 《관자·소광》小匡 편에는 이렇게 씌여 있다.

환공이 동쪽으로 서주를 구하고 … 가운데 진공晋公을 구하고 적왕狄王을 생포하고, 호맥胡貊을 쳐부수고, 도하屠何를 파해서 말 탄 외적들이 복종하기 시작했다. 북쪽으로 산융을 정벌하고, 령지泠支를 제압하고, 고죽孤竹의 목을 벰으로써 구이가 따르기 시작했다. 바다가의 여러 제후들이 와서 복종하지 않는 자가 없었다.

桓公東救徐州, 今關半 … 中救晋公, 禽狄王, 敗胡貊, 破屠何, 而騎寇始服, 北伐山戎, 制泠支, 斬孤竹, 而九夷始聽, 海濱諸侯, 莫不來服.[124]

이 자료에는 맥의 위치를 명백히 기록하지 않고 있으나 대체로 산융과 서방에서 린접하고 있음을 알 수 있다. 왜냐하면 제환공(기원전 7세기)이 진공晋公을 구원하고 적왕狄王을 포로하고 호맥(즉 맥)에 패전하였다[125]고 하였으니 그 호맥은 대체로 진晋의 북방, 적의 린방에 위치한 것으로 판단되며, 산융의 지역인 령지泠支의 동방에 위치했다고 인정할 수는 없기 때문이다. 그렇다고 해서 령지의 동방에 맥이 거주하지 않음을 의미하지는 않는다. 왜냐하면 맥의 일부가 중국 서북방까지 진출하였다가 다시 동천하는 것이며 그 대부분은 령지의 동북방에 위치하기 때문이다. 이 문제는 아래서 해명될 것이다.

그런데 같은 책《관자·소광》에는 또한 이렇게 씌여 있다.

---

124) 원저는 '환공동구서주, 금관반(桓公東救徐州, 今關半)'이라고 되어 있으나 《관자》〈소광〉에는 '금관반(今關半)'은 없고 대신 '오차를 나누고, 로 채릉을 보존하고, 월지를 나누고 … (分吳且, 存魯蔡陵, 割越地 …)' 등 정벌한 지역이 나열되어 있다.

125) 환공이 호맥을 쳐부수었다는 뜻인데, 잘못 해석한 것 같다.

서쪽을 정벌해 백적白狄의 땅을 빼앗고, 마침내 서하西河까지 이르렀다. 배를 나란히 묶고 나무 뗏목을 만들어 제하濟河를 건너서 석침石沈에 이르렀다. 수레를 메고 말을 조여 묶어서 태행산太行山과 벽이산辟耳山의 협곡 구진하拘秦夏를 넘어가 서쪽 사막 지역의 서우西虞를 복속시키고, 진융秦戎을 처음으로 따르게 했다.

西征, 攘白狄之地, 遂至于西河, 方舟投柎, 乘桴濟河, 至于石沈, 縣車束馬, 踰大行與卑耳之貊, 拘秦夏, 西服流沙西虞, 而秦戎始從.

그런데 여기의 《맥》貉 자는 《계》谿(산골짜기) 자의 오기인 것 같이 보인다. 《국어·제어》齊語에서 동일한 사실을 기록한 부분에는 《비이지계(卑耳之谿)》로 기록되여 있으니 따라서 우리는 《비이지맥(卑耳之貉)》을 사료로서 리용할 수 없다.

같은 책《관자 소광》에는 또한 《환공이 말하기를 … 제후들과 아홉 번 회합해서 천하를 바로 잡았다. 북으로 고죽, 산융, 예, 맥, 구진하까지 이르렀다(桓公曰. … 九合諸侯, 一匡天下, 北至於孤竹, 山戎, 穢, 貊, 拘秦夏)》라고 씌여 있다. 여기의 《예맥》穢貊은 기술한 바와 같이 《예》와 《맥》으로 읽는 것이 타당할 것이다. 왜냐하면 고죽 지역(란하 중류)에는 고조선족인 《예》와 《맥》이 린접하여 거주했다고 말할 수 있기 때문이다.

요컨대 이 자료들에 근거하면 기원전 7세기 맥족은 연의 서북부에서부터 열하 지방에 걸치는 광대한 지역에 거주하였음을 인정할 수 있다. 당시 그 지역은 결코 중국 제후국의 령토가 아니였던 것이다.

(5) 《사기·흉노 렬전》에는 《조양자趙襄子가 구주句注를 넘어 대代 땅을 쳐부수어 합병시키고 호맥胡貉과 국경을 맞대었다(趙襄子踰句注, 而破并, 代, 以臨胡貊)》라고 씌여 있으니 이에 근거하여 기원전 5세기에도

맥이 아직 연의 북방에 거주했음을 알 수 있다. 기술한 바와 같이 《호맥》胡貊을 《흉노와 맥》으로 해석할 수 없다. 왜냐하면 같은 《흉노렬전》에는 조양자 시기 조의 북방에는 아직 흉노胡가 존재하지 않고, 그 후인 진소왕 시기(기원전 4세기 말)에 진秦의 북방에 흉노가 거주하여 진이 장성을 구축하여 흉노胡를 항거하였다고 씌여 있기 때문이다.

> 조양자趙襄子가 구주句注를 넘어 대代 땅을 쳐부수어 합병시키고 호맥胡貉과 국경을 맞대었다…진秦 소왕昭王 때…진은 롱서隴西, 북지北地, 상군上郡을 차지하고 장성을 쌓아 호胡를 막았다.
> …秦昭王時, …於是秦有隴西, 北地, 上郡, 築長城以拒胡.

《전국책》 99 《조책》趙策二에는 《상산常山에서부터 대代, 상당上黨의 동쪽에는 연燕이 있는데, 동호의 강역이다. 서쪽에는 루번樓煩, 진秦이 있는데 한韓의 변경이다(自常山以至代, 上黨, 東有燕, 東胡之境, 西有樓煩, 秦, 韓之邊)》라고 씌여 있으며 《동호》는 상당上黨의 동방에 거주하여 연과 남북으로 린접한 것으로 해석되니 그것은 바로 《호맥》의 지역과 일치된다.

이상 자료들을 종합하면 맥의 일부는 기원전 9세기부터 기원전 4세기까지 오늘의 란하 상류에서부터 연의 서북부에 걸치는 광대한 지역에 거주했음을 알 수 있다. 그리고 그 일부는 남하하여 로魯(오늘의 산동성)의 북방에까지 진출하였던 것이다.

《시경·한혁》 편에 대한 정씨 《전》에서는 《맥족이 흉노에게 쫓겨 동천하였다》고 쓰고 있다. 이 주석은 일리가 있는 말이다. 그러나 문'자 그대로 맥족이 처음에는 산서성 북방에 거주하다가 흉노에

쫓겨 동천하여 오늘의 료동 지역으로 이동했다고 볼 수는 없는 것이다. 왜냐하면 《맥족》이 산서 경지에서 《흉노》(胡)를 접하기 전에 이미 오늘의 하북성 북부에 거주하고 있었기 때문이다. 따라서 우리는 료동·료서에 본래부터 근거하고 있던 맥족의 일부가 기원전 천여 년 전부터 서방으로 이동하였다가 흉노 세력과 연 세력이 강화되자 그 세력에 밀려 그 활동 구역이 료동 지역으로 국한되였다고 인정하게 된다.

그런데 여기서 한 가지 사료에 대하여 언급해 둘 필요가 있다. 《상서·무성》尙書·武成 편에는 맥에 관한 다음과 같은 기록이 있다.

> 나 소자(무왕)는 이미 어진 이를 얻어 감히 삼가 하느님을 받들어 어지러운 정사를 막으려 하니 화하華夏(중국)와 만맥蠻貊이 모두 따르고 좇지 않는 자가 없었고, 하늘을 공경하고 천명을 이루려 했습니다.
> 予小子(武王－필자)旣獲仁人, 敢祗承上帝以遏亂略, 華夏蠻貊罔不率俾. 恭天成命.

이 자료는 《위고문 상서》僞古文尙書이며 그 《공전》孔傳도 위작이기 때문에 우리는 이 자료를 리용할 수 없다.

기술한 바와 같이 《예》가 오늘의 하북성 지역에 거주하였다는 사실과 결부시켜 생각한다면 맥족은 현 하북성 북부 동북부 일대에서 예(즉 고조선)의 지역과 장기간 린접하여 거주하였음을 알 수 있다.

〈맥〉은 북방족의 통칭인가

그러면 이제 문제로 제기 될 수 있는 것은 중국 고대 문헌 사료에 보이는 《맥》이 한 개 종족의 명칭인가 그렇지 않으면 북방족의 통칭인가 하는 문제이다.

고힐강 교수는 위에 인용한 론문에서 《맥貊은 북방 민족의 통칭이지 예맥 한 종족만을 뜻하는 것은 아니다(貊者, 北族之通名, 不惟濊貊一種而已)》라고 하여 《맥》을 북방족의 통칭으로 인정하고 나아가서 이렇게 썼다.

> 《후한서》에서 말하기를, "구려는 일명 맥이貊耳인데, 별종이 있으니 소수小水에 의지해서 살기 때문에 소수맥小水貊이라고 부른다"라고 했다. 이 맥인貊人은 지금 조선에 있는데, 한韓과는 또한 멀리 떨어져 있으니 주왕이 어떻게 한후韓侯의 지위를 내려줄 수 있었겠는가? 즉 또 곡설이 있으니 그 후에 추追 땅과 맥貊 땅을 내려주었는데, 험윤에게 핍박당해 점점 동쪽으로 옮겨갔다는 것으로 본래 억측이다.
>
> 後漢書云: 句驪一名貊耳, 有別種依小水爲居, 因名曰小水貊. 是貊人在今朝鮮, 離韓又絶遠, 何以周王得錫之韓侯? 則又曲說之曰: 其後追也貊也, 爲玁狁所逼, 稍稍東遷, 本臆測也.〔고힐강(顧頡剛) 연국증천분수류역(燕國曾遷汾水流城) : 원저 주〕

그는 한의 북방 지역에 거주했던 《맥》족은 《구려》족(일명 맥족)과 관련이 없다고 론단하였으며 맥족의 이동을 부인하였다. 그는 또한 중국 북방에 거주한 맥의 자연 지리 환경이 부여나 고구려의 그것과 전혀 다르기 때문에 그 량자는 동일한 종족으로 인정할 수 없다고 썼다. 그는 또 이렇게 썼다.

> 《전국책·진책》秦策에 소진蘇秦이 진秦 혜왕惠王을 설득해서 말하기를

"대왕의 나라는 북쪽의 호胡, 맥貉, 대代의 말을 군마로 사용합니다"라고 했다. 진秦나라 북쪽에 맥貊이 있으니 조선이 아닌 것이 더욱 명백하다. 《맹자·고자 하》에 백규가 말하기를 "나는 20분의 1을 취하려는데 어떻습니까?"라고 하니, 맹자가 말하기를 "그대의 방법은 맥貉의 방법이요 … 무릇 맥국은 오곡이 생산되지 않고, 오직 기장만 자라니 성곽과 궁실이 없고 … 백관과 유사도 없으니 20분의 1만 취해도 족합니다"라고 했다. 여기에서 이른바 맥은 예맥이 아니고 실은 흉노다. 흉노는 땅이 차고 토지는 척박해서 벼와 기장을 가꿀 수 없다. 그래서 맹자가 이렇게 말한 것이다. 만약 조선의 여러 땅이라면, 즉 《후한서·동이렬전·부여전》에서 "오곡이 잘 자라고 … 궁실과 창고가 있다"고 했고, 《읍루전》에는 "오곡과 마포가 있고, … 그 읍락에는 각각 대인이 있다"고 했고, 《고구려전》에는 "궁실을 잘 수리한다"고 썼고, 《동옥저전》에는 "토지가 비옥하고 … 오곡이 잘 자라고, 밭에 씨를 잘 뿌리고, 읍에는 장수長師가 있다"고 했고, 《예전》에는 "삼을 심고, 누에를 기르며 길쌈을 할 줄 안다"고 했고, 《마한전》에는 "농사와 양잠을 할 줄 알고, 길쌈해 베를 짠다"고 했고, 《진한전》에는 "토지가 비옥하고, 오곡이 잘 자라며, 누에를 기르며 면포를 짤 줄 안다"고 했다. 땅이 없다는 것은 맹자가 말한 맥의 일은 서로 어긋난다. 이로부터 조기趙岐가 주석한 "맥이 북방에 있다"는 것은 맹자가 말한 맥이 중국의 정북과 동북에 있는 것을 보여주는 것이다.(초순焦循의 〈맹자 정의〉를 참조하라) 태원의 북쪽은 춘추 때 대국代國이었는데, 조양자가 이미 대국을 멸한 후 《곽산천사서》霍山天使書126)를 얻었는데 말하기를 "내가 장차 너에게 림호林胡의 땅을 줄 것이니 후세에 이르면 또한 왕에게 짝함이 있을

126) 《사기》〈조세가〉에는 '곽태산(霍太山)과 산양후(山陽侯)의 천사(天使)'라고 나온다.

것이다. … 문득 하종河宗에 있다가 휴혼休溷과 여러 맥貉에 이를 것이다”(《사기·조세가》를 보라) … 무령왕이 … 북쪽의 림호林胡와 루번樓煩을 쳐부수고, 운중雲中, 안문雁門의 여러 군을 설치했는데, 여기의 림호, 루번은 곧 《천사서》天使書 안의 이른바 〈여러 맥〉을 뜻하는 것이다.

秦策－蘇秦說秦惠王曰: 〈大王之國 … 北有胡, 貉, 代馬之用.〉 秦北有貉, 其非朝鮮更明矣. 孟子告子下: 〈白圭曰: 吾欲二十而取一, 何如?〉 孟子曰: 〈子之道, 貉道也. … 夫貉, 五穀不生, 惟黍生之. 無城郭宮室, … 無百官有司, 故二十取一而足也.〉 此所謂貉, 非濊貊而實匈奴, 匈奴地寒土瘠, 不能藝稻粱, 故孟子云然. 若朝鮮諸地, 則後漢書·東夷·夫餘傳云: 〈宜五穀, … 有宮室倉庫〉, 於挹婁傳云: 〈有五穀麻布, … 其邑落各有大人〉, 於高句麗傳云: 〈好修宮室〉, 於東沃沮傳云: 〈土肥美 … 宜五穀, 善田種, 有邑長師〉, 於濊傳云: 〈知種麻, 養蠶作緜布〉, 於馬韓傳云: 〈知田蠶, 作綿布〉, 於辰韓傳云: 〈土田肥美, 宜五穀, 知蠶桑, 作縑布〉, 無地不與孟子所述貊事相剌謬者. 以此, 趙岐注曰: 〈貊在北方〉, 示孟子所言之貉在中國之正北而東北也(參焦循《孟子正義》)太原之北, 春秋時爲代國, 趙襄子旣滅代, 得霍山天使書曰: 〈余將賜女林胡之地, 至於後世, 且有伉王,…奄有河宗, 至於休溷諸貉〉 (見史記趙世家), … 武靈王 … 北破林胡, 樓煩而置雲中, 雁門諸郡, 是則林胡, 樓煩者卽天使書中所謂〈諸貉〉者也.

그는 《천사서》天使書에 기록된 《제맥》諸貉(여러 맥)을 들고 그 제맥은 바로 림호와 루번을 가리키는 것이며, 고대 조선족의 하나인 맥족이 아니라고 주장하였다.

맥은 흉노라는 고힐강 교수 설의 문제점들

그러나 고顧 교수의 설이 성립되기 위해서는 다음과 같은 문제들이 천명되어야 한다.

(1) 맥을 흉노족이라고 주장한다면《사기·흉노 렬전》에 어째서 흉노와 맥을 전연 별개의 족명으로 취급하였는가 하는 문제가 제기되며, 또한 림호林胡나 루번樓煩과도 명백히 분별하고 있는 리유를 설명해야 할 것이다. 같은 렬전에는《조양자趙襄子가 구주句注를 넘어 대代땅을 쳐부수어 합병시키고 호맥胡貉과 국경을 맞대었다》라고 쓰고, 또《여러 좌방左方의 왕王이나 장수는 동쪽에 살고, 곧바로 상곡上谷과 왕래하며 동쪽으로 예맥穢貉, 조선朝鮮과 접했다(諸左方王將居東方, 直上谷以往者, 東接穢貉, 朝鮮)》라고 썼다. 같은 렬전의 이 두 개 자료는 결코 별개의 맥을 설명하고 있지 않을 것이며 동일한 맥에 관하여 기록한 것으로 보아야 할 것이다. 여기서는 어째서 하나는《호맥》이라고 쓰고 다른 하나는《예맥》이라고 썼는가 하는 문제는 제기되나 그 문맥으로 보아서《호맥》과《예맥》을 별개의 종족명이라고 볼 근거는 없다.

(2) 중국 북방에 거주했던 맥이 고대 조선족과 관련이 없다는 주장이 성립되기 위해서는 기원전 3세기 이전의 문헌에 보이는 맥의 후예로 인정할 수 있는 북방족의 자료를 제공해야 할 것이다. 바꾸어 말하면 중국 고대 문헌 사료 중에서 고대 조선족 외에 다른 종족을 맥족이라고 칭한 자료가 있는가 하는 문제이다. 만일 맥이 기원전 3세기 이전 북방족의 통칭이였다면 조선족 이외 북방족들의 후손들을

《맥》이라고 칭해야 하겠는데 수다한 북방족들을 맥족의 후예라고 쓴 기록은 하나도 없고, 어찌하여 동북이東北夷인 고대 조선족만을 맥족이라고 기록했겠는가 하는 문제가 천명되여야 한다.

(3) 고대 조선족의 거주지를 다만 현 조선 령역에 국한시키거나 또 고대 종족들의 이동을 무시하는 견해는 력사적 사실과 부합되지 않는다. 상술한 바와 같이 고조선족이 연의 북방에까지 거주했다는 사실을 부인할 근거가 없다면, 맥과 고조선족이 지역적으로 아주 멀리 상거했기 때문에 관련이 없고 그 량자가 전연 별개의 종족이라는 설은 성립되기 곤난하다.

《전국책》戰國策 진책秦策 1에 이렇게 씌여 있다.

> 소진이 … 진 혜왕을 설득해서 말하기를, "대왕의 나라는 서쪽은 파巴, 촉蜀, 한중漢中의 풍요로움이 있고, 북쪽에는 호맥과 대의 말을 군마로 사용하고, 남쪽은 무산, 검중으로 막혀있고, 동쪽에는 효肴와 함函의 견고함이 있습니다"라고 했다.
>
> 蘇秦 … 說秦惠王曰: 大王之國, 西有巴, 蜀, 漢中之利, 北有胡貉, 代馬之用, 南有巫山, 黔中之限, 東有肴, 函之固.

이것은 기록 상 착오인 것 같다. 여기의 《호맥胡貉》은 《胡》(즉 흉노) 자 아래에 《貉》 자를 잘못 첨가한 것으로 인정된다. 이 호맥은 결코 《맥》이 아니고 《호》 즉 흉노인 것이다. 왜냐하면 다음 렬거하는 바와 같이 소진 시기 진 북방에 맥족이 거주했다는 다른 기록이 없기 때문이다.

같은 책 29, 《연책》燕策 1에는 《소진이 연 문후를 설득해서 말하기를,

"연나라 동쪽에는 조선, 료동이 있고, 북쪽에는 림호, 루번이 있습니다"(蘇秦 … 說燕文侯曰: 燕東有朝鮮遼東, 北有林胡, 樓煩)》라고 썼고, 같은 책 19《조책5》趙策에서는 조의 무령왕武靈王이《지금 나의 나라 동쪽에는 하수와 박락薄洛의 물을 제齊, 중산中山과 함께 쓰고 있지만 배를 부리지 못하고 있습니다. 상산에서부터 대, 상당의 동쪽은 연燕, 동호와 국경을 맞대고 있습니다(今吾國東有河, 薄洛之水, 與齊, 中山同之而無舟檝之用, 自常山以至代, 上黨, 東有燕, 東胡之境)》라고 말하였다고 씌여 있다.

《사기·흉노 렬전》에도《조양자趙襄子가 구주句注를 넘어 대代 땅을 쳐부수어 합병시키고 호맥胡貉과 국경을 맞대었다(趙襄子踰句注, 而破并, 代以臨胡貊)》라고 씌여 있다. 즉 이 자료는《호맥》이 조의 북방에까지 이르렀으며 진의 북방에는 없음을 말해 준다.

상술한 바와 같이 기원전 5~3세기 맥족은 연의 북방에 거주했으며 루번과 림호는 조의 북방에 거주했음이 명백한데《전국책 조책》상에서는 그 위치가 이 자료들과 상반되여 있다.

《전국책》의 이 소진蘇秦의 설은 분명히 기타 자료들과 모순되니, 그의 설을 정확하다고 믿기 어렵다. 혹은 소진蘇秦의 이야기를 기록할 때 오기했을 것이라고도 보여진다.

(4)《맹자》의 기록에 근거하여 맥의 사회 발전 정도가《삼국지》이후 사료에 기록된 고대 조선족들의 사회 발전 정도보다 낮으며 또 그 농업 상태가 고대 조선족들의 그것과 상이하다 하여 맥이 고대 조선족과 관련이 없다는 설은 성립되기 어려울 것이다. 왜냐하면 맹자 시대와 (삼국지의 편찬자인) 진수陳壽의 시대와는 상당한 시대적 차이가 있고 또 맥이 산간 지대에 거주한 시기와 평야 지대에 진출한

시기의 농업 상태는 물론 상이할 것이다. 그리고 맹자는 맥을 미개한 종족으로 묘사하면서도 북방 유목 종족과 같이 수초를 따라 정처 없이 이동했다고는 쓰지 않고, 농업을 경영하며 20분의 1의 부세 제도까지 있다고 기록하였다. 따라서 이 맥족의 경제 생활은 정착된 농경 생활을 주로 했다고 판단할 수 있으며, 그것은 북방 유목 종족의 경제 생활보다는 오히려 유목 생활의 흔적을 찾아 볼 수 없는 고대 조선족의 경제 생활과 보다 가깝다고 인정하는 것이 타당할 것이다.

(5) 맥에 대한 고대 주석가들의 주석을 과학적 근거 없이는 부정할 수 없다고 생각한다. 《한혁》 편에 대한 주석인 《정의》에서 보는 바와 같이 《구맥은 곧 구이다(九貊卽九夷也)》, 《맥은 동이의 종족이다(貊者, 東夷之種)》라 하였고, 맥을 북방족인 융, 적戎狄으로 해석하지 않았다. 또한 《상서 서서》書序의 《무왕이 이미 동이를 정벌하자 숙신이 와서 하례했다(武王旣伐東夷, 肅愼來賀)》의 정의에 《정현이 말하기를, "북방은 맥이다. 또 동북이라고 했다"(鄭玄曰: 北方曰貊, 又云東北夷)》라고 썼다. 그 《북방은 맥이다(北方曰貊)》라는 기록은 《북이는 맥이다(北夷曰貊)》의 오기인 것으로 추측된다. 맥을 북방의 뜻으로 해석할 수 없는 것이며, 또 그렇게 쓴 실례도 찾아 볼 수 없거니와 그에 계속해서 《또 동북이라고 했다(又云東北夷)》라고 쓴 사실로 미루어서 그렇게 판단하는 것이 자연스럽다.

정현鄭玄(후한, 2세기 말) 시대의 《이》夷의 개념은 서주 시대의 《이》의 개념과는 다르며, 그것은 한 대 이후의 동이의 개념이라고 보아야 할 것이며 북방의 융, 적과는 다른 종족들을 의미하는 것이다. 따라서 정현은 맥을 북방족인 융, 적으로 인정한 것이 아니라, 이족 즉 《동이 렬전》에 기록된 이족들과 동일 계렬의 종족으로 인정했다고 판단된다. 이러한 주석들은 반드시 일정한 근거가 있을 것이니 우리는 이러한 고대 주석들의 합리성을 승인하여야 할 것이다.

그런데 흉노를 《호맥》으로 칭한 자료가 있다.

《한서》 49권 《조조鼂錯 렬전》에는 이렇게 쓰여 있다.

> 신이 듣기에 진秦나라 때 북으로 호맥을 공격하고 하상河上에 새를 쌓았습니다. … 무릇 호맥의 땅은 수풀이 울창한 곳으로 나무의 두께가 3촌이고 얼음의 두께가 6척인데, 고기를 먹고 소의 젖을 마시며, 고기의 가죽과 조수의 털로 만든 옷을 입고, 그 성질이 추위를 견딜 수 있습니다.
>
> 臣聞, 秦時北攻胡貊, 築塞河上, … 夫胡貊之地, 積陰之處也, 木皮三寸, 冰厚六尺, 食肉而飮酪, 其人密理, 鳥獸毳毛, 其性能寒.

반고班固(한서의 편자)는 진秦때에 《호맥》을 북벌하였다고 하였으나 우리는 《사기》에서 그런 사실을 찾아 볼 수 없으며, 또 그는 위에 인용한 문장 밑에서는 《호인》胡人이라고만 쓰고, 《호맥》이라고는 쓰지 않고 있는 것으로 보아서 그는 《호맥》과 《호》胡를 동일한 개념으로 혼동하고 있음을 알 수 있다. 그는 진의 북방의 강적은 또한 《호맥》胡貊이라고 쓰기 전에 《흉노》匈奴라고 썼다. 조조鼂錯는 문제文帝에게 병사兵事에 관하여 이렇게 상서했다.

> 한漢나라가 일어선 이후, 호로胡虜들이 변방을 여러 차례 침입했습니다. 적게 들어오면 적은 이익을 취했고, 크게 들어오면 큰 이익을 취했습니다. 고후高后[127] 때 다시 롱서隴西를 공격해 성을 공격하고 읍을 도륙했습니다. … 고후 이래 롱서는 세 번이나 흉노 때문에 곤난

을 겪었습니다.

臣聞漢興以來, 胡虜數入邊地, 小入則小利, 大入則大利, 高后時再入隴西攻城屠邑, …, 自高后以來, 隴西三困於匈奴矣.

이 기사는 흉노를 《호》라고 칭한 것이 명백하며, 또 《호인은 고기를 먹고, 소젖을 마시며, 가죽옷을 입고, 성곽이 없다(胡人食肉飮酪, 衣皮毛, 非有城郭)》 운운하고 또 《호인은 옷과 먹는 것을 땅에 쌓아두지 않는다(胡人衣食之業, 不著於地)》라고 썼으니 《호》는 흉노의 별칭이며, 《호맥》은 《호》 자 아래에 《맥》 자를 잘못 첨가한 기록 상 착오임을 알 수 있다. 이 《호맥》은 맥족을 가리키는 것이 아니다. 《호맥》이란 명칭이 흉노의 별칭으로 사용된 것 같으나 이것은 전사할 때 오기된 것 같이 판단된다. 왜냐하면 동 렬전에서 흉노를 《호》로 대칭한 것이 많고 《호맥》으로 대칭한 것은 다만 한 곳 뿐이며 또 실제 진대秦代 맥이 진의 북에 거주하지 않았기 때문이다. 그렇게 생각하게 되는 또 하나의 근거는 《한서·고제기》에 있는 자료이다.

《한서》 1권 《高帝紀》 제 1 상 4년 7월 조에는 《북맥과 연나라 사람이 와서 이르렀는데, 용감하게 말 타는 것으로 한漢을 도왔다(北貊燕人來致梟騎助漢)》라고 썼고, 같은 구절의 《주》에는 《안사고가 말하기를 “맥은 동북방에 있는데 삼한에 속해 있다(師古曰: 貊在東北方三韓之屬)》라고 썼다. 여기의 북맥을 흉노로 인정할 수 없을 것이다. 고조高祖 시 흉노는 백등白登에서 고조를 포위하여 맹렬히 한을 공격한 적이였으니 그 흉노가 한을 원조했다고 할 근거가 없다. 반 고는 《북맥》을 흉노와

127) 고후(高后 : 서기전 241~서기전 180) : 전한(前漢) 고조 유방의 황후로서 려후(呂后)라고도 불린다. 고조 사후 혜제(惠帝) 때 태후(太后)가 되었고, 혜제 사후 태후 신분으로 칭제(稱制)하며 8년 동안 조정을 장악했다.

는 다른 종족으로 쓴 것이니 《조조 렬전》 상에 《호맥》이라고 쓴 것은 《호》 자에 《맥》 자가 잘못 부가된 것으로 판단된다.

여기서 혹자는 《한서·조조 렬전》의 《호맥》과 《전국책·진책》의 《호맥》이 공교롭게도 기록 상 착오가 우연히 일치한다고 보기는 어렵기 때문에 맥이 진秦의 북방으로 이동한 것으로 해석해야 할 것이라고 주장할 수도 있다. 그러나 우리는 맥족이 진의 북방으로 서천했다는 다른 어떤 근거도 찾을 수 없으며, 또 《한서》의 필자인 반 고는 《전국책·진책》의 오기를 답습했다고 인정할 수도 있기 때문에 맥이 진의 북방으로 서천했다고 인정할 수는 도저히 없다.

그런데 여기서 응당 문제로 제기되여야 할 문제가 있는 바 《사기·조세가》에 있는 《제맥》諸貉이란 기록이다.

동 《세가》에는 《조양자가 … 내가 장차 너에게 림호林胡의 땅을 줄 것이니 후세에 이르러 또한 왕에게 짝함이 있을 것이다. … 문득 하종河宗에 있다가 휴혼休溷과 제맥諸貉에 이를 것이다(趙襄子 … 余將賜女林胡之地, 至於後世, 且有伉王 … 奄有河宗, 至於休溷諸貉)》라고 씌여 있다. 같은 구절의 《정의》에는 《발음은 맥이다. 하종의 휴혼에서부터 제맥은 융적의 땅이다(音陌, 自河宗休溷, 諸貉乃戎狄之地也)》라고 썼다.

이 자료를 통하여 우리는 《제맥》이 융적 즉 북방족임을 알 수 있다.

그러나 맥은 북방족을 의미하는 추상적인 명칭이 아니며 분명히 한 개 종족의 명칭이었다. 그렇다면 어찌하여 《제맥》諸貉이란 명칭이 있었는가? 그 리유를 나는 이렇게 해석하려 한다. 맥은 흉노가 중국 북방에 출현하기 전까지는 중국 북방에서의 가장 강대한 종족이며 그렇기 때문에 중국인들이 그것을 흉노가 출현하기 이전의 북방족의 대표로 인정한 것으로 보여진다. 《위고문상서》僞古文尙書에 《화하와 만맥(華夏蠻貊)》 운운한 기록은 《만맥》을 4방의 외족을 의미하며

《맥》을 외족의 대표로 인정하였음을 의미한다. 위에서 나는 《위고문상서》의 사료적 가치를 인정하지 않았다. 그러나 이 책에 있는 모든 문'자나 문구를 부인한 것은 아니다. 흉노가 출현한 후 《호》는 북방족을 대표하는 통칭으로 되였다. 처음 《호》는 흉노족의 명칭이였으나 고대 중국 학자들은 조선족까지 《호》라고 칭하게 되였던 것이다. 마찬가지로 한漢 이후 중국 학자들은 《맥)이란 족명을 북방족의 범칭으로도 사용하였다고 보여진다. 그러나 이것은 《맥》이 북방족을 가리키는 추상적인 범칭인 것이 아니라 북방족을 대표하는 구체적인 강대한 족속을 의미하였던 것이다. 이런 의미에서 흉노가 출현하기 이전 북방에 거주한 종족들은 《제맥》이라고 칭한 것으로 해석된다.

이상의 리유들로써 나는 맥을 흉노족과 동일시하며 《호》(흉노의 별칭)와 동일시하는 (고힐강 교수의) 설을 수긍할 수 없다.

이상 론술한 바와 같이 기원전 3세기 이전 시대 예와 맥은 분명히 별개의 족명으로 기록되였다. 그러나 그것이 전연 혈연적 관계가 없는 별개의 종족이라고 볼 수는 없으며, 그것은 동일한 종족의 두 갈래이였다고 판단된다. 그러면 그 량자는 어떤 관계를 가지는가를 고찰하기로 하자.

제2절. 예, 맥과 고조선과의 관계

상술한 바와 같이 고조선 국가를 형성한 것은 예족이였다. 고조선인들은 기원전 3세기 이전에는 현 료동에서 발해를 끼고 란하灤河 하류지대와 우북평 지역에까지 걸쳐 거주하고 있었다. 그러나 고조선은 기원전 3세기 초까지 료동, 료서에 걸쳐 있다가 연나라와의 전쟁에서 패전하여 료서 지역의 대부분을 상실하였다.

기술한 바와 같이 《일주서·왕회해》에서 료서, 료동 지역(즉 주의 동방)에는 맥이 거주했다는 사실은 기록하지 않고, 직신稷湞, 예인濊人, 량이良夷, 발인發人, 유인俞人, 청구靑丘 등이 거주한 것으로 기록되여 있다. 이에 의하면 고조선 령역이였다고 판단되는 지역에 예인 외에 여러 족속들이 거주했다는 것을 알 수 있다.

그러면 이 명칭들은 후일의 어느 민족과 관계가 있고, 또 그 명칭들은 무엇에 근거했는가를 고찰할 필요가 있다.

1. 직신(稷愼)

공조孔晁[128] 《주》에는 《직신은 숙신이다(稷愼, 肅愼也)》라고 씌여 있다. 《직신》이 곧 《숙신》이라는 데 대해서는 아무 의문도 제기되지 않을 것이다. 그러나 과연 기원전 3세기 이전 시대의 숙신이 후세의 어느 민족의 족명인가 하는 것은 문제로 제기될 근거가 충분히 있다.

---

128) 공조(孔晁)는 진(晋)나라 오경박사인데, 《일주서(逸周書)》에 주석을 달았다. 선진(先秦) 때 서적인 《일주서》는 원명이 《주서(周書)》인데, 《급총주서(汲冢周書)》라고도 불린다. 《일주서》는 10권 70편인데, 그중 11편은 제목만 있고, 본문이 없다. 그 중 42편에 공조가 주석을 달았다.

이 문제는 다음 절에서 별도로 서술하기로 한다. 요컨대 《왕회해》의 기록으로 보아서 그 지역은 주 령역의 동부 변방에서 주 령역과 린접하여 위치하고 있었다고 인정된다.

2. 예인

같은 주에는 《예는 한예인데, 동이의 별종이다(穢, 韓穢, 東夷別種也)》라고 썼는 바 이 주석자인 공조는 《예는 한예(穢, 韓穢)》라고 쓴 것으로 보아서 《예》를 《한》韓족으로 인정한 것이며, 기원전 3세기 이전 시대의 예의 개념과 상이한 것임을 알 수 있다. 그러나 그가 한을 《예》라고 한 주석은 반드시 참고되여야 할 것이며, 이에 대해서는 아래서 삼한三韓을 고찰할 때 다시 론급하기로 한다.

상술한 바와 같이 기원전 3세기 이전 시대 예의 거주 지역은 지금 조선 경내가 아니라 현 중국 동북 지역과 하북성 지역에 나타나고 있다. 《왕회해》의 예인이 료동과 부여 지역에 거주했던 예인을 말하는 것인가 혹은 하북성 고 예읍에 거주했던 예인을 의미하는가는 불명백하다. 그러나 《왕회해》가 서주 시대 력사를 기록했다고 하는 것인 만큼 보다 오랜 자료를 취했을 것이라고 생각되며, 또 그와 동시에 보다 중국과 가까운 지역의 예인을 기술했다고 생각된다. 따라서 이 예인은 아마도 하북성에 거주했던 예인을 가리키는 것이라고 생각된다. 그러나 《왕회해》가 료동의 예에 관한 자료에 근거하였다면, 그 예는 료동의 예를 가리킨 것이라고 보아야 할 것이다.

요컨대 이 예인이 고조선족이라는 데 대해서는 앞에서 루루이 설명한 바와 같이 의심을 품을 여지가 없을 것이다. 《예》라는 족명이 무슨 뜻을 의미하는가는 아직 알 수 없다. 조선의 모 언어학자는 예(穢)를 《새》라고 읽고, 본래 《세》(歲)라고 쓴 것을 《예》(穢)로 쓰게 되였다고 주장한다. 그러나 이 설이 아직 과학성을 띠지 못한다는 것은 위에서 언급하였다.

나는《穢》라는 문'자는 중국인이 사용한 것이며 고조선인 자신이 사용했다고 볼 수 없다. 그런데《穢》 자를 조선음으로서는《예》라고 고래로 읽어 왔는데 한음에서는《후이》라고 읽는 사실을 주의하지 않을 수 없다.

종족명으로서의《예》(穢)를 혹은《세》(歲)로, 혹은《예》(濊)로도 쓰고 있는 바 여기에도 일정한 리유가 있을 것 같이 보인다.《왕회해》에는《예》(濊) 자를 썼고《사부비요본》四部備要本,《한서·무제기》武帝紀에는《예》(穢) 자를 썼고,《한서·식화지》食貨志,《왕망 전》王莽傳,《진서》晋書,《위서》들에서는《예》(穢) 자를 썼고《한서·지리지》,《삼국지》,《후한서》,《통전》에서는《예》(濊) 자를 썼다. 그리고《사기·흉노렬전》에서는《예》(穢) 자를 썼다.

그런데 족속명으로서《예》 자를 한음으로는《후이》라고 읽는다. 사해辭海의《예》(濊) 자를 보면 다음과 같다.

(갑) 발음은 호와 최의 반절虎最切(hui)이고 홰翽(hui)다. 운은 태泰고, 물이 많은 모양이다. 교交에 대한 설명을 보라.

(甲) 虎最切, 音翽, 泰韻, 水多貌, 見說交.

(을) 오와 회의 반절이다烏會切(wui), 발음은 회薈(hui)이고, 운은 태泰이다. ①강 이름이다. ②강이 넓고 깊은 것이다. ③예穢와 통하는데 더럽다는 뜻이다.

(乙) 烏會切, 音薈, 泰韻. (一)水名. (二)汪濊, (三)通穢, 惡也.

(병) 오烏와 홰喙의 반절이다烏喙切(wui) 운은 대隊이다.

(丙) 烏喙切, 隊韻.

(정) 호와 괄의 반절이다呼括切(huo), 발음은 활豁(huo), 운은 갈曷이다. ① 물의 소리이다. ② 물의 흐름을 막는 것이다. ③ 굽이쳐 흐르는 것이다.

(丁) 呼括切, 音豁, 曷韻. (一)水聲, (二)礙流也. (三)濊濊.

《穢》 자에 대한 해석을 보면 다음과 같다.

오와 회의 반절烏會切(wui)이고, 운은 태泰이다. 오烏와 홰喙의 반절烏喙切(wui)이고, 운은 대隊이다. 본래는 예薉 자인데 〈濊〉와 통한다. ① 무성한 것으로 밭 가운데의 잡초다. ② 더러운 것이다. ③ 똥의 더러움이다.

烏會切, 泰韻; 烏喙切, 隊韻, 本作薉通 〈濊〉. (一)蕪也, 田中雜草也, (二)惡也, (三)糞穢也.

이에 근거하면 《濊》 자가 《후이》의 발음이 나고, 《穢》 자는 《후이》의 음이 없다. 따라서 만일 종족명으로서의 《濊》를 《후이》라고 불러온 한漢음이 정확하다면(고래로 칭해 온 것인 만큼 정확할 것이라고 생각된다), 원래는 《濊》 자를 사용했을 것이라고 추단된다. 따라서 《濊》 자는 《후이》로 읽을 때는 지명 혹은 수명과 관계되며 따라서 종족명으로서의 《후이》와 수명水名(강이름)으로서의 《예》수는 반드시 관계가 있을 것이다. 《수경주》의 자료에 근거하면 예수濊水변에 고예읍이 있었으니 그 지역이 예인들의 거주지였음이 명백하며, 《예》수라는 명칭은 《예》인 혹은 《예지의 수》라는 의미로 해석된다.

《濊》(후이)란 문'자는 원래 예인의 언어를 한'자로 기록했으리라는 것도 용이하게 짐작된다. 그런데 《濊》 자를 조선에서는 고래로 《후이》와 류사하게 발음한 기록이 없고, 다만 그것을 한음을 통해서 《예》라고만 발음하니 아마도 《후이》(濊)는 고대 조선어를 한'자로 기록할 때 와전訛轉된 음인 듯 하다.

어째서 그렇게 생각할 수 있는가? 억측하건대 《후이》(濊)는 《후－위》(夫餘)의 이자異字동음이라고 생각되기 때문이다. 그렇게 억측하게 되는 근거는, 첫째로 그 량자의 발음이 상통하는 점이요, 둘째로는 고리국 왕자 동명이 부여에 가서 건국하였는데 그 지역을 《예지》라고 썼기 때문이다. 다시 말하면 부여와 예는 동일 지역에 대한 다른 글'자로 된 명칭이라고 추단되기 때문이다.

《론형》論衡 2권 《길험》吉驗 편에는 북이 《탁리국》橐離國왕자 동명이 《부여의 왕이 되었다(王夫餘)》라고 썼다. 《후한서·부여전》에도 동일하게 기록하였다. 이 자료들은 동명이 예지로 가서(혹은 예를 정복하고) 부여를 건국한 것을 의미한다. 즉 《부여》란 명칭은 동명왕족이 처음 사용한 명칭인 것이 아니라 동명왕이 부여를 건국하기 전에 이미 거주했던 선주족의 지명이라고 인정된다. 그 선주족은 바로 예족濊族이며 그 지역은 예지濊地인 것이다. 《삼국지·부여전》에 《그 도장에 '예왕의 도장이다'라는 글귀가 있다. 나라에 옛 성이 있는데, 이름이 예성이니 아마도 본래 예맥의 땅이었을 것이다(其印文言 : 〈濊王之印〉. 國有故城名濊城, 蓋本濊貊之地)》라고 씌여 있고, 《후한서·부여전》에는 《부여국은 … 본래 예지다(夫餘國 … 本濊地也)》라고 썼다. 부여국 성립 전 그 주민은 바로 예족이며, 그 예지를 부여인들은 《부여》라고 칭하였고 한인들은 《후이》라고 칭한 것이 아닌가? 다시 말하면 예지는 바로 부여가 아닌가?

자료들에 근거하면 동명왕은 예족의 거주지에 건국하고 그 국명을 《부여》라고 칭했음이 명백하다. 따라서 《濊》와 《부여》는 한음으로는 동일하며 따라서 이자 동명異字同名 이라고 해석된다. 예나 부여는 동일한 고대 조선어의 한 개 어휘일 것인데 한'자들이 각각 다르게 씌여진 것은 동명왕이 부여국을 건립한 후 자기 국명을 부여로 제정한 데 기인된 것이라고 추단된다.

그런데 부여왕이 《예왕의 도장(濊王之印)》을 사용하였다고 한 자료를 어떻게 해석할 것인가 하는 문제가 제기된다. 나는 이 문제를 고찰함에 있어서, 첫째로 부여왕 자신이 《濊王》이라고 칭했을 리유가 없을 것이요, 둘째로 《濊》 자를 고대 조선인 자신들이 사용했다고 볼 수 없을 것이며, 셋째로 《濊》는 《부여》(즉 불, 부리)라는 조선 고대 어휘를 한음으로 음사한 것이라고 인정되기 때문에 한인들이 《부여왕지인(夫餘王之印)》을 《예왕지인(濊王之印)》으로 고쳐서 쓴 것이라고 해석하련다. 부여왕 자신이 자기 도장을 《濊王之印》이라고 새겼을 리는 만무한 것이다. 혹자는 그 명칭의 한'자 기명은 모두 고대 중국 사가들이 하였으리라고 주장할지도 모르나 부여가 건국한 때는 이미 한'자를 사용했다고 보여진다. 그것은 부여란 명칭이 고대 조선어의 리두식 기명이라고 해석되기 때문이다.

그러면 《夫餘》란 말은 고대 조선어로 어떻게 해석할 수 있는가? 《夫餘》는 리두문으로서는 《불이》不二, 《불이》不而, 《부리》夫里 등과 상통된다. 따라서 《후이》濊는 고대 조선어의 《不二》, 《不而》, 《不》, 《發》(발), 《伐》(벌), 《夫里》 등 단어의 와전음으로 보이며 고대 중국인들이 고대 조선인들의 리두식 기명인 《夫餘》를 한음으로 전화시켜 《후이》(濊)로 개사改寫한 것으로 생각된다. 고대 한인들이 타족 명칭을 기록할 때 흔히 악의를 가지는 글'자로 기록한 사실을 련상할 때, 고대 조선인들의 《不二》 혹은 《不而》, 《夫餘》, 《不》, 《發》 등 기명을 《穢》 혹은 《濊》 자로 쓴 것이 아니겠는가 생각된다. 따라서 나는 《예인》濊人은 바로 《발인》發人과 동일한 것이며 고조선족의 통칭이라고 판단하게 된다.

요컨대 《부여》는 고대 조선인 자신들의 리두식 기명이라고 인정되고, 예濊는 한식 기명이라고 인정된다. 부여는 《不二》, 《不而》, 《不》, 《伐》, 《夫里》, 《卑離》 등과 동음하며, 또한 《산해경》山海經 17권 《대황북경》大荒北經의 《호가 있는데 불여지국이다. 열烈씨 성을 쓰고 기장을 먹는다(有胡不與之國, 烈姓黍食)》[129]란 기록의 《불여지국(不與之國)》은 바로 《부여》의 이자 동명이라고 판단된다. 위에서 루루이 론급한 바와 같이 고대 조선족의 거주 지역에는 도처에 《발》, 《불》, 《부리》, 《불이》, 《비리》 등으로 발음되는 지명이 있다는 사실로 미루어 보아서 《후이》(濊)는 그러한 지명의 이자 동명이며, 예인은 고대 조선족의 통칭이라고 판단된다.

3, 량이(良夷)

《왕회해》王會解 주注에는 《량이는 락랑의 이다(良夷, 樂浪之夷也)》라고 썼다. 나는 공조孔晁의 주석이 정확하다고 인정한다. 제1장 2절에서 언급한 바와 같이 락랑이란 지역이 우북평右北平 연산燕山 일대에 있었으며, 그 지역에 거주한 락랑이樂浪夷는 사실 상 하북성에 거주한 예인과 린접해 거주했으며, 따라서 《왕회해》의 기록의 순서와 일치된다. 따라서 《량이》는 락랑 지역에 거주하는 《이》라는 뜻에서 유래된

129) 원저는 열성서식(烈性黍食)으로 되어 있는데 《산해경》 〈대황북경〉은 '열성서식(烈姓黍食)'으로 되어 있어서 바로 잡았다.

고조선족의 일명임을 알 수 있다.

4. 양주(揚州)

《왕회해》 주에는 《설문說文에는 옹어鰅魚의 이름으로, 껍질에 무늬가 있는데, 락랑 동이東暆에서 나온다(名, 皮有文, 出樂浪東暆)》라고 썼으며 또한 《여씨춘추 시군람》呂氏春秋恃君覽에는 《이夷 예穢의 고향이다. 큰 게와 릉어가 난다. 그 녹야, 요산, 양도에는 대인이 산다(夷穢之鄕, 大解陵魚, 其鹿野搖山揚島)》[130]라고 썼다. 나는 이 자료들에 근거하여 양주揚州[131]도 역시 고대 조선의 일 지역명이라고 판단된다. 《양주》를 고조선 족명과 같이 사용하고 있는 《왕회해》의 기록에는 어딘가 착오가 있는 것 같으며, 그것은 응당 《양주인》揚州人으로 기록되는 것이 정당할 것이라고 생각된다.

5. 발인(發人)

《왕회해》 주에는 《발도 동이이다(發亦東夷)》라고 썼다. 발發에 대해서는 위에서 수차 론급하였으며, 이것은 《발, 조선》發, 朝鮮, 《발, 숙신》發, 息愼의 《發》이며 고조선의 《락랑》樂浪과 동일한 뜻을 가지는 지명이라고 판단하며, 발인은 고조선족의 통칭인 바 한인들은 그것을 리해하지 못하였기 때문에 《발》이란 지역에 거주한 조선인만을 가리

---

130) 《여씨춘추》 〈시군람〉의 원문은 '비빈지동, 이, 예, 대해, 릉어, 기, 녹야, 요산, 양도, 대인지거(非濱之東, 夷`穢之鄕, 大解`陵魚`其`鹿野`搖山`揚島`大人之居)'이다. '비빈지동(非濱之東)'의 주석에는 "조선, 낙랑현이 있는데 기자가 봉함을 받은 곳이다. 빈은 (중국의) 동해다. 비(非) 자는 마땅히 북(北) 자가 되어야 한다. 북해의 동쪽이라고 말한 것이다"라고 되어 있다. "북해의 동쪽에는 …"이라고 해석해야 한다는 뜻이다.

131) 리지린은 이 양주(揚州)가 어디를 뜻하는지는 특정하지 않았다. 현재 양주는 강소성 중부에 있다. 그러나 고대 양국(揚國)은 지금의 산서성 홍동(洪洞)현 동남쪽에 있었다.

키는 것으로 기록하였다.

6. 유인(愈人)

《왕회해》 주에는 《유는 동북이(俞, 東北夷)》라 썼다. 유인俞人에 대해서는 중국, 일본 학자들이 종래의 여러 가지로 해석하고 있으나, 아직 정확한 해석이 없다. 혹자는 욱이郁夷로, 혹자는 왜인倭人으로 해석하였다. 그러나 그 론거들이 박약하다. 나는 종래의 설에 구애되지 않고 《왕회해》의 동이족들의 기록의 순서에 기초하여 유인은 고조선의 《발》과 《청구》靑丘라는 지역 부근에 위치했고 유俞라는 지역에 거주한 《이》夷의 명칭이라고 해석하려는 것이다. 《유》는 유수渝水가 아니겠는가 생각한다. 《수경주》水經注 3권 《大遼水》(대요수) 주에는 이렇게 쓰고 있다.

> 백랑수白狼水가 동북에서 나와서 동쪽으로 흐르다가 두 강으로 나뉘는데 오른쪽강은 곧 유수渝水일 것이다. 《지리지》에서 유수渝水는 머리로 백랑수를 받아서 서남쪽으로 돌아서 산을 지나 한 고성 서쪽에 이르는데 세상에서 말하는 하련성河連城이다. 이것이 림유현臨渝縣 고성일 것이다.
>
> 白狼水又東北出, 東流分爲二水, 右水疑即渝水也. 地理志曰; 渝水首受白狼水, 西南循山逕一故城西, 世以爲河連城, 疑是臨渝縣之故城.

고염무顧炎武의 《영평2주기》營平二州記 (괴려총서槐廬叢書 제50책)에는 《〈오대사〉에서 말하기를, "유주幽州 북쪽 7백 리에 유관渝關이 있고, 아래에 유수가 있는데, 바다와 통한다. 바다로 도는 길은 겨우 수 척인데,

이것이 이른바 림유관臨渝關이다(五代史云: 幽州北七百里有渝關, 下有渝水, 通海, 循海有道, 狹處纔數尺, 是所謂臨渝關也)》라고 썼다. 이것으로써 《유수》渝水는 림유관 즉 산해관으로 흐르는 강임을 알 수 있다. 이 《渝水》는 란하의 고명인 《渝水》와는 다른 강이다.

7. 청구《青丘》

《왕회해》 주에는 《청구는 해동의 지명이다(青丘, 海東地名)》라고 썼고, 《사기》 117권 《사마상여 렬전 자허부》司馬相如列傳子虛賦에는 이렇게 말했다.

> 제나라의 동쪽에는 거대한 바다가 있고, 남쪽에 낭야琅邪가 있고, 성산成山에 궁궐을 짓고, 지부之罘에서 활을 쏘고, 발해에서 배놀이를 하고, 맹제孟諸에서 유람을 하고, 비스듬히 숙신과 이웃하고, 오른쪽에는 탕곡湯谷을 경계로 삼았고, 가을에는 청구青丘에서 사냥하고, 바다 곁에서 놉니다.
>
> 齊東有巨海, 南有琅邪, 觀乎成山, 射乎之罘, 浮渤海, 游孟諸, 邪與肅愼爲隣, 右以湯谷爲界, 秋田乎青丘, 傍偟乎海外.

위 구절의 청구에 대한 장수절의 《정의》正義에는 《복건이 말하기를 "청구는 해동海東 3백리에 있다"고 했다. 곽박은 "청구青丘는 산 이름이다. 위에는 밭이 있고 또한 나라도 있으며 구미호가 나오고 바다 밖에 있다"고 했다(服虔云; 青丘在海東三百里, 郭云: 青丘山名, 上有田, 亦有國出九尾狐, 在海外)》라고 썼다. 공조孔晁, 복건服虔, 곽박 등은 모두 《청구》를 발해 외의 지역이며, 동시에 발해에서 그리 멀지 않은 지역임을 말하고 있다.

청구는 선진先秦 시대부터 중국인에게 널리 알려진 지명이였다. 《산해경》山海經 1권 《남산경》南山經에는 《기산基山[132])에서 또 동쪽으로 3백 리 가면 청구산이 있다. 짐승이 있는데 그 생김새는 여우와 같은데 꼬리가 아홉이다. 소리는 갓난 아이와 같은데 사람을 잡아먹을 수 있다[(基山)又東三百里. 曰青丘之山, 有獸焉, 其狀如狐而九尾, 其音如嬰兒, 能食人]》라고 썼고, 곽박郭璞의 《주》에는 《또한 청구국은 해외에 있다(亦有青丘國在海外)》, 《《수경》水經에서 말하기를 즉 《상림부》에서는 "청구에 추전이 있다"고 했다(水經云: 即《上林賦》云: 秋田於青丘)》라고 썼다. 곽박은 《청구산》과 《청구국》을 구별하고 있다.

같은 책 9권 《해외 동경》海外東經에는 이렇게 씌여 있다.

> 조양곡이 있는데 … 청구국은 그 북쪽에 있다. 그 여우는 다리가 넷이고 꼬리가 아홉인데, 일설에는 조양의 북쪽에 있다.
> 朝陽之谷 …, 青丘國在其北, 其狐四足九尾, 一曰在朝陽北.

곽박의 《주》에는 《그 사람들은 오곡을 먹고 가는 비단 옷을 입는다(其人食五穀 衣絲帛)》라고 썼다. 이에 의하면 《청구국》이 조양 북쪽에 있다.

조양은 어디 있는가? 고대 현명으로서의 조양은 ① 한 대 산동성에 설치한 제齊 남군南郡 조양현이 있고 ② 남양군商場郡 조양이 있다. 그리고 청 건륭 시기에 설치한 현 (요녕성) 조양이 있다. 그런데 선전 문헌에 기록된 조양은 동이국의 지명이거나 혹은 적어도 동이국과 린접한 지명일 것이며, 현 산동이나 하남 등지의 조양일 수 없다고

---

132) 리지린의 원저는 '백기산(白基山)'으로 되어 있는데, 《산해경》 〈남산경〉 원문에 따라 '기산(基山)'으로 바로잡는다.

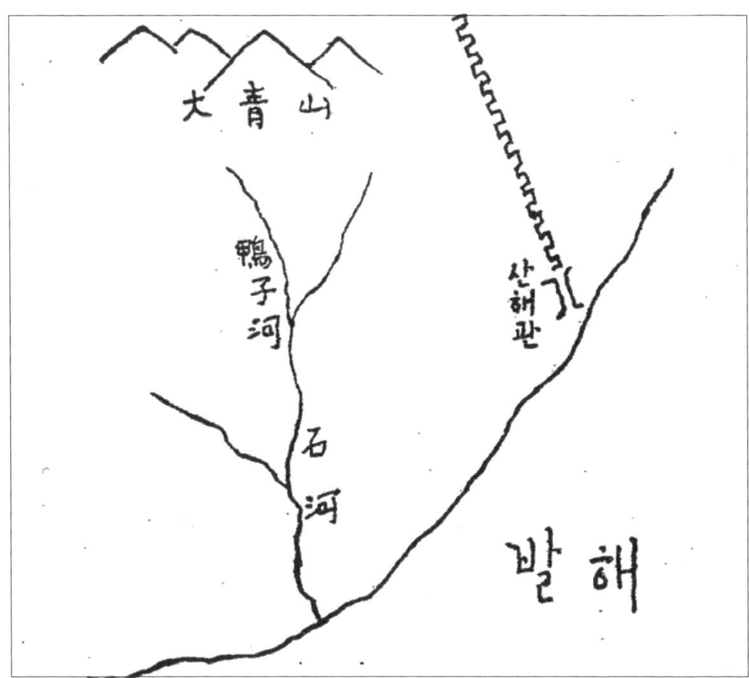

그림3) 133)

생각하는 것이 타당할 것이다. 그러나 《산해경》의 조양을 현 조양이라고 론단할 근거는 없다. 또한 조양이라는 지명을 현 료동, 료서 지역에서 찾아 볼 수 있는 재료가 전혀 없다. 따라서 조양을 지명으로 해석하지 말고 다른 의미로 해석할 수 없겠는가 생각해 볼 필요가 있다. 《이아·석산》爾雅·釋山에는 《산동을 조양이라고 한다(山東曰朝陽)》라고 썼다.

따라서 《산해경》의 조양을 《산동면》山東面으로 해석할 수 있으며 그렇게 해석할 수밖에 없다. 그렇다면 그 산은 어느 산인가? 선진시대 료서, 료동 지역의 산으로 널리 알려진 산은 갈석산碣石山과 의무

133) 이 지도는 원문에 실린 지도이다.

려산醫無閭山이다. 따라서 나는 청구국의 위치를 갈석산 동북방이나 의무려산 동북방일 것이라고 추단한다. 그런데 료서, 료동 방면 지방지를 조사해 보면 《영평 부지》永平府志 권4 《강역 산천》彊域 山川 조에 《대청산수》大青山水라는 명칭이 있다. 동 자료에 의하면 대청산수는 바로 석하石河의 상류인 압자하鴨子河이며, 그 강은 대청산 혹은 청산에서 류원하고 있다. 동지 부도附圖에 의하면 상기와 같다.

대청산大靑山은 고대 《청구》의 명칭에서 유래되였다고 보여진다. 따라서 나는 청구국의 지역을 현 (하북성) 갈석산碣石山 동북방에 위치하였다고 추단한다. (현 요녕성) 의무려산 동북방에서는 청산을 찾을 도리가 없으며 또 갈석 동북방 지역을 동이의 청구국으로 인정하는 것이 나의 견지로서는 력사적 사실과 부합된다고 인정된다.

우리나라에서는 종래 우리나라를 《청구》라고 별칭해 왔다. 언제부터 조선인 자신들이 조선을 《청구》라고 별칭했는지 불명확하다. 《청구》란 명칭이 우리 문헌 상에 처음 나타난 것은 《삼국사기》, 《고구려본기》 영양왕 23년 조에 보이나 이것은 수 양제의 조서에 기록된 것이다. 《삼국유사》 2권 《후백제 견훤》 조에 《청구》란 명칭이 기록된 것을 보아서 대체로 신라 말기부터 사용된 명칭으로 짐작된다. 한치윤韓致奫은 《해동역사》海東繹史 권1 《청구국》靑丘國 조에서 이렇게 말했다.

> 살펴보니 "우禹 임금이 수해竪亥에게 청구의 북쪽을 명하였다"고 했고, 《회남자》에 말하기를, "청구는 제齊의 바다 바깥에 있다" 했으니, 청구는 대개 동방에 있는 나라다. 《천문유초》天文類抄에 "청구 칠성은 동방 삼한三韓의 나라를 주관한다" 하였으니, 이것 역시 땅으로 이름을 삼은 것이다.

按, 郭璞曰禹命竪亥青邱之北, 淮南子曰, 青丘齊之海外, 則青邱者蓋東方之國也, 天交類抄: 青邱, 七星主東方三韓之國, 此亦以地而名之者也.

그의 결론을 보아서 그 이전에 조선을 《청구》라고 칭한 명확한 자료가 있었던 것 같지 않다.

한치윤韓致奫은 청구에 관한 중국 사료들을 전부 렬거만 하고 이상의 결론을 내렸으며, 조선 내에서 청구산의 존재를 고증하지는 못하였다. 그가 의거하고 있는 가장 유력한 재료는 《대청일통지》의 《청구는 고려 경내에 있다(青丘在高麗境)》는 것과 복건服虔의 설 《청구국은 해동 3백리에 있다(青邱國在海東三百里)》, 《진서 천문지》의 《청구는 7성인데, 헌남에 있다. 만이의 나라다(青邱, 七星在軫南, 蠻夷之國也)》, 《회남자》淮南子의 《회남자가 말하기를 "청구는 제나라의 해외에 있다"(淮南子曰, 青邱齊之海外)》, 《천문 류초》天交類抄의 《청구는 칠성인데 동방 삼한을 주관한다(青邱, 七星主東方, 三韓之國)》, 그리고 당唐이 고구려를 침공할 때 청구도 행군총관青邱道行軍總官을 설치했다는 자료들이다.

이 자료들은 청구국이 조선인 것 같이 판단할 수 있는 근거를 줄 수는 있으나, 선진 시대 청구산과 청구국이 현 조선 령역 내에 있다는 근거로 되지는 못한다. 우리는 현 조선 령역 내에서 청구산을 고증해 낼 만한 하등의 자료도 없다. 따라서 나는 기원전 3세기 이전 시기 《청구산》과 《청구국》은 고조선 령역이였던 갈석산碣石山 동북 지역이라고 판단하며, 후세 사가들이 고조선 령역을 현 조선에 국한시키게 되면서 기원전 3세기 이전 시기 청구국이 현 조선을 가리키는 것 같이 생각하게 되였다고 평가한다. 《왕회해》에서의 《청구》를 고조선 족명과 함께 기록하고 있는데 이것은 《양주》를 기록한 것과 마찬가지로 《청구인》이라고 기록해야 할 것이다.

〈조선〉이란 명칭은 왜 없는가?

이상으로써 《왕회해》의 동이족들이 전부가 고조선 령역 내에 거주한 조선족의 지역별 명칭이라고 판단한다. 이 동이 명칭들은 모두 그 지명에 의거한 명칭이요, 혈연을 달리하는 종족명으로 인정할 수는 없다. 상술한 바와 같이 《삼국지》나 《후한서》의 《동이 예전》에서 고조선 력사를 서술하고 있는 사실에 근거하여 이상 렬거한 동이 족명들은 모두 예족의 국가인 조선 지역명에 의한 명칭이라고 판단된다. 그러면 《조선》이란 명칭은 왜 없는가 하는 문제가 제기된다.

이 문제는 아래서 숙신을 고찰할 때 상론하려 한다. 그러나 우선 여기서 아래와 같이 이야기해 두고 넘어가려 한다. 상술한 바와 같이 《조선》이란 명칭이 강명江名 즉 지명에 유래된 국명이며, 또 《한서·지리지》에 의하면 조선 국내 행정 구역으로서 조선현이 있다. 따라서 이상 렬거한 고조선 행정 구역에 의한 고조선인의 명칭이 있는 이상 그 수도의 행정 구역인 조선 지역에 거주한 조선인의 명칭이 있어야 하겠다고 추리된다.

그런데 그 대신 직신稷愼의 명칭이 보인다. 나는 기술한 바와 같이 이 직신을 생각컨대 이것도 기타 동이들의 명칭과 마찬가지로 지명으로 해석하는 것이 타당하지 않겠는가 생각한다. 또한 《왕회해》의 동이족의 위치로 보아서 그 직신은 바로 예인과 린접해 있던 것으로 판단되며, 따라서 3세기 이후의 《숙신》(즉 읍루)의 위치인 현 동북 오지奧地에 있었다고는 생각하기 곤난하다. 그렇기 때문에 《직신》은 곧 《조선》과 동일한 명칭이라고 해석된다. 이 문제는 아래서 다시 론하기로 한다.

이상에서 본 바와 같이 기원전 6세기 이전 고조선 령역 내에는 맥족이라고 판단할 수 있는 족명이 없다.

그러면 맥과 예 즉 고조선과의 관계가 여하한가를 고찰하기로 하자. 춘추 전국 시대 중국인들에게 널리 알려졌던 맥을 《왕회해》에서 기록하지 않은 것은 주목되여야 할 문제이다. 상술한 바와 같이 맥의 일부는 이미 관중 시기(혹은 관자가 편찬된 시기) 란하灤河 중류, 령지令支 서방에 거주했고 또 그 대부분은 북방과 동북방 일대에 거주하였다.

그런데 《왕회해》에는 북방족으로서 고이高夷, 고죽孤竹, 불령지不令支, 불도하不屠何, 산융山戎, 동호東胡 등 명칭을 들고 있다. 공씨孔氏 주에는 《고이는 동북이인데 고구려다(高夷, 東北夷高句驪)》, 《고죽은 동북이다(孤竹, 東北夷)》, 《불령지는 모두 동북이다(不令支, 皆東北夷)》, 《불도하는 역시 동북이다(不屠何, 亦東北夷也)》, 《동호는 동북이다(東胡東北夷)》, 《산융 역시 동북이다(山戎亦東北夷)》라고 썼다. 이 주석에 의하면 이 북방족들을 모두 《동북이》라고 하고, 구체적으로 어느 종족인가를 밝히지 않고 있으나 우리는 상술한 바 맥의 거주 지역과 관련시켜 생각함으로써 이 동북이의 대부분이 맥족임을 추단할 수 있다. 기원전 5세기 말에는 이미 맥이 연의 서북방 대代에서 료서 란하 중류(즉 열하熱河) 동북 일대에 걸쳐 거주하였음을 확인하였다. 그런데 《왕회해》에는 맥의 명칭은 없고, 고이高夷, 고죽孤竹. 불령지不令支, 불도하不屠何, 산융山戎 등 명칭만을 들고 있다.

《관자·소광》小匡 편에서는 호맥胡貊, 도하屠何, 산융山戎, 령지令支, 고죽孤竹 등 명칭을 구별해 쓰면서도 맥이 고죽 일대에서 산융과 린접해 거주한 것으로 기록되여 있다. 또한 같은 책에는 맥이 가장 강한 종족으로 묘사되여 있다. 따라서 우리는 《왕회해》의 동북이족들 중 그 대다수가 맥족의 지역별 명칭이거나 혹은 별칭으로 생각할 수 있다. 그리고 《사기·흉노 렬전》의 동호가 바로 이 동북이들이라는 것도 판단할 수 있다. 물론 이 종족명 중 혹은 선비鮮卑나 오환烏桓의 선조도 있을 수 있다.

《왕회해》의 동북이에 관한 다섯 가지 고찰

그러면 이제 《왕회해》의 동북이에 관해서 좀더 고찰해 보자.

(1) 고이高夷: 공씨孔氏 주에 이것을 고구려라고 주석하였다. 기원전 3세기 이전에 고구려가 형성되지 않았기 때문에 이 주석을 그대로 인정할 수는 없다. 그러나 공씨 주에도 일정한 근거가 있을 것이라고 보여진다. 왕선겸王先謙은 《조선 휘고》〔朝鮮彙考: 미발표 원고로서 북경 대학 도서관 선본실(善本室)에 장서됨 : 원저 주〕에서 《왕회》王會 편 고이高夷에 대하여 주석하기를 《살펴보니 이른바 고이高夷는 반드시 기자의 후예는 아니다. 그러나 고려의 이름으로써 이것이 처음 보이기 시작한다. 그래서 부기하는 것이다(按此所謂高夷, 未必箕子之後, 然高麗之名, 始見於此, 故附之)》라고 썼다. 그는 《고려》의 명칭이 《고이》에서 유래하였다고 인정한 것이다. 나는 왕씨 설에 일정한 근거가 있다고 인정한다. 고구려(혹 구려, 혹 고려)는 맥족의 국가이며, 부여의 한 갈래였다. 그리고 부여 동명왕은 고리국槀離國왕자이다. 이 《고리국》은 사적史籍에 따라 그 문'자를 달리하고 있다. 즉 《론형》論衡에는 《탁리》橐離, 《위략》魏略에는 《고리》槀離, 《후한서》後漢書에는 《색리》索離라고 씌여 있다.

그런데 《력대 각족 전기회》歷代各族傳記會 편 제1편(전백찬翦伯贊 편) 《삼국지·부여전》 배裵(배송지를 뜻함) 주에 인용된 《위략》에 대한 주에는

《살펴보니 고리藁離는 백랍본에는 고리高離다. 량장거는 말하기를 "후한서의 탁리橐離는 당리棠離가 된다. 장회태자는 주석에서 당棠을 혹은 탁橐이라고 했다. 여기에서 고槀라고 한 것은 아마도 탁槀의 와전일 것이다(案藁離, 百衲本作高離. 梁章鉅曰: 後漢書橐離作棠離, 章懷注棠或作橐)[134], 此作槀, 蓋橐之譌)》라고 썼다. 장회章懷는 《론형》의 기록을 정확하다고 인정하였다. 《탁》橐 자 음은 사해辭海에 의하면 《타他와 학郝의 반절(탁)로 발음은 탁이다(他郝切, 音託)》이니 《고》高나 《고》槀의 음과는 다르다. 따라서 《고》나 《탁》은 자형 상 류사한 데서 생긴 어느 하나의 오기일 것이다. 물론 왕충王充이 근고近古하며, 또 권위 있는 학자이기 때문에 우리는 간단하게 그의 기록이 잘못되였다고 할 수는 없으나 그와 함께 또 어환魚豢의 《위략》의 기사도 간단하게 부인할 수 없다. 그렇기 때문에 나는 그 중 합리적으로 설명될 수 있는 것을 취하려고 한다.

고구려(고려)는 분명히 맥의 국가이며 부여 왕계와 그 왕계가 동일하니 고구려는 부여 왕계의 본계인 북이 《탁리국》橐離國과 관계가 있다. 그런데 《삼국지》나 《후한서》의 《부여전》과 《고구려전》을 보면 부여국은 그 왕계 즉 북이 탁리국 왕자가 예지로 가서 이룬 것으로 되여 있고, 고구려국은 직접 맥족의 국가로 되여 있으며 그 부근에 소수맥小水貊, 량맥梁貊 등 맥족들이 거주하였다. 따라서 고구려는 북이의 국가였던 탁리국(혹 고리국)과 직접 관계를 가지는 것으로 판단된다.

오늘까지 고구려(고려, 구려)의 명칭에 대해서는 아직 정론이 없다. 그러나 나는 고구려(고려)의 명칭은 반드시 고리槀離와 관계가 있다고

134) 문맥상 이 탁(橐) 자는 고(槀) 자가 되어야 할 것인데, 전백찬이 편찬한 원문을 확인하지 못했으므로 그대로 두었다.

보는 것이 사리에 맞으며, 그 력사적 사실로써도 합리적으로 설명된다고 인정한다. 따라서 북이 탁리국의 명칭은 《위략》의 기록 《고리》가 정확할 것이라고 추단한다. 《句》 자의 음은 조선음으로 《구》이고 《槀》 자의 음은 《고》이며 때문에 상통한다.

조선에서는 고래로 고구려라고 칭해 왔으며 《구려》나 《고려》라고 칭하지 않았다. 그런데 중국 사적들에는 고구려를 《구려》, 혹은 《고려》라고 기록하였다. 물론 《한서·지리지》에 고구려 현명이 보이며 《삼국지; 위지·동이전》에 고구려 전이 있고, 《후한서·동이전》에는 구려와 고구려를 따로 쓰고 있다. 이 기록법에는 또한 리유가 있는 것 같다. 《한서·지리지》의 고구려현의 명칭은 반드시 고구려인 자신들의 명칭에 근거했을 것이며, 그 후 한적漢籍에서 고구려라고 한 것은 《한서·지리지》에 근거했으리라고 보인다.

그런데 중국 사적 상에서 고구려를 《구려》 혹은 《고려》라고 기록하고 있는 것은 생각컨대 중국인들이 자고로 고구려를 이렇게 칭해 온 명칭이기 때문이라고 생각된다. 다시 말하면 《고구려》라는 명칭은 고구려인들이 고구려의 전신국인 《고리》槀離라는 국명에 《句》 자를 삽입했거나 혹은 《高》 자를 위에 첨가하여 지은 명칭으로 보인다. 고대 한인들이 고구려를 《고려》(한음으로 까올리—槀離와 동음)라고 칭한 것은 그들이 고구려를 《고리국》의 후신국으로 인정했기 때문이라고 생각된다.

고려의 명칭의 유래를 억단해 보기로 하자. 조선 음으로 구려는 《구리》(銅)와 통한다. 몽고 고문에서 황동을 《까울리》(샤그지 편 몽고어 사전, 1937년 몽고 인민 공화국 과학원 출판 : 원저 주)라고 하며, 이 단어는 조선어 《구리》와 동어일 것이라고 추단할 수도 있다. 《까울리》(黃銅)를 한음으로는 《고려》(高麗) 또는 《고리》(槀離)로 쓸 수 있고, 조선어로 음사할 때는 《구려》句麗로 쓸 수 있다. 따라서 나는 고구려인들이 《구리》(黃銅)(句麗)에 《고》 자를 부가하여 국명을 《고구려》로 썼다고 억단해 보려는 것이다. 고리槀離는 《까올리》요, 《까울리》와 상통하여 역시 황동이란 뜻이라고 추단되며 고리국(槀離國)은 《黃銅之國》이라는 뜻으로 된다. 이 문제는 고고학적 자료로써 방증되여야 할 문제로서 아래서 언급해 보려고 하나 북방 종족들의 청동기 사용이 일찍부터 발전했던 사실을 련상할 때 북이 《고리국》槀離國을 《황동의 나라》란 뜻으로 해석하는 것도 일리가 있다고 생각된다.

또 고려는 몽어의 《고리흐》(帶鉤), 조선어의 《고리》(環)와 어음상 통한다. 따라서 《고리》(槀離)는 이 《고리》의 음사일지도 모른다. 어째서 이렇게 상상할 수 있는가? 선비鮮卑는 《사비》師比 또는 《서비》犀比 등 상서 동물祥瑞動物을 새긴 대구帶鉤(띠고리)라는 뜻에서 왔으며, 그것이 그 종족 명칭으로 되였기 때문이다. 주지하는 바 조선의 대구帶鉤는 역시 발달한 것이요, 고대 조선인이 애용한 것으로서 그 유물이 상당히 풍부하다. 따라서 선비鮮卑의 명칭과 마찬가지로 고려의 명칭은 대구帶鉤에서 유래했는지도 모른다.

이러한 견지에서 출발하여 나는 공씨의 주 《고이는 동북이로서 고구려다(高夷, 東北夷高句麗)》라고 한 것과 왕선겸王先謙의 주장이 근거가 있다고 인정하게 되며 고이高夷는 맥족이라고 판단하련다.

(2) 고죽孤竹: 이것은 종래 중국의 저명한 학자들이 론증한 바와 같이 현재 승덕承德부 부근의 지명이다. 《열하지》熱河志 56권 《건치연혁》置沿革建 2에는 두우杜佑의 통전通典의 기록 《영주는 춘추 때는 산융에 속해 있었고, 전국 때는 연에 속해 있었다(營州, 春秋時屬山戎, 戰國時屬燕)》를 인용하고 이렇게 썼다[135].

> 조사해 보니《후한서·군국지》에는 "영지현令支縣에 고죽성이 있다"고 했는데, 영지 및 고죽은 지금 노룡현 천안遷安현 땅이다. 제나라 군사가 이곳에 이르자 산융이 도망가서 마침내 고죽에서 돌아왔다. 지금 영평부(노룡현) 북쪽 변방 바깥은 즉 승덕부承德府에 속한 동남 경내이니 춘추 때 산융의 땅이었음을 알 수 있다. 동호는 흉노와 땅을 접하고 있었으니 마땅히 산융의 서쪽에 있었고, 지금의 순천부順天府 북쪽 변경 밖은 곧 승덕부에 속한 땅의 서남쪽 경내이니 춘추 때 동호의 땅임을 알 수 있다.
>
> 案後漢書郡國志, 令支縣有孤竹城, 令支及孤竹今盧龍縣遷安縣地也, 自此以東北皆山戎境(地), 齊師至此, 而山戎遁走, 故遂自孤竹而還, 今永平府北邊外, 即承德府屬之東南境, 知爲春秋時山戎地也, 東胡與匈奴接壤, 當在山戎西, 今順天府北邊外, 則承德府屬地西南境, 知春秋時東胡地也.

여기서 주목할 것은 동호와 산융을 구별하고 있는 사실과 산융은 제 환공桓公이 공격할 때 대전하지 않고 타 지역으로 이동해 갔다는 사실이다. 그리고 여기의 동호와 흉노가 기원전 7세기 승덕부에서 린접했다는 기록은 착오이다. 그런데 위에서 언급한 바와 같이 제 환공은 동호에게 패하였다. 이 사실을 고려하면 산융은 분명히 용이하게 이동할 수 있는 유목족으로 판단되며 동호인 맥은 이미 정착 생활을 하는 강대한 농경족으로 보인다(이에 관해서는 아래서 재론한다).《史記》권28《봉선서》封禪書에는《탕왕이 태산에 봉선했고 … 주 성왕이 태산

---

135) 리지린의 원저의 원문과《흠정열하지(欽定熱河志)》의 원문을 대조했는데,《흠정열하지》를 따랐다. 리지린이 지(地)라고 썼다면《흠정열하지》는 경(境)으로 썼는데, 같은 뜻이다.

과 두수社首산에 봉선했는데, 이들은 모두 천명을 받은 연후에 봉선할 수 있었다. 제 환공이 "과인이 북쪽으로는 산융을 정벌했다 …"고 말했다(湯封泰山…周成王封泰山, 禪社首皆受命, 然後得封禪. 桓公曰寡人北伐山戎)》라고 했는데, 그 《색은》索隱 주석에는 《복건이 말하기를 "아마도 지금의 선비일 것이다(服虔云: 蓋今鮮卑是)》라고 썼다. 복건服虔이 산융을 선비족으로 인정한 것은 근거가 있는 것으로 보여진다.

따라서 환공 이후 시기 고죽에는 산융이 거주하지 않은 것으로 된다.

《왕회해》의 고죽은 춘추 말 전국 시기에 걸쳐서 동호인 맥의 지역으로 되였다고 볼 근거가 있으며, 더우기 《왕회해》에 산융 명칭을 따로 들고 있는 사실과 결부시켜 생각할 때 고죽은 산융족이 아니라 동호 맥의 지역이였다고 판단하는 것이 타당할 것이다. 당나라 배구裵矩가 《고(구)려는 본래 고죽국입니다(高麗本孤竹國)》[136]라고 말한 것은 확실한 근거를 가지고 있는 것으로 인정된다.

(3) 불령지不令支: 이미 위에서 론한 바와 같이 《불》不 자가 고대 조선어로 해석되며, 그리고 동북이로 인정되고 있기 때문에 령지를 맥족의 거주지라고 인정한다. 불령지가 산융의 지역이 아닌 것은 전자와 동일하다.

곽조경郭造卿은 령지를 론한 바 있다. 《영평부永平府지 권10, 고적古蹟 산융국》 조에 인용된 곽조경의 설을 보면 이렇게 씌여 있다.

---

136) 이 말은 《신당서》 〈배구 렬전〉에 나오는데, 수 양제에게 한 말이다. 배구는 "고려는 본래 고죽국으로 주나라에서 기자를 봉했습니다(高麗本孤竹國, 周以封箕子)"라고 말했는데, 고죽국은 중국에서도 지금의 하북성으로 비정하기 때문에 고구려의 영토가 지금의 요녕성 요하를 넘지 못했다는 남한 학계의 통설은 재검토되어야 한다.

산융과 북융은 두 종류다. 산융 종족은 하나로서 무종無終이 되었고, 제나라에서 정벌했는데, 진晋나라에게 망했다. 북융 종족은 둘인데 동쪽은 리지離支가 되었다가 제나라에게 멸망했고, 서쪽은 대代가 되었다가 진晋나라에게 망했다. 연燕나라 동북쪽이 료서와 료동이 되는데, 그 이외에는 북융의 땅이 아닌 것이 없다. 서북은 상곡이 되는데, 그 이외에는 산융의 땅이 아닌 것이 없다. 산융은 더욱 크다.

山戎北戎是二種, 山戎種一爲無終, 齊伐之, 晋滅之. 北戎種二, 東爲離支 齊所滅, 西爲代, 晋所滅, 自燕東北爲遼西遼東, 以外無非北戎地, 西北爲上谷, 以外無非山戎地, 山戎者爲尤大.

이에 의하면 북융은 〔서방의 대(西方代)〕와 동방의 리지離支(즉 령지) 량처에 거주했으며 그것이 제에 쫓겨 료서, 료동 외로 밀려나가 광대한 지역을 차지한 것이다. 《사기·흉노 렬전》에서는 《제 환공이 북으로 산융을 정벌하자 산융이 도주했다(齊桓公北伐山戎. 山戎走)》라고 쓰고 또 《연나라 북쪽에 동호와 산융이 있다(燕北有東胡, 山戎)》라고 쓰고 그 밑에 《조양자가 구주句注를 넘어 대代 땅을 쳐부수어 합병시키고 호맥胡貉과 국경을 맞대었다(趙襄子踰句注而破並, 代以, 臨胡貊)》라고 썼다.

곽조경郭造卿은 《동호》東胡라는 명칭을 사용하지 않고, 사마천은 《북융》北戎이라는 명칭을 사용하지 않았다. 량자를 결합시켜 보면 대代에 거주한 북융北戎(곽조경 설)은 《호맥》으로 판단되며, 령지令支에 거주한 북융도 역시 호맥이 아니겠는가? 따라서 북융은 즉 동호(호맥)라고 판단된다.

위에서 이미 론한 바와 같이 령지 고죽은 모두 고 무렬수古武列水 일대이며, 그 명칭이 고대 조선의 강명과 완전히 일치되니 령지, 고죽이 제 환공 이후 맥족의 거주지라고 판단하는 것이 타당할 것이다.

물론 북방족들의 명칭이 일정하지 않으므로 문'자 상으로는 확실한 것을 알기 매우 곤난하다. 그러나 이상 자료들은 《령지》가 맥족의 지명이였다고 주장할 근거로 된다고 생각한다.

(4) 부도하不屠何: 전자와 동일하게 《不》 자가 고대 조선어라는 견지에서 출발하여 역시 동호 맥족으로 해석하려 한다. 《영평부지》 5권 《물산》 조에는 《석釋에서 말하기를, 불령지는 영지다. 부도하는 도하다. 모두 동북의 이夷다(釋云; 不令支, 令支也, 不屠何, 屠何也, 皆東北夷名)》라고 썼고 《묵자》墨子 5권 《비공편중 제18》非攻篇中第十八에는 《비록 북방에 있는 자는 또한 하나만 드러났겠는가(雖北者, 且不一著何)》라고 썼는데, 손이양孫詒讓의 《주》에는 이렇게 씌여 있다.

> 차且 자는 조租 자에서 빌린 것이 아닐까 한다. 《국어 진어》國語·晋語에는 "진 헌공이 전렵하다가 적조翟租의 분위기를 보았다"고 했는데, 위소가 주석에서 말하기를 "적조는 나라 이름이다. 불저하不著何는 또한 북호北胡다"라고 했다. 《주서 왕회》 편에서 말하기를 "불도하不屠何는 푸른 곰이다"라고 했는데, 공조가 주석해서 "불도하는 또한 동북의 이夷다"라고 했다. 《관자 소광》 편에 "호맥을 꺾고, 저하屠何(도하)를 쳐부수었다"라고 했는데, 윤주尹注에 "저하는 동호의 선조다"라고 했다. 류서劉恕의 《통감외기》通鑑外紀 주 혜왕 32년周惠王三十年 조에 "제 환공이 연나라를 구하고, 저하를 쳐부수었다"고 했는데, 저屠는 저屠와 발음이 같은 종류이니 부저하不著何는 곧 부저하不屠何다. … 부저하는 한나라 때 도하현徒河縣이 되었는데, 료서군에 속해 있었고, 옛 성이 봉천 금주부 금현 서북쪽에 있다. 저租국은 《국어》에 따르면 진 헌공에게 멸망했는데, 그 있던 곳이 어디인지는 알 수 없다.

且, 疑租之借字, 〈國語·晋語〉 獻公田見翟租之氛, 韋注云; 翟租, 國名是也. 不著何, 亦北胡. 〈周書·王會篇〉云; 不屠何靑熊, 孔晁注云; 不屠何, 亦東北夷也. 〈管子·小匡篇〉敗胡貊, 破屠何; 尹注云; 屠何東胡之先也. 劉恕 〈通鑑外紀〉 周惠王三十年, 齊桓公救燕, 破屠何, 屠, 著聲類同, 不著何即不屠何也. … 不屠何, 漢爲徒河縣, 屬遼西郡故城在奉天錦州府錦縣西北. 租, 據國語, 爲晋獻公所滅, 所在無考.

《관자·윤씨주》에 의하면《도하》는 동호의 선조이며, 따라서《동호》라는 명칭은 제 환공(기원전 685~643년) 이후에 생긴 명칭이며, 《사기·흉노 렬전)에서 제 환공 당시 북방족 명을 기록할 때《동호》東胡란 명칭을 쓰지 않고, 진문공晋文公(기원전 635~628년) 이후 북방족 명칭을 기록할 때《동호》란 명칭을 기록하였는 바, 이 량 자료는 일치된다. 따라서 도하屠何는 동호인 맥의 일족으로 생각된다.《관자》에서는《호맥》과《도하》를 구별하고 있으나 거기에서는 제 환공 이전의 명칭인《도하》라는 명칭을 그대로 사용한 것이라고 보인다.

그리고 손씨 설에 의하면 도하의 위치를 봉천 금주부錦州府 금현錦縣 서북으로 잡고 있다. 그 지역은 맥의 지역과 일치한다. 요컨대 도하는 맥의 일족이라고 보여지는 근거가 있다.

(5) 산융山戎: 이것은 분명히 맥족과 구별되는 북방족임을 이상 자료들로서도 능히 알 수 있다.

이상으로써 나는《왕회해》의 동북이들을 맥족의 지역별 명칭이라고 인정할 수도 있다고 생각한다. 그러나 나는 맥족이 연燕북방에서 가장 선진적이고 강대한 종족이였다는 사실에 근거하여, 《왕회해》의 동북이들을 맥족으로 인정하는 것이 합리적이라고 생각한다.

맥은 연에 가까워 연에 멸망했다

맥국의 위치에 관한 자료는 《산해경》에 있다. 《산해경》 권 11, 《해내서경》海內西經에는 이렇게 씌여 있다.

> 동호는 대택의 동쪽에 있다. 이인夷人은 동호의 동쪽에 있다. 맥국은 한수漢水의 동북쪽에 있다. 땅이 연나라와 가까워 연나라에게 멸망했다.
>
> 東胡在大澤東, 夷人在東胡東, 貊國在漢水東北, 地近于燕, 滅之.

곽박郭漢 주에는 《지금의 부여국은 예맥의 고지다. 장성 북쪽에 있는데 현도에서 천리 떨어져 있다. 좋은 말과 붉은 옥과 담비 가죽이 나오는데, 큰 구슬은 멧 대추와 같다(今扶餘國即濊貊故地, 在長城北玄菟千里, 出名馬赤玉貂皮, 大珠如酸棗也)》라고 썼다. 곽박은 맥국을 부여로 인정하고, 동호 동쪽에 위치했다고 인정하였다. 생각건대 그는 《사기·흉노 렬전》의 기록 즉 동호가 흉노에게 망한 후 흉노가 동으로 예맥 및 조선과 린접했다는 기록에 근거하고 있는 것 같이 보인다. 물론 이 해석에도 일리는 있는 것이다. 사실 상 《사기·흉노 렬전》의 기록에 근거하면 이렇게 해석할 수도 있다. 그러나 이 해석에 대해서는 의문을 품지 않을 수 없게 된다.

《산해경》 경문 상에서 가장 주목해야 할 것은 맥국이 연 부근에 위치하였다가 연에게 멸망되였다는 사실이다. 그런데 부여는 연에게 패망당한 사실이 없다. 때문에 우리는 《산해경》 경문을 상술한 바와 같은 력사적 사실에서 출발하여 해석해야 할 것이다.

《산해경》의 이 문장이 어느 시대의 것인지 알 수 없으나 위에 인용한 문장은 한 사람의 손으로 쓰여진 문장으로 보기 어려운 점이 있다. 왜 그렇게 생각할 수 있는가 하면 이 문장의 전반과 후반이 의미가 통하지 않기 때문이다. 다시 말하면 《동호는 대택의 동쪽에 있다. 이인夷人은 동호의 동쪽에 있다(東胡在大澤東, 夷人在東胡東)》란 기록이 일리가 있다고 한다면 《맥국은 한수漢水의 동북쪽에 있다. 땅이 연나라와 가까워 연나라에게 멸망했다(貊國在漢水東北, 地近於燕, 滅之)》는 전자와는 아무 관련이 없는 문장으로 보이기 때문이다. 따라서 나는 《산해경》의 이 문장을 전반과 후반을 별개의 문장으로 떼서 해석함으로써만 력사적 자료로 리용될 수 있다고 인정한다. 《산해경》의 경문은 이인夷人과 맥국을 구별하고 있다. 따라서 곽박郭璞의 주석은 부정확한 것으로 볼 수밖에 없다.

맥국의 위치를 판단하기 위해서는 우선 한수漢水의 위치를 판단해야 할 것이다. 한수는 여러 지방에 있다. 혹자는 한수를 현 조선의 한강으로 잡고, 맥국을 《삼국지·동이·예전》의 예국(혹칭 예맥국) 《조선의 동쪽은 대개 그 땅이다 운운(朝鮮之東皆其地也云云)》으로 보려는 견해도 있다. 그러나 기원전 3세기 말에는 아직 조선에 한강 명칭은 없다. 따라서 그 설은 성립될 수 없다. 이 한수는 현 중국 경내에서 찾아야 한다.

한 대의 한수에 대하여 양수경楊守敬이 고증한 바가 있다. 그는 《회명헌고 한지 동서 한수고(晦明軒稿漢志東西漢水考)》에서 한 대의 한수의 위치를 고증한 바 있으나 그것은 중국 서방의 한수이며 본 문제와 아무 관계가 없는 것이다. 왜냐하면 《산해경》문의 한수는 연燕 부근에 있는 것이기 때문이다. 《산해경》문의 연은 전국 시대의 연일 것이 명백하다.

그러나 혹자는 《맥국은 한수漢水의 동북쪽에 있다. 땅이 연나라와 가까워 연나라에게 멸망했다(貊國在漢水東北, 地近于燕)》란 기록은 《해내 서경》에 있고, 《조선은 열양의 동쪽에 있는데, 바다의 북쪽이고 산의 남쪽이다. 열양은 연나라에 속해 있다(朝鮮在列陽東, 海北山南, 列陽屬燕)》란 기록은 《해내 북경》에 있기 때문에 그 량자의 연의 위치가 달라야하지 않겠는가 하는 문제를 제기할 수도 있다. 그러나 이미 많은 학자들이 고증한 바와 같이 《산해경》의 편목은 착간錯簡이 많은 것이므로 그 편목에 절대적 기준을 들 수 없다. 따라서 《산해경》 경문의 연에 관한 기록은 모두 전국 시대 연에 관한 기록으로 인정해서 잘못이 없을 것이다.

그러면 한수는 도대체 어디 있는가? 송화강을 일명 《天河》 혹은 《天漢水》라고도 칭한다. 《흑룡강지고》黑龍江志稿 2권 《지리지연혁》地理志沿革 조에는 《송와강과 송아리는 청나라 말로 송오리오라인데, 번역하면 천하天河를 뜻한다. 한어로는 천한수天漢水인데, 혹은 천강天江이라고 썼다(宋瓦江夋 松阿里烎, 淸語松烏里烏拉, 譯言天河, 漢語稱天漢水, 或稱天江)》이라 썼다. 그러나 이 《한수》漢水는 후세의 한역된 명칭이며, 《산해경》 저작 시기의 한수로 될 수 없다.

우리는 《수경주》 14권 《유수》濡水 조에서 유수濡水의 일 지류인 한수汗水의 명칭을 찾아 볼 수 있다. 같은 주에는 《유수는 … 동북쪽으로 난하難河에 들이붓는데, 오른쪽은 한수汗水에서 들이 받는다(濡水 … 又東北注難河, 右則汗水入受)》라고 썼다. 이 한수는 현 란하灤河의 지류이다. 《한》(汗) 자는 보통 《한》(漢) 자로 전사할 수 있는 것이며, 한수(汗水)를 한수(漢水)라고 써도 아무런 문제로 될 수 없다. 그런데 《수경주》의 한수汗水의 위치는 현 란하의 상류인데 과연 《산해경》山海經의 한수의 위치가 그와 꼭 동일하겠는가는 문제로 된다. 한수漢水가 맥국의 위치를 설명하는 한 개 표준으로 되였을진대 그것은 결코 유수(즉 란하)의 지류로 생각하기 어렵다. 따라서 나는 《汗水》(漢水)를 고대 조선어로 《대수》大水로 해석할 수 있기 때문에(조선어 〈한〉은 현재도 〈大〉의 의미로 쓰인다) 그 명칭은 《大水》의 뜻을 가진 《무렬수》武列水(즉 란하)와 동일한 의미를 가진다. 현 란하를 고대에 《무렬수》라고 칭한 사실에 대해서는 위에서 론급하였다.

만일 나의 주장이 성립될 수 있다면 맥국의 위치는 바로 금일의 (하북성) 승덕承德이나 릉원凌源(료녕성) 일대로 될 것이다. 맥국의 위치를 열하 일대에서 찾는다면, 상술한 바와 같은 력사적 사실과 부합된다. 즉 맥국이 연에게 패망당하였다는 《산해경》의 기록은 상술한 바와 같이 동호가 연에게 쫓겨 동으로 천여 리 퇴각했다는 사실과 일치되지 않는가? 또한 《위략》魏略의 조선(맥을 포함하여)이 연에게 서방 2천여 리 지역을 점취당하였다는 기록과도 일치되지 않는가?

위에서 론급한 바와 같이 연이 동북방를 정벌한 것은 연 소왕昭王시기 진개秦開의 군사 행동 이외에는 다른 사실을 찾아 볼 수 없다. 또한 진개가 동호와 조선과 맥을 따로따로 격퇴하였다고 볼 근거도 없거니와 실지에 있어서 그러한 대정벌 사업을 2차나 수행할 수도 없었을 것이다. 연이 5군을 설치한 것은 바로 그 대정벌 사업을 수행한 결과이다. 따라서 맥국은 바로 연 진개에게 쫓겨 료동으로 이동하였다고 론단할 수 있을 것이다.

그러면 맥과 고조선과의 관계는 여하한가 하는 문제가 제기된다. 나는 위에서 이미 고조선은 예족의 국가라고 인정하였다. 따라서 맥과 예와의 관계가 여하한가 하는 문제로 된다. 또 그와 동시에 조선이란 명칭이 현 란하의 강명에 기인했다는 것을 주장하였다. 그리고 고조선이 료동에서 발해에 연하여 연 동방에까지 그 령토가 미쳐 있었다는 것도 론급하였다.

맥과 고조선의 관계

따라서 기술한 바와 같이 고조선을 맥국과 대비할 때 맥국은 분명히 고조선과는 상이한 국가였다는 결론에 도달하게 된다. 《산해경》에 조선과 맥국을 명백히 구별하여 쓴 사실은 이것을 충분히 증명해 준다.

그러면 맥과 고조선과의 관계는 여하한가 하는 문제를 해명해야 할 것이다. 다시 말하면 이 문제는 맥과 예와의 관계 문제로 된다. 상술한 바와 같이 고조선은 예족의 국가라고 인정되기 때문이다. 제1장 2절에서 언급한 바와 같이 《사기·흉노 렬전》에서는 조선과 맥(즉 동호)을 완전히 별개의 종족으로 인정하였고, 《산해경》에서도 맥국과 조선을 별개의 것으로 인정하였으며, 상술한 바 《왕회해》에서도 동이족으로서의 조선족들과 동북이로서의 맥족들을 구별하였다. 그리고 맥국은 연 북에서 열하 일대에 걸쳐 있었고, 조선은 연 동에 위치하였다. 조선과 맥국은 분명히 두 개의 상이한 국가였음을 의심할 여지가 없다.

그러나 문제로 되는 것은 《위략》에서는 《사기·흉노 렬전》처럼 연에게 광대한 령토를 빼앗긴 국가를 조선, 동호 등으로 갈라서 기록하지 않고 다만 《조선》이라고만 기록한 사실이다. 어환이 《사기》를 참고하면서도 동호에 관해서는 쓰지 않고 다만 《조선》이라고만 쓴 데는 반드시 리유가 있을 것이라고 인정된다. 혹시 그는 동호를 조선과 전혀 별개의 종족으로 인정했다고 볼 수 있을지도 모른다. 그러나 그는 진개秦開가 조선을 공격한 사실을 기록할 때 어째서 동호를 정벌한 동일한 사변은 언급하지 않았겠는가? 우리는 그가 연이 동호를 천여 리 동으로 격퇴하고 5군을 설치한 《사기》의 기록을 무시할 수 없었을 것이라고 보아야 할 것이다. 그러나 그는 어찌하여 동일한 사변을 서술하여 다만 《연나라는 이에 장수 진개를 보내 그 서방을 공격해서 그 땅 2천여 리를 취하고, 만번한에 이르러 경계로 삼았다(燕乃遣將秦開攻其西方, 取地二千餘里, 至滿潘汗爲界)》라고만 썼겠는가? 또한 사마천은 동호를 천여 리 동으로 격퇴하였다고 하였는데 어환은 어째서 조선 서방 2천여 리를 탈취하였다고 썼겠는가?

우리가 어환을 중국의 저명한 사가로 인정하는 이상, 그가 《사기》 자료들을 근거 없이 자의로 개작하였다고 볼 수 없을 것이다. 이 문제를 천명하기 위해서는 조선과 맥이 서방의 광대한 령역을 상실한 후의 그 량자의 관계를 고찰하고, 어환 시대 중국인들의 조선과 맥에 대한 개념을 밝히는 것이 중요하다.

《사기·흉노 렬전》에서는 동호를 격파한 흉노가 예, 맥, 조선과 동접하였다고 썼는 바, 이 맥이란 이미 론급한 바와 같이 동천하여 예지에 거주한 맥, 즉 부여나 고구려를 가리키는 것이다. 예인의 고지로 맥이 이동한 사실은 《삼국지》, 《후한서》 등의 《동이 렬전·부여》 조에서 찾아 볼 수 있다. 또한 《한서·지리지》 연지燕地 조에는 이렇게 씌여 있다.

> 상곡에서 료동에 이르기까지 땅은 넓으나 백성은 희소하고 여러 차례 호胡의 침략을 당했다. 풍속은 조趙, 대代와 서로 비슷하다. 물고기, 소금, 대추, 밤 등이 풍부했다. 북쪽으로는 오환, 부여와 틈이 있고,

동쪽으로는 진반의 이익과 장사한다. 현도와 락랑군은 무제 때 설치했는데, 모두 조선, 예, 맥, 구려의 만이의 땅이었다.

上谷至遼東, 地廣民希, 數被胡寇, 俗與趙代上類, 有漁塩棗栗之饒, 北隙烏丸, 夫餘, 東賈眞番之利, 玄菟, 樂浪武帝時置, 皆朝鮮, 穢, 貊,句麗蠻夷.

여기에서도 《예》, 《맥》을 《조선》과 구별하고 있다. 여기에서의 《穢》와 《貊》을 합쳐서 《穢貊》이라고 읽어서는 안된다. 왜냐하면 《삼국지》《후한서》의 《동이전》들을 보면 현도(원도)군 지역은 《예》의 령역이였고, 그 부근에 《맥》인의 집단들이 거주했음을 알 수 있으며 《예맥》이란 종족이 거주한 것이 아니였기 때문이다.

위의 자료는 현도군과 락랑군 지역은 조선, 예, 맥, 구려인 등의 령역이라는 뜻을 가진다. 락랑군 령동 7현에 예인이 거주하였고 현도군은 본래 옥저에 설치한 바 옥저인도 예인이였다. 그리고 현도군에는 고구려현이 있었다(이동한 후). 이 현도군에는 구려인과 소수맥 량맥의 지역도 포괄된 것으로 해석된다.

예와 맥은 언어, 풍습 같이하는 족속

예와 맥은 원래 한 개 족속의 두 갈래이였으며 결코 언어, 풍습을 달리하는 별개의 족속은 아니였다.

《삼국지·동이·예》 전에 《한나라 이래 관직으로 후侯, 읍군, 삼로가 있어서 하호下戶를 통솔하고 주관했다. 그 기로들은 스스로 일컫기를 (고)구려와 같은 종족이라고 했다. … 언어와 법속은 대체로 고구려와 같지만 의복은 다르다(自漢已來, 其官有侯, 邑君, 三老, 統主下戶. 其耆老舊自謂與句

麗同種, … 言語法俗大抵與句麗同, 衣服有異)》라고 썼는 바 이것은 예족과 맥족이 동일한 족속의 두 갈래임을 증명해 준다. 《후한서·동이·예》 전에도 완전히 동일한 기록이 있다. 상술한 바와 같이 맥족의 일부는 이미 은殷 서주西周 대에는 중국 북부에까지 진출하였으나 그 기본 인민은 오늘의 료서, 료동 지역에서 고조선과 남북으로 접촉하고 있었다.

언어 법속이 대체로 동일하나 의복이 다소 다르다고 한 것은 그들이 장기간에 걸쳐 각기 사회 생활을 달리하였으며, 또 외족과의 문화교류도 각이하였다는 것을 말해준다.

예와 맥이 모두 북방족임은 거의 의심할 바 없다. 기술한 바와 같이 예와 맥은 일찌기 신석기 시대, 늦어도 기원전 2천여 년 이전에 오늘의 료동, 료서 지역에 정착하였다고 보여 진다. 예는 료동 개평蓋平을 수도로 하여 국가를 형성하였다. 예의 여러 부족들은 국가 형성 이전에 이미 료서와 조선반도로 퍼져 나갔고, 그 일부는 오늘의 하북성 남부인 청장수(고 예수) 지역에까지 진출하였던 것이다. 맥은 처음부터 예의 지역의 북방에 거주하면서 기원전 10세기 이전 시기에는 이미 그 일부가 중국 북부에까지 진출하였던 것이며, 늦어도 기원전 5세기에는 료서의 열하, 릉원, 조양지역, 고 료동의 고조선 지역 북부에 걸쳐서 계급 국가인 맥국을 건립하였던 것이다.

그런데 예족이 고조선을 형성하고 고조선이 망한 후에도 《예인》이란 명칭으로 불리워진 일부가 3세기까지 잔존하였다.

《삼국지·위지·동이·예》 전에는 《예는 남쪽으로는 진한이 있고, 북쪽은 고구려, 옥저가 있고, 동쪽은 큰 바다에 닿는데, 지금 조선의 동쪽이 다 그 땅이다(濊, 南與辰韓, 北與高句麗, 沃沮接, 東窮大海, 今朝鮮之東, 皆其地也)》라고 하였다. 이에 의하면 예는 (삼국지의 편찬자인) 진수 시기의 조선 동해안 일대에 거주한 것으로 되며 진수陳壽 시대의 조선(즉 락랑)과는 다른 하나의 정치적 단위로 인정되였다. 그런데 《후한서·동이·예》 전에는 《예는 북쪽으로는 고구려, 옥저가 있고, 남쪽으로는 진한과 접해 있고, 동쪽은 큰 바다에 닿고, 서쪽은 락랑에 이른다. 예 및 옥저, (고)구려는 본래 모두 조선의 땅이었다(北與高句麗, 沃沮, 南與辰韓接, 東窮大海, 西至樂浪, 濊及沃沮, 句麗, 本皆朝鮮之地也)》라고 썼다. 이 량자 자료를 결합시키면, 예, 옥저, 구려가 모두 고조선 령역 내에 존재한 지역이였음을 알 수 있다. 따라서 진수나 (후한서의 편찬자인) 범엽范曄은 예와 맥족인 구려를 모두 동일하게 조선족으로 본 것이 아니겠는가? 이것은 진수나 범엽 시대의 고조선에 관한 중국 사가들의 일반적 견해임을 말하여 준다.

따라서 진수와 거의 동 시대인인 (위략의 편찬자인) 어환魚豢도 역시 동일한 견해를 가졌을 것이 명백하니 그는 기원전 3세기 이전 시기의 조선과 맥의 력사를 서술함에 있어서 그것을 합쳐서 단일한 조선족의 력사를 서술할 수 있었다고 볼 충분한 근거가 있다. 즉 고대 사가들의 필법으로서는 흔히 있을 수 있는 사실이 아닌가? 따라서 어환이 조선 서방 2천여 리를 연에게 탈취당하였다는 기록과 동호가 천여 리 밖으로 퇴각했다는 그 거리의 차가 있는 것도 리유가 있는 것 같다. 만반한滿潘汗(료하 부근으로 잡고)에서 서방 2천여 리라면 금 대동大同 지역까지 미칠 것이니 어환은 대동 지역 즉 연나라 북방의 맥 지역까지 고조선 령역으로 인정한 것이며, 사마천은 동호인 맥국 즉 연의 북방에서부터 부여 지역까지를 계산한 것이라고 인정된다.

일본 부르죠아 사가 백조고길白鳥庫吉(시라토리 구라기치)은 《사학 잡지》 제 21, 22, 23편에 《동호민족고》東胡民族考라는 장편의 론문을 썼다. 그는 복건服虔의 설 즉 《동호는 오환의 선조인데 후에 선비가 되었다.

흉노의 동쪽에 있는데 예전에는 동호였다(東胡, 烏丸之先, 後爲鮮卑, 在匈奴東, 故曰東胡)》(《사기·흉노 렬전》史記匈奴列傳의 《색은》索隱)에 근거하여 흉노 동방에 거주한 여러 종족들을 동호족에 포괄시켜 고찰하였다. 그런데 같은 《렬전·색은》에 인용된 복건의 설에는 《산융은 대개 지금의 선비다(山戎蓋今鮮卑)》라 하였고, 같은 《색은》에 인용된 호광胡廣의 설은 《선비는 동호의 별종이다(鮮卑, 東胡別種)》라고 하였다. 복건은 동호를 오환 선비의 선조로 인정하였으며, 호광은 선비를 동호의 별종으로 인정하였다.

《사기·흉노 렬전》에 의하면 맥은 분명히 흉노 동에 거주한 가장 강대한 종족이였으며 산융은 동호와 별개의 종족으로 인정되였다. 그리고 상술한 바와 같이 산융은 호맥의 동에 위치하였고, 제 환공의 정벌을 당하여 이동하였던 것이다. 전국 시대 흉노 동방에 위치한 종족은 호맥이 유일한 강대한 세력으로 남았다가 연 진개에게 격퇴당한 것이다. 즉 전국 시대 흉노 동방의 《호》는 《맥족》이였다. 그럼에도 불구하고 어찌하여 종래 주석가들은 동호를 다만 오환, 선비의 선족이라고 주석하고, 맥의 선조라고는 주석하지 않았는가?

동호를 맥의 선조라 주석하지 않은 이유

여기에는 리유가 있는 것 같다. 동호인 맥이 진개에게 패망한 후, 그 지역에로 새로 이동해 온 것이 오환 선비족이며 그것들이 서西로 흉노와 접하고 동으로 맥(부여[夫餘])과 접하였기 때문에 그것을 진, 한 이후의 동호(즉 흉노匈奴 동쪽東에 거주한 호)라고 인정한 것이며, 이 동호를 춘추 시대부터 존재한 동호와 혼돈한 것으로 보인다.

동호를 흉노 동방의 제 종족의 범칭으로 해석하는 것이 정당하다면 맥은 동호 중 가장 강대한 종족임이 명백함에도 불구하고 백조白鳥(시라토리)는 종래의 설에 의거하면서 후세 사적들에 나타나는 지두우地豆于, 실위失韋, 윤윤蠕蠕(연연), 갈羯, 해奚 등도 모두 동호족의 묘예苗裔(후손)로 인정하였다. 그는 《사학 잡지》 제21편 4호 《동호·민족고》에서 다음과 같이 썼다.

> 동호의 강역을 생각건대 서, 동, 남방면은 조양造陽 즉 산서성 선화부宣化府 회래현懷來縣에서 양평襄平 즉 봉천부奉天府 료양遼陽 북지北地에 이르기까지는 장성으로써 중국과 접경하고 … 동쪽 방면의 계선에 관해서는 《흉노 렬전》 중에 명문이 없으나 동호의 고지를 점령한 흉노 좌현왕左賢王의 지역을 《여러 좌방왕과 장수들이 동방에 거주했는데, 곧바로 상곡의 동쪽이고, 예맥 조선과 접했다(諸左方王將居東方, 直上谷以東, 接穢貊朝鮮)》[137]라고 기록했으니 동호의 강성 시대에는 북방으로는 하르빈 이남 철령 이북에 걸치는 평원에 거주한 예맥과 련접하였을 것이다. 동호의 북계에 관해서는 전연 문헌이 없다. 그러나 후세 료수遼水 상류 지역에 거주한 민족이 동서남 삼면에서 상술한 지역에 한해 있을 때는 그 북경이 흑룡강을 넘어서 서백리西伯利(시베리아)지에 달했다는 사실을 볼 수 없으니 동호 시에도 역시 그러하였을 것이다.

그는 동호의 서경을 산서성 선화부宣化府로 잡고 그것을 중국과의 경계로 인정하였으며, 흉노와는 홍안령 좌우에서 접한 것으로 인정하였다.

137) 《사기》 〈흉노 렬전〉의 기록이다. 앞뒤 원문은 다음과 같다. "此三姓其貴種也°諸左方王將居東方, 直上谷, 以往者, 東接穢貉`朝鮮 ; 右方王將居西方, 直上郡, 以西, 接月氏`氐`羌"

그는 《여러 좌방왕과 장수들이 동방에 거주했는데, 곧바로 상곡의 동쪽이고, 예맥 조선과 접했다(諸左方王將居東方, 直上谷以東, 接穢貊朝鮮)》란 기록에서 예, 맥, 조선의 지역을 본래부터 료하 이동에 고정하여 있던 것으로 보았기 때문에 대代 이동에 있던 호맥(맥족)에 관한 자료를 묵살해 버렸다. 백조고길白鳥의 동호 민족 연구는 《사기·흉노 렬전》에 대한 충분한 연구가 없이 진행된 것이며, 다만 오환烏丸, 선비鮮卑의 후예로 인정되는 종족들의 언어학적 자료들을 비교함으로써 그 선후 련계 관계를 밝히려는데 그치였으며 《사기·흉노 렬전》의 《동호》에는 어떤 종족들이 포함되여 있는가를 천명하지 못하였다.

우리는 《사기·흉노 렬전》의 《동호는 모돈에게 사신을 보내서 이르기를 선우의 알씨 한 명을 얻고자 했다(東胡 … 乃使使謂冒頓, 欲得單于一閼氏)》의 《알씨》閼氏[138]라는 단어를 고찰해 보자. 백조고길은 《閼氏》를 흉노어로 단정하고 퉁구스 계통 언어들과 비교하였다.

《위서·토곡혼전》吐谷渾傳에는 《이로부터 그 호를 가한이라고 하고 … 그 부인의 호를 각존이라고 했다(始自號爲可汗, … 號其妻爲恪尊)》라고 씌여 있는 바 토곡혼吐谷渾은 왕후를 《각존》恪尊으로 칭하였다. 같은 렬전에 《토곡혼은 본래 료동 선비인데, 도하섭귀徒河涉歸[139]의 아들이다(吐谷渾本遼東鮮卑, 徒河涉歸子也)》라 하였으니, 《각존》恪尊은 선비어이다. 같은 책 권 50 《토곡혼전》吐谷渾傳에도 《가한은 … 그 부인을 각존이

138) 《사기》 〈흉노 렬전〉의 알씨(閼氏)에 대한 《색은》의 주석은 "옛 음에는 '연', '알'의 두 가지 발음이다. 흉노 황후의 호칭이다(舊音於連`於曷反二音°匈奴皇后號也)"라는 것이다. 연과 알로 읽을 수 있다는 것이다.

139) 도하섭귀(徒河涉歸)는 모용섭귀(慕容涉歸 : ?~283)를 뜻한다. 선비족 모용부의 초대 수장이었던 막호발(莫護跋)의 손자이고, 모용목연(慕容木延)의 아들인데, 모용씨의 수장이 되어 모용씨의 근거지를 극성(棘城)에서 료동으로 옮겼다. 대선우(大單于)가 된 후 진(晋)나라가 중원을 통일하자 태강(太康) 2년(281) 진의 창려군(昌黎郡)을 공격했다.

라 이른다(可汗 … 其妻爲恪尊)》라고 썼다.

《당서》 215권 상 《돌궐전》突厥傳에는 《가한이라 부르는데, 선우와 같다. 그 부인은 가돈이라고 한다(號可汗, 猶單于也, 妻曰可敦)》라고 썼다. 돌궐突厥족은 왕후를 《가돈》可敦이라고 칭했다.

몽고어로 황후, 공주, 귀부인을 《하툰》哈敦이라고 칭한다.

요컨대 선비, 동궐, 몽고어에서 왕후라는 명사가 상통함을 알 수 있다. 그런데 백조고길은 이 《가돈》可敦이란 명사를 억지로 《알씨》閼氏와 발성학 상 상통한다고 규정하였다. 그는 설명하기를, katun→khatun→hatun→ačun→ačó閼氏, katun→katsun恪尊→kasun可孫→khasun→hasun→Lasiasun로 전음한 것이라고 인정하여 《알씨》閼氏를 흉노어이며 선비어의 《각존》恪尊과 동어라고 해석하였다.

흉노어 〈알씨〉는 퉁구스어 계통과 상통

그러나 《알씨》(아씨)를 과연 몽고어, 돌궐어 계통으로 인정할 수 있는가?

우리는 그것보다도 퉁구스어 계통 언어와 직접 통하고 있는 사실을 주목할 것이다. 《사기》 동 렬전 《색은》索隱에는 이렇게 씌여 있다.

> 알씨閼氏의 옛 발음은 알씨曷氏다. 흉노 황후의 호칭이다. 습착치는 연왕燕王에게 보낸 편지에서 "… 북방 사람들은 그 꽃을 찾아 취해서 비단을 누렇게 물들이고 그 위의 꽃의 아름다운 것을 취해 비벼서 연지烟肢를 만들어 부인婦人들이 장차 얼굴을 화장하는 데 사용합니다. 나는 젊었을 때 두세 번 지나면서 연지烟肢를 보았고, 오늘날에 처음으로 홍람紅藍을 보았으니 뒤에 마땅히 족하를 위해 그것의 씨앗을 이르

게 하겠습니다. 흉노에서 아내의 이름을 '알지閼支'라고 지은 것은 지금 발음이 연지烟支입니다.

閼氏舊音曷氏, 匈奴皇后號也·習鑿齒與燕王書曰: … 北方人採取其花染緋黃, 按取其上英鮮者作烟肢. 婦人採將用爲顔色, 吾少時再三遇見烟肢, 今日始親紅藍, 後當足下致其種, 匈奴名妻作閼氏, 今可音烟支.[140)]

안사고顔師古는 《알씨》閼氏를 《연지》烟肢에서 유래된 명사라고 인정하였다.

그러나 《曷氏》는 《허띠》로 발음된다. 따라서 과연 안사고의 주가 정확하겠는가가 의문이다. 과연 한 대에 《알씨》를 《허띠》로 발음했겠는가?

이것은 어디인지 착오가 있는 것 같다. 왜 그렇게 말할 수 있는가? 우리는 퉁구스어 계통에서 귀부인을 《아씨》라고 칭하고 있음을 알기 때문이다.

W. Grube의 《Goldische Wörterverzeichnisse》 6, 7페지에 수록된 퉁구스어 계통의 《처》를 의미하는 단어들의 례를 들어 보자.

골드어로 《처》를 asi, asi라고 하고, 올차어로 asi, 오로촌어로 ash, asun, 북타－쏠론어로 asi, 아므로－퉁구스어; 오헤르－부가라어; 야쿠트어; 오호츠쿠어로 asi, 카스트렌의 퉁구스어로 âši, āši 월루이－퉁구스어; 클라프로트의 네르친스크어; 차포기르어; 아마디르－릉스어로 aši, 운테르 퉁구스카어로 asi, aši 등을 렬거할 수 있다. 이 자료들에

140) 리지린의 원저에는 연지(烟支)로 되어 있으나 중화서국 간행 《사기》에 따라서 연지(烟肢)로 바꾸었다. 그 외에 리지린이 일부 축약해 설명한 부분은 그대로 두었다. 이 주석은 알씨의 옛 발음을 연(連)과 알(曷) 두 가지 중에 연(烟)으로 읽은 것으로 말해준다.

근거하여 퉁구스어 계통에서 《처》를 《아씨》 혹은 이와 류사한 음을 가지는 말로 칭하였음을 알 수 있다.

우리 조선어의 《아씨》는 이와 관계가 있는 단어라고 인정된다. 《아가씨》는 반드시 《아씨》의 변화된 단어라고 인정되며 고대 조선어에서도 《처》를 《아씨》로 칭했으리라고 추단된다. 《閼氏》는 현대 조선음으로는 《알씨》로 발음된다. 따라서 《알씨》는 반드시 고대 조선어와 상통되는 단어로 해석된다.

이상 자료들에 근거하면 흉노어 《알씨》는 퉁구스어 계통의 언어와 상통하며 몽고어나 돌궐어 계통과 통하지 않는다. 따라서 흉노의 《알씨》란 단어는 동호에서 전래된 것이라고 추단할 수 있지 않겠는가? 왜냐하면 흉노에서는 황후(즉 선우單于의 처)를 《알씨》라고 하였으니 《알씨》란 말은 선우 제도가 생긴 후 즉 두만頭曼선우 시대에 비로소 사용하기 시작한 말이라고 판단되기 때문이다. 두만 선우 이전에는 아직 《국왕》이 존재하지 않았기 때문에 왕후도 있을 수 없으며 따라서 《알씨》라는 단어가 있을 수 없기 때문이다.

따라서 《알씨》는 동호어 《아씨》의 전래어이며, 그 《아씨》가 조선어와 통하며 또 퉁구스 계통과 밀접한 관계를 가진 종족 중 맥을 제외하고 전국 시대 동호에 포괄된 다른 종족이 당시 아직 출현하지 않았기 때문에 그 《알씨》는 모름지기 맥의 언어이였다고 해석된다. 따라서 동호를 선비, 오환의 선족으로 보기 보다는 맥으로 인정하는 것이 합리적이 아닌가? 다시 말하면 이것은 맥이 흉노와 장기간 린접하고 있었던 동호임을 증명해 줄 수 있는 한 개 자료로 될 수 있다고 생각된다.

제3절. 《삼국지》와 《후한서》의 《예전》과 《옥저전》에 기록된 《예》의 위치에 대하여

《삼국지·예전》에는 《예》의 위치에 대하여 다음과 같이 씌여 있다.

> 예는 남쪽으로는 진한이 있고, 북쪽은 고구려, 옥저가 있고, 동쪽은 큰 바다에 닿는데, 지금 조선의 동쪽이 다 그 땅이다. 호는 2만이다.
> 濊, 南與辰韓, 北與高句麗沃沮接, 東窮大海, 今朝鮮之東皆其地也. 戶二萬.
> 단단대령의 서쪽은 락랑에 속해 있으며, 령의 동쪽 일곱 현은 도위가 주관하는데, 그 백성들은 모두 예인이다. 후에 도위를 폐지하고, 그 거수渠帥를 후侯로 삼았다. 지금 불내예는 모두 그 종족이다. 한나라 말에 다시 고구려에 속했다.
> 自單單大領以西屬樂浪, 自領以東七縣[141], 都尉主也, 皆以濊爲民, 後省都尉, 封其渠師爲侯, 今不耐濊皆其種也. 漢末更屬句麗.

동 《옥저전》에는 다음과 같이 씌여 있다.

> 후한의 광무武六[142] 6년(30)에 변경의 군을 없앴는데, 도위도 이에 따라 폐지했다. 그후 그 현의 거수渠帥가 현후縣侯가 되었는데, 불내, 화려, 옥저 등의 여러 현이 다 후국侯國이 되었다. 이적夷狄이 서로

141) 《삼국지》 〈동이 렬전〉 원문에 따라 '칠현(七縣)'을 추가했다.
142) 후한 광무제의 연호 건무(建武)를 뜻한다.

공격하고 정벌했는데, 오직 불내예후만이 오늘에 이르기까지 공조, 주부 등의 여러 조曹를 두었는데, 모두 예의 백성이 차지했다.

漢光武六年(30), 省邊郡. 都尉由此罷, 其後, 皆以其縣中渠帥爲縣侯, 不耐, 華麗, 沃沮諸縣皆爲侯國, 夷狄更相攻伐, 唯不耐濊侯至今猶置功曹, 主簿, 諸曹皆濊民作之.

《후한서·예전》에는 다음과 같이 기록되어 있다.

예는 북쪽으로는 고구려, 옥저가 있고, 남쪽으로는 진한과 접해 있고, 동쪽은 큰 바다에 닿고, 서쪽은 락랑에 이른다. 예 및 옥저, (고)구려는 본래 모두 조선의 땅이었다.

濊, 北與高句麗, 沃沮, 南與辰韓接, 東窮大海, 西至樂浪, 濊及沃沮, 句驪本皆朝鮮之地也.

한나라 소제 시원 5년(기원전 82)에 임둔, 진반을 폐지하고 락랑과 합병했다. 현도는 다시 (고)구려로 옮겼다. 단단대령 동쪽의 옥저, 예, 맥이 다 락랑에 속했다. 후에 땅이 넓고 멀어서 다시 령의 동쪽에 7현을 나누고 락랑동부도위를 설치했다.

至昭帝始元五年(기원전 82) 罷臨屯·眞番, 以并樂浪, 玄菟復徙居句驪. 自單單大領已東, 沃沮, 濊, 貊悉屬樂浪, 後以境土廣遠, 復分領東七縣, 置樂浪東部都尉.

《지금의 조선》은 락랑군, 오늘의 료동

이 세 개 자료의 내용은 동일하다. 여기서 주목하여야 할 것은

《지금의 조선(今朝鮮)》이란 기록이다. 즉 이것은 기원 3세기의 락랑군을 가리킨다고 보아야 할 것이다. 그러면 기원 3세기 락랑군의 위치가 어디냐?

《진서·지리지》 평주平州 조에는 다음과 같이 기록되어 있다.

> 평주平州는 살펴보니 우공禹貢 기주冀州의 강역이다. 주周나라 때는 유주幽州의 경계였다가 한나라 때는 우북평군右北平郡에 속했다. 후한 말에 공손도公孫度가 스스로 평주목平州牧이라고 불렀고, 그 아들 공손강과 강의 아들 공손문의 때 멋대로 료동을 근거로 겸병하니 동이의 아홉 종족이 모두 복종하고 높였다. 위魏나라에서 동이교위東夷校尉를 설치하고 양평襄平에 거주하게 하고 료동遼東, 창려昌黎, 대방帶方, 락랑樂浪 5군을 나누어 평주를 삼았다가 후에 다시 유주에 합했다. 공손문의가 멸망한 후 동이교위를 두어 보호하게 하고 양평에 거주하게 했다. (서진 무제) 함녕咸寧 2년(276) 10월, 창려, 료동, 현도, 대방, 락랑 등 군국郡國 다섯을 나누어 평주를 설치했는데, 관할하는 현은 스물여섯이고, 호수는 1만6천1백이다.
>
> 平州, 按, 禹貢冀州之域, 於周爲幽州界, 漢屬右北平郡, 後漢末, 公孫度自號平州牧, 及其子康, 康子文懿並擅據遼東, 東夷九種皆服事焉, 魏置東夷校尉, 居襄平, 而分遼東, 昌黎, 帶方, 樂浪五郡爲平州, 後還合爲幽州, 及文懿滅後, 有護東夷校尉, 居襄平. 咸寧二年十月, 分昌黎, 遼東, 玄菟, 帶方, 樂浪等郡國五置平州, 統縣二十六, 戶一萬六千一百.

이 자료에 의하여 3국 위魏의 5군은 료동군, 창려군과 함께 평주에 속하였다. 만일 이 시대의 3군이 오늘의 압록강 이남 지역에 있었다고 가정한다면 압록강 이남 지역이 위의 평주 령역으로 되어야 한다. 그런데 이 평주는 인구가 겨우 1만6천 호이니 이 령역이 얼마나 협소한가를 알 수 있다. 과연 창려(오늘의 료서)에서부터 오늘의 우리나라 황해도까지의 광대한 지역에 인구가 도무지 1만6천 호밖에 없었다고 상상할 수 있겠는가. 우선 이 점에서 위의 락랑군이 오늘 우리나라 령역 내에 있었다고 볼 수 없다.

3세기 평양 지역은 어떤 형편에 있었는가? 고구려는 동천왕東川王 21년(기원 247년)에 평양성을 축조하였으니 고구려는 이미 평양 지방을 확고하게 령유하고 있었던 것이다. 《삼국사기·고구려본기》 동천왕 21년 조에 《동천왕은 환도성이 전란을 겪었으니 다시 도읍으로 삼을 수 없어서 평양성을 쌓고 백성과 종묘 사직을 옮겼다(王以丸都城經亂, 不可復都, 築平壤城, 移民及廟社)》라고 씌여 있다.

우리는 이 두 가지 자료로써 위의 락랑군이 오늘 우리 강토 내에 위치하지 않았다고 주장할 수 있을 것이다.

따라서 진수가 말하는 《지금의 조선(今朝鮮)》은 락랑군을 의미하며 그 락랑군은 료동에 위치했다고 밖에 달리는 해석할 도리가 없다.

《진서·지리지》 대방군 조 주에는, 《대방군은 공손도가 설치했는데, 다스리는 현은 일곱이고, 호수는 4천9백이다(公孫度置, 統縣七, 戶四千九百)》라고 씌여 있다. 공손도는 한 말 료동군 양평에 거주한 자이다. 이 공손도가 대동강 이남 지역에까지 세력을 확장하여 대방군을 설치하였다고 볼 근거가 전연 없다.

《진서·지리지》 대방군 조에는 그 속현으로서 《대방帶方, 열구列口, 남신南新, 장잠長岑, 제해提奚, 함자含資, 해기海箕》의 7현을 들고 있다. 그리고 락랑군의 속현은 《조선朝鮮, 둔유屯有, 혼미渾彌, 수성遂成, 루방鏤方, 사망駟望》의 6개 현이라고 씌여 있다.

이것을 《후한서·군국지》 락랑군 조에서 들고 있는 락랑군의 현들과 대조하여 보면, 후한 락랑군에는 《조선朝鮮, 람함䛁邯[143]), 패수浿水, 함자含資, 점선(占蟬:점제), 수성遂成, 증지增地, 대방帶方, 사망駟望, 해명海冥, 렬구列口, 장잠長岑, 둔유屯有, 소명昭明, 루방鏤方, 제해提奚, 혼미渾彌, 락도樂都》 등 18개 현을 들고 있다. 이 18개 현 중 6개 현이 위의 대방군의 현들과 일치하며, 락랑군의 6개 현은 그 전 위치에 그대로 남아 있음을 알 수 있다.

이것으로써 3국 위魏의 대방군은 분명히 후한의 락랑군의 일부 현들을 분리시켜 설치한 것임을 알 수 있다. 따라서 후한의 락랑군도 평양에 위치할 수 없었다는 것을 추리할 수 있다.

이밖에도 후한의 락랑군이 오늘의 료동에 위치하였다고 인정할 수 있는 근거들이 있다.

후한의 락랑군이 평양에 위치할 수 없는 이유

종래 일부 사가들은 《삼국사기·고구려본기》 대무신왕 20년(기원 37년) 조의 《왕이 락랑을 습격해서 멸망시켰다(王襲樂浪, 滅之)》라는 기록과, 같은 27년 조의 《후한의 광무제가 군사를 보내 바다를 건너 락랑을 정벌하고, 그 땅을 취해 군현으로 삼았다. 살수 이남이 한나라에 속하게 되었다(漢光武帝遣兵渡海, 伐樂浪, 取其地, 爲郡縣, 薩水以南屬漢)》란 기록에 근거하여 후한의 락랑군이 청천강 이남 지역이였다고 생각한 일이 있다. 그러나 그렇다고 해서 이 자료만 가지고 후한의 락랑군

143) 䛁邯의 발음에 대해 《후한서》 〈왕경(王景) 렬전〉은 "왕경은 자가 중통인데, 낙랑 람함사람이다"라면서 "람은 발음이 람이고, 함은 발음이 함인데, 현의 이름이다(䛁音諾甘反, 邯音下甘反 縣名也)"라고 설명하고 있다.

이 평양에 위치했다고 주장할 수는 없다.

그 리유를 들어 보자.

(1) 《후한서·부여전》에는 《안제安帝 영초永初 5년(기원 111년)에 이르러 부여왕이 처음으로 기병 7~8천 명을 거느리고 락랑을 노략질해서 관리와 백성을 죽였으나 그 후 다시 귀부했다(夫餘王始將步騎七八千人寇鈔樂浪, 殺傷吏民, 後復歸附)》라고 씌여 있다.

이 자료는 기원 111년 부여가 락랑군을 공격한 사실을 말하고 있다. 만일 이 락랑군이 평양을 중심한 청천강 이남 지역이였다면, 당시 부여는 고구려의 령역을 넘어서 락랑군을 공격하여야만 한다. 당시 부여와 고구려가 적대 관계에 놓여 있었던 사실과 결부시켜 생각할 때 부여 군대가 고구려의 령역을 지나서 락랑을 쳤다고 인정할 수는 없다[144].

(2) 《삼국사기》 제15 《고구려본기》 태조왕 69년(기원 121년) 조에 《태조대왕이 마한, 예, 맥의 군사 1만여 기를 거느리고 나아가 현도성을 포위했다(王率馬韓, 穢, 貊一萬餘騎進圍玄菟城)》라고 씌여 있고, 같은 70년(122년) 조에는 《태조대왕이 마한, 예, 맥과 함께 료동을 공격하자 부여왕이 병사를 보내 쳐부수었다(王與馬韓, 穢·貊侵遼東, 扶餘王遣兵破之)》라고 씌여 있다.

이 자료들은 고구려 태조왕이 마한, 예, 맥의 군대와 련합하여 현도성과 료동군을 공격하였음을 말하여 준다. 만일 락랑군이 평양을 중심한 지역을 차지하였다면 그 이남 지역에 위치하였어야 할 마한 군대가 어떻게 고구려 군대와 련합 작전을 할 수 있었으며, 그것이

144) 이 구절에 대해 이병도는 《후한서》 〈광무제 본기〉에는 '부여에서 새를 범하고 관리와 사람들을 살상했다(夫餘夷犯塞 殺復吏人)'라고 락랑(樂浪)을 새(塞)로 기술했다는 이유로 부여가 공격한 것이 락랑(樂浪)이 아니라 현도(玄菟)라고 주장했다.(이병도, 〈부여고(夫餘考)〉 《한국고대사연구》, 1976)

락랑군을 정복하지 않고 어떻게 그 지역을 통과할 수 있었다고 생각할 수 있겠는가? 그것은 전혀 불가능한 일이다. 이것을 《삼국지》의 자료와 결부시켜 생각할 때 론리가 통한다. 즉 《삼국사기》의 자료와 《삼국지》의 자료가 일치된다.

따라서 어떤 결론을 얻을 수 있는가? 후한의 락랑군은 우선 기원 100년 이후에는 청천강 이남 평양 지역에 있었다고 볼 수가 없다. 우선 우리는 2세기에는 락랑군이 료동에 있었다고 인정하여야 할 것이다.

만일 이 시기에 락랑군이 살수 이남 지역에 있었다면 김부식 자체가 론리적 모순에 빠지게 된다. 그러나 김부식이 아무리 봉건 사가라 하더라도 몇 장 내려가지 않은 자기 기록이 모순됨을 몰랐으리라고 볼 수 없으며 또 그렇게까지 김부식을 무시할 수는 없을 것이다.

김부식은 또한 고구려 태조왕 94년(기원 146년)에 고구려가 료동 서안평현을 공격하여 《대방령》帶方令을 살해하고, 락랑 태수의 처자를 포로하였다고 기록하였다.(《삼국사기》 고구려 본기 제3 태조 94년 조 : 원저주)

이 사실은 고구려가 예, 맥, 마한과 련합하여 료동을 공격한지 20년 후의 일이다. 이 시기 고구려, 예, 맥, 마한인들이 한 세력을 구축하기 위하여 정력적인 투쟁을 했음을 알 수 있는 바, 146년에 락랑군을 쳤다는 기록은 하지 않았으나 락랑 태수의 처자와 대방현령이 료동군 서안평현에서 포로되고 살해되였다는 사실은 락랑군에서 피난하여 자기네들의 료동군 내로 도망쳐 갔음을 의미한다. 이러한 반한反漢 투쟁의 정세하에서, 만일 락랑 태수 처자와 대방현령이 평양에서부터 도망쳐 갔다고 보기는 곤난하다. 따라서 이 시기 락랑군은 압록강 이남에는 있었을 수 없으며, 그것은 압록강 이북에 있었던 것이 명백하다.

살수 이남 지역에 락랑군 설치했다는 기록의 해석

그러면 《삼국사기》의 후한 광무제가 기원 44년에 살수 이남 지역에 락랑군을 설치했다고 기록한 자료는 어떻게 처리할 것인가 하는 문제가 제기된다.

우선 나의 결론을 먼저 이야기하면 이 기록은 아마도 김부식의 착오이거나, 그렇지 않으면 살수의 위치를 오늘의 청천강으로 볼 수 없거나 하는 둘 중의 어느 하나라고 인정된다. 요컨대 후한 광무제가 설치한 락랑군을 평양 지방으로 볼 수는 없다.

그 리유는 다음과 같다.

(1) 광무제가 평양 지방에 새로 락랑군을 설치하였다면, 그 사건은 그네들로서는 력사적인 사실임에도 불구하고 《후한서》에는 그런 기록이 전혀 없다.

(2) 전한 락랑군의 현명縣名과 후한 락랑군의 현명을 대조할 때 후한 락랑군은 전한 락랑군 위치에 계속 있었던 것으로 보여진다. 전한 락랑군의 25개 현 중에서 령동 7현은 30년(광무 6년)에 락랑군 기반에서 벗어나게 되어 18개 현이 남았다. 그런데 그 18개 현 중에서 17개 현의 명칭이 전한 락랑군의 명칭과 일치되고 있으니 이 사실은 그 17개 현들이 그대로 그 위치에 남아 있었음을 말해 준다.

령동 7현이 한漢 세력에서 벗어난 바로 그 해에 락랑 사람 왕조王調의 령도하에서 인민들이 완강한 반한 투쟁을 전개하였으나, 그해 가을 락랑 태수 왕준王遵에 의하여 진압되였다. 그후에도 락랑 사람들의 반한反漢 투쟁은 계속되였다.

기술한 바와 같이 《후한서·광무제기》의 바로 이 기록에 대하여 리현李賢은 《이 락랑군이 료동에 있었다》고 기록하고 있는 사실을 주목하여야 한다.

김부식도 분명히 한4군의 위치를 압록강 이남 지역으로는 인정하지 않았다. 기술한 바와 같이 그는 《삼국사기·고구려본기》 제8, 영양왕 20년 조에서 수양제의 침략군의 도로인 《부여도》扶餘道, 《락랑도》樂浪道, 《료동도》遼東道, 《옥저도》沃沮道, 《현도도》玄菟道, 《양평도》襄平道, 《갈석도》碣石道, 《수성도》遂成道, 《증지도》增地道 등으로 고구려를 침략해 왔는데, 그 군대들은 모두 압록강 서쪽에서 만났다고 썼다. 이 사실은 이 행군 도로들이 압록강 이북에 있었음을 말하는 것이며, 따라서 옛날 락랑군, 현도군의 현들과 옥저의 명칭이 수양제 시대까지 압록강 이북 지역에 전래되고 있었음을 말해 주는 것이다. 김부식 자신이 그렇게 인정한 것이 분명하다.

락랑군은 압록강 이북에 위치

우리가 한4군의 각 현의 소재지를 일일이 고증하지 않더라도 우선 이상의 간단한 자료들에 근거하여서도 전, 후한 및 3국 위魏의 락랑군이 모두 압록강 이북에 위치하였음을 알 수 있다. 만일 위의 락랑군을 현 평양 지방으로, 그리고 대방군을 황해도 지역으로 비정한다면 우리들은 위에 인용한 문헌 자료들을 모조리 말살해 버려야 할 것이다. 그러나 우리는 내외의 이 사료들을 자의로 말살해 버릴 권리가 없는 것이다. 이 시기 락랑군을 평양에 있었다고 주장하는 사가들은 이 문헌 사료를 말살할 만한 근거를 내놓아야 한다.

따라서 나는 진수가 말한 《지금의 조선(今朝鮮)》이란 것은 당시 락랑군인 오늘의 료동 지방을 가리키는 것으로 해석하는 것이 정당하다고 판단한다. 즉 진수는 당시의 료동을 두고 《조선》이라고 칭했던 것이다.

따라서 《예》의 거주 지역은 그 조선의 동쪽에 위치한 것이다. 종래 이 《사료》를 해석하여 오늘 우리나라의 동해안으로 인정하였기 때문에 강원도에 《예맥》국이 있는 것으로 인정되여 왔던 것이다.

《삼국지·예전》에 의하면 3세기 예인은 락랑군의 령동 7현에 거주하였던 것이다. 령동 7현은 기원 30년에 락랑군으로부터 독립하였으며, 그 7현이 《불내》不耐, 《화려》華麗, 《옥저》沃沮 등 《후국》으로 되였다. 우리가 3세기 예의 거주 지역을 압록강 이북으로 단정할 수 있는 것은 《불내》不耐의 위치가 이 문제 해결의 열쇠를 주기 때문이다. 우리는 3세기 고구려의 《불내》를 《국내성》을 제외한 다른 곳에서는 도저히 찾아볼 수 없다. 즉 《불내예》는 오늘의 즙안(길림성 집안)에 거주한 《예》인 것이 분명하다. 그런데 령동 7현의 주민이 모두 예인이였던 만큼 옥저도 예인이다. 따라서 3세기 예인들은 압록강 즙안 지역에서부터 료동 반도 동해안(즉 3세기 락랑군—조선의 동해안)에 걸쳐서 거주했음을 확증할 수 있게 된다. 그런데 고구려가 국내성(불내성)으로 천도한 후 예인은 그 지역으로부터 압록강 하류쪽으로 밀려 내려간 것으로 보인다.

당시 고구려는 이 예인의 동북에 위치하였고, 남으로는 진국과 린접하게 된다. 아래에 삼한을 고찰할 때 다시 론급하겠거니와 진수는 진국과 진한을 혼동하여 기록한 곳이 있다. 따라서 여기서 《남으로는 진한과 접했다(南與辰韓接)》라고 쓴 것은 《남으로는 진국과 접했다(南與辰國接)》라고 썼어야 할 것이다.

요컨대 나는 《삼국지》와 《후한서》에 기록된 예인의 거주지는 압록강 류역으로 인정하며, 강원도 해안 지대였다는 설을 수긍할 수 없다. 《삼국사기》에 기록된 《예맥》에 관해서는 별도로 연구하기로 한다.

그러면 예군 남려의 창해군 위치와 모순되지 않는가 하는 질문이 제기될 수 있다. 나는 그것은 아무 모순이 없다고 대답한다. 왜냐하면 예의 지역은 바로 고조선 지역이였으며, 한인들이 위만 이후에 〈예인〉을 고조선과 갈라쓴 것은 위씨 정권에 정복되지 않은 고조선인들을 칭한 것으로 보이며, 한은 예왕 남려의 령역을 창해군으로 설치하였다가 곧 폐지하고 그것이 위씨 정권하에 들어간 후에는 그것을 따로 예지라고 칭하지 않게 되었으며, 그 후도 계속 위씨 정권하에 들어가지 않은 지역 즉 령동 지역에 거주한 고조선인들을 예인이라고 칭했다고 볼 수 있다. 그 예인은 끝내 한 세력과 투쟁하여 전한 말기 락랑군의 통치하에서 벗어나지 않았던가? 나는 이와 같이 해석하는 것이 타당하다고 인정한다.

제4절. 맥국의 사회 경제 구성

나는 예족은 바로 고조선족이였다고 인정하기 때문에 예의 사회 경제 구성에 대해서는 고조선의 사회 경제 구성을 고찰할 때 론하기로 하고 여기서는 다만 맥의 사회 경제 구성을 고찰하기로 한다.

맥국의 사회 경제 구성에 관한 문헌 자료가 매우 결핍되여 있기 때문에 우리는 이 문제를 상세하게 론급할 수가 없다. 우리는 겨우 몇 가지 자료에 근거하여 이 문제를 고찰하고 추단할 수밖에 없다.

기술한 바와 같이 맥족은 이미 기원전 9세기 서주 왕실과 교역 관계를 가지였는 바 그 교역품은 초피貂皮 적표赤豹 황피黃羆(황비) 등 모피였다. 이 자료에 의하면 맥족은 아직 기원전 9세기까지도 수렵 경제 상태에 처하여 있었던 것 같이도 보인다. 그러나 우리는 이 한 가지 자료만을 가지고서 맥족을 수렵 경제 단계에 처하여 있다고 론단할 수 없는 것이다. 왜냐하면 맥족은 이미 교환 경제를 가지고 있었기 때문이다. 주지하는 바와 같이 교환 경제는 원시 사회 말기에야 비로소 출현하는 것이기 때문이다.

엥겔스는 력사 상 교환 경제의 출현에 관하여 다음과 같이 썼다.

> 미개 하단에 있어서는 인간은 오로지 직접 자신의 수요를 위하여서만 생산하고 있었다. 간혹 일어나는 교환 행위는 개별적이였으며 우연히 남은 과잉에만 한하였다. 미개의 중단에서는 목인 민족들에게서 이미 가축의 형태로서의 재산을 보는데 그것은 축군畜群이 일정한 수에 달하면 규칙적으로 자신의 수요를 초과하는 약간의 과잉을 공급한다.

동시에 우리는 목인 민족과 축군을 가지고 있지 못하는 락후한 종족과의 사이에 있어서의, 따라서 또 두 개의 병립하는 각이한 생산 관계 사이에 있어서의 분업 즉 규칙적 교환을 위한 제 조건도 발견한다. 미개의 상단에 있어서는 농업과 수공업과의 사이에 있어서의 가일층의 분업이, 그리고 그와 함께 로동 생산물의 더욱 증대하여 가는 분업의 직접적 교환을 위한 생산이, 따라서 개개의 생산자들 사이에 있어서의 교환의 사회적 존립 조건으로서의 전화가 일어난다.(엥겔스 : 《가족 사유 재산 및 국가의 기원》, 1955년 조선로동당출판사 판, 251 페지 : 원저 주)

기원전 9세기 교환 경제, 대외 교역 단계에 도달

맥족은 기원전 9세기 교환 경제의 단계에 도달하였으며, 서주西周와의 물자 교환은 역시 상인을 통하여 이루어졌다고 보여진다. 대외 교역이였던 것 만큼 그렇게 생각하지 않을 수 없을 것이다.

엥겔스는 상인의 출현에 대하여 다음과 같이 썼다.

문명은 그 전에 발생한 모든 종류의 분업을, 특히 도시와 농촌간의 대립(이 경우에는 고대에 있어서 그러한 바와 같이 도시가 농촌을 경제적으로 지배할 수도 있다)의 첨예화에 의하여 공고화하고 강화하며 또 이에다 문명에 고유한, 결정적 의의를 가지는 제3의 분업을 첨가한다. … 이미 생산에는 종사하지 않고 생산물의 교환에만 종사하는 계급 즉 상인을 낳는다. 계급 형성의 종래의 모든 제 경향은 아직 전'적으로 생산과 련결되어 있었다. 그것은 생산에 종사하는 사람들을 지도자와 집행자로 또는 큰 생산자들과 작은 생산자들로 나누었다. 여기에 비로소 생산에는 전연 참여하지 않고도 대체로 생산에 대한

> 지도권을 쟁취하고, 생산자들을 경제적으로 자기에게 예속시키며, 매개의 두 사람의 생산지 사이에 불가결의 중개자로 되며 량자를 착취하는 계급이 출현한다.(엥겔스: 《가족 사유 재산 및 국가의 기원》, 1955년 조선로동당출판사 판, 251~252페지 : 원저 주)

엥겔스는 인류 력사상에서 상인이란 것이 문명의 문턱에서 출현한다는 것을 교시하였다.

엥겔스는 해외 무역의 출현에 대하여 다음과 같이 썼다.

> 제2의 대분업이 발생한다. 즉 수공업이 농업으로부터 분리하였다. … 노예는 단순한 보조자임을 그만둔다. 그들은 이제는 수십 명씩 전야田野와 제작소에서 로동에 구사된다. 2대 기본 분업 즉 농업과 수공업으로의 생산의 분렬과 함께 직접 교환을 위한 생산-상품 생산이 발생하며 또 그와 함께 종족 내부 및 종족간에 있어서의 상업뿐만 아니라 해외 무역도 발생한다.

우리는 이에 근거하여 해외 무역이란 것이 노예제가 경제 제도로 된 후에야 출현할 수 있다는 것을 알 수 있다.

물론 우리는 엥겔스의 이 명제를 교조주의적으로 맥족의 대외 무역 현상에 적용할 수는 없다. 그러나 우리는 엥겔스의 이 명제에 근거하여 맥족이 원시 수렵 경제 상태에 처하여 있는 것이 아니라는 것을 말할 수 있다. 원시 수렵 경제 상태에 처한 종족이 린접 왕조와 무역을 할 수 있다는 것은 상상할 수 없을 것이다. 그리고 만일 우리가 맥족의 대외 무역이 상인들에 의하여 실현되였다는 것을 승인한다면, 역시 당시의 맥족이 늦어도 미개 상단 즉 문명 사회의 직전에 처하여 있다는 것을 또한 승인하여야 할 것이다.

《시경·한혁》의 《정의》에는 《시절마다 백만百蠻이 공헌하러 왕래했다. 왔다는 것은 사신이 왕에게 이르렀음을 이르고, 갔다는 것은 사신을 전송해서 그 나라로 되돌아가게 한 것을 이른다(時節百蠻, 貢獻往來, 謂來則使人致之於王, 往則使人送人返國)》라고 씌여 있다. 여기에서의 《백만국》百蠻國이란 것은 《맥국》을 의미한다. 우리는 이 자료를 통하여 맥의 사자使者가 직접 서주 왕과 회견하였으며, 서주 왕은 그를 후대하였음을 알 수 있다. 이 사실은 무엇을 의미하는가? 이 사실은 맥과 서주 왕실이 평화적 외교 관계와 교역 관계를 가지고 있었음을 설명하여 주는 것으로 인정된다. 그리고 맥의 사자는 결코 어느 한 개의 씨족의 대표자인 것이 아니라 상당히 강대한 정치 권력을 대표한 존재라고 인정할 수 있을 것이다. 물론 나는 다만 이 자료에 근거하여 맥족이 기원전 9세기에 국가를 형성하였다고 주장하려는 것은 아니다. 그러나 늦어도 이 시기에는 맥족이 국가 형성 과정에 있었다는 것은 말할 수 있을 것이다.

기술한 바와 같이 맥족은 기원전 9세기부터 기원전 3세기 초까지 중국 북방에서는 가장 강대한 종족이였으며, 그렇기 때문에 제나라 환공(기원전 7세기)이 맥족에게 패전하였던 것이다(관자·소광 편).

기원전 5세기에 이르러 맥족은 부세 제도를 가지게 되였으며, 《산해경》에는 《맥국》이란 국명이 기록되여 있다. 《맹자·고자 하》孟子·告子下에는 다음과 같이 씌여 있다.

> 백규白圭가 말하기를 "나는 (조세를) 20분의 1을 받으려고 하는데, 어떻습니까"라고 하자 맹자가 "그대의 방법은 맥貊의 도입니다. 무릇 맥은 오곡이 나지 않고, 오직 기장만 자라니 성곽과 궁실이 없고

… 백가와 유사의 관직도 없으니 20분의 1만 거두어도 족한 것이오"라고 말했다.

白圭曰: 吾欲二十而取一, 如何. 孟子曰: 子之道, 貊道也. 夫貉, 五穀不生, 惟黍生之, 無城郭宮室, … 無百家有司, 故二十取一而足也.

우리는 이에 근거하여 맥족의 사회에는 생산물의 20분의 1의 조세를 받는 부세 제도가 있었음을 확인할 수 있다. 그러나 혹자는 이 기록에서 《성곽, 궁실이 없고 백가 유사가 없다》는 부분만을 들고 이 맥족의 사회를 계급 사회로 인정할 수 없다고 주장한다. 이러한 주장자들은 사료의 본질적인 부분을 보려하지 않고 부차적인 부분을 들고 그에 대치시키려는 립장에 서있는 것이다. 그리고 이러한 주장자들은 한족 통치 계급이 외족을 야만시하는 《중화사상》으로써 외족의 력사를 외곡하는 현상을 식별하지 못하는 것이다.

나는 맹자의 이 필법은 맥족의 사회에 대한 곡필이며, 맥족 사회의 실지 정형을 그대로 기록한 것이 아니라고 인정한다. 맥족의 20분의 1의 부세 제도를 맹자는 《맥도》라고 칭하며 자기들의 10분의 1의 부세 제도보다 저급한 것으로 묘사하고 있다. 어쨌든 그들이 《맥도》라고까지 칭한 사실로 보아서 맹자 시기 중국의 지식분자들이 맥의 부세 제도를 광범히 알고 있었음을 인정할 수 있다.

엥겔스는 부세 제도의 출현에 대하여 다음과 같이 썼다.

이러한 공적 권력을 유지하기 위하여서는 공민의 공납—조세가 필요하다.(엥겔스, 앞의 책, 260페지 : 원저 주)

엥겔스는 조세 제도는 국가의 징표의 하나임을 지적하였는 바 이것은 즉 조세 제도는 국가의 공적 권력이 창설된 후에 비로소 출현함을 의미한다.

우리는 이 명제에 근거하여 맥족은 맹자 시기(기원전 4세기)에는 국가를 이루고 있었음을 알 수 있다. 기원전 4세기 한인들에게 맥국의 부세 제도가 《맥도》로서 광범히 알려지고 있었다는 사실로 미루어서 늦어도 기원전 5세기에는 국가를 형성하였다고 단정할 수 있을 것이다. 기술한 바와 같이 《산해경》의 《맥국》과 《론형》 및 《위략》의 《고리국》槀離國은 바로 맹자가 말하는 《맥국》인 것이다.

우리는 이러한 근거로부터 출발하여 부여 동명왕(북이 고리국의 왕자)의 부여 건국 전설이 결코 황당하지 않으며 력사적 근거가 있다는 것을 충분히 리해할 수 있다. 다시 말하면 동명왕이 북이 고리국의 왕자라는 전설은 완전히 믿을 수 있는 력사적 사실이라고 인정할 수 있다. 그리고 맥족의 국가인 고구려 국초에 《류기》留記 백권이 있었다는 《삼국사기》의 기록도 력사적 사실로 인정된다. 고구려 국초에 있었다는 력사책인 《류기》는 물론 고구려의 력사 기록일 수 없으며 그것은 그 전신국이였던 맥국의 력사 기록이였다고 해석하는 것이 타당할 것이다. 나는 《삼국사기》의 기록이 력사적 사실과 부합된다는 것을 인정하게 된다.

만일 나의 추단이 타당하다면 맥국이 이미 문'자를 사용하였다고 판단해야 할 것이다.

서주의 〈고한국〉은 맥족의 〈한국〉으로 추측

나는 이러한 전제로부터 출발하여 서주西周의 고한국古韓國은 맥족의 《한국》汗國이였거나 그렇지 않으면 그 령지를 정복하고 건립한 서주의 후국이였다고 추측한다. 그런데 그 고한국은 일시 망하였다가 선왕 시대에 재흥하였던 것이다. 이 고한국에 대해서는 아래서 《삼한》조에서 재론하게 된다.

그러면 이렇게 말할 수 있는 근거는 무엇인가?

그것은 첫째로 고한국 지역은 중국 북방에까지 진출했던 맥족의 지역과 호상 출입하고 있는 사실이다. 즉 그 고한국은 맥에게 또 정복되였던 것이다. 둘째로는 한'자 중에서 《한》韓 자는 《한국》의 《한》이란 의미 외에 다른 어떠한 의미도 없으니 이것은 본래부터 한'자인 것이 아니라 맥족의 어휘 《한》汗에서 유래되였다고 인정된다. 아래서 서술할 바와 같이 고조선, 부여, 고구려에 모두 《한》이 존재하였던 것이니 맥국에도 《한》이 있었다고 인정하는 것이 타당할 것이다.

자고로 중국의 적지 않은 학자들이 우리 삼한을 중국의 고한국이 동천하여 건립한 국가이라고 인정하여 왔으며, 고한국이 무왕의 후예의 후국이라는 증거가 확실하지 않다고 주장한 설도 있다. 물론 이러한 주장은 대국주의 사상의 표현으로서 믿을 바는 못 되나 《고한국》의 《한》을 《삼한》의 《한》과 동일시하게 되었다는 사정은 고려될 여지가 있지 않겠는가? 즉 그들은 《고한국》을 순전한 한漢족의 국가로 인정하지 않았던 것이다.

이러한 근거로부터 출발하여 필자는 서주의 《고한국》은 맥족의 《한국》이거나 혹은 그것을 서주인들이 정복하고 그 명칭을 습용한 것으로 억측할 수도 있다고 본다. 요컨대 맥족에서는 기원전 9세기에 《한》韓이 출현한 것으로 추단되며, 그것이 아직 계급 국가를 형성하지 못하였을지라도 국가 형성 과정에 처해 있었던 것으로 인정할 수 있다고 생각된다.

맥의 문화는 아주 오랜 옛날에 한족에게 전달되였다. 《수신기》搜神

記 7권에는 《호상胡床과 맥반貊槃은 적인翟人의 기물이다. 강자羌煮와 맥적貊炙은 적인의 음식이다. 태시太始(서기 265~274) 이래 중국이 이를 높였다. 귀인과 부귀한 자들이 반드시 이 기물을 쌓아두고 길한 잔치나 축하할 때 모두 이를 앞서 내놓았다(胡床, 貊槃, 翟之器也. 羌煮, 貊炙, 翟之食也. 自太始以來, 中國尙之, 貴人富貴, 必蓄其器, 吉享嘉賀, 皆而爲先)》라고 씌여 있다.

이 자료에 근거하면 중국의 귀족 부호들이 태고 때부터 맥족의 수공업품인 반과 음식물인 적을 귀중히 여겨 사용하였다. 이것은 맥의 문화가 오랜 옛날에 중국에 전달되였음을 의미하나 그 시대를 구체적으로 알 수는 없다. 맥족이 은력을 사용했다는 기록과 결부시켜 생각한다면 역시 맥이 은나라와 경제 문화 교류를 밀접히 하고 있었다고 말할 수 있을 것이다. 나는 맥족은 료동, 료서에 걸쳐 고조선의 북부에 거주하면서 일찌기 기원전 12세기 이전에 그 일부는 오늘의 중국 북부에까지 진출하였으며, 오늘의 중국 북부, 장성 일대와 내몽고 지역에서 청동기 시대를 경과하고 대체로 고조선 및 중국과 동일한 시기에 철기 시대로 이행했을 것이라고 짐작한다. 오늘까지 내외의 고고학자들은 이 지대의 고고학 유물을 정리하지 못하였기 때문에 우리는 고고학적 유물에 근거하여 맥국의 사회 경제 상태를 론단할 수 없다.

열하 일대 고대 주민은 한족 아냐

그러나 이 지대에서의 고고학적 유물 중에서 주목되는 것은 일본 고고학자들이 조사 보고한 《적봉홍산후》赤峰紅山後와 《내몽고 및 장성 일대》라는 보고서에 수록되여 있는 유물들이다.

《적봉홍산후》(1938년, 日本東亜考古學會, 《東亞考古學叢刊》 甲種, 第六册, 濱田耕作 等 調査 : 원저 주)라는 보고서에서는 요지를 다음과 같이 보고하고 있다.

제1차 문화(즉 채도 문화) :

그 년대는 대략 기원전 3천 년대이다. 그 문화는 북방계이며, 동북 및 조선의 신석기 문화와 련계가 있다(위의 책 68페지). 이 문화의 소유자는 유목민이 아니며 농경민이다(66페지). 그 인종은 적봉 제1, 제2 문화 간에 변동이 없다. 제2차 문화층의 인골과 감숙 채도인과 사과둔沙鍋屯 채도인은 매우 상사하다. 그러나 그들은 결코 현대 몽고인과 일치하지 않는다(81페지).

제2차 문화(홍도 문화) :

그 년대는 전국, 진, 한초(기원전 5~3세기 말)이다. 그 문화 유물 중 도기(와력 문화)는 중국 문화와 밀접한 관계가 있다. 그 석기 문화(환석, 환상석부, 유공석부, 추부槌斧)는 수원 청동기 문화와 련계가 있다. 그 청동기 문화(창끝, 도끼, 칼, 활촉, 단검, 장식품 등)는 수원식 청동기 문화의 일부다. 그 문화 계통은 북방계이며 수원 청동기 문화의 한 개 변종이다. 동시에 그 청동기 문화는 동북, 조선, 심지어는 일본과 련계가 있다.

이 보고서에서는 그 인민의 생업에 대하여 이렇게 쓰고 있다.

채도 문화는 황하 채도의 농경 문화와 관계를 가지고 있으며 청동기 문화는 수원 유목 문화와 큰 관계를 가지고 있다. 그러나 일반적으로 말해서 채도 농경 문화도 목축을 한 것 같으며 또한 수원식 청동기 문화도 적봉과 열하 일대에서는 농경을 한 것 같다.

이 보고서에 의하면 기원전 3천 년대 이래 열하 일대서는 농경족이 거주하였다. 일본 고고학자들은 그 족속을 동호족으로 인정하고 있으며 한족으로는 보지 않았다. 물론 그들의 립장과 목적이 중국을 침략하면서 동북과 내몽고를 식민지화 하기 위하여 그 지역들이 본래 중국의 령역이 아니였다는 것을 증명하는 데 있었다. 그들의 고고학이 이러한 식민주의에 복무한 것으로서 우리는 그 과학성을 믿기는 곤난하나, 열하 일대의 고대 주민이 한족이 아니였다는 사실은 문헌 자료로써도 증명되며 또 오늘 중국학자들도 인정하고 있는 것이다.

그렇기 때문에 나는 일본 고고학자들이 보고한 바 이 지역의 고대 주민이 한족이 아니라는 설을 타당한 것이라고 인정하게 된다[145]. 그러나 그들은 그 동호가 어느 민족의 선조인가를 단정하지 못하였다. 《동호》라는 범칭에 포괄될 수 있는 종족들 중에서 정착하여 농경 생활을 한 종족이 어느 족속인가? 오환과 선비족은 기원 후에도 아직 유목 생활을 하였다.

《동호》족에 포함될 수 있는 종족들 중 가장 강대한 종족은 맥족이며 맥족에 관한 자료에서는 목축 생활을 하였다고 말할 수 있는 근거가 없으며, 기술한 바와 같이 기원전 4~5세기에는 이미 부세 제도가

145) 홍산문화에 대한 리지린의 이러한 견해는 주목할 만한 것이다. 이 글이 1962년에 발표되었기 때문이다. 중국은 현재 홍산문화를 동이족 조이(鳥夷) 문화에서 황제(黃帝)족의 문화로 변조하는 작업을 국가적으로 추진하고 있다. 기원전 7000년경의 소하서(小河西)문화를 홍산문명의 시발로 보다가 최근에는 내몽골 적봉시 옹우특기(翁牛特旗) 상요촌(上窑村) 유적을 근거로 서기전 1만 년 전으로 끌어올렸다. 홍산문화는 홍산후문화로 이어져 고조선으로 연결되는 동이족 문화임에도 남한의 강단사학자들이 아무런 근거 없이 한국사와 연관성을 부인하고 있는 것에 힘입어 중국은 홍산문화를 중국 문화의 시작으로 만드는 거대한 역사만들기에 나서고 있다.

있었다. 이 사실로 보아서 동호 중에서 농업이 가장 일찍 발달하였던 종족은 맥족이였음을 알 수 있다. 그 뿐더러 우리는 동호 계통 중에서 맥족 외에 기원전 시기에 농경 생활을 한 종족을 찾아볼 수 없는 것이다.

따라서 나는 우선 맥족이 신석기 시대에 오늘의 료서 열하 지역을 중심하여 정착하고, 그 일부는 기원전 천여 년 전 중국의 북부 지역에로까지 진출하여 은과 경제 문화적 관계를 밀접히 하고 있었다고 판단하려고 한다.

20분의 1의 부세 제도

끝으로 맥국의 사회 경제 구성에 대하여 추단해 보기로 하자. 기원전 5~4세기에 20분의 1의 부세 제도가 있었다는 사실을 어떻게 리해하여야 하겠는가? 20분의 1이란 세률을 가지고 간단하게 생산력 수준이 낮다던가 또는 착취 계급이 착취를 덜 하였다는 것으로 리해해서는 안 될 것이다. 물론 우리는 맥국이 고조선보다 경제 문화의 발전이 다소 락후했다는 것을 인정할 수 있다.

그러나 맥국의 경제 문화가 맹자가 보는 바와 같이 그러한 락후한 것은 아니였다고 단언할 수 있을 것이다.

오늘 력사학계에 맥국에 대하여 맹자와 같은 견해를 가진 학자가 있으나 나는 그 근거를 리해할 수 없다.

요컨대 20분의 1의 부세 제도라는 것은 생산력이 락후했기 때문도 아니며, 맥국의 착취자들이 착취를 덜한 것이라고 리해해서는 안된다.

력사가 실증하여 주는 바와 같이 생산력이 낮을수록 그 착취률은 가혹한 것이다.

엥겔스는 《가족, 사유 재산 및 국가의 기원》에서 원시 사회 말기 계급 국가 초기에 존재했던 소작 제도에서 지주는 6분의 5를 착취하였다는 것을 가르치고 있다.

착취자는 그 어느 때를 막론하고 생산 대중으로부터 최대한도로 착취를 할 것을 요구하였으며 실지로 그러하였던 것이다.

그렇기 때문에 맥국에서는 20분의 1의 세를 수탈하지 않으면 안 될 조건이 있었다고 리해하여야 할 것이다.

우리나라 봉건 사회나 중국의 봉건 사회에서는 일반적으로 10분의 1의 세를 받았던 것이다. 그런데 보다 생산력 발전 수준이 보다 낮은 사회에서 부세률이 낮았다는 것은 그 대신에 로동력을 그만큼 가혹하게 착취했음을 의미하는 것이다. 맥국의 인민들은 주로 국가에게 로동력의 착취를 당하였다고 추리할 수 있으니 이 사실은 토지가 국가 수중에 집중되고 인민들은 국가의 노예적 처지에 놓여 있었다고 추측할 수도 있을 것이다. 아래서 론할 바와 같이 맥국(고리국)의 한 갈래인 부여에서는 하호(빈민)가 모두 노예적 처지에 놓여 있었던 사실과 결부시켜 생각할 때 맥국(고리국) 인민들은 부여에서보다 더 광범한 대중이 노예적 처지에 있었다고 추단할 수 있을 것이다.

맥국에 아세아적 공동체가 존재하였는가 존재하지 않았는가 하는 문제는 론단할 만한 확실한 근거는 없다.

그러나 부여의 옛 풍습에 일기가 불순하여 흉년이 들 때 국왕을 교체하거나 혹은 죽일 수 있었다는 자료(삼국지·부여전)와 결부시켜 생각할 때 이러한 풍습은 바로 부여의 선행국인 맥국에 존재하였던 것으로 추리할 수 있을 것이다. 국왕을 교체하거나 죽일 수 있었던 것은 결코 인민 대중이 아니였으며 그것은 귀족 집단의 권리였다고 인정하여야 할 것이다.

국왕을 교체할 수 있고 혹은 죽일 수도 있있던 귀족 집단은 그것이 정치, 경제 및 사회적 기반을 가지고 있었음을 의미하는 것으로 해석하여야 할 것이다.

필자는 이러한 귀족들의 정치 경제 및 사회적 기반은 아세아적 공동체를 제외한 다른 것으로 리해하기는 곤난하다고 생각하게 된다. 즉 작은 공동체의 결합체 위에 군림한《소전제군주》들의 집단이 아니고서는 국왕을 교체하거나 죽일 수는 없었을 것이라고 인정하는 것이 타당하지 않겠는가 생각된다. 맥국에서 과연 아세아적 공동체가 구체적으로 어떻게 실현되였는가에 대해서는 아직 말할 수 있는 근거를 못 가지고 있다.

요컨대 맥국의 사회는 아세아적 노예제 사회이였다고 추단해서 큰 잘못이 없을 것이라고 필자는 생각한다.

아세아적 고대 사회에 관한 리론적 문제에 대해서는 아래에서 부여를 고찰할 때 좀더 상세하게 론해 보기로 하자.

제4장

숙신에 대한 고찰

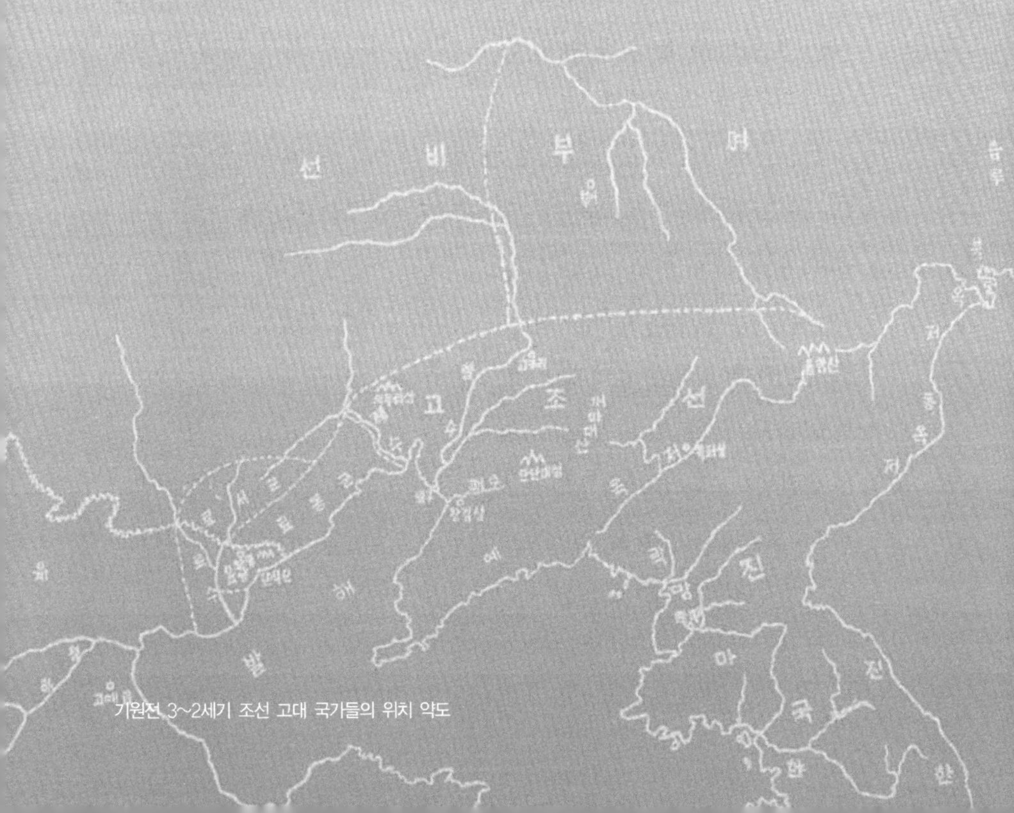

기원전 3~2세기 조선 고대 국가들의 위치 약도

제1절. 고대 숙신(肅愼)의 위치

기원전 5세기 이전의《숙신》이 후세의 어느 민족의 선조인가 하는 문제는 아직 과학적인 정론이 없다.《삼국지》 이후 중국 정사 상에는《숙신》족은 주周대에는《숙신》 혹은 직신稷愼, 혹은 식신息愼이라고 칭하였고, 한漢, 삼국, 위, 진 때 에는《읍루》挹婁라고 칭하였고, 탁발위托跋魏, 고제高齊, 우문주宇文周 대에는《물길》勿吉이라고 칭하였고 당, 오대五代에는《녀진》女眞이라고 칭하였다고 기록되어 있다. 바꾸어 말하면 종래 중국 정사 상에서는 은, 주 대의《숙신》을 후세의 녀진족의 선조로 인정하고 있으며, 현재에도 일반적으로 이와 같이 인정하고 있다.

그러나 필자는 다음과 같은 몇 가지 점에 근거하여 종래의 설에 대하여 의문을 품지 않을 수 없다. 우선 여기서 먼저 고대 숙신에 관한 자료를 렬거하자.

《상서 서》尚書 序에는《성왕이 동이를 정벌하자 숙신肅愼이 와서 하례했다. 왕은 영백榮伯에게 〈회숙신지명〉賄肅愼之命을 짓게했다(成王旣伐東夷, 肅愼來賀, 王俾榮伯, 作賄肅愼之命)》라고 쓰여 있다.

《사기·주본기》史記 周本紀에는《성왕이 동이를 정벌하자 식신息愼이 와서 하례했다. 왕은 영백에게 〈회식신지명〉을 짓게했다(成王旣伐東夷, 息愼來賀, 王錫榮伯, 作賄息愼之命)》라고 씌여 있다.

금본今本《죽서기년》竹書紀年 1권《오제본기 제순 유우씨》 조에는《제순 유우씨 … 25년 식신씨가 래조해서 활과 화살을 바쳤다(帝舜有虞氏 … 二十午年, 息愼氏來朝, 貢弓矢)》라고 씌여 있다.

같은 책 4권 《주기 무왕》周紀 武王 조에는 《주 무왕 15년에 숙신씨가 와서 하례했다(周武王...十五年…肅愼氏來賀)》라고 씌여 있다.

동상서 4권 《주기 성왕》周紀 成王 조에는 《주 성왕 9년 … 숙신씨가 래조하니 왕이 영백에게 〈석숙신씨명〉을 지으라고 시켰다(周成王九年 … 肅愼氏來朝, 王使榮伯錫肅愼氏命)》라고 씌여 있다.

동이와 숙신의 관계

이 자료들에서 우리의 주목을 끄는 것은 숙신족이 이미 순舜과 관계를 가지고 있으며, 그리고 서주 초에는 서주 왕실과 밀접한 관계를 가지고 동시에 서주 시대(즉 기원전 12세기)에 동이와 구별되고 있다는 사실이다.

즉 중국 고대 문헌에서는 숙신을 《상서》에 기록되여 있는 《동이》와 다른 종족이면서도 동이와 밀접한 관계를 가지고 있다고 인정하고 있는 것이다. 서주의 성왕成王(기원전 1115~1079)이 동이를 토벌하였을 때 숙신이 서주 왕실에 축하를 보냈다는 사실은 숙신족과 서주 왕실, 그리고 동이와 그리 먼 거리에 있지 않았다는 것을 의미하며, 동시에 숙신족과 동이와의 관계는 모순이 있었음을 암시해 준다. 그렇다면 기원전 12세기 당시의 《동이》란 것은 어떤 종족을 가리켜 말하는 것인가?

《상서 우공》尙書 禹貢篇에 기재된 동이는 《조이》鳥夷, 《래이》萊夷, 《우이》嵎夷, 《회이》淮夷 등이다. 현행 본 《상서 우공》 편에는 두 개의 《도이》島夷를 기록하고 있으며 《조이》는 없다. 이것은 이미 중국학자들이 고증한 바, 위, 진 대 학자들이 《위공전》僞孔傳을 조작하여 공안국孔安國의 명의를 빌어서 《조》(鳥) 자를 《도》(島) 자로 읽었기 때문이다.

그렇기 때문에 금본《상서 우공》편에《도이피복》(島夷皮服)이라고 쓴 것은《조이피복》(鳥夷皮服)으로 복원시켜서 읽어야 한다.

《상서》경문에 의하면《동이》란 것은(서주 초) 이상 렬거한 몇 개의 이족을 가리키는 것이 명백하다. 물론 서주 시대에는《동이》라는 족명은 없다. 그런데《위공전》에는《동이》를《해동제이》海東諸夷 즉《구려》駒麗,《부여》,《한》馯,《맥》貊 등 족속으로 해석하고 있다. 그리고 또 거기서는 성왕이 왕위를 계승하였을 때 이 해동 제이들은 반란을 일으켰다가 성왕에게 진압되고 숙신씨가 축하하러 간 것으로 되어 있다.

《위공전》의 기록에 근거하면 숙신족은 고대 조선 종족들과는 완전히 다른 종족인 것이다. 그러나 필자는《위공전》의 설을 긍정할 수 없는 바, 그 리유는《위공전》이 서주 초의《동이》를《구려》,《부여》,《한》등 종족으로 해석하고 있기 때문이다. 이러한 국명은 서주 초에는 존재하지도 않았다.

종래 우리나라 사가들이 흔히《위공전》의 이 기록을 믿어 왔으나 필자는 그에 동의할 수 없다. 그 리유는 더 말할 바 없이《위공전》이 기원 3세기 이후에 위작한 서적이기 때문이다.[146] 그와 함께 상술한 바와 같이《상서》경문에서는 고조선 종족들은 아직 동이족으로 인정되고 있지 않으며, 또한 서주 초에는 아직《구려》,《부여》등 명칭이 있을 수 없다. 따라서 우리는《위공전》이 후세 (부여와 고구려의 건국 이후)의《동이》에 대한 개념으로써 서주 초의《동이》를 해석했기

---

146)《위공전(僞孔傳)》은《위고문상서(僞古文尚書)》라고 불린다. 진(晋)나라 때 매색〔梅賾 : 혹은 매이(梅頤)〕가 진 원제(元帝 : 재위 318~322)에게 헌상했는데, 고문경전에 가탁해 내용을 위조했기 때문에《위고문상서(僞古文尚書 : 가짜 고문상서)》라고 불린다. 그 안에 가짜로 공안국(孔安國)이 지었다는 기록도 있어서《위공전(僞孔傳)》이라고 불린다. 또한《매적상서(梅賾尚書)》,《매이상서(梅頤尚書)》로도 불린다.

때문에 《위공전》의 설을 긍정할 수 없게 된다. 공영달孔穎達의 《정의》에는 대체로 《위공전》과 동일하게 해석하고 있다. 그는 《위공전》의 설을 정당한 것으로 인정하고 있다.

이 주석에 근거하면 위魏, 진晉 간의 가짜 공 안국으로부터 시작하여 당대의 공 영달에 이르기까지 중국학자들이 모두 《숙신》을 고대 조선족과는 다른 별개의 종족으로 인정하였다는 사실을 알 수 있다. 사마천도 역시 그렇게 인정하였다. 그러나 이 설 등에 대하여 필자는 의문을 품지 않을 수 없게 된다. 우리가 응당 주목하여야 할 것은 《우공》 편에 《숙신》이란 명칭을 기록하지 않고 있다는 사실이다. 금본 《죽서기년》에는 숙신이 이미 순에게 화살을 《공납》하였다고 기록하고 있으며, 그리고 《서서》書序에도 《숙신》이 동이와 마찬가지로 서주 왕실과 직접적인 관계를 가졌다고 기록하고 있다. 그러나 《우공》 편에는 《숙신》에 관한 기록이 없는 바, 이 사실은 우리에게 《우공》 편에 기록된 여러 이족들 중 어느 하나는 《숙신》을 의미한 것으로 생각할 수 있는 여지를 준다. 왜냐하면 아래에서 서술할 바와 같이 《숙신》족이 서주 초부터 중국인들에게 널리 알려진 종족인 것은 틀림없으며 금본 《죽서기년》에 《숙신》이란 족명을 기록하고 있는 것을 긍정할 수 있기 때문이다.

서주 왕실과 물자 교역

그러면 이제 고대 《숙신》이 도대체 어느 종족인가를 고찰하여 보자. 숙신은 동이 제 족諸族 가운데 중국과 가장 일찍부터 정치, 경제, 문화적 관계를 가진 종족이다. 숙신은 이미 순 대로부터 시작하여 은, 서주와 물자 교역을 하였다. 《국어》國語 5권 《로어 하》魯語下에는 공자가 고대의 숙신이 서주 왕실과 물자 교역을 했다는 옛말을 하였다는 사실을 다음과 같이 기록하고 있다.

> 중니仲尼(공자)가 진陳나라에 있을 때, 매가 진나라 제후의 궁정에 떨어져 죽었는데, 호시楛矢(화살)가 꿰어져 있었으며 석노石砮의 길이가 한 자 여덟 치였다. 진 혜공이 사람을 시켜 매를 가지고 중니가 머무는 곳으로 보내서 묻게 하자 중니는 "매가 멀리서 왔습니다! 이는 숙신씨의 화살입니다. 옛날 주 무왕이 상商(은)나라를 정벌하고, 길을 통하게 하자 구이九夷와 백만百蠻이 각자 그 방물을 가지고 공납하게 해서 직업을 잊지 않게 했습니다. 이는 숙신씨가 바친 고시인데, 석뢰는 그 길이가 한 자 여덟 치였습니다. 선왕께서 그 다스리는 덕이 먼 곳까지 이른 것을 밝혀 뒷사람들에게 거울로 삼게 하려 했습니다. 그래서 화살에 '숙신씨가 조공한 화살'이라고 대희大姬(큰 딸)의 배필인 우호공虞胡公에게 주고 진陳나라에 봉했습니다.
>
> 仲尼在陳, 有隼集于陳侯之庭而死, 楛矢貫之, 石砮其長尺有咫。陳惠公使人以隼如仲尼之館, 聞之。仲尼曰：「隼之來也遠矣！此肅慎氏之矢也。昔武王克商, 通道于九夷百蠻, 使各以其方賄來貢, 使無忘職業。于是肅慎氏貢楛矢、石砮, 其長尺有咫。先王欲昭其令德之致遠也, 以示後人, 使永監焉, 故銘其楛曰『肅慎氏之貢矢』, 以分大姬, 配虞胡公而封諸陳.

이 자료에 근거하면 숙신은 서주 왕실에 호시, 석노 등 무기를 교역물로 보냈는 바, 서주 왕실은 그 무기들을 아주 중요시하여 그 화살에 숙신이 보내 왔다는 유래를 새겼다. 무왕의 딸이 진국陳國으로 출가할 때 그 화살을 례물로 가져간 것이다. 이 자료를 통해서는 공자가 서주 초 서주 왕실과 이런 관계를 가졌던 숙신족에 대하여 구체적 지식을 가지고 있었는가 하는 것은 명확하게 알 수는 없다. 그러나 공자가 자고로 전래되어 온 어떤 자료에 근거하였다는 것은 사실이다.

이 자료에 근거하여 우리는 숙신족이 서주 왕실과 밀접한 교역 관계를 가지고 있었다는 사실을 알 수 있으며, 따라서 숙신족의 거주 지역이 서주 령역과 린접해 있었다는 것도 가히 판단할 수 있다.

그렇기 때문에 우리는 고대의 숙신이 《삼국지·동이·읍루전》에 기록되어 있는 그러한 읍루족의 거주 지역에 거주했다고는 생각할 수 없다.

동 《읍루전》에는 《읍루挹婁는 부여의 동북쪽 천여 리에 있는데, 큰 바다가에 있고, 남쪽은 북옥저와 접해 있는데, 그 북쪽의 끝은 알 수 없다(挹婁在夫餘東北千餘里, 濱大海, 南與北沃沮接, 未知其北所極)》라고 씌여 있는 바, 읍루의 거주 지역이 대체로 오늘의 쏘련 연해주 지역에 상당함을 알 수 있다. 그렇기 때문에 그와 같은 먼 곳에서 오늘 중국 섬서성에 도읍했던 서주왕실과 교역할 수 있었다고 상상할 수 없는 것이다.

이렇게 말 할 수 있는 근거는 또 하나 있다. 《사기·5제 본기 순》舜조에는 《북산융北山戎, 발發, 식신息愼》이라고 씌여 있는 바, 이에 의하면 식신(즉 숙신)의 거주 지역은 산융과 발의 거주 지역과 멀지 않은 곳임을 알 수 있다. 산융과 발의 지역은 현 하북성 란하 중류 지역이며 고대의 고죽국孤竹國 지역과 대체로 일치한다. 《관자·소광》管子·小匡편에는 《산융山戎·예濊, 맥貊》이라고 씌여 있는 바, 이에 의하면 예, 맥은 산융과 린접하여 거주하였음을 또한 알 수 있다. 《發》 자에 대해서는 제 1장 제 2절에서 론급한 바와 같이 필자는 그것을 고대 조선의 허다한 지역에서 찾아 볼 수 있는 지명(수도 혹은 국성國城을 의미함)이라고 인정한다.

혹자는 속단하여 《발發, 숙신肅愼》을 곧 《발發, 조선朝鮮》이라고 한다. 신채호 선생은 《만주원류고》의 설에 근거하여 《肅愼》은 곧 《주신》殊申이요, 《殊申》은 곧 《朝鮮》과 음이 통한다고 주장하였다. 그러나 필자는 신 선생의 설에 동의하기 어렵다. 요컨대 《發》은 다만 한 개의 지역 명칭이라고 인정된다. 《일주서 왕회해》逸周書 王會解에서는 《직신》稷愼과 《발인》發人을 별개의 명칭으로 기록하고 있는 바, 이것으로써 더욱 명백하다. 왜냐하면 기술한 바와 같이 같은 《왕회해》에 고조선의 여러 부족명(혹은 지역명)들을 기록하고 있는데, 그 족명이 모두 지명으로써 불리워지고 있기 때문이다.

숙신 지역은 란하 동, 서 지역

그러면 숙신족의 거주 지역은 어디냐?

이 문제를 구체적으로 설명해 주는 자료는 《좌씨 춘추전 소공 9년전》左氏春秋傳·昭公九年傳의 기록인 바 거기에는 《숙신(肅愼), 연(燕), 박(亳)은 우리의 북쪽 땅이다(吾北土也)》라고 씌여 있다. 이에 근거하면 숙신은 주나라의 북방에 연과 린접해 있었음을 알 수 있다. 우리는 이 자료에서 설명하고 있는 숙신의 거주 지역을 결코 후세의 읍루 지역을 가리키는 것으로 해석할 수 없으며, 더우기 이 기록의 순서로 보건대 숙신은 연의 북방이거나 혹은 그 동북방에 위치했음을 판단할 수 있다.

우리는 《일주서 왕회해》의 동이 제족諸族에 관한 기록에 근거하여서도 숙신족의 위치를 대체로 판단할 수 있을 것이다. 필자는 이미 앞에서 《왕회해》의 자료를 인용하고 동이 제족의 거주 지역을 추단하였다. 종래 주석가들의 해석에 근거하여 《예인》濊人, 《량이》良夷, 《양주》楊州, 《발인》發人, 《유인》兪人, 《청구》靑邱 등의 동이 제족의 명칭이 그들의 거주 지역의 명칭에 유래되였음을 알 수 있다. 여기서 《양주》와 《청구》는 물론 지명이나 이 원문에서는 족명으로서 기록하고 있다. 이 지역명들에 《人》 자를 첨가하여야 할 것이다. 필자는 이미 이 동이 제족의 거주 지역을 오늘의 료서, 료동에 걸친 지역이라고 론단하였다. 그리고 이 동이 명칭들은 고대 조선족의 지역 별로 되는 부족명칭이라고 론단하였다.

《왕회해》는 다음과 같은 순서로 기록하고 있다.

> 서면에 있는 것은 다음과 같다. 정북방의 직신은 대주大麈(큰 사슴)이고, 예인穢人은 전아前兒(원숭이)이고, … 양이良夷는 재자在子이고, … 양주揚揚는 우禺(물고기), … 발인發人 … 유인俞人, … 청구靑丘는 ….
>
> 西面者, 正北方: 稷愼大麈, 穢人前兒 … 良夷在子, … 揚州禺, … 發人, … 兪人, … 靑邱.

《직신》(즉 수신)의 거주 지역을 《산해경》山海經의 기록과 대조하여 보면 그 위치가 일치되지 않는다.

《산해경·해외 서경》에는 《룡어》龍魚, 《백민국》白民國, 《숙신국》에 관하여 《해외에 서남 구석에서부터 서북의 구석에 이르기까지(海外自西南陬至西北陬)》라고 씌여 있는 바 《숙신》이 마치 해외 서북 구석에 거주한 것으로 인정되여 있다. 그러나 이 기록은 잘못된 것이며, 이에 관해서는 이미 많은 학자들이 고증한 바 있으며 《서북》西北은 《동북》東北의 오기인 것이다.

《산해경》 경문에는 아래와 같이 기록되어 있다.

룡어릉은 그 여러 요야夭野의 북쪽에 산다. 일설에는 별어鼈魚라고 하는데, 요야의 북쪽에 있다.
龍魚陵居在其諸夭之野北. 一曰鼈魚, 在夭野北.[147)]

백민국은 룡어의 북쪽에 있다.
白民之國, 在龍魚北.

숙신국은 백민의 북쪽에 있다. 나무가 있는데 이름을 웅상[雄常 : 혹은 락(雒)]이라고 한다. 성인이 대신 설 대 이를 취해 옷을 만들었다.
肅愼之國, 在白民北, 有樹名曰名曰雄〈或作雒〉棠, 聖人代立, 于此取衣.

장복국은 웅상의 북쪽에 있는데, 머리를 풀어헤쳤다. 일설에는 긴 다리라고 한다.
長服之國, 在雄常北, 被髮, 一曰長脚.[148)]

---

147) 룡어릉은 《산해경》 〈해외서경(海外西經)〉에 나오는데, 리지린의 《고조선 연구》와는 내용이 조금 다르다. "룡어릉은 그 북쪽에 있는데, 생김새가 너구리와 같다. 일설에는 도롱뇽이라고 하는데, 신무(神巫)가 이것을 타고 구야(九野)를 돌아다닌다. 일설에는 별어(鼈魚)가 요야 북쪽에 있는데, 그 물고기는 도롱뇽과 같다고 한다(龍魚陵居在其北, 狀如狸, 一曰鰕, 即有神聖乘此以行九野, 一曰鼈魚在夭野北, 其爲魚也如鯉)." 《산해경》의 원본이 전해지지 않기 때문에 판본에 따라 내용이 조금씩 다른 경우가 있다.

148) 《산해경》 〈해외서경〉의 또다른 판본은 "장고국은 락당(雒棠) 북쪽에 있는데, 머리를 풀어헤쳤다. 일설에는 긴 다리라고 한다(長股之國在雒棠北, 被髮. 一曰長腳)"라고 조금 달리 나타난다.

이 자료들에 근거하면 숙신국의 위치는 《삼국지·동이·읍루전》에 기록된 《큰 바닷가에 있고, 남쪽은 북옥저와 접해 있는데, 그 북쪽의 끝은 알 수 없으며, 그 땅은 산이 많고 험하다(濱大海, 南與北沃沮接, 未知其北所極, 其土地多山險)》라고 한 지역과는 완전히 관계 없는 지역임을 알 수 있다. 따라서 일본의 어떤 사가는 《산해경》의 자료에 근거하여 《웅》雄(혹은 락雒) 자를 만주어의 《저》楮〔즉 딱(닥)나무〕의 뜻으로 해석하고, 따라서 숙신의 지역을 닥나무가 많은 료동 지방으로 론단하였다. 이러한 론단이 일리가 있는 것 같으나, 닥나무는 결코 료동 지방에만 무성했다고 말할 수 없으니 우리는 닥나무의 산지로써 숙신의 지역을 판단한 설에 동의할 수 없다.

우리가 숙신의 령역을 고찰할 때, 반드시 위에 인용한 자료 즉 《좌전》, 《왕회해》, 《산해경》의 자료를 련결시켜 고찰하는 것이 타당할 것이다. 이 자료들 중 《좌전》의 《숙신, 연, 박은 우리 북쪽 땅이다(肅愼, 燕, 亳, 吾北土也)》라고 한 자료가 가장 구체적이고 명확하며, 따라서 우리는 이 자료에 근거하여 숙신의 위치를 판단하는 것이 타당할 것이다.

기원전 5세기 이전 숙신국은 중국인들에게 널리 알려져 있었기 때문에 《좌전》, 《일주서》, 《산해경》의 편자들이 숙신국의 위치를 각이한 자료에 근거하여 기록했다고 보기보다는 련계가 있는 자료에 근거하여 기록했다고 말하는 것이 보다 자연스러울 것이다. 이러한 견해에서 출발하여 필자는 《좌전》의 자료에 근거하여 숙신의 지역을 판단하는 것이 타당하리라고 인정하게 된다.

따라서 우리는 고대 중국인들이 숙신의 지역을 주周의 북방이며 동시에 연과 린접한 것으로 인정하였다고 판단할 수 있다. 춘추 시대 연의 령토는 결코 오늘의 란하灤河 이동에 이르지 못하였기 때문에 필자는 숙신의 령역을 대체로 란하 동, 서 지역이라고 인정하게 된다. 또한 춘추 시대 주의 북방을 현재의 료동을 가리킨 것으로 볼 수는 없다. 그렇기 때문에 고대의 숙신족의 위치는 대체로 란하 동, 서에 걸친 지역이었다고 판단된다. 이렇게 해석하는 것이 중국 고대 문헌 기록과 일치된다.

일본 고고학자 야기八木奬三郎는 서주 초 시기의 고대 숙신의 거주 령역은 오늘의 북경 북방으로부터 열하 이동을 넘지 못하였다고 주장하였다. 〔八木奬三郎, 《만몽(滿蒙) 지국의 고동(古銅), 철기와 고민족(古民族)》 《동아(東亞)》 제7권 제8호 : 원저 주〕 필자는 그의 주장이 대체로 정당하다고 인정하게 된다.

춘추 시대에 숙신국이 존재하지 않은 이유

앞 절에서 문제로 제기한 바와 같이 《왕회해》에는 고대 조선족의 몇 개 명칭(필자의 해석에 의하면)을 기록하고 있으나, 거기에 《조선》이란 명칭은 없고 그 대신에 《직신》稷愼이란 명칭이 기록되여 있다. 필자는 오래 전부터 이 기록에 대하여 의문을 품고 고찰하여 왔는바 더우기 우리들로 하여금 의혹을 품게 하는 것은 고대 조선족을 여러 가지로 칭하던 춘추 시대에 숙신국이 실지에 존재하지도 않았는데 응당 《조선》이라고 기록 할 곳에 《직신》이라고 기록하고 있다는 사실이다. 그렇다면 혹자는 춘추 시대에 숙신국이 존재하지 않았다는 론거가 무엇인가고 질문을 제기할 수도 있을 것이다.

우선 필자는 이 질문에 대답하기로 하자. 주지하는 바와 같이 《국어 로어》에 기록된 숙신에 관한 자료는 공자 당시의 력사 사실을 기록한 것이 아니라 공자가 자고로 전래된 고대 전설에 근거하여 이야기했으며, 또한 공자가 숙신에 대하여 구체적인 지식이 없었다는 사실을 의미한다고 추단할 수 있다. 따라서 이에 근거하여 두 가지 추측을 할 수 있는 바, 그 하나는 공자보다 훨씬 전에 숙신이 이미 주의 북방에서 원방으로 이동해 가서 중국과 관계가 단절되였다고 추측할 수 있으며, 다른 하나는 서주 시대 《숙신》이라고 불리우던 종족이 어떤 시기부터는 그와는 다른 명칭으로 불리워졌다고 추측할 수도 있다.

한 대漢代 중국인들도 숙신에 대한 지식이 매우 모호하였는 바, 그들은 다만 숙신에 관한 전설을 옮기고 있을 뿐이다. 《사기》 117권 《사마상여 렬전》에는 《제나라 동쪽은 바다로 막혀 있고, 남쪽은 낭야인데 … 낭야는 숙신과 더불어 이웃이 된다(齊東陼巨海, 南有琅邪 … 琅邪與肅愼爲鄰)》라 썼고, 또 《지금 제나라는 제후로 동쪽 울타리가 되어 숙신과 사사롭게 지내며 … (今齊列爲東藩, 而外私肅愼 …)》라고 썼는 바, 이것은 숙신이 사실 상 한漢과 아무런 련계도 없으며, 한 대 중국인이 숙신국을 해중의 국가로서 애매하게 인정하고 있었음을 설명해 준다.

이 기록과 《회남자》淮南子 4권 《추형훈》墬形訓에 기록된 자료와 내용 상 대체로 일치한 바 《회남자》에는 숙신을 해외 36국의 하나라고 기록하고 있다. 즉 거기에는 《바다 밖에는 36국이 있다. 서북에서 서남방에 이르기까지 수복민, 천민, 숙신민, 백민, 옥민 … 등이 있다(海外三十六國, 自西北至西南方, 有修服民、天民、肅愼民、白民、沃民 …)》 운운하고 씌여 있다. 이 기록 중 《서북에서 서남방에 이르기까지(自西北至西南方)》의 《서》西 자는 《동》東 자의 오기라고 인정된다. 그 오기는 《산해경》에서와 동일하며 우리는 《회남자》가 《산해경》 기록을 답습한 것이라고 생각할 수 있다.

이 자료들에 근거하여 생각할 때 우리는 중국인들이 공자 이전부터 한 대에 이르기까지 숙신국에 대하여 아무러한 구체적 지식을 가지고 있지 못하였다는 것을 알 수 있다. 그러나 《삼국지·동이·읍루전》에서는 숙신국의 위치를 읍루의 령역으로 인정하고, 고숙신국을 후일의 읍루, 물길, 녀진의 선조로 인정하고 있는 것이다.

《삼국지》 이후 중국 정사 상의 숙신에 관한 기록은 우리들로 하여금 의문을 품지 않을 수 없게 한다. 이 문제에 관하여 일본 사학자 이께우찌池內宏(이께우찌 히로시)는 이미 고대의 숙신이 진 이후의 숙신과 아무러한 관계가 없다는 것을 주장한 바 있었다.〔池內宏, 숙신고(肅愼考), 《만선지리역사연구보고(滿鮮地理歷史研究報告)》 제12책 : 원저 주〕

그리고 야기八木奘三郎는 고대 중국 북방에 거주했던 숙신이 후세에 동북방으로 이동하여 가서 후세의 숙신(즉 읍루)으로 되었다고 주장한 바 있다. 그리고 청 대의 중국 동북 지방의 지방지들은 고대 숙신의 지역을 오늘의 녕고탑寧古塔 일대로 인정하고 있다. 례를 들면 《회덕현향토지》懷德縣 鄉土志 의 《력대 건치 연현》 조에는 이렇게 씌여 있다.

> 위원 성무기魏源聖武記에는 고죽국은 지금 료서 금주부錦州府이고, 숙신의 국도는 지금의 영고탑 땅이다. 회덕현을 다스리는 곳은 숙신의 서남쪽 경계 내에 있는데, 상·주商周 사이에는 혹 식신이라고 불렀다. 신愼은 생각하기에 숙신의 옛 땅이란 뜻이고, 식息은 생각하기에 전음轉音(음이 바뀐 것)이다. 춘추, 전국 때는 근동近東의 호지胡地였다. 진, 한秦漢 대는 료동의 북쪽 경계였다. 후한 때는 부여국이 되었다.
>
> 魏源聖武記 : 孤竹國, 今遼西錦州府, 肅愼國都今寧古塔地. 縣治在肅愼之西南界內, 商, 周之際或曰息愼, 思愼, 仍肅愼故地, 息思, 皆轉音. 春秋, 戰國時近東胡地. 秦, 漢則遼東之北境. 後漢爲扶餘國地.

이 인용문 중 《성무기》에 고죽국이 오늘의 료서 금주부 지역이라는 설은 망설이며, 이미 청 대의 저명한 고증가들이 고죽국은 오늘의 란하 중류 지역에 있었다는 것을 인정하였는 바 고염무, 양수경 등이 모두 그렇게 인정하였으며, 고죽국의 위치에 대해서는 재론할 필요가 없을 것이다. 따라서 우리는 《성무기》에서의 고죽국에 관한 설을 인정할 수가 없다. 어쨌든 고대의 숙신국을 후세의 읍루 지역으로 인정한 진수陳壽의 설은 망설이라고 인정하지 않을 수 없다. 야기의 주장도 매우 모호하며 그는 다만 《숙신》이라는 명칭이 동일하다는 데 근거하여 고대의 숙신을 진 이후의 숙신(즉 읍루)의 선조라고 인정하였음에 불과하다. 따라서 그의 주장도 성립될 수 있는 근거가 매우 약하다.

이께우찌는 고대의 숙신족이 후세의 어느 민족의 선조인가를 론단하지 못하고 다만 고대의 숙신과 후대의 읍루, 물길, 말갈 및 녀진과는 아무런 관계가 없다고만 론증하였다. 여기에 그의 론거의 요점을 들면, 첫째로 중국인은 후한 말－진晋 이후에 동북에 거주하는 여러 종족들과 관계를 가진 후 비로소 동북에 거주하는 제족諸族들을 구체적으로 알게 되었다는 점과, 둘째로는 중국인이 진晋 이후 읍루와 경제 교류를 할 때 읍루의 교역품은 호시와 석노이며, 그 물품들은 고대 숙신의 교역품과 우연히 일치하였기 때문에 중국인들이 고대 숙신을 읍루의 선조로 인정하게 되었다는 점이다. 물론 그의 주장에서 후한 말에 비로소 한인漢人들이 동북에 거주하는 제족을 구체적으로 알게 되었다는 데 대하여서는 동의할 수 없으나 그가 읍루를 두고 말한다는 점에 대해서는 동의한다.

필자는 이런 견지에서 그의 주장이 정당하다고 인정한다. 만일 호시와 석노가 천하의 다만 한 개 지역 즉 읍루의 지역에서만 생산되였다면 읍루가 고대 숙신의 후예라고 말할 수 있을 것이다. 그러나 우리들이 중국의 여러 지방지들을 살펴보면 산서성, 료녕성 등지에 모두 호목楛木이 생산됨을 알 수 있는 바, 따라서 이 지방들에서는 고대에 모두 호시를 생산하였을 것이라는 것을 상상할 수 있으며, 또 석노와 석촉은 고대 도처에서 사용된 무기이므로 우리는 읍루의 호시와 석노가 반드시 고대 숙신의 것이였다고 주장할 근거가 없다는 것을 알 수 있다. 우리는 이러한 리유에 근거하여 고대 숙신을 읍루, 물길, 말갈 및 녀진의 선조라고 기록한 중국 정사의 자료를 신빙할 수 없게 된다.

위에서 인용한 바와 같이 《춘추 좌씨전》에서는 숙신이 주의 북방에 있다고 하였으며, 《왕회해》 편에서는 《직신》을 동이족의 하나로 인정하고 있는 바 필자는 이 자료들이 반드시 근거가 있는 것이라고 인정한다.

〈조이〉를 〈숙신〉의 별칭으로 해석

그러면 고대 숙신이 도대체 어느 종족인가를 이제 고찰하여 보자. 우리가 이 문제를 고찰함에 있어서 주목할 만한 자료는 《왕회해》 편의 동이에 관한 기록이다. 거기에는 동이 제족의 명칭이 기록되여 있으나, 그 중에는 중국과 가장 밀접한 관계를 가졌던 《조선》의 명칭이 기록되여 있지 않고 그 대신 춘추, 전국 시대에 사실 상 존재하지 않았던 《직신》(숙신)의 명칭이 기록되여 있는 사실에 대하여 주목하여야 할 것이다.

《왕회해》 편에 기록된 직신(숙신)의 위치와 《좌전》에 기록된 숙신의 위치를 련계시켜 고찰할 때, 숙신의 위치가 오늘의 료동이라기보다는 연燕이 료동(오늘의 료동이 아니고 오늘의 란하 이동이다)으로 령토를 확장하기 전의 연나라 령토와 서로 린접하고 있었다고 보는 것이 타당하다. 필자는 결코 다만 자기의 상상에 근거하여 이렇게 주장하려는 것이 아니다.

《상서·우공》 편에 기록된 《조이》鳥夷에 대하여 정현鄭玄은 동방의 인민이라고 인정하였고, 왕숙王肅은 동북이의 나라라고 인정하였다(동 편 주석). 《사기·하 본기》의 《조이》에 관한 기록의 《정의》에는 《괄지지에서 말하기를 말갈국은 옛 숙신이다(括地志云: 靺鞨國 古肅愼也)》라고 씌여 있고, 조이를 고대의 숙신으로 해석하고있다. 장수절의 이러한 추단은 말갈이 산간에 거주하고 육식을 하고 가죽옷을 입는다는 사실에 근거하여 《괄지지》의 기록과 《사기》의 본문 《조이들은 피복을 바쳤다(鳥夷皮服)》가 그 내용 상 비슷한 점을 결부시킨 것으로 인정된다. 그러나 필자는 그도 역시 말갈족이 《오른쪽으로 갈석산을 끼고 바다로 들어간다(夾右碣石, 入于河)》라고 상상했으리라고는 생각할 수 없다. 따라서 필자는 장수절이 아마도 《조이》를 고대의 《숙신》으로 해석할 수 있는 어떤 다른 근거를 가지고 《괄지지》를 인용한 것으로 보인다.[149] 요컨대 고대의 숙신을 《조이》로 인정한 어떠한 자료가 장수절 시기까지 중국에 전래되고 있었다고 인정할 수 있는 근거가 있을 것이라고 추리하게 된다.

따라서 필자는 《상서》에 보이는 《조이》는 《숙신》의 별칭이거나 고명古名이였다고 억단해 보려는 것이다. 이렇게 억단하려는 근거는 《조이》의 지역과 《숙신》의 지역이 일치하기 때문이다. 즉 숙신은

---

149) 《사기》 〈하본기〉에 "조이들은 가죽옷(皮服)을 바쳤는데, 그들은 갈석산(碣石山)을 오른쪽으로 끼고 바다로 들어간다(鳥夷皮服, 夾右碣石)"라는 구절을 말하는 것이다. 《사기》《정의》의 주석자인 장수절이 '조이피복'에 대한 주석에서 《괄지지》의 "말갈국은 옛 숙신이다"라고 말한 것을 설명한 것이다.

예족이 조이와 혼합하여 이루어진 족명이라고 인정되는 바, 이에 관해서는 필자가 이미 《단군 신화》 절에서 언급한 바이다. 조이는 《오른쪽으로 갈석산을 끼고 바다로 들어간다(夾右碣石, 入于河)》(상서 우공尙書 禹貢)하였으니, 그 거주 지역은 대체로 갈석산 부근 일대라고 판단할 수 있다.

앞에서 이미 언급한 바와 같이 갈석산은 오늘의 산해관 부근이다. 양수경은 《력대 여지도》歷代輿地圖에서 갈석산을 산해관 남방의 해변에 그리고 있다. 어쨌든 《오른쪽으로 갈석산을 끼고 바다로 들어간다(夾右碣石, 入于河)》고 한 《조이》의 거주지를 우리는 오늘의 란하 류역 일대로 인정하지 않을 수 없다. 《삼재도회 우공편도》三才圖會·禹貢篇圖에서도 그렇게 그리고 있다. 오늘의 란하 동서 지역이라면 주의 북방이라고 말할 수 있으며 그 지역은 앞에서 인용한 《좌전》의 자료와 일치된다고 말할 수 있다.

필자는 이렇게 해석함으로써 《우공》 편에서 동이의 여러 명칭을 기록하면서도 우순 시대부터 밀접한 관계를 가졌던 《숙신》의 명칭을 기록하지 않은 리유를 해명할 수 있다고 인정한다. 《우공》 편에서는 《조이》를 당시의 동이 제족과 구별하고 당시 천하의 만이蠻夷 제족이 우禹에게 공납한 사실을 기록하고 있으나 이미 순 시기부터 밀접한 관계를 가지였던 《숙신》의 공납은 기록하지 않고 있는 사실은 우리로 하여금 의문을 품지 않을 수 없게 한다. 이 문제는 다만 《조이》를 《숙신》의 별칭으로 해석함으로써만 해결할 수 있는 것이다.

우리는 이렇게 해석함으로써 비로소 《상서》, 《좌전》, 《일주서》의 자료들을 모순이 없이 해석할 수 있으며, 또한 이 자료들이 각각 정당한 근거가 있다고 인정된다. 우리는 결코 고대 사료들을 근거 없이 부인할 수 없으며, 각이한 사료들의 근거를 찾아 그것으로써 합리적으로 설명되는가 안 되는가를 고찰하여야 한다. 만일 합리적으로 설명되지 않을 때는 그 사료는 리용할 수 없는 것이다.

이러한 의미에서 필자는 고대 숙신에 관한 자료를 합리적으로 해석할 수 있다고 인정한다.

제2절. 고대 숙신(肅愼)과 고조선과의 관계

그러면 란하 류역에 거주한 고대 숙신이 결국 어느 종족인가? 필자는 그것을 기원전 12세기 전후 시기 고조선족의 명칭이라고 생각하는 바 그 리유는 아래와 같다.

첫째로, 동이 제족 중 고대 중국과 가장 밀접한 관계를 가졌고, 가장 선진적인 종족은 고조선족이였는 바, 이에 관해서는 부정할 사람이 없을 것이다. 이 점은 자고로 중국 학자들이 모두 긍정한 것이며 현재 다시 증명할 필요가 없을 것이다. 《기자 조선》 전설을 꾸며 낸 사실이 바로 이 문제를 설명해 준다. 그러나 《조선》이란 명칭은 《관자》, 《전국책》戰國策, 《산해경》 등 문헌 이외의 선진先秦 문헌 특히 은, 주 시대의 자료에서는 찾아 볼 수 없다. 그 대신 숙신에 관한 자료는 아주 많으며 그것은 순舜 대부터 중국과 밀접한 관계를 가진 것으로 기록되여 있다. 그리고 《좌전》에 기록된 숙신은 주의 북방에 있으나 공자는 숙신에 대하여 구체적으로 알지 못하고 있었다.

이 사실에 대하여 우리는 의심을 품지 않을 수 없으며 고대의 숙신을 읍루의 선조라고 보는 것은 적지 않은 불합리한 점이 있다. 이에 대하여 제기되여야 할 문제는 순舜 대부터 특히 서주 초에 중국과 밀접한 경제 문화 교류를 진행한 숙신이 어찌하여 삼국 시대에 이르기까지 아직 혈거 생활을 하였으며, 약 1천 년 간이나 되는 오랜 기간에 중국과 아무러한 관계도 없었겠는가 하는 문제이다. 력사가들은 응당 이 문제를 설명해야 한다. 그러나 오늘까지 어느 한 사람의 력사가도 이 문제를 설명하지 못하였다. 사실은 이 문제는 결코 설명할 수 없는 문제이며, 따라서 우리는 이 문제의 전제가 잘못되었다고 인정하지 않을 수 없다. 다시 말하면 우리는 고대의 숙신이 읍루의 선조라는 전통적인 설이 잘못되었다고 인정하지 않을 수 없게 된다.

고대 숙신의 거주 지역은 고조선의 령역(기원전 4세기 이전)의 일부와 일치한다. 물론 고대 종족들은 빈번히 이동하며 그 거주 지역이 변동될 수 있다. 그러나 춘추 시대 주의 북방에 거주했던 숙신이 후세의 읍루의 거주 지역으로 이동하여 갔다는 자료를 우리는 전혀 찾아 볼 수 없다. 따라서 필자는 《좌전》의 《숙신, 연, 박은 우리의 북쪽 토지다(肅愼, 燕, 亳, 我北土也)》란 자료에 보이는 숙신은 료동, 료서에 걸쳐 있던 고조선의 맨 서방의 지역이라고 보는 것이 력사적 사실과 부합된다고 인정하게 된다. 앞에서 이미 재삼 강조한 바와 같이 춘추 전국 시대 고조선의 서부 지역은 란하 서쪽에서 연나라와 린접하고 있었다.

〈숙신〉과 〈조선〉은 동일한 명칭

둘째로, 필자는 《숙신》肅愼과 《조선》朝鮮을 동일한 명칭이라고 추단하려는 것이다. 어찌하여 이렇게 말할 수 있는가? 기술한 바와 같이 필자는 《朝鮮》이란 국호는 습수濕水, 렬수洌水, 선수汕水의 명칭에 유래되였다고 인정한다. 그리고 《왕회》 편에 기록된 동이의 명칭들도 역시 그 거주 지역 혹은 강의 명칭에 유래되였다고 인정한다. 필자는 앞에서 이미 《직신》稷愼이란 명칭을 문제로 제기하고 남겨 두었었는데, 지금 나는 이 명칭도 역시 지명이나 혹은 수명水名(강 이름)에서 유래되였다고 해석하는 것이 자연스럽다고 인정하게 된다.

나는 앞에서 이미 장안張晏의 《조선》 국호에 대한 해석을 긍정하였다. 《락랑 조선》이란 명칭이 습수, 렬수, 선수 등의 수명에서 유래되였다면 《조선》의 《조》 음은 응당 《습》濕 자 음과 통하지 않으면 안 될 것이다. 《濕》 자의 음은 《肅》, 《息》 자의 음과 통하며, 《稷》(節億切 節(Jie)와 億(Yi)의 반절음이다) ㅡ즉 지)음은 전자들의 음과 통한다. 《稷》(직 또는 지, 적)의 음은 《朝》음과 통할 것이라고 인정된다. 따라서 《직신》稷愼이라는 명칭은 《조선》이란 명칭과 마찬가지로 《습수》, 《렬수》, 《선수》 등 명칭에서 유래된 것으로 해석할 수 있다. 《직신》이 《숙신》 혹은 《식신》의 와전음이란 것은 론증할 여지가 없을까 한다. 중국 고대 문헌 상의 《숙신》肅愼, 《식신》息愼, 《직신》稷愼 등 기명법 중에서 어느 것이 정확한 것인가는 필자로서는 아직 론단할 수 없다. 만일 《상서》, 《죽서기년》이 《일주서》보다 이른 것이라면 《肅愼》, 《息愼》 등이 보다 이를 것이며, 또한 《肅》, 《息》등의 음은 《습》濕과 통하게 될 것이다.

《조선》이란 명칭은 《관자》에 기록된 것이 맨 이른 것이다. 비록 《관자》란 책이 대체로 전국 시대의 작품일지라도, 거기에 포괄되어 있는 자료 전부가 전국 시대의 사실이라고 볼 수는 없을 것이며, 《조선》이란 명칭은 역시 제齊 환공桓公(기원전 685~642년) 시기에는 사용되었다고 말할 수 있을 것이다. 왜냐하면 조선이 제나라와 교역한 력사적 사실을 부인할 수 없기 때문이다.

기술한 바와 같이 장화張華의 《박물지》博物志의 자료에 근거하여 고조선이 기원전 4세기 이전에 연燕나라를 일시 정벌했던 사실이 있었음을 알 수 있으니, 우리는 또한 이 사실에 근거하여서도 중국인이 기원전 4세기 이전에 《조선》과 직접 정치, 경제, 군사적 관계를 가지고 있었음을 알 수 있다. 따라서 그들이 《조선》이란 우리의 국호를 칭한 것도 기원전 4세기 이전이라고 능히 판단할 수 있다. 그런데 나는 기술한 바와 같이 고조선이 연나라를 정벌한 시기를 고조선이 제齊와 그러한 시기 즉 기원전 7세기라고 인정한다. 그렇기 때문에 나는 《관자》에 기록된 《조선》의 명칭은 역시 그 기록대로 관중管仲 시기의 사실로 인정하는 것이 타당하다고 인정하게 된다.

〈조선〉이라 쓰기 전에 〈숙신〉, 〈직신〉이라 부름

따라서 나는 이 시기 중국인들이 조선 사람 자신이 사용한 국호 《조선》을 그대로 호칭하고 쓰기 시작했다고 인정하며, 《朝鮮》이란 국호는 결코 중국인들이 먼저 칭했거나 글'자로 쓴 것이 아니라고 판단한다. 어찌하여 이렇게 말할 수 있는가? 왜냐하면 《왕회해》에는 《조선》이라는 명칭이 없고 그 대신 《직신》이라는 명칭이 기록되여 있기 때문이다. 바꾸어 말하면 숙신(즉 후세의 읍루)이 사실 상 이미 주의 북방에 존재하지 않던 시기 《숙신》肅愼과 《직신》稷愼이란 명칭이 아직 기록되고 있으며, 중국과 밀접한 관계를 가지고 있던 《조선》朝鮮이란 명칭이 기록되지 않고 있다는 이 사실은 《직신》稷愼이 바로 《조선》朝鮮의 이자동명異字同名(다른 글자지만 같은 이름)임을 설명해 주는 것이 아닌가?

물론 중국인들이 《朝鮮》이란 우리의 국호를 쓰기 전에 《肅愼》, 《稷愼》이라고 썼을 것이며, 사실에 있어서 《왕회해》의 기록은 그런 사정을 말해 주는 것으로 인정된다. 중국인들은 오랜 옛날부터 고조선을 《식신》, 《직신》이라고 불러 왔으며 자신들의 음에 맞추어 글'자를 썼으며, 그들이 고조선과 접촉이 밀접해지고 우리 측의 자료에 근거하여 우리의 기명대로 쓸 때 《朝鮮》이라고 쓰게 되었다고 말하는 것이 타당할 것이다.

필자는 이상의 간단한 자료에 근거하여 중국 고대 문헌에 보이는 《숙신》은 곧 고조선을 말하는 것이라고 추단한다. 정약용도 일찌기 고대 《숙신》을 《조선》이라고 인정하였다. 그는 《조선이란 국호는 멀리 단군에서 비롯되었고, 숙신이란 이름은 주나라 역사서에 실려있다(朝鮮之號, 遠自檀君, 肅愼之名載在周乘)》라고 썼다.〔정약용 시문집 〈지리책(地理策)〉《여유당전서(與猶堂全書)》 : 원저 주〕

제5장

부여(夫餘)에 대한 고찰

기원전 5~4세기 조선 고대 국가들의 위치 약도

제1절. 부여는 어느 종족의 국가인가?

필자는 이 문제를 취급함에 있어서 다음 몇 가지로 나누어서 고찰하기로 한다. 우리는 먼저 부여 건국 전설에 관한 자료를 렬거하자.

부여 건국 전설에 관한 가장 이른 기록은 기원 1세기 중기 왕충王充150)의 저작인 《론형》論衡에 있다.

1. 《론형》 2권 《길험》吉驗 편에는 다음과 같이 씌여 있다.

> 북이北夷 탁리국橐離國의 시비侍婢가 임신을 해서 왕이 죽이려고 하자 시비가 대답하기를 "닭의 알만한 기운이 하늘에서 내게 내려와서 임신을 했습니다"라고 했다. 나중에 아들을 낳아서 돼지우리에 버렸더니 돼지들이 입김을 불어 죽지 않았다. 후에 마구간에 넣어 말로 하여금 아이를 죽이려 했지만 말이 다시 입김을 불어 죽지 않았다. 왕은 하늘의 아들로 의심해서 그 어머니에게 거두어 기르게 하고 그 이름을 동명東明이라 하고는 소, 말을 기르게 명했다. 동명이 활을 잘 쐈으므로 왕은 그가 나라를 빼앗을까 두려워 죽이려 했다. 동명이 달아나 남쪽의 엄호수에 이르러 활로 물을 치자 물고기와 자라들이 떠서 다리를 만들어 동명은 건너갔는데, 물고기와 자라들이 흩어져서 추적하던 병사들은 건너지 못했다. 동명이 이에 도읍하여 부여왕이 되었는데, 이것이 북이에 부여국이 있게 된 이유다.

---

150) 왕충(王充 : 서기 27~97) : 후한의 철학가로서 《론형》 외에 《기속절의(譏俗節義)》, 《정무(政務)》, 《양성(養性)》 등의 저서가 있으나 《론형》만 전해지고 있다.

동명의 어머니는 처음 임신했을 때 기운이 하늘에서 내려오는 것을 보고 낳았는데, 버려졌을 때 돼지와 말이 기운을 불어 살아났고, 장대해지자 왕이 죽이려 했으나 활로 물을 치자 물고기와 자라가 다리를 만들었으니 천명이 마땅히 죽을 때가 아니었다. 그래서 돼지와 말이 생명을 구해주었고, 마땅히 부여를 도읍으로 삼았으니 물고기와 자라가 다리를 만들어 도와주었기 때문이다.

北夷槖離國王侍婢有娠, 王欲殺之. 婢對曰·有氣大如鷄子, 從天而下我, 故有振. 後生子, 捐於猪溷中, 猪以口氣嘘之, 不死, 後徙置馬欄中, 欲使馬籍殺之, 馬復以口氣嘘之, 不死. 王疑以爲天子, 令其母收取, 奴畜之, 名曰東明, 令牧牛馬, 東明善射, 王恐奪其國也, 欲殺之. 東明走, 南至掩淲水, 以弓擊水, 魚鼈浮爲橋, 東明得渡. 魚鼈解散, 追兵不得渡, 因都王夫餘, 故北夷有夫餘國焉. 東明之母, 初姙時見氣從天下及生, 棄之, 猪馬以氣吁之而生之, 長大, 王欲殺之, 以弓擊水, 魚鼈爲橋, 天命不當死, 故有猪馬之救命, 當都夫餘, 故有魚鼈之橋之助也.

2. 《위략》에는 다음과 같이 씌여 있다.

위략에서 말하였다. 구지舊志에 또 말하기를 '북방에 고리국槖離國이 있는데, 그 왕의 시비侍婢가 임신을 했다. 왕이 죽이려고 하자 비가 말하기를 "닭의 알 크기만한 기운이 나에게 내려왔습니다"라고 했는데, 그 후에 아들을 낳았다. 왕이 돼지우리에 버리자 돼지가 입김을 불어 주었고, 마구간으로 옮겼으나 말이 입김을 불어 주어 죽지 않았다. 왕은 하늘의 아들이라고 의심해서 그 어머니에게 거두어 기르게 명하고 이름을 동명이라 했다. 늘 말을 기르게 했는데, 동명이 활을 잘 쏘자 왕은 나라를 빼앗길까 두려워 죽이려 했다. 동명이 달아나서 남쪽 시엄수施掩水에 닿아 활로 물을 치자 물고기와 자라가 떠올라서 다리를 만들어 동명이 건넜다. 물고기와 자라가 흩어져 추격하던 군사는 건너지 못했다. 동명이 도읍해서 부여 땅의 왕이 되었다.

舊志又言, 昔北方有橐離之國者, 其王者侍婢有娠, 王欲殺之. 婢云: 有氣如鷄子來下我, 故有身. 後生子, 王捐之於溷中, 猪以喙噓之, 從置馬閑, 馬以氣噓之, 不死, 王疑以爲天子也. 乃令其母收畜之, 名曰東明, 常令牧馬. 東明善射, 王恐奪其國也, 欲殺之, 東明走, 南至施掩水, 以弓擊水, 魚鼈浮爲橋, 東明得度. 魚鼈乃解散, 追兵不得渡. 東明因都王夫餘之地.

무영전본武英殿本151) 고증에 의하면 《태평어람》太平御覽에는 《천자》天子가 《천생》天生으로 씌여 있다. 조일청趙一淸은 《天子》는 《天生》의 잘못이라고 말하였다. 《후한서·부여전》에는 《왕이 신이 되었다(王以爲神)》라고 씌여 있다.

《위략》은 《론형》의 기록을 대체로 그대로 옮겨 베꼈다. 여기에서 다른 점이 있다면 전자에서는 《엄호수(淹滮水)》라고 썼고, 후자에서는 《시엄수(施掩水)》라고 썼으며, 또 전자에서는 《북이고리국(北夷橐離國)》이라고 썼고, 후자에서는 《북방에 고리국이 있다(北方有橐離之國)》라고 쓰고 있는 사실뿐이다. 그런데 《삼국지·부여전》에는 이 전설이 기록되지 않았다.

《후한서·동이·부여전》에는 다음과 같이 씌여 있다.

151) 무영전본이란 무영전각본(武英殿刻本)을 뜻하는 말이다. 청나라 강희(康熙) 19년(1680)에 서화문(西華門) 내 무영전(武英殿)에 각서(刻書) 기구를 설립해서 청나라 말기에 이르기까지 2백여 년 동안 수백 종의 서적을 간행했는데, 이를 무영전각본이라고 이른다.

처음에 북이北夷의 색리국索離國 왕이 출행했는데, 그의 시아侍兒가 뒤에서 임신했다. 왕이 돌아와 죽이려 하자 시아가 말하기를, "지난번 하늘에 달갈만한 크기의 기운이 제게 떨어져 임신이 되었습니다"라고 하였다. 왕이 옥에 가두었는데 뒤에 비로소 아들을 낳았다. 왕이 돼지우리에 버리게 명했으나 돼지가 입김을 불어주어 죽지 않았다. 다시 마구간에 옮겼으나 말도 그렇게 했다. 왕이 신으로 여겨서 그 어머니가 거두어 기르도록 허락하고, 이름을 동명이라 하였다. 동명이 자라서 활을 잘 쏘자 왕이 그 용맹함을 꺼려서 다시 죽이려고 하였다. 동명이 달아나다가 남쪽 엄사수掩淲水에 이르러 활로 물을 치자 물고기와 자라가 다 모여서 물 위에 떠올랐다. 동명이 물위를 타고 건너 부여에 도착해 왕이 되었다.

初, 北夷索離國王出行, 其侍兒於後姙身, 王還, 欲殺之, 侍兒曰: 前見天上有氣, 大如鷄子, 來降我, 因以有身. 王囚之, 後遂生男, 王令置於豕牢, 豕以口氣噓之, 不死, 復徙於馬蘭, 馬亦如之. 王以爲神, 乃聽母收養, 名曰東明. 東明長而善射, 王忌其猛, 復欲殺之. 東明奔走, 南至掩淲水, 以弓擊水, 魚鼈皆聚浮水上, 東明乘水上, 東明乘之得度, 因至夫餘而王之焉.

이 기록도 《론형》의 자료를 대체로 그대로 옮겨 베껴 놓았으며 《위략》과 마찬가지로 문'자 기록 상 한 가지 차이가 있을 뿐이다. 즉 여기에서는 《북이색리국》北夷索離國이라고 쓰고 있다.

따라서 우리는 부여 건국 문제를 고찰함에 있어서 《론형》의 자료를 기본 사료로서 리용하여야 할 것이다.

《론형》의 자료에 의하면 부여의 통치자는 북이인이다. 부여는 북이 고리국(혹은 탁리국, 혹은 색리국)의 왕자 동명이 남하하여 건국한 국가이며, 부여 건국 이전 그 지역에 거주한 인민은 예인이였다. 그 예인은 물론 일부는 이동하였을 것이고, 많은 부분은 부여의 통치하에 놓이게 되었다고 인정된다. 그러나 동명의 건국 과정은 정복 전쟁을 경과하지 않았다.

고구려 시조 고주몽을 언제부터 동명왕이라 칭하였나

그러면 여기서 제기될 수 있는 문제는 우선 어찌하여 동명왕이 부여 시조로 될 수 있는가 하는 문제이다. 우리나라에서는 력대로 고구려의 시조를 동명왕이라고 인정하여 왔다.

고구려의 시조 고주몽高朱蒙을 언제부터 동명왕이라고 칭하였는가를 확증할 수 있는 자료를 필자는 알지 못하고 있다. 호태왕 비문에는 동명왕이란 명칭은 기록되여 있지 않고 《추모왕》鄒牟王이라고 기록되였다. 《삼국사기》에는 《시조는 동명성왕인데, 성은 고씨고 휘는 주몽이다(始祖東明聖王, 姓高氏, 諱朱蒙)》라고 쓰고, 김부식은 《주몽》朱蒙에 관하여 《혹은 추모, 혹은 중해라고 한다(一云鄒牟, 一云衆解)》라고 썼다. 그런데 김부식은 고구려 시조 즉위의 년대를 신라 혁거세 21년, 한 효원제孝元帝 건소建昭 2년 즉 기원전 37년으로 잡고 있다. 시조를 동명왕으로 칭했다면 그것은 기원전 37년부터로 되여야 한다.

그런데 부여 시조 동명왕의 명칭은 왕충(27~100년)의 《론형》에 기재되고 있다. 고구려 시조와 대체로 동시기에 중국 문헌에 《동명왕》東明王의 명칭이 기록되고 있다. 중국 문헌에 부여 건국 전설이 기록된 것은 왕충이 일방적으로 기록한 것이 아니라 우리 측 자료를 입수한 기초에서 썼을 것이다. 그렇다면 부여 시조의 건국 전설이 중국에까지 전달되여 문헌에 기록될 때까지는 상당한 시간이 경과되였을 것이다.

우리가 이런 사정을 시인한다면 부여 시조 동명왕의 전설은 고구려 시조가 즉위하기 훨씬 전에 있었고, 그 전설이 중국으로 전달되였다는 사실도 시인하여야 할 것이다.

그렇다면 고구려 시조의 건국 전설은 부여 전설을 그대로 옮겨 놓은 것이 분명하며 따라서 동명왕의 명칭까지 고구려 시조의 명칭으로 되였다고 보아야 하지 않겠는가 생각된다.

북이와 예인의 관계

다음으로 제기될 수 있는 문제는 북이와 예인은 각각 어느 종족이며 그 호상 관계는 어떤 것인가 하는 점이다. 이 문제는 이미 위에서 론급하였으나 여기서 다시 한 번 체계화하고 넘어갈 필요가 있다.

기술한 바와 같이 《북이》란 것은 맥족에 대한 별칭이였다. 위에서 실례를 들은 바와 같이 고대 중국 학자들은 맥을 《북이》라고 주석하였다. 《상서·서서》書序의 《무왕이 이미 동이를 정벌하자 숙신이 와서 하례했다(武王旣伐東夷, 肅愼來賀)》에 대한 《정의》 주석에는 《정현이 말하기를, 북방은 맥이다. 또 동북이라고 했다(鄭玄曰: 北方曰貊, 又云東北夷)》라고 씌여 있으니, 정현이 맥을 《북이》 또는 《동북이》라고 해석하였음을 알 수 있다. 여기서 《북방을 맥이라고 한다(北方曰貊)》의 《방》(方) 자는 《이》(夷) 자의 오기인 듯 하다. 정다산도 《맥》을 《북방》이란 뜻으로 해석하고 있으나 나는 이 해석을 수긍하기 어렵다. 정다산은 아마도 정현의 《정의》를 그대로 인정한 것 같으나 우리는 그렇게 생각할 수 없다. 왜 그런가? 우리는 《맥》貊 자를 북방으로 해석할 근거가 전혀 없으며, 그것은 맥이 고대 기록들에 모두 북방 혹은 동북방 종족으로 묘사되여 있기 때문이다. 따라서 나는 정현의 《정의》

에 《북방을 맥이라고 한다(北方曰貊)》란 기록은 《북이를 맥이라고 한다(北夷曰貊)》로 정정하는 것이 타당하다고 인정한다.

부여 통치 집단이 맥족이라는 것을 증명해 주는 자료는 《삼국지·동이·고구려전》에 《동이의 옛 말에 의하면 (고구려는) 부여의 별종이라고 하는데, 언어나 여러 일들이 부여와 같은 것이 많다(東夷舊語以爲夫餘別種, 言語諸事多與夫餘同)》란 자료와 《후한서·동이·고구려전》에 《구려는 일명 맥이다(句麗, 一名貊耳)》라고 한 기록이다. 이에 의하면 부여족은 고구려족과 동일한 맥족임을 명백히 알 수 있다. 따라서 부여는 맥족의 고리국 통치 집단의 일부가 예인의 지역으로 이동하여 가서 건립한 국가인 것이다.

그런데 여기서 다시 한 번 언급하고 넘어 가야 할 것은 《북이 고리국》의 명칭에 관한 문제이다. 《론형》에서는 《탁리국》橐離國이라고 썼고, 《위략》에서는 《고리국》稾離國이라고 썼고, 《후한서》에서는 《색리국》索離國이라고 씌여 있는데, 이 셋 중에서 어느 것이 정확한가 하는 문제이다. 이 세 개 글'자가 음은 각각 다르지만, 얼핏 보아서도 짐작할 수 있는 것은 모두 자형이 비슷한 데서부터 오기가 초래될 수 있다는 것이다. 이 셋 중에서 맨 이른 것이 《론형》의 《탁리국》橐離國인데 그것이 맨 이른 것이라고 해서 무조건적으로 옳다고 인정할 수는 없는 것이다. 왜냐하면 《위략》의 저자 어환은 《론형》을 보고 그 전설 내용을 대체로 그대로 옮기면서 《탁》(橐) 자를 《고》(稾) 자로 고쳐 쓴 것으로 보아서 그가 《탁》(橐) 자가 잘못되였다고 인정한 것으로 보여진다. 《후한서》의 《색》(索) 자는 분명히 《고》(稾) 자의 오기로 인정할 수 있을 것이다. 따라서 나는 《위략》의 기록이 가장 정확할 수 있다고 인정한다.

그런데 부여국 인민은 전부가 맥족이였다고 보기보다는 예인과 혼합되였다고 보는 것이 타당할 것이다. 왜냐하면 동명을 통치자로 하는 맥족의 집단이 정복전쟁을 수행하지 않고 예인의 지역으로 이동해 왔기 때문이다.

예인과 맥인은 한의 4군 설치 시에는 언어가 동일하였다. 《삼국지·동이·예전》에는 다음과 같은 기록이 있다.

> 한 무제가 조선을 정벌했다. … 한나라 이래 관직으로 후侯, 읍군, 삼로가 있어서 하호下戶를 통솔하고 주관했다. 그 기로들은 스스로 일컫기를 (고)구려와 같은 종족이라고 했다. … 언어와 법속은 대체로 고구려와 같지만 의복은 다르다.
>
> 漢武帝伐朝鮮 … 自漢已來, 其官有侯, 邑君, 三老, 統主下戶. 其耆老舊自謂與句麗同種, … 言語法俗大抵與句麗同, 衣服有異.

이 자료는 한 무제가 조선을 침략했을 때 예인과 고구려인이 언어와 법속이 동일하였음을 증명해 준다. 따라서 고구려와 동일족인 부여족은 예족과 언어가 동일했을 것이 명백하다.

그런데 여기서 제기될 수 있는 문제는 예와 맥이 본래 별개의 종족(인종적으로)이던 것이 어느 하나가 다른 하나에 동화되여 언어가 통일된 것인가, 그렇지 않으면 본래부터 동일한 언어를 사용한 동일한 종족의 두 갈래인가 하는 문제이다.

기술한 바와 같이 예와 맥은 호상 린접하여 장구한 세월을 두고 각이한 정치 생활을 한 종족들이며, 맥이 예와 혼합되여 거주하게 된 것은 현존 자료로써는 부여 이후부터라고 볼 수밖에 없다. 물론 그 이전 시기에도 《예맥》이란 기록이 보이기는 하나, 그것은 기술한 바와 같이 《예맥》이란 한 개 종족의 명칭인 것이 아니라 예와 맥의 두 종족을 의미한 것이였다. 물론 어떤 경우에는 단지 예를 예맥이라고 쓴 일도 있고, 또 맥을 예맥이라고 쓴 일도 있었다. 좌우간 부여 건국 이전에는 《예맥》을 예와 맥의 혼합한 종족명으로서 사용한 사실도 없고 또 그럴 근거도 없다. 따라서 예와 맥이 언어가 동일한 사실을 부여 건국 이후부터라고 말 할 수는 도저히 없을 것이며, 예와 맥을 본래부터 동일한 족속의 두 개 갈래이였다고 판단할 수 있다.

부여의 건국 시기 위만 조선 이전

그러면 다음으로 부여의 건국 시기에 대하여 고찰하기로 하자.

부여가 맥족의 국가일진대 이 국가의 건국 시기는 맥이 연 세력에 몰려 동천한 전후 시기로 보아야 할 것이다.

북이 고리국은 바로 맥의 국가이였는데 그 고리국은 어느 시대 어느 지역에 있던 국가였던가, 이를 천명할 수 있는 직접적인 자료는 없으나 우리는 고리국 왕자 동명의 이동 방향으로 보아서 그 위치를 대체로 추단할 수 있을 것이다.

동명은 고리국에서 엄호수를 건너 남하하여 부여에 이르렀으니 그 고리국은 부여의 북방이며 그 서방이나 동방이 아님을 알 수 있다. 그러면 엄호수는 어느 강인가? 과거 허다한 학자들이 엄호수의 위치에 대하여 고증을 한 바 있었다. 혹자는 흑룡강이라고 하였고 혹자는 송화강이라고 인정하였다.

기술한 바와 같이 《엄호수》는 《큰강》을 의미하는 고대 조선어로서 이 명사는 리두문으로 《압록수》鴨綠水, 《압자수》鴨子水, 《무렬수》武列水 등으로도 쓸 수 있으며 따라서 이 명사들과 동일한 명사이다. 우리는 송화강을 료遼 성종 시기까지(기원 1021~1031년) 《압자수》鴨子水라고 칭한 사실을 련상할 때 부여 북쪽의 엄호수를 송화강으로 판단하는 것이 타당할 것이다. 그렇게 생각하여야 할 또 하나의 근거는 《동호》로 불리워진 맥국은 문헌 자료에 근거하면 오늘의 료서 북부 지역 일대로 인정되는 것이다. 물론 그 맥국이 그 지역의 동쪽인 송화강 부근에까지 이르렀을 수도 있다.

북이 고리국과 맥국은 동일한 맥족의 국가로 인정되므로 그 지역은 다른 것이 아니라고 추측된다. 따라서 북이 고리국이 흑룡강 이북에 존재했다고 보기에는 맥국과의 거리가 너무 멀다. 따라서 엄호수를 흑룡강으로 인정하기 보다는 역시 송화강 이북에 위치했다고 보는 것이 타당할 것이다. 그렇기 때문에 동명이 남하할 당시의 북이 고리국은 송화강 이북에 위치했던 맥국의 일부 지역으로 인정된다. 고대 한인들은 맥족의 나라라는 의미에서 《맥국》이라고 칭했을 것이며, 그것을 맥인 자신들이 사용한 국호라고 생각할 수는 없을 것이다. 맥인 자신들이 자기들의 국호를 《고리국》 이라고 칭하였다고 볼 수 있는 근거는 기술한 바와 같다.

《맹자》와 《산해경》에 기록된 맥국이 바로 《고리국》이라고 판단해서 큰 잘못이 없을 것이다.

《부여》라는 명칭이 문헌 상에 나타난 가장 이른 기록은 《사기》 129권 《화식 렬전 오씨라》 조에 있다. 거기에는 《무릇 연燕은… 북쪽으로는 오환, 부여와 접해있고, 동쪽으로는 예맥, 조선, 진반과 이익이 얽혀 있다(夫燕 … 北隣烏桓, 夫餘, 東綰濊貊, 朝鮮, 眞番之利)》라고 씌여 있다. 부여의 명칭이 조선, 진반이란 명칭과 동시에 기록되고 있는 사실로써 미루어 보건대 이 기록은 한 세력이 고조선에 침입하기 전의 사실로 인정된다. 왜냐하면 이 진반은 진반군이 아니라 조선과 병칭된 《진번국》을 의미하는 것으로 해석되기 때문이다. 그것은 한4

군 설치 직전 팽오가 고조선과 관계를 가진 사실에 대하여《팽오가 예맥, 조선과 개통하고 창해군을 설치했다(彭吳穿穢貊, 朝鮮, 置滄海郡)》라고 하였으며,《진반》이란 명칭이 없는 사실로 미루어 보더라도 그렇게 생각할 수밖에 없다. 여기에서《진반》의 명칭이 기록되지 않은 것은 그것이 이미 위만에게 통합되여 그 후《진반》이란 명칭이 사용되지 않게 되고, 그 진반 지역을《예》라고 칭하고 그 통치자를《예군》이라고 칭한 것으로 해석된다.

이러한 사실에 근거하여《부여》의 명칭은《진반국》이 완전히 위만 조선에게 통합당하기 전에 이미 중국인들에게 알려졌던 것으로 판단된다. 즉 부여는 이미 위만 조선 이전에 존재했다고 판단된다.

고리국 왕자 동명이 예인 땅에 와서 부여 건국

또한《산해경》山海經 17권《대황북경》大荒北經에는《호불여지국이 있다(有胡不與之國)》라고 썼는데, 곽박은 이를 주석하여《일국은 다시 이耳라고 불리는데, 지금 호와 이는 말이 서로 통한다(一國復名耳, 今胡夷語皆通然)》라고 썼다. 이 주석의 뜻은 부여는《불여》라고도 칭하는데,《부여》夫餘와《불여》不與는 호(즉 부여)와 이(고조선, 진국 등)의 말로는 통한다는 의미로 해석된다. 따라서 이《불여지국》不與之國은 곧《부여》와 동일한 국명이라고 인정하여야 할 것이다.

그러면 이《不與之國》은 어느 나라인가? 나는 부여 건국 이전에 고조선 외에 또다른《不與》라는 나라가 있었다고 말할 근거는 없다고 생각한다. 부여는《예》의 땅에서 건국하였다.《濊》는 한음으로《후이》며,《不與》는《부위》이니 량자는 한음으로서는 동일한 명칭이다. 그리고《불여국》不與國이라고 쓰지 않고《불여지국》不與之國이라고 쓴 것을 보면 《불여지국》不與之國은 곧 《예지국》濊之國으로 해석된다. 따라서 《不與之國》은 《예인의 나라》인 고조선을 의미하며, 구체적으로는 고조선의 일부 지역을 의미한다고 해석할 수 있는 것이다.

이 《不與》를 《胡》의 나라라고 했다고 해서 오환이나 선비의 나라로 인정할 수는 없는 것이다. 그것은 왜냐하면 《부여》나 《불여》는 모두 《불》《부리》 등과 통하는 고대 조선어임은 설명을 요하지 않는 것이고 또 실지 선비나 오환의 국가가 《산해경》을 편찬할 시기는 존재하지도 않았기 때문이다. 따라서 이 자료에 의하더라도 《산해경》이 편찬되기 전에 이미 불여국이 존재하였음을 알 수있다. 《산해경》은 기원전 3세기 이전 오랜 시기에 걸쳐서 이루어진 책이다. 혹시 《산해경》을 기원전 3세기 말(한조)에 편찬되였다 하더라도 《불여국》은 아무리 내려 잡아도 기원전 3세기 중기에는 존재하였다고 보아야 할 것이다. 실지에 있어서는 《불여》국은 그보다 훨씬 전에 있었다고 보는 것이 자연스러울 것이다.

고리국 왕자 동명이 예인의 땅에 와서 《부여》를 건국했는 바 그 선주민인 예의 나라가 곧 《不與之國》이였다고 인정할 수 있다. 요컨대 《不與之國》을 기록한 자료가 《부여》夫餘를 기록한 자료보다 훨씬 이르다는 근거에서 《夫餘》보다 앞서서 《不與之國》이 있었고, 《夫餘》의 명칭은 《진반》이 아직 위만에게 통합되기 전에 있었다고 보여지기 때문에 부여의 건국 년대를 아무리 늦추 잡아도 기원전 3세기 중기로 될 것이다.

부여는 문헌 기록이 말해 주고 있는 바와 같이 고리국 왕자 동명이 예인의 불여국에 이동하여 건국한 국가이며, 부여 사회로 보면 그것은 국가의 교체이였다. 부여는 결코 원시 사회에서 금방 계급 사회로 이행한 그런 국가가 아니였다.

제2절. 부여와 고조선과의 관계

기술한 바와 같이 부여 령역의 선주민은 예인이였으며 진반 인민도 예인이였다. 그런데 《후한서·동이·예전》에는 《예 및 옥저, 구려는 본래 모두 조선의 땅이다(濊及沃沮, 句麗, 本皆朝鮮之地)》라 하였으니, 이는 위씨 조선 이전 시기에 고조선 령역을 말해 주는 것이다. 《사기·조선렬전》에 《위만이 … 그 주변의 소국들을 침략하여 항복시키니 진반과 임둔도 와서 복속했고, 국토가 사방 수천리가 되었다(滿 … 侵降其旁小邑眞番, 臨屯皆來屬, 方數千里)》라고 씌여 있는 것으로 보아서 위만 조선의 령토는 처음 락랑 지역(즉 왕기)만을 차지했다가 점차 그 령역을 확장한 것으로 보이나, 위에 인용한 《후한서》의 기록은 이 《사기》의 기록의 내용을 의미한 것 같지는 않다.

왜냐하면 《후한서》에서는 《예 및 옥저, 구려는 본래 모두 조선의 땅이다(濊及沃沮, 句麗, 本皆朝鮮之地也)》라고 쓰고, 바로 그에 계속해서 《기자 조선》에 관한 이야기를 쓰고 있기 때문에 이 조선은 위씨 조선 이전에 고조선을 의미한다고 해석되기 때문이다. 범엽은 위씨 조선 이야기를 쓰면서도 위만이 령토를 확장한 사실에 대해서는 언급하지 않고, 예군 남려의 창해군 설치와 한4군 설치에 관한 이야기만을 쓰고 있는 것으로 보아서 더욱 그렇게 생각할 수밖에 없다.

따라서 위씨 조선 이전 고조선의 령역은 예지濊地를 포함하고 있었으며, 예군 남려의 령토인 진반 지역은 고조선 국왕의 지배하에 있었던 《후국》이였다고 보여진다. 어찌하여 이렇게 말할 수 있는가?

기술한 바와 같이 중국 고대 문헌들에서는 진반과 조선을 분명히 갈라 보고 있다. 즉 고조선 국가는 여러 개 행정 구역을 포괄하고 있었으며, 그 중에는 《조선》(즉 락랑)과 진반이 있었고 그 외에도 몇 개의 《후국》이 더 있었던 것으로 보여진다. 왜냐하면 진반의 통치자에 대해서는 《국왕》이라 칭하지 않고 예인의 통치자로서 《예군》이라고 칭했기 때문이다. 그리고 고조선에 몇 개의 《후국》이 있었다고 보여지는 것은 《사기·조선 렬전》의 (진반真番에 대한) 《집해》 주석에 《서광徐廣이 말하기를 반番은 다른 본에는 막莫(진막)으로 되어 있다. 료동에 번한현이 있다(徐廣曰: 番一作莫, 遼東有番汗縣)》라고 씌여 있고, (연나라의 전성기 때로부터 시작해서 〈自始全燕時〉에 대한) 《색은》의 주석에는 《연나라 전성기로부터 시작해서라는 말은 6국 중에 연나라가 막 전성기때를 이른다(始全燕時, 謂六國燕方全盛之時)》라고 되어 있고, 《연나라가 일찌기 두 나라(진반, 조선)를 복속시켰다(嘗略二國以屬已也)》에 대해서 《응소는 "원래 현도는 진반국이다"라고 했다. 서광은 "료동에 번한이 있는 것은 지리지에 근거해 알 수 있다"고 했다(應劭云: 元菟本眞番國. 徐氏云: 遼東有番汗者, 據地理志而知也)》라고 씌여 있기 때문이다.

이 자료들에 근거하면 고조선에 《반한》, 《막한》이 있었던 흔적이 있고, 《진한》眞汗이 있었다고는 기록하지 않고 있으나 《반한》이 있었을진대 《진한》도 있었을 것이 명백하다. 다시 말하면 《진반》이란 것은 《진한》과 《반한》의 두 개 《한국》(후국)을 합쳐서 부른 칭호라고 해석하는 것이다. 그렇게 볼 수 있는 또 하나의 근거가 있는 바 정겸丁謙[152]은 《진반은 본래 조선에 부속된 번부다(眞番, 本朝鮮附屬番部)》〔중국민족학원연구부 주편(中國民族學院研究部主編) 력대각족전기회편(歷代各族傳記會編) 제1편 《사기·조선 렬전(史記朝鮮列傳)》의 회증(會證) : 원저 주〕라고 썼기 때문이다. 우

152) 정겸(丁謙 : 1843~1919) : 청나라 때 지리학자.

리는 정겸의 주석을 결코 무근거한 설로 부정해 버릴 수 없는 것이다.

고조선의 속국(후국)인 진한, 반한, 모한

우리들이 이 자료들을 종합해 고찰하면 료동《반한》이 진반국의《반》番과 관련되여 있는 것으로 생각할 수 있으며, 또 서광의 설에 의하면《반은 다른 본에는 막으로 되어 있다(番一作莫)》라고 하였으니《막한》莫汗(한음으로〈모한〉임)이 있었던 것을 짐작할 수 있다. 이리하여 고조선의 속국(혹은 후국)으로서《진한》,《반한》,《모한》이 있었던 것을 알 수 있으며, 따라서《진반국》을 한 개의《국》명으로 해석하는 데 대하여서는 의문을 품게 된다. 즉 그것은 고조선의 속국(혹은 후국)으로서의《진한》과《반한》의 두 개《한국》을 의미하는 것으로 해석하는 것이 사리에 맞을 것이다.

이《한》汗이란 것은 국왕에 다음가는 통치자를 의미하는 것으로 해석된다.

신단재는 일찌기 이 문제에 관하여 다음과 같이 썼다.[153)]

---

153) 단재 신채호의 이 글은《전후삼한고(前後三韓考)》의〈삼한은 곧 삼조선〉의 일부이다. 신채호는《전후삼한고》와《조선상고사》에서 조선을 신조선, 불조선, 말조선으로 나누고 신조선의 수도는 하얼빈으로서 지금의 길림성, 흑룡강성 등이 강역이고, 불조선의 지금의 요녕성 개평으로서 현재의 료서 지역이 강역이었고, 말조선은 지금의 평양이 수도로서 한반도가 강역이었다고 보았다. 신조선은 단군왕검의 자손인 해(解)씨가 왕이고, 불조선은 기자의 후손인 기(箕)씨가 왕이고, 말조선은 한(韓)씨가 왕이었다. 신조선이 불·말 양 조선과 연합해서 동몽골에서부터 우북평(현 하북성 로룡 부근)과 어양(현 북경 부근)과 상곡(현 산서성 대동 부근)을 다 차지했다가 연나라 진개의 공격을 받아 불조선의 강역인 료서(현 로룡)과 료동(현 료양) 부근을 함락당해 특히 불조선의 강역이 축소되었다고 보았다. 기원전 4세기 경 삼조선이 정치적으로 분리되었다가 흉노와 중국의 침략을 당해 신, 불 양 조선이 약화되자 불조선의 기준이 남쪽으로 천도해 말조선 한씨의 왕위를 빼앗고 국인들의 불평을 무마하기 위해서 한씨로 개성(改姓)했다는 것이다. 기준이 남천하기 이전의 삼조선이 대륙의 삼조선이자 전삼한이고, 남천한 이후에 한반도의 후삼한이 되었다는 것이 골자다.

조선은 고구려사에 단군, 기자, 위만을 3조선이라 하였으나, 이는 력대歷代를 구별하기 위하여 가설한 삼조선이나 류구流寇(흘러온 도적) 수령인 위만이 력대의 하나됨이 가소可笑할 일이어니와 이외에 따로 실재한 조선이 있으니 사기 조선 렬전에 《연나라가 전성기 때에 시작해서, 일찌기 두 나라를 복속시켰다(自始全燕時, 嘗略屬眞番朝鮮)》라 한 바 서광이 가로되 〈반番은 다른 본에서는 막莫〉이라 하고 색은에는 진반을 2국으로 증証하였으니 그러면 진막眞莫도 2국이니 진眞과 반番, 막莫이 곧 3조선이니 중국인이 타국의 명사를 쓸 때 매양 문종 자순文從字順154)을 구하여 장단長短을 임의로 하는 폐가 있으므로 진반막조선眞番莫朝鮮이라 쓰지 않고 혹 「막」莫 자를 거去하여 진반 조선이라 함이니 이것이 이른바 진, 반, 막 3조선이니 진, 반, 막은 곧 진, 변, 마辰辯馬요, 삼한의 「한」은 「大」의 뜻과 한 뜻으로 왕의 명칭이 될 것이니, 건륭乾隆의 이른바 한韓도 관명이요 국명이 아니라함이 근가近可한 해석이다. 진眞, 반番, 막莫이나 진辰, 변弁(신채호 표기), 마馬는 다 「신」, 「불」, 「말」로 읽을 것이니 진眞, 반番, 막莫 3조선은 기준箕準 남천南遷 이전 북방에 있던 전前 삼한이니 진眞, 반番, 막莫, 삼 조선은 「신」, 「불」, 「말」의 3국의 뜻이요, 진辰, 변弁, 마馬 3한은 「신」, 「불」, 「말」의 3왕의 뜻이다. 다 같이 「신」, 「불」, 「말」의 역일 것이다.… 전삼한의 이름 「신」, 「불」, 「말」이 연국燕國의 사기史記로부터 사마천의 《사기》史記에 옮기여 진眞, 반番, 막莫이 되고 6백 년 후 관구검이 입구入寇하여 (사료를) 주워간 후後 삼한의 이름 「신」, 「불」, 「말」이

154) 문종 자순(文從字順)은 문장에 따라 글자를 멋대로 한다는 뜻인데, 신채호는 《조선상고사》의 〈삼조선의 명칭과 유래〉에서 "중국인들은 외국의 인명, 지명 등의 명사를 쓸 때 매양 문예(文藝)의 평순(平順)을 위해서 축자(縮字 : 글자 수를 줄임)를 쓰는 관례" 때문에 진반막 세 자를 진반, 또는 진막 두 자로 축소했다고 설명했다.

진眞, 변弁, 마馬가 됨이야 무슨 기괴하게 여길 것이 있으랴. 관자의 「발조선」發朝鮮은 삼 조선 중의 「번조선」番朝鮮일 것이니 《설문》說文의 락랑 반국樂浪番國도 「반조선」일 것이다.

신단재의 삼 조선과 전 삼한 설을 주장하게 된 근거는 위에 인용한 《사기·조선 렬전》《색은》에 근거를 가지고 있다. 필자는 과연 신단재의 설대로 3조선과 전 3한으로 해석할 수 있겠는가 하는 의문을 가지지 않을 수 없게 된다. 상술한 바와 같이 사마천은 《사기·조선 렬전》에서 분명히 진반과 조선을 두 개의 단위로 갈라 보았으며, 또 《한서》의 자료를 통해 보더라도 진반, 예, 맥, 조선은 각기 별기의 단위로 갈라 쓰고 있다.

따라서 나는 신단재의 해석대로 《진반조선》을 《진조선》과 《반조선》의 두 개 국가로 해석할 근거가 박약하다고 인정하게 된다. 물론 진, 반, 막(모)이 고조선 3개 《한국》(혹은 후국)이기 때문에 《진한》을 《진조선》으로 부를 수도 있다고는 생각된다. 그러나 고조선 국가 내에서 《조선》(즉 락랑)이라는 왕기 지역이 있고, 그 외에 3개 《한국》이 있었다고 인정된다. 정겸의 설 《진반은 본래 조선에 부속된 번부이다(眞番, 本朝鮮附屬番部》라는 해석이 보다 정당하다고 인정된다.

그러나 신단재의 진, 반, 막의 삼한을 인정하는 설은 탁견이라고 인정된다.

그러면 고조선이 3개의 한국을 그 부속국으로 소유하였다고 주장할 수 있는 근거는 무엇인가?

우리는 부여에서도 역시 한국이 있었던 흔적을 찾아 볼 수 있으며 따라서 고대 조선 제 국가들이 국왕의 직할지인 왕기 지역 이외의 부속국으로서의 《한국》을 가지고 있었던 것을 알 수 있기 때문이다.

부여에도 《한》이란 《부속국》이 존재했다는 사실을 나는 인정하게 된다. 《삼국지·동이·부여전》에는 이렇게 씌여 있다.

> 나라에는 군왕君王이 있는데 모두 여섯 가축의 관직의 이름을 정해서 마가馬加·우가牛加·저가豬加·구가狗加·대사大使·대사자大使者·사자使者가 있다. 읍락에는 호민豪民이 있는데, 하호下戶라 불리는 사람들은 다 노복奴僕이 되었다. 제가諸加들은 따로 사출도四出道를 주관하는데, 큰 곳은 수천 가이며 작은 곳은 수백 가였다.
> 國有君王, 皆以六畜名官, 有馬加, 牛加, 豬加, 狗加, 大使, 大使者, 使者, 邑落有豪民, 名下戶皆爲奴僕, 諸加別主四出道, 大者主數千家, 小者數百家.

《후한서·동이·부여전》에는 《여섯 가축으로써 관직의 이름을 삼아서 마가, 우가, 구가가 있는데, 그 읍락은 모두 제가에서 소속해서 주관한다(以六畜名官, 有馬加, 牛加, 狗加, 其邑落皆主屬諸加)》라고 씌여 있다.

〈가(加)〉를 어떻게 해석할 것인가?

이 가축명을 붙인 《가》加라는 것을 어떻게 해석할 것인가? 종래 이에 대해서 일반적으로 목축을 관할하는 관명으로 해석되어 왔다. 그러나 이 제가를 그렇게 간단하게 해석할 수는 없다.

왜냐하면 제가는 《따로 사출도四出道를 주관하는데, 큰 곳은 수천 가이며 작은 곳은 수백 가였다(別主四出道, 大者主數千家 小者數百家)》, 《그 읍락은 모두 제가에 속한 자가 주관한다(其邑落皆主屬諸加)》, 《위거位居(부여왕)는 대가大加를 보내어 교외에서 (현도 태수 왕기王頎를) 맞이하게 하고 군량을 제공하였다(位居遣大加郊迎, 供軍糧)》[155]라 하였으니 《가》라는 관직이 목축의 관리가 아니라, 지방의 통치자임을 알 수 있기 때문이다. 《삼국지》와 《후한서》의 자료에 근거하면 《가》라는 관직은 국왕의 대신으로서 일정한 지역을 관할하여 백성을 통치하며 국가의 중요한 군사 행동을 지휘하는 귀족 《후》이였음을 알 수 있다. 그러면 제가의 명칭은 무엇을 의미하는가?

《가》加는 고대 부여어(즉 고구려, 고조선어)일 것이며 이것은 《한》과 동일한 단어라고 인정된다.

우리는 부여와 린접하에 거주했던 선비어에서 《가한》可汗이란 단어를 찾아 볼 수 있다.

《송서》 36권 《토곡혼전》吐谷渾傳에는 《"처가한"이라고 말했는데, 이 민족 말로 '처가한'은 송나라 말로 '너의 관가'라는 뜻이다. … 형을 부를 때 아우라고 한다(處可寒, 虜言處可寒, 宋言爾官家也, 呼兄爲阿于)》라고 씌여 있다. 이 《가한》可寒은 바로 《가한》可汗과 동일한 단어이며 《위서》 101권, 《북사》 93권의 각 《토곡혼전》에는 모두 《可汗》으로 기록되여 있다. 그 후 정사의 《걸복》乞伏, 《탁발》拓跋, 윤윤蠕蠕(연연), 《돌궐》突厥 등 렬전에서는 모두 《可汗》으로 씌여 있다.

《구당서》 194권 《돌궐전》에는 《가한은 옛날의 선우와 같다. 그 부인을 부르는 가하돈은 옛날의 알(연)씨와 같다(可汗者, 猶古之單于, 妻號可賀敦, 猶古之閼氏也)》라고 씌여 있다. 이러한 자료들에 근거하면 선비족의 《可汗》은 《군주》이였음을 알 수 있다. 몽고족도 왕을 《칸》 혹은 《카한》이라고 칭했음은 주지의 사실이다. 또한 녀진에서도 황제를 《한안》罕安이라고 칭하였고, 금국의 황제는 이 칭호를 사용하였던

155) 이 기사는 《삼국지》 〈위서〉, 〈동이 렬전〉 '부여' 조에 나온다.

것이다.

이와같이 《가한》이란 명사는 몽고, 퉁구스어 계통 북방 종족들 간에 사용된 단어이였다.

그런데 고구려에서도 《가한》可汗이란 명칭을 사용하였던 증거를 찾아 볼 수 있다. 《수서 고구려전》에 《… 풍속에 음사가 많고, 영성靈星·일日·기자箕子·가한可汗 등을 신으로 섬긴다(俗多淫祠, 祠靈星及日, 箕子, 可汗等神)》라고 씌여 있는 자료가 그것을 증명하여 준다.

그렇다면 고구려와 동족이며 또 선비족과 린접한 부여에서도 《가한》이란 명칭을 사용했을 것이라고 추측된다. 《삼국지·선비전》 주注에 인용되고 있는 《위서》에는 이렇게 씌여 있다.

> 선비는 무리가 많은데 농사 짓고 목축을 하고 사냥을 해도 식량이 부족했다. 후에 단석괴檀石槐가 지경을 다니다가 오후진수烏侯秦水에 갔는데 남북 면적이 수백 리였는데, 강물이 멈추고 흐르지 않았지만 그 가운데 물고기를 잡을 수 없었다. 한인汗人이 고기를 잘 잡는다는 말을 듣고, 단석괴는 동쪽의 한국(汗國: 조일청은 말하기를 "후한서에는 한인이 왜인으로 되어 있고, 한국이 왜인국으로 되어 있다"고 했다)을 공격해서 천여 가를 얻어 오후진수 위에 옮기고 물고기를 잡아 식량에 보태게 했다.
>
> 鮮卑衆日多, 田畜射獵不足給食. 後檀石槐乃案行烏侯秦水, 廣袤數百里, 停不流, 中有魚而不能得. 聞汗人善捕魚, 於是檀石槐東擊汗國(趙一淸曰: 後漢書汗人作倭人, 汗國作倭人國), 得千餘家, 徙置烏侯秦水上, 使捕魚以助糧.

그러면 선비의 동방에 위치한 《한국》은 어느 나라를 의미하는가?

《후한서·부여전》에는 《(부여는) 서쪽으로 선비와 접하고 있다(西與鮮卑接)》라 하였으니, 부여는 바로 선비 동방에 위치한 나라였음이 분명하다. 그렇다면 선비 동방에 거주한 《한국》은 부여의 《한국》 외에 다른 어떤 나라로도 될 수 없다.

그런데 《후한서·선비전》에서는 그 《한인》汗人을 《왜인》倭人으로 《한국》을 《왜인국》倭人國으로 쓰고 있다. 이 《왜인》과 《왜인국》은 물론 일본인을 의미할 수 없으며 《예인》(穢人)과 《예인국》(穢人國)의 오기일 것이다.

《수경주》 3권 《대료수 주》에도 이렇게 씌여 있다.

> 백랑수는 또 동북으로 창려 고성 서쪽으로 흘러 … 고평천수에 들이붓는다. 강물은 서북평천에서 나와 동쪽으로 흘러 곧바로 왜성 북쪽으로 흐르는데, 대개 왜 땅의 사람들이 이주한 곳이다. 또 동남으로 유루성 북쪽으로 흐르는데, 대개 융향읍인데, 아울러 이夷의 칭호다.
> 白狼水又東北逕昌黎故城西, … 高平川水注之. 水出西北平川, 東流逕倭城北, 蓋倭地人徙之. 又東南逕乳樓城北, 蓋戎鄕邑, 兼夷稱也.

기술한 바와 같이 고조선인(예인)이 백랑수 류역 일대에 거주하였으니 이 《왜》(倭) 자는 《穢》 자의 오기이거나 혹은 발음이 같으므로 대용된 글'자라고 판단할 수 있다.

〈가〉는 왕, 군주를 의미하는 명사

이상과 같은 사실에 근거하여 우리는 부여의 《제가》諸加를 《제가한》諸加汗의 략칭으로 해석할 수 있다고 판단한다. 즉 《가》加는 《가한》

可汗과 동일한 단어로 판단된다. 어째서 이렇게 판단할 수 있는가 하면 몽고어나 만주어에서 그 명사의 어미《ㄴ》음의 유무가 결코 그 단어의 본의를 변화시키지 않기 때문이다. 례를 들어 몽고어에서 《태양》을 《나라》라고도 칭하고 또 《나란》이라고도 칭한다. 몽고 고어에서는 일반적으로 명사의 어미에 《ㄴ》음이 붙어 있다.

만주어에서 《일곱》을 《나다》 혹은 《나단》이라고 칭한다.

몽고어와 만주어에서의 이러한 법칙에서부터 출발하여 그 린접 국가인 부여어에서도 이러한 법칙이 있었을 수 있었다고 생각된다.

이러한 근거에서 출발하여 《가》加는 《가한》의 어미 《ㄴ》 음이 생략된 것으로서 그것은 《왕》 혹은 《군주》를 의미하는 명사로 해석할 수 있을 것이다. 부여의 《가》는 국왕의 밑에 있는 대신급 고관이며 그들이 지방을 통치하는 것으로 보아 그것은 《제후》와 류사한 고관이였음을 알 수 있다.

고구려와 백제에서는 국왕을 《가한》으로 칭하지 않고 《어라하》於羅瑕 혹은 《건길지》鞬吉支라고 칭하였다.

《주서》 49권 《백제전》에는 《왕의 성은 부여씨인데, '어라하'라고 부른다. 백성들은 '건길지'라고 부르는데, 중국어로 모두 '왕'이다(王姓夫餘氏, 號於羅瑕, 民呼爲鞬吉支, 夏言竝王也)》라고 씌여 있다. 이에 근거하여 우리는 고구려와 백제의 통치 집단과 동일한 계통인 부여족의 《가》는 결코 《국왕》이 아니라 그에 다음가는 통치자를 의미함을 추단할 수 있다.

그런데 건륭은 부여의 《제가》를 해석하여 목축을 관리하는 관명이라고 하였다.

그는 《어제 부여국전와》御製夫餘國傳訛에서 다음과 같이 썼다.

그 렬전에 이르기를 "그 나라(부여)에서는 여섯 가축으로 관직의 이름을 삼는데, 마가, 우가, 저가, 구가가 있다. 제가諸加들은 따로 사출도를 주관하는데, 적이 있으면 제가들은 스스로 싸우고 하호들은 식량과 물을 져날랐다"고 했다. 그 말이 믿을 만하다면 곧 이른바 제가라는 것은 어디에서 그 뜻을 취했다는 것인가? 사서史書는 부여가 가축을 잘 기른다고 칭했으니 가축을 길러 반드시 번성시켰을 것이고, 마땅히 각각의 관리가 맡아 주관했을 것이다. 지금 몽고에서 양을 관장하는 벼슬을 '화니제和尼齊'라고 하는 것과 같은데, 화니和尼란 양이다. … 부여에 대해 기록한 사람들은 당시에는 반드시 부여말을 아는 사람이었을 것이니 말을 관장하는 자와 소를 관장하는 자를 마가馬家, 우가牛家라고 번역했어야 하는데 와전되어 마가馬加, 우가牛加로 번역한 것이다. 이는 바로 《주례》周禮에 양인羊人, 견인犬人이 있었고, 한漢나라에는 구감狗監(황제의 사냥개를 관리하던 관직)이 있었을 뿐인 것과 같다. … 울종배蔚宗輩156)들이 이미 가家를 가加로 잘못 전했으니, 또 그 설을 구하려다 얻지 못하자 억지로 말을 만들어 냈으니 진실로 한 번 크게 웃을 가치도 없다 하겠다.

其傳曰: 國以六畜名官, 有馬加, 牛加, 豬加, 狗加, 諸加別主四出道. 有敵, 諸加自戰, 下戶擔糧飮食之. 信如其言, 則所謂諸加者, 何所取義乎. 史稱夫餘善養牲, 則畜牧必蕃盛, 當各有官以主之, 猶今蒙古謂典羊之官曰和尼齊, 和尼者, 羊也. … 誌夫餘者, 必當時有知夫餘語之人譯其司馬, 司牛者爲馬家, 牛家, 遂訛爲馬加, 牛加, 正如周禮之有羊人, 犬人, 漢之有狗監耳. … 蔚宗輩旣訛家爲加, 又求其

156) 울종(蔚宗)은 《후한서》를 편찬한 범엽(范曄 : 398~445)의 자(字)이다. 울종배라고 한 것은 건륭제가 여기에서 범엽뿐만 아니라 《삼국지》를 편찬한 진수(陳壽) 등도 비판하고 있기 때문이다.

說而不得, 乃强爲之辭, 誠不值一噱.〔《만주원류고(滿州源流考) 1권 부여(夫餘)조 : 원저 주〕

건륭은 진수와 범엽이 《방언》(부여어)을 모르기 때문에 《家》 자를 《加》 자로 와전하였다고 론박하였다. 그러나 건륭 자신이 부여어를 알았다고 말할 근거는 전혀 없으며, 그가 부여의 《제가》를 목축관리자로 해석한 것은 그의 무식을 폭로하는 것으로 되는 것이다.

어째서 이렇게 말할 수 있는가?

우리는 부여에 관한 기록에서 부여가 몽고와 같이 목축을 위주로 한 국가이였다고 볼 근거가 없다. 그와는 반대로 부여는 농업이 발달한 국가이였다고 말하여야 할 것이다.

《삼국지·부여전》에는 《부여의 옛 풍습에는 홍수나 가뭄이 들어 오곡이 영글지 않으면 문득 그 허물을 왕에게 돌려 '왕을 바꾸는 것이 마땅하다'고 말하거나 '왕을 죽이는 것이 마땅하다'고 말했다(舊夫餘俗, 水旱不調, 五穀不熟, 輒歸咎於王, 或言當易, 或言當殺)》라고 씌여 있으니 부여는 고대로부터 농업을 얼마나 중시하였는가를 능히 알 수 있다. 즉 이 기록에 의하면 부여의 옛 풍속으로서는 일기가 불순하여 농사가 잘 되지 않았을 때 국왕을 교체하거나 혹은 그를 죽였다고 한다. 물론 이 기록을 그대로 믿을 수 있는가 하는 것은 별문제이다. 그러나 이것으로써 부여인이 일찍부터 농업을 생업으로 하였음을 알 수 있다.

4가(소, 말, 돼지, 개)는 방위 가리키는 명사

또한 《삼국지·부여전》과 《후한서·부여전》에는 《토지는 오곡에 좋다

(土地宜五穀)》란 기록이 있다. 목축에 관한 기록을 찾아본다면 《삼국지·부여전》에 《그 나라는 가축을 잘 길러 명마가 난다(其國善養牲, 出名馬)》라는 기록과 《위략》에 《이름을 동명이라 했는데, 늘 명을 내려 말을 기르게 했다(名曰東明, 常令牧馬)》라는 기록을 들 수 있다.

우리는 이 자료들에서 부여에서 목마업이 발달했다는 것을 알 수 있다. 그러나 목양에 관한 기록이 없고 또 제가 중 《양가》羊加라는 것이 없다. 소, 말, 돼지, 개 등은 농업 종족의 가축이며 일반적으로 사양하는 가축이다. 만일 목축만이라면 양을 사양하는 것이 특징일 것인데 양에 관한 기록이 전연 없고 《양가》가 없는 것으로 보아서 부여를 목축 종족의 국가라고는 볼 수 없다.

따라서 우리는 건륭을 비롯한 《가加 즉 목축 관리》설 주장자들의 견해를 론박하지 않을 수 없다.

그러면 《4가》의 명칭(즉 소, 말, 돼지, 개)은 무엇을 의미하는가?

그 명칭의 유래를 언어학적으로 해석할 수는 없으나 아마도 그것은 동, 서, 남, 북의 방위를 가리키는 명사일 것이라고 추단된다.

그렇게 추단하는 근거는 무엇인가? 나는 고구려와 백제의 행정 구역의 구획법에서 5개 방위로 구획한 사실과 결부시켜 생각할 때 부여의 행정 구역 구획도 그와 동일하였으리라고 판단되기 때문이다.

진수는 《삼국지; 동이·고구려전》에서 고구려의 5부(연노부, 절노부, 순노부, 관노부, 계루부)를 5족으로 인정하였으나, 《후한서·고구려전》에 대한 리현李賢의 주에는 이렇게 쓰여 있다.

> 지금 고구려의 오부를 살펴보니 하나는 내부內部로서 일명 황부黃部라고 하는데, 즉 계루부다. 둘은 북부北部로서 일명 후부後部인데, 즉 절노부다. 셋은 동부東部로서 일명 좌부左部인데 즉 순노부다. 넷은

남부南部로서 일명 전부前部인데, 즉 관노부다. 다섯은 서부西部로서 일명 우부右部인데, 즉 소노부다.(여기 〈消〉 자는 〈涓〉 자의 오기임)
按今高麗五部: 一曰內部, 一名黃部, 卽桂婁部也. 二曰北部, 一名後部, 卽絶奴部也. 三曰東部, 一名左部, 卽順奴部也. 四曰南部, 一名前部, 卽灌奴部也. 五曰西部, 一名右部, 卽消奴部也.

그리고 이 5부의 명칭은 언어학적으로도 동, 서, 남, 북, 중앙의 뜻으로 해석된다.

백제에서도 5부의 행정 구획이 있었으니, 《주서·이역·백제전》에는 이렇게 씌여 있다.

백제는 … 고마성에서 다스리는데, 곳곳에 또 오방五方이 있다. 중방中方은 고사성이라 부르고, 동방東方은 득안성이라 부르고, 남방은 구지하성이라 부르고, 서방은 도선성이라 부르고 북방은 웅진성이라 부른다.
百濟者 … 治固麻城, 其處更有五方, 中方曰古沙城, 東方曰得安城, 南方曰久知下城, 西方曰刀先城, 北方曰熊津城.

또 《도읍에는 1만 가家가 사는데, 5부로 나누었다. 곧 상부, 전부, 중부, 하부, 후부라고 부른다(都下有萬家, 分爲五部, 曰上部, 前部, 中部, 下部, 後部)》라고 썼다.

맥족의 5행사상

이 자료들은 고구려와 백제는 행정 구역을 5개 방위로 획분하였음을 설명하고 있으니 그와 동일한 종족인 부여의 통치 집단도 역시 동일한 구획법을 사용했다고 추단할 수 있지 않겠는가?

이것은 이미 맥족이 오랜 옛날부터 오행사상五行思想을 주요한 사상으로 소유하고 있었음을 말해 준다고 보여진다.

부여에서는 4가의 명칭만을 전하고 있으나 그것은 4방에 위치한 한국을 의미하며 그밖에 중앙의 왕기가 있었을 것이니 따라서 역시 5방위의 구획법으로 행정 구역을 구획하였을 것이다. 그렇다고 해서 그 《한국》이 4개에 국한되였다고 볼 수는 없을 것이며 각 방위에 몇 개의 《한국》이 있었다고 보는 것이 자연스럽다. 왜냐하면 아래에서도 언급할 바와 같이 8만 호의 부여 인구에서 왕기의 부분을 제외한 나머지 인구를 《가》들이 지배하였는 바, 그 중 《큰 가는 수천 가를 주관하고 작은 가는 수백 가를 주관한다(大者主數千家, 小者數百家)》라 하였으니, 4명의 《가》로써는 그 전부를 통치할 수 없었을 것이 명백하기 때문이다.

우리는 여기서 3한의 78국을 련결시켜 생각할 필요가 있다. 즉 3한국이 있으나 그 안에 78국이 포괄되여 있는 사정과 동일하게 해석해서 큰 잘못이 없을 것이다.

고구려에도 《가》가 있었는 바 《그 큰 가는 다 고추가라고 불렀다(其大加皆稱古雛加)》라고 쓴 것으로 보아서 고추가는 4명 이상이였을 것이 분명하다.

요컨대 나는 부여의 《가》를 《한》으로 해석하며 그것은 지방 속국 즉 《한국》들의 통치자이며, 그 가들이 일찌기 모두 일정한 지역과 인민을 지배하였다가 진수가 취급하고 있는 사료의 시기에는 국가의 관리로서 일정한 지역의 인민을 지배한 것으로 보여진다.

부여는 맥족이 고조선족 즉 예인의 나라인 《불여》에 건국한 국가이며, 그것은 고조선의 한국韓國의 일부 지역으로서 맥국 즉 고리국의 문화를 주체로 하고 거기에 고조선 문화를 계승하였다고 판단한다.

제3절. 부여의 사회 경제 구성

(1) 자료에 관하여

우리는 이 문제를 고찰함에 있어서《삼국지》와《후한서》의《부여전》을 기본 사료로 할 수밖에 없다. 우리는 이 자료들을 우선 정리하여 이 자료들 내용의 시대성을 밝히지 않고서는 그 사회 경제 구성을 정당하게 해명할 수 없을 것이다.

《삼국지·부여전》의 자료를 우선 검토해 보기로 하자.

이 사료의 전반 부분에서 부여의 사회 경제 구성을 엿볼 수 있는 자료를 기록하고 있으나 그것이 어느 시기 부여의 사회상인가는 전연 밝히지 않고 있다. 물론 우리는 이 자료의 일부분이 진수의 생존 시기－기원 3세기 중엽의 사회상임을 부인할 수 없을 것이나 동시에 우리는 이 사료가 완전히 그 시기 부여의 사회상만을 기록한 것으로 볼 수도 없을 것이다. 따라서 제기되는 문제는 이 자료에 기록되여 있는 부여의 사회상이 어느 시기까지 소급될 수 있는가 하는 문제이다.

다시 말하면 이 사료의 내용을 부여 건국 초부터의 사회상을 기록한 것으로 인정할 수 있겠는가 하는 문제이다. 이 문제를 고찰함에 있어서 나는 이 사료의 내용을 부여 건국 초부터 진수 시기에 이르기까지의 오랜 시기의 사회상을 통털어 기록한 것이라고 인정하는 것이 타당하다고 생각된다. 그렇게 생각할 수 있는 근거는 무엇인가?

첫째 리유. 건국 이래 3세기에 이르기까지의 기간에 그 사회 경제 기구가 새로운 것으로 교체될 정도로 발전했다고 말할 수 있는 어떠한 자료도 우리는 발견할 수 없다는 사실이다. 다시 말하면 부여가 노예제 사회로부터 봉건 사회로 발전 이행했다고 볼 수 있는 어떠한 근거도 없다. 거기에서는 왕조의 교체도 찾아 볼 수 없다.

둘째 리유. 《삼국지·동이·부여전》의 전반 부문에서 부여의 사회상을 기록하고 후반 부분에서는 부여의 각이한 시대의 일련의 력사적 사실을 기록하고 있으나 그 기록들로써는 부여의 사회 경제 구성이 새로운 것으로 교체되였다고 볼 수가 없는 사실이다.

즉 같은 책 후반부에서는 다음과 같은 기록이 있다.

> 부여는 본래 현도에 속해 있었다. 한漢나라 말기에 공손도公孫度가 해동에서 세력을 확장해서 외이外夷들을 위세로서 복속시키자 부여왕 위구태尉仇台는 (공손도가 장악한) 료동으로 소속을 바꾸었다.
> 夫餘本屬玄菟, 漢末公孫度雄張海東, 威服外夷夫餘王尉仇台更屬遼東.

> 정시正始(240~248) 때 유주자사 관구검毌丘儉이 고구려를 토벌하면서 현도 태수 왕기王頎를 보내 부여에 이르자 위거位居(부여왕)는 대가를 보내 교외에서 맞이하고 군량을 공급했다.
> 正始中幽州刺史毋丘儉討句麗, 遣玄菟太守王頎詣夫餘, 位居遣大加郊迎供軍糧 ….

> 부여의 옛 풍습에는 홍수나 가뭄이 들어 오곡이 영글지 않으면 문득 그 허물을 왕에게 돌려 '왕을 바꾸는 것이 마땅하다'고 말하거나 '왕을 죽이는 것이 마땅하다'고 말했다.
> 舊夫餘俗, 水旱不調, 五穀不熟, 輒歸咎於王, 或言當易, 或言當殺.

한나라 때 부여왕의 장례에는 옥갑玉匣을 사용했는데, 늘 현도군에 맡겼다가 왕이 죽으면 맞아들여 취해서 장사에 썼다.
漢時, 夫餘王葬用玉匣, 常豫以付玄菟郡, 王死則迎取以葬.

지금 부여 창고에는 옥벽玉璧·옥규玉珪·옥찬玉瓚 등이 여러 대에 걸쳐서 내려오는데, 세세로 전하면서 보물로 여긴다. 노인들은 '선대先代에서 하사 하신 것'이라고 말하는데, 그 도장에 '예왕濊王의 도장이다'라는 글귀가 있다. 나라에 옛 성이 있는데, 이름이 예성이니 아마도 본래 예맥의 땅이었다가 부여가 그 가운데 왕이 되었으므로 스스로 망명한 사람이라고 말하는 이유와 비슷한 것 같다.
今夫餘庫有玉璧珪瓚, 數代之物, 傳世以爲寶, 耆老言先代之所賜也. 其印文言:「濊王之印」. 國有故城名濊城, 蓋本濊貊之地. 而夫餘王其中, 自謂亡人, 抑有似也.

부여 건국 직후부터의 사실을 다룬 사료들

진수는 부여 력사에서 특기할 만한 사실이라고 인정되는 것을 이상과 같이 기록하였다. 우리는 이상 렬거한 자료 중에서 시대적 성격을 달리하는(즉 한 대 이전으로 보이는) 것은 《**부여의 옛 풍습에는 홍수나 가뭄이 들어 오곡이 영글지 않으면 문득 그 허물을 왕에게 돌려 '왕을 바꾸는 것이 마땅하다'고 말하거나 '왕을 죽이는 것이 마땅하다'고 말했다**(舊夫餘俗, 水旱不調, 五穀不熟. 輒歸咎於王, 或言當易, 或言當殺)》이란 기록이다. 그런데 진수 자신도 이 기록에 대하여 확실한 자료적 근거를 가지지 못한 것을 표시하고 있다. 그는 이 자료를 어떠한 전문에 근거해서 썼다는 사실을 표명하고 있다.

그러나 우리는 진수가 《부여전》을 쓸 때 부여의 옛 풍속에서부터 시작하여 이러저러한 자료를 수집하여 체계화하지 못하고 기록하였다고 보아야 할 것이다. 그렇기 때문에 우리는 이 자료를 부여 건국 이후 3세기까지에 걸치는 부여 사회 전반에 관한 이러저러한 단편적인 불충분한 자료들을 체계 없이 엮어 놓은 것으로 인정할 수밖에 없을 것이다.

부여의 가장 이른 시기에 관한 자료로서의 《부여의 옛 풍습에는 홍수나 가뭄이 들어 오곡이 영글지 않으면 문득 그 허물을 왕에게 돌려 '왕을 바꾸는 것이 마땅하다'고 말하거나 '왕을 죽이는 것이 마땅하다'고 말했다(舊夫餘俗, 水旱不調, 五穀不熟, 輒歸咎於王, 或言當易, 或言當殺)》라는 자료는 진수가 분명히 한 대에 상당한 시기에 부여의 사정과 구별하고 있다고 보아야 할 것이다.

어째서 이렇게 말할 수 있는가? 위에 인용한 바와 같이 그는 한 대의 상당한 시기에 부여의 형편을 론할 때에는 《한나라 때 부여왕 … (漢時, 夫餘王 …)》 또 《한漢나라 말기에 공손도公孫度가 세력을 확장해서 … (漢末, 公孫度雄張海東 …)》이라고 썼다. 그리고 그는 동 《부여전》 전반부에서 부여 사회의 다방면에 걸치는 문제들을 서술하였고 또 맨 끝에 가서 《그 도장에 '예왕濊王의 도장이다' 라는 글귀가 있다(其印文言, 濊王之印)》라고 썼다. 부여왕이 《예왕의 도장(濊王之印)》을 사용했다는 기록은 정확한 기록이라고 인정할 수 없다. 왜냐하면 부여왕이 《예왕》이 아니며, 또 《예》濊 자는 한인들이 사용한 글'자이며 고대 조선인 자신들이 사용했다고 볼 근거가 없기 때문이다[157]. 《濊》 자는 한음漢音으로 《후이》이며 이것은 《夫餘》와 동일한 음이기 때문에

157) 예(濊) 자는 더럽다는 뜻이니 고대 조선인들이 이런 이름을 썼을 리가 없다는 뜻이다.

한인들이 《夫餘王之印》을 명시하기 위하여 《濊王之印》으로 번역한 것이라고 생각된다.

따라서 우리는 《삼국지·부여전》의 기록은 한 대 이전 시기에 상당하는 시기(즉 기원전 3세기 말 이전), 전한 대, 후한 대 및 후한 이후 시기에 걸치는 부여 사회의 현상에 관한 간단한 일반적인 자료이라고 인정할 수 있으며, 결코 진수 시기의 부여 사회에 관한 자료만이라고 보아서는 안 될 것이다.

《후한서·부여전》의 자료도 대체로 전자와 일치한다. 그러나 여기서는 부여의 정치 제도, 경제 정형, 생산 관계, 풍속 등을 서술한 부문을 동명왕의 전설에 계속해서 서술하고 있으며, 여기 서술된 정치 제도, 경제 정황, 생산 관계, 풍속 등이 모두 부여 건국 직후부터의 사실로 해석할 수 있도록 서술되어 있다.

> (동명이) 이로 인해 부여왕이 되었다. (부여는) 동이 지역 중에서 가장 평탄하고 넓으며 땅은 오곡이 자라기 알맞다. 명마와 붉은 옥과 담비貂, 원숭이豽가 나며 큰 구슬이 나는데 크기는 멧대추만 하다. 목책을 둥글게 쌓아 성을 만드는데 궁실宮室과 창고와 감옥이 있다. 그 사람들은 거칠고 크며 용감하면서도 근후謹厚해서 노략질하지 않는다. 활·화살·칼·창으로 병기를 삼는데 … 형이 죽으면 형수를 아내로 삼고, 죽으면 곽椁은 쓰지만 관棺은 쓰지 않는다. 사람을 죽여 순장殉葬하는데, 많을 때는 백명이나 된다.
>
> 因至夫餘而王之焉, 於東夷之域, 最爲平敞, 土宜五穀, 出名馬, 赤玉貂豽, 大珠如酸棗, 以員柵爲城, 有宮室, 倉庫, 牢獄. 其人麤大彊勇而謹厚, 不爲寇鈔, 以弓矢刀矛爲兵. … 兄死妻嫂, 死則有椁無棺, 殺人殉葬, 多者以百數.

(후한서의 편찬자) 범엽은 이 부분을 부여 건국 직후부터의 부여 사회의 제 사실로 인정하였다고 보여진다. 왜 이렇게 인정하였는가 하면 그는 이 인용문에 계속해서 《부여왕의 장례에는 옥갑玉匣을 사용했는데, 한나라 때는 늘 미리 현도군에 맡겼다가 왕이 죽으면 맞아들여 취해서 장사에 썼다(其王葬用玉匣, 漢朝常豫以玉匣付玄菟郡, 王死則迎取以葬焉)》라고 썼기 때문이다. 그가 《한나라 때는 늘 미리 옥갑을 현도군에 맡겼다(漢朝常豫以玉匣付玄菟郡)》라고 쓴 것은 위에 인용한 부분의 제 사실은 한조 이전에도 있었다는 것을 인정하였기 때문이 아니겠는가?

범엽은 또한 후한 이후의 사실을 명백히 구별하여 썼다.

> (후한) 건무建武 때(기원 25~55년) 동이의 여러 나라들이 다 와서 조헌하고 입견했다. 건무 25년(기원 49년) 부여왕이 사신을 보내 공물을 바치자 광무제가 후하게 보답했고, 이후 사신들이 해마다 통하였다. 안제安帝 영초永初 5년(기원 111년)에 이르러 부여왕이 처음으로 기병 7~8천 명을 거느리고 락랑을 노략질해서 관리와 백성을 죽였으나 그 후 다시 귀부했다. 영녕永寧 원년(120년) 사자嗣子 위구태尉仇台를 보내 궁궐에 나와서 조공을 바치자 천자는 위구태에게 인수印綬(관인을 차는 끈)와 금채金綵(귀한 비단)를 내렸다. 순제順帝 영화永和 원년(136년) … 환제桓帝 연가延熹 4년(161년) …, 영강永康 원년(166년) …, 영제靈帝 가평熹平 3년(174년)에 이르러 ….
>
> 建武中(후한 초-필자), 東夷諸國皆來獻見. 二十五年(기원 49년), 夫餘王遣使奉貢, 光武厚答報之, 於是使命歲通, 至安帝永初五年(기원 111년), 夫餘王始將步騎七八千人寇鈔樂浪, 殺傷吏民, 後復歸附. 永寧元年(120년) 乃遣嗣子尉仇台詣闕貢獻, 天子賜尉仇台

印綬金綵, 順帝永和元年(136년), … 桓帝延熹四年(161년) …, 永康元年(166년) …, 至靈帝熹平三年(174년) ….》

이상과 같이 《후한서·부여전》에서는 부여 건국 직후부터 기원 2세기 말까지의 부여 사회에 관한 이러저러한 자료를 기록하고 있으니 결코 기원 1~2세기 부여 사회 현상에 관한 기록만은 아니라고 보아야 할 것이다.

나는 위에서 부여의 건국 년대를 늦어도 기원전 3세기 중엽이라고 인정하였다. 부여의 창건자 동명왕은 북이 고리국의 왕자이며 원주민인 예인의 일부를 통치하였다. 기술한 바와 같이 예인은 곧 고조선 지배하의 《한국》汗國 인민이였다. 만일 나의 추리가 통할 수 있다면 부여는 결코 원시 사회로부터 처음 계급 사회로 이행한 국가가 아니라 고조선의 일부 지역에서 건립된 국가이며 맥족의 통치자로 교체된 국가였다. 부여는 선행한 국가 고리국(즉 맥국)에서 갈라져 나온 국가이며, 기술한 바와 같이 맥국에는 이미 기원전 5세기에 20분의 1의 부세 제도가 있었던 것이다.

일본 사가들이 부여 건국 년대 끌어내린 이유

따라서 나는 위에 인용한 《후한서》의 자료 《(동명이) 이로 인해 부여왕이 되었다. … 사람을 죽여 순장殉葬하는데, 많을 때는 백 명이나 된다(因至夫餘而王之焉 … 殺人殉葬, 多者以百數)》 까지의 기록은 부여 건국 직후부터 존재한 사실로 판단한다. 사료의 결핍으로 인하여 부여 건국 이후의 그 왕계는 불명확하다. 진수와 범엽은 부여 왕계에 관한 자료는 장악하지 못하였던 것 같으며 그 서술이 왕계에는 전연 주의가 돌려지지 않고 있다. 《삼국지》에서는 위구태尉仇台가 후한 말의 왕으로 인정되여 있고, 《후한서》에서는 위구태가 안제 영초 년간(기원 111년)의 왕으로서 기록되여 있는 것으로 보아서 그들이 부여 왕계에 관해서는 자료를 장악하지 못하고 있었음을 알 수 있다.

따라서 부여의 왕계가 불명확하다고 해서 부여의 건국 년대를 기원 후로 끌어 내릴 수는 없는 것이다. 과거 일본 사가들은 흔히 부여의 건국 년대를 위구태부터라고 인정하였다. 백조고길白鳥庫吉(시라토리 구라기치)은 《부여가 력사상에 나타난 것은 전한 말이며 멸망한 것은 모용씨의 중엽이였다》〔사학잡지(史學雜誌) 제6편 11호 《조선고대지명고(朝鮮古代地名考)》: 원저 주〕고 썼는 바 이것은 부여에 관한 기본 사료를 연구하지 않은 억설에 불과하다.

왜냐하면 그는 《사기·화식 렬전》과 《한서·지리지》에 기록된 부여에 관한 자료에 대해서는 눈을 감았기 때문이다. 이는 바로 제국주의 어용 사가들이 타민족의 력사를 말살하고 자기 민족 통치 계급의 력사를 위조함으로써 제국주의 침략자들에게 복무하는 반동적인 행위인 것이다. 백조白鳥庫吉의 부여 건국 년대에 관한 설은 곧 이러한 반동적인 황언에 불과한 것이다. 즉 이것은 일본 황실의 력사가 부여의 왕계보다 더 오래다는 것을 《증명》함으로써 조선과 중국 동북 지방에 대한 침략을 합리화하려는 반동 사학의 행위인 것이다.

그러면 부여의 사회 경제 구성에 관하여 고찰하여 보자.

(2) 생산력의 발전 정도

우리는 인용한 사료에서 이 문제를 철저하게 해결할 수 있는 자료를 얻기 어렵다. 따라서 간접적인 자료를 리용함으로써 부여의 생산력 발전 정도를 추단할 수밖에 없다.

우리는 예의 생산력 발전 정도에 관한 자료를 리용하여야 한다. 아래에서 론급할 바와 같이 예인의 국가인 고조선은 늦어도 기원전 5~4세기에는 철기를 사용하였다. 따라서 나는 예인의 고지에 건국한 부여는 건국 초부터 철기를 사용하였다고 인정하는 것이 타당하다고 생각한다. 기술한 바와 같이 기원전 7세기 제齊의 환공桓公은 동호에게 패전하였던 것이며 그 동호를 나는 맥족으로 인정하였다. 따라서 맥족은 기원전 7세기에 상당히 예리한 무기를 소유하였던 것으로 보여진다. 《삼국지》나 《후한서》의 《부여전》들에서 《활과 화살, 칼과 창으로써(以弓矢刀矛爲兵)》라고 기록한 것은 그 무기들을 청동제 무기로 해석하기보다는 철제 무기도 있었다고 해석하는 것이 타당할 것이다.

부여는 고대 조선족의 국가들 중에서 가장 농업이 발달하였으며 건국 초부터 철제 농구를 사용하여 5곡을 생산하였다. 《위략》에는 《그 나라는 매우 부강해서 선대로부터 일찌기 파괴되지 않았다(其國殷富, 自先世以來, 未嘗破壞)》라고 썼고, 《삼국지·부여전》에서는 《그 백성들은 토착민인데, 궁실과 창고와 감옥이 있다(其民土著, 有宮室, 倉庫, 牢獄)》라고 썼으며, 타방으로는 통치 집단이 《섣달에는 하늘에 제사를 지내는데, 대회에서는 날마다 술 마시고 노래하며 춤췄다(以臘月祭天, 大會連日, 飮酒歌舞)》[158]하였고, 인민들이 《행인들이 밤낮없이 노래하고 다니는데, 그 소리가 끊이지 않았다(行人無晝夜好歌吟, 音聲不絕)》(후한서·부여전) 하였던 것이다.

그리고 귀족들은 큰 소매가 달린 도포袍를 입고 가죽신을 신었으며 출국할 때는 비단과 모직물罽 옷에 수를 놓아 입고, 호리狐狸, 검은

---

158) 《삼국지》 〈부여전〉은 은정월(殷正月)로 되어 있고, 《삼국지》 〈부여전〉에는 납월(臘月)로 되어 있다.

원숭이 가죽, 흑 백색의 돈피貂皮 덧저고리를 입고, 금·은으로 장식한 모자를 썼다. 이것으로 보아서 부여 귀족들의 호화로운 경제 생활을 짐작할 수 있으니 이것은 다 인민들로부터 많은 잉여 생산물을 착취하였음을 의미한다.

이러한 사실들을 통하여 우리는 부여의 수공업이 상당히 발달하고 있었음을 알 수 있다. 즉 부여에서는 견직물, 모직물, 금은 세공, 고급 모피, 주옥 가공 및 각종 무기를 제조하였다. 이것은 부여의 수공업이 상당한 정도로 전문화되고 있었음을 말하여 준다.

목축업은 기술한 바와 같이 발달하였으나 목축 사회의 흔적을 볼 수 있는 자료는 전연 없다.

상업과 교통은 기원 1세기에는 상당히 발달하였다. 《후한서·부여전》에 《건무建武 때(기원 25~55) 동이의 여러 나라들이 다 와서 조헌하고 입견했다. 건무 25년(기원 49년) 부여왕이 사신을 보내 공물을 바치자 광무제가 후하게 보답했고, 이후 사신들이 해마다 통하였다(建武中, 東夷諸國皆來獻見. 二十五년(기원 49년), 夫餘王遣使奉貢, 光武厚答報之, 於是使命歲通)》라 썼고 또 《안제安帝 영초永初 5년(기원 111년)에 이르러 부여왕이 처음으로 기병 7~8천 명을 거느리고 락랑을 노략질했다(至安帝永初五年(기원 111년), 扶餘王始將步騎七八千人寇鈔樂浪)》, 《영녕永寧 원년(120년) 사자嗣子 위구태尉仇台를 보내 궁궐에 나와서 조공을 바치자 천자는 위구태에게 인수(印綬: 관인을 차는 끈)와 금채金綵(귀한 비단)을 내렸다(永寧元年(120년) 及遣嗣子尉仇台詣闕貢獻, 天子賜尉仇台印綬金綵)》라고 씌여 있다. 여기에서의 《조헌하고 공납을 바쳤다(獻貢)》, 《공물을 바쳤다(奉貢)》 등이란 기록은 문'자 그대로 해석할 것이 아니라 교역 관계를 의미하는 것으로 해석하여야 한다. 부여 통치 계급은 기원 1세기 중기에는 재부를 추구하여 대외 교역을 진행하였으니 그것은 국내의 상업과 교통이 발달하였음을 의미한다.

그런데 이러한 부여에 대하여 혹자는 이 사회를 원시 사회 말기에 처하여 있다고 주장하였다. 그러나 이러한 억측은 허용될 근거가 전연 없다.

(3) 사회 경제 구성

경제 구성을 천명하기 위해서는 계급 구성과 경제 제도를 고찰하여야 한다. 현존한 사료에서 부여의 계급 구성과 경제 제도를 직접적으로 설명해 주는 자료는 없다. 그렇기 때문에 오늘까지 현존 사료를 각이하게 해석하며, 그 계급 구성과 경제 제도를 각이하게 설명하고 있다.

필자는 계급 구성을 분석하면서 사회 경제 구성을 결론적으로 론급하려 한다.

(ㄱ) 통치계급

부여에는 최고의 통치자로서 국왕이 존재하였다. 이 국왕은 무제한한 전제 권력을 행사한 것이 아니라 상대적으로 그 권력이 일정하게 제한된 전제 군주였다. 재판권은 국왕이 소유한 것이 아니라 《국중대회》가 소유하였다 《삼국지·부여전》에는 《국중대회에서 날마다 마시고 먹으며 노래하고 춤추는데, 이름을 영고라고 한다. 이때 형옥을 판단하고 죄수들을 풀어준다(國中大會連日, 飮食歌舞, 名曰迎鼓. 於是時, 斷刑獄, 解囚徒)》라고 하였는 바 이 기록은 죄수들의 처단과 석방을 국중대회에서 집행한 것을 말해 준다. 우리는 부여의 언어와 제반 사실이 류사한 고구려에서의 재판권의 행사 집행을 볼 때 더욱 그것을 명백하게 리해할 수 있다. 같은 책 《고구려전》에는 《동맹》東盟이라는 국중대회가 있었고 《감옥이 없어서 죄가 있으면 제가諸加의 평의에서 문득 죽이고,

그 처자는 노비로 적몰한다(無牢獄, 有罪, 諸加評議便殺之, 沒入妻子爲奴婢)》라고 씌여 있다. 이것은 고구려에서 범죄자를 귀족 대관들의 《평의회》인 《동맹》에서 처형하였음을 설명하여 준다.

이 현상을 얼핏 보면 군사 민주주의 단계에서의 의사회議事會와 같이 해석할 수도 있다. 또는 고대 동방 사회의 일반적 특성으로서의 군주의 전제 권력과 기계적으로 대비함으로써 이 현상을 국가 권력 이전 사회의 현상으로 해석할 수 있는 것 같이도 보인다.

그러나 이 현상 하나만을 가지고 부여 사회를 의사회가 존재했던 희랍의 영웅 시대의 사회와 동일시해서는 안된다. 왜 그런가? 군사 민주주의 단계에서는 아직 행정 관료 기구가 없으며 군사 수장은 근대적인 행정 권력이 없었다.

엥겔스는 고대 희랍의 바실레우스의 권한에 대하여 다음과 같이 썼다.

> 투키디테스는 단정적으로 고대의 실레이아를 파트리크Pa-trikē 즉 씨족으로부터 유래하는 것이라고 부르고, 그는 엄밀히 규정된, 따라서 제한된 권한을 가지고 있었다고 말하고 있다. 또 아리스토텔레스는 영웅 시대의 바실레이아는 자유민에 대한 지휘였으며 바실레우스는 군 사령관, 재판관 및 최고 승려였다고 말하고 있다. 즉 바실레우스는 근대적인 의미에 있어서의 통치권은 가지고 있지 않았던 것이다.(에프·엥겔스 《가족, 사유 재산 및 국가의 기원》 1956년 조선로동당출판사 판 160페지 : 원저 주)

부여의 국왕을 희랍의 바실레우스와 동일한 존재로 생각할 수는 없다. 왜냐하면 부여에는 다음에 렬거하는 바와 같은 관리들이 존재하였으며 국왕은 그 관리들을 통하여 자기 통치권을 행사하였기 때문이다. 부여의 행정 기구는 결코 군사 민주주의 시대의 상층 구조가 아니라 통일적인 국가 기구였다. 그러나 부여의 국왕은 후일의 전제 군주처럼 즉 이른바 고대 동방의 일반적인 전제 군주와 같은 강력한 전제 권력을 행사하지 못하였으며, 군사 민주주의 단계의 유습에 기초한 제도의 제약을 어느 정도 받았던 것으로 인정된다.

《삼국지·부여전》에는 《부여의 옛 풍습에는 홍수나 가뭄이 들어 오곡이 영글지 않으면 문득 그 허물을 왕에게 돌려 '왕을 바꾸는 것이 마땅하다'고 말하거나 '왕을 죽이는 것이 마땅하다'고 말했다(舊扶餘俗, 水旱不調, 五穀不熟, 輒歸咎於王, 或言當易, 或言當殺)》라고 씌여 있는 바 이 자료를 문'자 그대로 믿을 수는 없다 하더라도 이것은 부여의 국왕이 군사 민주주의 단계의 유제의 제약을 상당한 정도로 받고 있었음을 설명해 준다. 진수의 필법으로 보아서 그는 정확한 자료에 근거한 것이 아님을 짐작할 수 있다. 그는 《부여의 옛 풍속》이라고 하였으니 이것은 부여의 전신국이였던 맥국 시대의 풍습이였던 것이 옛말로 전해진 것을 진수가 얻어 들은 것으로 해석된다. 그와 함께 진수가 알고 있는 자료로서는 부여에는 그러한 풍습이 없으며 국왕이 최고 권력을 행사하고 있다는 것을 설명해 준다.

여기서 혹자는 질문을 제기할 것이다. 고대 동방 사회에서 전제 권력을 소유하지 못한 국왕이라면 그것은 아직 국가 형성 이전의 군사 수장이 아닌가고.

그러나 우리는 고대 동방 국가들의 국왕들이 모두다 그 첫날부터 전제 권력을 행사한 것으로 인정해서는 안된다.

헤겔을 비롯한 부르죠아 력사 철학과 력사학은 동방 사회의 정치 제도는 국가 발생 이후 일관하여 전제 군주제라고 인정하고 민주주의적 정치 제도가 없는 것으로 인정하여 왔다. 그들 뿐만 아니라 오늘

많은 사람이 그렇게 생각하고 있는 것이다. 그리하여 나아가서는 동방에서의 민주주의 제도는 마치 구라파 자본주의의 영향하에서 비로소 생긴 것으로 인정하는 옳지 않은 경향도 있는 것이다.

최근 년간 맑스-레닌주의 력사학은 고대 동방 제국 특히 고대 동방 량하 류역 국가들에서의 군사 민주주의 제도의 존재를 해명하였고, 계급 국가로 이행한 후에도 일부 나라들에서는 전제 군주 제도의 수립 이전에 민주주의적 정치 제도가 존재하였음을 확증하였다.

헷트(소아세아) 국가에서는 돌리아핀 개혁 시기(기원전 1520~1490년)에 아직 두 종류 회의의 잔재가 존재하였다. 그 하나는 《판쿠스》 Pankuš라고 칭했고 다른 하나는 《툴리야스》Tuliyas라고 칭하였다. 전자는 전체 인민회의에서 기원하고 군사적 의의를 가졌으며, 그것은 그 전의 군사 민주주의 제도 시기의 민중회의의 유제이였다. 그리고 후자는 귀족회의인 바, 그것은 군사 민족주의 제도 시기의 의사회 혹은 장로회이였으며 이 회의들은 국왕의 권력에 대하여 작용하였으며 왕권을 제약하였다.[159] 이외에 아카드에도 싸산 1세 시기 《나그바티》Nagbati라는 민중회의와 《캅투티》Kabtuti라는 귀족회의가 존재하였다.

량하 류역 고대 국가들의 군사 민주주의 제도와 국가 형성 이후 법전에 관한 새로운 자료들을 부인할 수 없게 된 조건하에서 근년에 부르죠아 사가들도 고대 동방 국가들의 군사 민주주의 제도의 존재를 형식상으로나마 인정하지 않을 수 없게 되었다.

우리는 고대 동방 국가에서 군사 민주주의 단계의 상층 구조가

---

159) 이. 엠. 댜꼬노브 : 《바빌로니아, 아씨리야 및 헷트 왕국의 법전》 (쏘련 《고대사 통보》 1952년 제4호), 뱌치 이와노브: 《헷트 명사 판쿠-(회의)》 (쏘련 《고대사 통보》 1957년 제4호)

계급 국가 형성 이후에도 유제로서 잔존하였으며, 그것이 전제 군주 제도로 교체되였음을 알 수 있다.

여기서 우리가 한걸음 나가서 생각하여야 할 것은 그 민주주의적 제도가 전제 군주 제도로 교체되기까지의 기간은 각 종족의 구체적 조건에 따라 다를 것이며 결코 그것을 일반적으로 잠시적인 현상으로 속단할 수 없다는 것이다. 우리는 이러한 유습이 장기간 전래된 사실을 몽고 력사에서 찾아볼 수 있다. 몽고의 《쿠릴타이》는 봉건 사회에도 잔존하였던 것이다. 선비, 오환족도 《용감하고 건강하며 리치에 능해서 소송을 결정할 수 있는 자를 대인으로 추대하는데 대대로 서로 전하지는 않는다(有勇健能理決鬪訟者, 推爲大人, 無世世相繼)》(후한서·오환전)라 하였으니 이것은 바로 군사 민주주의 시대의 상층 구조를 설명하는 것이다. 거란족도 역시 동일한 풍습을 가졌던 것이다.

우리는 이러한 사실들과 결부시켜 생각할 때 북방족인 맥족의 부여 건국 이후에도 군사 민주주의 시대의 상층 구조의 유제가 장기간 존속했다고 해서 이상하게 생각할 필요가 없게 된다. 물론 그 유제라는 것은 군사 민주주의 단계의 상층 구조와 류사한 것이기는 하나 그것은 이미 내용과 형식에 있어서 변질된 것이다.

(ㄴ) 다음으로 료관 기구를 고찰하자

관료의 최고관으로서는 《우가》牛加, 《마가》馬加, 《저가》豬加, 《구가》狗加가 있었고, 그 밑에는 《대사》大使, 《대사자》大使者, 《사자》使者 등이 존재하였다. 기술한 바와 같이 《가》는 《한》汗이며 그것은 최고의 관리인 귀족이였다. 이 4《가》의 《4》는 4방위(또는 4등급)을 표시하는 것이며, 결코 4명의 《가》를 의미하는 것으로 해석할 수는 없다.

《삼국지·부여전》의 자료에 근거하면 우리는 부여의 《가》의 성격은 시대가 경과함에 따라 변화하였다는 것을 알 수 있다. 즉 고대의 《가》에 비하여 늦어도 진수 시대의 《가》의 성격은 변질되였음을 명백히 알 수 있다. 부여의 어느 시기인가의 《가》들은 《자연 재해가 있어 흉년이 들었을 경우에 국왕에게 책임을 추궁하여 국왕을 교체할 수도 있었고 죽일 수도 있었다.》 이 내용이 사실 그대로가 아닐지라도 《가》와 《국왕》과의 관계는 그 권력의 완전한 종속 관계가 아니였고, 《가》의 집단은 국왕을 어떤 경우에서는 지배할 수 있었다는 것을 말하여 준다. 이 경우를 생각할 때 그 《가》들은 대체로 국왕의 씨족과 동등한 씨족의 대표자로서 그 씨족의 경제적 기초도 국왕의 그것과 큰 차이가 없었음을 추리할 수 있다. 즉 이 경우에 있어서는 《가》들이 직접 지배하는 정치 경제 및 사회적 지반이 있었음을 생각할 수 있고 그것은 대체로 공동체적 조직에 기초하였으리라는 것도 상상할 수 있다.

부여의 옛 풍습에 국왕을 교체하고 죽일 수 있었던 《가》들은 그러한 권력을 행사할 수 있었던 경제적, 정치적 및 사회적 토대를 가졌으리라는 것을 우리는 부인할 수 없을 것이다. 바로 그는 수십 개 또는 수백 개의 촌락 공동체 위에 군림한 《소 전제 군주》가 아니고서는 군왕과 대등할 만한 정치, 경제적 권력을 행사했을 수 없었을 것이다. 토지와 인민을 마음대로 지배할 수 있는 전제 권력을 행사한다는 것은 토지의 사'적 소유가 허용되며 매개 인민이 개체적으로 경제 생활을 영위할 수 있는 조건하에서는 상상할 수 없을 것이다. 사'적 소유가 존재하지 않으며 매개인의 개체적인 독자적 경리가 허용되지 않는 그러한 사회하에서만 《가》들의 《소 전제 군주》로서의 전제주의적 권리가 보장될 수 있으며, 그러한 사회는 바로 아세아적 공동체적 소유 형태가 지배하지 않는 다른 소유 형태 즉 고전적 형태나 게르만적 형태하에서는 상상할 수 없을 것이며, 또 실지로 거기에는 부여의 《가》와 같은 《소 전제 군주》가 존재하지 않았다. 따라서 부여의 옛날에는 아세아적 소유 형태가 지배하였던 시기를 우리는 추리할 수 있다고 생각된다.

오늘 우리는 고대 부여인들이 그러한 공동체를 무엇이라고 칭했는지도 알 수 없다. 하여간 부여는 옛날에 그러한 사회를 경과했다는 것을 추리할 수는 있으나, 우리가 지금 장악하고 있는 자료에서 구체적으로 기록되고 있는 부여의 《가》를 일정한 공동체의 통합체 위에 서있는 《소 전제 군주》로 해석할 수는 없을 것이다. 그러나 부여의 《가》들의 집단이 아직도 국왕의 전제 권력을 일정하게 제약하고 있는 것으로 보아서 거기에는 옛날의 《소집단 위에 솟아 있는 결합적 통일체》로서의 《가》의 흔적이 잔존한 것으로 리해할 수 있다고 생각된다.

현존 사료에 근거하면 부여의 《가》는 일정한 읍락을 지배하는 지방 《관》이였다.

《삼국지·부여전》에는 《가》의 직무에 대하여 다음과 같이 썼다.

> 읍락에는 호민豪民이 있는데, 하호下戶라 불리는 사람들은 다 노복奴僕이 되었다. 제가諸加들은 따로 사출도四出道를 주관하는데, 큰 곳은 수천 가이며 작은 곳은 수백 가였다.
>
> 邑落有豪民民(혹은 名)下戶皆爲奴僕[160]. 諸加別主四出道, 大者主數千家, 小者數百家.

---

160) 《삼국지》〈동이·부여전〉은 《읍락에는 호민이 있는데, 하호라 불리는 사람들은 다 노복이 되었다(邑落有豪民, 名下戶皆爲奴僕)》라고 씌여 있다. 그런데 같은 책의 〈전본(殿本)〉 등에는 《邑落有豪民民下戶皆爲奴僕》으로 되어 있는데, 이를 《邑落有豪民, 民, 下戶皆爲奴僕》으로 끊어서 읽으면 《읍락에는 호민이 있고, 민이 있는데, 하호는 모두 노복이 되었다》로 해석할 수 있다. 이 경우 부여의 사회 계층은 호민, 민, 하호로 나뉘어 해석할 수 있다.

종래 이 문장의 해석에는 여러 가지 주장이 있다. 이 문장의 해석은 다음 소절에서 하기로 하고 여기서는 다만 제가加의 통치 대상이 어느 계층인가에 대해서만 언급하기로 하자.

이 문장을 문맥으로 보아서《호민이 하호를 모두 노복으로 만든다》고 해석할 수도 있다. 그러나 이렇게 해석하면 그 밑의 문장과의 련계가 되지 않는다. 즉 호민이 하호를 전부 노예로 만든다면 귀족인《가》들과 관료들의 노예의 원천은 없는 것으로 된다. 실지에 있어서 호민은《부유한 민》이며 귀족과는 계급적으로 대립되는 계층이였다고 해석하는 것이 타당할 것이라고 생각된다.

《제가諸加들은 따로 사출도四出道를 주관하는데, 큰 곳은 수천 가이며 작은 곳은 수백 가였다(諸加別主四出道, 大者主數千家, 小者數百家)》는 제가加가 바로 하호를 지배하는 것을 의미한다. 귀족인 제가加가 사방으로 출도하여 수천 가家 수백 가家씩 지배하는 대상은 하호가 첫째 가는 것이며, 하호가 그 대상에서 제외될 수 없다고 보아야 할 것이다. 그리고 통치자인 가加들이 하호를 전부 노예로 만들 권리를 호민에게 양보했다고 상상할 수는 없는 것이다. 따라서 우리는 이 자료를 해석하여《읍락에는 호민과 민이 있는데 민 중에서 하호는 모두 노예로 된다. 제가加는 하호를 수천 가家 또는 수백 가家씩 지배한다》고 해석하는 것이 타당할 것이다.

그러나 이것만으로써는 우리는《민民인 하호들은 다 노복이 되었다(民下戶皆爲奴僕)》란 기사를 완전히 리해할 수 없다. 만일《하호가 전부 노복으로 되었다》면 하호와 노복의 개념을 두가지로 설정할 필요가 없는 것이다. 역시 부여 읍락에는 기본 대중인 평민과 하호가 있고 노복이 따로 존재하였음을 인정하여야 한다. 하호와 노예를 동일시할 수는 없는 것이다. 하호는 신분적으로는 노예와 다른 것이였으나 경제적 예속 관계에 있어서는 노예적이였다고 해석할 수밖에 없을 것이다. 그러면 이제 제가加가 하호를 전부 노예로서 지배한다는 것은 구체적으로 어떠한 지배적 관계를 말하고 있는가를 고찰해 보아야 할 것이다. 과연 이러한 지배 관계와 아세아적 공동체 성원과 공동체들의 결합체 위에 군림하고 있는 대표자와의 관계와 동일한 것인가를 고찰해 보아야 할 것이다.

아세아적 소유 형태하에서의 공동체 성원의 성격

우리는 아세아적 소유 형태하에서의 공동체 성원이 어떠한 성격을 가지는 것인가를 맑스의 명제에서 찾아보기로 하자.

맑스는 1857~1858년에 《자본주의적 생산에 선행하는 제 형태》에서 토지 소유 형태의 세 가지를 들면서 그 첫째로 동방적 소유 형태를 구명하였다. 그는 동방적(아세아적) 소유 형태에서는 개인의 재산이 존재하지 않는다고 하면서 다음과 같이 썼다.

> 아세아적(적어도 우세를 차지하고 있는) 형태에서는 개인의 재산이 결코 존재하지 않으며 존재하는 것은 다만 개인의 점유뿐이다. 실제적인 진정한 소유자－그것은 공동체이다. 그렇기 때문에 재산은 오직 집체적 토지 재산으로서 존재한다.(맑스, 《자본주의적 생산에 선행하는 제 형태》, 중국인민출판사 판, 1956년 판, 16~17페지 : 원저 주)

그는 또한 동방적 토지 소유 형태를 《동방적 공동체를 기초로 하는 집단적 토지 소유》로 규정하고, 그러한 토지 소유의 전제로서 《무엇보다도 먼저 자연적으로 형성된 집단, 즉 가족 그리고 종족으로까지 확대된 가족 혹은 상호의 혼인으로써 서로 결합된 일련의 가족 혹은 또 종족의 결합이다》라고 썼다.

맑스는 이러한 공동체적 소유가 구체적으로 어떻게 실현되는가에 대하여 말하기를《이러한 종류의 공동체적 소유는 그것이 이 경우에 현실적으로 로동 속에서 실현되는 한 다음의 어느 형태로서 나타날 수 있다. 즉 작은 공동체는 상호 독립하여 성장해 가고 그 공동체들의 각기 내부에서는 개개인은 그에게 할당된 분유지에서 그 가족과 함께 독립하여 일하던가 (… 중략 …), 혹은 또 동일체가 로동 과정 그 자체에서의 공동에로까지 전개되는가가 그것이다》라고 썼다.

우리는 이 명제에 근거하여 맑스가 말하는 동방적 공동체의 실현 형태가 두 가지 있을 수 있다는 것을 리해할 수 있다. 즉 이 공동체 내에서 성원들은 가족과 함께 독립하여 일하는 경우가 있고 또 다른 하나는 완전히 공동으로 일하는 경우가 있는 것이다. 이러한 공동체의 잉여 로동 부분은《결국 한 사람의 형태로서 존재하는 최고의 집단에 귀속되는 바 이 잉여 로동은 공물로서 실현되는 경우도 있고 또 동일체의—즉 혹은 현실적 전제 군주의 혹은 상상된 종족적 본체인 신의—찬미를 위하여 봉사하는 집단적 로동 형태로서 나타나는 경우도 있다.》

아세아적 공동체의 잉여 생산물은 결국 최고의 통일체에 귀속된다.

맑스는 또한 이러한 동방적 공동체는 많은 경우에 있어서 세습적인 점유자에 불과하다는 것을 지적하였다. 그는《례를 들어 대다수의 기본적인 아세아적 형태와 같이 이들 모든 소집단 위에 솟아 있는 결합적 통일체가 최고의 혹은 유일한 소유자로서 나타나고 이 때문에 현실적인 공동체는 세습적인 점유자에 불과하다》고 썼다. 맑스는 대다수의 기본적인 아세아적 형태가 토지의 점유자임을 지적하였으니 그는 아세아적 형태에서도 그와는 다른 소유 형태도 있을 수 있다는 것을 시사한 것이라고 리해할 수 있다. 맑스는 이러한 공동체 성원들은 다만 집단의 일원으로서만 존재할 수 있는 것이라고 말하였다. 즉 동방적 공동체에 있어서는 집단—공동체를 떠난 개인의 생존을 상상할 수 없는 것이다.

맑스는 아세아적 공동체 성원의 성격에 대하여 《타방, 이 소유 형태(즉 아세아적 소유 형태—필자)하에서는 개개인은 전연 소유자로는 되지 못하고 점유자임에 불과하기 때문에 그 자신은 본질적으로는 공동체의 통일을 인격화하고 있는 자의 재산이며 노예이다. 따라서 노예제는 여기서는 로동 제 조건을 파괴할 수도 관계의 본질을 변화할 수도 없다》(맑스, 《자본주의적 생산에 선행한 제 형태》 : 원저 주)고 썼다.

우리는 여기서 공동체 성원이 《본질적으로 노예이다》라는 규정을 옳게 리해하여야 할 것이다. 이것은 공동체 성원이 곧 노예라는 의미가 아니며 그들은 신분적으로는 자유민이였으나 경제적 착취면에 있어서는 노예와 같다는 뜻으로 리해할 것이 아니겠는가?

우리는 《총체적 노예제》를 리해함에 있어서 《공동체 성원이 전부 노예이며 그와는 다른 노예가 없다》는 뜻으로 단순화해서는 안 될 것이다.

실지 고대 동방 제국에서는 공동체적 소유 형태가 지배적인 것이였으나 사'적인 노예 소유자도 있었고 사'적인 토지 소유도 존재하였고 국가와 사원의 대농장 경리에서는 노예를 생산에 종사시켰던 것이다.

맑스—레닌주의 역사학의 고대 동방사 연구 성과

최근 년간 맑스—레닌주의 력사학이 고대 동방사를 연구한 성과를 몇가지 살펴 보기로 하자. 고대 동방 노예제 국가에도 토지의 사'적 소유자가 존재하였다.

쏘련 력사가 웨. 이. 아브디예브는 《고대 동방사》(1952년)에서 메소포다미야의 고대 국가인 슈메르의 국가 형성 이전의 노예제에 관하여 《최초로 가족에서 발생한 은폐된 형태의 노예제의 존재에 대하여서는 여러 가지의 슈메르 아카드의 문서가 명시한다》(웨. 이. 아브디예브 《고대 동방사 (상)》, 1955년 교육도서출판사, 65페지 : 원저 주)라고 썼다.

이와 같은 사회에서 국가를 형성하는 과정에는 공동체가 분렬되고 소수의 노예 소유자 귀족과 공동체원의 일부가 점차 령락되며 빈민과 노예로 전화되였으며, 여기서 노예 소유자들은 빈민과 노예의 다수의 대중을 복종시키기 위하여 국가 기구를 필요로 하였다고 지적하고 있다.

이런 과정을 통하여 형성된 슈메르 국가의 사회 경제 구성에 관하여 다음과 같이 썼다.

> 이같은 태고의 노예 소유자 국가의 경제적 기조는 국가의 수중에 집중된 전국의 토지 폰드이였다. 자유 농민이 경작하는 공동체의 토지는 국가의 소유로 생각되였으며 그 주민은 국가에 대하여 상당히 가혹한 각종의 부담을 질 의무를 가지였다. 그러나 이와 병행하여 국왕은 특별한 상당히 거대한 토지 면적을 직접 처리하였다. 계급 분렬의 과정은 토지 소유 형태에도 표현되였다. 국가 정권은 종종 공동체의 토지를 강점하게 되였으며 그 일부는 **이미 일찌기 공동체의 가장 부유한 대표자들의 소유로 전화되였다**. 그와 같이 하여 점차로 국왕의 대규모적 집중적 토지 소유와 농민의 공동체의 토지 리용과 병행하여 **부자들의 토지 사유가 발생하였다**. 점차로 노예로 전화된

전쟁 포로는 국왕과 사원과 노예 소유자—귀족에 속하는 토지를 경작하였다.(동상서, 69페지 : 원저 주)

슈메르의 국가 형성은 원시 공동체 내에서 계급 분렬이 일어나 노예 소유자들이 빈민과 노예를 복종시키기 위하여 국가 기구를 필요로 하였다. 국가 형성 이후 자유 농민은 공동체의 토지를 경작하였으며 그 토지는 곧 국가의 토지로 생각되였다. 그러나 토지의 일부는 공동체의 부요한 대표자들의 소유로 전화되였고, 국왕의 대규모적 집중적 소유와 동시에 부자들의 토지 소유가 발생하였다. 그리고 빈민과 노예는 국왕과 사원과 노예 소유자의 토지에서 생산 로동에 종사한 것이다.

고대 동방 국가들 중 가장 이른 국가인 슈메르에서는 공동체 성원들이 전부 노예 신분을 가진 것은 아니였다. 그러나 그들은 국가의 토지로 생각된 공동체 토지를 경작하면서 국가 앞에 가혹한 부담을 지고 있었다. 위에 인용한 맑스의 교시 중에서 아세아적 소유 형태하에서 공동체 성원들이 《본질적으로는 공동체의 통일을 인격화하고 있는 자의 재산이며 노예》라고 한 그 《노예》라는 것은 슈메르의 경우에 있어서는 국가 앞에 가혹한 부담을 지고 있는 공동체 성원으로 될 것이다. 즉 맑스는 이러한 공동체 성원을 가리켜 바로 《본질적으로는 노예이다》라고 규정하였다고 리해된다.

이러한 동방적인 노예제의 물질적 기초는 아세아적 공동체인 것이다. 따라서 우리가 부여의 노예제의 본질이 아세아적 노예제와 어떤 공통성이 있으며 차이점이 어떤 것인가를 밝히기 위해서는 우선 부여 사회에 아세아적 공동체의 존재 여부를 밝혀야 할 것이다. 부여 사회에 공동체의 존재 여부를 밝힘으로써 곧 《가》加의 성격을 규정할 수 있게 될 것이다.

맑스의 아세아적 공동체의 규정에서 가장 기본적인 내용은 토지의 사'적 소유가 존재하지 않고 토지는 오직 공동체의 소유이며 매개 성원들은 공동체를 떠난 독립적 생존이 불가능하며 오직 공동체의 일원으로서만 생존할 수 있다. 공동체의 소유도 실제는 세습적 점유이며 국가적 소유와의 이중적 소유로 되여 있다는 점이다.

그러면 부여에 이러한 특성을 가지는 아세아적 공동체가 존재하였는가를 살펴 보기로 하자.

혹자는 읍락邑落을 아세아적 공동체와 본질적으로 동일한 공동체로 인정하기도 한다. 우리는 중국 사가들이 기록한 고대 조선 제국가의 읍락을 일률적으로 아세아적 공동체라고 규정하여 단순화해서는 안 된다.

동이 제족의 〈읍락〉에 관한 기록

그러면 이제 《삼국지·동이전》과 《후한서·동이전》에서 동이 제족들의 《읍락》에 관한 기록을 렬거하고 비교하여 보기로 하자.

(1) 오환(烏桓)의 읍락

> 한나라 말기에 료서의 오환 대인 구력거는 무리 5천 락이고, 상곡의 (오환대인 난루)는 무리가 9천여 락이고 … 료동속국의 오환은 … 천여 락이고 … 우북평 오환은 … 무리가 8백여 락이고.
>
> 漢末, 遼西烏丸大人丘力居, 衆五千落, 上谷烏丸 … 衆九千落, … 遼東屬國烏丸 … 千餘落, … 右北平烏丸 … 衆八百餘落.(삼국지)

읍락에는 각각 소수가 있고, 수백 수천 락으로 하나의 부를 만든다.
邑落各有小帥, 數百數千落自爲一部.(후한서)

만약 서로 적으로 삼아 죽인 자가 있으면 부락에 명해 스스로 서로 보고하게 하고 … 만약 도망하여 반항하다가 대인에게 체포되면 읍락에서는 받지 않고, 다 무리들이 옹광雍狂의 땅으로 내쫓는데 사막의 가운데이다.
若相賊殺者, 令部落自相報 … 若亡畔爲大人所捕者, 邑落不得受之 皆徒逐於雍狂之地, 沙漠之中.(후한서)

여기의《락》은 곧《읍락》과 동일한 의미에서 쓴 명사이며 많은 읍락이 합하여 부락을 이룬다. 이 부락은 호상투쟁을 하였고 부락에서 도망하였다가 최고 수장에게 체포되였을 때에는 그는 자기 읍락으로 다시 돌아갈 수 없고 사막으로 추방되였다. 이 사실로 보아서 이《읍락》은 분명히 공동체임을 알 수 있다. 개인은 읍락을 떠나서는 생존해 나갈 수 없는 것이였으니 이것은 바로 이 사회가 공동체에 기초하고 있음을 명백히 말해준다.

(2) 고구려의 읍락

그 백성들은 노래하고 춤추기를 좋아하고, 나라 안의 읍락에서는 낙이 저물어 밤이 되면 남녀들이 모여서 무리를 이루고는 서로 함께 노래하면서 논다.
其民喜歌舞, 國中邑落暮夜男女群聚, 相就歌戲.(삼국지)

《후한서·고구려전》에는 《읍락》에 관한 기록이 없다.

이 기록은 고구려의 《읍락》을 공동체라고 해석할 근거를 전혀 주지 않는다. 《삼국지》와 《후한서》 기록에서 고구려의 《읍락》이 토지를 공동 소유했다던가 또는 읍락을 떠나서는 개인의 생존이 불가능하다던가 하는 자료는 전연 찾아 볼 수 없다.

이 자료는 고구려의 서울과 시골 즉 경향京鄕이란 뜻으로 해석하는 것이 타당할 것이다.

(3) 옥저의 읍락

> 옥저의 여러 읍락의 거수는 모두 스스로 삼로라고 부르는데, 즉 옛 현국의 제도다.
>
> 沃沮諸邑落渠帥皆自稱三老, 則故縣國之制也.(삼국지)

《후한서·동옥저전》에는 옥저의 읍락에 관한 기록이 없다.

옥저 읍락에 《거수》가 있다고 해서 그 읍락을 공동체라고 해석할 수는 없는 것이다. 이 《거수》란 것은 《우두머리》라는 뜻이며, 이 단어는 봉건 사회에서도 흔히 사용한 용어이며 공동체의 수장에 한해서 쓴 말이라고 해석할 근거는 전혀 없다. 위의 인용문이 설명하고 있는 바와 같이 옥저의 《읍락》은 《옛 현국의 제도(故縣國之制)》에 의한 행정 단위인 것이 명백하다.

(4) 읍루의 읍락

> 대군장이 없고, 읍락에는 각각 대인이 있다.

無大君長, 邑落各有大人.(삼국지)

군장이 없고, 그 읍락에는 각각 대인이 있는데, 산림 사이에 거처한다.
無君長, 其邑落各有大人. 處於山林之間.(후한서)

이 읍락은 《대인》이 있다고 쓴 것으로 보아서 한 개의 촌락이라고 볼 수 없으며, 그것은 한 개의 부족 혹은 씨족을 의미하는 것으로 해석된다. 오환이나 선비의 《대인》은 수다한 읍락을 지배한 수장이였으니 동일한 필자의 기록을 동일하게 해석하는 것이 타당할 것이다. 읍루는 아직 행정 제도가 없는 것으로 보아서 그 읍락은 역시 공동체로 리해하는 것이 타당할 것이다.

(5) 예의 읍락

그 읍락을 서로 침범하면 문득 서로 벌을 주는데, 산 사람이나 소나 말로서 책임지는데, 이를 책화라고 부른다.
其邑落相侵犯, 輒相罰, 責生口牛馬, 名之爲責禍.(후한서)

이 자료에 의하면 예의 읍락은 읍락 단위로 침범할 경우에는 서로 책벌을 가하여 우, 마, 생구 등으로 배상하도록 하였다. 이와 함께 《삼국지·예전》에는 《그 풍속은 산과 강을 무겁게 여겨서 산과 강마다 구분이 있으므로 함부로 들어가지 않는다(其俗重山川, 山川各有部分, 不得妄涉入)》라 하였고, 《후한서》에도 동일한 내용의 기록이 있다. 이 자료는 역시 읍락 호상간에 산천의 경계선이 있어 서로 임의로 사용할 수 없었다는 뜻으로 리해하여야 할 것이다. 따라서 우리는 이 읍락은 공동체적인 유제가 상당히 강하게 잔존하고 있다고 보아야 할 것이다. 그러나 이 읍락을 고대 동방적인 공동체와 동일한 것으로 인정할 근거는 없다. 왜냐하면 예인의 행정 기구는 《후》侯, 《읍군》邑君, 《삼로》三老 등 관리 체계에 의하여 유지되였는 바 이 관료들을 고대 동방적인 《소 전제 군주》로 즉 공동체의 족장으로 인정할 수는 없기 때문이다. 따라서 이 읍락은 역시 공동체의 유제가 강인하게 잔존한 행정 단위로 리해하는 것이 타당할 것이다. 경제적으로 산천을 서로 침범할 수 없었다고 하였으니 이러한 현상은 후세에도 존재할 수 있는 것이 아니겠는가. 읍락 단위로 침범하는 행동이 있었다는 것은 씨족 단위로 이루어진 읍락의 성원들의 공동적인 재산이 어느 정도 있었다는 것으로 리해하는 것이 타당할 것이다. 요컨대 이 읍락을 동방적인 공동체로 인정할 근거는 없다.

(6) 삼한의 읍락

국읍에는 비록 주수가 있지만 읍락에 섞여 살기 때문에 서로 잘 다스리지 못한다.
國邑雖有主帥, 邑落雜居, 不能善相制御.(삼국지)

귀신을 믿어서 국읍에 각각 한 사람을 세워 천신에 대한 제사를 주관하는데, 이름을 천군이라고 한다.
信鬼神, 國邑各立一人, 主祭天神, 名之天君.(삼국지)

읍락에 뒤섞여 거주하는데, 또한 성곽이 없다. 토실을 만드는데 생긴 것이 무덤과 같은데, 위로 문을 내었다.

邑落雜居, 亦無城郭, 作土室, 形如冢, 開戶在上.(후한서)

여러 국읍에서는 각각 한 사람에게 천신에 대한 제사를 주관하게 하는데, 천군이라고 불렀다.
諸國邑各以一人主祭天神, 號爲天君.(후한서)

이 자료에 근거하면 삼한의 읍락은 섞여 살아서 통제할 수가 없었으니 이 읍락은 공동체가 이미 파괴되였음을 의미하는 것으로 리해해야 할 것이다. 이 자료에서는 《읍》은 70여 《국》의 매개 《국》의 중심지들로 인정되며 따라서 《읍》과 《락》을 갈라 쓴 것 같이도 보인다. 그렇다고 하더라도 읍과 촌락의 백성들이 섞여 살았으니 역시 이것은 읍과 촌락의 백성들이 자유로 이주할 수 있었음을 말해준다. 물론 여기에도 공동체의 유제가 잔존하였으리라는 것은 《서로 잘 다스리지 못한다(不能善相制御)》라는 표현으로써 짐작할 수 있다. 즉 읍락의 지배자들은 그 주민이 이동하는 것을 억제하였는 바 이것은 역시 공동체적 유제가 잔존했다는 사실의 반영이라고 볼 수 있으나 이 읍락은 이미 공동체가 파괴된 행정 단위로 보아야 타당할 것이다.

우리는 진수와 범엽이 《읍락》이란 글'자를 단일한 의미로 쓰지 않았음을 알 수 있다. 그와 동시에 그들은 고대 조선 제족의 《읍락》들이 결코 토지를 공동체가 소유하고 그 성원이 읍락을 떠나서는 생존할 수 없는 그러한 공동체가 아니라는 것을 말하고 있는 것을 알 수 있다. 즉 이상에 렬거한 고대 조선 제 국가의 읍락은 오환, 선비, 읍루 등의 읍락과 같은 공동체가 아니라 공동체의 페허 위에 조직된 행정 단위이였다.

그러면 부여의 《읍락》은 어떠한 것인가?

기술한 바와 같이 부여에는 동, 서, 남, 북에 지방 행정 구역인 《한국》이 있었고 그 밑에 《읍락》이 있었다 그 통치는 국왕이 파견한 관리인 《가》가 실시하였다.

《삼국지·부여전》에서는 《읍락에는 호민이 있는데, 하호라 불리는 사람들은 다 노복이 되었다(邑落有豪民, 名下戶皆爲奴僕)》라고 썼고, 《후한서·부여전》에는 《그 읍락은 모두 제가에서 소속해서 주관한다(其邑落皆主屬諸加)》라고 씌여 있다.

우리는 이 두 가지 기록 외에 부여의 읍락에 관한 다른 자료를 발견할 수 없다. 그런데 이와 관련시켜 생각하여야 할 자료로서 《그 사람들은 거칠고 크며 용감하면서도 근후謹厚해서 노략질하지 않는다(其人麤大彊勇而謹厚, 不爲寇鈔)》라는 기록을 들 수 있다. 여기서 《노략질(寇鈔(구초))》이란 용어는 결코 공동체적 호상 침공이란 뜻이 아니라 부여인들이 고구려인에 비하여 중국과의 관계가 좋다는 뜻을 표시한 것으로 해석된다. 봉건 사가들은 또한 흔히 인민들의 통치 계급을 반대하는 투쟁을 가리켜 《구초》라고 썼던 것이다. 그러나 이 경우에서는 역시 부여인의 중국과의 관계를 설명한 것으로 해석하는 것이 타당할 것이다.

우리는 위에 인용한 각 종족들의 《읍락》의 성격이 각각 다르며, 진수와 범엽은 선비, 오환, 읍루 등의 읍락은 분명히 공동체로 기록하면서도 조선 고대 제국의 읍락에 대해서는 그와는 성격이 전혀 다른 것으로 인정하였음을 알 수 있다.

필자는 부여 국가의 통치의 기초가 결코 아세아적 공동체 그것이 아니며, 국가의 통치 대상은 공동체가 아니라 매 개인이였다는 것을 다음의 자료들로써 증명해 보려고 한다.

부여족 통치 기초는 아세아적 공동체 아닌 개인

《제가에서 사출도를 따로 주관하는데, 큰 것은 수천 가이고, 작은 것은 수백 가(諸加別主四出道, 大者主數千家, 小者數百家)》라는 기록은 제가加의 통치 대상을 공동체, 즉 읍락 단위로 계산한 것이 아니라 가호 단위로 계산하고 있음을 말해 준다. 물론 우리는 후세에도 국가가 부세를 징수할 때 부락 단위로 실시한 사실을 알고 있다. 그러나 그것은 결코 개개인별로 부세를 징수하지 않았다는 것을 의미하지 않으며, 어디까지나 부세 징수의 한 가지 방법에 불과하였고 국가의 통치 대상은 개개인이였다고 인정하여야 할 것이다.

만일 부여의 개개인의 사'적 소유가 존재하지 않는 아세아적 공동체가 존재하였고 하호가 바로 그 공동체 성원이였다면 제가加의 통치 대상은 공동체의 수'자로 계산되여야 할 것이다. 부여에는 실지로 그렇게 공동체 단위로 하호를 계산할 수 없었다.

왜냐하면 각 읍락에는 여러 계층이 존재하였다. 즉 호민, 보통 평민, 하호, 노예가 존재하였으니 하호라는 계층만을 읍락 단위로 계산할 수는 도저히 불가능하였을 것이 자명하다.

또 부여의 법률은 개개인을 대상으로 한 것이며 공동체를 대상으로 하였다고 해석할 근거가 없다.

《물건을 훔치면 열두 배로 배상한다(竊盜, 一責十二)》라는 법령이 곧 그것을 설명해 준다. 이것은 어떤 개인이 남의 물건을 도적했을 경우 법률은 그에게 12배의 변상을 시켰으며 결코 공동체에 련대 책임을 지운 것이 아니라는 것을 의미한다고 리해된다. 그런데 실지 고대 동방 국가들 즉 공동체를 통치의 기초로 하고 있는 국가에서는 이러한 경우에 그 도적이 속하는 전체 성원이 련대 책임을 졌던 것이다.(웨. 이.

아브디예브, 《고대 동방사》, 118페지 : 원저 주)

물론 아세아적 공동체를 기초로 하고 있는 고대 동방 국가에서도 사적 토지 소유자가 존재했고, 그들은 노예를 시켜 토지를 경작했던 것이다. 그러한 자들은 모두가 공동체를 대표하는 자들이였다. 그런데 부여의 경우에 있어서는 호민이란 계층이 있었다. 우리는 《읍락에는 호민이 있다(邑落有豪民)》의 호민을 공동체 대표자로 인정할 수는 없다. 이 호민을 1명 혹은 수 명 밖에 없는 공동체 대표자와 그 친족을 의미한다고 보기보다는 역시 부유한 호민 계층이 있었다고 해석하는 것이 자연스럽다.

부여의 《가》加는 중앙의 대관직을 가지면서 지방에 나가서는 수천 가 혹은 수백 가의 하호와 평민을 지배하였다. 우리는 후세의 《가》加를 공동체 집단의 결합체 위에 군림한 《소전제 군주》로 해석할 근거가 없다고 보는 것이 타당할 것이다.

그러나 그들이 분명히 하호를 집단적으로 노예로서 사역하였다는 사실을 부인할 수는 없을 것이다. 이 하호 문제는 아래서 따로 취급하기로 하자.

진수가 《부여전》을 쓴 자료에 반영되여 있는 《가》加는 국가의 관직을 띠고 지방의 하호들을 통제 지배하였다.

그러면 이러한 사회 관계가 과연 어떠한 력사를 반영하고 있는 것인가를 생각해 보아야 할 것이다. 즉 아세아적 형태하에서의 생산 관계와 어떠한 공통성과 특수성을 가지며 또 이것이 어떠한 력사적 단계에 처한 사회 관계인가를 생각해 보아야 할 것이다.

필자는 이러한 생산 관계가 반드시 력사적 근원을 가지며 부여의 특수적인 력사 현실의 한 개 발전 단계라고 인정하려고 한다.

필자는 《부여의 옛 풍습에는 홍수나 가뭄이 들어 오곡이 영글지 않으면 문득 그 허물을 왕에게 돌려 '왕을 바꾸는 것이 마땅하다'고 말하거나 '왕을 죽이는 것이 마땅하다'고 말했다(舊夫餘俗, 水旱不調, 五穀不熟, 輒歸咎於王, 或言當易, 或言當殺)》란 기록을 주의깊게 보아야 하겠다고 생각한다. 즉 부여의 옛날에는 일기가 불순하여 흉년이 들었을 때 그 책임을 국왕에게 돌렸는 바 국왕을 교체할 수도 있었고 또 죽일 수도 있었다는 것이다. 국왕을 죽일 수 있다는 것이 사실이 아닐지라도 이것은 귀족인 《가》들 집단의 세력이 때로는 국왕의 세력을 릉가하며 국왕을 지배할 수 있다는 것을 설명해 주는 것으로 리해할 수 있다.

〈가〉는 소전제군주에서 국가관리로 전변된 노예소유자

부여의 고대에는 《가》加들은 국왕의 세력과 큰 차가 없는 정치적 권력을 행사하였다. 우리는 이것을 리해할 때 그 《가》들은 반드시 경제적, 사회적 토대가 있었으리라는 것을 용이하게 추리할 수 있게 된다. 그들은 국왕에 다음 가는 전제 군주이였다고 보아야 할 것이 아니겠는가? 《삼국지·부여전》에 반영된 기원 2~3세기의 《가》의 정치적 지위와는 다른 것이며 따라서 그 경제적 사회적 기초도 달랐다고 보는 것이 타당할 것이다. 또 그 권력이 약화된 《가》들이 지금 수천 혹은 수백 가의 하호를 지배하고 있는 것으로 보아서 옛날에는 《가》들이 공동체의 결합적 통일체로서 존재한 자들로서 국왕에 다음 가는 권력자이였다고 생각할 수밖에 없다.

즉 부여의 옛날에 국가의 토지가 국왕의 소유이고 전체 백성이 국왕의 소유이였다 할지라도 인민을 직접 지배한 《가》들은 실지에 있어서의 소유자이였으며, 공동체 성원이란 가족들을 결합한 대가족장으로서의 권력을 행사한 것이 아니였던가? 그리하여 그 《가》들은 그 가족들(즉 공동체 성원)을 전부 자기의 노예로서 즉 재산으로서 소유한 아세아적 노예 소유자였던 것이 아니겠는가? 그 사회의 소유 형태가 만일 아세아적 형태가 아닌 경우라면 《가》의 집단이 국왕을 교체하고 죽일 수 있는 권리를 행사할 수 없었을 것이라고 생각된다. 즉 고전적, 게르만적 사회에서는 《가》의 계층과 대등할 만한 어떤 소유자를 상정할 수 없게 된다.

따라서 필자는 부여의 《가》의 력사적 성격이 변질하여 지금에 이르러서 한 개의 토지 소유자이며 노예 소유자로 되었고, 국왕의 신하로서 국가의 관리로 되었다고 인정하는 것이 자연스럽다고 인정한다. 현실의 《가》는 죽었을 때 백여 명의 노예를 순장하였으며 외적과의 전쟁을 수행할 때는 지휘관이였다.

> 적이 있으면 제가들은 스스로 싸우고 하호들은 식량과 물을 져날랐다. 죽으면 여름에는 다 얼음을 사용하고, 사람을 죽여 순장하는데, 많으면 백명까지 된다. 후하게 장사지내는데 곽은 있지만 관은 없다.
> 有敵, 諸加自戰, 下戶俱擔糧飮食之, 其死, 夏月皆用冰. 殺人徇葬多者百數, 厚葬有槨無棺.(삼국지·부여전)

이 기록에서 《가》가 백여 명을 순장했음을 알 수 있는 바 이것은 아직 노예의 가치가 적은 원시 사회 말기의 현상이라고 생각할 수도 있을 것이다. 그러나 이러한 현상은 노예제가 발달한 시기에도 있을 수 있으며 특수적으로는 봉건 사회에도 있을 수 있는 일이다. 부여의 《가》는 대 노예 소유자이였으며 그들은 수천, 수백의 노예를 사역하여 대농장 경리를 하였을 것을 생각할 수 있다. 그것이 다 생산에 종사하지 않는 《가내 노예》는 물론 아니였던 것이다. 《가》들은 외적이 나타났을 때 자진하여 군사 지휘를 하였으며, 하호는 그에게 군량을 공급했으니 이것도 역시 부여의 옛날 공동체적 군사 조직의 유제라고 인정된다. 공동체를 기초로 하고 그 결합체 위에 군림하고 있던 시기 《가》들은 물론 군사 지휘관이기도 하였을 것이 명백하다. 이것은 물론 군사 민주주의 단계의 군사 조직의 유제이였을 것이다.

현실적인 《가》들의 집단은 아직 국왕의 전제 권력을 일정하게 제약하고 있으나 지금은 국왕의 관리이였으며 관리로서 사방에 출도하여 하호를 지배하여 국가 경리를 운영하며 또 그와는 별도로 하호나 노예를 사역하여 자기 경리를 운영하였다고 보여진다.

요컨대 부여의 《가》는 아세아적 공동체의 결합체 위에 군림했던 《소전제 군주》로부터 국가의 관리로 전변된 노예 소유자이였다고 인정된다.

▲ 호민에 대하여

이 계층은 《민》이라고 칭한 것으로 보아서 《가》와는 계급적으로 구별되는 평민 《자유민》으로 해석된다. 우리는 《호민》豪民을 문'자 그대로 《부유한 민》으로 해석하는 것이 타당할 것이다.

기술한 바와 같이 《읍락에는 호민이 있고, 민이 있는데, 하호는 모두 노복이 되었다(邑落有豪民民下戶皆爲奴僕)》란 문구를 호민이 하호를 모두 노예로 만든다고 해석할 근거는 없다.

우리가 호민을 노예 소유자 귀족 계급이 아닌 《민》이라는 것을 승인한다면 그들은 정치적, 경제적 및 신분적 관계에서 노예 소유자 귀족 계급과 모순되는 계급적 처지에 있었다고 인정하여야 할 것이다. 중국 학자들이 《호민》이라고 썼을진대 이 호민은 많은 재부를 소유했을 것이며, 또 그와 함께 그들이 호민이 되기 위해서는 하호와 노예를 착취함으로써만 가능하였다는 사실도 간단하게 추리할 수 있다. 그러나 그들이 평민이였을진대 이 계층은 토지와 로동력 획득에 있어서 《가》들과 모순을 가지지 않을 수 없었을 것이며, 동방적인 노예제 사회에서는 오랜 기간을 두고 여러 가지 방법에 의하여 서서히 발생한 계층이였다고 생각된다.

부여의 농업, 수공업, 상업 및 대외 무역이 발전한 사실로 보아서 이 호민은 농업, 수공업, 상업 혹은 대외 무역에까지 종사하였을 것이라고 인정된다. 호민은 특히 노예를 획득함에 있어서는 귀족 관료들에 의하여 극히 제약되였을 것이라는 것도 능히 추단할 수 있다. 우리는 동방 고대 사회에서는 토지의 사'적 소유가 없다는 맑스와 엥겔스의 명제를 교조주의적으로 리해함으로써 부여의 호민이 토지를 소유했을 수 없다고 단정해서는 안된다. 고대 동방의 최초의 노예 소유자 국가인 슈메르나 바빌론에서도 토지의 사'적 소유가 출현했던 것이다. 토지를 사유하지 못한 자를 《부유한 민》이라고 칭할 수는 없는 것이다.

맑스-레닌주의 명제의 교조주의적 리해 반대

호민의 계급적 성격을 리해함에 있어서 주목하여야 할 것은 《삼국지·부여전》에 읍락을 지배하는 자로 해석되는 《거수》라던가 또는 《장수》長帥 등 명칭을 기록하지 않고 《호민》이라고 기록하고 있는 사실이다. 일반적으로 읍락의 지배자로서의 《거수》, 《장수》 등은 1명이 있을 것인데, 1명인 《거수》, 《장수》를 《호민》이라고 칭했으리라고 보기는 곤난할 것이다. 따라서 나는 읍락을 지배하는 자가 따로 있었을 것이라고 생각하게 되며, 진수는 그에 관한 자료를 장악하지 못하였기 때문에 기록하지 못했으리라고 생각하게 된다.

요컨대 이 호민을 공동체에 군림한 유일한 대표자로서 공동체 성원들을 모두 노예로 사역한 가부장적 노예주로 인정할 근거는 없다. 그렇기 때문에 이 호민은 물론 노예를 소유할 수도 있었을 것이나 그것은 극히 제한된 범위에서밖에 소유하지 못하였을 것이며, 그들의 착취 대상은 주로 하호이였을 것이라고 보는 것이 자연스럽지 않겠는가? 동방 노예제 사회에서 평민인 사'적 토지 소유자가 출현한 사실은 동방적 노예제가 붕괴되기 시작한 것을 의미하게 될 것이다. 아래에서 실례를 들 바와 같이 량하 류역에서는 기원전 3000년 경에 고대 국가가 형성되고, 약 천년 경과한 기원전 2000년 경에는 국왕과 사원의 대노예제 경리가 파괴되고 소작 제도가 출현하였던 것이다. 그렇기 때문에 고대 동방사 전문가들 중에는 바빌론 왕국에서 봉건제도가 수립되기 시작하였다고 주장하는 론자도 있는 것이다.

바빌론에서 경제 제도가 개변된 사실에 대하여 이. 엠. 따꼬노브와 야. 엠. 마까신네르의 합작인 《바빌론법 해설》에서는 다음과 같이 쓰고 있다.

> 이 시기(바빌론 시기)의 특점은 다음과 같다. 대오를 이룬 노예(rypyш)를 리용하여 로동에 종사시킨 전국 통일적인 왕실 경제는 해체되고 왕실 토지는 수확의 일부를 납부하는 조건으로, 혹은 수확의 일부를 나누는 방법으로 소점유자에게 사용하도록 하였다. 사유 관계와 이에 상응한 사법私法이 발전하였고 개체 가장제 가족은 날로 공고하여 갔다.(《함므라비 법전과 고 바빌론법 해설》, 중국 인민대학 번역본 81~82페지 : 원저 주)

이 연구자들은 또한 바빌론에서 토지 매매와 상품 화폐가 발전하였으며, 토지와 재부가 집중되고 소작제와 고용제가 발생하고 있었다고 썼다.(앞의 책, 116페지 : 원저 주)

이러한 고대 동방 국가의 실례를 참고할 때 우리는 부여의 호민을 동방 노예제 사회에서 사적 토지 소유자로서 등장한 새로운 계층으로 해석해서 결코 망설로 되지 않을 것이다. 호민이 소유한 토지가 동시에 국가의 소유지로서 2중적 소유 관계에 있었는가는 판단할 근거가 없다.

만일 우리가 부여의 고대에 아세아적 공동체가 존재하였으리라는 가설을 승인한다면 그 전제하에서 호민은 새로운 봉건적 요소로서 발생하였으며, 늦어도 기원 1~2세기에는 사회적 계층으로서 존재하였다고 볼 수 있지 않겠는가 생각된다. 《삼국지》의 필법으로 보아서 호민의 수효가 희소했다고 해석하기보다는 사회적 계층을 이루고 있었다고 해석하는 것이 타당할 것이다.

▲ 피통치계급

□ 하호에 대하여

부여의 《하호》에 대한 해석은 실로 구구하다. 필자는 우선 원 사료 해석에서부터 출발하려고 한다.

동 본문同本文 사史 《삼국지》에는 《읍락에는 호민이 있는데, 하호라고 불리는 사람들은 다 노복이 되었다(邑落有豪民名下戶皆爲奴僕)》라고 씌여 있다.

이 자료에서 《명名》 자를 어떻게 해석할 것인가 하는 문제가 제기된다.

혹자는 《명名》 자를 《점占》 자로 해석하려고도 하나 아무리 보아도 그렇게 해석할 근거가 없다. 《名》 자를 《占》 자로 해석하는 론자들은 한 대漢代의 《명전》名田이 곧 《점전》占田이라는 데서 근거를 찾으려고 하나[161], 그 경우에 있어서 《名》 자가 곧 《占》 자로 통함을 의미하는 것이 아니며 사실에 있어서는 한 대의 《명전》이란 토지가 바로 진 대晋代의 《점전》과 내용이 동일하다는 뜻이다. 따라서 《명하호(名下戶)》를 《점하호(占下戶)》로 해석할 근거가 없게 된다.

그러면 《名》 자를 어떻게 해석할 것인가?

《모본》毛本과 《송본》宋本 《삼국지》에서는 《名》 자 대신에 《民》 자를 쓰고 있는 바, 필자는 이 기록이 정확하다고 인정한다. 즉 《모본》과 《송본》에는 《邑落有豪民民下戶皆爲奴僕》이라고 씌여 있다.

그러면 이 문구를 어떻게 떼여 읽을 것인가 하는 문제가 제기된다. 필자는 이것을 《읍락에는 호민과 민이 있는데, 하호는 모두 노복이 된다. 제가는 따로 사출도는 주관하는데, 큰 자는 수천 가이고, 작은 자는 수백 가이다(邑落有豪民, 民, 下戶皆爲奴僕·諸[162]加別主四出道, 大者主數千家, 小者數百家)》로 읽으려고 한다. 이것을 해석하면 《읍락에는 호민과 민이 있는데, 그 민중의 하호는 모두 노예로 된다. 4가加는 사방으로 출도하여 하호를 따로따로 지배하는 바, 큰 《가》는 수천 가家 작은《가》는 수백 가家의 하호를 지배한다》는 뜻으로 된다.

어째서 이렇게 해석하여야 하겠는가? 기술한 바와 같이 하호의 지배자는 《가》加이며 호민일 수 없다. 노예 소유자 귀족인 《가》들이

---

161) 《사기》〈평준서(平準書)〉에 "상인으로서 시장에 적(籍)을 둔 자와 그 가속들은 모두 명전(名田 : 자기 명의의 밭)을 소유하지 못하게 해서 백성들을 편리하게 합니다(賈人有市籍者, 及其家屬, 皆無得籍名田, 以便農)"라는 구절이 있다. 이 구절에 대한 《색은》 주석은 "상인이 시장에 적(籍)을 두면 자기 명의의 밭의 점유(名占田)를 허락하지 않는다는 말이다(謂賈人有市籍, 不許以名占田也)"라고 되어 있다. 아마도 이 구절의 명전(名田)과 점전(占田)을 말하는 것이 아닌가 추측된다.

162) 리지린의 원저에는 사(四)로 되어 있지만 제(諸)가 맞으므로 바로 잡았다.

호민에게 《하호》를 전부 그들의 노예로 만들라고 내맡겼을 수 없다. 따라서 《읍락에는 호민과 민이 있는데, 하호는 모두 노복이 된다(邑落有豪民, 民, 下戶皆爲奴僕)》라는 문구만을 가지고 호민이 하호를 모두 자기들의 노예로 만든다고 해석할 수는 없게 된다. 물론 《읍락에는 호민이 있고, 민과 하호는 모두 노복이 된다(邑落有豪民, 民下戶皆爲奴僕)》라고 읽을 수도 있다. 그러나 이렇게 읽더라고 해도 읍락에는 호민도 아니고 하호도 아닌 민이 있었을 것이 명백하기 때문에 민의 존재를 인정하여야 한다. 따라서 그렇게 읽기보다는 역시 《읍락에는 호민과 민이 있는데, 하호는 모두 노복이 된다(邑落有豪民, 民, 下戶皆爲奴僕)》라고 읽는 것이 보다 합리적이라고 생각된다.

부여의 하호는 토지 소유 못한 빈천민

그러면 도대체 《하호》란 것이 어떠한 사회적 존재인가를 살펴보기로 하자.

《하호》下戶의 본래의 의미는 빈천한 《민》인 것이다. 고대 중국 문헌에 이 명사는 극히 드물게 씌여 있으나, 그것은 민 중에서 최하층에 속하는 계층을 의미하였다. 례를 들면 《전국책》戰國策 제8 《제》齊 1에는 《임치에는 7만 호가 있는데, 신이 가만히 생각해보니, 하호에는 남자가 셋이 있으니 21만 명이 있습니다. 먼 현의 군사 징발을 기다릴 것도 없이 임치의 군졸만으로도 진실로 21만 명이 됩니다(臨淄之中, 七萬戶, 臣竊度之, 下戶三男子, 三七二十一萬, 不待發於遠縣, 而臨淄之卒, 固以二十一萬矣)》라고 씌여 있다.

이에 의하면, 제나라의 수도인 림치에는 7만 호의 하호가 있었는데 매 호당 남자 3명을 계산하면 삼칠의 21만 명의 남자가 있으며, 그들은 모두 군대로 동원될 수 있었다는 것을 알 수 있다. 이 하호는 분명히 일반 인민으로서 빈한한 계층을 가리켜 말하는 것이다.

또 《송사》宋史에는 《건강부와 태평, 선주의 밀린 부세와 하호의 신정전을 면제시켜 주었다(蠲建康府, 太平, 宣州逋賦及下戶身丁錢)》라고 씌여 있다. 이것은 하호가 신정전을 납부하고 있었음을 증명해 주는 것이며, 또한 우리는 노예가 신정전을 납부하는 경우를 상상할 수 없기 때문에 하호를 노예로 해석할 수는 없을 것이다. 또한 《삼국지·부여전》에서 《하호》와 《노예》를 엄격히 구별하여 쓰고 있는 것으로 보아서 그것이 노예와 구별되는 계층임을 명백히 알 수 있다.

부여의 하호가 모두 노복으로 되었다고 하였으니 그들이 토지를 소유하지 못한 빈천민이였음을 능히 판단할 수 있다.

그러나 여기서 혹자는 《적이 있으면 제가들은 스스로 싸우고 하호들은 식량과 물을 져날랐다(有敵, 諸加自戰, 下戶俱擔糧飮食之)》라는 자료를 가지고 현물 지대의 착취를 당하는 농노적 농민으로 인정하여야 한다고 주장할 수도 있다. 그러나 이 자료를 현물 지대의 착취로 해석할 수는 없을 것이다. 이것은 전쟁 시기 하호가 군량을 운반하는 역을 진 것으로 해석하는 것이 자연스러우며 현물 지대를 납부하는 현상으로 해석할 근거는 매우 박약하다. 더우기 하호가 제 《가》의 노복으로 되었으니 이 《노복》은 역시 노예로 해석하여야 한다. 우리는 중국 문헌 기록에서 《노비》, 《노복》 등을 농노로 해석할 수는 도저히 없다. 왜냐하면 중국의 고대, 중세 기록에서 《농노》를 가리켜 《奴僕》, 《奴婢》라고 쓴 실례가 없으며, 《奴婢》와 《奴僕》은 모두 노예를 의미하기 때문이다.

또 고구려의 《하호》와 부여의 《하호》를 동일하게 해석할 근거는 없다. 진수는 고구려의 《하호》에 대하여 《그 나라의 대가들은 농사를 짓지 않고 앉아서 먹는 자坐食者가 만여 명이나 되는데, 하호들이 먼 곳에서 쌀과 량식과 물고기, 소금 등을 져서 공급한다(其國中大家不佃作, 坐食者萬餘口, 下戶遠擔米糧, 魚, 鹽供給之)》라고 쓰고 있으며 《하호가 다 노복이 되었다(下戶皆爲奴僕)》라고는 쓰지 않고 있는 것으로 보아서, 진수가 부여의 하호와 고구려의 하호의 성격을 구별하고 있음을 알 수 있다. 어환은 고구려의 하호는 부세를 국가에 납부한다는 것을 설명하여 《하호는 부세를 납부하는데 노와 같다(下戶給賦稅, 如奴)》라고 썼다.〔장붕일(張鵬一), 위략집 본 고구려(魏略輯本高句麗) 조 : 원저 주〕 물론 부세는 노예제 사회에서의 하호들도 부담한 것이다. 서주西周의 《철법》徹法이란 것은 전부田賦 제도인 바, 그것은 《정전법》 제도이며 8호가 공전을 경작하여 그 수확을 전부 《부세》로서 국가에 납부한 것이다. 그러나 《부세》란 문'자는 봉건 사회에서 비로소 사용된 말이며, 특히 3세기 중국인이 사용한 문'자일진대 그것은 응당 봉건 사회에서의 《부세》로 해석하여야 할 것이다.

고구려에는 3만 호의 인구가 있었는데 1만여 명이 하호에 기생하고 놀고 먹었던 것이다. 1호에 평균 5명을 계산한다면 15만 명인데 그중 1만 명이 하호를 착취하고 있었다. 그 하호는 모두가 《노예로 되는》 것은 아니였고 국가에 부세를 납부하는 농노적 농민이였다.

부여의 하호는 고구려의 하호와는 처지가 달랐으며, 그들은 《모두가 노예로 되었다.》 부여의 《가》들은 모두가 하호를 노예와 같이 사역하였다. 그러나 하호가 곧 노예는 아니였다.

요컨대 《하호》라는 계층은 일정한 신분적 계층이 아니였다. 즉 하호는 노예제 사회에도 봉건 사회에도 다 존재하는 빈민 계층인 것이다. 그것이 노예제 사회에서는 노예적 처지에 있으면서 부단히 노예 신분으로 전락되고 봉건 사회에서는 농노적 착취를 당하면서 농노 신분으로 떨어질 수 있는 빈민 계층이였다.

노예제 사회의 농노와 중세기적 농노의 차이

필자는 이러한 하호가 바로 국가 발생 첫날부터 존재한 예농층이라고 인정한다.

엥겔스는 1884년 맑스의 말을 인용하여 다음과 같이 썼다.

> 맑스는 이에 첨가하여 이렇게 말하고 있다. 〈현대의 가족은 바로 그 시초부터 농업 상의 토력土力과 관계를 가지고 있으므로 비단 노예제뿐만 아니라 농노제도 맹아로서 내포하고 있다. 그것은 그후에 사회 및 그 국가에서 광범히 발전한 모든 적대를 축도로서 내포하고 있다.〉
>
> (엥겔스 : 《가족, 사유 재산 및 국가의 기원》, 1960년, 조선로동당출판사 판, 65~66페지 : 원저 주)

여기서 말하고 있는 농노제라는 것은 노예 소유자 국가 내에서 농노적 형태를 가지면서 노예 소유자들에게 노예적 착취를 당하는 빈민을 의미하는 것이며, 그것을 중세기적 봉건 농노로 리해할 수는 없을 것이다. 즉 이들은 잉여 생산물을 노예주에게 노예와 같이 수탈당하는 것이라고 리해하여야 할 것이다.

왜냐하면 엥겔스는 그 2년 전인 1882년 맑스에게 보낸 서한에서 노예제 사회에서의 《농노》를 말하면서 그 《농노》는 중세기적 농노가 아니라는 것을 다음과 같이 교시하였기 때문이다.

> 농노제의 력사에 관하여 우리들이 상업문商業文에서 소위 〈의견일치〉

를 본 것은 기쁜 일이다. 농노제와 예농제가 중세기적 봉건적이 아니라는 것은 확실하다. 정복자가 자기를 위하여 종래의 주민을 사역하여 토지를 경작시키는 곳에서는 도처에서 또 거진 도처에서 그것을 볼 수 있다.ㅡ례를 들어 렛싸리야에서는 일찍부터 이것이 있었다. 이 사실이 중세의 노예제에 대하여 나와 또 다른 사람들의 눈을 흐리게 하였다.(1882년12월 22일, 엥겔스로부터 맑스에게 보낸 서한 : 원저 주)

엥겔스는 렛싸리야의 《농노제》가 결코 봉건 사회의 농노제가 아니며 그것은 형태 상 농노적이였으나 계급적으로는 노예 계급과 동일함을 의미하는 것이다. 물론 이것은 노예 소유자 국가의 피정복민이 대체로 다 이러한 계급적 처지에 떨어졌음을 의미한다.

따라서 우리는 여기서 무엇을 명백히 알 수 있는가 하면 노예 소유자 국가 내의 《농노》도 바로 노예적 처지, 즉 신분상은 자유민일지라도 착취 관계에 있어서는 노예적 착취를 당함을 똑똑히 알 수 있다.

혹자는 이러한 농노제의 맹아가 있다고 하여 원시 사회로부터 노예제 사회를 경과하지 않고, 그 제도만이 비약적으로 발전하여 봉건 사회로 이행할 수 있다고 주장하나 그것이 그 사회 자체의 발전 법칙으로 될 수는 없는 것이다.

왜냐하면 노예제 사회 초기에 발생한 농노적 예농 제도는 생산력이 극히 낮은 조건하에서 노예제 생산 관계의 모순을 극복할 수 있는 진보적인 생산 관계로 될 수 없었으며, 그것은 노예제가 발전함에 따라 노예적 생산 관계로 흡수되여 나가지 않으면 안 된 생산 관계이였기 때문이다. 노예제 경제 제도가 발전하는 시기에 있어서는 그러한 계층이 노예로 전락한 것이며 봉건적 농노로 전변될 수는 없었다. 그러한 계층이 물론 전부가 노예로 전락될 수도 없었을 것이며, 생산력이 발전함에 따라 노예 소유자적 생산 관계가 질곡에 빠지게 될 때는 봉건적 농노의 선행자로 전락하지 않을 수 없게 될 것이 명백하다.

노예제 사회에서 노예 소유자들은 그러한 《농노》적 계층을 모두 노예로 만들 것을 요구하였으나 력사적 사회적 조건은 그리 될 수는 없었을 것으로 보아야 할 것이다.

여기서 우리가 생각할 수 있는 문제는 희랍이나 로마에서는 일찌기 씨족 제도가 파괴됨으로써 그러한 《농노》적인 예속민들을 대량적으로 노예로 전변시킬 수 있었으나, 동방 고대 사회에서는 주요하게는 씨족 제도의 잔여와 아세아적 공동체가 강인하게 잔존함으로써 고전적 노예제로 발달할 수 없었다고 보아야 할 것이다. 매개 민족의 력사적 사회적 조건의 특수성으로 인하여 매개 민족의 노예제의 발전 정도는 각이하게 되였을 것이며 또 응당 그렇게 될 수밖에 없었다.

노예제 사회에는 그러한 농노적 형태를 가진 예속민 뿐만 아니라 소작료를 납부하는 전호佃戶(즉 병작인)도 존재하였다. 엥겔스는 앗티카의 전호에 관하여 다음과 같이 썼다.

> 전 앗티카의 전야에는 도처에 이 토지는 누구누구에게 이러이러한 금액에 저당되였다는 것을 표시하는 표주가 서 있었다. 이러한 표기가 없는 경지는 대부분이 저당 금액을 기일 내에 반환하지 못하였거나 또는 리자 때문에 이미 매도되여, 고리대금업자－귀족의 재산으로 이전하여 버린 것들이였다. 농민은 소작인으로서 토지에 남아서, 자기의 로동 생산물의 6분의 1로써 생활하는 것이 허용된다면－나머지 6분의 5를 새 주인에게 소작료로서 지불하고－만족할 수밖에 없었다.
>
> (엥겔스 : 《가족, 사유 재산 및 국가의 기원》, 166페지, 1955년 조선로동당출판사 판 : 원저 주)

이 소작인은 결코 봉건적 지대를 납부하는 농민이 아니라 노예의 원천으로 된 농민인 것이다. 이 소작인은 노예제가 발전함에 따라 노예로 전화되는 계층인 것이다.

노예제 사회 초기에 존재한 농노와 전호는 노예제 경제 제도가 발전하지 못한 조건하에서 불가피적으로 존재한 계층이였다.

이 농노와 전호는 신분적으로는 아직 노예는 아니였으나 착취 관계에 있어서는 노예적 착취를 당하였던 것이다. 아직 노예제 경제 제도가 미발달한 생산력이 극히 낮은 사회에서 6분의 5를 지주(즉 노예주)에게 착취당하였다는 것은 바로 노예적 착취를 의미하는 것이다. 이러한 계층이 노예제 경제 제도를 비약하여 봉건적 농노나 농민으로 될 수는 없었다.

엥겔스는 위에 인용한 문장에 계속하여 다음과 같이 썼다.

> 그 뿐만 아니다. 만일 토지를 판매하여 받은 금액이 부채를 갚지 못하거나 또는 부채가 담보에 의하여 보장되지 않는 경우에는 채권자와의 회계를 끝맺기 위하여 채무자는 자기의 자녀들을 국외에 노예로 팔지 않을 수 없었다. 아비에 의한 자녀들의 판매—이러한 것이 부권 및 일부일처제의 첫 열매였다.(엥겔스, 위의 책, 166페지 : 원저 주)

우리는 맑스와 엥겔스의 이와 같은 교시로써 계급 사회 초기 또는 계급 사회 직전에 발생한 농노나 전호가 노예제 사회를 경과하지 않고도 봉건적 농노나 농민으로 비약할 수 있다는 리론이 성립될 수 없다는 것을 명백히 알 수 있다.

우리는 이제 본 문제로 돌아가서 부여의 하호를 고찰해 보자.

농노, 전호와 유사한 계층인 부여의 하호

부여의 하호는 원시 사회 말기부터 존재한 《농노》나 또는 《전호》와 대체로 류사한 계층일 것이다. 물론 그것은 빈민이였으며 신분적으로 노예는 아니였다. 이 하호가 《전부가 노예로 된다》는 사실을 고려할 때 이 하호는 노예제 사회에서 노예로 부단히 전락되는 《농노》나 《전호》와 동일한 범주에 속하는 계층인 동시에 부여 노예제의 특수성을 말하여 주는 것이라고 인정된다.

부여에는 하호가 아닌 또 호민도 아닌 평민이 있었다고 보아야 할 것이다.

그러나 하호의 수는 결코 그 평민의 수보다 적지 않았던 것으로 보여진다.

왜냐하면 제 《가》加가 지배한 하호가 큰 것은 수천 가家, 작은 것은 수백 가家의 하호를 지배하였으며, 그 《가》라는 것이 결코 4명이 아니고 적어도 수십 명은 있었다고 보아야 하였기 때문이다. 부여 인구 8만 호 중에서 하호가 적어도 그 절반은 차지했으리라고 추리하는 것이 합리적이라고 생각한다. 왜냐하면 하호가 국가의 주요한 통치 대상이였기 때문이다.

다시 한 번 근거를 밝힌다면 《읍락에는 호민과 민이 있고, 하호는 다 노복이 되었다. 제가는 따로 사출도를 주관하는데, 큰 자는 수천 가, 작은 자는 수백 가를 주관한다(邑落有豪民, 民, 下戶皆爲奴僕. 諸加別主四出道, 大者主數千家, 小者數百家)》의 《수천 가, 수백 가》는 문장 구성으로 보아서 위의 문장의 《하호》를 의미하는 것으로 해석할 수밖에 없다는 사실이다. 물론 그 중에는 노복의 가호도 포함할 수 있을 것이다.

그러면 《민》은 어떻게 통치하였는가 하는 문제가 제기된다. 필자는 여기의 《제가는 따로 사출도를 주관한다(諸加別主四出道)》의 《주》主 자를 보통 행정적인 《치》治 자와는 다른 의미를 가지는 것으로 해석하려고 한다. 보통 행정적인 통치라면 제 《가》가 출도하여야 할 필요가 없을 것이며, 그러한 일반적인 행정은 《가》의 관하에 있던 지방 행정 기구에 의하여 수행되였을 것이다. 제 《가》가 직접 출동하여 하호를 《主》한다는 것은 그것이 국가 경영에서 중요한 의의를 가졌기 때문이며, 그것이 바로 국가 재정의 기초로 되여 있는 정도이였다고 보여진다. 제 《가》는 각 지방에 출동하여 하호를 사역하여 국가적 대 경리를 운영한 사실을 반영한 것이라고 해석하는 것이 타당할 것이라고 생각된다.

다시 말하면 부여의 국가는 주요하게 하호의 착취에 기초하여 있었다고 리해된다. 즉 하호는 생산 대중이였다. 물론 기술한 바와 같이 노예도 존재하였다. 노예 소유자들은 노예를 사역하여 자기 경리를 운영했을 것이다.

그러나 부여 사회의 특수성으로 인하여 통치자들이 하호를 용이하게 노예 신분으로 전락시킬 수는 없었다고 생각된다. 왜 이렇게 생각하여야 하겠는가 하면 하호를 민의 신분으로 두면서 노예적 착취를 하였기 때문이다.

그러면 어찌하여 그것을 《다 노복이 되었다(皆爲奴僕)》고 썼는가 하는 질문이 제기될 수 있다. 위에서도 간단히 언급한 바와 같이 하호가 곧 노예이였다면 하호와 노예의 두 가지 개념이 설정될 수 없다. 그러나 부여에서 현실적으로 노예가 있었으며, 또 사형수의 가족이 노비로 되었다. 《형벌을 사용하는 것이 엄하고 급해서 살인자는 죽이고, 그 가족은 노비로 적몰한다(用刑嚴急, 殺人者死, 沒其家人爲奴

婢)》. 이 살인자는 물론 하호가 될 수도 있다. 따라서 살인자가 하호인 경우에 그 가족이 노예로 된다. 이 사실은 분명히 하호와 노비가 신분을 달리하고 있음을 증명해 준다.

요컨대 부여의 《하호》는 노예는 아니였으며 농노적 형태를 가지고 국왕을 비롯한 노예 소유자들에게 노예적 착취를 당한 《민》이였다. 《하호는 다 노비가 되었다(下戶皆爲奴僕)》란 문구를 《하호가 전부 노예 신분으로 떨어진다》고 해석하기보다는 역시 《하호는 모두 노예처럼 착취를 당한다》고 해석하고, 그것을 전제 군주의 재산으로, 또 노예로 생각되고 있는 동방적 노예와 동일한 범주에 속하는 빈민으로 인정하는 것이 타당할 것이다. 위에 인용한 바와 같이 맑스는 아세아적 공동체 성원이 《본질적으로 노예로 되였다》고 썼으며, 그것이 곧 노예라고는 쓰지 않았다. 실지로 고대 동방 제 국가에는 공동체 성원 외에 노예 계급이 존재하였던 것이다.

따라서 필자는 사료 상에 나타난 하호를 이렇게 리해하면서 그 하호는 일찌기 공동체 성원으로서 《가》의 노예로 사역당하였으며, 그때의 《가》는 그 공동체의 집단 위에 군림한 《소전제 군주》이였다고 추리한다. 지금 공동체가 무너진 조건하에서 하호는 국왕의 재산으로, 노예로 생각되게 된 것이라고 인정한다.

그러나 호민이 사'적 소유자로서 출현한 현실에서 하호의 일부는 호민의 농노로 또는 전호佃戶로 전화되고 있었다고 보아야 할 것이다.

□ 노예에 대하여

《삼국지》와 《후한서》 부여전에 기록되여 있는 《노비》와 《노복》은 노예이며 결코 농노가 아니다. 그 리유는 기술한 바와 같이 중국에서의 이 용어의 용례가 그러하기 때문이다.

부여의 읍락에는 호민, 민, 하호와 함께 노예 계급이 존재하였다. 노예는 하호와는 그 신분이 분명히 다른 것이였다. 즉 하호가 비록 국왕의 재산으로 생각되기는 하였으나 관념상으로는 소와 말로 생각되지는 않았을 것이며 역시 국왕의 가족 성원으로 인정되였을 것이다. 이러한 의미에서 이것은 동방적 가내 노예의 범주에 속할 것이다.

맑스와 엥겔스는 동방 노예제를 규정하여 가내 노예제와 총체적 노예제라고 말하였다. 좀더 자세히 말하면 맑스와 엥겔스는 그들 저작의 여러 곳에서 동방 노예제를 《가내 노예제》라고 하였으며, 《총체적 노예제》라고 칭한 것은 맑스의 《자본주의적 생산 이전의 제 형태》에서 단 한 곳 뿐이다.

아세아적 공동체를 기초로 한 동방적 가내 노예제(총체적 노예제)

우리는 동방의 《가내 노예제》의 본질과 또 그것이 《총체적 노예제》와 어떤 차이가 있는가 없는가를 리해하여야 할 것이다.

흔히 동방적 《가내 노예제》를 원시 사회 말기의 가부장적 노예제와 동일한 초기적인 노예제로 인정한다. 그러나 필자는 동방적 가내 노예제를 이렇게 단순하게 리해해서는 안된다고 생각한다.

맑스는 《자본론》 제3권 제20장 《상업 자본에 관한 력사적 고찰》에서, 엥겔스는 《가족, 사유 재산 및 국가의 기원》에서 가부장적 노예제가 발전하여 고전적 노예제로 되였다고 썼다. 그러나 맑스와 엥겔스는 동방의 가내 노예제를 고전적 노예제의 초기적 제도로서 인정한 것은 아니였다.

엥겔스는 《가족, 사유제산 및 국가의 기원》에서 고전적 노예제와 동방적 가내 노예제의 두 가지 형태를 병칭하면서 이 두 가지 형태를 인정하였다.(엥겔스, 《가족, 사유 재산 및 국가의 기원》 : 원저 주) 그는 또한 전문적으로 노예 제도를 서술한 저작에서 노예 제도의 두 가지 기본 형태로서 고전적 노예 제도와 동방적 가내 노예 제도를 들었다.〔엥겔스, 《자연 변증법》 부록 2, 중국 삼련서점(三聯書店), 1950년 판, 374~375페지 : 원저 주〕 우리는 맑스와 엥겔스의 교시에 근거하여 동방적 가내 노예제를 고전적 노예제 초기 단계의 노예제와 동일시해서는 안된다.

그리고 혹자는 동방적 가내 노예를 생산에 종사하지 않는 비생산적인 가내 사치 노예로 리해한다. 그러나 필자는 이러한 리해는 부정확한 것이라고 인정한다.

맑스와 엥겔스는 동방적 가내 노예를 결코 비생산적 노예로 규정한 것이 아니며 역시 생산에 종사하는 생산 노예로 인정하였다. 그는 동방 가내 노예제의 특징을 다음과 같이 규정하였다.

> 동방의 그러한 가내 노예제와 같은 것은 별 문제이다. 왜냐하면 이러한 노예제는 결코 직접 생산의 기초를 이루지 못하였으며 가족의 한 개 성원으로서 간접적으로 생산의 기초를 이루는 것이기 때문이다.
> 〔엥겔스 《자연 변증법》 부록2, 중국 삼련서점(三聯書店), 1950년 판, 375페지 : 원저 주〕

이 명제는 동방 가내 노예가 생산에 참가하는 것이며, 그것이 고전적 노예와 다른 것은 그것이 생산의 기초로 되는 형태가 다르다는 것을 의미한다.

따라서 우리는 동방적 가내 노예제는 노예 제도의 기본 형태의 하나이며, 동방적 노예 제도 자체도 자체의 발전 과정이 있다는 것을 리해할 수 있다. 만일 우리가 동방적 노예제를 고전적 노예제의 초기적인 미발달한 단계라고만 인정한다면 우리는 동방 고대 사회에서의 봉건 제도에로의 이행을 리해할 수 없게 될 것이다. 즉 동방 가내 노예 제도가 그 자체로서 발전하지 않는 초기적인 미발달한 노예 제도로만 인정한다면 동방 고대 사회 내부에서의 생산 관계의 모순의 격화를 상상할 수 없게 되며 새로운 생산 관계에로의 교체를 리론적으로 설명할 수 없게 될 것이다.

기술한 바와 같이 맑스는 동방 고대 사회에서의 《가족》이란 개념을 종족에까지 적용하였다. 즉 종족의 성원들은 한 개의 《가족》으로 인정되였다. 따라서 동방의 가내 노예라는 것은 결코 비생산적인 가내 사치 노예가 아니며, 아세아적 공동체 성원으로서 공동체의 우두머리나 종족장, 또는 국왕의 가족 성원으로 생각된 사람들이였으며 그들은 본질 상 노예였다. 맑스는 이러한 가내 노예제를 일명 총체적 노예제라고 규정하였던 것이며 결코 이 량자의 개념을 다른 것으로 규정하지 않았다.

주지하는 바와 같이 맑스와 엥겔스는 이러한 동방적 가내 노예제(즉 총체적 노예제)는 아세아적 공동체를 기초로 하고 있다는 것을 교시하였다.

부여의 빈민인 하호가 모두 노예로 되였다는 사실은 이러한 노예 제도의 유제로밖에 달리 리해할 수 없다. 어째서 유제로 인정하여야 하는가 하면 기술한 바와 같이 공동체는 이미 해체되였다고 인정되기 때문이다. 따라서 이 하호들은 국왕의 본질적인 의미에서의 노예로 인정된다. 물론 이러한 동방적 노예 제도의 일반적 특성이 실현되는 형태는 매개 국가의 특수성에 따라서 각이할 것이다. 필자는 아직 우리나라 고대 국가의 노예제의 특수성을 확언할 만큼 연구를 성숙시키지 못하였다. 필자는 다만 부여의 가내 노예제가 그 자체로 이미 발전하였으며, 공동체가 무너진 조건하에서 기원 2~3세기에는 봉건적 요소가 서서히 발생 발전하고 있었다고 인정하게 된다.

부여의 하호가 모두 《노예》로 되기는 하였으나 신분 상 노예는 아니였다. 노예 소유자들은 그들을 노예 신분으로 전락시키기 위하여 준엄한 법률을 리용하였다. 그들은 하호에게 죄명을 씌워 노예로 전락시켜 소와 말로 만드는 합법성을 찾아야 하였다. 노예는 소와 말이였으며 국왕의 가족으로 생각될 수는 없었다. 동방 고대 사회에서의 가내 노예제라는 것을 필자는 이렇게 리해하고 있으며 결코 고전적 노예제의 초기적인 제도와 동일시 할 수 없다고 인정한다.

우리는 부여에서의 노예의 수'자를 알 수 없으나 그것은 하호보다 극히 적었으리라는 것을 판단할 수 있을 것이다. 만일 노예의 수가 하호의 수보다 많았다면 《하호는 다 노복이 되었다(下戶皆爲奴僕)》라고 하지 않았을 것이다.

부여 사회의 경제 구성은 노예제 경제 형태가 주도적 지위를 차지하는 아세아적 노예제에 속하는 노예 소유자 사회이였다.

그러나 기원 1세기에는 이미 중국과의 무역을 정상적으로 진행하였고 농업과 수공업이 발전하였다. 생산력이 발전한 사실과 호민들이 노예를 획득하기 곤난한 조건하에서 토지를 소유한 호민들은 하호를 농노나 또는 소작인으로 사역하였으며 봉건 제도의 맹아가 발생 발전하고 있었다고 추단된다.

우리는 위에서 간단히 언급한 바와 같이 고구려의 하호의 성격이 부여의 하호와는 달리 농노적 농민으로 전변되였다는 사실에 근거하여 이렇게 추단할 수 있다고 생각한다. 부여와 고구려가 다같이 고리국(즉 맥족)의 후신국이며 또 고구려가 부여의 한 갈래라고 인정할 수 있기 때문에 고구려가 기원을 전후한 시기에 봉건 국가를 형성하였다면, 부여에서도 동 시기에는 봉건적 경제 형태가 노예 소유자 태내에서 이미 발생 발전하고 있었다고 보아야 할 론리적 귀결에 도달하게 된다.

노예가 없는데 노예제 사회라 규정할 수 있나?

그렇다면 여기서 제기되여야 할 문제는 부여의 기본 생산 대중이 노예가 아니고 민인 하호인데 어찌하여 이러한 사회를 노예제 사회라고 규정할 수 있는가 하는 문제이다.

우리가 생산 관계를 리해할 때 계급 관계에 있어서 그 경제적 착취 관계가 주요한 내용을 이루는 것이며 신분적 관계가 주요한 내용으로 될 수 없다고 보아야 할 것이다. 다시 말하면 고대 사회에서 신분적으로는 노예가 아닌 계층이라고 해도 그 생산 대중을 노예적으로 착취할 때 그 생산 관계는 노예 소유자적 생산 관계를 이루며 따라서 그 사회의 생산 양식은 고대적 생산 양식을 이루게 된다. 그와 꼭 마찬가지로 봉건적 생산 양식의 경우에 있어서도 농노가 없거나 적더라도 농민이 농노적 착취를 당하는 생산 관계는 바로 봉건적 생산 관계를 이루는 것이다.

인류 력사에는 실지로 농노가 존재하지 않은 봉건 사회도 있었다.

엥겔스는 1890년 6월 5일 아인스터에게 보낸 서신에서 노루웨이와 서반아의 일부 지역에서는 농노가 존재하지 않은 봉건 사회를 경과한 사실에 대하여 다음과 같이 썼다.

> 노루웨이의 농민은 농노로 되어 본 일이 없다. 이러한 사실은—카스띠리야(서반아 중부의 한 개 주)에서도 마찬가지였다—노루웨이의 전

체 발전에 하나의 완전히 다른 배경을 주었다. 노루웨이의 소자산자는 자유 농민의 아들이다. 따라서 독일의 가련한 소시민에 비하건대 그들은 진정한 사람이다. 마찬가지로 노루웨이의 소자산 계급의 부녀는 독일의 소시민 부녀와 비할 때 얼마나 고결한 지 알 수 없다.(《맑스, 엥겔스, 레닌, 쓰딸린의 문예론》, 1959년, 중국인민출판사 판, 30페지 : 원저 주)

엥겔스의 이 교시는 우리들의 력사 연구의 매우 주요한 지침으로 된다.

결론적으로 말하면 부여의 노예제는 아세아적 공동체에 기초한 노예제를 경과하였으며, 문헌 자료 상에 나타나고 있는 노예제는 아세아적 공동체가 무너진 조건하에서 빈민인 하호는 노예와 함께 국가(혹은 국왕의) 노예로서 사역당한 제도이였다. 이 노예제는 아세아적 공동체에 기초한 동방적 가내 노예제(총체적 노예제)의 발전한 형태이며 붕괴 과정에 들어선 것이였다.

제6장

진국(삼한)에 대한 고찰

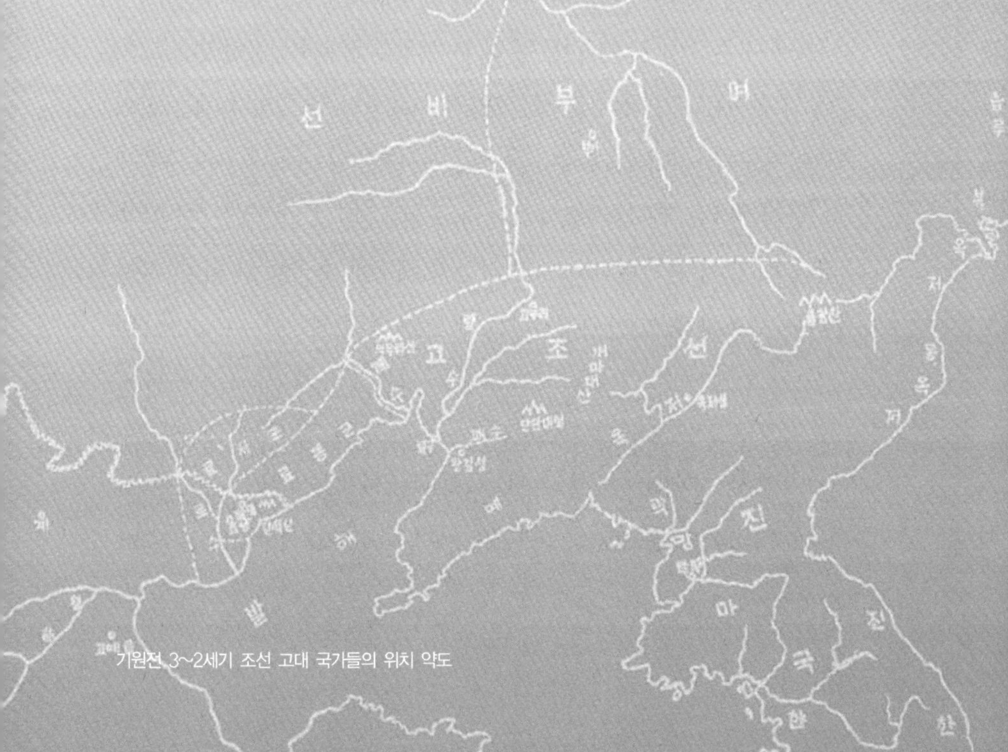
기원전 3~2세기 조선 고대 국가들의 위치 약도

제1절. 삼한 동천설에 대한 비판

나는 삼한三韓을 연구함에 있어서 우선 종래 중국의 몇 명의 저명한 학자들의 삼한 동천설東遷說을 비판하려고 한다.163)

종래 서주 초의 고한국古韓國에 관한 자료가 결핍되어 있고, 또 그 한국이 맥족과 밀접한 관계가 있었기 때문에 어떤 학자들은 그 고한국을 우리나라 고대의 삼한국의 선행 국가로 인정하고, 서구 시대 서주의 후국侯國이였던 한국이 동천하여 삼한국을 이루었다고 주장하였다.

그 첫째 주장자는 왕부王符(기원 2세기 전반기)이다. 그는 그의 저 《잠부론》潛夫論에서 서주 선왕 시대(기원전 827~782년) 한 후侯의 후예가 곧 고조선이며, 그 고조선(韓氏)이 위만에게 쫓겨 해중으로 들어가 한에 이르러 삼한을 이루었다고 주장하였다.〔《잠부론(潛夫論) 卷九 志氏姓 第三十五 : 원저 주〕 이 원문은 위에 예맥 부문에서 인용하였다. 그의 주장의 론거는 고한국의 후侯인 환숙桓叔(武子의 아들)의 후예는 한씨韓氏이며, 선왕 시대 한 후국의 후예인 한서韓西(왕계배汪繼培의 주석에는 〈한서〉韓西는 〈한선〉韓鮮의 오기라고 함)도 역시 한씨라는 데 있다.

그러나 그의 론거는 너무도 박약하기 때문에 수긍할 수 없다. 우선 우리는 고조선 왕이 한씨이였다는 근거를 전혀 찾아볼 수 없다. 《위

---

163) 남한 사학계는 《삼국지》 〈위지〉, 〈동이전〉을 서기 1세기 경부터 3~4세기 무렵까지 한반도 남부에는 삼한이 있었다는 근거라고 주장한다. 이 시각은 일본 학자들의 '《삼국사기》 초기기록 불신론'과 결부되어 신라·백제·가야 등의 고대 국가는 3세기 이후에나 건국되었고, 그 전에는 삼한의 78개 소국들이 분거했다는 논리로 이어지고 있다.

략》에는 《그(준)의 자식과 그 친척으로서 그 나라에 남아 있던 자들이 이로 인해 한씨韓氏 성을 꾸며냈다. 준왕은 바다로 가서 조선과는 서로 왕래하지 않았다(其子及親留在國者, 因冒姓韓氏. 準王海中, 不與朝鮮相往來)》라고 씌여 있다.〔《삼국지·한전(三國志·韓傳)》 배주(裴注 : 배송지 주)에 인용됨 : 원저 주〕 이에 근거하면 고조선 최후의 왕인 준의 성이 《한》씨가 아니었음을 알 수 있다. 어환이 만일 《잠부론》의 이 기록이 근거가 있다고 인정하였다면 《〈준〉의 아들이 〈한〉씨 성을 썼다》고는 쓰지 않았을 것이다. 게다가 그가 준의 아들이 《한》씨 성을 사용했다는 것도 근거가 있는 것으로는 보이지 않는다.

한국이 동천하여 삼한 형성

명明 대의 곽조경郭造卿은 《연사》燕史에서 선왕 시대에 한국이 동천한 후 한 초(기원전 2세기 초)에 이르러 삼한을 형성하였다고 인정하였다. 그가 말한 한 초라는 것은 고조선 왕 준이 위만에게 패망하고 한 지역으로 망명한 시기를 의미하는 것이다. 그의 주장은 아무런 근거가 없으며 매우 모호한 것이다. 그는 선왕 시대의 한국이 동천하여 삼한을 형성할 때까지 어떠한 과정을 경과하였는가를 전연 언급하지 않고 있다. 그러나 그가 한 초에 삼한을 이루었다고 주장한 사실로 미루어서, 그 한국이 동천하여 고조선을 이루고 고조선 왕 준이 위만에게 패망하여 남천하고 삼한을 형성했다고 인정한 것이라고 보여진다. 그는 고조선과 삼한까지도 조선족의 국가가 아니고 고조선과 삼한은 서주의 후侯였던 한국이 통치한 나라라는 것이다. 이러한 주장은 왕부의 망설에 근거한 것임이 자명하다.

근대에 이르러 장태염章太炎164)은 《시경·한혁》을 해석함에 있어서,

연燕의 위치를 오늘의 북경 일대로 인정하고, 맥의 지역을 동북 지방으로 인정한 데서부터 《시경·한혁》에 기록된 《한성》韓城과 《한후》韓侯의 《한》韓을 삼한의 《한》으로 인정하였다. 그는 다음과 같이 썼다.

《(시경) 대아·한혁》 편은 머리말로 "크고 큰 저 양산이여倬彼梁山"165)라고 말했는데, 양산은 진망晋望이 되었고, 《전》箋에서는 풍익馮翊 하양夏陽 서북이라고 했다166). 옛 설은 한韓이 후에 진晋에게 멸망했는데, 그 땅은 곧 춘추에서 말하는 한원韓原이 그것이다. 다음으로 말하기를 《높은 저 한나라 성이여, 연나라 백성들이 완성했네 … 왕께서 한후韓侯에게 추追나라와 맥貊나라를 내리셨네(溥彼韓城, 燕師所完 … 王錫韓侯, 其追其貊)》라고 했다. 풍익 한원은 연나라에서 2천 리 떨어져 있는데, 땅이 있는 곳은 중원이어서 맥貊과는 사이가 떨어져 있으니 《전》箋에서 주석한 「연」燕은 「안」安 자가 되어야 한다. 그 설에서 추追와 맥貊이라고 한 것은 "후에 험윤獫狁의 핍박을 받아 점점 동쪽으로 옮겼다"고 말한 것이다. 그러나 한원韓原은 룡문龍門 아래 있어서 북새北塞와는 거리가 오히려 멀다. 태사공 홀로 《흉노 렬전》에서 양산梁山의 북쪽에 려융荔戎이 있다고 했다. 《진본기》秦本紀는 려공공厲共公이 대려大荔를 정벌해서 그 왕성을 취했다고 칭했다. 《한서·지리지》는 "좌풍익左馮翊의 림진臨晋이 옛 대려"라고 했는데, 이것이 한원과 가깝고, 이에 《춘추·

164) 장태염(章太炎 : 1869~1936)은 청나라 말 민국 초의 사상가이자 사학자다. 원 이름은 학승(學乘)이었는데, 고염무(顧炎武)를 존경해서 태염으로 개명했다. 중국 민족주의 혁명가이자 복학대사(樸學大師 : 복학의 큰 스승)라 불리는데, 복학이란 고증학(考證學)을 뜻한다.

165) 《시경》 〈한혁〉 편의 또다른 판본은 "혁혁량산(奕奕梁山)"으로 시작한다. 뜻은 "크고 큰 양산이여"라는 것으로 마찬가지다.

166) 한(韓)이 있었다는 풍익 등은 지금의 섬서성 대려현(大荔縣) 부근으로 추정된다. 이곳은 예전에 예국(芮國)이 있었던 곳인데 최근 섬서성 한성(韓城) 량대촌(梁帶帶)에서 "예(芮)" 자가 새겨진 청동기가 발견되었다.

희공 15년 전》을 보니, 진晉나라 음陰 땅의 이생飴甥이 진秦의 군주인 백작과 왕성에서 회맹했는데, 두해杜解에서는 "풍익 림진현 동쪽에 왕성이 있다"고 했지만, 이때는 아직 대려大荔가 있지 않을 때이다. 항차 선왕宣王 중흥中興 때는 또 대려가 서융의 소부小部였고, 또한 맥, 예맥, 소수맥 등의 종족이 아니었다. 동북에 있을 때부터 고구려와 같은 종족이었는데, 《일주서·왕회해》逸周書·王會解에 이미 〈예인〉濊人이 있다. 한나라 때 락랑군 단단대령單單大嶺 동쪽의 7현은 다 예濊로써 이름 지었고, 소수맥은 서안평의 북쪽에 있었다. 부여왕의 인수 역시 〈예왕〉濊王이라고 칭했으니, 맥은 본래 동북의 옛 사람이라는 것을 알 수 있다. 정鄭이 말한 "핍박을 받아서 동쪽으로 옮겼다"는 말은 역사에서 또한 그 사실의 근거가 없다.〔태염문록속편권一(太炎文祿續編卷一) : 원저 주〕

大雅韓奕首言「倬彼梁山」, 梁山爲晋望,《箋》謂在馮翊夏陽西北, 故說韓後爲晋所滅, 其地則春秋韓原是也, 次言「溥彼韓城, 燕師所完 … 王錫韓侯, 其追其貊」. 馮翊韓原去燕二千里, 地處中原, 與貊猶隔絶, 故〈箋〉訓「燕」爲「安」. 其說追貊則云:「後爲獫狁所逼, 稍東遷」. 然韓原在龍門下, 去北塞猶遠. 獨太史公〈匈奴列傳〉稱梁山之北有荔戎.〈秦本紀〉稱厲共公伐大荔, 取其王城.〈漢書, 地理志〉「左馮翊臨晋:故大荔」, 此爲與韓原近, 及觀〈春秋·僖公十五年傳〉, 晋陰飴甥會秦伯盟於王城, 杜解:「馮翊臨晋縣東有王城」則是時尙未有大荔. 況宣王中興時. 且大荔西戎小部, 亦非貊, 濊貊, 小水貊之類, 自在東北, 與高句麗同種,《逸周書·王會解》已有「濊人」, 漢時樂浪郡單單大嶺以東七縣皆濊爲名, 小水貊則在西安平北, 夫餘王印亦稱「濊王」, 知貊本東北舊人. 鄭云「被逼東遷」. 史傳亦無其事也.

그는 다음과 같이 왕숙王肅[167]이 고한국을 탁군涿郡 지역이라고 한 설을 론박하였다.

왕자옹(왕숙)은 정씨의 설[168]이 맞지 않다는 것을 알았기에 탁군 방성현方城縣에 한후성韓侯城이 있다고 말했다. 《수경·성수》水經·聖水注 주를 근거로 그런 주장을 했는데, 직접 말하기를 "성수聖水는 동남쪽으로 한성 동쪽을 지난다"고 했다. 살펴보니 방성方城은 지금의 고안현固安縣인데 경사京師(북경)에서 북쪽으로 120리 떨어져 있으니 연나라 백성들을 시켜 완성했다는 것이 사실에 가깝다. 성수는 지금의 류이하流離河인데, 강이 깊거나 넓지는 않다. 류이하는 영정하永定河로 들어가는데, 곧 옛 상건하桑乾河로서, 강에서 나는 것은 극히 적다. 《시경》에서 《강은 크고도 크며, 물고기는 많고도 많구나(川澤訏訏, 魴鱮甫甫)》라고 읊었는데, 성수는 가진 것이 없다. 또한 고안평현固安平縣에는 곰, 큰곰, 호랑이, 사슴 또한 나지 않는다. 땅은 비록 북쪽에 편중되어 있지만 그 거기는 맥貊과도 아주 멀다. 지금 한후韓侯의 나라는 곧 《후한서》에서 말한 이른바 삼한三韓으로 생각되는데, 량산梁山은 주나라 서울에 입근하는 경로를 지나는 길로서 그 나라에 량산이 없다. 〔태염문록속편권一(太炎文祿續編卷一):원저 주〕

王子雍知鄭說不合, 故云涿郡方城縣有韓侯城. 〈水經·聖水注〉 據其說, 直云:「聖水東南經韓城東」, 按方城即今固安縣, 北去京師一百二十里, 以爲燕師所完, 近之矣. 聖水者, 今之流離河, 水非深廣,

167) 왕숙(王肅:195~256)은 자(字)가 자옹(子雍)이다. 삼국 위(魏)나라 동해군(東海郡) 담(郯:산동성 담성 서남쪽) 출신으로서 진왕(晋王) 사마소(司馬昭)의 장인이었다. 그는 경학대사(經學大師)로 불렸는데 유가(儒家)의 육경(六經) 등에 대한 그의 주석은 남북조 시대 관청의 교재로 사용되었고, 당나라 때 공영달(孔穎達)이 육경 주석을 편찬할 때도 근거로 사용되었다.

168) 모시(毛詩), 즉 《시경(試經)》에 주석 〈전(箋)〉을 단 정씨를 뜻한다.

流離河入永定河, 即古桑乾河, 而水產亦極少. 詩云: 「川澤訏訏, 魴鱮甫甫」, 皆聖水所無有. 且固安平縣, 熊羆虎鹿亦不產焉. 地雖雖北, 其去貉亦尙遠也. 今疑韓侯之國, 卽 〈後漢書〉 所謂三韓. 梁山乃入覲周京所經之道, 非其國有梁山也.

그는 또한 같은 책에서 《후한서·한전》의 삼한설을 인용하여 삼한이 오늘의 조선 경내라는 것을 인정하고, 《한혁》의 《백만》百蠻을 옥저, 읍루 등으로 인정하고, 또 그는 예맥, 소수맥, 부여 예왕 등이 맥이라고 인정하였다. 그렇기 때문에 그는 《한혁》에서의 한성韓城을 삼한 지역으로 인정하고 동시에 한성은 서주 초에 유주幽州에 속하였다고 주장하였다.

그는 또한 같은 책에서 《대저 유주幽州는 처음 설치되었을 때 본래 연燕을 후侯와 백伯으로 삼았다. 선왕宣王이 한, 조선, 예맥의 서북에 이르기까지 료동으로 삼았는데, 그 땅은 아주 멀다. 다시 그 땅을 나누어서 한후에게 다스리게 했다(大氐幽初置, 本以燕爲侯伯, 宣王以韓, 朝鮮, 璣貊西北訖於遼東, 地皆絶遠, 更分其地, 使韓侯統之)》(태염문록속편권一(太炎文祿續編卷一) : 원저 주)라고 썼다. 이것은 한 후국이 선왕宣王169) 시기 한후를 삼한(오늘의 조선 지역)에 봉한 후국이라는 것을 의미한다. 다시 말하면 그는 삼한은 서주 초에 연 후燕侯의 지배를 받았으며, 선왕 시기에 이르러 서주의 한후국으로 되어 서주의 통치하에 처하여 있었다는 것이다.

그리고 그는 또한 《시경》의 《궤보蹶父(궐부)는 아주 용감해서 가 보지

169) 주 선왕(宣王 : ?~서기 전 782)는 주 려왕(厲王)의 아들로 46년간 통치했다. 소목공(召穆公), 남중(南仲), 윤길보(尹吉甫), 방숙(方叔) 등을 중용해 험윤(玁狁), 서융(西戎), 준이(淮夷), 서국(徐國), 초국(楚國) 등을 정벌했는데, 이를 역사에서 "선왕중흥(宣王中興)"이라고 부른다.

않은 나라가 없었네, 딸 시집 보낼 곳을 찾아보니 한나라 만한 곳이 없었네(蹶父孔武, 靡國不到, 爲韓結相攸, 英如韓樂)》[170]란 시'구에 대하여 《만약에 한나라가 풍익에 있었다면, 호경鎬京(주의 수도 장안, 즉 서안)에서 아주 가까워서 물건을 가지고 왕래하기가 편하고 빨랐을 것이니, 궤보가 비록 여러 차례 공국共國에 닿더라도 무력을 사용하지 않았을 것이고, 시집가는 여인도 여러 나라를 거치지 않았을 것이다(借令韓在馮翊, 去鎬京無幾, 行李往來至爲便速, 蹶父雖屢至共國不爲武, 爲女相攸亦不待盡歷諸國也)》라고 해석하였다. 즉 이것은 한국이 풍익馮翊 지방에 있을 수 없다는 것을 말하고 있는 것이다. 그는 궐부蹶父(궤보)의 딸이 한 후韓侯에게 출가하게 된 리유를 이렇게 설명했다.

기자를 조선에 봉했는데, 그 자손들이 바닷길로 노략질하려 하자 다만 그 후사들이 변을 일으킬까 두려워했다. 그러나 기자의 봉지는 너무 먼 곳에 있어서 그 무리들을 일제히 제압하기 힘들었다. 그래서 한韓에게 권력을 주어 서로 견제하게 해서 그 행위를 제어하게 했으며 또한 이에 이르렀다. 선왕 때는 한후韓侯가 복속된 지 이미 오래여서 맥도貊道(맥족의 도)에 습관이 될까 두렵고, 먼 것을 믿고 참람할까 두려워서 장상將相 대신 궤보의 딸을 시집보내 비로 만들어 회유했다.
子封於朝鮮, 子孫欲自海道人寇, 猶以其後嗣有變爲懼, 而箕子封地在絕遠, 徒一齊不足以遙制, 是故授權於韓, 使犬牙相錯, 其形格勢禁, 亦可謂至矣. 宣王之時, 韓侯服屬已遠, 懼其習於貉道, 恃遠

170) 다음 구절은 이렇게 이어진다. "즐거운 한나라 영토여, 시냇물과 못물이 넘쳐 흐르네, 방어와 연어가 많고 많으며, 암사슴이 떼를 지어 풀을 뜯네, 곰과 말곰과 살쾡이와 범도 있네, 이미 경사로운 곳에 가려 잔치하니 궤보 딸도 좋아하네(樂孔樂韓土°川澤訏訏訏°魴鱮甫甫°麀鹿噳噳°有熊有羆有貓有虎°慶既令居°韓姞燕譽)" 이는 당시 한(韓)나라가 이상적인 낙원처럼 그려지고 있었음을 말해준다.

而僭,由是妃以將相大臣蹶父之女以相柔也.

이것은 기자의 후손이 제를 침범할 수 있기 때문에 서주에서는 한후에게 권한을 주어 조선의 세력을 견제하였는데, 선왕宣王 대에 이르러서는 그 한후국이 아주 먼 곳에 떨어져 있고 맥도에 습관되여 그 세력이 서주 왕실을 배반할 것을 두려워하며, 그 대신 궐부의 딸을 한 후에게 시집 보내며 회유했다는 것이다.

장태염은 기원전 12세기 오늘 우리나라(한반도) 령역 내에 한후국이 있었다고 인정하였으니 이 얼마나 황당한 소리인가? 그가 이러한 상상을 하게 된 근거는 분명히 중국의 전통적인《기자 조선》전설에서부터 출발하고 있는 것이다. 그렇기 때문에 그는 중국의 고대 지역인 유주幽州가 오늘의 조선 지역까지 포함한다고 주장한 것이다.

서주의 한국은 한족(漢族) 아닌 고대 조선족

그는 왕부의 설과 전통적인《기자 조선》전설을 대국주의적 립장에서 계승하였기 때문에 이러한 망발을 하게 된 것으로서 그의 설은 아무런 사료적 근거도 없다. 기술한 바와 같이《기자 조선》전설이 위작이며 왕부의 설이 무근거할진대 장태염의 설은 성립될 수 없다.

그러나 그의 설에서 주목하여야 할 점은 서주 시대의 한국 인민이 한족漢族이 아니며 고대 조선족이라는 그 점이다.

요컨대《한혁》편에 보이는 한국은 한족漢族의 국가로 주장할 수 있는 근거가 매우 박약하다. 고한국 지역인 오늘의 산서성 북부에는 일찌기 맥족이 거주하였으며, 맥족과 한후 간에 장기간의 투쟁이 있은 사실로 보아서 그 고한국은 맥족의 거주 지역을 차지한 것으로 보인다. 《모시·정씨전》毛詩·鄭氏箋은 한후를 무왕의 후예로 인정하고 있으나 그것은 《춘추·좌씨전》 희공 24년 전傳에 근거한 설이다. 장태염은 정씨의 설을 반박하여 이렇게 말했다.

> 설자說者(정씨)가 말하기를, "무왕이 후에 한원韓原에 봉한 것을 지금은 삼한이라 부르지만 역시 무왕의 아들 사邪다. 왕의 가까운 친척을 대황大荒에 두는 것은 예부터 있지 않던 일이었다." 답하기를 〈춘추〉는 곡옥曲沃의 장백莊伯의 동생을 한만韓萬이라고 칭했는데, 한원韓原의 나라 사람을 춘추에서는 다시 볼 수 없다. 이는 진실로 무왕의 아들을 봉한 것이 사실이 아닌 것이고, 경문의 기록에도 역시 그런 문장이 없다.〔태염문록속편권一(太炎文祿續編卷一) : 원저 주〕
>
> 說者皆云: 〈武王後封韓原, 今云三韓者, 亦武王子邪. 投懿親於大荒, 古者宜無是.〉 答曰: 〈春秋〉 曲沃莊伯之弟已稱韓萬, 韓原之國人春秋不復見, 其誠爲武王子故封以否, 經記亦無正文也.

장태염은 고한국이 무왕의 후예의 후국이라는 설을 믿을 수 없다고 쓰면서 그 리유로서 경서에 그런 증거가 없다고 하였다. 그는 《춘추·좌씨전》의 기록도 믿을 수 없다는 것이다. 즉 《춘추》의 경문經文(원문을 뜻함)에는 그런 기록이 없다는 것이다.

기술한 바와 같이 나는 고조선과 부여에 《한국》汗國의 제도가 존재하였다고 인정하였는 바, 그렇기 때문에 서주의 고한국을 맥족의 《한국》이라고 추단하게 되였으며 이것은 앞으로 연구해 보아야 할 문제라고 생각한다.

제2절. 진국의 북변

오늘까지 우리 고대사 분야에서 진국辰國[171]의 력사는 완전한 공백으로 되여 있다.

우리는 《삼국지·한전》과 《후한서·한전》의 자료에 근거하여 삼한은 진국의 3개 행정 단위이라는 사실을 알 수 있다.

《삼국지·한전》에는 《진한은 옛 진국이다(辰韓者, 古之辰國也)》라고 씌여 있고, 《후한서·한전》에는 《한에는 세 종족이 있는데, 하나는 마한이고, 둘은 변진弁辰인데 … 대개 옛 진국이다(韓有三種, 一曰馬韓, 二曰弁辰, … 皆古之辰國也)》라고 씌여 있다. 이 자료들에 근거하면 진수陳壽(삼국지의 편찬자)는 진한과 진국을 동일시하였고, 범엽范曄(후한서 편찬자)은 삼한은 모두 옛날의 진국이였다고 인정하였다. 이 량자의 설에는 차이가 있는 바 필자는 진수의 설에 착오가 있는 것으로 인정하게 된다. 왜냐하면 그의 기록 자체에서 그의 착오를 지적할 수 있기 때문이다.

위씨 조선과 인접했던 진국

그는 《진왕은 월지국을 다스린다(辰王治月支國)》라고 하였으니 그도 진왕이 다만 진한의 왕이 아니라 진왕의 치소가 마한의 월지국에 있었다는 사실을 승인하고 있는 것이다. 따라서 이 사실 하나만으로써

171) 남한 학계는 진국에 대해 서기 전 3~서기 2세기 경까지 한반도 중남부에 있던 정치집단이라고 설명하고 있다.

도 진한이 곧 진국이라는 그의 설은 성립되기 어렵다. 같은 사실에 대하여 범엽은 《한에는 세 종족이 있는데 … 마한이 가장 커서 그 종족들이 함께 세워 진왕으로 삼아 목지국에 도읍해서 삼한 땅을 다 다스리는데, 그 여러 나라의 왕은 선세부터 마한 종족의 사람이다(韓有三種; …馬韓最大, 共立種爲辰王, 都目支國, 盡王三韓之地, 其諸國王先是馬韓種人焉)》라고 씌여 있다. 이 자료에 근거하여 진왕은 진국의 왕이며 삼한을 통치하였음을 알 수 있다.

진국에 관한 문헌 사료는 극히 적으며 《사기》와 《한서》 및 《위략》 등에 그 명칭이 기록되여 있는 정도이다.

4부 총간본[172] 《사기·조선 렬전》에는 《진반 곁의 여러 나라(眞番旁衆國)》라고 씌여 있으나, 이 기록은 오기라고 인정된다. 왜냐하면 《한서·조선 렬전》에는 《진반과 진국(眞番, 辰國)》이라고 씌여 있고, 또 《사기》 판본인 남송 소흥紹興 초 항주 각본 《사기·집해》[173]에는 《진반 곁의 진국(眞番旁辰國)》이라고 씌여 있기 때문이다. 동 렬전에는 《아들을 거쳐 손자 우거右渠 때에 이르러서는 한漢나라 망명인들을 유인해서 그 수가 자못 많아졌고, (한나라에) 입견치 않고 진반 곁의 진국이 상서해서 천자를 보려는 것도 막고 통하지 않게 했다(傳子至孫右渠, 所誘漢亡人滋多, 又未嘗入見, 眞番旁辰國欲上書見天子, 又擁閼不通)》라고 씌여 있으니, 진국은 기원전 2세기 말 한 무제와 외교 관계를 맺고 사신을 통하여 서신을 보내려다가 위 우거에 저애되여 실패하였던 것이다. 이 자료를 통하여 우리는 진국이 기원전 2세기 말에 한과 외교 문서를 보내는 국가로서 위씨 조선과 린접하여 있었다는 사실을 알 수 있다.

---

172) 사부총간(四部叢刊)본은 1922~1936년 상해의 상무인서관(商務印書館)에서 장원제(張元濟) 등이 편찬한 경사자집(經史子集) 4부의 주요 고전을 골라 영인본으로 출간한 것을 뜻한다.

173) 남송 소흥 초년은 1131년. 이 판본은 1955년 중국 문학 고전 출판사에서 영인함.

진국은 위씨 정권과 적대 관계에 있었던 것으로 보이며, 《위략》의 《조선상 력계경이 우거에게 간하였지만 받아들여지지 않자, 동쪽의 진국辰國으로 갔다. 이때 백성 중에 그를 따라간 사람이 2천여 호였는데, 그들 역시 조선에 조공하는 번국蕃國과는 서로 왕래하지 않았다(朝鮮相歷谿卿以諫右渠不用, 東之辰國, 時民隨出居者二千餘戶, 亦與朝鮮貢蕃不相往來)》라는 기록이 이를 말해 준다.

이상 간단한 자료이지만 이에 근거하여 진국이 위씨 조선과 직접 린접해 있었으며, 그 중간에 다른 어떠한 정치적 세력도 개재해 있지 않았다는 사실을 알 수 있다.

마한 렴사읍이 락랑군에 속했다는 자료의 의미

그러면 진국의 북변은 어디인가를 고찰해 보자. 이 문제를 해명함에 있어서 주목하여야 할 자료는 《삼국지·한전》과 《후한서·한전》에 기록되어 있는 조선 왕준이 진국(한)으로 망명하여 와서 거주한 지역에 관한 기록이다.

《삼국지·한전》에는 이렇게 씌여 있다.

> (조선왕) 준이 이미 참람하게 왕이라고 일컫다가 연燕에서 망명한 위만의 공격을 받아 나라를 빼앗겼다. 장차 좌우와 궁인들을 거느리고 바다로 달려 들어가 한의 땅에 거주하면서 스스로 한왕韓王이라고 칭했다. 그 후손은 끊어졌지만 지금도 한인韓人 중에는 아직 그의 제사를 받드는 사람이 있다. 한나라 때 락랑군에 속해서 사시사철 조알했다.
>
> 准旣潛號稱王, 爲燕亡人衛滿所攻奪, 將其左右宮人走入海, 居韓

地, 自號韓王. 其後絕滅, 今韓人猶有奉其祭祀者. 漢時屬樂浪郡, 四時朝謁.

《후한서·한전》에는 이렇게 씌여 있다.

처음에 조선왕 준이 위만에게 패했다. 이에 장차 남은 무리 수천 명과 함께 바다로 달려 들어가, 마한을 공격해서 쳐부수고 스스로 한왕으로 섰다. 준의 후손이 끊어지자 마한 사람이 다시 스스로 서서 진왕辰王이 되었다. 건무建武 20년(기원 44년) 한인韓人 렴사廉斯 사람 소마시蘇馬諟 등이 와서 공물을 바쳤다. (후한) 광무제는 소마시를 한나라 렴사읍군으로 삼아 락랑군에 속하게 하고 사시에 조알하게 했다.

初, 朝鮮王準爲衛滿所破: 乃將其餘衆數千人走入海, 攻馬韓破之, 自立爲韓王. 準後滅絕, 馬韓人復自立爲辰王. 建武二十年(44년) 韓人廉斯人蘇馬諟等詣樂浪貢獻. 光武封蘇馬諟爲漢廉斯邑君, 使屬樂浪郡, 四時朝謁.

전자에서는 준이 망명해 갔던 지역이 락랑군에 속한 것으로 되여 있으며, 후자에서는 렴사읍이 락랑군에 속한 것으로 되여 있다. 이 두 개 자료는 각이한 내용을 말하고 있는 것 같으나 나는 그렇게 보는 것이 부자연스럽다고 생각한다. 범엽은 분명히 전자의 기록을 옮겨 베끼면서 소마시 이야기를 삽입하고 있다. 그런데 만일 준왕의 피난지와 렴사읍을 전연 별개의 지방으로 인정한다면 범엽은 전자의 내용, 즉 준왕이 망명한 지역이 락랑군에 속했다는 사실을 무시한 것으로 된다. 따라서 그렇게 해석하기보다는 범엽이 《삼국지》 기록의 내용을 좀더 구체적으로 서술한 것으로 해석하는 것이 자연스럽다고 인정된다. 즉 범엽은 렴사읍을 준왕이 망명한 지역으로 인정한 것으로 해석된다.

전자에 의하면 고조선 왕 준이 한韓 지역에 와서 자칭 한왕이 되였다가 그 후대는 절멸하였는데, 그 지역이 한 대漢代에 락랑군에 속하였다. 그러나 이 자료에서는 준이 망명해 있다가 한 대에 락랑군에 속하게 된 지역이 구체적으로 기록되여 있지 않다.

그런데 후자는 동일한 사실을 기록하면서 락랑군에 속한 지역과 그 시기를 밝히였다. 즉 기원 44년 렴사읍 사람 소마시가 락랑에 투항하여 그 지역이 락랑군에 종속되게 되였다. 그리하여 소마시는 후한의 렴사읍군으로 봉을 받고, 행정적으로는 락랑군에 속하게 되였던 것이다. 렴사읍은 여전히 렴사읍으로 남아 있었으며 락랑군의 현으로 된 것은 아니였다. 다시 말하면 렴사읍은 락랑군 령역에 포괄된 것은 아니였다.

만일 이 지역 즉 준이 망명해 온 지역을 락랑군 지역의 일부라고 인정한다면 고조선 왕 준이 망명하여 한韓으로 갔다는 사실과 모순되게 된다. 어째서 이렇게 말할 수 있는가?

락랑군 지역은 바로 위씨 조선의 지역이였으며, 위씨 조선 지역은 준 왕대 고조선 지역과 대체로 일치된 것이다. 그러나 혹자는 위씨 조선 시대 그 수도가 평양으로 이동하였다고 주장하나, 필자는 그 주장은 정확한 근거가 박약하다고 인정한다. 기술한 바와 같이, 중국 고대 학자가 료동군의 험독險讀을 위만의 도都라고 주장한 바 있었으나 그것은 착오이며, 험독은 고조선의 고도였다. 한 대의 험독은 오늘 산해관 내의 창려 지역에 있었다. 만일 험독을 위만의 구도로 인정하고, 위만이 도읍을 오늘의 평양으로 옮겼다고 주장한다면 결국 위만은 도읍을 오늘의 산해관 내의 창려 지역에서 평양으로 옮긴 것으로 된다. 우리는 위만이 험독에서 평양으로 천도했다고 주장할 아무런 근거도 없고, 사실 상 그럴 수가 없었다. 따라서 우리는 준 왕의 도읍지이였던 왕검성은 위씨 조선의 수도요, 후일 락랑군의 군치郡治였다고 인정하여야 할 것이다.

이 사실을 승인한다면, 준왕은 왕검성에서 떠나 고조선 령역을 벗어나서 한 지역으로 왔던 것이며, 따라서 그 지역은 후일의 락랑군 지역으로 될 수 없었다는 사실도 시인하여야 할 것이다. 그렇다면 위에 인용한 준이 망명하여 거주하던 지역이 후일에 《락랑군에 속하였다》는 자료를 《락랑군의 지역》이라고 해석할 수 없을 것이다. 만일 그 지역을 《락랑군》 지역이라고 인정한다면 준은 왕검성에서 떠나서 고조선 령역을 벗어난 것이 아니라 그 자리에 머물러 있은 것으로 된다.

따라서 《한나라 때 락랑군에 속했다(漢時屬樂浪郡)》란 자료는 준이 망명하여 거주한 지역이 한漢 대에 락랑군의 정치적 지배를 받게 되였다는 의미로 해석하는 것이 정당하다.

지금까지 우리 고대사 분야에서는 마한의 렴사읍이 락랑군에 속하였다는 이 자료에 대하여 주목을 덜 돌려 왔다. 특히 고고학 분야에서는 이 자료가 전혀 고려되지 않고, 한식 고분과 한식 문화 유물이라면 반드시 락랑군이나, 대방군의 것으로 인정되여 왔다.

우리는 기원 44년 한의 렴사읍이 락랑군에 속하였다는 이 자료를 특히 주목하여야 할 것이다. 기원 44년이라면 고구려 대무신왕 27년에 해당되며, 《삼국사기》 고구려 본기 대무신왕 27년 9월 조에는 《한나라 광무제가 군사를 파견해서 바다를 건너 락랑을 정벌해서 그 땅을 취하고 군현으로 삼았다. 살수 남쪽이 한나라에 속하게 되었다(漢光武帝遣兵渡

海, 伐樂浪, 取其地, 爲郡縣, 薩水已南屬漢)》라고 한 기록이 있다.

이 두 가지 자료를 우리는 세심하게 대비하여 고려하여야 한다. 기술한 바와 같이 중국 측 사료에는 기원 44년(건무 20년)에 광-무제가 살수 이남 지역에 락랑군을 설치했다는 기록은 없다. 그러나 동년에 한韓과 관계되는 사건을 기록한 것으로서 《후한서》 광무기 건무 20년(44년) 조에 《동이의 한인이 무리를 이끌고 락랑군에 와서 내부하였다(東夷韓人率衆詣樂浪郡內附)》라는 기록이 있다. 이 기록은 바로 위에 인용한 《후한서·한전》의 마한인 렴사읍 소마시가 44년(건무 20년)에 락랑군에 속했다는 사실을 기록한 것임이 틀림없다. 중국 측 자료에서는 기원 44년에 후한 세력이 마한 렴사읍에 침투된 사실을 기록하고 있으나, 우리나라 사료에서는 중국 측 기록과 같은 기록은 없다. 그 대신 기원 44년 광무제가 살수 이남 지역에 락랑군을 설치하였다고 기록하였다.

오늘의 평안남북도 지역 차지했던 최리의 낙랑국

우리는 과연 우리 측 사료와 중국 측 사료가 각이한 사실을 기록한 것으로 해석할 수 있겠는가? 량국 관계에 관한 력사적 사실이 공교롭게도 한 가지는 우리 측 사료에만 기록되고, 다른 하나는 중국 측 사료에만 기록되였다고 보는 데는 무리가 있지 않는가? 이 현상을 우연한 일로 생각할 수 없으며, 동일한 사실에 대한 기록이 각이하게 된 것으로 보는 것이 타당할 것이다. 광무제가 락랑군을 새로 설치하였다면 그 사건을 광무제기光武帝紀에 기록하지 않았을리 없다고 보아야 할 것이다. 왜냐하면 마한의 한 개 읍군이 락랑군에 예속되였다는 사실은 기록하면서 그보다 훨씬 큰 사건인 락랑군을 설치한 사실을 기록하지 않았다고는 볼 수 없기 때문이다. 때문에 이 량자 자료는 동일한 력사적 사실에 대한 기록이라고 판단할 수 있다고 생각하게 된다.

김부식은 광무제가 살수 이남 지역에 락랑군을 설치하였다는 기록을 하기 전에 기원 37년에 대무신왕이 락랑을 멸망시켰다고 썼으니, 이 락랑은 그가 《광무제가 정벌했다》고 잘못 쓴 락랑과 동일한 지역임이 명백하다. 그리고 그는 또한 기원 32년에 대무신왕이 최리崔理의 락랑을 습격한 바, 최리는 투항하였다고 썼으니, 이 락랑은 또한 전 량자의 락랑과 동일한 지역임을 알 수 있다. 김부식의 문맥으로 보아서 이렇게 판단할 수 있으며, 그는 대무신왕이 락랑을 멸망시켰다는 사실을 기록하기 전에 한의 락랑군과 고구려의 관계에 대해서는 한마디도 언급하지 않은 사실로 보아서도 대무신왕이 멸망시킨 락랑을 한의 《락랑군》으로 해석할 수 없으며, 그것은 최리의 락랑국으로 해석하는 것이 타당할 것이다.

기술한 바와 같이 전한의 락랑군과 후한의 락랑군의 위치 변동이 없었던 것이 확실하기 때문에 김부식의 《한나라 광무제가 군사를 파견해서 바다를 건너 락랑을 정벌해서 그 땅을 취하고 군현으로 삼았다. 살수 남쪽이 한나라에 속하게 되었다(漢光武帝遣兵渡海, 伐樂浪, 取共地, 爲郡縣,薩水巳南屬漢)》란 기록에서 《군현으로 삼았다(爲郡縣)》라고 쓴 것은 부정확한 기사이라고 인정할 수밖에 없다. 김부식 자신은 살수 이남 지역을 원래의 락랑군 지역으로 인정하지 않았다.

후자는 최리의 락랑군과 한의 락랑군을 동일시할지 모르나, 이 두 개의 락랑은 신재호 선생이 이미 명백하게 해명한 바와 같이 각이한 지역이다.(신채호 《조선사 연구초》 평양 패수고 : 원저 주)

최리의 락랑국의 지역은 옥저와 린접하고 있었다. 《삼국사기》 대무신왕 15년 4월 조에 《왕자 호동이 옥저에서 놀다가 락랑왕 최리가 출행해서 그를 보게 되었다(王子好童, 遊於沃沮. 樂浪王崔理出行, 因見之)》라고 기록한 것은 옥저와 락랑국이 린접했음을 증명해 준다. 나는 위에서 옥저의 위치를 압록강 류역으로 인정하였다. 나는 이 자료로써 나의 주장이 정당하다는 것을 더욱 확신하게 되였다. 호동이와 최리가 동옥저인 함경도 지역에서 만났다고 상상할 수는 없을 것이다.

따라서 우리는 최리의 락랑국이 대체로 오늘의 평안남북도 지역을 차지하였다고 인정할 수 있다.

만일 나의 견해가 성립될 수 있다면 진국의 북변도 쉽게 해명될 수 있을 것이다.

기술한 바와 같이 위씨 조선과 진국 간에 다른 어떤 정치 단위도 존재하지 않고 직접 린접하였다는 사실을 승인한다면, 최리의 락랑국은 바로 진국의 서북 지방에 해당됨을 승인해야 할 것이다.

락랑국과 마한의 관계

그렇다면 여기서 제기될 수 있는 문제는 락랑국과 마한은 어떤 관계를 가지는가 하는 문제이다. 즉 진국에는 삼한 이외에 다른 어떤 지역도 포함되지 않은 것으로 기록한 《삼국지》와 《후한서》의 기록을 어떻게 리해할 것인가 하는 문제가 제기된다.

이 사료들에는 마한에 락랑과 렴사읍이 있다는 기록이 없다. 《삼국지·한전》에는 마한 50여 국의 명칭을 기록하고 있으나 락랑국과 렴사국의 명칭이 없고, 《후한서·한전》에서는 마한 50여 국의 명칭을 구체적으로 기록하지는 않았으나, 이 저자는 《삼국지·한전》의 기록을 그대로 인정한 것으로 볼 수 있기 때문에 그가 《삼국지·한전》에 기록된 마한 50여 국 외에 따로 락랑국과 렴사국이 있다고 인정한 것으로는 생각할 수 없을 것이다.

《위략》에는 《왕망王莽 지황地皇 연간(서기 20~23년)에, 염사치가 진한辰韓의 우거수右渠帥가 되었는데, 락랑의 토지가 비옥하고 인민이 풍요하고 즐겁다는 소식을 듣고 망명해서 항복하려고 하였다(至王莽地皇時, 廉斯鑡爲辰韓右渠帥, 聞樂浪土地美, 人民饒樂, 亡欲來降)》라고 씌여 있는 바, 이것은 렴사廉斯가 진한의 지역임을 말하고 있다. 그러나 《위략》의 문장을 자세히 읽어 보면 이 《진한》을 삼한의 하나인 《진한》으로 인정하기는 곤난한 점이 있다. 첫째로, 《위략》에는 이 기사를 전후하여 삼한에 관한 기록은 없고, 다만 《진한》과 락랑군과의 관계에 관한 이야기만을 기록하고 있기 때문이다. 둘째로, 진한을 종래의 설대로 경상도 지역으로 가정한다면 거기에서 렴사치가 료동에 있는 락랑군에까지 가서 한인들에게 투항했다고 보기는 어려우며, 또 그렇게 될 수 있는 리유를 상상할 수 없다. 셋째로, 《위략》에는 락랑군의 중국인들이 진한 지역에 벌목하려 갔다가 랍치되여 노예로 되었다고 기록하고 있는데, 료동에 있는 락랑군에 거주한 한인들이 벌복을 하러 진한까지 갔다고 상상할 수 없다. 그와 함께 삼한 중 진한만이 한漢人을 노예로 사역했다는 사실도 상상하기 어려운 일이다.

네째로, 《위략》에는 렴사치가 락랑군 사람들을 안내하여 해상으로 진한에 갔다고 썼는데 만일 락랑군 위치를 평양 일대로 잡고 진한 지역을 경상도 일대로 잡는다면, 락랑 사람들이 어찌하여 진한으로 가는데 해상으로 갔겠는가 하는 문제가 제기된다. 평양에서 경상도로 가는데 서해와 남해를 돌아갔을 수는 없을 것이다.

물론 오늘 《위략》의 전문이 없기 때문에 삼한에 관하여 어떠한 기록을 하였는지는 알 수 없으나 렴사치에 관한 기록만을 들고 보면 이 저자도 진수와 마찬가지로 진국과 진한을 동일시한 것으로 판단된다. 따라서 렴사읍을 진한의 한 개 읍으로 인정할 근거가 없게 된다. 우리는 렴사읍이 한漢 세력의 지배하에 있었고 락랑군이 태수에게 직속되였던 사실로 미루어서 거기에 한인들이 집단적으로 거주하였으리라는 것을 용이하게 상상할 수 있다. 따라서 그 지역에 한식 무덤과 한식 유물이 있을 것이며 또 락랑군과 관련되는 유물도 있을 것이다. 렴사읍이 만일 진한 지역에 있었다면, 오늘 그 지역에서 한식 유물들이 한 곳에서 대량적으로 출토되여야 할 것이다. 그러나 아직 경상도 지역 어느 한 지점에서도 그러한 유물이 대량으로 출토된 사실이 없다.

그렇기 때문에 나는 렴사읍이란 곳이 락랑군 지역과 비교적 가까운 지역일 것이라고 추리하게 되며, 따라서 렴사읍은 락랑국이 망한 후에 그 자리에 새로 생긴 렴사국의 읍이였다고 추단한다. 혹은 본래 락랑국의 한 개 별읍이였을지도 모른다.

《삼국지·한전》에 기록된 마한 50여 국의 국명이 도대체 어느 시기의 《국》명들인지 알 수 없으나 대체로 2~3세기의 국명들이라고 판단된다. 최리의 락랑국이 망한 후에는 그 국명이 전래되였다고 볼 수 있는 근거가 없고, 또 렴사읍이 락랑군에 속한 이후에는 그것을 한인들은 마한의 읍으로 인정하지 않았기 때문에 중국인들이 렴사읍을 마한의 읍으로 기록하지 않았을 것이라고 추단된다. 또 실지로 2세기 중엽에는(환제桓帝, 영제靈帝 시기) 예와 한이 강성하여 후한은 그 군현을 유지하기 곤난한 형편이였으니(삼국지·한전) 락랑군에 예속되였던 렴사읍이 그대로 남아 있었을 수도 없었다고 판단된다. 따라서 이 시기의 마한은 본래의 락랑국 지역을 전부 수복했다고 보여진다. 특히 그렇게 볼 수 있는 근거는 압록강 하류와 료동 반도 동해안 지대에 거주하던 예가 대량적으로 한(즉 마한)으로 이주했다는 기록이다. 《삼국지·한전》에는 《환제·영제 말기에 한韓, 예濊가 강성해서 군현에서 제어가 불가능해지자 백성들이 많이 한국韓國에 유입되었다(桓, 靈之末, 韓, 濊疆盛, 郡縣不能制, 民多流入韓國)》라고 썼는 바, 이것은 예가 마한에 린접해 있었음을 증명해 준다.

마한 영역에 관한 최치원, 일연의 입장

마한의 서북변 문제는 최치원 이래 제기되여 왔다. 그는 마한의 후신국을 고구려로 인정하였고, 일연은 마한이 곧 백제로 되였다고 하는 견해를 잘못된 것이라고 비판하였다. 최치원은 마한에 대하여 《마한은 고구려고, 진한은 신라다(馬韓麗也, 辰韓羅也)》라고 썼고, 일연은 이를 동의하여 다음과 같이 주석하였다.

> 《본기》本紀(삼국사기 신라·고구려 본기)에 의하면 곧, 신라가 먼저 갑자甲子년에 일어나고 고구려가 그 후 갑신甲申년에 일어났다고 했는데, 이렇게 말한 것은 조선왕 준을 두고 말한 것이다. 이로써 동명東明이 일어난 것은 이미 마한을 병합한 때문이란 것을 알 수 있다. 그래서 고구려를 마한이라고 일컫게 된 것이다. 지금 사람들이 혹 금마산으로써 마한이 백제가 되었다고 인식하지만 이는 아마도 그릇되어 함부로 말한 것이다. 고구려 땅에는 원래부터 마읍산馬邑山이 있었으므로 이름을 마한이라 한 것이다.
>
> 據本紀, 則羅先起甲子, 麗後起甲申. 而此云者, 以王準言之耳. 以此知東明之起, 已并馬韓而因之矣, 故稱麗爲馬韓. 今人或認金馬山以馬韓爲百濟者, 蓋誤濫也. 麗地自有馬邑山, 故名馬韓也.《삼국

유사》 권, 기이 제2 : 원저 주)

일연은 금마산을 두고 마한이 백제로 되였다고 주장하는 견해를 큰 착오라고 비판하였으며, 고구려에 마읍산이 있으므로 고구려 이전의 지역을 마한이라고 칭하였다고 주장하였다. 그가 말하는 고구려 지역이 구체적으로 어느 지역을 가리키는가를 명확하게는 알 수 없다. 즉 마한 땅이 료동에까지 이르렀다고 본 것인지 그렇지 않으면 압록강 이남 지역에 국한시켜 말함인지는 불명확하다. 그러나 압록강 이남 고구려 령역을 가리켜 말한 것은 명백하니 그는 마한 령역을 압록강 계선까지로 보았다는 것은 우선 확실하다. 그가 《삼국지》나 《후한서》를 안 보았을리 없는데, 이러한 주장을 한 것은 그가 그 기록들을 무시했다고 보기보다는 그 기록들로써는 마한이 곧 백제로 되였다고 해석할 수 없다고 인정한 것으로 보아야 할 것이다.

나는 최치원과 일연의 견해에는 반드시 어떠한 근거가 있을 것이라고 인정하면서 우선 그 근거를 찾는 것이 중요하다고 생각한다.

위에 인용한 바와 같이 고조선 왕 준은 왕검성에서 망명하여 한韓 령역으로 와서 한 왕이 되였다 하였으니 진국에는 준이 오기 전부터 《한》이란 명칭을 가진 행정 단위(혹은 구역)가 있었다고 인정할 수 있다.

나는 고조선, 부여 등에 《한국》汗國 제도가 있었다는 사실로 미루어서 진국에도 역시 오랜 옛날부터 《한》韓으로 불리우는 행정 구역이 있었다고 생각하게 된다. 삼한의 명칭에 대해서는 종래 여러 설이 있으나 아직 언어학 분야에서 정론이 없으며, 나는 이 문제에 대해서 론급해 볼 만한 연구가 없으므로 이 문제는 후일의 연구 과제로 남기기로 한다. 요컨대 고조선의 《석진》眞, 《반》番, 《막》莫의 3한과, 진국의

《진》眞, 《변》弁, 《마》馬의 3한의 명칭은 각각 동일한 뜻을 가진다는 선배들의 설에 좇기로 한다.

《삼국지·한전》에서는 진왕辰王과 한왕韓王을 구별하여 쓰고 있다. 즉 진왕(진국 왕)은 월지국을 그 치소治所로 하여 삼한을 통치한 것으로 쓰고, 한왕은 준이 망명하여 한 령역으로 와서 자칭하여 한왕으로 되였다고 쓰고 있다. 준이 망명하여 한왕으로 된 그 지역은 《후한서·한전》에 의하면 《처음에 조선왕 준이 위만에게 패했다. 이에 장차 남은 무리 수천 명과 함께 바다로 달려들어가, 마한을 공격해서 쳐부수고 스스로 한왕으로 섰다(初, 朝鮮工準爲衛滿所破, 乃將其余衆數千人走入海, 攻篤韓破之, 自立爲韓王)》라고 썼으니, 마한 지역임을 알 수 있다. 그리고 같은 책의 렬전에 《준의 후손이 끊어지자 마한 사람이 다시 스스로 서서 진왕辰王이 되었다(準後滅絶, 馬韓人復自立爲辰王)》란 기록을 보면, 준이 망명하여 와서 진국의 왕권을 탈취하였다가 그 후대가 절멸한 후 마한인이 다시 진왕으로 된 것으로 해석된다. 그러나 《삼국지》에는 이런 기록이 없으니, 망명객인 준이 진왕의 정권을 탈취했으리라고 보기는 곤난하다. 그러나 이 자료에서 마한인이 진왕으로 되였다는 기록은 준이 망명해 온 이후에도 진국은 의연히 존재하고 3한의 행정 구역을 가지고 있었음을 말해 주는 것이다.

고구려 령역은 본래 마한 지역

준은 마한의 일부 지역을 차지하고 고조선 망명 집단을 거느리고 잠시 정치 세력을 이루고 있다가, 그 후대가 절멸됨으로써 그 지역은 마한인에 의하여 여전히 마한의 일부로서 유지되였다고 인정된다.

그렇게 생각할 수 있는 근거는 첫째로, 마한 북방에 락랑국이 있다는 사실이다. 기술한 바와 같이 이 정권은 마한의 일부 지역에 일시 존재했던 것이며, 진국과 고조선 간에 그것들과는 다른 독립적인 정권이 고대로부터 존속된 것이라고 볼 근거가 없기 때문이다. 둘째로는 이 《락랑국》이란 명칭은 고조선의 망명 집단이 자기들의 본래의 지명을 그냥 옮겨다 사용한 것으로 해석하는 것이 자연스럽기 때문이다. 《삼국유사》에서는 《위지》魏志를 인용하여 《위만이 조선을 치니 조선왕 준準이 궁인宮人과 좌우左右를 거느리고 바다를 건너 남쪽의 한韓 땅에 이르러 나라를 건국하고 이름을 마한馬韓이라고 하였다〔魏[174](衛)滿擊朝鮮, 朝鮮王準率宮人左右, 越海而南至韓地, 開國號馬韓〕》라고 하였으나, 이 설은 믿을 수 없는 것이라고 인정하여야 할 것이다. 왜냐하면 진국은 마한인 출신이 통치하였다는 설을 부정할 근거가 없다면, 망명 집단이 진국을 통치했다고 생각할 근거가 있을 수 없게 되기 때문이다.

삼한은 진국의 행정 단위였으며, 현존 자료로써는 그것들이 진국에서 분립하였음을 증명할 수 없다. 《삼국지·한전》 변진 조에 《그 중에서 12국은 진왕辰王에게 속해있다. 진왕은 항상 마한사람으로 만들어 대대로 서로 세습했는데, 진왕이 다시 스스로 서서 왕이 되지 못했다(其十二國屬辰王. 辰王常用馬韓人作之, 世世相繼, 辰王不復自立爲王)》란 기록이 이를 증명하여준다. 이것은 진한이 독자적인 정권을 행사하지 못했음을 의미한다. 그런데 여기 《진왕》이 어느 진왕인가에 대해서는 아래서 언급하기로 한다. 이 부문에 관하여 《위략》에는 《그들은 이주해 온 사람들이 분명하기 때문에 마한의 제재를 받는 것이다(明其爲流移之人, 故馬韓所制)》라고 씌여 있다. 이것은 어환(위략의 저자)이 진한인을 진秦

174) 《사기(史記)》, 《한서(漢書)》, 《삼국지(三國志)》는 모두 위(衛)(만)으로 되어 있다.

의 망인들로 본 견해이며, 요건대 그는 진한인들이 마한(즉 진국)의 지배하에 있었음을 말해 주는 것이다.[175)]

요컨대 삼한은 진국의 3개 행정 단위이였으며 렴사읍은 마한의 한 개 지방이였다. 렴사읍은 락랑국의 일부 지역이였고 랑락국은 본래 마한 지역이였다. 그리고 락랑국의 령역은 압록강 류역 옥저와 린접하였던 것이다. 따라서 진국 내의 마한의 본래의 지역은 기원전 2세기 초에는 압록강 계선까지 이르렀다가 고조선 왕 준이 망명하여 오늘의 황해도의 일부와 평안남북도 지역을 차지하고 한왕韓王이 된 후 마한의 령역이 축소된 것으로 인정된다. 최치원과 일연이 고구려의 령역을 본래의 마한 지역이였다고 인정한 리유는 바로 이러한 력사적 사실에 근거한 것이라고 인정된다.

---

175) 《후한서》 〈한전〉은 진왕이 삼한 전체를 다스리는 왕으로 묘사하는 반면 《삼국지》 〈한전〉은 목지국과 그 주변을 다스리는 정도의 왕으로 묘사하고 있다.

제3절. 삼한인은 어느 종족인가?

삼한인은 어느 족속이며 고조선인과 어떠한 관계를 가지고 있는가를 고찰해 보자. 우리는 이 문제를 고찰함에 있어서 간접적인 자료를 리용하여 추단할 수밖에 없다.

고조선 왕 준이 한 땅으로 가서 한왕이 되였다는 사실과, 위 우거 시기 조선상 력계경이 2천여 호를 거느리고 진국으로 갔다는 사실 및 2세기 말 락랑군 인민들이 대량적으로 한국으로 류입하였다(《삼국지·한전》에 《환제·영제 말기에 한(韓), 예(濊)가 강성해서 군현에서 제어가 불가능해지자 백성들이 많이 한국(韓國)에 유입되었다》 : 원저 주)는 사실 등으로 보아서 고조선인과 진국인이 혈연을 달리하는 별개의 족속으로는 간주하기 어려울 것이다. 우리는 물론 이런 정도의 자료로써 고조선과 진국인이 동일한 족속이라고 론단할 수는 없다.

《삼국지·한전》에 《10월에 농사일을 마치고 나면 역시 이렇게 한다. 귀신을 믿어서 국읍國邑에 각각 한 사람씩 세워 천신天神에 대한 제사를 주관하는데, 이를 천군天君이라고 한다(十月農功畢, 亦復如之, 信鬼神, 國邑各立一人, 主祭天神, 名之天君)》라고 썼고, 같은 책 《예전》濊傳에는 《늘 10월에 하늘에 제사를 지내는데, 밤낮으로 술 마시고 노래 부르고 춤추니 이를 무천舞天이라 한다(常用十月節祭天, 晝夜飮酒歌舞, 名之爲舞天)》라고 씌여 있다. 우리는 이 자료에 근거하여 한인과 예인이 동일한 시기에 동일한 신앙의 행사—하늘에 제사하는 의식을 지내고 있음을 알 수 있다. 《후한서》에도 이와 동일한 기사가 있다. 동일한 원시적 신앙 행사를 동일한 시기에 거행한다는 사실은 이 량국 인민의 생활이 아주 밀접한 관계를 가지고 있음을 말한다. 원시 신앙 행사란 것은 일반적으로 동일한 족속 간에 행해지는 것이며 종족적인 특수성을 띠는 것이다.

삼국의 언어는 동일

한인과 고조선인의 언어는 어떤 관계를 가졌던가? 그 량자가 동일하다는 직접적인 자료는 없다. 그러나 삼국의 언어는 동일하였다. 《량서》梁書에는 《백제는 … 지금 그 언어와 복장은 대략 고구려와 같다(百濟 … 今其言語服章略與高驪同)》(량서(梁書) 권 54 제국 렬전(諸夷列傳) 동이백제조(東夷百濟條) : 원저 주)라고 썼고, 같은 책 《신라전》에는 《(신라인의) 언어는 백제인을 기다린 후에 통할 수 있다((新羅)言語, 待百濟而後通焉)》라고 썼다. 이것은 중국인들이 신라인과 대할 때 백제인을 통하여 비로소 말이 통했다는 뜻이니 우리는 이 자료에 근거하여 고구려, 신라, 백제의 언어가 동일하였음을 알 수 있다. 따라서 우리는 신라와 백제를 형성한 한인韓人과 고구려를 형성한 맥인의 언어가 동일함을 추단할 수 있다. 그러면 고조선족인 예인과 한인의 언어는 어떠한 관계를 가졌는가?

《삼국지》와 《후한서》의 《예전》濊傳들에는 예濊는 고구려와 언어 법속이 대체로 동일하다고 기록하고 있다. 따라서 우리는 예족인 고조선인과 한인韓人의 언어가 대체로 동일하였음을 알 수 있다. 예족인 고조선인들이 대량적으로 진국으로 이동하여 한인과 융합된 사실, 그리고 맥족인 온조왕 계통이 진국으로 이동하여 백제를 건국한 사실을 결부시켜 생각할 때, 우리는 예, 맥, 한의 세 개 종족은 동일한 족속의 세 갈래였다는 것을 추단할 수 있다고 생각한다.

나는 제8장에서 진국과 고조선의 물질 문화 유물을 대비해 보겠지만 이 량국은 신석기, 청동기 유물들의 많은 부분이 그 류형이 공통한 것이였다. 그러나 량자는 완전히 동일한 것은 아니며 그 중 특히 우리의 주목을 끄는 것은 압록강을 계선으로 하여 3족三足 토기의 계선이 갈라진다는 사실이다. 혹자는 3족 토기를 한漢 문화로 인정하고, 료동이 고대로부터 한인漢人들의 거주 지역이였기 때문에 압록강을 경계로 하여 3족 토기 문화의 계선이 갈라지는 것이 당연하다고 인정할 수도 있을 것이다. 그러나 그러한 견해는 력사적 사실과는 맞지 않는 자의적인 해석에 불과할 것이다. 오늘의 료동 지방에는 한식漢式 3족 토기와는 형태가 다른 원시적인 형태를 가진 3족 토기가 존재하며, 그 지역에는 신석기 시대부터 고조선족이 거주하였다. 3족 토기의 분포가 어찌하여 압록강을 계선으로 하여 갈라졌는가 하는 문제는 앞으로 연구되여야 할 문제로 된다. 그러나 압록강 남북의 문화 유물은 한식漢式 유물을 제외하고 기본적으로 동일하니 나는 고조선족과 한족韓族이 동일한 종족이였다고 론단할 수 있다고 생각한다.

나는 위에서 삼한 계통과 예, 맥 계통의 신화가 각기 특성을 가지고 있는 사실에 근거하여, 삼한인들에게는 조이鳥夷 계통 문화가 오래 동안 잔존하였으며, 그 원주민을 조이 계통이라고 추단하였다. 그러나 거기에는 일찍부터 예인이 남하하여 융합되여 한족을 형성하였고, 고조선 령역에서는 예족이 보다 강하여 조이 계통 문화가 예족 문화에게 극복당한 것으로 인정하였다. 따라서 후세의 고조선족과 한족韓族은 원래부터 동일한 족속이요 기본적으로 동일한 계통의 문화를 소유하였다고 인정할 수 있을 것이다.

제4절. 진국의 사회 경제 구성

1. 《삼국지》와 《후한서》의 《한전》들이 근거하고 있는 자료의 시대성에 관하여

우리가 진국의 사회 경제 구성을 고찰함에 있어서 기본 사료로 되는 것은 《삼국지》와 《후한서》의 《한전》韓傳이다. 주지하는 바와 같이 이 기록들은 자료를 정리하지 않고, 극히 간단하고 잡다한 자료를 체계 없이 라열했기 때문에 그 사회 경제 구성을 판단함에 있어서 혼란을 일으킬 수 있게 되며, 실지로 지금까지 내외의 적지 않은 학자들이 그러하였다.

동 《한전》들에는 얼핏 보면 마치 원시 사회의 현상을 반영한 것 같이 보이는 자료도 있고, 그와 함께 발달한 국가 기구가 있다는 자료도 있으며, 철을 생산하여 외국과도 교역하고 철을 화폐로 사용하였다는 자료도 있다.

그런데 종래 내외의 허다한 력사가들이 《삼국지》와 《후한서》의 《한전》 중에서 원시 사회의 현상인 것 같이 보이는 자료만을 과대시하고, 그 자료들을 교조주의적으로 맑스, 엥겔스의 원시 사회 리론에 맞춤으로써 삼한 사회를 원시 사회 말기에 처한 사회로서 리론화하려고 하였다.

그들은 흔히 《삼국지·한전》을 그 필자의 생존 시대인 기원 3세기 삼한 사회를 반영한 자료라고 인정하고 있다. 그리하여 결국 그들은 기원 3세기까지도 삼한이 원시 사회에 처하였다는 결론을 내리지 않을 수 없게 되는 것이다.

《사기》와 《한서》에 삼한 기록이 없는 이유

과연 《삼국지》와 《후한서》의 《한전》을 기원 3세기 삼한 사회를 반영한 자료라고 인정할 수 있겠는가? 우리는 본 소절의 목적을 추구하기 위하여 이 사료들의 시대성에 관한 문제를 먼저 검토하지 않을 수 없다.

주지하는 바 《사기》와 《한서》에는 《한전》이 없다. 그러나 이것이 전한 시대에 삼한이 아직 중국인들에게 관심 대상으로 될 수도 없는 원시 사회였다고 주장할 근거로는 되지 않는다. 《사기》와 《한서》의 《조선 렬전》도 결코 고조선의 력사 기록은 아니며 다만 한 무제의 고조선 침략 전쟁의 간단한 기록에 불과한 것이다. 사마천과 반고는 한조漢朝와 직접적으로 군사적, 령토적 관계가 있었던 외족만을 렬전의 형식으로 기록한 것이다. 삼한은 한조와 그러한 관계가 없었기 때문에 사마천과 반고는 《삼한 렬전》을 쓰지 않았으며, 당시 진국의 존재를 전연 몰랐거나 또는 진국이 원시 사회에 처해 있었기 때문에 《한전》을 쓰지 않은 것은 아니라고 보아야 할 것이다.

이미 위에서 인용한 바와 같이 《사기·조선 렬전》에서는 진국에 관하여 간단하게 기록하고 있다. 사마천이 진국에 관하여, 진국이 사신을 파견하여 한 무제에게 외교 서신을 보내려다가 위 우거 때문에 실패하였다고 기록한 사실은 아주 주목하여야 할 기록이다. 이 기록 하나만 가지고도 우리는 기원전 2세기 후반기의 진국을 결코 원시 사회라고 말할 수 없으며, 오히려 한과 동등한 국가를 이루고 있었다고 말할 수 있을 것이다. 사마천은 진국을 결코 야만국으로 인정한 것이 아니다. 진국 왕이 자기의 황제와 직접 외교 문서를 교환할 수 있는 문명한 나라로 인정한 것이 명백하다.

그는 무제가 고조선을 침범하고 4군을 설치한 사실을 긍정적으로 묘사하기 위하여 《진반 곁의 진국이 천자에게 글을 올리려고 해도 또한 막혀서 통할 수 없었다(眞番旁辰國欲上書見天子, 又擁閼不通)》라고 쓴 것이지만, 그러나 그가 이것을 근거 없이 기록했다고 인정할 수는 도저히 없을 것이다. 진국은 한 무제와 밀접한 외교 관계를 가지고 있었다고 보여지며, 그가 서신을 보내기 전부터 무제와 외교 관계를 가지지 않았다면 사신을 파견하여 서신을 보냈으리라고 생각하기는 어렵다.

한편 종래 일부 사가들은 삼한인이 마치 기원전 12세기부터 중국인들과 관계를 가졌던 것처럼 생각하는 경향도 있었다. 그들은 중국의 위서僞書들의 자료에 근거한 것이다. 이미 기원전 12세기부터 서주와 관계를 가졌던 것 같이 해석될 수 있는 기록이 있다. 《상서서》尙書序의 《위공전》僞孔傳에는 한馯이 서주 성왕(기원전 1115~1079년)과 관계를 가지고 있었다고 기록되어 있다. 고염무는 이 기록에 관하여 이렇게 썼다.

> 지금 사람들은 료동이 삼한이 되었다고 한다. 고찰해 보니 《상서서》에는 성왕成王이 이미 동이를 정벌해서 해동의 여러 이夷들인 고구려, 부여, 한馯, 맥 등이 속하게 했다고 전하고 있다. 《사기·정의》와 《한서》에는 고구려, 부여, 한은 있지만 한馯은 없다. 한馯은 즉 한韓이다. 今人謂遼東爲三韓者, 考之, 書序成王旣伐東夷, 傳海東諸夷駒麗, 扶餘, 馯, 貊之屬. 正義漢書有高駒麗, 扶餘, 韓, 無此馯, 馯即韓也.
> 〔《일지록(日知錄) 권 29 삼한조(三韓條) : 원저 주〕

그는 한이 서주 초에 서주 왕실과 관계를 가졌다는 사실을 긍정하였다. 또한 《위고문 상서》僞古文尙書에는 《주 무왕이 상나라를 무너뜨리고 비로소 구이와 통했다(周武王克商, 遂通于九夷)》라고 씌여 있다.

나는 이미 위에서 이들 《위고문 상서》와 《상서서》의 《위공전》은 사료적 가치를 인정할 수 없다고 지적한 바 있다. 따라서 나는 이 자료들에 근거하여 삼한이 기원전 12세기 서주와 관계를 가졌다고 주장할 수는 없다고 인정한다.

따라서 우리는 진국을 이루고 있던 한인이 중국과 접촉하게 된 것은 연 세력이 고조선 일부 지역에 침투된 이후일 것이며, 한인들은 기원전 3세기 이전 시기에 이미 진국에 대하여 알기 시작했을 것이라고 추단된다. 왜냐하면 오늘 우리나라 서북 지역에서는 여러 곳에서 명도전이 출토되고 있으며, 또 극소수이지만 한인漢人들의 전국 시대의 철기도 출토되였고, 또한 한漢 초에는 진秦의 유민들이 삼한 령역에까지 피난해 왔기 때문이다. 특히 기원 44년 렴사읍이 후한 세력에 예속되게 되면서부터 한인들이 렴사읍에 집단적으로 래주한 이후에는 진국과 후한과의 관계는 더욱 밀접하여졌다.

렴사읍군 소마시가 후한 광무제로부터 《읍군》邑君의 봉을 받았다는 사실이 있게 될 때까지의 과정은 결코 간단하지 않았을 것이라는 것도 능히 생각할 수 있다. 후한은 30년에 왕조王調를 비롯한 락랑 인민들과 령동 7현 인민들의 완강한 반항에 부닥쳐 대타격을 받고 그 지역에서 일시 물러서지 않을 수 없게 되었으며, 그 후 락랑 인민들의 계속적인 반항 투쟁으로 인하여 락랑군 통치가 위기에 처해 있었다. 그렇기 때문에 후한은 한인韓人의 세력을 리용하여 락랑군 통치 세력을 유지하려고 획책한 결과 소마시라는 자와 결탁할 수 있었다고 보아야 할 것이다. 따라서 기원 1세기 중기에는 후한인들이 진국에 대하여 적극적인 외교 활동을 하였다고 볼 수 있다. 후한은 소마시를 그 앞잡이로 리용하여 락랑 인민들의 반항 세력을 억제하려고 시도하였으나 마한인들은 후한 세력을 반대하여 더욱 궐기하였던 것이다. 마한인들은 121년에 예인, 고구려인과 련합하여 현도성을 공격하였다. 《후한서》 5권 안제기 건광建光 원년 12월 조에 《고구려, 마한, 예맥이 현도성을 포위했다. 부여왕이 아들을 보내 주군州郡과 함께 힘을 써 토벌해서 처부수었다(高句麗, 馬韓, 穢貊圍玄菟城, 夫餘王遣子, 與州郡並力, 討破之)》[176]라고 썼다.

마한인들은 후한 세력이 침투되어 있던 렴사읍을 그냥 두고, 료동으로 진격했다고 볼 수는 없을 것이다. 그 후 마한 세력은 더욱 강화되여 락랑군을 공격하였는 바 락랑군은 실로 위기에 처하게 되였던 것이다. 《삼국지·한전》에 《환제·영제(147~188년) 말기에 한韓, 예濊가 강성해서 군현에서 제어가 불가능해지자 백성들이 많이 한국韓國에 유입되었다(桓, 靈(147~188년)之末, 韓彊盛 郡縣不能制, 民多流入韓國)》라고 쓴 기록은 바로 이것을 설명해 주는 것이며, 이 당시 렴사읍은 그냥 유지되였다고 볼 수 없을 것이다. 이보다 앞서 락랑군은 고구려 인민들에 의하여 대타격을 받았던 것이다.

《삼국사기》 고구려 본기 태조 대왕 90년(140년) 조에 《가을 9월에 (태조대)왕이 장수를 보내 한나라 료동 서안평현을 공격해서 대방령을 죽이고, 락랑 태수 처자를 략탈해 갔다(秋八月, 王遣將, 襲漢遼東西安平縣, 殺帶方令, 掠得樂浪太守妻子)》라고 씌여 있으니, 락랑군은 이 시기에는 실지에 있어서 망하고, 형식적인 군, 현들이 유지되였다고 인정된다. 이처럼 마한인은 고구려, 예인들과 련합하여 정력적인 반한 투쟁을 전개하였던 것이다.

---

176) 부여왕(夫餘王)에서 왕(王) 자가 빠져 있는 것을 《후한서》 원문을 살펴 집어넣었다.

계급 국가 징표 하나만 있어도 원시 사회 아냐

이와 같이 진국은 기원전 3세기 이래 한漢과 관계를 가져 오다가 한이 고조선 령역에 4군을 설치한 후 관계가 더욱 밀접해졌고, 기원 1세기 중기 후한 광무제가 진국의 렴사읍을 지배하게 된 이후 후한 세력과 직접적인 모순을 가지게 되여 적대적 관계를 가지게 되였다. 이러한 항쟁에서 한인漢人들은 오래 전부터 진국에 관한 지식을 가져 오다가 4군 설치 이후 일층 구체적인 지식을 가지게 되였다고 보아야 할 것이다. 《후한서》《한전》을 수록하게 된 것은 범엽이 후한 대의 《삼한》의 력사를 쓰기 위한 것이다.

우리는 《삼국지》나 《후한서》의 《한전》들은 기원전 3~2세기 이래 그들에게 전래된 자료도 참고되였을 것이며, 결코 삼국 시대(3세기)에 비로소 얻은 자료에만 근거한 것이 아니라고 보아야 할 것이다. 범엽이 《삼국지·한전》을 베꼈다고 하더라도 그는 《삼국지·한전》이 근거한 자료를 후한 대 삼한에 관한 자료로 인정했기 때문에 《후한서》의 렬전으로 수록한 것이라고 인정하여야 할 것이다.

《삼국지》와 《후한서》 한전에 기록된 삼한에 관한 자료는 기원전 3세기 이래 이러저러하게 수집된 자료에 근거했기 때문에, 거기에는 진국의 유구한 고대의 사실이 구전된 자료도 있을 수 있다고 보아야 할 것이다. 따라서 우리는 《삼국지·한전》을 3세기 진국(삼한)에 관한 기록이며, 그 기록의 내용이 원시 사회의 현상을 반영하고 있기 때문에 3세기까지 진국(삼한)이 원시 사회로 남아 있었다고 주장하는 견해들은 매우 경솔한 태도라고 말하여야 할 것이다.

끝으로 한 마디 부언할 것은, 우리가 사료를 취급할 때, 설사 원시 사회의 현상과 같은 자료가 많고, 계급 국가로서의 징표가 하나만 있더라도 그 사회를 우리는 결코 원시 사회라고 인정해서는 안 된다는 것이다.

혹자는 어떤 사회를 론할 때 계급 국가로서의 모든 징표를 찾지 못하고서는 계급 국가라고 말할 수 없다고 주장한다. 그러나 우리는 력사 상 발달한 국가일지라도 사료의 결핍으로 인하여 그 국가 징표를 구체적으로 찾을 수 없는 경우도 실지로 있다는 것을 인정하여야 할 것이다. 그리고 계급 국가 형성 이후에도 원시 사회의 잔재는 장기간 존속되는 것인데, 그러한 자료만 들고 강조하는 나머지 계급 국가의 징표를 보지 못하는 일이 있어서는 안 될 것이다.

2. 진국의 생산력

삼한에는 철기가 보급되였다. 《삼국지·한전》 변진弁辰展 조에는 《나라에서는 철이 생산되는데, 한韓, 예濊, 왜倭가 다 이를 취한다. 여러 시장에서 물건을 사는 것은 철鐵을 이용하는데 중국에서 돈을 쓰는 것과 같다. 또 (낙랑과 대방) 두 군에도 공급한다(國出鐵, 韓, 濊, 倭皆從取之. 諸市買皆用鐵, 如中國用錢, 又以供給二郡)》라고 씌여 있다.

이 자료에 의하면 진한에서는 철이 생산되였는데, 마한, 예, 그리고 왜인들까지 와서 그 철을 구해 갔다. 그리고 시장에서 물건을 살 때는 철을 주고 샀는 바 그것은 곧 화폐였다. 그리고 락랑군과 대방군의 한인들도 이 철을 구해 갔다. 여기 2군은, 이 《한전》 기록 중에서 이미 락랑군과 대방군을 기록하고 있기 때문에 락랑군과 대방군으로 해석하는 것이 타당할 것이다. 따라서 진한에 철 시장이 있고 철을 화폐로 사용했다고 한 기록은 대방군이 설치된 이후 시기 즉 기원 3세기의 현상을 설명하고 있는 것이다. 그러나 그렇다고 해서 이 자료는 3세기 이전에는 철을 화폐로 사용하지 않았다고 주장할 근거로는 되지 않으며, 또 삼한에서의 철의 사용 시기를 3세기 이후라고 보아야 한다는 근거로 될 수는 없다. 삼한에서의 철기 사용은 아주 오랜 옛날의 일일 것이다.

철기 사용한 삼한

《후한서·한전》에도 동일한 기록이 있다.

> 진한에서는 … 나라에서 철이 생산되는데, 예濊, 왜倭, 마한 등이 모두 와서 사간다. 무릇 여러 무역에 있어서 모두 철을 화폐로 사용한다.
> 辰韓 … 國出鐵, 濊, 倭, 馬韓等並從市之, 凡諸貿易皆以鐵爲貨.

진한에는 철을 풍부히 생산하여 왜와 한인漢人들까지도 무역을 하여 갔고, 또 철편 화폐를 사용하였으니, 철기가 광범히 보급되였으리라는 것은 쉽게 추단할 수 있다.

우리나라 고고학자들은 최근 년간 평안남도와 황해도 일대의 토광土壙 무덤에서 수다한 철제 생산 도구들을 발굴하였는 바, 이 철기들은 늦어도 기원전 3세기의 것으로 판정되고 있다. 과학원 고고학 및 민속학 연구소에서는 1957년 평안남도 강서군 태성리 고분 28기를 발굴하였다. 그 중 12기가 토광 무덤이며, 이 무덤은 기원전 3~1세기의 무덤이다. 이 무덤들에는 한식 문화 유물과는 전연 성질을 달리 하는 토기, 석기, 청동기, 철기들이 그 대부분을 차지하고 있으며, 따라서 이 무덤들은 고대 조선인의 무덤이라는 것이 확증되였다.

나는 평양 부근에 전한 대의 한인들의 무덤과 유물이 대량으로 있을 수 있는 력사적 조건이 없다고 인정하며, 후한 광무제 시기 후한後漢 세력이 렴사읍으로 침투된 이후의 유물은 있을 수 있다고 인정한다. 토광 무덤에서는 낫, 도끼, 논주, 검, 창, 고리, 복鍑, ㄇ형 철제품, 철제 거여구, 말 자갈 일식 등 다량의 철기들이 발굴되였다. 이 철기들과 반출되는 한식 문화 유물로서는 청동경(제4호 토광 무덤), 노기弩機, 철제 칼(제6호 토광 무덤)과 도렴陶奩(제12호 묘)이 있다. 그리고 청동기로서 소위 《북방계 문화》라고 하여 은 겨여구車輿具[177]가 풍부하고, 조선 각지와 중국 동북 일대 그리고 조양 12대 영자朝陽十二台營子 등지에서 출토된 동검과 같은 계렬의 동검이 있다. 그와 함께 중국 동북 일대와 조양에서 출토된 청동제 검병두劍柄頭와 동일한 계렬에 속하는 것이 있다. 이 토광묘는 《그 묘제로 판단하여 대체로 기원전 3~1세기에 해당한 시기에 대동강 류역은 이미 철기 시대에 들어가 있었던 사실을 의미한다.》(태성리 고분군 발굴 보고 116페지 : 원저 주)

이 분묘들에 전한의 유물이 몇 개 섞여 있는 것으로 보아서 이 고분들의 유물은 전한 시대(기원전 2세기 초~동 1세기 말)에 해당한 시기와 그보다 앞선 시기의 철기 문화 유물이라고 판단하는 것이 정당할 것이다. 이 태성리 유물 중 석판石板(제4호 무덤)과 렴奩(제12호 무덤), 철, 칼 등은 료동 반도 출토품과 동일한 것이다. 석판은 비가둔匕家屯 5실 묘 출토품(남산리南山裡 발굴 보고 도판 제42), 목양성牧羊城 역 동분 전곽 출토품(동상)과 완전히 동일한 것이다. 일본 고고학자들은 이 석판을 벼루'돌로 판단하였다. 렴奩[178]은 목양성 동 고분의 출토품(동상서 제52도)과 아주 흡사한 것이다. 철제 칼은 목양성에서 발견된 것(牧羊城 발굴 보고 삽도 10)과 완전히 동일한 것이다. 그리고 철제 도끼는 목양성, 남산리 출토품과 동일한 형태의 것이 있다. 태성

---

177) 수레의 각 부분에 부착되어 쓰였던 여러 부속 기구.

178) 렴(奩)은 화장도구 등을 넣는 용기를 뜻한다.

리 유물 중에서 한 가지 특징적인 것은 4족 토기가 발견된 사실이다. 제5호 전실 무덤에서 발굴된 4각 토기(태성리 발굴 보고 도판 XLVII)는 아직 그 용처를 해명하지 못하고 있으나, 이러한 4족, 5족 토기가 양두와羊頭窪에서 수다히 발견되였다(양두와 발굴 보고 제38). 료동반도의 철기가 전한 대 유물이라는 종래의 설이 정당하다고 인정한다.

기원전 3~1세기 대동강 류역에 거주한 진국 인민들이 철제 농구를 광범히 사용했다는 것이 확증되였다. 나는 이 지역을 진국의 마한 지역에서 분리된 락랑국 지역[179]이라고 인정한다. 이 지역이 (한나라 군현인) 락랑군 지역이였다면 락랑군 25현 각지에서 한식 유물이 응당 출토되여야 할 것이다. 그러나 아직 평양 지역 이외의 다른 지역에서는 한식 유물이 대량 출토되지 않고 있다.

기원전 3세기에 이처럼 철제 농구가 풍부하였을진대 진국에서의 철기 사용이 시작된 시기는 그 이전으로 올라가야 할 것이다. 위에 인용한 바와 같이 《삼국지》와 《후한서》는 진국에서는 진한에서만 철을 생산한 것 같이 기록하고 있으나, 그것은 3세기의 현상을 단편적으로 기록하였음에 불과한 것이라고 보아야 할 것이다.

오늘까지 우리나라 고고학자들이 발굴한 철기 중 가장 이른 시기에 속하는 것은 함경북도 무산군 범의 구석에서 발굴한 철제 도끼다. 이 철기는 기원전 3세기 이전 시기에 속하는 것으로 판명되였다. 이 사실로 보아서도 우리나라에서 철기 사용은 남방보다 북방 지역이 선행하였다고 보아야 할 것이다.

179) 리지린은 락랑국과 락랑군을 구별해서 쓰고 있다. 즉 락랑국은 마한에서 분리된 락랑국으로 지금의 대동강 유역에 있었다는 것이고, 락랑군은 한 군현으로서 지금의 료동에 있었다는 것이다.

기원전 3세기 이전부터 철기 사용하여 농사

진국은 기원전 3세기 이전부터 철기를 사용하여 농업을 하였고 오곡을 생산하였다. 그리고 양잠도 일찍부터 발달하였다.

《삼국지·한전》 마한 조에는 다음과 같은 기록이 있다.

> 그 백성은 토저土著에서 사는데 곡식을 심고, 누에를 치고 뽕나무 가꿀 줄을 알고 면포綿布를 만든다.
>
> 其民土著種植, 知蠶桑, 作緜布.

> 늘 5월이면 씨뿌리기를 마치고 귀신에게 제사 지낸다. 여럿이 모여서 노래하고 춤추며 술 마시는데 밤낮을 가리지 않는다. … 10월에 농사를 마치면 또한 다시 이같이 한다.
>
> 常以五月下種訖, 祭鬼神, 群聚歌舞飮酒, 晝夜無休 … 十月農功畢, 亦復如之.

같은 책 변진 조에는 다음과 같이 씌여 있다.

> 토지는 비옥해서 오곡 및 벼를 심기에 알맞다. 누에를 치고 뽕나무 가꿀 줄을 알고 명주를 짤 줄 안다.
>
> 土地肥美, 宜種五穀及稻, 曉蠶桑, 作縑布.

《후한서·한전》에도 대체로 동일한 기록이 있다.

삼한에서는 수공업도 발달하였다.

《삼국지》와 《후한서》 마한 조에서는 《구슬을 재보로 여겨 혹 장식으로

옷에 꿰매고, 혹 목이나 귀에 달지만, 금, 은과 금수錦繡(수 놓은 비단)는 보배로 여기지 않는다(以瓔珠爲財寶, 或以綴衣爲飾, 或以縣頸垂耳, 不以金銀錦繡爲珍)》라고 씌여 있다. 이 자료를 얼핏 보면 마한인들이 금, 은을 귀중히 여기지 않은 것으로 보아 금은 세공을 할 줄 몰랐다고 생각할 수도 있을 것이다. 그러나 철기가 보급된 사회에서 금, 은 세공을 할 줄 몰랐다고 생각할 수는 없을 것이다. 따라서 마한 사람들이 금, 은 장식품보다는 구슬과 옥돌 장식품을 더 귀중히 여겼으며, 금, 은 장식품은 평범한 장식품으로 여긴 것으로 해석하는 것이 타당할 것이다. 삼한 사람들은 구슬에 구멍을 뚫을 수 있는 도구를 가지고 있었음을 알 수있다.

진한에서는 광폭 세포廣幅細布(폭이 넓은 고운 베)를 생산하였다는 사실로 보아서 수공업이 발달하였음을 알 수 있다. 광폭의 세포를 만들기 위해서는 보통 베틀보다 구조가 달라야 하였을 것이니 베틀도 여러 종류가 있었고, 바디도 세공을 가한 정교한 것이였음을 알 수 있다. 진수가 《폭이 넓은 고운 베(廣幅細布)》라고 썼을진대 그것이 자기네의 포목보다 우월함을 말하고 있는 것이 아닌가?

상업과 교통180)

기술한 바와 같이 진한에서는 시장에서 철편이 화폐로서 류통되였다. 그 철편 화폐가 진한 유적들에서 발굴되고 있다. 그리고 근년 일본 나라奈良에서도 발굴되였는 바 이것은 삼한의 것으로 인정되고 있다.〔《일본고고학강좌(5)(日本考古學講座(5))》 삼호일(森浩一 : 모리 코이지), 〈고분문화

180) 원저에 필자가 단 작은 제목이다.

에 나타난 지역사회〉 84~85페지 : 원저 주)

진한은 예, 왜, 그리고 락랑, 대방군의 한인漢人들과 무역을 하였다. 이 사정도 역시 진한만이 무역을 한 것이 아니라 마한은 더욱 활발하게 대외 무역을 했을 것이라고 보아야 할 것이다. 이미 기원전 3세기 이전의 중국 화폐가 오늘 우리나라 서북 지방에서 대량 출토되고 있는 사실은 마한인들의 대외 무역의 흔적으로 리해하여야 할 것이다. 따라서 《삼국지》와 《후한서》에 진한이 대외 무역을 했다고 기록되여 있는 것은 진수 당시의 특기할 현상이였기 때문에 그것을 특기한 것이라고 해석하여야 할 것이다.

진국 사람들은 일찌기 기원 전후 시기에 일본에 래왕하였다. 이 문제에 관하여 필자는 《력사 과학》 1962년 제1호에 간단한 글을 발표한 바 있다. 진국 사람들은 기원 전후한 시기에 일본 《쯔꾸시》筑紫, 《단바》但馬, 《이즈모》出雲, 《에쯔》越, 《하리마》播磨 등 일본 서해안과 세도나이 해안의 일부 지역을 개척하였다. 그들은 일본에 보옥, 거울, 칼 등을 전달해 주었으며, 특히 칼은 철제품으로 인정되는 바 이것은 일본 사회 발전에 크게 기여하였던 것이다.

오늘 일본에서 출토되는 고고학적 자료들이 증명하여 주는 바와 같이 미생식彌生式(야요이) 토기 문화, 청동기 문화(동검, 동경 등)는 진국으로부터 수출된 문화인 것이다. 나는 여기서 이에 관하여 자세한 소개를 하지 않으련다.

해외무역 한 삼한, 상인 계층 존재

요컨대 삼한 사람들은 기원 전후한 시기 일본에 왕래하였으니 해상 교통이 일찍부터 발달하였음을 알 수 있다. 오늘 진한의 철편 화폐가 일본에서도 대량적으로 출토되고 있는 사정으로 보면 일본과의 무역이 있었음을 알 수 있다. 《고사기》古事記, 《일본서기》日本書紀 등을 보면 고대 일본의 《천황》이 한국을 금, 은, 보화가 풍부한 나라로 알고 탐내하는 기록이 많다. 이 문제는 별도로 연구하기로 한다.

《삼국지》 기록에 의하면 마한은 서해 상의 《주호》州胡와 해상 무역을 하였다. 종래 내외의 학자들은 이 주호를 제주도 사람으로 인정하여 왔다. 그러나 종래의 설들은 확실한 근거가 없기 때문에 나는 종래의 설을 간단하게 수긍할 수 없다. 《삼국지》에는 이렇게 쓰고 있다.

> 또 주호州胡가 마한馬韓의 서쪽 바다 가운데 큰 섬에 있다. 그 사람들은 키가 작고 말도 한韓과 같지 않아 차이가 난다. 모두 선비鮮卑처럼 삭발했고, 옷은 오직 가죽으로 해 입고 소나 돼지 기르기를 좋아한다. 옷은 상의만 입고 하의는 없어서 대략 나체와 같다. 배를 타고 왕래하며 한韓의 시장에서 물건을 산다.
>
> 又有州胡在馬韓之西海中大島山, 其人差短小, 言語不與韓同, 皆髡頭如鮮卑, 但衣韋, 好養牛及猪, 其衣有上無下, 略如裸勢, 乘船往來, 市買韓中.

이 주호에 대하여 백조고길白鳥庫吉(시라토리 구라기치)이 론한 바 있었다. 그는 주호를 제주도에 선비족이나 오환족이 해상으로 이동해 와서 거주한 사람들이였다고 주장하였다.〔《사학잡지(史學雜誌)》, 제37편, 제1호 백조고길(白鳥庫吉) 《아세아 북방족(亞細亞北方族)의 변발(辮髮)에 대하여》 : 원저 주〕

그는 그 두발 양식, 가죽 의복, 그리고 목축을 하였다는 사실이 선비나 오환의 생활 풍습과 일치한다는 것을 근거로 하여 주호를 선비나 오환인이라고 론단하였다. 이 주장이 성립되기 위해서는 제주도에 선비나 오환의 문화 유물과 풍습이 어떤 형식으로라도 잔존되어야 한다. 그러나 오늘까지 우리나라 고대의 학자들이 이것을 주장한 사람은 없었으니, 그의 설을 수긍하기 곤난하다. 실지 3세기에는 선비나 오환족이 제주도에까지 이동해 왔다고 볼 수 있는 근거가 없으며 그들은 아직 료서 지역 오지에 거주하고 있었던 것이다. 우리는 선비나 오환이 해상으로 제주도까지 이르렀다는 것을 상상할 수 없는 것이다.

주호가 소와 돼지를 잘 쳤다는 것으로 보면 왜 계통은 아니고 북방계통 종족임을 추단할 수 있다. 따라서 나는 마한 서해의 큰 섬을 제주도로만 볼 것이 아니라 묘도廟島 렬도[181]로 보는 것이 타당하다고 인정된다. 마한 지역은 결코 조선 중부 이남이 아니요 압록강 계선까지 이르렀기 때문에 묘도 렬도도 마한의 서해 상의 큰 섬이라고 말할 수 있으며, 그 섬이라면 북방 계통 종족이 거주할 수 있었으리라고 생각할 수 있다.

요컨대 삼한인들은 국내 시장에서 철제 화폐를 사용하였으며 해외무역까지 하였으니 상업 경제가 활발하였으며, 따라서 상인 계층이 존재하였다고 인정할 수 있을 것이다.

3. 계급 구성

(1) 통치 계급

진국에는 삼한 지역을 통치하는 진왕辰王이 존재하였다.

기술한 바와 같이 진수는 진국을 곧 진한의 전신국이라고만 인정했기 때문에 진왕辰王을 진국의 왕인 것 같이도 쓰고, 또 진한의 왕인

181) 료동(遼東) 반도와 산동(山東) 반도 사이에 있는 열도를 뜻한다.

것 같이도 쓰고 있다.

그가 《진왕이 월지국을 다스린다(辰王治月支國)》라고 쓴 것은 기술한 바와 같이 분명히 진왕이 삼한을 통치한 왕임을 의미한다고 해석할 수밖에 없다. 왜냐하면 그는 월지국을 마한의 50여 국의 하나로 인정하고 있기 때문이다. 즉 이 진왕은 마한의 월지국에 치소를 두고 있는 왕이니 삼한을 통치한 진왕임이 명백하다.

그런데 범엽은 《삼국지》를 참고하여 《후한서·한전》을 쓰면서 《한에는 세 종족이 있는데 … 모두 옛 진국이다(韓有三種 … 皆古之辰國也)》라고 썼고, 또 《삼한에는 … 마한이 가장 커서 그 종족들이 함께 세워 진왕으로 삼아 목지국에 도읍해서 삼한 땅을 다 다스린다(三韓 … 馬韓最大, 共立其種爲王, 都月支國, 盡王三韓之地)》라고 썼다. 이것은 범엽이 진수의 잘못을 시정한 것으로 인정되며, 그는 삼한은 진국의 3개 한국이며, 그 한국들은 진국 왕의 통치하에 있었다는 것을 의미한다. 따라서 진왕 문제에 관해서는 범엽의 설이 정확하다고 인정하여야 할 것이다.

진수는 또한 진한에도 진왕이 있는 것 같이 썼다. 그는 《(진한의) 12국은 진왕辰王에 속해있는데, 진왕은 항상 마한사람으로 만들어 대대로 서로 세습했는데, 진왕이 다시 스스로 서서 왕이 되지 못했다((辰韓)其十二國屬辰王, 辰王常用馬韓人作之, 世世相繼, 辰王不得自立爲王)》라고 썼다. 이 기록의 뜻은 매우 애매하다. 그가 진왕이 월지국에 치소를 두었다고 한 것으로 보면 이 진왕도 진국의 왕인 것 같이 썼다고 보여지나, 한편 《진왕은 항상 마한사람으로 만들어 대대로 서로 세습했는데, 진왕이 다시 스스로 서서 왕이 되지 못했다(辰王常用馬韓人作之, 世世相繼,辰王不得自立爲王)》라고 쓴 것을 보면 이 진왕은 진한의 왕이란 뜻으로 해석될 수 있다. 또한 그는 《12개국 또한 왕이 있다(十二國亦有王)》라고 쓴 것을 보면 그는 분명히 왕이 존재했음을 인정한 것이다. 즉 그는 두 개의 진왕을 인정하고 있다고 보여진다. 그러나 진한의 왕은 마한 사람이며 독자적인 왕권을 행사하지 못하였고 진국왕의 지배를 받았음을 알 수 있다.

삼한에는 왕이 존재

범엽도 삼한에 각각 왕이 존재했음을 인정하고 있다.

《후한서·한전》에는 《마한이 가장 커서 그 종족들이 함께 세워 진왕으로 삼아 목지국目支國[182]에 도읍해서 삼한 땅을 다 다스리는데, 그 여러 나라의 왕은 일찍부터 마한 종족의 사람이다(馬韓最大, 共立其種爲辰王, 都月支國, 盡三韓之地, 其諸國王先是馬韓種)》라고 썼다. 이에 의하면 진국왕이 있고 또 삼한에도 각각 왕이 존재하였으나 그들은 모두 마한인이였음을 말해 준다. 이것은 위에 인용한 《삼국지》기록과 동일한 내용을 설명하고 있는 것이다. 이 삼한의 왕을 과연 고대 조선어로 무엇이라고 칭하였는가를 판단할 만한 직접적인 재료는 없다. 그러나 《왕》이란 것은 중국인들의 번역일 것이 틀림없다. 그들은 진국의 지배자나 그 지배하에 있는 삼한의 지배자를 다같이 《왕》이라고 번역했으나 진국 내에서 그 명칭이 동일했을리는 만무한 것이다. 아래서 론급할 바와 같이 진왕은 《신지》臣智라고 칭했으니, 한왕은 그와 다른 어떤 칭호가 있었을 것을 짐작할 수 있다. 나는 그것을 《한》韓이라고 칭했다고 판단하려는 것이다. 《삼국지·한전》에 이렇게 씌여 있다.

---

182) 리지린은 월지국(月支國)이라고 썼다. 《삼국지(三國志)》〈한전(韓傳)〉이나 《통지(通志)》는 모두 '目'이 '月'로 되어 있다. 목(目) 자는 월(月) 자의 오기로 보고 월지국으로 쓴 듯하다.

부종사 오림吳林은 락랑군이 본래 한국을 통솔했다는 리유로 진한辰韓 8국을 나누어 락랑에 넣으려 했다. 통역하는 관리가 말을 옮기면서 달리 설명한 것이 있어서 신지臣智와 한韓에서 격분해서 대방군의 기리영을 공격했다.

部從事吳林以樂浪本統韓國, 分割辰韓八國以與樂浪, 吏譯轉有異同, 臣智激韓忿攻帶方崎離宮.

이 기록에서 《韓》이란 것은 바로 관명으로서의 《한》을 의미하는 것으로 해석된다.

그 리유는 ① 고대 조선 국가들, 고조선과 부여에 모두 국왕 밑에 《한》汗이 있었고, 그가 통치한 지역을 《한국》汗國이라고 칭했음을 나는 인정하였다. 따라서 진국의 경우에서 보는 삼한국의 《한국》도 역시 그 한국의 지배자를 《한》이라고 칭한 데 기인된 것이라고 추단한다. ② 일본의 가장 이른 문헌 사료인 《일본서기》와 《고사기》에는 한국 왕을 《한기》旱岐 또는 《간기》干岐라고 쓰고 읽기는 《고니끼시》라고 읽었으나 그 리유는 별도로 고찰하기로 하고, 여기의 《한》旱, 《간》干은 삼한의 《한》을 의미하는 것으로 해석된다. 이것은 고대 조선어를 그대로 옮겨 쓴 것이다. 이 《한》의 명칭은 후세 삼국 시대에도 변화된 의미에서 그 자취를 남기고 있는 바 《각간》角干, 《서불한舒弗汗》 등의 《干》, 《汗》 등은 그것을 의미한다.

진왕은 고대 조선어로 《신지》臣智라고 칭하였고 혹은 신운견지臣雲遣支라고도 칭하였다.〔《삼국지·위지(三國志·魏志)》〈동이·한전(東夷·韓傳)〉 : 원저주〕

우리는 이 《신지》라는 것이 어떤 의미를 가지는 말인가를 고찰해 볼 필요가 있다. 왜냐하면 진왕만을 《신지》라고 한 것이 아니라 삼한 70여 국 중에서 큰 《나라》의 통치자들도 《신지》라고 자칭했기 때문이다.

《삼국지·한전》 서두에는 《마한은 서쪽에 있다. … 각각 장수長帥가 있는데, 큰 자는 스스로 신지라 했고, 그 다음을 읍차라고 했다(馬韓在西…各有長帥, 大者自名爲臣智, 其次爲邑借)》라고 썼다. 동서 변진 조에서도 《변진 또한 12국인데 … 큰 자는 신지라고 했다(弁辰, 亦十二國, … 大者名臣智)》라고 썼다. 《후한서·한전》에도 동일한 기록이 있다.

《신지》에 대하여 신채호 선생이 해석한 바 있다. 그는 《신지》를 《신큰치》로 읽고 고구려의 《태대형》太大兄, 신라의 《상대등》上大等 등은 모두 동일한 《신큰치》이며, 그것은 고대 조선의 최고 관명이라고 해석하였다. 그러나 고대 조선의 《신지》라고 칭한 존재가 반드시 관명이였던 것 같지는 않다. 이제 문헌 사료에 근거하여 그 의의를 살펴보자.

《한원》翰苑 삼한 조에 인용된 《위략》에서는 《신지》를 관명으로 인정하고 있다. 거기서는 쓰기를 《위략에서 말하기를 삼한에는 각각 장수長帥가 있고, 그 관직을 설치했는데, 큰 것은 신지, 다음은 읍차라고 했다(魏略曰: 三韓各有長帥, 其置官, 大者臣智, 次曰邑借)》라고 하였다. 이것은 진수의 기록을 옮겨 놓은 것이다.

《주서》周書 49권 《이역》異域 백제전에는 《왕의 성은 부여씨로서 어라하라고 호칭했는데, 백성들은 건길지鞬吉支라고 불렀다(王姓夫餘氏, 號於羅瑕, 民呼爲鞬吉支)》라고 썼다.

《북사》北史 94권 백제전에는 《왕의 성은 부여씨인데, 어라하라고 호칭했다. 백성들은 건길지鞬吉支라고 불렀는데 중국어로 모두 왕이란 뜻이다(王姓夫餘氏, 號於羅瑕, 百姓呼爲鞬吉支, 夏言並王也)》라고 썼다.

《통전》通典 185권 변방 1 백제 조에는 《왕을 어라하라고 칭하고, 백성들은 건길지라고 불렀는데, 건鞬의 발음은 건乾으로서 중국어로 모두 왕이란 뜻이다(王號於羅瑕, 百姓呼爲鞬吉支, 鞬音乾, 夏言並王也)》라고 썼다.

이 《건길지》는 《신운견지》의 와전된 명칭이라고 보여진다. 즉 진국 시대 《신운견지》臣雲遣支[183]라고 칭한 명칭이 삼국 시대에 내려 와서는 《건길지》로 와전된 것이며, 또 한음으로 전사하는 과정에서도 변화가 생겼을 것이라고도 생각된다.

《일본서기》, 《고사기》에서는 《한왕》을 《한기》旱岐 또는 《간기》干岐라고 쓰고 그것을 《고니끼시》 혹은 《꼬니끼》라고 읽는다. 이 명칭은 고대 조선어를 일본어로 음사한 것은 이미 일본 학자들도 공인하고 있다. 고대 조선의 왕을 중국인들은 《건길지》라고 칭하였고 일본인들은 《고니끼시》라고 칭했는 바 《고니끼시》(혹 고니끼)와 《건지鞬支》는 음이 상통하며, 따라서 우리는 《한기》旱岐 《간기》干岐나 《건길지》鞬吉支가 모두 고대 조선어 《신운견지》의 변화된 칭호라는 것을 판단할 수 있다. 고대 일본인들은 《한》과 《신지》를 구별하지 못하였기 때문에 《旱》, 《干》 자를 쓰면서 읽기는 《신지》로 읽었다고 보여진다.

우리는 이 자료들을 통하여 진국 시기 왕을 《신운견지臣雲遣支》 또 그것을 략하여 《신지》臣智라고 칭했음을 알 수 있다. 그런데 《신지》(왕)라는 칭호는 국가에서 부여한 관명인 것이 아니라 백성들이 칭한 《왕》이란 뜻이다. 이렇게 해석함으로써 우리는 위에 인용한 례문에서 《각각 장수가 있는데, 큰 자를 신지라고 했다(各有長帥, 大者自名爲臣智)》라는 자료를 정확하게 리해할 수 있다. 만일 《신지》가 관명이라면 《큰 자를 신지라고 했다(大者自名爲臣智)》라고 기록할 수가 없으며 또 진왕의 호를 《신지》라고 기록할 수 없을 것이다.

그런데 늦어도 진수 시기 삼한에서는 진왕만을 《신지》라고 칭한 것이 아니라 삼한 《소국》의 지배자들 중 큰 것들은 모두 《신지》라고

183) 《삼국지》 〈한전〉에 《신지를 혹 우대해서 신운견지라고 부른다(臣智或加優呼臣雲遣支)는 구절이 있다.》

자칭하였다. 이 칭호는 국가가 부여한 것이 아니라 자칭한 것이니 이것은 《소국》들의 세력이 장성하여 《한》의 세력과 투쟁하여 대등한 위치로 등장하는 과정임을 의미한다고 해석할 수 있을 것이다.

위에서 언급한 바와 같이 3세기에는 철기가 광범히 보급되고 철제 화폐가 류통되고, 시장이 형성되였으며 대외 무역까지 진행되였으니 삼한 70여 국 중에서 큰 것들은 상당한 정도로 경제력이 강화되였음을 리해할 수 있으며, 따라서 그것들이 중앙의 권력을 반대하여 진출할 수 있다는 사정도 충분히 리해할 수 있다.

그러면 삼한의 《한》들은 진왕과 어떠한 관계를 가지고 있었는가? 《삼국지·한전》에서는 삼한의 《한》들이 진왕의 지배하에서 독립하여 한국을 통치하였다고 볼 근거가 없다. 위에 인용한 바와 같이 진한의 《왕》은 항상 마한인이 되었고 대대로 계승하였으며, 그 진왕은 자립적인 왕으로 될 수 없었던 것이다. 따라서 진한의 《한》은 역시 진왕(진국왕)에 종속되여 있었다고 보아야 타당할 것이다.

삼한은 모두 진국의 후국으로 해석

《삼국지·한전》에서도 역시 자료는 마찬가지다. 진왕은 삼한 땅을 통치하였으며 삼한의 《한》들의 선조는 모두 마한인이라고 쓰고 있다.

따라서 우리는 3개 한국이 독립된 국가로 분립되였던 증거를 찾을 수 없으며, 이 3개 한국은 진국의 《후국》(혹은 지방 행정 단위)이였다고 해석할 수밖에 없을 것이다.

이 한국들에는 중국인들이 《국》이라고 기록한 78개의 행정 단위가 있었다. 우리는 중국인들이 《國》으로 번역한 이 행정 단위를 고대 조선어로 무엇이라고 칭했는지 아직 모른다. 이 《국》의 지배자들

중 큰 것들은 《신지》라고 칭했고, 그 다음 가는 자를 《읍차》라고 칭했다. 기술한 바와 같이 《신지》란 칭호는 국가가 부여한 것이 아니라 자칭한 것이니 공식적인 명칭이 무엇이였는지는 알 수 없다. 혹은 이것을 원시적인 칭호로서 국왕이 존재하지 않을 때의 한 개 집단의 《우두머리》를 가리키는 칭호가 그냥 사용된 것으로 해석하여야 한다고 주장할 사람이 있을 수도 있다. 즉 진왕이나 《소국》의 우두머리가 아직 계급적 차이가 없는 증거로서 리해하여야 한다고 주장할지도 모른다.

물론 그 용어 자체는 씨족 사회에서 생겼다고 볼 수도 있을 것이다. 그러나 진국의 경우에서 진왕이 《소국》의 우두머리와 동등하다고 볼 근거는 없다. 이 리유는 아래에서 밝혀지겠지만 우선 《삼국지》와 《후한서》의 기록 자체로 보아서도 그렇게 해석할 수는 없다. 그 《소국》의 우두머리들은 자칭 《신지》라고 한 것이니, 이것은 역시 그들의 정치, 경제적 세력이 장성하여짐에 따라서 그 중 세력이 강한 자들은 《신지》로 자칭하여 등장하였다고 해석하는 것이 타당할 것이다. 즉 진국의 전제주의 권력이 약화되고, 지방 세력이 분립되는 현상이라고 리해할 수밖에 없을 것이다. 이것은 대체로 기원 2~3세기의 현상이였다고 말할 수 있는 것이다. 이 《소국》들에서 《신지》로 자칭하여 나선 자들은 낡은 전제 권력 계층과 정치, 경제적 모순을 가지게 된 자들이며, 그들은 《한》들과 대등한 세력으로 등장할 가능성을 가졌다고 보아야 할 것이다. 즉 그들은 농업, 수공업, 상업 및 해외 무역 등 각 방면의 경제가 발전함에 따라 새로 대두하게 된 계층 즉 낡은 통치 계급과 모순을 가지게 된 계층을 대표한 자들로 인정할 수 있을 것이다.

진국의 많은 《소국》들 중 어떤 것은 벌써 기원 1세기 중엽에 독자적인 정치 행동을 하고 후한 세력과 결탁하였던 것이다. 위에서 론급한 바와 같이 렴사읍의 우두머리였던 소마시는 기원 44년에 진왕의 전제 권력에서 분리하여 독자적 행동을 하였던 것이다. 이 사실은 진국의 전제 권력이 약화되기 시작하였음을 의미한다고 볼 수 있지 않을까?

우리는 《진왕》, 《한》 또 삼한 제국의 《신지》 등을 군사 수장이나 또는 씨족장으로 해석할 근거가 없다.

진왕의 밑에는 《위솔선》魏率善, 《읍군》邑君, 《귀의후》歸義侯, 《중랑장》中郞將, 《도위》都尉, 《백》伯, 《장》長, 《후》侯 등 관료들이 있었다. 이 관료들은 진국의 관료들이다. 《삼국지·한전》에서는 이 관료 명칭을 마한 조에서 기록하고 있으나 그것은 이 관료들이 마한의 관료임을 의미하지는 않는다. 왜냐하면 이 자료에서 쓰기를 《진왕은 목지국을 다스린다. … 그 관직으로는 위솔선, 읍군 … (辰王治月支國, … 其官有魏率善, 邑君 …)》이라고 쓰고 있기 때문이다. 이 진왕은 위에서 설명한 바와 같이 진국의 왕이며 마한의 왕이 아니다. 만일 나의 이 주장이 성립된다면 이 관료들은 진국의 관료들로 인정하여야 할 것이다.

이 관명들은 대체로 한어로 번역되어 있다. 그 중 《위솔선》만은 진국의 관명을 그대로 음사한 것으로 보인다. 백제의 관명에 《달솔》達率, 《은솔》恩率, 《덕솔》德率, 《타솔》打率, 《나솔》奈率 등이 보이는 바, 이 관명들은 대체로 진국의 관명을 계승하였을 것이라고 보여지나 필자는 이 관명들을 언어학적으로 해석할 만한 지식을 소유하지 못하고 있다.

관료기구와 상비군

진국에는 복잡한 관료 기구가 있었음을 알 수 있다. 그중 한두 가지 그 직무가 명백한 것만을 언급해 보기로 하자.

중랑장中郎將이란 중국의 관직은 진秦 대부터 설치한 관제이다. 이것은 오관중랑장五官中郎將, 좌우중랑장左右中郎將의 3명의 장이 있고, 한 이후 송대까지 존속된 것이다. 중랑장은 랑중郎中에 속하는 오관五官, 좌, 우의 3개 부서가 있고 그 장관을 의미한다. 그 직무는 숙위시직宿衛侍直을 담당하는 바 현대적 개념으로 바꾸어 말하면 궁중 보위 장관이라고 말할 수 있을 것이다. 도위都尉도 역시 진 대에 처음 설치되어 중국 력대에 계승된 관제이다. 본래 군사, 경찰에 종사한 관리이였으나 한 대에 이르러 무관인 도위 외에 그 종류는 증가하여 농도위農都尉, 속국도위屬國都尉, 수형도위水衡都尉, 의화도위宜禾都尉, 호조도위護漕都尉 등 문관도 있었다. 또한 지방 장관으로서의 도위도 있었다. 그러나 도위는 대체로 군사와 관계되는 관리이였다. 삼국은 대체로 한의 관제를 계승한 것이다.

따라서 우리가 진수가 진국의 관제로서 기록한 중랑장과 도위의 내용을 대체로 이와 류사한 것으로 리해할 수 있을 것이다. 우리는 이 사실로써 진국에는 군사 기구와 경찰 기구를 구비하였으며, 기타 복잡한 행정 기구를 구비하고 있었음을 알 수 있다.

또한 우리는 진국에 상비군이 있었음을 알 수 있다. 《삼국지·한전》 마한 조에 《그 사람들은 성질이 강하고 용감하며, 머리를 드러내어 상투를 틀어 나타내며, 군사들은 베로 만든 포를 입었고, 가죽으로 만든 신을 신고 다닌다(其人性强勇, 魁頭露紒如炅, 兵衣布袍, 足履革蹻蹋)》라고 씌여 있는 바 이에 의하면 《병의》兵衣가 있었음을 알 수 있다. 혹시 이 문구를 《머리칼을 드러내어 상투를 트는데 경병炅兵과 같으며, 가죽으로 만든 신을 신고 다닌다(魁頭露紒如炅兵, 衣布袍, 足履革蹻蹋)》로 읽을 수도 있다고 보겠으나, 《경병》炅兵이란 단어를 어떤 사전에서도 찾아 볼 수 없다. 따라서 역시 《병의》兵衣로 읽는 것이 타당하다고 인정한다. 동 변진 조에는 《병장기는 마한과 같다(兵仗與馬韓同)》라고 하였으니 군대와 무기가 구비되였음이 확증된다.

이 밖에 통치 계급에 속한 자들로서 각 읍락의 지배자들이 있었는바 신지, 읍차 외에 진한에는 《험칙》險側, 《번예》樊濊, 《살해》殺奚, 《차읍》借邑 등이 있었다. 《차읍》은 《읍차》의 오기일 것이다.

(2) 피통치계급

《삼국지》와 《후한서》 한전들에는 피통치 계급에 관한 기록이 거의 없다. 《삼국지·한전》에는 하호에 관하여 《그 풍속은 의책衣幘을 갖추기를 좋아해서 하호下戶들도 (락랑, 대방)군郡에 이르러 조알할 때는 모두 의책을 빌려 입었으며, 자신의 인수印綬를 찼는데 의책을 갖춘 사람이 천여 명이 된다(其俗好衣幘, 下戶詣郡朝謁, 皆假衣幘, 自服印綬衣幘千有餘人)》라고 씌여 있으며 《후한서·한전》에는 하호에 관한 기록이 없다.

이 간단한 기록에서 우리는 하호의 성격을 규정하기는 매우 곤난하다. 이 문구를 그대로 해석하면 마한인은 의책衣幘을 좋아하였으니 마한인들은 외출 시에는 반드시 의관을 갖추는 미풍이 있었다고 보아야 할 것이다. 《책》幘자는 《머리 수건》이다. 물론 당시 평민이 관을 쓸 수는 없었으며 머리 수건을 쓴다는 것은 례모를 갖추기 위한 것이다. 이 하호들이 락랑군과 대방군에 조공을 바치러 갔었는데, 이 사람들이 마한의 통치자들의 노예로서 노역된 것인지 또는 국가의 부역으로서 징발된 것인지 매우 불명확하다.

그러나 이 자료를 합리적으로 해석해 본다면 그 수많이 동원된 하호 중 남의 의복과 머리 수건을 빌려 입고 쓰고 간 사람이 대다수이며, 그 중 천여 명은 자기의 의책과 인수를 가지였다. 이 사실로 미루어 보건대 이 하호는 물론 빈한한 예농이 그 대다수이지만, 하호 계층에는 자기의 외출복과 수건을 가지고 또 도장을 사용한 사람도 있었다. 이러한 계층은 분명히 일정한 사유 재산을 가진 인민이였음을 알 수 있다. 따라서 이 하호는 《모두가 노복이 되었다(皆爲奴僕)》는 부여의 하호의 처지와는 차이가 있으며, 일정한 경제 토대를 가진 농민으로 전변된 계층을 포함한 것이였다고 볼 수 있을 것이다.

노예에 관한 자료

노예에 관한 기록도 매우 결여되여 있다.

《삼국지·한전》에 《그 북방에 가까운 군의 여러 나라들은 예속을 이해하지만, 그 먼 곳은 곧 수도囚徒(죄수 무리) 및 노비와 함께 서로 모여 다닌다(其北方近郡諸國差曉禮俗, 其遠處直如囚徒奴婢相聚)》라고 썼다. 이 문장은 리해하기 용이하지 않다. 전단은 문제가 없으나 후단은 해석 여하에 따라 의미가 달라진다. 하단에서의 주어가 무엇인가가 문제로 된다. 전단의 주어를 《그 북방에 가까운 여러 나라들(其北方近郡諸國)》의 사람들이라면 후단의 주어는 《그 먼 곳(其遠處)》의 사람들로 되어야 할 것이며 《노비》로 될 수 없다. 그렇다면 후단은 락랑, 대방군에서 먼 남방 사람들은 죄수들과 노비처럼 모여 산다고 해석된다. 그러나 이 문장은 진수가 삼한의 남부 지방 사람들을 멸시하기 위하여 쓴 것인데, 인민들이 취락을 이루고 사는 것을 가지고 진수가 멸시했다고 볼 수는 없다. 즉 《수도(죄수 무리)와 노비처럼 서로 모여 산다》는 말은 의미가 없는 이야기로 된다. 인민들은 어디서나 취락을 이루고 사는 것이기 때문이다. 이 문구는 전단 문구의 뜻과 반대되는 의미를 표시하기 위하여 쓴 것이니, 후단 문구는 북방 사람들과는 달리 《례의가 밝지 못하다》는 뜻을 표시하기 위하여 쓴 것이 명백하다.

따라서 《如囚徒奴婢相聚》를 《수도와 노비처럼 모여 산다》고 해석하기보다는 《수도 및 노비와 함께 모여 다닌다》고 해석하는 것이 타당하다고 인정된다. 《如》 자는 《與》의 뜻이 있다(辭海 如 자 조참조). 이렇게 해석하면 상단 문구의 의미와 대치되는 의미로서 진수가 표현하고저 하는 뜻으로 된다고 생각한다.

그는 자기네의 지배하에 있던 락랑군과 대방군 근처에 위치한 마한 북방의 《제국》은 자기들의 영향하에서 례속이 밝지만, 그 영향이 미치지 못한 남방 먼 곳 사람들은 례속이 어두워 수도나 노비와 함께 모여 다닌다는 뜻을 표현하기 위하여 이렇게 쓴 것이 아니겠는가? 나는 이렇게 해석하는 것이 타당하다고 인정한다.

필자는 이 자료를 노비가 수도처럼 몽켜 취락을 이루었다는 뜻으로 해석할 수는 없을 것이라고 생각한다.

나는 이 자료에 근거하여 촌락들에는 노비가 어디나 있었다고 인정하려는 것이다.

다음 진국의 노비에 관한 자료는 《위략》에서 찾아 볼 수 있다.

> 왕망王莽의 지황地皇 연간(서기 20~23년)에, 염사치가 진한辰韓의 우거수右渠帥가 되었는데, 락랑의 토지가 비옥하고 인민이 풍요하고 즐겁다는 소식을 듣고 망명해서 항복하려고 하였다. 함께 살던 읍락을 나오다 밭 가운데에서 참새를 쫓는 남자 한 명을 만났는데, 그 말은 한인韓人의 말이 아니었다. 물으니 남자가 말하기를, "우리들은 한인漢人으로 이름은 호래戶來다. 우리들 1천5백 명은 재목材木을 베다가 한韓의 습격을 받아 잡혀서 모두 머리를 깎이고 노예가 된지 3년이 되었다"라고 했다. 염사치가 "나는 마땅히 한漢나라 락랑군에 항복하려고 하는데

너는 가지 않겠는가?"하니, 호래가 "좋다"고 했다. 진의 염사치는 그래서 호래를 데리고 나가서 함자현含資縣으로 갔다. (함자)현에서 (락랑)군에 말하자 군은 (염사)치를 통역으로 삼아 금중芩中에서 큰 배를 타고 진한辰韓에 들어가 거꾸로 호래 등과 항복한 그 무리들 천여 인을 취했으나 그 5백 인은 이미 죽은 뒤였다. 치가 이때 진한에게 타이르기를, "너는 5백 인을 돌려보내라, 만약 그렇지 않으면 락랑이 마땅히 만 명의 군사를 배를 태워 보내 너를 공격할 것이다"라고 하자 진한은, "5백 인은 이미 죽었으니, 내가 마땅히 보상할 뿐이다"라고 하고 곧 진한 사람 만 5천 인과 변한弁韓의 포 1만5천 필을 내놓았다. 치가 그것들을 거두어 곧바로 군으로 돌아가자 군에서 치의 공과 의를 표창하고, 관책冠幘과 전택田宅을 주었는데, 그의 자손은 여러 대를 지나 안제安帝 연광延光 4년(서기 125년)에 이 때문에 부역을 면제받았다.(《삼국지·한전》 배송지 주에 인용됨 : 원저 주)

至王莽地皇時, 廉斯鑡爲辰韓右渠帥, 聞樂浪土地美, 人民饒樂, 亡欲來降. 出共邑落, 見田中驅雀男子一人, 其語非韓人. 問之, 男子曰: 我等漢人, 名戶來, 我等輩千五百人, 伐材木, 爲韓所擊得, 皆斷髮爲奴, 積三年矣. 鑡曰 : 我當降漢樂浪, 汝欲去不. 戶來曰 : 可, 辰鑡因將戶來來出詣含資縣, 縣言郡, 郡即以鑡爲譯, 從芩中乘大船入辰韓, 逆取戶來降伴輩尙得千人, 其五百人已死. 鑡時曉謂辰韓, 汝還五百人, 若不者, 樂浪當遣萬兵乘船來擊汝. 辰韓曰: 五百人已死, 我當出贖直耳. 乃出辰韓萬五千人, 牟韓布萬五千匹. 鑡牧取直還郡, 表鑡功義, 賜冠幘田宅子孫數世. 至安帝延光四年時, 故受復除.

이 자료에 근거하면, 진한(진국을 의미함)에서는 한인漢人 1천5백

명이 진국 땅에 벌목하려 온 것을 랍치하여 노예로 만들었다. 그 노예들은 모두 단발시켰다. 그 노예들은 3년 동안에 3분의 1인 5백 명이 사망하여 진국에서는 1만5천 명과 변한포牟韓布(무영전본武英殿本 고증에는 변牟 자를 변弁 자의 오'자라고 썼다) 1만5천 필을 배상하였다.

이 자료에서의 렴사치는 《후한서·한전》에 기록된 렴사시와 동일한 인물인 것이 명백하다. 렴사치는 왕망 지황시(20~22년)에 락랑군에 투항하려고 한 자이며, 렴사시는 44년에 투항한 자이니 시간적 차이는 다소 있으나 역시 동일한 인물로 볼 수밖에 없을 것이다. 치鑡와 시諟는 음이 통한다. 따라서 나는 이 진한은 진국과 혼동하여 잘못 쓴 것이라고 인정한다.

노예를 혹사한 노예제 사회 진국

이 사실은 진국이 노예제 사회이였다는 사실을 잘 설명해 준다. 한인 1천5백 명을 일시에 잡아 노예로 만들었고 그 노예들을 단발시킨 것을 보면, 진국의 노예는 모두 단발시켰다는 사정을 알 수 있고 따라서 노예에 대한 사회적인 제도가 있었음을 의미한다. 그리고 한인 노예 1천5백 명 중 3년 동안에 5백 명이 죽었다는 사실은 노예를 혹사하였음을 의미하며, 노예들이 중로동을 담당하고 있었다고 보아야 할 것이다.

한인 노예 5백 명을 희생시킨 배상으로 1만5천 명과 변한포 1만5천 필을 보냈다는 기록은 상식적으로는 믿기 곤난하다. 특히 이 사실이 있은 시기는(1세기 중기) 한, 예, 고구려가 강성하여 락랑군을 위압하고 있던 사정을 고려할 때 더욱 의심을 품게 된다. 그리고 《모한포》牟韓布라는 《모》(牟) 자의 뜻을 리해하기도 곤난하다. 무영전본武英殿本

고증에서는 《모》(牟) 자를 《변》(弁)자의 오'자로 인정하고 있으나 그것은 다만 자형이 류사하다는 리유일 것이며 다른 어떠한 과학적 근거는 들지 않고 있다.

그렇기 때문에 이 문구를 《이에 진한 1만5천 인모와 한포 1만5천 필을 내어(乃出辰韓萬五千人牟, 韓布萬五千匹)》로 읽을 수도 있을 것 같이 보인다. 즉 《인모》人牟를 화폐 단위로 해석할 수도 있다고 보인다. 배상으로 돈과 한포를 지불하였다면 자연스럽게 리해되기도 한다.

그러나 필자는 아직 《인모》人牟를 화폐 단위라고 단정할 만한 충분한 근거가 없기 때문에 아직 《人牟》를 화폐 단위라고 주장할 수는 없다. 따라서 우선 1만5천 명이라는 기록은 수'자 상 착오가 있는 것으로서 인정하기로 한다. 그렇다면 진국에서 한인 노예 5백 명의 대'가로서 락랑군에 보낸 사람들은 역시 노예라고 밖에 달리는 볼 수 없을 것이다. 《위략》의 문맥을 보면 일시에 보낸 것으로 해석되니 이것은 노예가 아니고서는 일시에 많은 사람을 징발해 보낼 수는 없을 것이다.

우리는 다음 자료에서 또한 진국에서 노예가 얼마나 혹사되였가를 알 수 있다. 《삼국지·한전》에 이렇게 씌여 있다.

> 그 나라 안에 무슨 일이 있거나 관가官家에서 성곽城郭을 쌓으면, 여러 용감하고 건강한 소년들이 모두 등의 가죽을 뚫고, 큰 밧줄로 꿰뚫고 한 장丈되는 나무를 매달고 종일 소리를 지르며 일을 하는데, 아프게 여기지 않는다. 이를 권하고 또 건강한 것으로 삼는다.
>
> 其國中有所爲及官家使築城郭. 諸少年勇健者, 皆鑿脊皮, 以大繩貫之, 又以丈許木鍤之, 通日嚾呼作力, 不以爲痛, 旣而勸作, 且以

爲健.

동일한 사실에 대하여 《후한서·한전》에는 다음과 같이 썼다.

> 그 나라 사람들은 씩씩하고 용감해서 소년들이 축실築室할 때 힘을 내는데, 문득 밧줄로 등의 가죽을 꿰어 큰 나무를 매어 달고 소리를 지르는 것을 건장한 것으로 삼는다.
>
> 其人壯勇, 少年有築室作力者, 輒以繩貫脊皮, 縋以大木, 嚾呼爲健.

이 기록들은 문'자 그대로 해석하면 마한의 청소년들은 관가에서 성을 쌓는 일, 또 건축 공사 등 힘드는 공사에서 일할 때 등'가죽을 노끈으로 꿰고 긴 몽둥이에 비끄러매여 종일 일하였다. 그러나 그것을 아파하지 않고 열심히 일한 자는 《군센》 자라고 인정하였다는 것이다.

진수나 범엽은 이런 사실을 마한인들의 풍습인 것 같이 묘사하였다. 그러나 우리가 이러한 사실을 한 개의 풍습으로 인정할 수 있겠는가? 물론 이 기록에서 《등'가죽을 노끈으로 꿴다》는 표현은 과장이 있다 할지라도 이것은 힘든 로동에 사람을 동원하고 도망하지 못하게 한 방법의 하나였다고 해석하는 것이 타당할 것이다. 이러한 경우는 노예의 사역을 제외하고 다른 것을 상상할 수 없다. 이것은 노예주인 관료 귀족들이 노예를 고역에 사역했음을 의미한다고 해석하는 것이 가장 타당할 것이다.

삼한의 준엄한 형법과 소도

삼한에서도 형법은 준엄하였다. 《후한서·한전》에는 《그 사람들의 형상은 모두 장대하며, 머리카락이 아름답고, 의복은 청결하다. 그러나 형법은 엄준하다(其人形皆長大. 美髮, 衣服潔清. 而刑法嚴峻)》라고 씌여 있다.

우리는 이상과 같은 자료들로써 진국 사회의 계급 관계를 대체로 추단할 수 있다. 즉 이 사회는 노예주와 노예가 기본적인 적대 계급을 이루고 있다는 것을 알 수 있다.

우리는 또한 이 사회의 계급 분화가 심화되고 계급 투쟁이 심화되고 있었다는 사실을 추론할 수 있다.

《삼국지·한전》에는 이렇게 씌여 있다.

> 또 여러 나라에는 각각 별읍別邑이 있는데 소도蘇塗라고 부른다. 큰 나무를 세우고 방울과 북을 매달아 놓고 귀신을 섬긴다. 여러 망명자와 도망한 자들이 그 안에 이르면 다 돌려보내지 않으므로 도적질하기를 좋아한다.
>
> 又諸國各有別邑, 名之爲蘇塗, 立大木, 縣鈴鼓, 事鬼神. 諸亡逃至其中, 皆不還之, 好作賊.

여기서 《소도》蘇塗란 것이 무엇인가에 대해서는 앞으로의 연구 과제로 남기기로 한다.

이 자료에 의하면 여러 나라에 별읍이 있는 바 여기에는 귀신을 섬기는 종교적 의식을 거행하는 특별한 사회적 권위가 부여된 귀신의 주재자들이 거주하였다고 인정된다. 어떤 사람이건 그리로 도망쳐 들어가기만 하면 거기서는 돌려보내지 않았으며 국가는 체포할 수 없었다. 그리로 도망쳐 들어간 사람들은 《도적》하기를 좋아하였다는 것을 진수는 특기하였다.

봉건 사가들은 지배 계급을 반대하여 투쟁한 모든 사람을 《적》賊, 《구》寇, 《도》盜, 《반역》叛逆, 《요인》妖人 등으로 불렀다. 따라서 여기서 《도적질하기를 좋아한다(好作賊)》란 문구를 글'자 그대로 《도적질을 잘 한다》는 뜻으로 해석해서는 안된다. 이 문'자는 지배 계급을 반대하여 투쟁한 일체의 행동을 의미하는 것이다.

이 자료의 내용을 일보 더 심화시켜 생각해 보면, 백성들이 지배 계급을 반대하여 이러저러한 투쟁을 잘 하였음을 알 수 있다. 그런데 그렇게 잘 할 수 있었던 담보는 별읍으로 뛰여 들어가기만 하면 국가의 사법기관이 그를 체포할 수 없었다는 사실과 관련되여 있었다고 보여진다. 그러나 별읍의 주재자들이 그들을 돌려보내지 않았다.

별읍 소도의 무당과 복잡한 계급 구성

이 사실에 근거하여 보면 진국 사회의 계급 구성이 결코 간단하지 않았다고 볼 수 있다. 이 별읍의 지배자들의 계급성은 통치자들의 계급적 립장과 일치되지 않았으며, 통치계급을 반대하여 투쟁한 인민들의 립장과 일치된 것이였다고 보아야 하지 않겠는가? 이 별읍의 성격을 더 자세히 보면, 국읍에는 《천신》을 주재하는 신관이 있었고 그와는 달리 별읍에는 귀신을 섬기는 자들이 있었다. 이 귀신을 섬기는 자들은 《큰 나무를 세우고 방울과 북을 매달아 놓고 귀신을 섬긴다(立大木, 縣鈴鼓, 事鬼神)》는 것으로 보아서 민간신앙을 주재하는 무당이였다고 보여진다. 이 무당에게는 오랜 옛날부터 특별한 사회적 권위가 부여되였던 것이기는 하나 그들은 결코 통치 계급에 속하는 계층은 아니였다. 이 계층은 고대나 중세에서는 흔히 통치 계급에 복무함으로써 특별한 권위가 유지되기는 하였으나 그것은 어느 때나 통치계급에

만 복무한 것이라고 규정할 수는 없을 것이다.

진국의 경우에 있어서 이 무당들은 《적》賊의 편에 서 있었던 존재로 인정하지 않을 수 없다. 따라서 《다 돌려보내지 않았다(皆不還)》를 《노예로 사역하기 위하여 돌려 보내지 않았다》고 해석할 근거는 매우 박약하다. 만일 별읍으로 도망하여 피신한 사람들이 모두 노예로 되었다면, 백성들이 별읍을 믿고 《도적질하기를 좋아(好作賊)》했을 수 없었을 것이다. 가령 별읍으로 피신한 사람들이 모두 살인범이라면 모르거니와 고대 법률에서 사형에 다음 가는 형벌은 노예로 되는 것이였으니, 별읍에 들어가서 노예로 되었다면 그리로 피신할 필요가 없었을 것이 명백하다. 물론 별읍으로 피신한 사람들이 전부가 다 노예로 되어야 할 중범들이였다고는 볼 수 없을 것이다.

따라서 이 별읍의 무당들이 피신자를 돌려 보내지 않았다는 것을 노예로 만들기 위한 것이였다고 판단하기보다는 거기에서 미신으로써 인민들을 결속시킨 어떠한 결사가 있었던 것으로 해석하는 것이 비교적 타당한 해석이라고 필자는 생각한다.

필자는 이 자료에 근거하여 진국 사회의 계급적 모순이 심화되였고 계급 투쟁이 비밀 결사를 통하여 진행되고 있었다고 추론한다.

4. 사회 경제 구성

오늘까지 내외의 학자들 간에는 진국을 원시 사회 말기에 처한 사회라고 인정하는 설이 있다.

우선 나는 이상에서 분석한 계급관계와 국가 관료기구가 존재했다는 사실로써 종래의 삼한 사회를 원시 사회 말기에 처한 사회라고 주장한 설을 반박할 수 있다고 생각한다. 이제 좀 더 구체적으로 그들이 근거하고 있는 자료를 분석함으로써 비판을 전개하기로 하자.

그들은 《삼국지》와 《후한서》의 《한전》에 기록된 읍락을 공동체로, 그리고 그 수장(거수)을 공동체 추장으로 인정하였다. 그리고 삼한의 78개의 《국》國들을 부족 혹은 대씨족 등의 혈연적 조직체로 인정하였다. 또 그들은 《삼국지·한전》의 《거처는 초가草家에 토실土室을 만들어 사는데, 그 모양은 마치 무덤과 같으며, 그 문은 위에 있다. 온 가족이 그 속에 함께 사는데, 늙은이와 어린이, 남녀의 구별이 없다(居處, 作草屋土室, 形如冢, 其戶在上, 擧家共在中, 無長幼男女之別)》란 기사를 가부장제의 대가족의 거주 상황을 묘사한 것으로 해석한다. 그리하여 그들은 삼한인들이 아직 인륜도 서지 못하고 토굴 속에서 대가족이 살며, 그 혈연적 조직이 읍락을 이루고 읍락이 합하여 대씨족인 《국》을 이룬다고 생각하고 있는 것이다. 과연 이러한 견해들이 성립될 수 있는가?

가부장적 대가족제라는 해석 비판

《삼국지·한전》에는 《그 풍속은 약간의 기강이 있어서, 국읍에 비록 주수主帥가 있지만 읍락에 섞여 살기 때문에 잘 다스리거나 제어하지 못했다(其俗少綱紀, 國邑雖有主帥, 邑落雜居, 不能善相制御)》라고 씌여 있다. 필자는 이 문장을 글'자 그대로 평범하게 해석하여 《마한의 국읍에는 통치자가 있으나 읍락 사람들이 섞여 살아 그 읍군邑君들이 백성들의 류동을 제어할 수 없다》고 해석하려고 한다. 《읍락에 섞여 살았다(邑落雜居)》란 글'자는 읍락의 거주민이 자유로 이동함을 의미한다고 해석할 수밖에 없을 것이다. 왜냐하면 그 읍군들이 그 현상을 《잘 억제할 수 없었기》 때문이다.

또 동서 《변진》 조에는《변진은 변한과 서로 섞여 산다(弁辰與辰韓雜

居)》라고 쓰고 있다. 이것은 변한 사람들이 진한 사람들과 섞여 산다는 뜻이 아니겠는가? 만일 진한 사람이 변한에 가서 살 수 있는 형편이라면 이 읍락에서 저 읍락으로 이동할 수 있는 것이 명백하지 않은가? 따라서 삼한의 읍락을 원시공동체거나 아세아적 공동체로 볼 수는 도저히 없다. 원시공동체에서나 아세아적 공동체에서는 공동체 성원이 자기가 속한 공동체를 떠나서는 생존할 수 없는 것이며, 절대로 자유로 이동할 수 없었던 것이다. 삼한인들은 그러한 공동체 생활을 경과한 지는 이미 옛날의 일로 되고 있었다. 읍락의 읍군이 《잘 다스리거나 제어할 수 없었다(不能善相制御)》라고 기록한 것을 보면 읍락민들이 자유로 이동하는 것을 통제하였다는 것은 알 수 있다. 따라서 이것은 공동체적 상충 구조의 기능의 유습이라고도 해석할 수 있을 것이다. 그러나 현실적으로 공동체는 이미 파괴되였던 것이다.

진수와 범엽은 읍락의 지배자를 《주수》主帥, 《거수》渠帥, 《장수》長帥 등으로 기록하였기 때문에 이 명칭들을 마치 원시 사회의 추장과 같이 생각해서는 안 된다. 이 명칭들은 오늘의 개념으로 번역하면 《수장》首長이란 뜻이다. 이 《주수》, 《거수》, 《장수》들의 관칭은 신지臣智, 험칙險側, 번예樊濊, 살해殺奚, 읍차邑借 등이였고, 한식으로 번역해서 읍군邑君이였다.

그리고 위에 인용한 가옥 형식을 가지고 가부장적 대가족제도라고 해석할 근거는 없다. 이 자료는 마한의 가옥제도의 특이한 점을 기록하였을 뿐이며, 이것은 빈민의 가옥 형식으로 해석하는 것이 타당할 것이다. 귀족, 관료들이 토굴과 같은 집에서 살았을리 없다. 철기가 광범히 보급되였고, 철제 화폐를 사용하고 대외 무역을 한 통치 계급이 토굴식 가옥에서 살았다고 해석할 수는 없지 않는가? 따라서 이러한 토굴식 가옥은 주로 하호나 노예들의 가옥이였을 것이다. 진수는 이러한 빈민굴에 대하여 통치 계급의 립장에서 그것을 멸시하는 그의 주관을 첨가하여 《장유 남녀의 구별도 없다》고 쓴 것이 아닌가?

진수는 이렇게 쓰면서도 한편 《변진》 조에서는 《장가들고 시집가는 예법은 남녀의 분별이 있었다(嫁娶禮俗, 男女有別)》라고 썼으며, 또 《그 풍속에 길을 가다가 서로 만나면 모두 멈추고 길을 양보한다(其俗行者相逢, 皆住讓路)》, 《의복은 청결하다(衣服潔淸)》 등이라고 썼다. 따라서 진수가 《거처는 초가에 토실을 만들어 사는데, 그 모양은 마치 무덤과 같은데, 그 문은 위에 있다. 온 가족이 그 속에 함께 사는데, 늙은이와 어린이, 남녀의 구별이 없다(居處, 作草屋土室, 形如冢. 其戶在上, 擧衆共在中, 無長幼男女之別)》라고 쓴 것은 마한의 빈민들을 멸시하여 쓴 것이 명백하다.

《온 가족이 그 속에 함께 산다(擧家共在中)》란 글'자를 반드시 가부장적 대가족으로 해석할 근거가 없으며, 온 가족이 토굴 속에 산다는 의미에 불과한 것이다. 《가》家의 개념은 《호》戶와 완전히 동일한 것이며, 몇 개의 《호》가 합하여 《가》를 이루는 것은 결코 아니다. 우리가 이 토굴식 가옥을 빈민의 가옥이라고 인정한다면, 그것은 절대로 가부장적 대가족으로 될 수 없다. 왜냐하면 계급 사회에서의 대가족은 부귀한 자들에 한해서 있는 일이며, 일반 인민과 빈천민은 절대로 대가족을 유지할 수 없었기 때문이다.

〈국(國)〉자를 원시적 사회조직체로 해석할 근거 없어

《국》國 자를 어떠한 원시적인 사회조직체로 해석할 근거가 있는가? 《國》의 뜻을 살펴 보자. 《방》邦 자와 《국》國 자의 용례를 찾아 보면 《주례·천관周禮·天官》 편에 《태재는 방邦의 육전을 관장함으로서 왕이 방국을 다스리는 것을 보좌한다(太宰掌邦之六典, 以佐王治邦國)》라고 썼고, 그 《주》에는 《큰 것을 방, 작은 것을 국이라고 이른다(大曰邦, 小曰國)》라고 썼다. 즉 《國》은 《邦》보다 작은 행정 단위임을 알 수 있다. 《례기·왕제禮記·王制》 편에는 《오국을 속屬이라고 이르고, 10국을 련連이라고 이르고, 30국을 졸卒이라고 이르고, 2백10국을 주州라고 이른다(五國以爲屬, 十國以爲連, 三十國以爲卒, 二百一十國以爲州)》184)라고 쓴 것으로 보아서, 고대 중국에서 《國》이라면 국가의 한 개 행정 단위였음을 알 수 있다. 《사해》辭海의 《國》 자 조에는 《살펴보니 옛날 경내에 봉하는데 교내의 도都 및 제후의 식읍을 다 국이라고 일렀다(按古之境內之封, 郊內之都, 及諸侯所食邑, 皆謂之國)》라고 썼다.

물론 삼한의 《國》이 고대 중국의 《國》의 내용과 완전히 동일할 수는 없다. 그러나 그것이 국가의 어느 한 개 단위의 행정 단위였다는 점에서는 동일할 것이다. 진국의 경우에는 진국의 세 개 한(韓國)이 있고, 그 밑에 《국》國이 존재하였고, 그 밑에 《읍락》 혹은 《락》落이 존재하였다. 그리고 이 《국》은 《신지》, 《읍차》 등으로 칭하는 관리가 통치하였다.

우리는 삼한에서 《國》을 무엇이라고 칭했는지 알 수 없으나, 중국인들은 당시의 명칭을 《國》으로 번역한 것이니, 우리는 삼한의 《國》을 중국인들의 《國》 자의 개념으로써 리해하여야 할 것이다. 그렇다면 우리는 삼한의 《國》을 원시 사회의 어떠한 사회적 조직으로 상상할

---

184) 리지린은 이십국을 졸이라고 썼으나 《례기》 〈왕제〉의 원문에 따라서 삼십국으로 고쳤다. 《례기》 〈왕제〉는 "천리 밖에는 방백을 설치하는데, 5국을 속이라 하고 속에는 장(長)을 두며, 10국을 련이라 하고 련에는 수(帥)를 두며, 30국을 졸이라 하고 졸에는 정(正)을 두고, 210국을 주라고 하고 주에는 백(伯)을 둔다(千里之外設方伯°五國爲屬°屬有長°十國以爲連°連有帥°三十國以爲卒°卒有正°二百一十國以爲州°州有伯)"라고 말하고 있다. 국(國)의 개념이 나라 전체를 뜻하는 것이 아니라 작은 행정 단위였다.

근거가 전혀 있을 수 없게 된다.

우리는 이상으로써 진국의 사회 경제 구성은 노예제 경제 제도가 주도적 지위를 차지한 노예 소유자 사회였다고 규정할 수 있다. 그뿐만 아니라 진국은 이미 계급 국가를 형성한지 오랬으며, 《삼국지》 편찬 당시에는 계급 구성이 복잡화하고 계급적 모순이 심화되고 계급 투쟁도 상당한 정도로 전개되고 있었다고 인정한다. 그리고 여기서도 벌써 아세아적 공동체에 기초한 총체적 노예제는 경과한지 오래며, 공동체적 상층 구조의 유제를 약간 찾아 볼 수 있는 정도라고 인정한다.

그렇기 때문에 《國》들 중에서 큰 지배자들은 자칭 《신지》(왕)라고 하여 등장할 수 있었던 것으로 리해할 수 있다. 이미 기원 1세기 중기에 렴사 읍군인 소마시가 진국을 배반하고 락랑군에 예속된 사실은 진국의 전제주의가 벌써 붕괴되기 시작했음을 의미할 것이며, 그 후 점차 진왕과 읍군 간의 모순이 창성하여 3세기에는 《신지》로 자칭하여 전제 군주의 지배하에서 분리하려는 원심력들이 형성되고 있었던 것이라고 추론할 수 있다.

2~3세기 진국은 아직 노예제 경제제도가 주도적 지위를 차지하고 있으나, 그 계급 관계에서는 이미 변동이 일어나고 노예제 경제 제도가 파괴되기 시작하고 있었으며, 78개 《국》 중에서는 새로운 세력이 대두하고 있었다. 이 새로운 세력의 성격에 대한 연구는 후일로 밀기로 한다.

끝으로 진국의 국가 형성 시기를 추단하여 본다면 기원전 3세기에 철제 생산 도구가 보급된 사실, 기원전 2세기 말에 한 무제에게 외교 서한을 보내다가 실패한 사실, 기원 2~3세기에는 노예 제도가 붕괴되기 시작한 사실 등에 근거하여 진국의 형성은 기원전 3세기 이전이라고 인정하는 것이 타당하다고 생각한다.

제7장

옥저에 대한 고찰

기원전 5~4세기 조선 고대 국가들의 위치 약도

제1절. 옥저에 관한 자료에 대하여

우리가 《삼국지》와 《후한서》의 《옥저전》과 《예전》을 결부시켜 자세히 검토해 보면 다음과 같은 문제들을 제기할 수 있다.

① 옥저의 위치는 어디이며 몇 개의 옥저가 있는가?

② 옥저인을 한 개의 종족으로 볼 수 있는가? 옥저인과 예인과의 관계는 어떠한가?

③ 옥저 사회의 경제 구성은 어떠한 것인가?

나는 여기서 첫째 문제와 둘째 문제를 합쳐서 고찰하기로 한다.[185]

우리는 《삼국지·옥저전》과 《후한서·옥저전》을 자세히 검토하면 4개의 옥저를 찾아 볼 수 있는 바, 즉 그것은 동옥저, 옥저, 북옥저, 남옥저 등이다. 이제 이 4개 옥저에 관한 자료를 들어 보면 다음과 같다.

1. 동옥저에 관한 자료

(1) 《삼국지·옥저전》에는 다음과 같이 씌여 있다.

> 동옥저는 고구려 개마대산蓋馬大山의 동쪽에 있는데, 큰 바닷가에 접해서 거주한다. 그 지형은 서북이 좁고, 서남은 긴데 천 리가 된다. 북쪽에는 읍루, 부여가 있고, 남쪽에는 예맥과 접해 있는데, 호 수는

185) 남한 학계는 옥저를 함경남도 해안 지대에서 두만강 유역일대에 걸쳐 있던 고대의 종족이라면서 함흥일대에 거주했던 집단을 동옥저, 두만강 유역의 집단을 북옥저라고 설명하고 있다.

5천이다. 대군주大君主가 없고 대대로 읍락에는 장수長帥가 있다. 그 언어는 고구려와 대개 같은데 때때로 조금 다르다.

東沃沮, 在高句麗蓋馬大山之東, 濱大海而居. 其地形; 東北狹, 西南長, 可千里. 北與挹婁, 夫餘, 南與濊貊接, 戶五千. 無大君主, 世世邑落, 各有長帥. 其言語與句麗大同, 時時小異.

(2) 《후한서·옥저전》에는 다음과 같이 씌여 있다.

동옥저는 고구려 개마대산의 동쪽에 있다. 동쪽은 큰 바다와 접해 있는데, 북쪽은 읍루, 부여가 있고 남쪽은 예맥과 접해 있다. 그 지형은 동서는 좁고 남북은 긴데, 천리에서 꺾인다. 땅은 비옥하며, 바다를 등지고 바다로 향해서, 오곡이 잘 자라고 농사짓기에 좋다. 읍락에는 장수長帥가 있는데 사람들의 성질이 곧고 굳세고 용감하며, 창을 들고 보전步戰을 잘 한다. 언어, 음식, 거처, 의복은 고구려와 비슷하다. 그 장례는 큰 나무로 곽郭을 만드는데 길이는 10여 장丈이고, 윗 부분 하나를 열어서 문으로 삼는다. 새로 죽은 자는 먼저 가매장했다가 이제 가죽과 살이 모두 썩으면, 그 뼈를 취해 곽 안에 넣는다. 온 가족이 하나의 곽을 함께 사용하며, 살아 있는 것 같은 형상으로 나무를 새기는데, 죽은 자의 수대로 따라서 한다.

東沃沮, 在高麗蓋馬大山之東, 東濱大海, 北與挹婁, 夫餘, 南與濊貊接. 其地東西狹, 南北長, 可折千里. 土地美, 背山向海, 宜五穀, 善田種, 有邑落長帥. 人性直彊勇, 便持矛步戰. 言語, 飮食, 居處, 衣服有似句麗. 其葬; 作大木椁, 長十餘丈, 開一頭爲戶, 新死者先假埋之 今皮肉盡, 乃取骨置椁中, 家人皆共一椁, 刻木如主〔《위지(魏志)》에 《그 나무는 살아있는 형상이다(核木如生形)》라고 기록되어 있으니 여기의 《주(主)》

자는 《생(生)》 자의 오자일 것이다 : 원저 주], 隨死者爲數焉.

2. 옥저에 관한 자료

(1) 《삼국지·위지·옥저전》에는 다음과 같이 씌여 있다.

한나라 초기에 연나라 망명인 위만이 조선의 왕이 되었을 때 옥저가 다 복속되었다. 한 무제 원봉元封 2년(기원전 108), 조선을 정벌해서 위만의 손자 우거를 죽이고 그 땅을 나누어 사군으로 삼았는데, 옥저성으로 현도군을 만들었다. 그 후 이맥夷貊의 침략을 당해서 고구려 서북쪽으로 옮기니 지금 이른바 현도군의 고부故府라는 곳이 이것이다. 옥저는 다시 락랑에 속했는데, 한나라는 그 토지가 넓고 멀어서 단단대령單單大領 동쪽의 땅을 나누어 동부도위東部都尉를 설치해 불내성不耐城에서 다스리게 하고, 따로 령동領東 7현을 주관하게 했는데, 이때 옥저가 다 현縣이 되었다. 한나라 광무光武 6년(기원 30년)에 변경의 군을 없애면서 도위도 이때 폐지했다. 그 후 그 현 내의 거수渠帥를 현후縣侯로 삼았는데, 불내不耐, 화려華麗, 옥저沃沮의 여러 현이 다 후국侯國이 되었다. 이적夷狄들이 다시 서로 공격하고 정벌했는데, 오직 불내예후不耐濊侯만이 지금까지 남아서 공조功曹, 주부主簿 등을 두었는데, 여러 조曹는 모두 예濊의 백성들로 만들었다. 옥저의 여러 읍락의 거수들은 모두 스스로를 삼로三老라고 칭하는데, 곧 옛 현국縣國의 제도다. 나라가 작고 큰 나라 사이에서 핍박을 받아 마침내 고구려에 신속臣屬하게 되었다. 고구려는 그 중에서 다시 대인大人을 설치해 사자使者로 삼아 서로 주관하게 시켰다. 또 대가大加를 시켜서 그 세금과 맥포貊布와 어염魚鹽과 바다에서 나는 식물을 모두 책임지워서 천리를 져서 이르게 하고, 또 그 미녀를 보내게 해서 비첩으로 삼아 노복처럼 대우했다.

그 토지는 비옥하고 산을 등지고 바다를 향해서 오곡이 잘 되고 농사 짓기에 마땅하다. 사람들의 성질이 곧고 굳세고 용감하며, 소와 말이 적고, 창을 들고 보전步戰을 잘 한다. 먹고 마시고 거처하고 의복과 례절은 고구려와 비슷하다. 그 장례는 큰 나무로 곽郭을 만드는데 길이는 10여 장丈이고, 윗 부분 하나를 열어서 문으로 삼는다. 새로 죽은 자는 먼저 가매장하는데, 형체가 덮일 만큼 겨우 묻었다가 가죽과 살이 모두 썩으면, 그 뼈를 취해 곽 안에 넣는다. 온 가족이 하나의 곽을 함께 사용하며, 살아 있는 것 같이 나무를 새기는데, 죽은 자의 수대로 따라서 한다. 또 질그릇 솥을 설치하고 그 안에 쌀을 담아서 곽의 문 곁에 매단다. 관구검이 고구려를 토벌할 때 고구려 왕 궁宮이 옥저로 달아나자 마침내 군사가 나아가 공격하니 옥저의 읍락이 다 파괴되었고, 목이 베어지거나 포로가 된 자가 3천여 급이 되었는데, 궁은 북옥저로 달아났다.

漢初, 燕亡人衛滿王朝鮮時, 沃沮皆屬焉, 漢武元封二年(108), 伐朝鮮, 殺滿孫右渠, 分其地爲四郡, 以沃沮城爲玄菟郡; 後爲夷貊所侵, 徙郡句驪西北, 今所謂玄菟郡故府是也. 沃沮還屬樂浪, 漢以土地廣遠, 在單單大領之東, 分置東部都尉, 治不耐城, 別主領東七縣, 時沃沮亦皆爲縣. 漢光武六年(기원 30년), 省邊郡, 都尉由此罷. 其後, 皆以其縣中渠帥爲縣侯, 不耐, 華麗, 沃沮諸縣皆爲侯國. 夷狄更相攻伐. 唯不耐濊侯至今猶置功曹, 主簿, 諸曹皆濊民作之. 沃沮諸邑落渠帥皆自稱三老, 則故縣國之制也. 國小, 迫於大國之間遂臣屬句麗. 句麗復置其中大人爲使者, 使相主領; 又使大加統責其租賦, 貊布, 魚塩海中食物, 千里擔負致之, 又送其美女以婢妾, 遇之如奴僕. 其土地肥美, 背山向海. 宜五穀, 善田種. 人性質直彊勇,

少牛馬, 便持矛步戰. 食飮居處, 衣服禮節, 有似句麗. 其葬; 作大木槨, 長十餘丈. 開一頭作戶, 新死者皆假埋之. 才使覆形, 皮肉盡; 乃取骨置槨中. 擧家皆共一槨, 刻木如生形, 隨死者爲數; 又有瓦鑩置米其中, 編懸之於槨戶邊. 毋句儉討句麗, 句麗王宮奔沃沮, 遂進師擊之, 沃沮邑落皆破之, 斬獲首虜三千餘級, 宮奔北沃沮.

(2) 《후한서·동이·옥저전》에는 다음과 같이 씌여 있다.

한 무제가 조선을 멸망시키고 옥저 땅으로 현도군을 삼았다. 그 후 이맥夷貊의 침략을 받아 군을 고구려의 서북쪽으로 옮기고, 다시 옥저를 현으로 삼고 락랑 동부도위에 속하게 했다. 광무제가 도위의 관직을 없애는데 이른 후에 다 그 거수로써 옥저후沃沮侯를 삼았다. 그 토지는 작고 대국 사이에 끼어서 마침내 고구려에 신속하게 되었는데, 고구려는 다시 그 중에서 대인大人을 두어 사자로 삼고, 서로 감독하고 다스리게 했는데, 그 세금과 맥포와 어염과 바다에서 나는 식물을 모두 책임지우고, 미녀를 뽑아 비첩으로 삼았다.

武帝滅朝鮮, 以沃沮地爲玄菟郡; 後爲夷貊所侵, 徙郡於高句驪西北, 更以沃祖爲縣, 屬樂浪東部都尉. 至光武罷都尉官, 後皆以封其渠帥爲沃沮侯. 其土迫小, 介於大國之間, 遂臣屬句驪. 句驪復置其中大人遂爲使者, 以相監領, 責其租稅, 貂布魚塩海中食物, 發美女爲婢妾焉.

3. 북옥저에 관한 자료

(1) 《삼국지·동이·옥저전》에 다음과 같이 씌여 있다.

북옥저는 일명 치구루置溝婁라고도 하는데, 남옥저에서 8백여 리 떨어져 있다. 그 풍속은 남북 옥저가 다 같으며 그 경계가 남쪽은 읍루와 접해있다. 읍루는 배를 타고 노략질하기를 좋아하는데, 북옥저는 그들을 두려워해서 매년 여름 달에는 늘 산의 바위 굴 안에서 지키다가 겨울에 얼음이 얼어 뱃길이 통하지 않을 때 내려와서 읍락에 거주한다. 왕기王頎[186]가 따로 군대를 파견해서 궁宮을 추격해 동쪽 경계의 끝까지 갔다. 그곳의 로인에게, "바다의 동쪽에 또 사람이 살고 있는가?"라고 묻자 로인은, "우리나라 사람이 일찌기 배를 타고 고기를 잡다가 풍랑을 만나 바람 부는대로 수십 일을 가다가 동쪽의 한 섬에 도착하니 섬 위에는 사람이 있었는데 언어가 통하지 않아 서로 알아들을 수 없었다. 그들의 풍속은 늘 7월이면 동녀童女를 취해 바다에 넣는다"라고 말했다. 또 말하기를, "바다 가운데에 한 나라가 있는데 모두 여자이고 남자는 없다"라고 하고, 또 말하기를, "바다 가운데에 떠서 흐르는 베옷 입은 사람을 건졌는데, 그 시신은 중국인의 옷과 같고 두 소매 길이는 3장丈이었다. 또 부서져서 파도에 따라 해변에 있는 배 한 척을 얻었는데, 한 사람이 있었고 목 가운데 또 얼굴이 있었다. 사로잡았으나 서로 말이 통하지 않았고 음식을 먹지 않아 죽었다"고 했다. 그 지역은 모두 옥저 동쪽의 큰 바다에 있다.

北沃沮, 一名置溝婁, 去南沃沮八百餘里. 其俗南北皆同. 界南接挹婁, 挹婁喜乘船寇鈔, 北沃沮畏之. 每夏月, 恒在山巖深穴中爲守備; 冬月氷凍, 船道不通, 乃下居邑落. 王頎別遣追討宮, 盡其東界. 問其耆老 海東復有人不? 耆老言; 國人嘗乘船捕魚, 遭風, 見吹數十日, 東得一島, 上有人, 言語不相曉, 其俗常以七月取童女沈海. 又

186) 왕기(王頎)는 위(魏) 정시(正始) 초240~242년)에 현도 태수로 임명되었는데, 관구검(毌丘儉)을 도와 고구려와 전쟁에 나서서 부여까지 군량을 운반했다.

言; 有一國亦在海中, 純女無男. 又說; 得一布衣, 從海中浮出, 其身如中國人衣, 其兩袖長三丈. 又得一破船隨波出在海岸邊, 有一人項中復有面, 生得之, 與語不相通, 不食而死. 其域皆在沃沮東大海中.

(2) 《후한서·동이·옥저전》에는 다음과 같이 씌여 있다.

또 북옥저가 있는데, 일명 치구루置溝婁이고, 남옥저에서 8백여 리 떨어져 있다. 그 풍속은 남북 옥저가 다 같으며 그 경계의 남쪽은 읍루와 접해있다. 읍루는 배를 타고 노략질하기를 좋아하는데, 북옥저는 그들을 두려워해서 매년 여름에는 늘 바위 굴 안에 숨어 있다가 겨울에 뱃길이 통하지 않을 때가 이르면 내려와서 읍락에 거주한다. 그 나라 로인이, "일찌기 바다 가운데에서 베옷 하나를 주웠는데, 그 형상이 중국인의 옷과 같았고, 두 소매의 길이가 3장丈이었다"라고 말하고 또, "물가에서 한 사람이 부서진 배를 타고 오는 것을 보았는데, 목 가운데 또 얼굴이 있었다. 말이 통하지 않았는데 먹지 않고 죽었다" 라고 말하고 또 말하기를 "바다 가운데에 여인국女人國이 있는데 남자는 없다. 혹자가 전하기는 '그 나라에는 신정神井이 있는데 그를 엿보면 문득 자식을 낳는다'고 하였다."

又有北沃沮, 一名置溝婁, 去南沃沮八百余里. 其俗與南同. 界南接挹婁. 挹婁人喜乘船寇鈔, 北沃沮畏之. 每夏輒藏於巖穴, 至冬船道不通. 乃下居邑落, 其耆老言, 嘗於海中得一布衣, 其形如中人衣, 而兩袖長三丈. 又於崖際見一人乘破船, 項中復有面, 與語不通, 不食而死. 又說海中有女國, 無男人, 或傳其國有神井, 闚之輒生子云.

4. 이 3개 옥저 외에 또 하나의 옥저 즉 남옥저가 있다. 그러나 《삼국지》와 《후한서》에는 그 명칭이 있을 뿐이고 구체적인 자료는 없다

우선 이 두 개 자료를 대조 검토하자.

(1) 동옥저에 관하여:

《위지·동이전》과 《후한서·동이전》에서 동옥저의 위치, 제도, 언어, 풍습에 관한 기록은 대체로 일치한다. 량자 간의 차이점은 전자에서는 《동북은 좁고 서남은 길다(동북협, 서남장)》라 하였고, 후자에서는 《동서는 좁고, 남북은 길다(동서협, 남북장)》라 하였다.

그리고 후자에서는 그 장법葬法이 기재되여 있다. 또한 그 자연 조건과 사람들의 품성에 관한 기록이 있다.

(2) 옥저에 관하여:

전자와 후자에서 그 위치와 연혁에 관한 기사는 일치한다. 그런데 전자는 《후한서·옥저전》의 장법에 관한 기록과 대체로 동일한 기록이 있다.

즉 동일한 장법에 관한 기사가 《삼국지》에서는 《옥저》 조에 있고, 《후한서》에는 《동옥저》 조에 있다. 그리고 또 《후한서·동옥저》 조에 있는 자연 조건, 인간 품성에 관한 기사가 《위지》에서는 《옥저》 조에 있다.

(3) 북옥저에 관하여:

전자와 후자는 그 기본 내용이 대체로 일치한다.

진수(《삼국지》)와 범엽(《후한서》)은 동옥저, 옥저, 북옥저, 남옥저 등을 별개의 지명으로 쓰고는 있으나 그것들을 따로 따로 갈라서 쓰지 않고 한데 섞어서 《동옥저전》에 쓰고, 또 그 내용의 일부를 혼동하고 있는 것으로 보아서, 그들은 옥저에 관한 지식이 불명확했던 것 같다. 지역이 서로 다르고 또 그것들이 상이한 정치 단위였음에도 불구하고 한데 섞어서 한 문장 내에 기록한 것을 보면 《옥저》라는 명칭을 한 개의 고유 명사로 인정했기 때문에 동옥저, 옥저, 북옥저, 남옥저를 동일한 옥저족의 지역으로 인정한 것 같다.

우리는 이제 이 자료들에 근거하여 이 각이한 옥저들의 진상을 천명하여야 할 것이다.

제2절. 옥저의 위치에 대하여

우선 옥저의 명칭에 대하여 고찰하자. 앞에서 인용한 자료에서 보는 바와 같이 옥저의 명칭을 가진 지역이 몇 개가 있는 것을 보면 《옥저》란 명칭이 한 개의 단일한 고유 명사 같지 않으며, 반드시 어떠한 보통 명사에서 유래된 것으로 추측된다. 고대 조선의 지명, 수명 등이 그러한 것이 많다는 것은 위에서도 론급한 바와 같다.

《만주원류고》滿洲源流考 9권 《강역》2 《옥저》 조에서 옥저의 명칭을 다음과 같이 해석하고 있다.

> 삼가 살피건대, 양한兩漢(전한, 후한)과 위魏, 진晋 때 나라의 동방에는 부여, 읍루, 삼한이 있었는데, 그 읍락은 산과 바다 사이에 있었고, 또 옥저, 예濊 등이 있었다. 사전史傳(사서에 전하는 기록)으로 이를 조사해 보니 옥저는 동쪽에 있었는데 동쪽은 큰 바다에 접하고 북쪽은 읍루, 부여에 접했으며, 또 북옥저, 남옥저가 있었는데, 모두 산림에 흩어져 있었고 대군장이 없었다. 이른바 단단대령은 곧 장백산인데, 단단單單이란 만주어로 산연珊延과 그 발음이 원래 서로 비슷하다. 지금 장백 부근에서 동쪽은 바닷가에 이르고, 북쪽은 오랍烏拉, 흑룡강과 접해 있으며, 서쪽은 아라사俄羅斯(러시아)에 이르기까지 울창한 숲으로 그 사이에 길게 이어져 있다. 위나라 관구검이 고구려를 토벌할 때 옥저 1천여 리를 가로질러 숙신의 남쪽 경계에 닿았는데, 즉 옥저는 실로 지금의 와집窩集187)이다.
>
> 謹案, 兩漢, 魏, 晋時, 國於東方者爲夫餘, 挹婁, 三韓, 其邑落處在山

海間者, 又有沃沮, 濊等名. 以史傳核之, 沃沮之在東者, 東濱大海, 北接挹婁, 夫餘, 又有北沃沮, 南沃沮, 並皆散處山林, 無大君長, 所云單單大嶺即長白山, 單單與滿洲語珊延音固相近也, 今自長白附近東至海邊, 北接烏拉, 黑龍江, 西至俄羅斯, 叢林密綿亘其間, 魏毋丘儉討高麗, 絕沃沮千余里, 到肅愼南界, 則沃沮者, 實今之窩集也.

《만주원류고》 편자는 옥저를 만주어 《워지》窩集(총림을 의미함)로 해석하였다. 조선 고대어 연구 분야에서 옥저에 대한 해석의 정론이 아직 없다. 따라서 나는 옥저에 대한 《만주원류고》의 해석을 우선 시인하려고 한다. 왜냐하면 만주어의 어휘와 고대 조선어 어휘가 공통되는 것이 적지 않게 있기 때문이다. 그리고 상술한 바와 같이 옥저의 명칭을 보통명사로 해석하는 것이 합리적이라고 생각되기 때문이다.

진수와 범엽이 《동옥저 전》을 쓸 때 옥저에 관한 정확한 지식을 못 가지고 쓴 것은 바로 옥저의 명칭을 고정된 한 개의 고유 명사로 해석했기 때문이라고 생각된다. 나는 이러한 견해에서 출발하여 앞에 인용한 옥저에 관한 자료를 해석해 보려는 것이다.

1. 동옥저의 위치에 관하여

동옥저의 위치는 읍루 남방에 있고 대해에 빈濱한 지역이니 지금 함경남북도에 걸치는 동해안 지대임이 명백하다. 이 지형은 동서가 좁고 남북이 긴 곳으로서 《삼국지》의 《그 지형은 동서가 좁고 서남이

187) 와집은 길림(吉林), 흑룡강(黑龍江) 일대의 원시 삼림으로 그 지방에서는 와집이라고 한다.(장진근 역주, 《만주원류고》, 파워북, 271쪽)

긴데 천리가 된다(其地形; 東北狹, 西南長, 可千里)》라는 기재보다는 《후한서》의 《그 지형은 동서는 좁고 남북은 긴데 천리에서 꺾인다(其地形; 東西狹, 南北長, 可折方千里)》라는 기사가 정확하다고 인정된다. 혹시 《서남은 길다(西南長)》를 서남방으로 길게 뻗었다고 해석한다면 전자도 승인될 수 있다. 그리고 그 농업에 관한 기록은 《삼국지, 옥저 앞과 같음》 옥저 조에는 없고, 《후한서》 동옥저 조에 《토지가 비옥하고 산을 등지고 바다를 향해 있어 오곡이 잘 되고 농사 짓기 좋다(土肥美, 背山向海, 宜五穀, 善田種)》라고 썼다. 동일한 기록이 《삼국지》에서는 《옥저》 조에 기재되여 있다. 그런데 동옥저 지역인 현 조선 함경남북도 지경은 《산을 등지고 바다를 향하고 있다(背山向海)》라는 표현은 정당하나, 오늘도 가장 농업에 부적당한 지대로서 《오곡이 잘 되고 농사 짓기 좋다(土肥美, 宜五穀. 善田種)》라고 말할 수 없는 지대이다. 따라서 3세기에 이 지대가 풍부한 농업 지대로 될 수 없었을 것은 자명한 일이다. 그렇기 때문에 《후한서》의 기록은 딴 곳에 들어 갈 재료를 《동옥저》 조에 기재한 것으로 판단된다. 《삼국지》에서는 옥저의 농업 형편으로 기록되여 있는 바, 이 문제는 아래서 언급하기로 한다. 그러나 그것도 《산을 등지고 바다를 향하고 있다(背山向海)》란 기록은 옥저에는 해당되지 않으며, 거기서는 동옥저에 관한 기록이 섞여 들어간 것으로 인정된다.

그리고 언어 풍습이 고구려와 대동소이하다는 기사는 량자의 자료가 대체로 일치한다. 그런데 《그 언어는 고구려와 대개 같은데 때때로 조금 다르다(其言語與句麗大同, 時時小異)》라는 《삼국지》 기사와 《언어, 음식, 거처, 의복은 고구려와 비슷하다(言語, 飮食, 居處, 衣服有似句驪)》라는 《후한서》 기록들에 근거하면 옥저 인민들이 고구려 인민과 완전히 동일하지 않다는 것을 알 수 있다. 다시 말하면 옥저 인민은 맥족이 아닌 것으로 보여진다.

묘장 제도는 《후한서》에서는 《동옥저》 조에 기재되였으며 동일한 기록이 《삼국지》에서는 《옥저》 조에서 기록되고 있다. 이 문제는 아직 고고학 분야에서 해명되지 않고 있기 때문에 그 시비를 판단할 수 없다.

요컨대 동옥저에 관한 량 자료는 불명확하며 또 그렇게 서술될 수밖에 없었을 것이다. 왜냐하면 조선 함경남북도 지역과 압록강 류역 지대 간에는 큰 산맥이 놓여 있으며, 3세기 시대 중국인들이 그 지역에 관한 자료를 정확하게 장악할 수가 없었을 것이라고 생각되기 때문이다. 따라서 동옥저에 관한 기재는 《삼국지》의 기록이 사실에 가깝다고 인정되며, 《후한서》 기록은 《옥저》라는 명칭에 혼동되여 딴 옥저에 관한 자료를 《동옥저》 조에 기재했다고 보여진다. 그리고 《개마 대산》이 과연 오늘의 개마고원인가는 불명확하다. 이 문제는 앞으로 연구되여야 할 문제로 남아 있다. 왜냐하면 《개마》蓋馬는 《곰》으로 해석되며 《곰산》熊岳이 료동에 있기 때문이다. 따라서 3세기 중국인들이 그 산명을 혼동했을 수도 있다고 보여진다.

그리고 동옥저의 위치에 대하여 《삼국지》와 《후한서》는 모두 《남쪽은 예맥과 접해 있다(南與濊貊接)》라고 쓰고 있으나, 나는 이 기록에 대하여 의심을 품지 않을 수 없다. 왜냐하면 위에서 이미 언급한 바와 같이 예의 위치는 오늘의 압록강 하류에서 료동 반도 동부에 이르는 지역으로 판단되며, 강원도 지역으로 인정하여야 할 근거가 없기 때문이다. 중국 기록들에서는 《삼국지》 이전 자료들에서는 《예》의 지역을 오늘 조선 강원도 지역으로 인정할 수 있는 근거를 주지 않는다. 《삼국지》에 이르러 《예》가 강원도 지역인 것 같은 자료를 제공해 준다. 나는 이 문제에 관해서도 옥저와 예의 지역적 관계를 진수는 동옥저와 예의 지역적 관계로 오인한 것인데, 범엽은 그 착오를 그냥 옮겨 놓았다고 생각한다. 왜냐하면 나는 예의 지역을 료동반도 동해안에서 대체로 압록강 하류에 이르는 지역이라고 인정하기 때문이다. 이에 관하여 아래서 옥저의 위치를 론할 때 밝히기로 하자.

2. 옥저의 위치에 관하여

옥저의 위치는 한4군의 최초의 현도군 령역이였다. 《삼국지》에서는 《한 무제 원봉 2년 … 그 땅을 나누어 사군을 삼았는데, 옥저성은 현도군이 되었다(漢武元封二年 … 分其地爲四郡, 以沃沮城爲玄菟郡)》라고 썼고, 《후한서》에서는 《무제가 조선을 멸망시키고 옥저성으로써 현도군을 삼았다(武帝滅朝鮮, 以沃沮城爲玄菟郡)》라고 썼다. 《후한서·동이·예전》에는 《예 및 옥저·고구려는 본래 조선의 땅이다(濊及沃沮·句麗·本皆朝鮮之也)》라고 씌여 있다. 따라서 옥저가 바로 현도군 지역이였음이 명백하며 동시에 본래 고조선의 한 개 지방명이였음을 알 수 있다.

옥저의 위치를 알기 위해서는 최초의 현도군의 위치를 천명해야 할 것이다.

《한서·지리지》 현도군 조에는 다음과 같이 씌여 있다.

> 현도군은 무제 원봉 4년(기원전 107) 열었다. 고구려를 왕망은 하구려下句驪라고 했는데, 유주幽州에 속해 있다. 〈응소는 "진반 조선호국眞番朝鮮胡國"이라고 말했다.〉 호 수는 4만5천6호이고, 인구는 12만1천145명이다. 현은 셋이 있다. 고구려현에는 료산이 있고 료수가 나오는데, 서남으로 료대에 이르러 대료수로 들어간다. 또 남소수가 있는데 서북으로 새외를 지난다. 〈응소는 "옛 구려호句麗胡"라고 말했다.〉 상은태上殷台현은 왕망이 하은下殷이라고 말했다. 〈여순은 "태台는 발음

이 태鮐"라고 했고 안사고는 "발음이 태胎"라고 했다.〉 서개마현은 마자수가 서북에서 염난수로 들어간다. 서남쪽으로 서안평에 이르러 바다로 들어가는데, 2개 군을 지나고 2천1백리를 간다. 왕망은 현도정이라고 말했다.

玄菟郡武帝元封四年開, 高句麗, 莽曰下句驪。屬幽州〔應劭曰: 眞番朝鮮胡國〕戶四萬五千六, 口十二萬一千八百四十五. 縣三; 高句麗, 遼山, 遼水所出, 西南至遼隊入大遼水。又有南蘇水, 西北經塞外〔應劭曰: 故句麗胡〕上殷台, 莽曰·下殷〔如淳曰·台音鮐, 師古曰·音胎〕西蓋馬。馬訾水西北入鹽難水, 西南至西安平入海, 過郡二, 行二千一百里。莽曰玄菟亭.

이 기록은 한4군 설치 당시의 현도군 지리인 것이 아니라 소제 5년(기원전 76년) 이후 현도군을 고구려 서북 지역으로 이동한 후의 현도군 지리지임을 알 수 있다. 상술한 바와 같이 《한서·지리지》가 대체로 서한 말 지리지이기 때문이다. 또 고구려현이 료수지역이라는 사실로써도 알 수 있다.

그런데 이 자료에서 우리는 응소의 설을 주목해야 할 것이다. 응소는 현도군을 《진반 조선호국》眞番朝鮮胡國이라고 하였다.

그런데 종래의 허다한 사가들이 이 현도군 조 주석을 각이하게 해석하는데서 현도군 위치를 각이하게 주장하였다.

그런면 《현도군》의 《주》를 여하히 해석할 것인가?

《현도군》의 《주》는 《현도군은 무제 원봉 4년(기원전 107) 열었다. 고구려를 왕망王莽[188]은 하구려라고 했다(武帝元封四年開, 高句麗, 莽曰 : 下句

188) 왕망(王莽 : 기원전 45~기원 23) : 한나라의 외척으로서 서기 9년 신(新)나라를 세웠으나 23년 멸망했다.

麗)》라고 읽을 것이다. 이 고구려는 왕망이 하구려라고 칭한 고구려임이 명백하니, 그것은 현도군의 한 개의 속현이 아니라 왕망 시기의 고구려이며, 《삼국지·고구려전》에 《왕망이 크게 기뻐하면서 … 고구려의 이름을 바꾸어 하구려라고 부르게 하였다. 이때 마땅히 후국이 되었다(莽大悅, … 更名高句麗爲下句麗. 當此時爲侯國)》[189]의 고구려를 의미하는 것으로 해석하는 것이 타당할 것이다. 즉 《주》의 고구려를 현도군의 속현의 고구려와 혼동하지 말아야 할 것이다. 그런데 일본 사가 나가那河通世(나카 미치요)가 《무제 원봉 4년(기원전 107) 고구려를 열었다(武帝元封四年, 開高句麗)》라고 한 것은 고구려를 개하여 진반의 속한으로 한 것이며 현도군치로 된 것은 소제 이후의 일이다》(那珂通世 朝鮮古史考 朝鮮, 樂浪, 玄菟, 帶方考 : 원저 주)라고 썼다. 그런데 우리는 고구려를 진반군의 속현으로 볼 근거가 없다.

그는 아마도 현도군 《주》의 《응소가 말하기를 "옛 진반 조선호국이다"라고 했다(應劭曰, 故眞番朝鮮胡國)》는 것을 고구려현의 주로 인정한 것 같다. 그러나 그것은 바로 그 상면의 고구려(왕망이 하구려로 칭한)의 주로 해석해야 할 것이다. 왜냐하면 고구려현을 진반 조선호국이라고 볼 수 없기 때문이다. 응소는 자기 시대의 고구려를 진반 조선과 동일한 호국이라고 인정한 것이 아닌가?

그러면 반고는 어째서 《현도군》의 《주》에서 이러한 설명을 하였는가가 문제로 제기 된다. 반고가 현도군이 이동한 사실을 몰랐을 리는 없다. 현도군의 《주》를 자세히 검토하면, 그는 원봉 4년 당시 현도군의 위치를 설명하기 위해 쓴 것임을 알 수 있다. 만일 그가 고구려 현에

189) 왕망(재위 기원 8~22년)이 고구려를 호(胡) 정벌에 동원하려 했으나 고구려는 도리어 중국을 공격했다. 엄우(嚴尤)가 고구려 후(侯) 도(騶)를 유인해 목을 베어 장안에 보내자 왕망이 크게 기뻐하면서 고구려를 하구려로 부르게 했다는 것이다. 고구려 후 도는 고구려의 임금이 아니었다.

관한 주석을 하였다면, 3현 중 고구려현의 주를 두 번 했을 리가 없지 않는가? 따라서 나는 개설 당시의 현도군이 왕망 당시의 고구려 령역에 속하였다는 뜻으로 해석하는 것이 타당하다고 생각한다. 현도군 개설 당시 고구려 현이 있었는가는 불명하며 그 중심 지역은 옥저성이였다. 그 옥저는 위만 조선의 령역에 속해 있었던 지역이며 위만 이전에는 조선의 한 개 지방이였다.

이 옥저는 처음 현도군에 속하였다가 현도군이 고구려 서북방으로 이동된 후 그것은 예·맥과 함께 락랑군에 속하고, 다시 령동 7현으로 분립되여 락랑 동부 도위 관경으로 되였다. 그 인민들은 예인이였다. 《삼국지·예전》의 《단단대령 서쪽은 락랑에 속했으며, 령領의 동쪽 7현은 (동부)도위가 주관하는데, 모두 예인의 백성이다(自單單大山領以西屬樂浪, 自領以東七縣 都尉主之, 皆以濊爲民)》란 기록이 이를 증명해 준다. 나는 위에서 이미 이 예의 지역을 압록강 하류 지역에서 료동반도 동단에 이르는 지역이라고 론단하였다. 예의 거주지였던 불내성은 그 후 고구려의 수도로 되었으며, 현 료녕성 즙안현[190] 지역임은 재론할 여지가 없다.

《삼국사기》 13권 《고구려 본기》 제1 《류리왕》 22년 동 10월 조에 의하면, 고구려가 국내성으로 이동한 것은 기원 3년이였으니 왕망 시대(기원 8~22년) 고구려 수도는 국내성 즉 불내성에 있었다. 그런데 《삼국지》나 《후한서》 자료에 의하면 옥저와 불내는 별개의 현이였다. 《삼국지·동이·옥저》 조에는 광무 6년(30년)에 《변군을 폐지했다(省邊郡)》하고 불내, 화려, 옥저 여러 현을 후국으로 하였다고 하였으니, 이 《불내》는 고구려로 볼 수 없을 것이다. 왜냐하면 고구려가 당시

190) 현 길림(吉林)성 집안(集安)이다.

한의 후국이 아니였기 때문이다. 따라서 이 불내의 후는 30년 이후에 설치된 예인의 후국으로 보이며, 그 《불내》는 고구려가 《불내》國內로 이동하기 전에 예인이 거주하다가 고구려 세력이 남하할 때 거기서 이동한 것인데 그 이동한 예인을 그전 명칭대로 《불내예》로 칭한 것으로 보인다. 또 《예전》에는 《지금 불내예(今不耐濊)》라고 하였는 바 이 《불내》不耐는 분명히 고구려 수도가 아님을 의미한다.

현도군은 이미 시원 5년(기원전 82년)에 고구려 서북으로 이동하고 그 속현으로 고구려현이 있었다고 하였으니 이 고구려현은 적어도 고구려 수도가 이동하기 전 령토의 일부임을 의미할 것이며, 따라서 기원전 82년에 이미 《고구려》가 존재했음을 의미한다. 그 시기 고구려의 수도는 아직 홀승골성에 있었고, 불내에는 락랑군 동부 도위 치하에서 예인이 거주하고 있었다. 고구려가 국토를 확장하여 불내성國內城으로 이동한 것이 기원 3년이며 광무제는 기원 30년에 《변군을 폐지하고 도위도 이에 따라 파했다(省邊郡, 都尉由此罷)》라고 하였으니, 이것은 한 세력을 반대한 고조선 유민의 투쟁과 고구려 국력의 확장으로 인하여 실지에 있어서 락랑군 세력이 심히 약화되였음을 의미한다.

따라서 왕망 당시 고구려의 수도는 국내성國內城(즉 불내성不耐城) 이였으며, 현 료녕성 즙안현 지역이였다. 그렇기 때문에 개설 당시의 현도군은 현 즙안현 일대였다고 판단된다. 따라서 옥저도 현 즙안현 일대였음이 또한 명백하다. 고구려가 국내성으로 천도한 후 옥저는 고구려에 속하였다. 이 옥저는 대체로 예의 북방에 위치한 것으로 된다. 왜냐하면 예는 압록강 하류에서 료동 반도 동변에 걸치는 지대였기 때문이다. 그리고 옥저는 대국 사이에 끼여 있었다고 하였으니 이 대국이란 것은 고구려, 부여, 락랑군을 의미할 것이다. 즉 《나라가 작아서 큰 나라 사이에서 핍박받다가(國小, 迫於大國之間)》라고 표현된 지역을 오늘의 함경도로 인정할 수는 도저히 없을 것이다.

《삼국지·동이·옥저》 조에 의하면 옥저는 《산을 등지고 바다를 향해 있어 오곡이 잘 되고 농사 짓기 좋은(土肥美, 背山向海, 宜五穀, 善田種)》 지역이라고 하였으나 이것은 분명히 착오이며, 《예》 조에 기록되여야 할 자료를 잘못 기록한 것으로 보인다. 왜냐하면 옥저인은 곧 예인이며, 예지는 료동 반도 동부 해안 지대라고 인정되기 때문이다. 고구려가 《또 대가大加를 시켜서 그 세금과 맥포貊布와 어염魚鹽과 바다에서 나는 식물을 모두 책임 지워서 천리를 져서 이르게 했다(又使大加統責其租賦, 貊布, 魚塩, 海中食物, 千里擔負致之)》고 하였는데, 이것은 반드시 옥저가 해안 지대에 위치했음을 의미하지는 않는다. 비슷한 기록이 《고구려 전》에도 있는데 당시 고구려는 해안 지대가 아니였던 것과 마찬가지다. 오히려 해안 지대가 아니기 때문에 속민이 된 옥저인을 시켜 해산물을 운반시킨 것이 아니겠는가? 단단대령이란 령은 료동 반도를 좌우로 나누는 산맥의 최고의 산인 현 마천령이 아니겠는가? 령동 7현은 료동 반도 동안에서 즙안현까지의 지역이라고 판단된다.

이상과 같이 옥저의 지역은 동옥저의 지역과 완전히 다르다. 그런데 종래 내외의 적지 않은 학자들이 옥저를 동옥저와 동일한 것으로 인정하고 현 조선 함경남북도 지역에 있었다는 데서부터 출발하여 현도군의 위치를 현 조선 함경남북도 지역으로 주장하여 왔다.

필자는 이상과 같은 리유로써 옥저를 동옥저와 동일시하여 함경남북도에 위치했다는 종래 설을 수긍할 수 없게 된다.

3. 북옥저의 위치에 관하여

우선 북옥저의 위치를 살펴 보자.

《삼국지·옥저전》에는 《북옥저는 … 남옥저에서 8백여 리 떨어져 있다. 그 풍속은 남북 옥저가 다 같으며 읍루와 접해 있다(北沃沮 … 去南沃沮八百餘里, 其俗南北皆同, 與挹婁接)》라고 썼다. 이에 의하면 북옥저와 남옥저가 린접되였는지 불명확하다. 남, 북옥저의 거리가 8백 리라고 쓴 것을 보면 이 량자가 직접 련접되여 있는 것 같지는 않다. 그러나 같은 책 《읍루전》을 보면 《읍루는 … 남북옥저가 접해 있는데, 그 북쪽 끝이 어딘지 알 수 없다(挹婁, … 南與北沃沮接, 未知其北所極)》라고 하였으니 읍루가 북옥저 북방에 위치하며 따라서 남, 북 옥저가 련접되여 있는 것으로 해석된다. 그렇기 때문에 위의 인용문에서의 남, 북 옥저의 거리가 8백 리라고 한 기사는 남, 북 옥저의 중심지의 거리를 의미하는 것으로 해석할 수밖에 없다.

그런데 일방 《후한서·옥저전》에는 《또 북옥저가 있는데, 일명 치구루 置溝婁이고, 남옥저에서 8백여 리 떨어져 있다. 그 풍속은 남북 옥저가 다 같으며 그 경계의 남쪽은 읍루와 접해있다(又有北沃沮, 一名置溝婁, 云南沃沮八百餘至, 其俗皆與南同. 界南接挹婁)》라고 기록되여 있는 바 이것은 북옥저와 남옥저 사이에 읍루가 위치하고 남, 북 옥저의 거리가 8백여 리 된다는 것을 의미한다. 그러나 같은 책 《읍루전》에는 《읍루는 … 동쪽은 큰 바다에 닿고, 남쪽은 북옥저에 접해있으며, 북쪽은 끝이 어디인지 알 수 없다(挹婁 … 東濱大海, 南與北沃沮接, 不知其北所極)》라고 씌여 있으며 위의 인용문의 내용과는 모순된다. 즉 이 기록은 북옥저가 읍루 남쪽에 위치한 것으로 되여 있다. 따라서 《후한서》에서의 북옥저의 위치에 관한 위에 인용한 기록은 그 어느 하나가 착오일 것이다. 그런데 동서 《읍루전》에서 읍루의 지역은 그 북극을 알수 없다고 썼으니, 읍루가 북옥저 남쪽에 위치했다는 《동옥저전》의 기록은 잘못된 것으로 보아야 할 것이다.

요컨대 남, 북 옥저는 린접하였으며, 그 중심지의 거리는 8백여 리가 되였다고 인정하는 것이 타당할 것이다.

북옥저는 함경북도에서 현 쏘련 연해주에 절쳐서 위치한 것으로 판단된다. 북옥저는 고대 조선족 거주 지역의 변방이였으며 다른 종족과의 접속 지대였다. 《삼국지·동이전》 같은 조에 이렇게 씌여 있다.

> 로인은 말하기를, "우리나라 사람이 일찌기 배를 타고 고기를 잡다가 풍랑을 만나 바람 부는대로 수 십일을 가다가 동쪽의 한 섬에 도착하니 섬 위에는 사람이 있었는데 언어가 통하지 않아 서로 알아들을 수 없었다. … 또 말하기를, "바다 가운데에 한 나라가 있는데 모두 여자이고 남자는 없다"라고 하고, 또 말하기를, "바다 가운데에 떠서 흐르는 베옷 입은 사람을 건졌는데, 그 시신은 중국인의 옷과 같고 두 소매 길이는 3장丈이었다. 또 부서져서 파도에 따라 해변에 있는 배 한 척을 얻었는데, 한 사람이 있었고 목 가운데 또 얼굴이 있었다. 사로잡았으나 서로 말이 통하지 않았고 음식을 먹지 않아 죽었다."고 했다.
> 耆老言; 國人嘗船捕魚, 遭風, 見吹截十日, 東得-島, 上有人, 言語不相曉 … 又言; 有-國亦東海中純女無男. 又說; 得-布衣, 從海中浮出, 其身如中國人衣, 其兩袖長三丈. 又锝-破船隨波出在海岸邊, 有-人項中復有面, 生得之. 與語不相通, 不食而死.

북옥저는 언어가 불통하는 외족과의 접촉 지대였음을 알 수 있다.

일찌기 쏘련 고고학계에서 발표한 바 연해주 지역에서 조선 내에서 발견되는 다뉴동경이 발굴되였다. 이 사실은 이미 오래 전부터 고고학계에 널리 알려진 사실이다. 아래서 재론하겠거니와 이 연해주에서 발견되는 청동기 유물들을 고조선인들의 그 지역으로의 이동과 분리시켜 고찰하는 것은 부당하다고 생각한다. 종래 일본 고고학자들은 조선의 청동 다뉴경을 소위 북방계 문화라고 하여 그것이 북방에서 류입하였다고 주장하였다. 우리가 북옥저를 고조선 옥저인들의 이동한 지역이라고 인정한다면 조선의 다뉴 청동경이 연해주 지역으로부터 류입했다는 설을 도저히 수긍할 수 없게 된다. 이 문제도 아래서 재론하기로 한다.

4. 남옥저의 위치

《삼국지》《후한서》에서 남옥저에 관한 자료는 전연 언급하지 않고, 다만 북옥저가 《남옥저와 거리가 8백 리 떨어져 있다(去南沃沮八百里)》라는 기록 밖에 없다. 이 남옥저는 북옥저와의 지리적 관계로 보아서 동옥저와 일치하며, 동옥저 외에 따로 남옥저 지역을 찾을 수 없다. 따라서 남옥저에 관한 자료는 일언반구도 없는 것이며 그럴 수밖에 없다. 진수와 범엽이 과연 남옥저를 동옥저와 별개의 것으로 인정하였는가는 불명하다. 그러나 그들이 남옥저에 관한 자료를 전연 전하지 않고 있는 것으로 보면 남옥저라는 또 하나의 옥저에 관해서는 아무 지식도 없었음이 명백하다. 동옥저는 고구려 동방에 위치한 지역이기 때문에 고구려인들이 그것을 동옥저라고 칭했을 것이며, 또 그 북방 8백 리 지역에 또 하나의 옥저가 있었으니 그것을 북옥저라고 칭했으며, 그와 대비해서 동옥저를 남옥저라고도 칭했을 것으로 추단된다.

이상으로써 나는 《삼국지》와 《후한서》의 자료에 근거하여 3개 옥저 지역을 고찰하였다.

그런데 이 두 개 자료에서 특히 주목해야 할 점은 《삼국지·옥저전》에 《또 질그릇 솥을 설치하고 그 안에 쌀을 담아서 곽의 문 곁에 매단다(又有

瓦鑩置米其中, 編懸之於槨戶邊)》란 기록이다. 《력》鑩(솥)은 바로 력鬲(솥)이다. 즉 이것은 옥저에서 력을 명기로 사용했다는 자료이다. 물론 그것으로써 고조선, 부여, 고구려 등 국에서 력을 사용하지 않았다는 근거로 삼을 수는 없다. 그러나 우리는 지금까지의 고고학적 발굴이나 유물 수집으로 현 조선 령역(한반도) 내에서 력을 아직 발견하지 못하고 있다. 원래 고조선 령역이였던 옥저에서 력을 사용했다면 고조선에서도 력을 사용했을 것이 명백하다. 우리는 이 자료를 결코 소홀히 할 수 없으며 고조선 유물 연구에서 반드시 고려되여야 할 자료라고 인정된다.

압록강 이북에서 력이 출토되는 사실에 근거하여 나는 옥저에서 와력을 명기로 사용했다는 기록이 정확하다고 인정하며, 고고학적 자료에 비추어 보아도 옥저는 압록강 이북에 위치했다고 주장할 수 있게 된다. 옥저가 고조선 령역 내에 있었던 것 만큼 와력은 옥저뿐만 아니라 고조선 전역에 걸쳐 사용되었을 것으로 판단된다. 실지 고고학적 유물은 오늘 동북 지역의 대부분과 료하 이서 열하 지역에서도 력과 정鼎이 사용되였음을 증명해 주고 있다.

따라서 나는 위에서도 언급한 바와 같이 고조선 령역을 현 료동 지역이라고 인정하며, 그 령역은 현 압록강 이남을 기본적으로 넘지 못했다고 보는 것이 타당하리라고 생각하게 된다.

제3절. 옥저인은 어느 종족인가

옥저인이 어느 종족에 속하는가를 고찰하자. 《삼국지·옥저전》에는 《음식, 거주, 의복과 례절은 고구려와 류사하다(食飮, 居住, 衣服, 禮節有似句麗)》라고 하였으니 고구려와 완전히 동일한 종족이 아니였음을 알 수 있다. 상술한 바와 같이 옥저는 락랑군 령동 7현의 1현이요, 그 7현 인민은 모두 예인이라고 하였으니 옥저인이 예인임은 자명하다. 즉 고조선 인민이였으며, 위만 조선에 속했다가 한4군 설치 시 현도군에 속했고, 고구려가 흥기하면서 현도군이 고구려 서북방으로 이동함에 따라 락랑군 동부 도위 치하에 있게 되고, 고구려가 국내성으로 이동한 후 고구려에 속하게 된 것이다.

상술한 바와 같이 동옥저도 고구려와 동족은 아니였다. 동옥저는 《호수는 5천이고 대군주가 없다(戶五千, 無大君主)》라고 한 기사에 근거하여 그것이 한 개 단위의 종족이 아니였음을 추측할 수 있으며, 원래 고조선 어느 한 개 옥저 지역에 거주한 예인이 집단적으로 조선 함경남북도 지방으로 이동한 것으로 보인다. 그들은 새로 이동해 간 지역을 자기들의 원래 거주지 명칭으로 불렀을 것이다. 그 이동 시기를 판단할 수 있는 자료가 없으므로 그 이동 시기는 불명하나 위만의 정변 시기가 아니였는가라고 추단된다. 위만이 조선 왕위를 찬탈한 후 주변 지방들을 통합하였을 때 그 예인들은 반反위만 투쟁을 전개하면서 일부는 타지역으로 이동했을 것이라고 볼 수도 있다.

기술한 바와 같이 예군 남려의 지배하에 있던 예인의 지역은 본래 오늘의 료하 서쪽에 있었던 것으로 보여지며, 요컨대 예인의 지역은 결코 국한된 어느 한 지역이 아니였다고 생각된다. 그런데 오늘 조선 고고학계에서는 압록강 북안의 고대 문화가 압록강 상류를 따라 올라가 두만강 남안 함경북도 지역에로 이동한 흔적을 인정하는 학자도 있다. 따라서 이 시기가 기원전 3세기 이전이라면 고조선인들이 위만 정변 이전에 이동했다고 보아야 할 것이다.

다음 옥저의 사회 경제 구성을 고찰하여 보자. 지금까지 내외의 많은 학자들이 옥저를 원시 사회 말기에 처한 사회라고 인정하였다. 그러나 나는 그러한 설을 수긍할 수 없다. 그 리유는 다음과 같다.

① 옥저가 고조선의 수도와 그리 멀지 않은 지방이였으며, 고조선이 결코 원시 사회가 아니였던 이상 옥저가 원시 사회로 남아 있었을 수 없다. 고조선의 사회 경제 구성에 대해서는 아래서 론급하려 한다.

② 이상에서 말한 바와 같이 옥저인은 고조선의 망인으로서 독자적 정권을 유지하지 못하고 한漢 세력의 지배하에 있다가 후에 고구려 통치하에 처하게 되였다. 즉 옥저는 위만 정권과 한4군 정권 기구하에서 통치되였으며, 결코 원시 사회 상태에 처해 있은 것은 아니였다. 현존 자료로서 옥저 사회 기구를 천명할 수 있는 자료가 없다. 다만 《삼국지·옥저전》에 《옥저의 여러 읍락의 거수들은 모두 스스로를 삼로三老라고 칭하는데, 곧 옛 현국縣國의 제도이다(沃沮諸邑落渠帥皆自稱三老, 則故縣國之制也)》라고 기록되여 있을 뿐이다. 이에 근거하면 옥저의 행정 기구가 한의 군현제와 동일함을 알 수 있다. 이 한 개 자료에 근거하더라도 옥저는 결코 원시 사회에 처해 있었다고 주장할 수 없게 된다.

요컨대 나는 이러한 간단한 자료로써 옥저가 결코 원시 사회에 처한 사회가 아니라는 것을 말할 수 있다고 생각한다. 그러나 그 사회 경제 구성의 성질에 대해서 론할 만한 근거는 없으며 그것은 고조선의 사회 경제 구성과 동일할 것이며, 고구려에 편입되면서부터 그 경제 구성은 고구려의 사회 경제 구성과 일치할 것이 자명하다. 《삼국지·옥저전》에 《나라가 작고 큰 나라 사이에서 핍박을 받아 마침내 고구려에 신속臣屬하게 되었다. 고구려는 그 중에서 다시 대인大人을 설치해 사자使者로 삼아 서로 주관하게 시켰다. 또 대가大加를 시켜서 그 세금과 맥포貊布와 어염魚鹽과 바다에서 나는 식물을 모두 책임지워서 천리를 져서 이르게 하고, 또 그 미녀를 보내게 해서 비첩으로 삼아 노복처럼 대우했다(國小. 迫於大國之間, 遂臣屬句麗. 句麗復置其中大人爲使者, 使相主領, 又使大加統責其租賦, 貊布, 魚監, 海中食物. 千里擔負致之, 又送其美女以爲婢妾, 遇之奴僕)》라고 쓴 자료가 이를 증명해 준다. 이에 의하면 옥저가 고구려에 편입된 후 옥저 인민은 고구려 인민들과 마찬가지로, 국가에 세금과 공물을 바치고 고구려 귀족들에게 농노적 착취를 당하였다. 즉 그들은 고구려 귀족들에게 각종 식료품을 날라다 먹였으며, 그 미녀들은 고구려 통치자들의 비첩으로 끌려 가서 노비로 되었다.

이 사정은 《삼국지·고구려전》의 《그 나라의 대가大家들은 농사를 짓지 않고, 좌식자(坐食者: 앉아서 먹는 자)가 만여 명이나 되는데, 하호下戶들이 먼 곳에서 양식·고기·소금을 운반해다가 그들에게 공급한다(其國中大家不佃作, 坐食者萬餘口, 下戶遠擔米糧魚鹽供給之)》라는 기록과 일치되는 것이니, 옥저 인민들은 대부분이 하호 처지에 있었음을 알 수 있다. 이 하호는 국가에 세금을 바치고 동시에 귀족, 관료, 지주들에게 먹을 것을 바쳤으니 그는 노예가 아니고 바로 농노적 농민이였음을 알 수 있다.

제8장

고고학적 유물을 통해 본 고대 조선 문화의 분포

고고학의 문외한인 필자가 이런 제목을 설정하여 론하여 본다는 것은 과학적 정확성을 띠기 매우 어려울 것이라는 것을 자인한다. 필자는 다만 지금까지 내외의 고고학자들이 제공한 고고학적 자료들을 종합하고, 또 아직 세상에 발표되지 않은 약간의 자료를 첨가하여 고조선의 유물이라고 인정되는 자료들을 독자들에게 제공하는 데 목적을 둔다. 여기서 제공하려는 자료는 다만 형태 상 류사한 자료들을 아무 과학적 분석 없이 라열하는 데 불과하다.[191]

191) 이는 도유호 등의 일부 북한 고고학자들이 평양 부근의 고고학 자료를 가지고 락랑군의 위치를 평양 일대로 비정하는 것에 대한 반박 성격일 것이다.

기원전 3~2세기 조선 고대 국가들의 위치 약도

제1절. 석기 유물의 분포

필자는 오늘 우리나라 령역 내에서 출토되는 석기류 중에서 대표적인 유물들을 선택하여 오늘 중화인민공화국 료동, 료서 및 내몽고 지역에서 출토되는 유물들과 대비하기로 한다.

1. 돌호미(石鋤 : 석서)

우리나라 각지에서 출토되는 돌호미石鋤는 중국 료녕성, 길림성, 흑룡강성 및 내몽고 각지에서도 발견되였다. 이 돌호미는 신석기 시대 유물이 아니며 청동기 시대의 유물로 인정되고 있다.

▲ 우리나라에서의 출토 지방

- 함경북도 종성군 궁심리. 동 웅기군 료수리 패총. 동 회령군 금생리 산포지. 동 종성군 동관리 포함층. 동 은성군 영충면 영달하 산포지. 동 경홍군 유현리 대초도 해안 평원. 동 청진시 농포리 패총. 동 회령군 오동 대포함층 집자리. 기타 지역.
- 평안남도 강남군 류사리 대산포지 구릉. 동 온천군 궁산리 원시 유적.
- 평안북도 피현군 동서리.
- 자강도 증강군 중덕리 대포함층(강'가). 동 동신군 온사리. 동 위원군 룡연리 석종. 동 강계시 석현동 등지.

▲ 중국에서의 출토 지방

- 료녕성 무순 동공원. 동 조양朝陽. 동 건평建平. 동 아성성고자阿城

成高子. 동 환인桓仁. 동 덕혜청수구德惠淸水溝 … 이상 지역에서 발견된 유물들은 현재 심양 박물관에 소장됨.

- 길림성 돈화敦化. 동 신립성新立城. 동 토성자土城子. 동 영길왕기둔永吉旺起屯. 동 통화강구通化江口. 동 장춘상가구長春相家溝 … 이상 지역의 유물들은 현재 장춘 박물관에 소장됨.
- 흑룡강성 황자저자黃子咀子. 동 호륜패이맹토도하呼倫貝爾盟兎渡河. 동 정우송강구靖宇松江口. … 이상 지역의 유물들은 현재 할빈 박물관에 소장됨.
- 열하 릉원. … 이 유물은 현재 심양 박물관에 소장되어 있음. 내몽고 소오달맹 파림 좌기昭烏達盟巴林左旗 세석기 문화 유지.

우리는 이 자료들을 통하여 조선, 료동, 료서, 흑룡강성 및 내몽고의 각지에서 동일한 형태의 돌호미를 사용하였음을 알 수 있다(도판 제1 참조). 이 자료들은 1960년 봄 료녕성 각지 박물관을 방문하여 수집한 것이다. 아래서 렬거할 석기와 토기들도 동시에 수집한 자료에 근거한다.

2. 돌보습

이 유물은 신석기 시대와 청동기 초기의 유물로 인정되고 있다.

▲ 우리나라에서의 출토 지방

- 황해북도 봉산군 지탑리.
- 함경북도 유선군 영수리 흑구봉(두만강 변).

▲ 중국에서의 출토 지방

- 길림성 통화강구. 장춘시 서교 신립성 저수지 공사장. 길림시

서단산西團山. 길림시 석비령石碑嶺 … 이 유물들은 현재 장춘 박물관에 소장됨.

- 열하 적봉赤峰(현재 집양 박물관 소장). 림서林西.
- 내몽고 소오달맹 파림좌기巴林左旗.

필자는 아직 료녕성, 흑룡강성 등지에서 출토한 자료를 장악하지 못하고 있으나 이 지역에도 반드시 이 유물이 출토될 것이라고 믿어진다. 할빈 박물관에는 일본인 오전奧田이란 자가 일찌기 함경북도 팔일천八一川에서 수집하여 가져 간 유물이 한 점 진렬되여 있다. 과거 일본 고고학자들은 우리나라에서 출토된 돌보습을 그리 주시하지 않았다(도판 제2 참조).

도판에서 보는 바와 같이 이 유물의 형상은 모두 류사한 것이다.

3. 달도끼(環狀石斧 : 환상석부)

달도끼는 우리나라의 여러 지역에서 출토되였다. 우리나라 고고학자들은 이 석기를 신석기 시대의 유물이 아니며 청동기 시대의 유물이라고 판정하였다.

▲ 우리나라에서의 출토 지방

- 함경북도 종성군 삼봉리 포함층. 동 락생리 매장지 유적. 동 무산읍 산포지. 동 회령읍 사을리 산포지.
- 평안남도 강동군 지석리. 평양시 기림리 제2지점.
- 평안북도 룡천군 신암리 포함층. 동 룡암리 패총.
- 황해북도 봉산읍 신흥동. 동 황주군 심촌리 거주지. 동 금천군 강남리 산포지 거주지.

- 황해남도 은률군 산동리 포함층. 동 배천읍 돌 상자 무덤 부근.
- 강원도 원산시 중평리 포함층.
- 자강도 강계시 공귀리 포함층 거주지. 동 시중군 심귀리 거주지.
- 강원도 강릉군 성덕리 산포지.
- 경기도 고양군 뚝도면 구정리. 동 강화군 하도면 동막리.
- 충청북도 충주면 대우교 부근.
- 충청남도 부여군 규암면 라복리.
- 경상남도 경주군 강동면 모사리. 동 진주군 평거면 이현리.
- 제주도 제주읍 삼양리.

▲ 중국에서의 출토 지방

- 료녕성 왕청현 신화려 묘장구新華閭墓葬區(장춘 박물관 소장), 고려채高麗寨. 양두와羊頭窪. 대련 빈정 패총. 비자와貔子窩.
- 길림성 교하랍법蛟河拉法(송화강 류역). 장사산長蛇山. 후석산猴石山. … (이상은 현재 장춘 박물관에 소장됨).
- 혹룡강성 안달현安達縣.
- 열하 적봉 제1거주지.

이상에 렬거한 달도끼는 그 형태가 매우 류사하며, 그 지역별 특징을 분별하기 곤난하다(도판 제3 참조).

4. 별도끼

우리나라에서는 달도끼가 출토하는 지방에서는 대체로 별도끼[192] 도 함께 출토되고 있다. 이 석기도 청동기 시대의 유물로 인정되고

192) 별도끼를 남한 학계는 성형석부(星形石斧), 톱니날도기 등으로 부른다.

있다.

▲ 우리나라에서의 출토 지방

· 함경북도 경성읍.
· 량강도 신파군 신중리. 동 혜산군 두만강 류역.
· 자강도 강계 시외 공귀리.
· 평양시 미림리 포함층. 강남군 원암리.
· 황해북도 봉산군 지탑리 산포지. 동 봉산읍 신흥동 포함층.
· 황해남도 금천군 강남리 거주지. 동 연안군 천대리 산포지.
· 평안북도 정주군 석산리.

▲ 중국에서의 출토 지방

· 료녕성 양두와. 안산 대고산大孤山. 료양 태자하(심양 박물관 소장).
· 길림성 연길 왕청현. 소달구騷達溝 … (장춘 박물관 소장).
· 열하 동가영자東家營子. 소고륜小庫倫.

이 별도끼는 6두頭, 10두 및 6각의 이중식 방사형 등이 있다. 그 중에는 금속 도구를 사용하지 않고서는 제조하기 곤난할 것이라고 보이는 것과, 그리고 중국 북방 수원綏遠 지방에서 발견된 청동 곤봉두와 류사한 것이 있다. 우리나라에서는 각종 형상의 별도끼가 모두 출토되며 그 형상은 지역별 특징이 있는 것이 아니다. 위에 렬거한 별도끼들은 모두 그 형상이 아주 흡사하며 어떤 것은 완전히 동일하다고 보여진다. 례를 들어 강계 공귀리에서 출토한 별도끼와 열하 소고름에서 출토한 별도끼는 거의 같으며, 강남에서 출토한 것도 역시 그와 매우 흡사하다. 강남군 원암리에서 출토된 별도끼는 수원 청동 곤봉두와 매우 흡사하다. 그리고 료동 반도 양두와에서 출토된 것도 공귀리에서 출토된 것과 류사하다.

그리고 황해북도 장연군 백촌리에서 발견한 두 뿔 석부(조국 해방 전쟁(6·25전쟁) 전 물질 문화 보존위원회에서 보관하고 있다가 전쟁시 분실됨)는 수원 청동 괭이 호鎬와 류사한 것이다. 이 두 뿔 석부는 분실되였기 때문에 실측도를 작성하기 곤난하다. 이 유물을 보관했던 사람의 말에 의하면 《뿔은 단검과 같이 엷으며 량면에 예리한 날이 있었다.》(《문화 유산》, 1958년, 제1호 72페지 : 원저 주) 림서에서 발견된 석환石環(《고고학보考古學報》 1960년, 제1호 려준악呂遵諤 《내몽고림서고고조사內蒙古林西考古調査》 21 9도圖 11)은 평양 미림리에서 발견된 별도끼의 잔형과 매우 류사하다(도판 4 참조).

5. 갈돌(磨石捧)과 갈돌 대(靡石盤)

갈돌과 갈돌 대는 우리나라의 허다한 지방에서 출토한다. 중국 료녕, 길림, 흑룡강성, 열하 및 내몽고 등 지역에서도 출토된다. 그 형상은 모두 흡사하다.

▲ 우리나라에서의 출토 지방

- 함경북도 회령읍 사을리 산포지. 동 오동 대포함층 거주지. 동 원산리 산포지. 동 국심리. 동 경성군 삼봉리. 동 동관리, 락생리. 동 경흥군 대초도. 회령군 룡저리. 청진시 룡포리 패총. 무산군 독소리, 무산읍. 유선군 영수리.
- 자강도 중강군 중덕리 대포함층. 동 초당리 산포지.
- 함경남도 북청군 강호리 포함층. 동 방가리 포함층.
- 량강도 후창군 동흥리. 동 혜산군 춘동리 산포지.

- 평안남도 온천군 궁산리 패총. 승호군 금탄리 포함층 거주지. 대통군 원장리
- 황해북도 황주군 심촌리 거주지. 봉산군 지탑리 포함층 원시 유적 제1지구. 금천군 강남리 거주지.
- 황해남도 신천군 청산리. 연안군 천대리 니탄층.
- 강원도 원산시 증평리 포함층.

▲ 중국에서의 출토 지방

- 료녕성 환인(갈돌). 심양 하감자下坎子. 료양 삼도호(이상 유물은 현재 심양 박물관 소장).
- 길림성 장춘 신립성(큰 갈돌). 장춘 석비령石碑嶺(갈돌 대)－이상은 길림 박물관에 소장됨. 장가점張家店(갈돌 잔편)－길림 대학 력사학부 소장.
- 흑룡강성 우장牛場(갈돌)－할빈 박물관 소장.
- 열하 릉원(돌절구－심양 박물관 소장).
- 내몽고 동소니東蘇尼 부근 C 유적.

이상에 렬거한 우리나라와 중국 각지에서 출토한 갈돌과 갈돌 대는 그 형상이 흡사하며, 특히 장춘 신림성에서 출토한 큰 갈돌과 함경북도 회령읍 오동 그리고 경성군 간평에서 출토한 갈돌은 그 리면에 대소의 구멍 뚫은 자리가 있는 바, 필자는 이것들이 완전히 동일한 것으로 볼 수 있다고 생각한다(도판 제5 참조).

필자는 이상에 렬거한 자료에 근거하여 다음과 같은 두 가지 추단을 하려고 한다.

첫째, 조선, 중국의 동북 지방 일대, 열하 및 내몽고 일부 지대에 동일한 계통의 석기 유물이 분포되여 있다.

둘째, 이 석기들은 중국 중원 지대의 석기 유물과는 아무런 관련도 없다.

필자는 료서 지역 해변 지대에서 출토된 석기의 자료는 조사 장악하지 못하였기 때문에 그 지역의 유물들을 들지 못하였으나 이 지역에도 반드시 이상과 같은 계렬의 석기들이 출토될 것이라고 생각한다.

제2절. 토기 유물의 분포

1. 빗살 무늬 환저 토기

과학원 고고학 연구소에서 조사한 바에 의하면 빗살 무늬 토기는 대부분이 서해안 일대에서 출토되며, 그 일부분은 서북 지방의 강 연안 지대에서 출토된다. 그러나 황해도 일대에서도 이 토기가 출토되였으며, 고고학자들은 금후 해안 지대에서 더 많이 발견할 것을 예견하고 있다.(황기덕 : 《조선 서부 지방 원시 토기 연구》, 《문화 유산》 1953년 제4호 69폐지 : 원저 주)

이 토기는 중국 료녕성 남부, 열하 및 내몽고 일대에까지 분포되여 있으며, 우리나라 남방에서는 강화도 부근 전도箭島, 한강 강반의 광주군, 그리고 전라북도 군산항 부근에서도 발견되였다.〔조거룡장(鳥居龍藏 : 도리이 류조)193)《평안남도, 황해도 고적조사보고(平安南道, 黃海道 古蹟調査報告)》 1916년 : 원저 주〕

내몽고 림서 부근에서 빗살 무늬 환저 토기의 유적이 발견되였고 동시에 파상 점선문 토기가 발견되였다.〔조왕우평(汪宇平) : 《내몽고자치구발견적 세석기문화유지(內蒙古自治區發見的細石器文化遺址)》《고고학보(考古學報)》 1957년 제1기 : 원저 주〕

파상 점선문 토기는 대체로 빗살 무늬 토기와 반출되고 있으며 이 량자는 밀접한 관계를 가지고 있다. 그러나 그 유적들은 구별되며

193) 조거룡장(鳥居龍藏 : 도리이 류조 : 1870~1953) : 일본의 인류학자, 고고학자, 민속학자. 1895년 내몽골 동부 열하성의 조사과정에서 사전(史前) 유적을 발견하는데, 이후 이것이 홍산문화에 대한 연구로 이어지게 된다.

설사 동일한 지역에서 량자가 다 출토하였다 하더라도 그 포함층은 엄밀한 구별이 있다. 따라서 이 량자는 출현 시기가 다르며 그 문화 종태 상 차별이 있다.(황기덕: 《조선 서부 지방 원시 토기 연구》 《문화 유산》 1958년 제4호, 69페지 : 원저 주)

이 빗살 무늬 토기가 북방에서 남하하였다는 사실에 대해서는 이론이 없다. 이 토기가 우리나라에서 사용된 년대는 그 상한이 기원전 1500년 이전으로 인정되고 있다.(《궁산 원시 유적 발굴 보고》 45페지 결론 : 원저주) 평안남도 서해안 부근의 궁산 유적은 금속기가 완전히 없는 신석기 유적으로 인정되고 있는 바, 따라서 빗살 무늬 토기의 사용 년대는 청동기 이전 시기에 속함을 알 수 있다.

함경북도 동해안 일대에서는 다만 빗살 무늬 평저 토기가 발견되였고, 빗살 무늬 환저 토기는 발견되지 않고 있다. 그리고 거기에는 대형 토기가 없다. 이 사실은 동북 씨비리(시베리아)에 대형 빗살 무늬 토기가 없는 사실과 공통되고 있다고 인정되고 있다.

우리나라 허다한 지방에서 발견되는 직선 기하학적 문양 토기는 대륙 방면과 련계가 있는 것으로 인정되고 있다. 쏘련 고고학자 오. 뻬. 오클라드니꼬브는 직선 기하학 문양 토기는 퉁구스 계통의 문화이며, 그 원류는 바이칼 부근 자바이칼 지대 신석기 시대 유적에서 발견되였다고 인정하였는 바(오. 뻬. 오클라드니꼬브 : 《현대 고고학》 XXVI, 1956년 : 원저 주) 이 설은 참고할 만한 것이라고 생각된다.

직선 기하학 문양 토기가 북방으로부터 남하하였다는 설은 오늘 내외의 고고학계에서 이론이 없는 것 같다. 필자는 이 《북방계》 문화를 예족이 가지고 남하한 고대 조선족 자체의 문화라고 인정한다(도판 6, 7 참조).

2. 채색 도기

채색 도기는 함경북도 웅기와 초도에서 발견되었다. 해방 전 일본 고고학자 횡산橫山은 서울 교외 구릉 유적에서 일종의 채색 토기를 발굴하였다.〔매원말치(梅原末治 : 우메하라 스에지)194) 《조선고대문화(朝鮮古代文化)》 41페지 : 원저 주〕 일본 고고학자 등전藤田은 일본의 단도 미생식丹塗彌生式 토기는 우리나라 함경북도 두만강 연안 지역에 광범히 류포되여 있는 단도 마연 토기 계통과 련계가 있다는 것을 인정하였고, 매원梅原도 동일한 견해를 가지고 서울 교외에서 발굴한 채색 토기는 두만강 류역의 단도 마연 토기가 전파된 표시라고 인정하였다. 경상남도 김해군 회현리 식상분에서 채색 소호小壺가 발견되었다.〔《日本 考古學》 제6편 제3호 : 원저 주〕

주지하는 바와 같이 대륙 방면에서는 비자와, 적봉 홍산후 그리고 사과둔 등지에서 발견되었다. 황하潢河, 로합하老哈河 류역에도 채색 토기가 광범하게 류포되고 있으며, 길림성 박물관에서는 길림성 쌍녕双寧에서 수집한 채토편 한 개를 소장하고 있다.

과연 이 채도 문화가 앙소 문화와 동일한 계통인가는 아직 해명되지 못하였다. 함경북도 초도에서 발굴한 채색 도기의 문양은 기하학적 문양이며, 따라서 이것은 앙소 채토와 상동한 것이 전혀 없다고 볼 수 있을 것이다. 그러나 적봉과 료동 반도의 일련의 석기 문화들과 많은 련계가 있는 것으로 보아서 함경북도의 채도가 열하와 료동의 채도 문화와 아무 관계가 없다고 말하기는 곤난할 것이라고 생각된다. 따라서 우리나라에서의 채도 문화가 료동, 열하의 채도 문화와 동일한

194) 매원말치(梅原 末治 : 우메하라 스에지 : 1893~1983): 교토대학 명예교수로서 일본 고고학의 기초를 놓았다고 평가받고 있다. 《동탁의 연구(銅鐸の研究 : 1927)》, 《조선고대의 묘제(朝鮮古代の墓制 :1947)》 등 수많은 저서를 남겼다.

계통의 문화라고 인정할 수 없겠는가 하는 문제를 필자는 제기해 본다.

더우기 이렇게 생각하는 리유는 우리나라 경내에는 원시 승석문 繩蓆紋 토기가 없고, 빗살 무늬 토기, 문양이 없고 살이 두텁고 조잡한 토기와 흑토가 광범히 류포되여 있는 바, 이 점에서 볼 때 앙소 문화가 조선 경내에 파급되였다고 주장할 근거는 매우 박약하다고 보여진다. 이 문제는 앞으로 전문가들의 연구를 기다릴 수밖에 없으며, 필자는 조선 령역 내의 채색 토기 문화의 년대는 료동 반도와 열하의 채색 토기 문화의 년대와 큰 차가 없을 것이라고 추측하며, 이 문화 역시 고조선족의 문화였다고 인정하는 것이 타당하지 않겠는가 생각한다.

3. 흑색 도기

함경북도 무산, 오동, 삼봉, 초도 등지에서 흑색 마연 토기가 발견되였다. 이 흑색 토기가 룡산 문화[195]와 관련이 있는가 없는가는 아직 정론이 없다. 이 흑색 토기는 철기와는 병출하고 또 록토를 사용하지 않고 제조했기 때문에 어떤 고고학자는 이 흑도 문화는 룡산 문화의 전파가 아니고 스끼타이 흑도 문화의 영향을 받은 것이라고 주장한다. 그러나 만일 두료, 시루甑 등 흑색 토기(우리나라의)가 룡산 흑색 토기 문화와 련계가 있다는 것을 승인한다면, 우리는 함경북도 일대의 흑토 문화가 반드시 스끼타이 문화의 영향을 받은 것이라고 론단하기는 곤난할 것이다.

료동 반도에는 룡산 문화와 직접적인 련계를 가진 흑색 토기가

195) 룡산문화(龍山文化)는 1928년 중국 산동성(山東省) 장구현(章丘縣) 룡산진(龍山鎭) 성자애(城子厓)에서 처음 발견되어 1930년에 발굴된 신석기 시대 만기(晩期) 문화다. 검은 색의 광택나는 토기가 있어서 흑도문화(黑陶文化)라고도 불렸다. 방사성탄소측정 연대로는 기원전 2500~2000년 경에 해당하는 유적이다.

있는 바 이것은 고고학자들이 모두 긍정하고 있는 것이다. 이 흑토 문화는 영성자營城子, 사평산四平山, 문가둔文家屯, 곽가둔郭家屯, 목양성牧羊城 하층, 그리고 양두와 등지에서 발견되였다. 료동 반도에는 순수한 흑색 토기와 또한 형태 상 흑토 문화 계통에 속하는 것이 있다. 《양두와 발굴 보고》에는 이렇게 씌여 있다.

> 양두와의 제1종류의 흑색 토기는 그 토기의 성질로 보아 흑색 토기라고 말할 수 있다. 그 토질은 부드럽고 좋으며 아주 엷고 그 형태는 똑바르고 또한 그 표면은 마연되여 흑색을 내고 있다. 병, 완의 아가리, 두료의 아가리, 두의 다리 등에서도 흑토식 제법을 찾아 볼 수 있다. 다만 흑토를 사용한 흔적이 사평산四平山의 것처럼 그렇게 현저하지 않다. 안에는 흑토를 사용한 흔적을 볼 수 있고 표면은 왕왕 손으로 마연하였다. 갈색 토기도 이 흑토에서 발달한 것이며, 제3류의 흑색 내지 적색 조질粗質의 력鬲, 정鼎 등도 성자애城子厓의 흑토 문화 중에서 찾아 볼 수 있다. 만일 우리가 복골卜骨, 유공, 석부, 돌칼, 뼈송곳 및 방추 등이 병출하는 유물을 본다면 분명히 이 량자 문화가 밀접한 관계가 있다는 것을 볼 수 있다.〔《양두와 발굴보고(羊頭窪 發掘報告)》 75페지 결론 : 원저 주〕

나는 여기서 무산에서 발견된 흑색 마연 토기와 료동 반도에서 발견한 흑색 마연 토기를 비교해 볼 필요가 있다고 생각한다.

무산 유적 제12호 거주지에서 한 개의 두료를 발견하였다. 이 두의 형태는 특이하며 이것은 목양성 제1호 석묘에서 발견한 두의 형태와 비슷하다(목양성牧羊城 발굴 보고 삽도 제10을 참조). 무산 유적 제5호 거주지에서 발견한 두(흑색 또는 갈색)의 형태도 역시 목양성 제1호

석묘에서 발견한 두의 형태와 류사하다. 무산 유적 제1지점(제 1, 2, 3 거주지)에서 발견한 흑색 마연 고뿌형坏形 토기의 형태는 우리나라에서 처음 보는 특이한 토기이다. 이에 관하여 우리나라 고고학자들은 이렇게 썼다.(《무산읍 범의 구석 원시 유적 발굴 중간 보고》《문화 유산》 1960년 제1호 64페지 : 원저 주)

> 특히 고뿌坏(컵)형 토기는 원시 토기 중에서 특수한 것이다. 그 형태와 정교한 제조 수법은 우리들로 하여금 금속 잔을 모방하지 않았는가 하는 감을 느끼게 한다. … 이러한 특수한 형태의 고뿌는 우리나라 원시 유적에서 처음으로 발견된 것이며, 우리는 아직 그 류례를 보지 못하였다.

그러나 필자는 이와 류사한 형태의 토기를 양두와 유물[196] 중에서 찾아 볼 수 있다고 생각한다. 양두와의 유물은 무산의 유물보다 훨씬 작기는 하나 그 형태는 매우 류사하여 이 량자 간에 문화적 련계가 있다는 것을 감득하게 된다. 무산에서 발견된 흑색 고뿌도 양두와 유물 중에서 찾아 볼 수 있는 형태이다. 양두와에서 발견된 소형 토기의 굽에는 각목문刻目紋이 있는 바 이것은 비자와, 단타자單砣子, 그리고 금주金州 망해과望海堝에서 발견한 토기와 같은 것이며 또한 이러한 형태는 산동 룡구龍口 패총에서도 발견되였다(《양두와羊頭窪 발굴 보고》 61페지). (도판 21, 22 참조).

196) 양두와 유적(羊頭窪遺蹟) : 료녕성(遼寧省) 대련(大連)에 있는 신석기 유적을 뜻한다. 1933년 동아고고학회가 발굴 조사했는데, 두꺼운 패층(貝層) 아래 집터 3기와 아궁이터가 발견되었다. 다수의 석기·골각기·토기 외에도 청동소판(靑銅小板) 조각과 송곳으로 뚫은 찬(鑽)의 흔적과 불 탄 흔적이 있는 복골(卜骨)도 출토되었다. 흑도 또는 갈색 토기류 등이 발견되었고, 음식을 익혀 먹는데 쓰는 력(鬲)도 발견되었다.

요컨대 우리나라 흑토 문화는 룽산 문화와 련계가 있는 것으로 보는 것이 타당하다고 생각한다.

중국의 장정랑張政烺 교수는 선사 시대의 조-중 문화 교류에 대하여 이렇게 쓰고 있다.

> 중국과 조선은 모두 5천 년의 력사를 가지고 있으며 따라서 5천 년의 문화와 지혜를 교류하였다. 산동 반도와 조선 반도는 황해를 사이에 두고 서로 대하고 있으며 … 동서로 련결하여 한 개의 내해를 이루고 있다. … 중국 고대 문화 중 가장 중요한 부분인 이른바 《흑토 문화》는 이 구역에서 발생하고 자라났다. 우리가 만일 서양 고대 문명을 료해하자면 지중해 연안의 어떤 지방도 홀시할 수 없는 것과 같이 우리들이 고대 동방의 문명을 료해하자면 조선 고대 문화를 중시하지 않을 수 없다.〔장정랑 등(張政烺 等) 《오천년 중조우호관계(五千年中朝友好關係)》 2페지 : 원저 주〕

필자는 우리나라의 흑토 문화가 스끼타이 문화와 련계가 있다기보다는 룽산 문화와 련계가 있다고 보는 것이 보다 타당할 것이라고 인정한다(도판 8 참조).

4. 화분형 토기

우리나라에는 복鍑의 형태와 류사한 화분형 토기가 광범히 류포되고 있다. 근년 우리나라 고고학자들은 평남 강서군 태성리 토광묘, 황해북도 은파군 갈현리 토광묘, 황주군 순천리 고분, 그리고 함북 라진 초도 원시 유적 등에서 이 토기를 발굴하였다. 이 토기는 해방 전에도 발견되였다. 일본 고고학자 매원梅原末治은 이 토기는 복과 마찬가지로 북방 계통 문화 유물이라고 주장하였다.〔매원말치(梅原末治 : 우에하라 스에지) 《고대조선(古代朝鮮)의 북방계통문화류흔(北方系統文化遺痕)》 《청구학총》 제7호 : 원저 주〕

일본 고고학자들은 이 토기는 고대 조선족 자신의 문화가 아니며 북방에서 전달된 문화라고 인정하였다. 오늘 우리는 이 부르죠아 고고학자들의 주장을 검토하여야 할 것이다.

우리는 우선 방법론 상에서 이러한 반동적 리론을 승인할 수 없다. 동시에 필자는 고대 조선족의 많은 부분이 북방에서 남하하였으며 그 대다수가 압록강 이북에서 신석기 시대에서 금속기 시대로 이행했다고 인정하기 때문에 우리는 소위 《북방계 문화》라는 것을 검토하여야 한다고 생각하게 된다. 물론 이 문제는 간단히 결론을 얻을 수 없는 문제이다. 그러나 우선 필자는 고대 조선 문화 유물 중 압록강 이북 문화 계통과 련계가 있다고 해서 소위 《북방 문화》(즉 북방 외족의 문화)라고 칭하는 사실을 반대하지 않을 수 없다. 그 소위 《북방 문화》가 고대 조선 인민이 창조한 문화인가 혹은 씨비리 방면의 영향하에서 이루어진 문화인가를 우리는 우선 연구하여야 할 것이다.

우리는 한 걸음 나아가서 씨비리 방면의 문화가 고대 조선족의 문화의 영향을 받은 것이 없는가를 연구하여야 할 것이다. 우리가 이런 문제를 조사 연구하지 않고 고대 조선 문화의 기원을 북방 씨비리에서 찾는 태도는 방법론과 립장이 부정확한 것이다. 우리는 고대 조선족의 신석기 시대의 문화, 청동기 문화가 다만 외족의 문화적 영향에 의하여 이루어졌다고만 주장할 근거가 없다고 인정한다. 고조선과 맥국의 문화는 얼마든지 씨비리 방면에 영향을 줄 수 있는 력사적, 지리적 조건을 가지고 있다고 볼 수 있다. 물론 그렇다고 해서 필자가 외족과의 호상 문화적 영향을 부인하려는 것은 아니다.

과학원 고고학 연구소에서 작성한 《고고학 자료》 제2집에서는 황주군 순천리에서 출토한 화분형 토기를 다음과 같이 설명하고 있다.

> 이것은 고대 토광묘 중에서 발견한 전형적인 것이며, 철제 량 귀가 달린 쇠 단지와 그 양식 상에 있어서 공통점을 가지고 있다. 우리는 스끼타이 토기 중에서 그와 유사한 형식을 발견할 수 있는 바, 이 점에서 볼 때 이것은 북방계 문화와의 련계성을 표시하는 것이다.

필자는 물론 이 견해를 반박할 만한 고고학적 연구가 없다. 그러나 필자가 생각할 수 있는 것은 고대 조선의 화분형 토기와 량 귀가 달린 쇠단지가 공통성을 가지고 있다고 인정될진대, 우선 고대 조선의 화분형 토기가 발전하여 철제 단지로까지 발전하였다고 설명하여야 하지 않겠는가 하는 생각을 가지게 되는 것이다. 이 토기가 스끼타이 토기의 영향을 받았다면 어떠한 력사적 과정을 통하여 받게 되였는가를 설명하여야 할 것이다. 우리는 우리 민족의 고대 문화가 어떤 외족의 문화와 련계가 있는가를 추구하는 데에만 중요한 의의를 부여할 수 없다. 스끼타이 문화가 반드시 우리 고대 문화에 영향을 주었다는 과학적 근거가 없다고 필자는 생각한다.

이러한 토기는 중국 료녕성과 적봉에서도 발견되였으며, 모두 고대 조선족들이 거주한 지역에 광범히 류포되여 있는 고대 조선족의 문화 유물이라고 생각하게 된다(도판 9 참조).

제3절. 거석 문화의 분포

우리나라의 두 가지 형식의 거석 문화의 시대적 선후 문제에 대해서는 아직 정론이 없다고 필자는 생각한다. 즉 우리나라 중부 이남 지역에 분포되여 있는 고인돌(일명 바둑판식 혹은 남방식)과 우리나라 중부에서부터 료동 일대에 걸쳐서 분포되여 있는 고인돌(일명 탁자식 혹은 북방식)이 어떠한 력사적 관계를 가지고 있는가 하는 문제가 아직 천명되지 못하고 있다.

혹자는 북방식 고인돌이 남방식 고인돌에서 발달한 형태라고 주장하며, 또 혹자는 북방식 고인돌이 적석총과 결합하여 남방식 고인돌이 되였다고 주장한다. 일본 고고학자 구정(駒井和愛: 코마이 카즈찌카)은 1957년 중국 과학원 고고학 연구소에서 강연하기를 남조선의 고인돌(바둑판식)의 밑에서 왕망전王莽錢과 옹관이 출토하였으며, 바둑판식 고인돌과 옹관에서 청백경淸白鏡, 세선 톱날 무늬 거울細線鋸齒紋鏡, 과戈, 검, 그리고 유리 구슬 등이 출토되였다(구정화애(駒井和愛); 일본 방화고고교찰단(日本訪華考古攷察團)의 중국과학원 고고학 연구소에서의 강의 기록, 1957년 : 원저 주)고 말하였다. 그는 남방식 고인돌의 기원을 중국에서 찾으려 하였다. 그는 이렇게 말하였다.

> 일본 옹관은 흑은 중국 옹관과 관계가 있는 것 같으며 청백경 명문과 리소부離騷賦 전傳은 근사하다. 전자는 굴원의 심정을 표현한 것 같으며 따라서 그것은 처음에는 먼저 남방에서 류행했을 것이며 북방에서 류행한 것 같지는 않다. 세선 톱날 무늬 거울은 일본, 씨비리, 그리고

중국 동북 등 지역에서 합하여 20여 매가 출토되었다. 중국 내지에서는 아직 발견되지 않았다. 이 거울에는 쌍뉴双紐가 있으며, 오면凹面에는 극히 가는 선의 무늬가 있는 바, 이것이 중국에 없다고 말할 수 없다. 왜냐하면 《묵자》墨子에는 오면경凹面鏡의 원리를 말하고 있으며, 《주례·고공기》周禮考工記에는 부씨鳧氏가 거울을 만들었는데 역시 오상凹狀이였다고 썼으며, 《회남자》에서는 이것을 수(燧 : 부싯돌)라고 칭하였다. … 대체로 그 오면이 깊은 것은 불을 일으키는 데 썼을 것이며 얕은 것은 먼 것을 비추었을 것이다. 때문에 세선문 톱날 무늬 거울은 혹은 중국에서 기원했다고 보인다(위의 책).

그러나 세문 동경이 아직 중국에서 발견되지 않았기 때문에 그는 다만 장차 중국에서 발견될 것이라고 추측하고 있다. 그는 이러한 맹랑한 근거에서 바둑판식 고인돌이 중국의 남방 문화와 관계가 있다고 말하고 있다.

바둑판식 고인돌과 중국 남방 문화의 관계성

그러나 필자는 그의 주장을 긍정할 수 없다. 필자는 우선 그가 우리나라의 허다한 지방과 고조선과 맥국이 위치했던 중국의 동북, 열하, 그리고 북옥저가 위치했던 연해주, 그리고 고대 진국인들이 선진 문화를 전달해 준 일본에서 발견되는 세선문 동경이 중국 남방에서 기원했다는 이러한 주장은 아직도 일본 제국주의자들이 우리나라를 통치할 시기 그 식민주의자들에게 복무한 어용학자로서의 관념을 그대로 가지고 있는 견해라고 비판하지 않을 수 없다. 그리고 그는 이 바둑판식 고인돌의 기원을 말하면서 그 상한 시기의 특징을 말하지 않고 그 하한 시기의 특징 즉 청동 유물이 있는 사실만을 이야기하면서 그 기원 문제를 운운하고 있는 바, 이것은 분명히 정상적인 탐구 방법이 아니라고 말할 수 있을 것이다.

우리는 이 바둑판식 고인돌이 중국 산동 반도 일대에 류포되고 있는 것을 알고 있다.

중국 력사가 장정랑 교수는 이 고인돌이 산동 반도에 류포되고 있는 정형을 다음과 같이 쓰고 있다.

> 산동성 치천현淄川縣 남정南定의 왕모산王母山에 고인돌이 있는데 이것은 제 I 형식(남방식)에 속한다. 산동 반도의 최동단에는 허다한 거석 유적이 있는 바, 무릇 지명과 촌명이 〈고인 돌〉石棚이란 글자가 붙은 곳에는 모두 고인돌이 있다. 례를 들어 영성현 애두집塋成縣崖頭集의 북쪽, 4~5리 떨어진 석문자石門子에는 허다한 고인돌이 있는 바, 그 구조 형식과 포차의 행렬은 조선 남부의 고인돌 군群과 같다. 애두집의 동쪽 12리 되는 아녀석兒女石에는 하나의 큰 석갈石碣이 있는데 그 동쪽에 하나의 큰 고인돌이 있다. 이 석갈과 고인돌이 공존하는 현상은 조선 전라도 순천의 정형과 완전히 일치한다.〔장정랑 등(張政烺 等) 《오천년 중조우호관계(五千年中朝友好關係)》 4페지 : 원저 주〕

그는 우리나라 남방의 고인돌과 산동 반도의 고인돌의 관계에 대하여 《우리는 원시 공동체 사회 시기 조선 남부와 산동 반도와의 관계를 볼 수 있으며, 조선 중부 및 북부와 료동 반도와의 관계(북방식 고인돌이 공통되는 점—필자)를 볼 수 있다. 당시 아직 〈국가〉 혹은 〈민족〉이 출현하지 않았으며, 량 지역의 인민 생활은 한 바다의 대안對岸이며 사회 발전의 단계도 서로 대등하며, 물질적 및 정신적 문명도 극히 일치하였다》고 썼다.

필자는 그의 설을 매우 주목할 수 있는 중요한 견해라고 인정하나 리해되지 않는 점이 있다. 위에서 인용한 바와 같이 구정駒井의 설에 의하면 바둑판식(남방식) 고인돌은 청동기가 발달한 시기까지 존속되였음을 알 수 있다. 만일 이 설이 사실이라면 북방계 고인돌과의 시간적 선후 관계 문제가 리해되지 않는다. 지금까지 탁자식(북방식) 고인돌에서는 아직 청동기가 발견되지 않고 있다. 그렇기 때문에 우리나라 고고학자들은 이 고인돌을 원시 사회의 분묘로 인정하고 있는 것이다.

그러나 혹자는 이 고인돌 밑에 인골이 많은 것이 있다는 사실에 근거하여 노예제 사회의 분묘라고 주장한 일이 있다.(손진태: 《조선의 고인돌에 관하여》, 일본 《민속학》 잡지 제5권, 제6호 : 원저 주) 그러나 그의 견해는 부정확한 이야기이다. 왜냐하면 그가 조사한 고인돌은 북방식 고인돌이 아니며 큰 돌 뚜껑 분묘이기 때문이다. 그는 조선 고인돌의 남방, 북방의 류형을 가르지 않고, 고인돌의 지석支石이 없어지고 그 대신 작은 돌로 쌓아 올려 묘의 벽으로 만든 것을 큰 돌 뚜껑 분묘라고 칭하였다. 요컨대 그가 말하는 노예제 사회의 고인돌이라고 말한 고인돌이 어느 류형의 것을 말하는 것인지 불명확하나 북방식이 아닌 것은 틀림 없다.

남방식 고인돌이 북방식보다 선행했다는 설이 틀린 이유

필자는 조선 고인돌이 남방식이 북방식보다 시간적으로 선행했다는 설을 수긍할 수 없다. 그 리유는 이러하다.

첫째로, 만일 고인돌이 남방으로부터 해류를 따라 전래한 남방

문화라고 하면, 어찌하여 중국의 화동, 화남 해안 지대에는 류포되지 않았는가 하는 문제를 설명하기 곤난할 것이다.

둘째로, 료동 반도와 산동 반도에는 여러 가지 문화의 련계를 찾아볼 수 있는데, 어찌하여 고인돌만은 남방식 고인돌과만 련계가 되여 있는가 하는 문제를 리해할 수 없다. 만일 남방식 고인들이 북방식 고인돌보다 더 늦도록 존속된 것이라면, 오히려 북방식 고인돌이 변형되여 남방식 고인돌로 되였다고 보는 것이 보다 자연스럽지 않겠는가 생각되는 것이다. 따라서 산동 반도의 고인돌 문화는 료동 반도로부터 전파되였다고 보는 것이 합리적이라고 생각할 수도 있지 않겠는가.

필자는 원시 시대의 문화가 어느 한 지역에서 발생하여 그것이 여러 지역으로 이동했다는 설을 수긍할 수 없다. 물론 린접 종족 간에 호상 영향을 줄 수는 있었을 것이다. 그러나 우리는 원시 사회일수록 민속적인 것은 종족적인 색채가 강하며 결코 용이하게 외족의 민속을 받아 들이 지 않았으리라고 보는 것이 타당하다고 생각한다.

석재를 가지고 분묘를 만드는 신석기 시대의 민속은 여러 종족의 공통된 민속일 수도 있을 것이다. 물론 린접한 종족들 간에는 타족의 것이 필요할 때 수입할 수 있었을 것이다.

만일 산동 반도와 조선 남방의 거석 문화가 다같이 남방 문화가 해류를 따라 북상한 문화라면 어찌하여 동일한 문화가 중국의 기타 지방에는 전파되지 않았는가 하는 문제를 설명하기 곤난할 것이다. 따라서 필자는 조선의 거석 문화가 남방 문화가 전파된 것이라는 견해에는 동의하기 곤난하다.

왜냐하면 예족과 맥족은 신석기 시대부터 석재를 써서 분묘들 만드는 풍속을 가지고 있었다. 물론 적석총이 고인돌과 동시에 존재하였다. 그렇다고 해서 적석총과 고인돌이 아무런 관계가 없는, 계통이 다른 문화라고 주장할 수는 없을 것이라고 생각한다. 왜냐하면 고인돌은 씨족 성원들의 분묘가 아니였고, 그 추장의 분묘라고 인정할 수 있기 때문에 씨족 성원들의 무덤인 적석총이 추장의 무덤인 고인돌과 동시에 존재할 수 있다고 생각할 수 있다.

그리고 만일 고인돌이 남방 문화라고 한다면 어찌하여 일본에는 존재하지 않는가? 구정駒井和愛의 보고에 의하면 일본 북해도에 환상環狀 립석立石이 있는 바, 그 환상 립석은 씨비리에서 전파된 것이라고 한다(앞에서 인용한 강의).

조선 거석 문화는 남방에서 전파하지 않았다

요컨대 필자는 조선의 거석 문화가 남방 문화의 전파라는 설을 수긍하기 곤란하며, 그것은 본래 북방 계통인 예족과 맥족의 고유한 자기 문화라고 인정하는 것이 타당할 것이다.

조선의 북방식 고인돌은 중국 동북 지방에는 절목성析木城, 보란점普蘭店, 만가령萬家嶺, 허가둔許家屯, 분수령分水嶺 등지에 있고, 아직 발표되지 않은 것도 있다. 중국의 모 전문가의 이야기에 의하면 당산唐山에도 있다고 한다.

《한서·오행지》漢書五行志에는, 태산泰山과 래무산萊蕪山 남에 거석이 있는 바, 《높이는 한 장丈 5척尺이고, 둘레는 48위圍고, 땅 속에 깊게 8척이 들어가 있는데, 세 돌로 다리를 만들었다(高丈五尺, 大四十八圍, 入地深八尺, 三石爲足)》라고 씌여 있다. 그리고 《삼국지·공손도전》三國志 公孫度傳에는 양평 연리사延里社에 거석이 있는 바 《큰 돌은 길이가 한 장이 넘고, 아래는 세 다리가 발을 이루고 있다(大石長丈餘, 下有三石爲

之足)》라고 씌여 있다. 공손도가 거주한 양평은 나는 위에서 이미 오늘의 산해관 부근 지역이며, 오늘의 료양이 아니라고 주장하였다. 위에 인용한 자료에서 볼 수 있는 기록들은 북방식 고인돌이 산해관 지역과 태산 지역에까지 류포되고 있음을 말해 주는 바 이것은 바로 예인의 문화 또는 그의 전파라고 인정하는 것이 타당하다고 생각한다. 만일 이것이 한인漢人의 문화였다면 중국의 각지에 고인돌이 존재하여야 할 것이나 사실은 그렇지 않으며, 고조선의 령역이였던 지역에서 또 그 영향을 받았던 지역에 류포되고 있는 사실로 보아서 이 문화는 고조선의 특유한 문화라고 인정하는 것이 타당하다고 생각한다.

요컨대 필자는 우리나라의 거석 문화는 예족과 맥족의 문화이며 북방식 고인돌이 변형되여 남방식 고인돌로 되였다고 보는 것이 타당할 것이라고 생각한다.

제4절. 청동기 유물의 분포

필자는 우리나라 청동기 문화 유물 중 몇 가지 대표적인 것을 들고 그 분포 정형을 고찰해 보려고 한다.

1. 세형 단검과 평형 동검

우리나라 청동기 문화의 대표적인 것의 하나는 세형 동검이다. 우리나라에서의 이 세형 동검의 분포 지역은 실로 광범하다. 지금까지 우리나라에서 출토된 지방을 들어 보면 다음과 같다.

- 함경북도 종성군 동관리.
- 함경남도 북청군 로성리. 흥남시.
- 평안북도 구성군 신시동 석상분.
- 평안남도 순안군 석암리 전축묘. 강서군 태성리 토광묘. 맹산군 봉인면 남양리. 순천군 자산리. 대동군 룡악면 상리 고분. 대동군 남형제산면, 대동강면, 강남읍.
- 평양시 미림리, 장천리, 선교동, 정오동 및 동대원동.
- 황해북도 황주군 동면. 봉산군 송산리 위석장. 은파군 갈현리 고분. 황주군 청룡리 토광묘. 황주군 흑교리 고분. 황주군 천주리. 황주역 부근. 재령읍.
- 황해남도 은률군 운성리 토광묘.
- 강원도 춘천 부근. 양주군 구리면 회로리 고인돌.
- 경기도 수원.

- 충청남도 아산군 둔포면 둔포리 석상분. 보령군 량심면 수리.
- 경상북도 영덕군 병곡면 사천동 석상분. 경주군 외동면 임실리. 동 내동면 구정리, 동방리. 상주군. 김천군 오산. 영천군 화산면 련계동.
- 경상남도 김해읍 회현리 패총구 고인돌과 옹관.
- 전라북도 전주군 조포면 운상리.
- 전라남도 목포시.

일본 고고학자들은 시베리아 청동기 문화의 전파라고 주장

이 지역들에서 출토되는 동검들은 그 형태 상 약간의 차이가 있으나 기본 상 동일한 형태에 속한다고 말할 수 있을 것이다. 그리고 이 동검들은 주조품이며, 그 특징은 짧고 예리한 것이다. 이러한 단검은 일본 구주九州(큐슈) 지방에서도 발견되였는 바 일본 고고학자들도 그 것이 조선에서 전달된 것이라는 것을 인정하고 있다. 이 단검과 동일한 류형에 속하는 평형 단검이 일찌기 료동 지역에서도 많이 출토되였고 최근 조양에서도 출토되였다.

중국 고고학자 주귀朱貴씨는 조양에서 출토된 동검을 기원전 5세기(춘추 말~전국 초)의 유물로 인정하였다.[주귀(朱貴) : 《료녕성 조양12대영자 청동검묘(遼寧朝陽十二台營子靑銅靑劍墓)》《고고학보(考古學報)》 1960년 제1기 : 원저 주]

그리고 그는 이 유물을 동호東胡의 유물이라고 인정하였다. 이 유물은 아직 북만北滿과 내몽고 지역에서 발견되지 않았다. 지금까지 발견된 이 유물의 대부분은 우리나라 령역과 료녕성 일대에 분포되여 있다. 필자는 평형 단검과 세형 단검을 완전히 계통이 다른 것으로 인정할 수 없다고 생각한다.

이 동검과 병출되는 것은 검병두劍柄頭와 석제 베개 모양의 물건이다. 이 유물은 세형 동검이 출토되는 지방에서는 모두 출토된다. 이 유물도 역시 우리나라와 료녕 일대에 광범히 분포되여 있다. 과거 일본 고고학자들은 조양, 금주, 무순, 목양성, 비자와, 려순 로철산, 그리고 고려채高麗寨 등 지역과 우리나라 각 지역에서 이것을 발견하였다고 보고하였다. 일본 고고학자 도전島田貞彥은 이 검병두가 장차 열하성에서도 발견될 것이라고 추단하였다.〔조전정언(鳥田貞彥): 《고고학상(考古學上)에서 본 열하성(熱河省)의 고문화(古文化)》, 《만주사학(滿洲史學)》 제2편, 제4호 : 원저 주〕 목양성에서 발견된 완성된 형태를 갖춘 검병두와 류사한 것이 섬서성에서도 출토되였다. 이 검병두가 동검에 맞추어진 것이 평안남도 대동군 대동강변에서 발견되였다. 간소화된 청동 검병두가 평양 부군과 황해북도 지역에서 풍부히 발견되였다.

이 동검이 고대 조선인이 창조했으며, 그 거푸집이 발견되여 오늘 평양 력사 박물관에 진렬되여 있다. 이 청동 단검을 외부 문화의 영향하에서 제조했다고 말할 근거는 전혀 없다.

오늘 우리나라 고고학자들의 연구에 의하면 이 청동 단검은 다뉴多紐 세선 톱날 무늬 동경과 동일한 문화 계통에 속하는 것이다. 일찌기 일본 부르죠아 고고학자들은 우리나라의 특유한 세선 톱날 무늬 동경을 씨비리 청동기 문화가 전파된 것이라고 주장한 자들이 있었다. 그러나 사실이 증명해 주는 바와 같이 씨비리에서는 이러한 청동경이 많이 출토되지 않고 있으며, 따라서 우리나라의 청동경이 씨비리 청동 문화의 전파라고 주장할 근거가 없게 된다.

기술한 바와 같이 필자는 북옥저의 지역을 오늘 쏘련의 연해주 지역이라고 인정한다. 따라서 필자는 그 지역으로 이동해 간 고조선인들이 자기의 청동기를 가지고 갔다고 주장할 수 있는 근거가 충분히 있다고 생각한다.

청동검은 고조선의 창조적인 문화

따라서 필자는 우리나라 청동검도 결코 소위 《북방계 문화》와 중국 문화의 영향하에서 이루어진 것이 아니라고 보는 것이 타당하다고 생각한다. 만일 우리가 조양에서 발굴한 청동검과 청동경이 기원전 5세기의 유물이라는 것을 승인한다면 우리나라의 청동검과 청동경의 년대도 그와 일치된다고 보아야 할 것이며, 그것을 제조하고 사용한 주인공은 고대 조선인이였다고 인정하여야 할 것이다. 기술한 바와 같이 필자는 기원전 3세기 초까지 고조선의 령역은 현 란하 서방 영평부 지역까지 이르렀으며, 중국인들에게 《동호》로 불리워진 맥족은 그 북방 열하 일대에서 료동 북부 지역에 걸쳐 거주하였다.

만일 조양에서 발굴된 청동 단검이 동호의 유물이라면 그것은 동호가 고대 조선족인 맥족이라는 것을 더욱 명확하게 증명해 주는 것이다. 그 동호가 만일 선비나 오환이라면 응당 선비나 오환의 거주 지역에서 더 많이 발견되여야 할 것인데 사실은 조선의 각 지역에서 발견되고 있다. 때문에 조양朝陽에서 발굴된 청동검의 사용자는 고대 조선인이였다고 인정하는 것이 타당하다. 물론 여기서 그 청동검을 고조선 문화의 영향하에서 혹은 그것을 수입하여 선비나 오환이 사용한 것이라고 볼 수도 있다고 주장할지 모른다. 그러나 그러한 주장이 성립되기 위해서는 선비나 오환의 청동검을 력사적으로 종합해 보아야 할 것이다. 한편 지금까지 조사된 고고학적 자료를 가지고서는 선비나 오환의 청동기 문화를 고조선이 수입했다고 주장할 수는 도저히 없다.[197]

그리고 이 청동검이 한식 청동검과는 아무런 공통성도 없다는 것은 내외의 학자들이 공인하고 있다.

요컨대 세형 청동경은 고조선인과 맥국인들이 창조한 독자적인 문화이며, 이것은 료동, 료서 지방에서 면저 사용되고 뒤'이어 압록강 이남 진국으로 전파된 것이라고 생각된다(도판 10, 11 참조).

2. 가는 줄 톱날 무늬 청동경

가는 줄 톱날 무늬 청동경은 세형 동검 및 평형 동검과 함께 조선 청동기 문화의 대표적인 것의 하나이다. 지금까지 우리나라에서 출토된 지방은 다음과 같다.

- 평안남도 순천군 북창리, 성천군, 대동군 대보면 반전리, 증산군 안석리, 대동군 남형제산면, 평양 부근.
- 황해북도 봉산군 송산리 위석장, 봉산군 어지돈.
- 함경남도 영흥군 룡강리.
- 경상북도 경주군 동면 평리, 김천군 오산.

일본에서는 장문국 풍포군 안강촌 대자부임長門國豊浦郡安岡村大字富任, 대화국 갈성군 토전향촌大和國葛城郡吐田鄕村, 하내국 중하내군 수하촌 대자대현河內國中河內郡竪下村大字大縣 등지에서 발견되였다.〔고교건자(高橋健自) : 《새로 발견된 세천거치문경(細泉鋸齒文鏡)》, 일본 《고고학잡지(考古學雜誌)》,

197) 중국은 동북공정을 진행하면서 이 일대에서 출토되는 청동기들을 오환 등에서 사용하던 것이라고 주장하고 있고, 남한 학자들도 동조하고 있다. 리지린은 1962년에 이미 중국이 훗날 이런 주장을 할 것을 예견한 것처럼 조양 일대의 청동기는 오환이 아니라 고대 조선인이 사용했던 것이라고 설명하고 있다. 리지린은 동호를 맥족이라고 보는데, 단재 신채호는 흉노 열전의 동호는 고조선이라고 설명한 바 있다.

제19권, 제3호 : 원저 주〕 이 동경이 쏘련 연해주 해삼위 부근에서도 발견되였다.(같은 책 : 원저 주) 최근 료녕성 조양 12대 영자 제1호 묘에서 2면, 제2호 묘에서 2면이 발굴되였다.〔중국 《고고학보(考古摩報)》, 1960년 제1기 앞에서 인용한 책 : 원저 주〕

주지하는 바와 같이 이 동경은 한식 동경과는 아무 련계가 없는 것이다. 주귀씨는 역시 이것을 동호의 유물로 인정하였다. 이것은 전자의 경우와 마찬가지로 고대 조선의 유물로 인정되여야 할 것이다.

그러나 일본 고고학자 고교건자高橋健自(타카하시 겐지)198)는 이것을 한 문화의 직접적 영향이라고는 말하지 못하고 일본과 퉁구스의 유물이라고 억단하였다(앞의 책). 그러면서 소위 《락랑 유적》에서 출토된 것을 처리할 수 없기 때문에 앞에 말한 것과는 반대로 한 문화의 소산이라고 억단을 하였다. 그러나 그도 역시 연해주에서 발견된 것은 이 유물이 전파된 것으로 인정하였다.

조선 고대사를 멋대로 날조, 외곡, 말살한 일본 고고학

일본 고고학이 얼마나 조선 민족을 모독하였던가를 우리는 명백히 알 수 있다. 그들은 소위 《락랑 고분》에서 출토된 것은 무엇이든지 다 한식漢式 문화라고 강조하였던 것이다199). 그들은 우리나라 고대사를 제 멋대로 날조하고 외곡하고 말살하려고 하였던 것이다. 그들이 얼마나 교활한가는 일본에서 발견된 3면의 동경을 퉁구스 계통의

---

198) 고교건자(高橋健自 : 타카하시 겐지 : 1871~1929) : 도쿄 고등사범학교 출신의 고고학자로서 일본 고고학에 큰 영향을 끼쳤다. 《고분과 상대문화(古墳と上代文化 : 1922)》, 《동탁동검의 연구(銅鐸銅劍の研究 : 1925)》라는 저서를 남겼다.

199) 남한의 강단사학자들은 거의 예외없이 평양 일대에서 출토된 것은 사료 비판을 생략하고 모두 한나라 락랑군 유물이라고 주장한다.

문화라고만 말하고, 퉁구스 계통의 어느 민족의 것인가에 대해서는 언급하지 않았다는 것만 보아도 알 수 있다. 위에서 소개한 바와 같이 1957년 구정駒井和愛은 중국 과학원 고고학 연구소에서 한 강의에서 이 청동경을 중국 남방에서 기원을 찾을 수 있다고 말하였다. 주지하는 바 중국에 이러한 동경이 하나도 발견된 사실이 없다.

지금까지 이 동경이 발견된 지역이 고대 조선족이 거주하던 지역에서 절대적 다수를 아니 거의 전부를 차지할진대 이것을 고대 조선인이 창조한 문화라고 하는 것은 부르죠아 고고학자를 제외한 모든 사람들이 승인할 것이다.

나는 중국 고고학자 주귀씨가 판단한 것이 정당하다고 인정하게 되며, 이 동경은 동검과 함께 기원전 4세기 이전 고조선과 맥국이 료동, 료서에 걸쳐 있던 시기에 사용한 고대 조선의 문화 유물이라고 보는 것이 타당하다고 인정한다. 이 고조선의 동경은 일본으로, 씨비리로 전파된 것이며, 외부 청동 문화가 고조선에 수입된 것이라고 인정할 근거는 전혀 없다(도판 11 참조).

3. 거여구(車輿具)

지금까지 우리나라에서 발견된 수레, 마구는 중국 중원 지역에서 발견된 수레, 마구와는 그 형태가 완전히 다른 것이다.

▲ 동탁과 각종 방울

타원형 단면의 제형梯形 동탁銅鐸은 우리나라 청동기 유물의 대표적인 것의 하나이다. 그 수량과 분포 지역은 매우 광범하다. 우리는 아직 이 유물의 상한 년대를 알지 못하고 있다. 그러나 그 하한 년대는 아주 늦다. 과학원 고고학 연구실에서는 1954년 황해북도 은률군 운성리 토광묘에서 4개의 동탁을 발굴하였다. 이 동탁은 세형 단검과

협봉 동모와 병출하였으며, 그 형태는 종래에 발견된 것과 같다. 이 동탁들 중 하나는 혀 끝에 오수전을 매달은 것을 보면, 이것은 기원 1세기 초까지 사용되였음을 알 수 있다.(과학원 고고학 및 민속학 연구소 《대동강 류역 발굴 보고》 15페지, 1958년:원저 주)

이 동탁이 한 문화의 전래 이후 시기까지 사용된 것은 사실이나 그렇다고 해서 이것을 한 문화의 영향하에서 제조되였다고 볼 근거는 물론 없고, 역시 이것도 청동 단검, 동경과 함께 고대 조선인이 창조한 문화 유물이라고 인정하여야 할 것이다.

이 외에 우리나라에서는 특수한 형태의 방울이 일찌기 발견되였다.

경주 입실리 고적에서 마탁과 함께 출토된 한 개의 자루 달린 방울(도판 39, 제4도), 한 개의 닻錨형 방울, 한 개의 첨두尖頭 원통형円筒形 방울이 그것이다. 그리고 1921년 일본인은 경상북도 문경에서 락동강 연안에서 출토한 일련의 청동 방울을 수집하였는 바 그 중 2개는 첨두 원통형 방울이고, 2개는 8수형手形 방울(도판 39, 2도), 2개의 쌍두双頭 방울(도판 40, 1도), 1개 환상 쌍두 방울이다(도판 39, 2도). 1949년 평양시 정백리 채토장에서 발견한 고분 속에서 한 개의 베개형 방울(도판 39, 3도), 고뿌와 류사한 원동기 위에 방울이 붙은 것이 황주 부근과 기타 지방에서 발굴되였다.

필자는 이 특수한 방울들이 외부 문화와 어떠한 관계가 있는지 아직 모르고 있다.

일본 고고학자 매원梅原末治은 고대 조선의 일련의 마구와 방울류가 《북방계》 문화에 속한다고 인정하였다.〔매원말치(梅原末治): 《고대 조선(朝鮮)에서의 북방계문화(北方系文化)의 유흔(遺痕)》, 《청구학총(青丘學叢)》, 제7호 : 원저 주〕 그는 점패방지진(鮎貝房之進:아유카이 후사노신)200)이 소장한 쌍두 방울을 방울로 인정하지 않고 말 자갈로 인정하였다. 그는 쌍두 방울과 알타이 적석총에서 발굴한 자갈을 비교하여 조선의 쌍두 방울이 북방계 문화가 전래된 것이라고 주장하였다.

조선의 동탁, 방울이 과연 북방 이족의 문화가 전달된 것인가? 이 문제에 대하여 필자는 의심을 가지지 않을 수 없다. 왜냐하면 기술한 바와 같이 고대 조선족의 대부분은 유구한 고대로부터 기원 후 시기까지 압록강 이북에 거주하였으며, 거기에서 청동기 시대를 경과하였으며, 예와 맥은 대략 기원전 3천 년 이전 어느 한 시기에는 북방에 거주했다고 볼 수도 있기 때문이다. 북방 계통 문화와 련계가 닿는다고 해서 북방 이족의 문화를 수입했다고 볼 것이 아니라 고대 조선족이 북방에서 남하할 때 가지고 온 자기의 문화라고 보는 것이 보다 타당하지 않겠는가 생각된다.

▲ 거여구

우리나라에서 발견된 거여구 중에서 대표적인 것은 을'자乙字형 기구, 차축두, 원동형기, 관형기, 권총형기, 그리고 립두형기笠頭形器 등이다.

이 거여구들은 중국 중원 지대의 거여구와는 다르며, 따라서 결코 한 문화의 수입이거나 그 모조품이 아니다. 최근 태성리 토광묘에서 이 유물들이 많이 발굴되였는 바 이것들은 소위 《락랑 고분》의 한漢 문화보다 선행한 것으로 판명되고 있다.

이 유물들과 병출하는 유물 중에는 《개궁모》蓋弓帽가 많다. 이 유물은 중국 북방(소위 주원식 청동기)와 위수渭水 류역에서 대량적으로 출토되며, 외몽고와 씨비리에서도 출토된다.〔일본 《동방고고총간(東方考古叢

200) 아유카이 후사노신(鮎貝 房之進 : 1864~1946): 명성황후 시해에 가담했던 이른바 낭인무사로서 이후 역사학연구에 뛰어들어 《일본서기(日本書紀)》에 나오는 각종 지명을 한반도 내로 비정함으로써 일제의 한국 점령을 정당화시켰다. 대표적인 것이 《일본서기》의 임나를 가야로 보는 '임나=가야설'이다.

刊)》 을종 제1책(乙種第一册) 내몽고장성지대(內蒙古長城地帶) 65페지 : 원저 주) 이에 근거하여 이 유물이 중국 북방에서 시원하여 각지로 전파된 것으로 생각할 수 있으며, 따라서 이것은 고대 조선족(맥족)이 중국 북방에 거주하던 시기에 창조한 청동 문화 유물의 하나로 생각할 수 있다고 필자는 생각하게 된다. 기술한 바와 같이 맥족은 이미 기원전 1천2백 년 전후 시기부터 이 지역에로 진출하여 무려 7~8백 년을 경과하였다고 인정되기 때문이다.

4. 수형 띠 고리(獸形帶鉤)

우리나라에서 발견된 띠 고리 중에는 한식 띠 고리도 있다. 그러나 그보다 훨씬 정교한 수형 띠 고리가 있다. 1919년 경상북도 영천군 어은동에서 마형馬形과 호형虎形 띠 고리를 발견하였고, 또 경상북도 선산에서 마형 띠 고리 3개를 발견하였다.(1922년 《조선고적조사보고(朝鮮古蹟調査報告)》 제2책 : 원저 주) 충청남도 조치원 석총에서는 원시 무문 토기와 함께 마형 띠 고리를 발견하였다. 그리고 평양 부근에서 발견한 마형 띠 고리는 평양 력사 박물관에 진렬되여 있다. 과거 일본 고고학자 강상파부(江上波夫: 에가미 나미오)201)는 이 띠 고리를 소위 《사비》師比(즉 鮮卑와 같은 뜻—필자)의 1종이라고 인정하였다.(《강상파부(江上波夫) 사비부락대(師比郭落帶)에 관하여》, 《동방학보(東方學報)》 제2책: 원저 주) 매원梅原末治은 강상의 의견에 동의하였다. 우리나라에는 이러한 마형, 호형 외에 락랑 고분에서 룡을 새긴 황금 띠 고리와 이름 모를 동물을 새긴 띠 고리가 발견되였다.

---

201) 에가미 나미오(江上波夫 : 1906~2002): 일본의 고고학자. 일제 패전 후 일 왕가가 하늘에서 내려온 것이 아니라 부여족 계통의 기마민족이 한반도를 거쳐 일본열도로 왔다는 정복왕조설을 주창했다.

북방계 청동 유물은 고조선 맥국인이 창조했다고 봐야

우리는 문헌 기록을 통하여 선비족이 애용한 띠 고리郭落帶가 상서祥瑞 동물을 조각한 것이라는 것을 알 수 있으나 선비가 애용한 띠 고리가 도대체 어떠한 것인지 알 수 없다. 소위 수원식 청동기 유물 중에 청동제 띠 고리가 많기는 하나 알려진 자료 중에서는 락랑 고분에서 출토되였다고 하는 것과 같이 정교하게 제조된 것을 찾아 볼 수 없다. 나는 위에서 예맥을 론할 때 맥족은 수형 띠 고리를 사용했을 것이라고 추리하였다. 매원梅愿末治은 스웨덴 박물관에서 안더손이 내몽고 오르도스 부근에서 수집한 수다한 유물 중 락랑 고분에서 출토한 수형 띠 고리와 류사한 유물을 참관하고, 락랑 고분 출토 유물이 오르도스 출토 유물과 동일한 계통에 속한다고 쓰고 있다.〔매원말치(梅原末治) 같은 책 : 원저 주〕

우리나라에서 출토된 띠 고리가 내몽고에서 출토된 띠 고리 동일한 계통에 속한다는 사실을 필자는 이것이 모두 고대 조선족의 문화라고 추단하여 결코 억단으로 되지 않으리라고 생각한다. 즉 맥국(고리국)의 청동기 문화가 압록강 이남으로 전파된 것이라고 인정할 수 있을 것이다. 필자는 위에서 고리국槀離國을 《구리의 나라》라고 해석하였는 바 그 근거는 언어학적 해석으로도 성립될 수 있거니와 실지로 맥족은 청동기를 많이 사용하였다고 보여지기 때문에 그렇게 해석할 수 있다고 생각한 것이다.

일본 고고학자 강상파부江上波夫는 수원 청동기 유물 중 새형鳥形 띠 고리는 우리나라 경상북도 영천군 금호면에서 출토한 동환銅環과 류사하다는 것을 지적하고, 락랑 유적 출토 유물 중에도 수원식 청동 새형 띠 고리와 류사하다는 것을 지적하고 있다.〔《향몽고장성지대(向蒙古長

城地帶)》 96페지, 제56도 참조 : 원저 주) 그리고 기타 청동 단추와 소형 장식품 등 허다한 청동 유물이 내몽고, 장성 지대의 유물과 류사한 바 이것은 결코 우연한 현상이 아니며, 고조선족과 맥족이 그 지역에 남긴 유물이라고 인정된다.

오늘까지 소위 수원식 청동기 문화가 어느 종족의 문화인가는 아직 미해명의 문제로 남아 있다. 물론 흉노 계통 유물이 많기는 하나 그것이 전부 흉노의 유물이라고는 볼 수 없을 것이다. 흉노가 그 지역에 출현한 것은 기원전 4~3세기 이후의 사실이며, 그 이전 그 지역에는 《동호》로 불리우는 맥족이 오래동안 거주했던 사실을 고려할 때 거기에 맥족의 유물이 없을 수 없다고 필자는 생각하게 된다. 오늘 우리나라에서의 소위 북방계 청동 유물은 그 대부분이 북방에서 고조선인과 맥국인이 창조한 문화가 남하한 것이라고 생각할 수 있을 것이다.

5. 동 복(銅鍑)

우리나라에서는 아직까지 청동 정鼎, 력鬲, 작爵 등의 대형 청동기가 발견되지 않고 다만 청동 복[202]이 발견되였을 뿐이다. 이 동 복은 철제 복보다 적게 발견되고 있다. 지금까지 발견된 동 복은 매우 적으며 그것은 평안남도와 황해도 일대에서 발견되였다. 이 복은 원래 한족의 문화가 아니다. 《방언》方言에는 연나라와 고조선 렬수 간에 사용된 북중국의 방언으로서 《복》鍑 자를 들고 있는 것으로 보아서 이 청동기가 고조선에서 많이 사용되였다는 사정을 짐작할 수 있다.

일본 고고학자들은 이 동 복을 수원식 청동기 유물의 전파라고

---

202) 청동복(靑銅鍑)은 동으로 만든 솥인데 고기를 삶는데 사용한 것으로 추측된다. 양쪽 또는 한쪽 어깨에 세로로 고리가 달려 있는 것이 많다. 북한 지역의 무덤에서 주로 나타나지만 김해 대성동에서도 발견되었다.

인정하였다. 이 동 복이 소위 북방계 청동 문화와 련관이 있다는 것은 의심할 바 없을 것이다. 그러나 일본 고고학자들이 생각하는 바와 같이 이 유물이 북방의 어떤 다른 종족의 문화를 수입한 것이라고 볼 수는 없다. 그들은 고조선과 맥국의 위치를 모두 압록강 이남으로 국한시켜 생각하기 때문에 그 이상 생각할 수 없는 것이다. 필자는 이러한 견해가 력사적 사실을 떠난 데 기인된 것이라고 생각한다.

중국의 청동기 문화와 관련성 거의 없어

이상에서 렬거한 우리나라 청동기 유물들의 대표적인 것들은 중국의 청동기 문화와 거진 련계가 없으며, 모두가 소위 《북방계》 문화와 관련되여 있다. 오늘 우리나라 령역 내에서 중국 청동기가 전파된 것도 매우 적고, 그 영향을 받았다고 볼 수 있는 것도 매우 적다. 우리나라 령역에서 발견된 기원전 3세기 이전 중국의 청동기 유물이 전파된 것으로서는 평양 이북 지역에서 발견되는 중국 전국 시대의 포전布錢과 명도전明刀錢, 평남 대동군 석암리에서 발견된 이형 내행화문경異形內行花紋鏡과 방격 산자경方格山字鏡 등이 있다.〔1922년 《고적조사보고(古蹟調査報告)》 제2책; 남조선(南朝鮮)에서의 한 대 유물(漢代 遺物) : 원저 주〕 그리고 철기로서 자강도 위원군 룡연동에서 발견된 철제 농구와 최근년 함경남도에서 중국 전국 시대의 철제 농구가 발견되였을 뿐이다.

우리는 기원전 3세기 이전 고조선과 중국과의 력사적 관계를 고려할 때 이 현상에 대하여 이상하게 생각하지 않을 수 없게 된다. 기원전 12세기 전후 시기부터 고조선족은 중국인들과 상당히 밀접한 관계를 가졌으며 춘추, 전국 시대를 통하여 수다한 중국인들이 고조선에로 이주해 왔다. 또 고조선은 기원전 7세기에는 제齊나라와 무역을 진행하였다. 《관자》 기록에 의하면 고조선은 제齊나라에 문피를 수출하고 금(동, 혹은 철)을 받았다. 이 무역을 통해서도 당시 제나라의 청동 제품이 수입될 수 있었을 것이라고 추리할 수 있다. 그리고 기원전 3세기에는 연, 제, 조나라 인민들이 수만 명이 고조선으로 이동해 왔다. 그리고 기원전 2세기 초 위만을 따라온 연인도 적지 않았다. 이 사실을 고려할 때 고조선으로 망명해 온 중국인들이 청동기나 철기를 가지고 오지 않았다고 상상할 수 없다. 만일 오늘의 평양이 고조선의 수도였다면, 평양 부근에는 중국의 청동기 유물들이 상당한 정도로 있어야 한다고 추리할 수 있다. 그러나 사실은 없다. 과거 일본 고고학자들은 고조선 문화가 중국 문화의 이식이라고 주장하였다. 그러나 어찌하여 평양 부근에 중국 고대 문화 유물이 없는가 하는 질문에 대답할 근거가 없을 것이다.[203)]

필자는 이 문제를 력사적 사실에 근거하여 용이하게 해명할 수 있다고 생각한다.

첫째로 위에서 재삼 강조한 바와 같이 고조선 령역은 료동과 료서에 걸쳐 있었다. 따라서 오늘 평양 부근에서 조-중 문화 교류의 물질적 증거를 찾아 볼 수 없다. 고조선과 중국과의 문화 교류의 고고학적 증거는 료동과 료서에서 찾아야 할 것이 아니겠는가? 오늘 우리나라 령역 내에서 기원전 3세기 이전 중국의 문화 유물이 매우 적은 리유는 결코 우연하지 않으며, 력사적 사실과 일치되는 현상이라고 필자는 인정한다. 기술한 바와 같이 압록강 이남에 위치했던 진국이 중국과 관계를 가진 것은 기원전 3세기 이후에 속한다. 《사기》에

---

203) 북한은 1993년 강동군에서 단군의 무덤을 발견했다면서 단군의 도읍지와 고조선의 수도를 평양이라고 보고 있다. 그러나 고조선의 강역은 고대 요동까지 걸쳐 있었다고 보고 있다. 현명호, 〈고조선의 성립과 수도문제〉, 《단군과 고조선에 관한 연구론문집(1994)》

《진국》辰國이란 국호가 기록되여 있을 정도이였다.

고조선 청동기 문화 기원은 료동, 료서, 열하 지역에서 찾아야

둘째로 고대 조선족의 많은 부분이 압록강 이북에서(료동, 료서, 열하, 내몽고의 일부) 신석기 시대와 청동기 시대를 경과하고 철기 시대로 이행하였다. 당시 이 지역에 거주한 종족들이 진국보다 문화가 선진했으며 따라서 그들의 문화가 남하하여 압록강 이남으로 전파되였다. 이 청동기 문화는 고조선인과 맥국인이 창조한 문화이였다. 이것을 두고 부르죠아 고고학자들은 소위 《북방계 문화》라고 칭하였다.

필자는 고대 조선족의 청동기 문화의 기원은 료동, 료서, 열하 지역에서 찾아야 한다고 생각한다. 그러나 우리는 아직 이 지역에서의 고고학적 조사를 하지 못하였기 때문에 고대 조선의 청동기 문화의 연원 문제를 결론하기에는 아직 이르다고 생각하게 된다.

우리는 이상 몇 개의 실례에 불과하나 우리나라 령역과 료동, 료서, 열하, 내몽고, 장성 일대에 동일한 계통의 청동기 문화가 류포되고 있다는 사실을 시인하지 않을 수 없을 것이다. 동시에 우리는 이 광대한 지역에 거주한 고대 조선의 여러 종족들이 자기의 독창적인 문화를 창조하였고, 또 그것이 공통되고 있었다는 사실을 알 수 있다.

필자는 이상에 렬거한 고고학적 유물들이 조선, 료동, 료서, 열하, 내몽고의 일부 지역에 공통되고 있는 사실을 결코 우연한 현상이거나 또 고조선이 소위 《북방계 문화》의 영향을 받은 현상이라고는 도저히 해석할 수 없으며, 역시 이 지역들에 고대 조선의 제 종족의 장구한 세월을 두고 생존하면서 자기의 문화를 창조했다는 력사적 사실을 증시해 주는 것으로밖에 달리는 해석할 도리가 없다고 생각한다.

제9장

고조선의 국가 형성과 그 사회 경제 구성

기원전 5~4세기 조선 고대 국가들의 위치 약도

제1절. 고조선 사회의 생산력

고조선 사회의 생산력 발전 정형은 오늘까지 우리 사학계에서 거의 미해명의 문제로 되고 있다. 그것은 우리가 고고학적 자료와 문헌 자료를 원만하게 장악 정리하지 못하고 있기 때문이다. 특히 아직까지 고조선 위치 문제가 해명되지 못하였기 때문에 고조선의 고고학적 자료를 정확하게 장악 정리하였다고 말할 수 없다. 기술한 바와 같이 나는 고조선의 령역이 장구한 기간 료동, 료서에 걸쳐 있었다고 인정하기 때문에 오늘 우리나라 령역 내에서 출토되는 고고학적 유물을 고조선의 유물이라고 인정할 수 없다. 오늘 우리나라 령역에서 출토되는 고대 유물은 진국의 유물이다. 따라서 나는 오늘까지 우리나라 령역 내에서 출토되는 고대의 유물을 가지고 고조선 사회의 생산력을 판단하는 것은 과학적 결론이 될 수 없다고 생각한다. 그러나 물론 그것은 고조선 사회의 생산력 발전 정형을 판단하는 간접적인 자료로는 될 수 있다.

고조선족인 《예》족은 유구한 옛날부터 그 대부분이 료동을 중심하여 발해 연안과 오늘의 중국 료녕, 길림성 평야지대에 거주하였고 그 일부가 남하하여 원주민과 융합하였고, 또다른 일부는 기원전 2천 년대 중기에는 중국 내륙지방으로 진출하여 오늘의 하북성 중, 남부 지역에까지 이르렀다. 그리고 《맥》족은 《예》족의 북부에 위치하면서 기원전 천 년 전후 시기 중국 북부에까지 진출하였다.

이와 같이 고대 조선족의 대부분이 오늘의 중국 료동, 료서 지역에 거주하고 모두 이 지역에서 계급 국가를 형성하였던 것이다. 그렇기 때문에 우리는 이 지역들에서의 고대 문화 유물을 조사 연구하지 않고서는 고조선 사회의 생산력의 발전 정황을 과학적으로 밝힐 수 없다고 생각한다. 나는 여기서는 다만 종래 내외의 고고학자들이 조사한 고고학적 자료와 불충분한 문헌 자료를 분석함으로써 고조선 사회의 생산력 발전 정형에 대하여 초보적인 추단을 하게 될 것이다.

일본 고고학자들, 조선의 철기 문화는 중국에서 수입했다고 주장

나는 위에서 부여, 진국 등에서는 늦어도 기원전 3세기에 철제 생산 도구가 보급되였고, 철기 사용 개시의 년대는 그 이전으로 올라간다고 말하였다. 최근 년간 우리나라 고고학 분야에서는 고대 철기를 적지 않게 발굴함으로써 종전 일본 부르죠아 고고학자들의 우리나라 고대 문화에 대한 부당한 견해를 극복하게 되었다. 해방전 일본 고고학자들은 우리나라에서 가장 이른 철기는 평안북도 위원군 룡연리에서 명도전明刀錢과 함께 발견된 중국의 몇 가지 철제 농기구라고 인정하였다. 그리하여 그들은 조선의 철기 문화는 완전히 중국 철기 문화의 수입으로써 비로소 이루어진 것이라고 주장하였다. 그들은 위만이 고조선 정권을 장악한 후 비로소 조선은 신석기 시대로부터 소위 《금석 병용기》 시대로 이행할 수 있었다고 주장하였다.

해방후 우리나라 고고학자들은 이러한 일본 고고학자들의 비과학적인 주장을 완전히 극복할 수 있는 고고학적 자료들을 발굴하였다. 1956년에 함경남도 영흥읍 소라리所羅里에서, 위원군 룡연리에서 발견된 쇠도끼와 같은 것을 6~7개 발견하였다. 이 쇠도끼들은 주조품이다. 이 유물들은 현재 함흥 박물관에 보관되여 있다.(《문화 유산》 1958년, 제

3호, 56페지 : 원저 주)

주조 쇠도끼는 중국에서 전래된 것 뿐만 아니라 조선에서도 제조하였다는 것을 확증하게 되었다. 평안남도 중산군과 대동군 부산면에서 쇠도끼의 거푸집이 발견되였다. 그 거푸집은 조선에서 발견되는 청동제 도끼 거푸집의 형태와는 다르며 그것은 쇠도끼의 거푸집으로 판단되였다. 조선에서의 주조 쇠도끼는 단야 쇠도끼에 선행한 것이 틀림없고, 조선에서 주조 쇠도끼 거푸집이 발견되였다는 사실은 이미 단야 쇠도끼를 주로 쓰게된 한 대 문화와의 접촉 이전에 주조 쇠도끼도 제조하였다는 증거로 된다.(위의 책: 원저 주) 이 거푸집의 쇠도끼 형태는 위원군 룡연리나 영흥읍 소라리 토성에서 발견된 쇠도끼의 형태와는 다르며, 따라서 이것은 중국에서 전래된 것이 아니라는 것이 확증되였다.

최근 함경북도 무산 유적에서 쇠도끼鐵鋈 3개가 발견되였는 바 이것은 위원군 출토 전국戰國(기원전 481~221) 시대 쇠도끼보다 선행한 것으로 판명되였다. 이에 관한 발굴 보고는 현재 과학원 고고학 및 민속학연구소에서 작성 중에 있다. 전국 시대 중국 철기는 승석문繩蓆文 토기와 함께 출토되고 있는데, 무산, 오동五洞 등 유적에서는 승석문 토기가 전혀 없는 곳에서 쇠도끼가 발굴되였다. 그리고 평양 부근 여러 지역에서는 《락랑고분》보다 선행한 분묘로 인정되는 토광무덤에서 쇠도끼, 낫 등 농구를 비롯한 많은 철기들이 발굴되였다.

해방 후 조선 고고학계에서는 현재 우리나라 령역 내에서 늦어도 기원전 3세기에는 철기를 사용했다는 결론을 얻고 있으며, 앞으로 발굴 조사 사업을 더욱 진행함으로써 그 사용 년대가 더 올라갈 수 있는 근거를 찾을 수 있을 것이라고 인정하고 있다. 그리고 조선의 철기는 중국 계통 철기보다 소위 북방 계통 철기 문화가 선행하여 전파되였다는 고고학자도 있다. 이 견해에 관해서는 아래에서 나의 의견을 말해보려고 한다.

중국 내륙보다 장성 이북에서 더 발전한 철기

그러면 중국 료동, 료서 지역에서의 철기의 출토 정형을 개괄해 보기로 하자.

오늘 중국 고고학자들은 중국 전국 시대의 철기가 주로 북부 중국, 특히는 만리장성 내외에 많이 류포되여 있음을 인정하고 있다. 동주신佟柱臣204) 동지는 《고고학 상에서 본 한漢 대 및 한 대 이전의 동북의 강역》〔《고고학보(考古學報)》 1956년, 제1기 : 원저 주〕이란 론문에서 료녕성, 내몽고 및 창성 내외의 지역에서 철기를 발견한 정형을 서술하였다. 나는 여기서 그 내용을 자세히 소개하지 않겠다. 그는 이 지역들에서 발견된 철기들이 모두 연나라의 유물이라고 인정하고 있다.

정소종鄭紹宗205) 동지는 《열하 흥릉興隆에서 발견된 전국 생산 도구의 거푸집》이란 론문을 발표하였는 바, 그는 이 글에서 열하 흥릉에서 농업 도구를 비롯한 87개의 철기 거푸집을 발견한 정형을 서술하였다. 〔《고고통신(考古通訊)》 1956년, 제1기 : 원저 주〕

동전악董展岳[황전악(黃殿岳)의 오기] 동지는 《근년에 출토된 전국 시대와 량한兩漢 대의 철기》라는 론문에서 당시까지 철기가 발견된 지방이 20개 소에 달하는데 그 중 성도成都, 소화昭化, 형양衡陽, 신양信陽, 장사

---

204) 동주신(佟柱臣 : 1920~2011) : 흑룡강성 흑산(黑山)현 출신의 만주족. 중국과학원 고고연구소의 연구원, 학술위원 등을 역임한 고고학자.

205) 정소종(鄭紹宗 : 1931~) : 하북성 승덕(承德) 출신. 북경대 역사학과에서 수학하고 1956년 열하(熱河)성 박물관 고고조장을 역임했다. 1981년 하북성 문물연구소 부소장 등을 역임하면서 고고 발굴에 참여했다.

長沙의 5개 소를 제외하고는 주로 황하 이북지역이며, 그 중에서도 장성 이북에서는 안산鞍山, 금주錦州, 적봉赤峰, 승덕承德, 란평灤平, 흥륭興隆등의 6개 지방이라고 썼다.〔《고고학보(考古學報)》 1957년, 제3기 : 원저 주〕

우리는 중국 고고학자들의 조사 보고 자료들에 근거하여 중국 전국 시대의 철기가 중국 내륙 지대보다 장성 이북 지대에서 더 발전하였다는 사실을 알 수 있다.

중국 고고학자들은 상술한 지역들에서 출토된 중국 전국 시대의 철기들을 모두 연 대 유적에서 발견한 연나라의 유물이라고 론단하고 있다. 그러나 나는 그 철기 문화가 반드시 내륙 지역의 철기 문화가 북방으로 전파된 것으로 인정하기는 곤난한 점들이 있다고 생각하지 않을 수 없다. 그러면 무엇에 근거하여 이렇게 말할 수 있는가?

나는 제1장에서 고조선 령역이 기원전 3세기 초까지는 오늘의 료동, 료서 및 하북성 북부를 포괄하는 광대한 지역을 차지하였다고 인정하였다. 그 광대한 지역은 기원전 3세기 초 오늘의 료하 계선에서 서방 2천여 리를 연나라에게 빼앗기고 대체로 오늘의 료하 이동으로 축소되였다. 그러나 그 후 약 70년을 경과하여 료하 서방의 일부 지역을 수복하여 한漢과 대릉하大凌河(즉 고조선의 패수)를 국경선으로 삼게 되었다. 하북성 북부에서 고조선 북부 즉 오늘의 열하 조양 일대에는 맥국이 있었는 바 그것도 역시 기원전 3세기 초 오늘의 료서의 광대한 지역을 연에게 빼앗기게 되었다.

고조선과 맥국의 령역의 대변동이 있은 후 그 지역에 한인들의 세력이 침투되기 시작하였으나 그 지역에는 한인들이 매우 희소하게 거주하였다. 《한서·지리지》에 《**상곡에서 료동에 이르기까지 땅을 넓으나 백성은 희소하고 여러 차례 호胡의 침략을 당했다**(上谷至遼東, 地廣民希, 數被胡寇)》라고 쓴 자료는 이를 증명해 준다. 이 자료는 또한 기원전

3세기 초까지는 이 지역에 한인들이 사실 상 거주하지 않았다는 사실을 동시에 설명해주는 것으로 리해할 수 있다.

그러나 중국 전국 시대의 대동란기에 한인들은 계속 고조선으로 이동해 왔으며, 기원전 3세기 말까지는 조趙, 연燕나라 인민들 수만 명이 고조선 령역으로 피란해 왔다.

만일 이러한 력사적 사실을 승인한다면, 연나라가 군현을 설치한 후에도 그렇게 한인들의 거주가 불안전하여 아주 희소하게 거주하던 지역에 어찌하여 한인들의 철기 문화가 내륙 지대보다 더 발달할 수 있었겠는가 하는 의문이 제기되지 않을 수 없게 된다. 다시 말하면 기원전 3세기 초까지 전연 철기를 사용하지 않던 이 지역을 연인들이 점령함으로써 거기에서 철기 문화가 돌연히 개화했다고 인정하기는 매우 곤난하다. 당시의 료동(오늘의 료하 서방), 료서(당시 료동군의 서쪽과 북쪽)도 그렇거니와 오늘의 내몽고 지역이나 열하 지역은 더욱 그렇게 생각하지 않을 수 없다. 맥족(동호로 불리움)은 기원전 3세기 초까지 내몽고 열하 지역에 거주하였으며, 거기에 한인들이 거주하였다는 자료는 전혀 찾아볼 수 없다. 맥국이 망한 후에도 그 지역에는 흉노, 선비, 오환 세력이 미치게 되였고 한인들이 거주한 흔적이 없다. 따라서 이 지역에 한인들이 기원 3세기 초 이후 이동하여 가서 돌연히 철기 문화를 개화시켰다고 볼 수는 없을 것이다. 다시 말하면 중국 전국 시대의 철기 문화가 개화된 지역이 바로 고조선과 맥국의 지역이였다.

료동은 고대에 일찌기 한인들에게 철 산지로서 알려져 있었다. 《한서·지리지》 료동군 평곽현平郭縣 주에 《염관과 철관이 있다(有塩官, 鐵官)》라고 쓴 자료는 한나라가 료동군 평곽현에서 생산되는 철과 염을 관리하는 전문 관리를 배치하고 있었음을 말해준다. 이 평곽현의 위치가 오늘 어느 지역에 해당되는가는 아직 불명확하나 그것이 기원전 3세기 초까지 고조선 지역이였다는 사실은 명백하다.

동이가 한족보다 먼저 철을 사용

어떤 고고학자는 오늘 료동 지방에서의 고대 철기 생산 정형에 관하여 다음과 같이 썼다.

> 려순 쌍도만双島灣 패총, 동 곽가둔郭家屯 패총 그리고 대석교大石橋 반룡산盤龍山 상의 유적에서 일종의 철재鐵滓와 같은 한 개의 작은 뭉치를 발굴하였다. 이로써 보건대 당시 이미 그들은 철을 용해하고 단야하는 기술을 알고 있었다.
> 이러한 사실을 나는 이미 동몽고에 존재하는 동호 민족의 유적에서도 인정하였다. 그러므로 당시 만주로부터 몽고에 결쳐서 거주하는 민족이 철을 사용하고 단야하였음을 추측할 수 있다. 그리고 이 단야한 철의 원료는 어디서 채취하였으며 그 기술은 어느 민족으로부터 전습하였는가? 이것은 연구하여야 할 문제이다. 그러나 동이는 일찍부터 철을 알고 있었으며, 한족의 철기 사용은 동을 사용한 이후라는 사실, 그리고 만주는 고대부터 철 산지라는 사실들을 결부시켜 생각할 때 나는 그것이 한족의 영향이 아니라 오히려 동이의 독특한 것이며, 그들은 당시 이미 그 기술을 소유하고 있었다고 주장하려는 것이다. 이 사실은 동부 아세아 문화사상 가장 주목할 만한 사실에 속한다.
> …그리고 철을 용해했다는 사실을 일층 명백히 증명할 수 있는 재료가 있다. 그것은 려순의 유적에서 출토된 섬록閃綠(섬록암), 분암玢岩 석부石斧인 바, 그 표면의 절반에는 용해된 철재가 부착되여 있고, 그것

때문에 석부의 타 부분은 일종의 불에 탄 것과 같은 빛을 보인다. 이것은 당시 흙 도가니 속에서 철을 용해할 때 이 석부로써 그 속을 저은 것인가, 또는 우연히 그 용해된 쇠'물이 흘러서 석부에 부착된 것인가 둘 중의 어느 하나일 것이다. 어쨌든 이 사실은 당시의 민족이 철을 사용하고 단야했다는 것을 말해 주는 가장 중요한 자료라고 말하지 않을 수 없다.〔《남만주조사보고(南滿洲調査報告)》, 51페지 : 원저 주〕

오늘까지 이 설이 고고학적 증명으로써 부정된 사실을 나는 아직 알지 못하고 있다.

동이가 한족보다 먼저 철을 사용했다는 사실은 오늘 중국의 사가인 범문란范文瀾206) 동지도 인정하고 있다.(范文瀾, 《中國通史》 上 : 원저 주) 나는 도리이鳥居龍蔵의 설을 아직 부정할 근거가 없다고 생각한다.

따라서 나는 이상에 렬거한 고고학적 자료들에 근거하여 고조선의 철기 사용 시기를 중국의 철기 사용 시기보다 늦은 것으로 생각해서는 안 된다고 인정하지 않을 수 없다. 우리는 고조선과 맥국의 철기 문화를 중국으로부터 수입한 것이라고 말할 근거가 전연 없을 뿐만 아니라, 오히려 중국의 철기 문화보다 선행했다고 생각할 수 있는 근거가 더 강하다고 보는 것이 타당할 것이다.

고조선의 청동기 사용 시기 문제도 아직 미해명의 문제로 남아 있다. 종전 일본 학자들은 조선에서의 청동기 시대를 인정하지 않고, 석기 시대로부터 한의 철기 문화를 수입함으로써 직접 철기 시대로 이행하게 되어 소위 《금석병용기》로 들어섰다고 주장하였다. 해방

---

206) 범문란(范文瀾 : 1893~1969) : 절강(浙江)성 소흥(紹興) 출신의 역사학자로서 남개대(南開大), 북경대 등의 교수를 역임했고, 《중국통사 간편(中國通史簡編)》의 주편을 맡았고, 《중국근대사》 등의 저서가 있다.

후 우리나라(북한) 고고학계에서는 이러한 주장을 분쇄하고 조선에서의 청동기 시대의 존재를 확인하였다. 그러나 아직까지 우리나라 령역에서 발견되는 청동기들 중 많은 것이 철기 시대의 유물과 같이 출토되며, 순수한 청동기 시대의 유물이라고 인정되는 것이 적은 것은 사실이다. 나는 이미 제3장 제1절에서 이 문제에 관하여 언급한 바 있었거니와 이 문제는 고조선과 맥국의 령역에서 청동기 유물을 조사 연구함으로써만 풍부한 재료를 장악할 수 있다고 생각한다. 고조선족과 맥족은 압록강 이북지역에서 청동기 시대를 경과하고 철기 시대로 이행했다고 인정된다.

오늘 료동, 료서, 하북성 북부 내몽고 등지에서 발견되는 철기가 전국 시대의 유물이라면 이 지역들에서의 청동기 유물들은 물론 그 이전 시기에 속할 것이다. 그런데 이 지역들에서는 중국 청동기 문화와는 완전히 성질을 달리하는 청동기 유물과 함께 열하 지역에서는 서주 시대의 청동기도 대량 출토되고 있다. 서주 청동기가 아닌 청동기 유물들은 그 형태 상으로 보아 오늘 우리나라에서 출토되는 청동기 유물들과 동일한 계렬에 속하는 것임을 알 수 있다. 그것은 종래에 소위 《북방계 문화》라고 칭해오던 것인데, 나는 이것을 고조선과 맥국의 청동기 문화라고 인정할 수도 있다고 본다. 그리고 나는 기술한 바와 같이 북이北夷 《고리국》橐離國을 《구리의 나라》라고 해석할 수 있는 근거가 있다고 생각한다.

그러면 열하 지역에서 대량으로 출토되는 서주의 청동기 문화 유물은 무엇을 의미하는가 하는 문제가 제기될 수 있다. 우리는 이 문제를 고찰함에 있어서 이 재료를 가지고 성급하게 열하 지역이 서주의 령역이였다고 속단해서는 안된다. 이 청동기 유물들은 아직 확실한 지층이 판명되지 않고 있다. 즉 이 서주 청동기의 사용자들이 서주인들이였다고 확증할 만한 재료가 아직 판명되지 못하고 있다.

따라서 우리는 이 서주 청동기 유물에 대하여 세 가지로 생각할 수 있다. 즉 그 하나는 서주인들이 고조선 지역으로 이주하면서 가지고 온 것이라고 볼 수 있고, 둘째로는 서주의 청동기 제조 기술자들이 고조선으로 이주하여 와서 만들었다고도 볼 수 있다. 셋째로는 고조선인들이 서주인들과의 전쟁에서 로획해 온 것으로 상상할 수도 있다.

물론 나는 다만 이렇게 문제를 제기하는 데 불과하나, 우리가 고조선족이 은, 서주와 밀접한 경제, 문화 교류를 하였고, 은, 서주인들이 고조선에로 이주해 왔다는 사실을 결부시켜 생각한다면 고조선인이 은-주 초에 서주 청동기를 수입할 수 있었으리라는 것을 충분히 추측할 수 있다. 요컨대 고조선인과 맥국인들은 압록강 이북에는 오랜 옛날, 늦어도 기원전 12세기 이전부터 청동기를 사용하기 시작하여 청동기 시대를 경과하였다고 인정할 수 있을 것이다.

고조선의 농업생산력이 중국보다 높았다

오늘 고조선 사회의 생산력 발전 정형을 판단할 수 있는 근거를 제공해 주는 문헌 자료는 극히 결핍되여 있다. 우리는 다만 약간의 간접적 자료에 근거하여 고조선 사회의 생산력 발전 정형을 추단할 수밖에 없다.

나는 위에서 맥국에 20분의 1의 부세 제도가 있었다는 사실에 대하여 언급하였다. 맥국은 고조선 북방 산간 지대에 위치하였다. 따라서 발해를 끼고 평야 지대에 위치했던 고조선의 농업 생산이 맥국보다 발전했으리라는 것은 능히 추단할 수 있다. 고조선족인 예인의 지역에서 건국한 부여가 고대 조선 국가들 중 농업이 가장 발전했던 사실로 미루어서도 예족의 국가였던 고조선의 농업 생산이 부여보다 먼저 발전했을 것도 자명하다.

오늘 우리가 가지고 있는 문헌 사료로써는 고대 조선 국가들이 특히 고조선이 목축을 경영한 흔적을 찾아볼 수 없다. 이것은 단군 신화에도 반영되여 있지 않다. 따라서 고조선이 농업을 경영하기 시작한 시기는 유구한 옛날에 속한다. 기술한 바와 같이 내몽고 적봉 홍산후 유적에서는 기원전 3천 년 경에 농경 종족이 거주했다는 고고 학자들의 설이 발표된 지 오래다. 그들은 그 종족을 《동호》의 선조로 인정하였는 바 나는 그것을 맥족의 선조로 인정하였다. 고고학자들의 설이 부정되지 않는 한 나는 고대 조선족들인 예와 맥은 기원전 3천 년 경에는 이미 정착 농경 생활을 개시하였다고 인정할 수 있다고 생각한다.

그와는 달리 기원전 12세기 이래 중국인들이 부단히 고조선으로 이주해 왔다는 사실로 미루어 보아서도 고조선의 농업은 일찍부터 발달하였다고 말할 수 있을 것이다. 농업 생산력 수준이 중국에 비하여 보잘 것 없었다면 중국인들은 고조선에로 이주해 오지 않았으리라는 것도 자명한 사실이라고 보아야 할 것이다. 사실에 있어서 그들은 농업 생산력이 락후한 주변 종족들의 지역에로는 이주해 가지 않았던 것이다.

그들이 부단히 고조선으로 이주해 왔다는 사실은 고조선이 자기들의 나라보다도 오히려 의, 식, 주 문제를 용이하게 해결할 수 있었기 때문이 아니겠는가? 우리는 고대 중국인들이 기원전 12세기부터 고조선(당시는 숙신으로 불리워짐)으로 이주해 왔다는 사실을 간단히 평범한 일로 생각할 수 없다.

기원전 2~1세기 오늘의 료동 지방의 농업 생산력이 중국 내륙 지방보다 높았던 사실이 최근 년간에 판명되였다. 중국 고고학자들은 료양 삼도호三道壕 유적에서 대량의 철제 농기구를 발굴하였다[207]. 그들은 이 유적을 서한 촌락 유적이라고 칭하는데 거기에서 148건의 농업 생산 도구 10건의 수공업 도구 기타 도끼, 공坙, 곡인착曲刄鑿, 곡인도曲刄刀, 송곳, 쇠못, 솥, 쇠고리鐵鏈 등이 발견되였다.〔《문물참교(文物參攷)》, 1955년 제12기, 리문신(李文信) 《료양삼도호서한촌락유지(遼陽三道壕西漢村落遣址)》: 원저 주〕 어떤 학자는 이 철기들이 한 곳에서 이와 같이 대량의 각종 철기가 출토되였다는 사실에 근거하여 장원을 경영하는데 사용되였다고 주장한다. 요컨대 이 유물들은 기원전 2~1세기 료동 지방에서 농업 생산력이 중국 내륙 지역보다도 발전하였음을 말해 준다.

나는 이 자료가 고조선의 농업 생산력의 발전 정형을 추단할 수 있는 간접적인 재료로 될 수 있다고 생각한다. 왜냐하면 이 지역은 한4군 설치 이전에는 고조선 령역이였기 때문이다. 한4군 설치 이전까지 이 지역에서 농업이 락후했다면 한4군 설치 이후 농업 생산력이 돌연히 발전했다고 인정해야 할 것인데 그렇게는 생각할 수 없다.

다시 말하면 한4군 설치 이전 이 지역에서 농업 생산력이 발전한 기초가 없었다면 한4군 설치 이후 그렇게 발전할 수는 없었다고 보아야 할 것이다. 위에서 언급한 바와 같이 료동은 철이 풍부하게 생산되였다. 따라서 우리는 한인들이 료동으로 진출한 후 내륙 지방으로부터 철기를 가져다가 사용했다고 볼 수는 도저히 없다.

---

207) 삼도호(三道壕) 유적은 요녕성 요양시 북쪽 교외 태자하(太子河) 서안 충적평원상의 삼도호 촌에서 발견된 유적이다. 주거지와 가마터 등과 철제 농기구, 도자기 등이 발견되었는데 중국에서는 서한 시대의 유적이라고 보고 있다.

한 무제 침공을 왕검성에서 1년간 방어

우리는 《사기·조선 렬전》에서 다음과 같은 자료를 볼 수 있다.

> 좌장군 졸정卒正 다多는 료동의 군사를 인솔해 먼저 멋대로 공격했다가 패배하고 흩어졌다. 다多는 달아났다가 돌아왔으나 군법에 저촉되어 처형되었다. 루선 장군은 제나라 군사 7천 명을 거느리고 먼저 왕험성에 이르렀다. (위만 조선 왕) 우거는 성을 지키고 있다가 루선 장군의 군사들이 수'자가 적은 것을 염탐해서 알고 곧 성을 나가 루선 군을 공격하자 루선의 군대는 무너져 흩어져 달아났다. 양복(루선 장군)은 그의 군사를 잃고 산 속으로 도망쳐 10여 일 뒤에 점점 흩어진 졸병들을 수습해 다시 군사들을 취합했다. 좌장군 순체는 조선의 패수 서쪽에 군사를 공격했는데 능히 깨부수고 스스로 전진하지 못했다. 천자는 두 장군이 이렇듯 유리하지 못하다고 여기고 이에 위산衛山을 시켜 그 위세를 가지고 가서 우거를 깨우치게 했다. 우거가 사자를 만나보고 머리를 조아리고 사죄하면서, "항복하려 했는데 두 장군이 속이고 신을 죽일까 두려웠습니다. 지금 천자의 부절을 보았으니 항복하기를 청합니다"라고 말했다. 태자를 입조시켜 사죄하고 말 5천 필을 바치고 군량을 보내기로 했다. 군사 1만여 명이 병기를 지니고 막 패수를 건너려는데 사자(위산)와 좌장군이 그들이 변란을 일으킬까 의심하고 태자에게 "이미 항복했으니 마땅히 군사들에게 명해 병기를 가지지 말도록 하라"고 일렀다.
>
> 태자가 또한 사자와 좌장군이 자신을 속이고 죽일 것으로 의심하고 드디어 패수를 건너지 않고 다시 군사를 이끌고 돌아갔다. 위산이 돌아와 천자에게 보고하자 천자는 위산을 죽였다.

左將軍卒正多率遼東兵先縱, 敗散, 多還走, 坐法斬. 樓船將軍將齊兵七千人先至王險, 右渠城守, 窺知樓船軍少, 即出城擊樓船. 樓船軍敗散走, 將軍楊僕失其衆, 遁山中十餘日, 稍求收散卒, 復聚. 左將軍擊朝鮮浿水西軍, 未能破自前. 天子爲兩將軍未有利, 乃使衛山因其威往諭右渠. 右渠見使者, 頓首謝, "願降, 恐兩將詐殺臣, 今見信節, 請服降" 遣太子入謝, 獻馬五千匹, 及饋軍糧. 人衆萬餘, 持兵, 方渡浿水, 使者及左將軍疑其爲變, 謂太子已服降, 宜命人毋持兵. 太子亦疑使者左將軍詐殺之, 遂不渡浿水, 復引歸. 山還報天子, 天子誅山.

우리는 이 자료에 근거하여 위씨 조선의 군사력의 준비 정도를 대체로 짐작할 수 있다. 위 우거는 한 무제의 침략군의 공격을 방어하여 왕검성을 거의 1년간 견지하였다. 즉 무제는 기원전 109년(元封 2년) 가을에 군사행동을 개시하여 다음해 여름에야 왕검성을 함락시켰다. 그 기간 무제의 수군이 왕검성 방어 군대에게 격파되어 지리멸렬되고, 륙군은 국경선에 접근하지도 못하였다. 무제의 침략군이 대실패를 당하게 되자 무제는 위 우거에게 사신을 파견하여 교섭을 하였다. 이 자료에는 위 우거가 한 사신에게 항복할 것을 원하였다고 하였으나 이것은 사마천의 곡필이며 그것을 사실로 인정할 수는 없다. 전국이 유리한 상태에서 위 우거가 항복할 것을 원하였을리는 없었을 것이다. 위 우거는 전술 상 일시 타협할 것을 결심하고 태자를 파견하여 말 5천 필과 대량의 군량을 적에게 보낼 것이라고 제의하였다. 그리고 위 우거는 1만여 명의 군대를 시켜 국경선이였던 패수를 도강하려고 하였다. 적측은 이에 당황하여 군대를 보내지 말 것을 요구하여왔다. 태자는 드디어 적과 타협하지 않고 돌아서고 말았다. 무제의 사신위산은 이 정형을 무제에게 보고하고 목을 잘리우고 말았다.

이 광경은 위 우거의 군세가 무제의 륙군을 위압하였다는 사실을 설명해 준다.

고조선 군민이 수도 왕검성 방어를 근 1년 간 견지하여 오다가 드디여 반역자들의 배신 행위로 말미암아 성을 지켜내지는 못하였으나 이 전쟁 력사는 고조선 인민들의 영웅적 투쟁과 함께 고조선의 군사력이 한 무제의 군사력에 못지 않았다는 것을 말해 주는 것이다. 고조선은 충분한 군수품과 병기, 군마 그리고 군량을 충분히 준비하였던 것이다. 이 사실은 고조선의 농업 생산력이 한과 동등하게 발전하고 있었음을 암시해 준다.

중국인 수만이 고조선으로 망명한 이유

한 왕조를 《배반》하고 고조선으로 와서 왕권을 탈취한 위씨 정권이 한으로부터 철기를 공급받음으로써 농업 생산력을 발전시켰다고는 도저히 상상할 수 없다. 그가 준왕 시대 고조선의 농업 생산력을 계승하였다는 것은 자명한 사실이다. 또한 고조선의 농업 생산력이 위만이 들어올 당시 한의 농업 생산력보다 현저히 낮았다면 조, 제, 연의 수만 명 인민이 피난처를 찾아서 고조선으로 이주하여 왔다고 보기는 곤난할 것이다. 이러한 사실은 고조선의 농업 생산력이 전국 말 조, 제, 연 등 나라들의 농업 생산력보다 결코 락후하지 않았음을 의미하는 것이라고 생각한다. 중국의 전국 시대의 대동란기에 수만 명에 달하는 중국 인민이 자기 향토를 버리고 고조선으로 망명하여 왔다는 사실은 그들이 고조선이 살기 좋은 나라라는 것을 알았기 때문이 아니겠는가? 따라서 나는 고조선의 경제력과 일반 문화가 조, 제 연나라 등보다 오히려 우월하였다고 인정하는 것이 타당할 것이라고 생각한다.

《한서》의 저자 반고班固는 고조선의 경제, 정치, 도덕, 문화, 풍습 등 모든 부분이 자기의 나라보다도 우월하였다고 인정하였다. 그는 《한서·지리지·연지》燕地에서 다음과 같이 기록하였다.

> 은나라의 도가 쇠하자 기자는 조선으로 가서 그 백성들에게 예의와 농사와 양잠과 직물짜기를 가르쳤다. 락랑 조선의 백성에게는 범금犯禁 8조가 있었다. 사람을 죽이면 죽음으로 보상하고, 사람을 상하게 하면 곡식으로 보상하고, 남의 물건을 도둑질한 남자는 그 집의 남종으로, 여자는 여종으로 적몰했다. 스스로 속죄하려면 한사람 당 50만 전을 내야했다. 비록 죄를 면해 백성이 된다고 해도 습속이 부끄럽게 여겨서 혼인하려고 하지 않았다. 그래서 백성들이 마침내 서로 도둑질 하지 않으니 문을 닫지 않았다.
>
> 부인들은 정숙해서 음란하지 않았다. 농사짓는 백성들은 밥 먹을 때 대나무와 나무로 만든 그릇을 사용했다. 도읍에서 자못 이를 모방해 관리나 상인들이 군으로 오면 왕왕 잔으로 먹기도 했다. 군郡의 초기에는 관리들이 료동에서 왔는데, 관리들을 백성들이 보아도 문을 닫거나 숨기지 않았다. 장사꾼들이 오면서 밤중에 도둑이 들어 습속이 점차 각박해져서 지금은 범금이 60여 조에 달했다. 귀하게 여길 것은 어질고 현명한 것이다! 그런데 동이는 천성이 유순해서 삼방三方(서남북) 바깥과 다르다. 그래서 공자가 도가 행해지지 않는 것을 한탄하면서 배를 띄워 바다로 나가 구이九夷에서 살고 싶어 한 일이 있었던 것이다.
>
> 殷道衰, 箕子去之朝鮮, 敎其民以禮義, 田蠶, 織作. 樂浪朝鮮民, 犯禁八條; 相殺, 以當時償殺; 相傷, 以穀償; 相盜者, 男沒人爲其家奴,

女子爲婢, 欲自贖者, 人五十萬, 雖免爲民, 俗猶羞之, 嫁取無所讎, 是以其民終不相盜, 無門戶之閉. 婦人貞信, 不淫辟. 其田民飮食以籩豆; 都邑頗放效. 吏及內郡賈人, 往往以杯器食, 郡初取吏於遼東, 吏見民無閉臧, 及賈人往者, 夜則爲盜, 俗稍益薄. 今於犯禁寖多, 至六十餘條. 可貴哉, 仁賢之化也! 然東夷天性柔順, 異於三方之外, 故孔子悼道不行, 設浮於海, 欲居九夷, 有以也.

우리는 이 기록에서 다음과 같은 사실들을 분석해낼 수 있다.

고조선의 형법 8조

(1) 고조선에는 형법 8조가 있었다.

반고는 이 형법을 기자가 제정하였다고 쓰고 있으나 이것은 그가 기자 전설을 무조건적으로 승인하고 고조선의 문화 일체를 그의 소위 라고 한 《중화》사상의 표현인 것이다. 그는 한4군 설치 이전에는 8개 조의 형법이 있었던 것이 4군을 설치한 후 한인 상인들이 도적질을 많이하여 질서가 어지러워졌기 때문에 형법을 60개 조로 증가시키게 되었다고 인정하였다. 그가 이렇게 구체적으로 알고 있는 것을 보면 한4군 설치 이전에 범금 8조가 있었다는 사실은 정확한 자료에 근거하여 기록했다고 인정하여야 할 것이다. 범금 8조는 고조선 국가가 실시했던 력사적 사실이며, 기자 전설은 그와는 아무런 관계가 없는 그의 주관일 것이다. 따라서 우리는 기자 전설을 부인한다고 해서 범금 8조까지 부인할 근거는 전혀 없다.

고조선 인민은 남의 재물을 도적하면 노비로 되었는데 만일 돈 50만을 배상하면 속죄할 수 있었다.

이 법률을 한나라의 법률과 대비하여 보자. 《한서》 무제기 태초太初 3년 조에는 《가을 9월에 령을 내려서 사형죄는 속전 50만을 내면 사형에서 한 등급 감해주었다(秋九月令, 死罪, 入贖錢五十萬, 減死一等)》라고 씌여 있다. 이에 의하면 한 무제 시기에 사형 죄를 진 사람이 50만 전을 내면 속죄할 수 있었다. 고조선의 화폐 단위를 알 수 없으나, 반고는 한의 화폐 단위를 념두에 둔 것 같이도 해석된다. 즉 그는 《50만》이란 화폐를 자기네의 《50만 전》으로 인정한 것이 아니겠는가.

전한 시대의 화폐 가치를 조사해 보면 다음과 같은 사정을 알 수 있다. 《한서》 고제기에는 《관중에 대기근이 들어서 쌀 한 말이 만 전이었다(關中大飢, 米斛萬錢)》라고 썼고, 같은 책 《식화지》에는 《쌀 한 섬이 만 전에 달했고, 말은 금 백 근에 달했다(米至石萬錢, 馬至匹百金)》라고 썼다. 《한서》 무제기 원수元狩 5년 조에는 《천하에 말이 적어서 평목마가 20만 전에 달했다(天下馬少, 平牡馬匹二十萬)》라고 썼다. 한 무제가 고조선을 침략하기 직전에 한에서는 50만이란 돈은 숫말 두 필 반에 해당되였다.

요컨대 이 자료는 고조선에 화폐 류통이 발달하였음을 설명해 준다.

화폐 유통이 왕성했던 사회

우리는 아직 고조선의 화폐를 발견하지 못하고 있으나 앞으로는 반드시 고조선 화폐가 발견될 것이라고 확신하게 된다.

기술한 바와 같이 고조선은 일찌기 기원전 7세기 제나라와 무역을 하였는데 제나라에서는 고조선의 문피를 금(즉 쇠)을 주고 샀던 것이다.〔《관자(管子)》 23권, 경중갑(輕重甲) : 원저 주〕 그리고 고조선 령역인 료동, 료서 지방에서 중국의 전국 화폐가 많이 발견되고, 또 우리나라 평안남북도 지역에서도 전국 화폐가 다량으로 발견되는 것은 진국이 제, 조, 연나라들과 무역을 한 흔적이라고 판단하는 것이 타당할 것이다.

우리는 고조선의 대외 무역에 관한 재료를 극히 적게 알고 있다. 기술한 바와 같이 고조선이 《숙신》으로 불리운 기원전 12세기 전후 시기부터 고조선인들은 은, 서주인들과 교역을 하였다. 당시는 고조선 인들이 서주에게 호시楛矢와 석노石砮 등 무기류를 수출하였는 바 그것은 서주인들에게 아주 귀중시되였다. 고조선은 그 후 계속 중국인들과 교역을 진행하였다.

《사기·화식 렬전》에는 이렇게 씌여 있다.

> 상곡上谷은 료동遼東으로 이르는데 지역이 아득히 멀고 백성은 드물고 자주 도적들의 피해를 입는다. 크게는 조趙와 대代와 풍속이 비슷하다. 백성은 강하고 사나우며 생각하는 것이 적다. 물고기와 소금과 대추와 밤이 풍부하게 난다. 북쪽으로는 오환烏桓과 부여夫餘와 이웃하고 있다. 동쪽으로는 예맥穢貉과 조선朝鮮과 진반眞番과의 이익을 통괄하고 있다.
>
> 上谷至遼東地踔遠, 人民希, 數被寇, 大與趙代俗相類, 而民雕捍少慮, 有魚塩棗栗之饒, 北鄰烏桓, 夫餘, 東館穢貊, 朝鮮, 眞番之利.

이 기록은 연이 조선 서방 2천여 리의 령토를 탈취한 후 고조선으로부터 경제적 리득을 얻은 사실을 말하여 준다. 상곡에서 료동에 이르는 지역에 어, 염, 대추, 조 등이 풍부하였는 바, 이 사실은 이미 기원전 4세기 중엽 고조선에 대추와 조가 풍부하다는 사실을 중국인들이 알고 있었던 사실과 일치된다. 《전국책》 연책 1에 《"연나라 동쪽에는 조선과 료동이 있고, 북쪽에는 임호林胡와 누번樓煩이 있고, 서쪽으로 운중

雲中과 구원九原이 있고, 남쪽에는 호타呼沱와 역수易水가 있는데, 땅이 사방 2천 리며, 군사가 수십 만이며, 병거가 7백 승이고, 기병이 육천 필이고, 식량은 십 년을 지탱할 수 있다(燕東有朝鮮遼東, 北有林胡樓煩, 西有雲中九原, 南有呼咜易水, 地方二千餘里, 帶甲數十萬, 車七百乘, 騎六千匹, 粟支十年)》라고 씌여 있다. 이것은 연이 동, 서, 남, 북의 이역으로부터 군수 물자를 획득할 수 있음을 의미한다. 그중 북방의 루번, 림호는 유목족이요, 운중, 구원 지방도 역시 농사에는 부적당한 지역이다. 연이 10년 간 먹을 군량을 얻을 수 있다면, 그것은 조선, 료동과 호타, 역수 등 지역에서 얻을 수 있음을 의미한다. 조선, 료동이 식량이 풍부한 지역으로서 그들에게 알려졌음을 의미한다.

위에 인용한 《화식 렬전》의 기록은 고조선의 물산을 좀더 구체적으로 기록한 것으로 볼 수 있다. 그 어, 염, 대추, 조 등 중 대추는 모르거니와 기타 세 가지는 조선, 예맥, 진반에 풍부했음을 의미한다. 연나라 사람들은 고조선으로부터 이러한 물자를 얻어 갔던 것이다.

그후 한나라 상인들은 고조선에 빈번히 래왕하였다.

《사기·평준서》와 동서 식화지에는 상인 팽오彭吳란 자가 예맥, 조선에 자주 래왕하여 정세를 잘 료해하고 예군 남려를 한무제에게 결탁시키는 공작을 하여 창해군을 설치하였다는 것을 기록하고 있다. 한무제가 창해군을 설치한 것은 위씨 정권을 억제하기 위한 정치적 목적도 있었지만 예맥과 조선으로부터 경제적 리득을 얻자는 목적이 더 컸다고 말하여야 할 것이다. 무제가 끝내 고조선을 침공하고 4군을 설치한 사실은 고조선과 흉노와의 련계를 끊고 령토를 확장함과 동시에 고조선의 풍부한 물산을 략탈하기 위한 것이였다. 위에 인용한 바와 같이 상곡에서 료동까지 지역이 광대하고 인민은 희소하였음에도 불구하고 고조선으로 침입했다는 사실은 결코 단순한 령토 확장을 위한 침략 행위는 아니였다는 것을 말해 준다. 물론 고조선 세력이 강하여 한이 침략을 당할 것을 우려하고 침공해 왔던 것도 사실이다. 우리는 이러한 간단한 재료이지만 이에 근거하여 기원전 3세기 전후 한인들이 고조선의 경제에 탐을 내고 있었음을 알 수 있으니, 따라서 고조선의 생산력이 결코 그들만 못지 않았다는 사실을 넉넉히 짐작할 수 있다.

그리고 남의 재물을 도적한 사람이 50만의 돈을 배상하고 노예 신분으로 떨어질 것을 면할 수 있었다는 사실은 민간에 화폐 류통이 상당히 왕성하였음을 말하는 것이니 이것은 고조선 사회의 생산력이 아주 높다는 것을 말해 준다.

고조선이 중국보다 정치, 문화적으로 앞선 나라로 인정

(2) 고조선에는 도적이 없고 따라서 밤에도 문을 걸지 않았다고 한 기록은 고조선의 법률이 아주 엄하였음을 말해 주는 것이며, 결코 고조선 사람들이 천성적으로 특수한 도덕을 가진 것이라고 해석해서는 안 될 것이다.

(3) 고조선 전민田民은 변籩과 두豆 등 제기로 쓰는 식기를 사용하였는데 락랑군의 관리(한인)와 상인들은 배杯(접시)에 음식을 담아 먹었다고 기록한 것은 고조선 농민들의 생활 규범이 한인의 그것보다 고상함을 의미한다. 이점은 역시 고조선 사회의 생산력이 높다는 것을 설명해주는 것으로 될 것이다.

(4) 고조선의 부인들이 정신貞信하였다는 기록은 고조선 인민들의

도덕 품성이 고상하였음을 증명해 주는 재료이다.

(5) 공자가 자기 나라에 도덕이 문란해져서 도덕이 높은 고조선으로 올 것을 희망했다는 기록은 기술한 바와 같이 력사적 사실은 아닐지라도, 반고를 비롯한 한 대 지식인들이 그렇게 인정하고 있었음을 말하는 것이다. 우리는 이 기록으로써 한 대 지식인들이 고조선을 경제, 정치, 문화, 도덕적으로 중국보다도 앞선 나라로 인정하였음을 알 수 있다.

제2절. 고조선의 문화

고조선 문화에 관한 자료도 역시 극히 결여되어 있다. 나는 몇가지 단편적 기록을 가지고 고조선의 문화 발전상을 추단해 보려고 한다.

왕충王充은 《론형·회국》論衡恢國 편에 《료동 낙랑은 주나라 때 풀어 헤쳤던 머리에 상투를 틀고, 가죽으로 만든 고깔을 썼다. 주나라 때 중역重譯(두 번 통역함) 했는데 지금은 시詩, 서書를 읊고 춘추의 뜻을 외운다(遼東樂浪, 周時被髮推髻, 今戴皮弁, 周時重譯, 今吟詩, 書, 春秋之義)》라고 썼다. 왕충은 기원 1세기 중엽의 유물론 철학자로서 그의 저서는 권위 있는 것으로 인정되고 있다. 그의 기록에 의하면 료동의 락랑 사람들은 주 시대에는 한어를 중역하였으나, 기원 1세기 초에는 시경, 서경, 춘추 등 난해한 경서의 뜻을 외우고 있었음을 알 수 있다. 이것은 물론 료동의 락랑에 사는 고조선 사람을 말함이며 결코 거기에 거주한 한인을 말하는 것이 아니라는 것은 일목 료연하다. 고조선 사람들은 비단 이 세 가지 경서만을 연구한 것은 아니다.

《후한서》 66권 왕경王景 렬전에는 이렇게 씌여 있다.

> 왕경은 자字가 중통仲通으로 낙랑군 람함諵邯사람이다. 8세 선조 왕중은 본래 냥야 불기사람인데, 도술을 좋아하고, 천문에 밝았다. 여러 려씨들이 란을 일을킬 때 … 왕중은 화가 미칠 것을 두려워해서 해동에 배를 띄워 락랑으로 달아나 산중에 집을 지었다. … 왕경은 역易을 조금 공부했지만 마침내 많은 책을 넓게 엿보고, 또 천문과 술수의 일을 좋아해서 오래도록 깊게 많은 재능을 익히고는 사공司空을 피해

서 공부恭府에 엎드렸는데, 그때 왕경이 물을 다스리는데 능하다고 천거되어 ….

王景, 字仲通, 樂浪誹邯人也. 八世祖仲, 本琅邪不其人, 好道術, 明天文, 諸呂作亂 …仲懼禍及, 乃浮海東奔樂浪, 山中因而家焉, … 景少學易, 遂廣闚衆書, 又好天文術數之事, 沈深多伎蓺, 辟司空伏恭府, 時有薦景能理水者 ….

이에 의하면 락랑 사람 왕경은 주역을 비롯하여 각 부문 서적을 널리 연구하고, 특히 천문, 수학, 기술에 능통하였는 바, 후한 조정에 소환되여 대수리水利 공사를 설계하고 지도하여 력사적인 공적을 남기였다. 그는 왕충과 동 시대의 인물이다. 그의 8대 선조가 락랑으로 망명해 온 사람이니 1대를 20년 치더라도 그의 선조가 고조선으로 온 것은 대체로 한 무제가 락랑군을 설치한 전후 시기로 된다.

한어를 중역한 고조선인들

기원 전후 시기의 락랑은 동방 아세아의 하나의 문화 중심지이였다. 여기서는 천문학을 비롯한 자연 과학, 기술 과학과 철학, 력사, 문학 등 각 부문의 학문이 연구되였다. 혹자는 이 문화는 한 문화이며 고조선 문화는 아니라고 말할 것이다. 물론 락랑에는 수다한 한인들이 거주하였다. 그러나 그 거주자들은 많은 사람이 정치, 경제 일'군들이였을 것이요, 학자들이 식민지에 많이 파견되였을리는 없을 것이다. 왕경의 실례가 바로 그런 바와 마찬가지로 그들은 락랑에서 학문을 연구한 자들이였다. 왕충은 락랑 조선 사람들이 학문을 잘 한다는 것을 지적하였다. 서주 시대 한어를 중역하여 리해하던 사람은 고조선 사람을 가리켜 말하는 것이 명백하다.

나는 왕충이 《론형》에서 사용한 《주나라 때》周時의 개념을 조사하여 보았다. 그는 대부분의 경우에 《周時》와 《동주東周(기원전 770~기원전 256)》를 갈라 쓰고 있다. 따라서 이 경우에서도 《周時》를 《서주(西周: 기원전 1046~기원전 771)》 시대로 해석할 수 있다. 즉 락랑 사람들은 서주 시대(기원전 12~8세기)에 한어를 중역하여 리해하였음을 알 수 있다. 이 《중역》重譯이란 말의 뜻은 역시 두 번 번역했다는 말인데, 락랑 사람들이 어느 종족 언어를 통하여 한어를 중역했는지 알 수 없다. 이것은 역시 락랑 사람들이 린접한 서주의 방언을 통하여 하였거나 그렇지 않으면 서주와 가장 밀접한 관계를 가지고 있던 이족夷族의 언어를 통하여 중역하였다고 추측할 수 있을 것이다.

락랑 사람들이 한어를 중역하여 리해하고 사용할 필요가 있었을진대 그들이 순전히 말만을 중역하였다고 보는 것은 부자연하며, 역시 한문'자도 접촉하고 리해하였다고 보는 것이 자연스럽지 않겠는가? 《중역》을 했다는 사실은 락랑 사람들이 한어와 한문을 직접 리해하고 사용할 수 없었다는 것을 의미한다. 그러나 중역을 하여 한어와 한문을 리해하는 과정에는 점차적으로 그것을 리해하게 될 것이다. 왕충의 기록으로 보면 주 대에는 한문을 겨우 중역을 통하여 알 수 있는 정도이던 락랑 사람들이 자기 시대에는 자기의 경서들을 암송할 정도이라는 뜻으로 리해된다. 우리는 이 자료를 통하여 고조선인들이 기원전 8세기 이전에 이미 한어를 중역하였다는 사실을 알 수 있다.

우리는 이 사실에 근거하여 고조선에 문헌들이 상당히 많았다는 것을 추단할 수 있으나 오늘 우리는 고조선의 문헌 자료를 단 한 권도 소유하지 못하고 있다. 우리는 오직 한수의 시가詩歌 ─《공후인》箜篌引이란 노래 한 편을 고대 문헌상에서 찾아 볼 수 있을 뿐이다.

《고금주》古今注에는 이렇게 씌여 있다.

〈공후인〉箜篌引은 조선朝鮮의 진졸津卒 곽리자고霍里子高의 아내 려옥麗玉이 지은 것이다. 자고가 새벽에 일어나 배를 저어 가는데, 한 백발의 미친 남자가 머리를 풀어 헤치고 술병을 들고 난류에 뛰어들어 건너가자 그 아내가 따라오면서 제지했으나 미치지 못해서 물에 빠져 죽었다. 이에 공후箜篌를 잡아당겨 타면서 노래를 불렀다.
"님아 강을 건너지 마시오, 님이 강을 건너시네, 강에 떨어져 죽으셨네, 님이여 어찌할까?"
그 소리가 아주 처참했는데, 곡을 마치고 또한 강에 투신해 죽고 말았다. 곽리자고가 돌아와 그 말을 려옥에게 말해 주니, 려옥이 슬퍼서 공후를 끌어서 그 소리를 묘사했는데, 이름을 공후인이라고 했다. 또 공후요箜篌謠가 있는데, 어디에서 일어났는지 자세하지 않다. 대략 말이 서로 맺어져서 마땅히 시작과 끝이 있겠지만 이것과는 다르다.
箜篌引, 朝鮮津卒霍里子高妻麗玉所作也. 子高晨起刺船, 有一白首狂夫, 被髮提壺, 亂流而渡, 其妻隨而止之, 不及, 遂墮河而死, 於是援箜篌而歌曰: '公無渡河, 公竟渡河, 墮河而死, 當奈公何', 聲甚悽慘, 曲終, 亦投河而死. 子高還而語麗玉, 麗玉傷之, 乃引箜篌而寫其聲, 名曰箜篌引, 又有箜篌謠, 不詳所起, 大略言結交當有始終, 與此異也.

《고금주》는 진晋 혜제惠帝 시(기원 291~307년)의 최표崔豹의 저작이다. 이 작품은 종래 문학사 상 고구려의 시가로 취급되여 왔으나 나는 이에 대하여 의견을 달리한다. 중국 문헌 상에서 특히 3세기 중국인들이 《조선》이라고 칭한 것은 고조선 또는 락랑을 가리키는 것이며 고구려를 가리키는 것이 아니다. 이것은 《삼국지》의 기록에서 명백히 알 수 있다. 따라서 최표가 《공후인》을 조선의 배'사공 곽리자고의 안해 려옥이가 창작한 것이라고 한 것은 려옥을 고구려 사람으로 해석할 근거를 주지 않는다. 역시 려옥은 고조선의 녀인으로 인정하여야 할 것이다.

우리는 이 작품의 창작 년대를 확증할 만한 직접적인 자료를 가지지 못하고 있다. 그러나 나는 《공후》라는 악기가 중국에서 사용된 년대로써 이 《공후인》의 작곡, 작시 년대를 추단해 보려고 한다.

《사기》 무제기에는 《태일신과 후토신后土神에게 기도하고 제사 지내면서 처음으로 음악과 춤을 사용하면서 가아歌兒들을 불러서 돕게 했는데, 25현弦의 비파와 공후箜篌를 만드는 것이 이때부터 일어났다(禱祠泰一后土, 始用樂舞, 益召歌兒作二十五弦, 及箜篌瑟自此起)》라고 씌여 있다. 같은 책의 《집해》 주석에는 《서광은 "응소는 무제가 악인樂人 후조侯調를 시켜 처음으로 공후箜篌를 만들게 했다고 했다"라고 했다(徐廣曰:應邵云, 武帝令樂人侯調始造箜篌)》라고 썼다.

《사기》의 기록에 의하면 무제가 공후라는 악기를 제작한 년대는 그가 고조선을 침공하기 2년 전인 기원전 111년이다. 이 사실로 보아서 공후라는 악기가 한4군 설치 이후 한으로부터 락랑군으로 수입되였다고 보려고 하는 사람도 있을 수 있다. 그러나 나는 이렇게 생각하는 것보다는 이와 반대로 생각하는 것이 보다 자연스러울 것이라고 생각한다. 고조선의 배'사공과 안해인 려옥과, 또 《공후인》의 작시자인 무명의 로파가 모두 공후를 잘 연주하였으며, 또 들고 다니면서 사용한 사실로써 미루어 본다면 이 악기는 고조선의 민간 악기인 것이 명백하다. 이 악기가 한 무제 시에 만들어졌다는 25현의 궁정 악기와는 다르다는 것도 알 수 있다. 한인들이 무제 시에 처음으로 공후라는 악기를 만들었다는 사정을 보면 이 악기는 한인들의 고래로 전래된 민간 악기를 개조한 것으로는 생각하기 어려우며, 그것은 고조선으로부터 전달된 것이라고 보는 것이 타당하리라 생각된다. 고조선에서 보통 평민 녀성들이 일반적으로 이 악기를 연주했다는 사실은 고조선에서 이 악기의 력사가 아주 오래다는 것을 말해 주며, 결코 락랑군 설치 이후 한으로부터 수입한 악기라고 보기는 곤난하다. 나는 이러한 추리로써 공후라는 악기는 고조선의 특유한 현금이였으며 따라서 《공후인》의 창작 년대는 락랑군 설치 이전 즉 기원전 2세기 이전 시대이라고 추단한다.

배사공 노인이 자살한 이유

우리는 이제 《공후인》의 창작 경위와 이 시의 내용을 리해함으로써 고조선 인민들의 아름다운 도덕 품성과 정서 생활의 일면을 리해할 수 있다.

락랑의 배'사공 곽리자고가 어느날 새벽 나루'배를 저어 강을 건늘 때이였다. 이 때 백발 로인이 미치광이처럼 머리를 풀어 헤치고 한 손에는 술병을 들고 강물에 뛰여 들어 물'살을 헤치면서 건너 갔다. 이 때 그의 안해인 로파는 그를 쫓아 강물에 뛰여 들어 한사코 건너지 말라고 만류하였으나 로인은 그냥 강 가운데로 들어가 그만 물에 빠져 죽고 말았다. 눈 앞에 보면서 남편을 강물에 떠내려 보낸 로파는 기가 막혀 통곡을 하며 손에 들었던 공후를 뜯으면서 즉흥시를 읊었다. 그는 슬픈 노래 한 수를 남기고 남편의 뒤를 따라 강물에 빠져 자살하고 말았다. 이 광경을 목격한 곽리자고는 집에 돌아와서 자기 안해 려옥에게 그 사정을 이야기하였다. 려옥은 로인 부부의 죽음을 슬퍼하여 공후를 뜯으면서 그 비감을 노래하였다. 려옥이 작곡한 노래를 《공후인》이라고 한다. 이 시는 자살한 로파의 작품이라고 하나 사실에 있어서는 그 로파의 심정을 려옥이 시 형식에 옮긴 것으로 보아야 할 것이다. 이 시는 《시경》의 시 형식을 띠고 있다.

그대! 건너지 맙시사고
한사코 만류하였건만
그대 드디어 강을 건너다가
빠져 죽었고나!
그대는 어데로!
이몸은 어이하리!

우리는 이 작품의 계급성을 판단하기 매우 곤난하다. 그러나 이렇게 로인들이 자살까지 하게 되었다는 사정을 고려할 때 이 사회의 계급 관계는 복잡하며 계급적 모순이 상당히 심각한 바 있었던 것으로 판단된다. 이 로인들은 당시의 사회 현실을 부정한 사람들로서 당시의 통치 계급과의 소극적인 계급 투쟁을 표시한 것으로 리해할 수 있다. 즉 이 사회는 혁명을 요구하고 있었음을 알 수 있다.

이 주인공들은 몰락한 낡은 귀족 계급의 대표자일 수도 있다. 그러나 고조선의 형법이 그렇게도 준엄하였던 사실로 미루어 보건대 이 주인공들은 통치 계급의 가혹한 착취와 억압에 못 이겨 자살하였다고 보는 것이 더 자연스러울 것이다. 가난에 못이겨 남의 재물을 절취한 사람들이 노예로 끌려가지 않으면 안 되었던 사회에서 노예로 끌려가기보다는 차라리 죽음을 택할 수도 있었을 것이요, 또 실지로 자살한 사람도 있었을 것이 자명하다. 더우기 그렇게 생각되는 것은, 당시로서는 천민 대우를 받았을 배'사공 곽리자고와 그 안해 려옥이가 그 로인들의 죽음을 그렇게도 비통히 여겨 《공후인》을 지었다는 사실은 역시 계급적 공감이라고 해석하여야 하겠기 때문이다. 동일한 사회 계급적 처지가 아니고서는 그렇게까지 로인들의 자살을 슬퍼하지 않았을 것이다. 우리는 이 사실을 통하여 고조선 인민들의 고상한 품성을 알 수 있다.

우리는 고조선인들이 락랑군 설치 이전부터 중국 경서들을 연구하였다는 것을 고려할 때 고조선인들이 그 이전에도 능히 한시를 지을 수 있었으리라고 추단할 수 있다. 따라서 나는 이 작품은 기원전 2세기 이전에 창작된 것으로 판단해서 아무 무리가 없다고 생각한다.

고조선인의 한자 사용 시기

나는 고조선인들의 한'자 사용 시기에 대하여 《력사과학》(1960년 2, 4호)에 졸견을 발표한 바 있다. 나는 《론형》의 자료에 근거하여 고조선인들이 한'자를 사용하기 시작한 것은 기원전 8세기 이전 시기라고 판단한다. 고조선의 지명들은 이미 위에서 지적한 바와 같이 기원전 3세기 이전 중국의 고 문헌들에 기록되고 있다. 그 지명들은 결코 한문식 지명이 아니고 리두식 지명이다.

특히 《조선》朝鮮이란 국호는 고조선인 자신들이 사용한 리두식 기명이였다. 이 명칭이 고대 한어로써는 결코 의미가 통하지 않는 명칭이라는 것을 중국 력사가들도 인정하고 있다. 나는 중국의 저명한 학자들과 《朝鮮》이란 명칭을 고대 한어로 어떻게 해석할 수 있는가에 대하여 토론한 바 있다. 그들은 모두 이것을 고대 한어라고 해석할 수는 없으며 역시 고대 조선어의 리두식 기명으로 보는 것이 정당할 것이라는 의견에 동의하였다.

기술한 바와 같이 이 국호를 기원전 7세기의 한인들이 기록하고 있는 사실은 고조선인이 그 이전부터 한문'자를 사용했음을 단적으로 증명해 주는 것이다. 나는 위에서 단군 신화를 위만 이전의 고조선 사람들이 문'자로 기록하였다고 주장하였다. 그와 함께 고구려 국초에 《류기》留記 백 권을 쓴 사람이 있었다는 《삼국사기》의 기록이 정확함을 인정하였으며, 따라서 이 력사책은 고구려의 선행국인 맥국의 력사를 기록한 것이라고 추단하였다. 중국 고대 문헌들에 단편적으로 남아 있는 고대 조선에 관한 기록들은 결코 중국인들이 다만 전문한 것을 기록한 것이 아니라 고조선으로부터 얻은 문헌 자료에 의하여 기록한 것이라고 인정하게 된다. 《범금8조》의 법률은 성문법이였으며 결코 조문이 없는 법률은 아니였다.

중국인들이 고조선인이 기원전 12세기에 한'자를 수입하였다는 사실을 승인한 자료가 있다. 위에서 숙신을 론할 때 인용한 자료에서 숙신이 주 무왕으로부터 《명》命을 받았다는 기록이 있다. 이 《명》命은 《책서》策書를 의미한다. 물론 이것을 력사적 사실로 인정하기는 곤난하나 중국인들이 고조선인이 이미 기원전 12세기에 한'자를 수입했음을 인정했다는 사실은 명백하다.

고조선인의 문'자 사용에 대하여 아직 우리는 깊은 연구를 진행하지 못하고 있다. 이 문제에 대해서는 앞으로 연구를 심화해야 할 것이다. 이 문제에서 참고하여야 할 한 가지 자료를 들어 보자. 어떤 고고학자는 려순 백람자白嵐子 유적에서 발굴한 토기 바닥에 그려진 도안을 고대에 이 지역에 거주한 종족의 상형문자일 것이라고 추단하였다. 〔《남만주조사보고(南滿調査報告)》, 53페지 : 원저 주〕 우리는 이 자료를 주시할 필요가 있다.

제3절. 고조선의 국가 형성

고대 중국 사가들은 고조선을 기원전 12세기에 형성된 것으로 인정하였다. 그들은 《기자 전설》에 근거하여 그렇게 리해하였다.

나는 위에서 《기자 전설》을 그대로 믿을 수 없는 것이라고 주장하였다. 그러나 예인의 일부가 현 하북성의 중, 남부에까지 진출하였으며, 거기에 《예수》라는 강과 《예읍》의 자취를 중국 력사 상에 남겨 놓았다. 이 예인의 거주 지역은 고기국古箕國의 위치와 일치하며 따라서 나는 이 사실에 근거하여 서주 초 동란 시기에 예인이 그 지역에서 퇴각하고 그 자리에 기국을 설치하였는 바, 기자는 바로 그 기국에 봉을 받았던 자라고 판단하였다.

그러나 우리는 이러한 자료에 근거하여 고조선의 국가 형성 시기를 서주초(기원전 12세기)라고 론단할 수는 없는 것이다. 따라서 나는 고조선에 관한 자료들 중에서 후기에 관한 자료들로부터 소급하여 고대로 탐구하여 올라가는 방법으로써 국가 형성 시기를 론단하여 보려고 한다. 위씨 조선이 국가 기구를 구비한 계급 국가이라는 사실에 대하여서는 누구도 의문을 가지지 않을 것이다.

위만 이전 고조선 사회의 성격

《사기·조선 렬전》의 간단한 자료만 보더라도 위씨 조선의 관료로서 상相, 대신大臣이 있고 장군이 있으며, 대량적인 군대와 군비가 있었다. 이러한 사회를 계급 국가가 아니라고 주장할 수는 없다.

그러면 위만이 고조선 왕권을 탈취하기 이전의 고조선 사회는 어떠한 사회였던가? 종래 내외의 많은 학자들이 이 사회를 계급 국가로 인정하지 않고, 확실한 근거 없이 원시 사회 말기라고 주장하였다. 그러나 우리는 간단한 자료이지만 그것들을 옳게 분석함으로써 종래의 그릇된 설들을 극복할 수 있다고 생각한다.

《위략》의 기록은 매우 간단하지만 고조선 사회의 계급 국가 여부를 판단할 수 있는 중요한 근거를 제공해 준다. 거기에는 이렇게 씌여 있다.

> (연왕) 로관盧綰이 (한나라를) 배반하고 흉노로 들어가자 연나라 사람 위만도 망명했는데, 호복胡服을 입고 동쪽으로 패수를 건너 (위만 조선의) 준왕에게 항복했다. (위만 조선의) 서쪽 경계에 거주하기를 구해서 중국의 망명자들로 조선의 번병(藩屛 : 울타리)이 되겠다고 했다. 준은 그를 믿고 총애해서 박사로 제수하고 규圭[208]를 하사하고 백리 땅을 봉해주어 서쪽 변경을 지키게 했다.
>
> 及綰反入匈奴, 燕人衛滿亡命, 爲胡服, 東渡溴(浿의 오자)水, 詣準降, 說準求居西界, 故中國亡命爲朝鮮藩屛. 準信寵之, 拜以博士, 賜以圭, 封之百里, 令守西邊.

이 자료에서 우리는 고조선 왕 준이 위만에게 박사의 벼슬을 주고 그 서방 백 리의 땅을 봉하여 주었음을 알 수 있다. 그를 봉할 때 그 표징으로서 규圭(옥)를 주었다. 고조선에는 《박사》라는 관직이 있었다. 이 관명이 과연 고조선의 관명 그대로인지 혹은 한인들이

208) 제후를 봉할 때 내려주던 신인(信印)

번역한 것인지는 불명확하나 한인들이 《박사》博士라고 쓴 것을 보면 그들의 《박사》와 동일한 것으로 인정하는 것이 타당할 것이다. 중국에서의 《博士》라는 관직은 진秦대에 설치한 것이요, 《고금의 일을 장악》掌通古今事한 관직이며, 그것은 학자로서 황제의 고문 역할을 한 관리였다. 고조선에도 이러한 관직이 있었던 것으로 보아서 고조선에 문교 제도가 발달하였음을 알 수 있다. 혹자는 《博士》란 관직은 진 대에 처음 제정된 것이니 그 이전 고조선에는 있을 수 없다고 말할 수도 있다. 물론 고조선에서 중국의 관명과 동일한 관명을 사용하지 않았을 것은 당연한 일이다. 그러나 한인들이 《博士》로 번역할 수 있는 그러한 직무를 수행하는 관직이 있었음은 명백한 것이다. 따라서 고조선에 《博士》란 관직이 있을 수 없다는 우려는 별로 문제시되지 않는다.

그리고 조선 왕 준이 위만에게 《백 리 땅을 봉해 주었다》는 사실이 고조선 왕이 이미 귀족이나 고관들에게 토지를 봉해주는 《봉건》 제도가 있었음을 설명해 주는 것이다. 물론 이것은 중세기 봉건 제도라고 말할 수 있는 근거는 없다. 고대 사회에도 이러한 《봉건》 제도는 존재할 수 있으며 실지에 존재하였던 것이다. 《후국》이란 그런 것이며 부여에서의 《한국》, 진국에서의 3개 《한국》은 모두 이러한 《봉건》 제도에 기초한 것이였다. 따라서 이것은 고조선의 통치 계급이 지역별로 인민을 통치하였음을 의미하는 것이지 결코 혈연적 단위로써 통치하였음을 의미하는 것은 아니다. 따라서 왕 준의 시기(기원전 3세기 후반기)의 고조선 사회가 원시 사회 말기라고 주장할 수 없다.

사실은 그와는 정반대이였다. 기술한 바와 같이 고조선은 준왕 시기에는 이미 계급적 모순이 상당이 심화되였던 것이다. 그렇게 생각할 수 있는 또 하나의 근거는 위만이 고조선 왕권을 탈취한 사실이다. 그는 아무런 무력을 소유하지 못하였으며, 조직된 한인의 집단도 령솔하지 못하고 겨우 천 명의 망명자들을 거느린 자이였다. 《사기·조선 렬전》에는 《위만이 진반, 조선 만이를 역속役屬(복속)시키고, 또 연, 제로부터 망명하여 온 망명 집단을 역속시켜 왕 노릇을 하고 왕검성에 도읍하였다》고 씌여 있다. 그가 《진반, 조선 만이를 역속시켰다》는 기록은 조선 인민이 원시 사회에 처하여 있었기 때문에 아무런 대항도 하지 않고 위만에게 복종했다고 해석할 수는 없을 것이다. 력사적 사실은 원시 사회일수록 외족에 대한 피의 복수는 강하였음을 보여준다.

고조선 인민들이 위만에게 복종하였다는 사실은 고조선 왕권을 반대하는 투쟁에서 합세하였음을 의미한다고 밖에 달리 해석할 수는 없다. 왜냐하면 위만은 아무러한 무력도 없었고 또 한인들의 조직적 집단도 령솔하지 못한 망명객이였기 때문이다. 물론 당시 연, 제, 조로부터 망명해 온 수만 명의 한인들이 있었다. 그러나 그들은 우선 경제적 력량이 없었고, 군대를 조직할 만한 사회적 경제적 토대가 없었다.

위만이 고조선으로 망명해 온 년대는 기원전 195년으로 판단된다. 이것은 연왕 로완盧綰(로관)이 흉노로 들어간 이후이다. 로완이 흉노로 들어간 년대는 《사기·로완 렬전》에 의하면 한 고조가 사망(기원전 195년 4월)한 후이다. 따라서 위만이 고조선으로 망명해 온 년대는 로완이 흉노로 들어간 직후로 인정되기 때문에 동년 내로 망명해 왔다고 보여진다. 종래 위만이 고조선 왕권을 탈취한 년대를 기원전 194년으로 인정하여 왔으나 그가 망명하여 온 바로 다음해에 왕권을 탈취했다고 보기는 곤난하다. 적어도 2~3년 후의 일로 인정된다. 어쨌든 그가 조선 왕권을 탈취한 것은 그가 망명하여 와서 오래지 않은 후이니 그가 준으로부터 백리의 봉토를 받은 후 거기서 한인으로 군대를 조직하여 왕권을 탈취했다고 볼 수는 없다.

그와 함께 그 짧은 기간 내에 고조선 인민이 그에게 간단하게 지배되였다고는 더욱 인정할 수 없다. 따라서 나는 그가 고조선 인민을 《역속》시켰다는 기록은 그가 고조선 인민들의 준왕을 위수로 한 낡은 귀족 계급의 통치를 반대하는 계급 투쟁을 리용하였다고 해석하는 것이 가장 타당하리라고 생각한다.

다시 말하면, 기원전 2세기 초 고조선에는 계급적 모순이 첨예하였고 인민들이 이러저러한 형식으로 통치 계급을 반대하는 투쟁을 전개하고 있었다고 인정하게 된다.

중국의 왕과 동등한 왕으로 자처

고조선 왕 준 이전에 고조선 왕은 중국의 왕들과 동등한 왕으로서 자처하고 그들에게 대하였던 것이다.

이 사실에 대하여 《위략》에는 다음과 같이 썼다.

> 옛 기자의 후예인 조선후는 주나라가 쇠약해지자 연나라가 스스로를 높여 왕을 칭하고 동쪽으로 침략하려는 것을 보고, 조선후도 역시 스스로 왕이라 칭하고 군사를 일으켜 역으로 연나라를 공격해서 주 왕실을 받들려 하였는데, 그 대부 예가 간하므로 중지하였다. 그 후 그 자손들이 점점 교만하고 포악해지자 연나라에서 장수 진개를 보내 그 서쪽 지방을 공격해서 2천여 리의 땅을 얻고 만반한滿潘汗에 이르러 경계를 삼았다.
>
> 昔箕子之後朝鮮侯見周衰, 燕自尊爲王, 欲東略地, 朝鮮侯亦自稱爲王, 欲興兵逆擊燕, 以尊周室. 其大夫禮諫之, 乃止. 使禮西說燕,

燕止之不攻. 後子孫稍驕虐, 燕乃遣將秦開攻其西方, 取地二千餘里, 至滿潘汗爲界, 朝鮮遂弱.

우리는 이 자료에 근거하여 다음과 같은 사실들을 알 수 있다.

① 고조선 왕은 연 소왕 이전 연 후侯가 왕으로 자칭할 때 즉 연 이왕易王 시기(기원전 332~321년), 왕으로 자칭하여 중국의 제왕들에게 대하였다는 사실, 이 사실이 고조선이 중국의 제국과 동등한 국가 기구와 관료 제도를 구비하였다는 사실을 《위략》의 저자 어환이 인정하였음을 의미한다.

② 기원전 4세기 후반기에 고조선에는 《대부》大夫라는 관직이 있었다는 사실.

③ 동 시기 고조선은 연을 공격할 만한 군사 준비를 가지고 있었다는 사실.

이 사실들을 결부시켜 고찰하면, 고조선은 기원전 4세기 후반기에는 국왕의 지배하에 통치 기구를 구비하고 강력한 군대를 소유하고 있었다는 사실을 인정할 수 있다. 우리는 이 왕을 군사 민주주의 단계의 군사 수장으로 해석할 근거가 없으며, 또 이 군대를 군사 민주주의 단계에서의 《군대》로 해석할 근거가 절대로 없다. 왜 그런가? 벌써 《대부》라는 관직이 있기 때문이다. 이 관명을 절대로 자의로 해석해서는 안 된다. 중국인이 기록한 것 만큼 중국의 력사적 관명으로서의 《대부》의 개념대로 인정하여야 한다.

《대부》라는 관명을 한인들이 한역하였다고 인정하더라도 그들은 고조선의 관직으로서 중국의 《대부》와 동등한 관직이 존재했다는 것은 인정한 것이 명백하다. 어환은 고조선의 《대부》를 중국의 선진先秦 시대의 《대부》서 개념으로 썼는지 혹은 한 대의 《대부》의 개념으로 썼는지 불명확하다. 그러나 고조선의《대부》가 국왕을 충고諫하였다고 기록한 것을 보면, 어환은 고조선의《대부》를 한 대의《대부》와 동등한 관직으로 인정한 것으로 리해된다. 선진 시대의《대부》는《경》卿과《사》士와의 중간에 위치한 제후의 신臣이였다. 그런데 진, 한 대의《대부》는 국가가 론의해야 할 문제를 취급하였으며, 이 관직은 랑중령郎中令에 속하고, 대중대부大中大夫 , 중대부中大夫 , 간대부諫大夫 등이 존재하였다. 또한 한 대에는 작爵의 제5급을《대부》라고 칭하였다. 국왕을 충고한 고조선의《대부》는 진, 한 대의 대부와 동일한 기능을 가진 관직으로 해석된다. 따라서 기원전 4세기 후반기 고조선에는 상당히 발달한 관료 제도가 존재하였음을 알 수 있다. 즉 기원전 4세기 후반기의 고조선은 발달한 관제를 구비한 국가였다고 인정해야 한다. 이로써 우리는 고조선이 기원전 5~4세기에는 강력한 국가로서 존재하고 있었음을 확인할 수 있다. 따라서 그 국가 형성 년대는 그 이전 시기로 올라가야 하는 바 나는 이에 관한 몇 가지 자료를 들려고 한다.

고조선이 연을 정벌했다는《박물지》기록

우리는 기원전 4세기 이전에 고조선이 연을 정벌했다는 사실을 전해주는 자료를 찾아볼 수 있다.

《박물지》7권《이문》異聞에는 이렇게 씌여 있다.

> 기자가 조선에 거주했는데 그 후 연나라를 정벌했다. 조선으로 갈 때 망명하여 바다로 들어가 선국사鮮國師가 되었다. 두 아내는 묵색墨色209)이었는데, 귀걸이는 두 푸른 뱀이었고 마디마다 비늘이 있었다.

箕子居朝鮮, 其後伐燕, 之朝鮮, 亡入海, 爲鮮國師, 兩妻墨色, 珥兩青蛇, 蓋句芒也.

이 기록은 고조선이 연나라를 정벌하였던 일이 있었음을 말해준다. 그러면 그 시기는 어느 때인가를 고찰하여야 할 것이다. 위에 인용한 《위략》의 기록과 결부시켜 생각할 때 이 시기는 기원전 4세기 중엽 이전임은 명백하다. 우리는 이 시기를 알기 위하여 연나라 력사를 살펴 보아야 할 것이다.

《사기·연소공세가》燕召公世家를 보면 연 소공 이후 9대간의 력사는 공백으로 되어 있고, 연이 외족의 침공을 당한 사실로서는 연 장공莊公 27년(기원전 664년)에 산융의 침범을 당하여 제 환공桓公이 연을 구원하였다고 기록하고 있다. 이 사실 외에는 연이 외족의 침범을 당한 사실이 기록되여 있지 않다. 연 소왕 이전 연의 국력이 가장 약하였던 시기는 장공 시기(기원전 690~658년)였다. 그런데 이 시기 제 환공은 북벌을 하다가 맥에 패하였으며, 산융은 대항도 못하고 도망했던 것이다. 이 사실은 위에서 예맥을 론할 때 론급하였다. 그런데 《사기·연소공세가》에서는 이러한 산융이 연을 침공했다고 기록되여 있다. 따라서 나는 《사기》의 이 기록에 대하여서는 의혹을 품지 않을 수 없다. 이 《산융》을 바로 《조선》으로 인정하여야만 《관자》, 《박물지》 등 기록과 일치하게 된다.

---

209) 은(殷 : 상)나라의 제후국이었던 고죽국(孤竹國)의 왕자 백이(伯夷)씨의 성씨가 묵태(墨台)씨였다. 《정의》는 《괄지지》를 인용해서 "고죽성이 평주 노룡현 남쪽 20리에 있는데, 은나라 때 제후국인 고죽국인데 성이 묵태(墨台)씨다"라고 말하고 있다. 《성고(姓考)》에서는 "고죽군의 후예가 묵태씨인데, 묵(墨)씨로 개정했다"고 말한다. 평주 노룡현은 명청 때 영평부였고, 지금은 하북성 노룡현인데, 중국의 역대 학자들은 이 지역이 기자를 봉한 곳이자 낙랑군 조선현이 있던 자리라고 보았다.

더우기 그렇게 생각하게 되는 리유는 제 환공과 고조선이 직접 무역을 진행하였다는 《관자》의 기록이 있기 때문이다. 《관자》에는 고조선이 연과 무역한 이야기는 쓰지 않고 제와 무역을 하였다고 썼으니 이 기사에는 반드시 까닭이 있다고 보아야 할 것이다. 왜냐하면 당시에 고조선과 제와의 중간에 연이 위치하고 있었는데 고조선은 제와 직접 무역을 하였으니, 고조선은 연의 령역을 정복하고 직접 제와 통상했다고 보여지기 때문이다. 물론 해상 무역을 했다고도 볼 수 있으나, 기원전 7세기에는 고조선 령토가 현 란하 류역에까지 이르렀다고 보이니 역시 륙로로 통상했다고 인정할 수 있다.

혹자는 《박물지》의 이 기록을 믿을 수 없다고 생각할지 모른다. 그러나 이 기록은 우리에게는 아주 귀중한 자료인 것이다. 사마천이나 진수, 반고 등이 조선이 연을 정벌했다는 자료를 알고 있으면서도 얼마든지 쓰지 않았을 수 있다. 그런데 장화(232~309년)는 《박물지》에서 특수한 자료라고 하며 《이문》異聞이란 항목을 설정하고 거기에다 이 사실을 기록하였다. 중국인으로서 자기네 조상이 남의 나라에게 정벌당했다는 것을 위조하여 기록했을리는 만무하지 않는가? 따라서 우리는 《박물지》의 기록은 정확하다고 인정하여야 하며 그것을 부인하기 어려울 것이다.

나는 위에서 이미 맥국은 늦어도 기원전 5세기에는 부세 제도를 구비한 노예 소유자 국가이라는 것을 주장하였다. 우리가 고조선을 맥국보다 선진한 국가로 인정한다면 기원전 7세기 고조선은 당당한 국가로서 연을 위압하고 제와 무역을 하였다고 인정할 수 있지 않겠는가 하는 것을 문제로 제기한다.

조선이란 국호의 존재 시기

다음 나는《조선》이란 국호의 존재 시기에 근거하여 고조선 국가의 형성 시기를 추단해 보려는 것이다. 기술한 바와 같이《관자》에 처음으로《조선》이란 국호가 기록되여 있다.《관자》가 비록 전국 시대에 기록된 서적이며 사료적 가치가 비교적 적은 책이라고 하더라도 그에 기록되여 있는 일체 자료들 모두 후세의 위작이라고 인정할 수는 없으며 또 그렇게 해서는 안된다.

《관자》에 기록된《조선》이란 국호를 관중管仲 시기(기원전 7세기)에 칭한 것이 아니라 전국 시대에 칭하였다고 주장할 근거는 전연 없다. 위에 인용한《박물지》의 기록에 근거하여 관중의 시기에 그들이 칭하고 기록했다고 보는 것이 더욱 근거가 강하다. 왜냐하면 장화는 분명히 조선이 연을 정벌하였다고 썼기 때문이다.

력대의 중국 학자들이《조선》이 기원전 12세기부터 존재하였다고 인정한 사실도 반드시 참고되여야 할 것이다. 우리가《관자》에 기록된《조선》朝鮮이란 국호를 이 책의 저자로 인정되여 온 관중管仲의 시기 즉 기원전 7세기에 그들이 칭하고 기록했다고 인정하는 것이 가장 타당한 해석이다. 기원전 7세기 이전의 력사를 기록한 자료에서는《朝鮮》이란 국호가 보이지 않으며,《숙신》肅愼,《식신》息愼,《직신》稷愼 등의 명칭으로 기록되여 있다. 기술한 바와 같이 이 명칭들은 고조선이 아직 통일적인 국가를 형성하기 전에 그 거주 지역별인 부족명이였다고 인정된다.《조선》은 기원전 12세기 이후 국가 형성 과정에 들어섰던 여러 부족들을 통합한 국가의 명칭이였다.

우리는 력대 중국 사가들이 기원전 12세기의 조선을 서주의《후국》侯國으로 인정해 온 사실을 주목할 필요가 있다. 물론 그들은《기자 전설》에 근거하여 그렇게 생각한 것은 사실이지만 우리는 그 전설은 별개 문제로 하고, 《조선》을 서주의 《후국》과 동등한 사회로 인정하였다는 사실을 주목하여야 한다. 고조선이 주 왕실의 후국이 아니였다는 것은 《춘추》春秋에 《조선》에 관한 기록이 없는 사실로써도 명백히 알 수 있다. 즉 중국에서 가장 오랜 력사책인 《춘추》에서는 고조선을 자기네의 《후국》으로 인정하지 않고 있다. 그러나 그들이 관념 상 《후국》으로 인정한 사실은 그들이 고조선을 기원전 12세기부터 자기네와 동등한 나라로 인정하였음을 말하여 주는 것이다.

두우杜佑는 고조선이 천여 년을 경과하여 망하였다고 썼다.

> 주나라 초기에 상나라 태사국을 조선에 봉했는데, 태사는 주나라에 홍범을 진술했다. 지금 그 땅은 안동부의 동쪽인데, 모두 동이가 점거하고 있다. … 그 조선은 천여 년 이상을 지내다가 한나라 고제 때 멸망했다.
>
> 周初, 封商太師國於朝鮮, 太師爲周陳洪範, 其地今安東府之東, 悉爲東夷所據. … 其朝鮮, 歷千餘年, 至漢高帝時滅.〔《통전(通典)》 185권, 변방(邊防)□동이 상 서략(東夷上 序略) : 원저 주〕

그가 《기자 전설》에 근거하여 이런 말을 하였다 할지라도 그가 고조선을 기원전 12세기부터 문명한 사회로 인정했다는 사실은 명백하다.

따라서 나는 이미 기원전 12세기에는 선진한 부족은 국가를 형성하는 과정에 들어섰다고 추단하며 《조선》이란 통일 국가는 늦어도 기원전 8세기에는 형성되였다고 인정할 수 있는 근거의 하나로 될 수 있지 않겠는가 하는 것을 문제로서 제기한다. 우리는 고대 동방 국가들이 기원전 3천 년에 국가를 형성한 사실을 알고 있다. 례를 들어 슈메르나 바빌론 같은 나라는 결코 광대한 지역을 포괄한 것이 아니였고 아주 적은 지역에서 국가를 형성하였던 것이다. 그리고 또 우리는 한 개 종족 내에서 선진한 부족이 먼저 국가를 형성한 실례들을 얼마든지 알고 있다.

나는 아직 기원전 12세기에 숙신으로 불리워진 고조선의 부족이 계급 국가를 형성하였다고 론단할 만한 과학적 근거를 충분히 장악하지 못하고 있다. 위에서 론급한 바와 같이 군사 민주주의 단계의 군사 수장으로서의 《단군》의 신화가 늦어도 기원전 12세기의 사실을 반영한 것으로 인정하여야 하겠다는 나의 추론이 성립된다면 고조선족의 선진한 부족은 늦어도 이 시기에는 국가 형성 단계에 들어섰다고 볼 수도 있지 않겠는가 생각한다.

고조선에도 아세아적 공동체 존재했을 것

필자는 이미 위에서 부여 사회는 아세아적 공동체 시기를 경과하고 아세아적 노예제가 무너지고, 봉건적 요소가 발생 발전하고 있는 사회라고 론단하였다. 나는 우리 민족의 고대 국가들에 모두 《한국》이 있었다고 인정한다. 고조선에도 《한국》汗國이 존재하였는데 위만 시기에는 이미 이 제도가 폐지되였다. 우리나라 고대 사회에 아세아적 공동체가 존재했던 흔적을 찾을 수 있는 유일한 자료는 《삼국지·부여전》의 《부여의 옛 풍습에는 홍수나 가뭄이 들어 오곡이 영글지 않으면 문득 그 허물을 왕에게 돌려 '왕을 바꾸는 것이 마땅하다'고 말하거나 '왕을 죽이는 것이 마땅하다'고 말했다(舊夫餘俗, 水旱不調, 五穀不熟, 輒歸咎

於王, 或言當易, 或言當殺)》란 기록이다. 필자는 여기서 다시 설명을 되풀이하지 않는다.

부여의 옛날에 아세아적 공동체가 존재하였다는 나의 론단이 리론적으로 성립될 수 있다면 고조선의 경우에서도 동일한 리론이 적용될 수 있을 것이다. 예와 맥은 언어와 풍습을 같이한 동일한 족속의 두 갈래이였다. 따라서 우리는 고조선과 부여, 그리고 그의 선행국인 고리국의 사회 제도, 특히 토지의 소유 형태가 동일할 것이라고 인정하는 것이 타당할 것이다.

필자는 고조선의 진, 반, 막 등의 한국汗國의 한이 부여의 《가》加와 동일한 사회적 성격을 가진 존재였다고 인정한다. 따라서 고조선에서도 옛날에는 《한》의 집단이 국왕을 교체하거나 혹은 죽일 수 있는 《풍속》이 있었다고 추단할 수 있을 것이다. 즉 고조선에서도 어느 한 시기에는 아세아적 공동체가 존재했으며, 그 결합체 위에 군림한 《소전제 군주》로서의 《한》들이 존재했다고 추단할 수 있다.

위에서 간단히 언급한 바와 같이 위만이 정변을 일으킬 당시 고조선에는 이미 계급적 모순이 심화되였고, 노예제 경제 제도는 위기에 봉착하였다. 우리는 바빌로니아에서 동방적 노예 소유자 국가가 천년을 경과한 후에 그 노예 제도가 위기에 봉착하게 된 사실을 참고할 필요가 있다.

필자는 기원전 3세기 말에 노예제 경제 제도가 위기에 봉착했던 고조선의 국가 형성 시기를 기원전 8세기경으로 론단하는 것이 결코 망설로 되지 않을 것이라고 생각한다.

제4절. 고조선의 사회 경제 구성

고조선의 사회 경제 구성을 론단할 수 있는 직접적인 자료가 극히 결핍되여 있기 때문에 우리는 약간의 이것도 극히 적은 간접적인 기록들을 분석하고 추리할 수밖에 없다.

1. 계급 관계

(1) 노예 소유자 계급

고조선의 계급 구성을 추단할 근거를 제공해 주는 가장 중요한 자료는 《한서·지리지》에 기록되여 있는 고조선의 법률 《범금8조》이다.

고조선 《범금8조》의 법률이 어느 시기에 제정된 것인가를 론단할 근거는 없으나, 기자가 제정했다고 기록하고 있는 것으로 보아서 이 법률이 위만 이전 고조선의 법률임을 알 수 있으며, 더우기 《한서》의 저자인 반고(기원 1세기 중엽)가 그 8개 조 중 3개 조 밖에 모르고 있는 사실로 미루어서 고조선 형법은 한4군에서는 실시되지 않았다고 인정된다.

홍여하洪汝何[210](18세기)는 《범금8조》에 관하여 다음과 같이 썼다.

범금 팔조를 살펴보니 역사서에는 그 항목을 잃었으니 심하다. 우리

210) 홍여하(洪汝何 : 1620~1674) : 호는 목재(木齋) 또는 산택재(山澤齋)인데, 조선 중후기의 문신이자 학자로서 《휘찬여사(彙纂麗史)》, 《동사제강(東史提綱)》 등 우리나라 역사서를 저술했다.

동방 문헌으로는 징험하기 부족하다. 혹자는 시서詩書가 그 첫 조항이고, 권농勸農이 둘째 조항이고, 공상工商이 셋째 조항이고, 직물 짜는 것이 넷째 조항이고, 경서經書가 다섯째 조항이고, 살인한 자는 목숨으로 보상하는 것이 여섯째 조항이고, 남을 상하게 한 자는 곡식으로 보상하는 것이 일곱 번째 조항이고, 도둑질한 자는 노비로 삼는 것이 여덟 번째 조항이라고 한다. 혹자는 부자父子는 친함이 있고, 군신은 의리가 있고, 부부는 구별이 있고, 장유長幼는 순서가 있고, 붕우는 신용이 있는 것이 5조고, 살인은 목숨으로 보상하고, 상하게 한 것은 곡식으로 보상하고, 도둑질은 노비가 되는 것으로 보상하는 것이 3조로서 모두 8조라고도 한다. 앞의 설은 즉 그 당시 동방 백성들이 예의가 없고 무식했다는 것이니 태사太師(기자)가 교화했다면 반드시 정성스럽고 복종하면서 제사를 우선해야 했을 것인데, 8조에 없다. 뒤의 설의 오상五常(인의예지신)과 대륜大倫(사람으로서 행하는 도리)은 법에 조응할 수 없고, 3조를 나누어 앞의 것과 나란히 놓아 8조로 만들었으니 모두 불합리하다. 잠시 그 빠진 것은 후대에 아는 자를 기다려야 할 것이다.

按八條之敎, 史失其目, 甚矣, 吾東方文獻之不足徵也, 或曰詩書爲一, 勸農爲二, 工商爲三, 織作爲四, 經畫爲五, 相殺以命償爲六, 相傷以穀爲七, 相盜沒爲奴婢爲八, 或曰, 父子有親, 君臣有義, 夫婦有別, 長幼有序, 朋友有信爲五條, 相殺償命, 相傷償穀, 相偸爲奴婢爲三條, 總爲八條, 由前之說, 則是時東民蠢然無識, 太師立敎, 必以衷服祭祀爲先, 而八條無之. 由後之說, 則五常大倫不應與法分三條並列爲八條. 皆不合理, 姑闕之以俟知者.〔《동국통감제강(東國通鑑提網)》 1권, 조선기(朝鮮紀) : 원저 주〕

홍여하는 범금8조에 대한 고인들의 설을 부정하고 그 해명을 바로 오늘 후대들에게 기대하였다. 종래 유학자들이 법률과 인륜 도덕 문제를 구별하지 못하고, 거기에다 기자가 조선에 와서 문교를 실시했다는 허황한 전설을 맹목적으로 믿고 그것을 《영예》로 생각했기 때문에 고조선의 법률도 기자가 제정한 것이요, 그 8조에 인륜 도덕 문제가 포함되여 있었다고 생각하였다. 홍여하가 지적한 바와 같이 인륜 도덕 문제와 형법을 합쳐서 《범금8조》라고 칭할 수 없을 것이다. 그리고 또 기자가 왔다고 하는 기원전 12세기에 고조선인이 아직 야만 단계에 처하여 있었다면 범죄자가 자속을 요구할 때 50만 전의 화폐를 배상할 수는 도저히 없었을 것이 명백하다. 홍여하의 견해는 실로 정당하며, 그의 설은 선유들의 혹심한 사대주의를 반대한 사상의 표현이라고 볼 수 있다.

우리는 홍여하가 제출한 숙제를 해결할 수 있는 자료를 아직 장악하지 못하고 있으나, 전래된 3개 조의 법령으로 보아서 그 외의 5개 조의 법령도 역시 고조선의 통치 계급이 자기 계급의 리익을 보호하고 그 정권을 유지하기 위하여 인민을 압박한 법령들이였을 것이 명백하다.

고조선 지배 계급은 노예 소유자

고조선 형법에서는 살인자는 즉시 사형에 처하였다(相殺, 以當時償殺). 이 법령의 집행을 부여나 고구려의 법령 집행과 대비하여 보면 그 법률 제도가 보다 발달하였음을 알 수 있다. 부여에서는 《영고》迎鼓라는 1년 1회의 국중대회에서 재판하여 처형하였다. 부여나 고구려에서는 1년에 1차 재판 판결을 하였다. 고조선의 형법 집행은 부여와는 달리 범죄자가 나타났을 때는 즉시 형벌을 집행하였다. 따라서 우리는 고조선의 법률 제도가 부여의 법률 제도보다 발달하였음을 알 수 있다.

고조선에서는 남의 재물을 절취하였을 때 그 범죄자를 노예로 전락시켰다. 이것은 물론 그 재물의 소유자의 노비로 되었다고 해석하여야 할 것이다. 부여에서는 도적은 12배의 배상을 내였으며, 사형수의 가족이 노예로 되었다. 이에 비하면 고조선의 형법이 얼마나 준엄했는가를 알 수 있다. 동시에 이 법령은 지배 계급의 노예 획득을 위한 법적 대책이 얼마나 가혹하였는가를 말해 준다. 또한 이 사실은 고조선의 노예제가 부여보다 더욱 발달하였음을 의미하는 것이 아닌가? 도적을 노예로 만들 권리를 가졌던 지배 계급은 자기들의 채무자들이 부채를 갚지 못하였을 때 그 채무자를 노예로 만들 수 있었을 것이 또한 자명하다.

그리고 속죄를 원하는 자들은 50만의 돈을 배상하면 노예 신분으로 전락되는 운명을 면할 수 있었으니, 이것은 노예 1명이 50만의 돈으로 매매되었다는 것을 의미한다. 즉 노예 1명의 가치는 50만의 돈에 해당하였음을 의미한다. 위에서 지적한 바와 같이 한 무제 시기의 50만 전은 수말 2필에 해당하였으니 고조선의 노예도 대체로 그런 정도의 값이였다고 볼 수 있다.

이러한 법률을 실시한 지배 계급은 노예 소유자들이며, 국가는 노예 소유자들의 리익을 철저히 옹호하고 있었음을 우리는 판단할 수 있다. 그와 반대로 고조선의 빈민들은 항상 노예로 전락될 운명의 위협을 당하고 있었다.

이러한 노예 소유자 계급 내에는 국왕을 비롯한 귀족 관료들이 포괄되여 있었다. 그리고 고조선에는 상업과 대외 무역이 활발하였고 화폐 류통의 범위도 광범하였으니 대상인 노예 소유자들도 상당한 정도로 존재하였을 것으로 보여진다.

이 법령에 근거하여 추론하건대 기원전 3세기 고조선의 노예 제도는 기원후 2~3세기 부여의 노예 제도보다 발달한 것으로 인정된다.

고조선의 계급 구성을 밝힐 수 있는 직접적인 자료는 없다. 따라서 그 계급 구성을 고찰함에 있어서 제2장에서 서술한 고대 조선 제 국가의 계급 구성을 고려하고 또 예와 옥저에 관한 《삼국지》와 《후한서》의 기록들을 자료로서 리용하여야 할 것이다. 왜냐하면 기술한 바와 같이 예와 옥저는 모두 고조선족이였기 때문이다.

(2) 호민(豪民)

고조선에 호민이 존재하였는가? 고조선에 관한 현존 문헌 사료에는 호민에 관한 기록은 없다. 그러나 그렇다고 해서 그것이 호민이 없다는 근거로는 되지 못한다.

기술한 바와 같이 고조선에서의 화폐 류통 범위는 광범하였고 노예 1명의 가격은 50만 전이였다. 범죄자가 자속을 요구할 때 50만 전을 배상하면 노예 신분을 면할 수 있다고 규정한 법령은 이 사회에 개체 경리가 지배하였음을 의미한다. 즉 공동체적 경리가 이미 파괴되였음을 의미한다. 고조선의 《범금8조》는 완전히 국가가 공동체를 대상으로 한 것이 아니라 어디까지나 개인을 대상으로 한 법령이였다.

만일 우리가 고조선에 개체 경리가 지배적이였다는 사실을 승인한다면 이 사회에 부유한 한 계층과 빈민 계층이 있을 것이라는 추리를 용이하게 할 수 있을 것이다. 우리는 부여에서 호민이 존재했던 사실과 결부시켜 생각할 때 이것을 더욱 용이하게 리해할 수 있을 것이다. 기술한 바와 같이 고조선의 법률 제도는 부여의 법률 제도보다 발전한 것이였으며, 따라서 고조선의 노예 제도가 부여의 것보다 발달하였다는 사실(위만 이전 시기)을 인정한다면 고조선에 호민 계층이 있었다고 추단하는 데 대하여 의심을 품을 여지가 없다고 생각된다. 고조선의 호민 계층은 부여의 호민 계층보다 더 많았고, 그 사회적 세력도 더 강하였다고 추리하는 것이 자연스럽지 않는가?

호민층 지지로 정권 장악한 위만

이렇게 추리할 수 있는 근거는 위만이 정권을 장악한 사실에서 찾을 수 있다고 생각한다. 필자는 위만이 고조선 정권을 장악하게 된 것은 주로 고조선의 호민층의 지지를 받았기 때문이라고 생각하게 된다.

위에서 간단히 언급한 바와 같이 위만이 고조선 왕권을 탈취할 수 있었던 것은 그가 고조선의 계급적 모순을 리용하였기 때문이였다. 만일 나의 추리가 통할 수 있다면 그가 집적 련계를 가질수 있었던 계급은 하호나 노예이라기보다는 노예 소유자 귀족 계급의 전제 정권 하에서 새로운 세력으로서 자라나고 있던 계층이였다고 보아야 할 것이며, 그것은 즉 위만 자신과 계급적 리해관계를 같이하는 계층이였다고 인정하는 것이 타당할 것이다.

그러면 위만은 어떠한 계급을 대표하였으며, 또 어느 족속 출신이였는가? 이 문제를 밝히는 것은 고조선 력사 연구에서 매우 중요한 의의를 가지게 될 것이다.

그는 연나라에서 자랐고, 한漢의 봉건 사회의 지배 계급에 복무한 평민 출신 관료이였다. 그는 봉건적 통치자로 될 것을 야망한 자이며, 결코 하호나 노예 계급과는 직접 통할 수는 없는 계급적 처지에 있은 자였다. 위만은 한 정권을 《배반》하고 고조선으로 망명하였으며, 또 그가 고조선 왕권을 장악한 후에도 한 정권과는 계속 적대 관계에 처하여 있었으며, 무제는 드디어 위씨 조선을 정복하고 말았던 것이다. 또 그가 망명해 올 때 조선 옷을 입었고 조선식으로 상투를 틀었으며, 들어 온 이후 왕실에 출입하면서 국왕과 접촉하고 국왕으로부터 총애를 받았다. 그리하여 그는 국왕으로부터 백 리의 땅을 수봉受封하고 《박사》의 벼슬을 받았으며, 고조선의 서방 번병藩屏으로 인정받았다. 즉 고조선 왕은 그를 시켜 한漢 세력을 방어할 수 있다고 생각했던 것이다.

위만은 한족(漢族) 아닌 고조선 사람이라 추단

이러한 점들을 결부시켜 생각할 때 위만이 한족이였다고 생각하기는 곤난함을 느끼지 않을 수 없게 된다.

나는 위만을 본래 고조선 사람이였다고 추단할 수 있는 충분한 근거를 찾을 수 있다고 생각한다.

전국 시대 고조선과 맥국은 이미 연나라와 문물 교류가 있었으며 맥국 사람이 연 정권에 복무한 사실을 우리는 중국 문헌 사료에 근거하여 알 수 있다. 고조선과 맥국을 침공한 연의 장군 진개는 맥국 출신이였다.

《전국책》 31권 《연책》 3에는 진무양秦武陽이라는 《북만이》北蠻夷 출신이 연나라의 외교 사신으로서 진시왕에게 파견되였던 사실을 다음과 같이 기록하고 있다.

"연왕이 뜰에서 절하고 사신을 보내 배송하면서 대왕(진왕)께 알리게 했으니 대왕께서는 명을 내리십시오"라고 하자 진왕이 듣고 크게 기뻐 조회의 복장과 빈賓의 례를 설치하고 연나라 사신을 함양궁에서 만났다. 형가荊軻가 번어기樊於期의 머리가 든 함을 받들고 진무양秦武陽이 지도가 든 상자를 받들어 차례로 앞으로 나아가 계단 아래 이르렀는데 진무양이 안색이 변하고 두려움에 떨었다. 여러 신하들이 괴이하게 여기자 형가가 돌아보고 진무양의 앞에서 웃으면서 사죄하기를 "북쪽 만이蠻夷 땅의 천박한 사람이 일찌기 천자를 뵙지 못했으므로 두려움에 떠는 것입니다. 원컨대 대왕께서는 조금이나마 용서하소서…."

燕王拜送于庭, 使使以聞大王唯大王命之, 秦王聞之, 大喜乃朝服, 設賓見燕使者咸陽宮. 荊軻奉樊於期頭函[211], 而秦武陽奉地圖匣, 以次進至階下, 秦武陽色變振恐, 群臣怪之, 荊軻顧笑武陽前爲謝曰, 北蠻夷之鄙人未嘗見天子. 故振慴, 願大王少假借之.

이와 동일한 기록이 《사기》 86권 《형가 렬전》荊軻에도 있다.

이에 의하면 형가와 동행한 진무양이 북만이인이였음을 알 수 있다.

그러면 북만이인이란 어느 종족을 말하는 것인가? 위에서 루차 언급한 바와 같이 중국인들에게 북이(즉 북만이)란 명칭으로서 불리워진 종족은 바로 맥족이였다. 《위략》에 《북리 탁리국北夷槖離國》이라고 쓴 것은 그 실례의 하나이다. 고대 중국인들은 북방족을 칭할 때는 《북적》北狄이라고 칭하였다. 그런데 《북이》라는 명칭은 그 《북적》과는 다른 북방의 동이라는 뜻이다. 내가 조사한 문헌 자료에 의하면 《북이》라는 것은 맥족을 의미하는 명칭이다.

---

211) 리지린의 원저에는 극(亟)자로 되어 있으나 원문에 따라 함(函)으로 고쳤다.

따라서 나는 진무양을 맥국 출신으로서 연왕에게 복무한 자라고 론단할 수 있다고 생각한다.

그러면 진무양이란 자는 어떤 자냐? 이 자는 바로 고조선과 맥국을 침공하여 광대한 지역을 탈취한 연나라 진개秦開의 손자이다.

《사기·흉노 렬전》에 《그 뒤 연燕나라에 어진 장수인 진개秦開가 있어 호胡의 인질이 되었는데 호胡에서 매우 신임했다. 그는 뒤에 연나라로 돌아와 동호를 습격해서 깨부수었다. 동호는 1천여 리를 후퇴했다. 형가와 함께 진왕을 찌르려고 했던 진무양은 진개의 손자다(其後 燕有賢將秦開爲質於胡, 胡甚信之. 歸而襲破走東胡, 東胡卻千餘里. 與荊軻刺秦王秦舞陽者, 開之孫也)》라고 씌여 있다. 여기의 진무양秦舞陽은 곧 진무양秦武陽인 것이다.

우리는 이 자료에 근거하여 진개가 《동호》에 랍치되여 갔던 사정을 리해할 수 있다. 기술한 바와 같이 동호는 바로 맥족이요, 북이로 별칭되였다. 진개는 맥국의 반역자로서 연에 투항하였다가 본국으로 랍치당하여 갔던 자이다. 그는 다시 도망하여 연으로 가서 연의 앞잡이로서 고조선과 맥국을 침략하였던 것이다. 우리는 연이 일시에 대규모 침략을 할 수 있었던 리유를 리해할 수 있다.

이와 같이 맥국의 반역자가 연나라에 복무한 전례가 있을진대, 이제 고조선인이 연에 복무하다가 본국으로 귀환하여 왕권을 탈취한 일이 있다 하여 별로 기이하게 생각할 것이 없다.

기술한 바와 같이 고조선과 맥국은 연에게 광대한 령역을 빼앗겼으니, 그 후 그 지역에는 고조선인과 맥국인이 상당히 많이 잔류했을 것은 짐작하기 어렵지 않다. 따라서 고조선인과 맥국인이 연에 복무한 자들이 있었을 것도 가히 추단할 수 있다.

그렇기 때문에 나는 위만도 그러한 고조선인 중의 하나였다고 판단해서 결코 망설로 되지 않을 것이라고 생각한다. 우리는 이렇게 추단함으로써만 고조선 왕 준이 위만에게 백 리의 땅을 봉해 주었고, 박사의 벼슬까지 주어 조선의 번병藩屛으로 삼았다는 《위략》의 기록을 자연스럽게 리해할 수 있다.

만일 위만이 한족이였다면 고조선 왕 준이 어찌하여 그에게 그러한 혜택을 베풀어 주었겠는가. 위만은 한 정권을 《배반》하고 망명한 자이며 아무러한 무력도 없었다. 일찌기 연나라를 정벌하려다가 중지했고 그후 연에게 광대한 령역을 빼앗긴 고조선이 무엇 때문에 연나라 사람에게 땅을 주고 벼슬을 줄 수 있었겠는가? 또 만일 위만이 한족이였다면 어찌하여 그로 하여금 한 세력을 방어하기 위한 고조선의 번병으로 삼았을 수 있었겠는가? 오래전부터 연나라와 적대 관계에 있었고, 한 초에는 고조선이 패수 이동까지 침입해 왔던 한 세력을 구축하고 일부의 고토를 수복하여 패수를 국경선으로 정하게 되었던 것이다. 이러한 력사적 사정을 고려할 때 위만이 만일 한인漢人이였다면, 고조선왕이 그로 하여금 한 세력을 방어하도록 하고 서방의 번병으로 삼았을 수는 도저히 없었을 것이다. 위만이 조선인이 아니라면 우리는 중국측 사료들을 리해할 수 없게 되며 그 사료들이 론리가 통하지 않게 된다.

위만과 결합한 고조선의 사회 세력

만일 이와 같은 나의 추단이 성립될 수 있다면 위만과 결합한 고조선의 사회적 세력은 바로 낡은 노예 소유자 귀족 통치 계급을 반대한 계층이 아닐 수 없다. 물론 낡은 노예 소유자 귀족 통치 계급을 반대한 계층들은 광범하였으며 비단 노예와 빈민 뿐은 아니였다고 보아야 할 것이다. 거기에는 부유한 평민인 호민도 포함될 수 있었던 것이다. 이 호민은 일정한 사회적 세력을 가지였으며 지식 분자들도 있었다고 말할 수 있을 것이다. 이 호민은 위만과 계급적 리해 관계를 같이하고 있었다고 보아야 할 것이며, 따라서 위만과 직접 련계를 가지고 결합할 수 있었던 계층은 하호나 노예보다도 호민이였다고 판단하는 것이 타당할 것이다.

이 호민 계층은 역시 민民으로서 귀족 관료 등 노예 소유자 계급과 적대적 모순을 가진 계층이였다고 말해야 할 것이다. 그들은 새로운 소유 제도를 요구하는 계층이였으며, 노예 소유자 통치 계급을 반대하는 투쟁에서 하호, 노예 계급과 련합할 수 있었으며, 그들의 세력을 리용할 수 있었던 것이다. 물론 이 사회에서의 기본 모순은 노예 소유자 계급과 노예 계급의 모순이였다. 이 두 계급의 계급 투쟁에서 어느 하나가 성공하지 못할 때 이 두 계급은 다 망한다는 진리를 맑스는 일찌기 교시하였다.

위만이 들어온지 얼마 안되여 왕권을 탈취했다는 사실은 고조선의 계급 투쟁이 첨예화되였으며, 거기에는 그 계급 투쟁을 리용할 수 있는 새로운 계급 즉 봉건 지주 계급이 형성되고 있었다는 것을 보여주는 것이 아니겠는가?

호민 계층은 노예를 획득할 원천이 없었을 것으로 보인다. 고조선 노예 소유자 계급이 노예 획득을 위하여 그렇게도 가혹한 법률을 실시했다는 사실은 노예 제도가 발달했다는 사실과 함께 노예의 원천이 고갈되고 있었다는 사실을 말해 주는 것으로 될 것이다. 노예의 원천이 풍부하다면 도적을 노예로 만들기까지는 하지 않았을 것이라고 보여진다.

요컨대 고조선에서는 기원전 3세기 말에는 호민 계층이 지주 계급을 형성하기 시작하였으며, 위만은 그 계층과 결합하여 하호와 노예의 폭동을 리용하여 고조선 왕권을 전취하였다고 인정된다.

(3) 하호(下戶)

고조선에도 하호는 존재하였다. 하호는 어떠한 사회에서나 존재하는 빈민이다.

《삼국지·예전》에는 《한나라 이래 관직으로 후侯, 읍군, 삼로가 있어서 하호下戶를 통솔하고 주관했다(自漢已來, 其官有侯. 邑君. 三老, 統主下戶)》라고 씌여 있다. 여기에서의 《한나라 이래》라고 한 《漢》은 한4군 설치 이후라는 뜻이며, 이 관명들은 모두 한식 관명이며 락랑군의 관명들이다. 이 관리들은 《下戶》를 통치하였으니 이것은 부여에서와 마찬가지로 기본 생산 수단인 토지를 소유하지 못한 빈민임을 의미한다.

예는 고조선족이였으며 위만 정권 이래 독자적인 정치적 단위를 이루고 있었다고 보여진다. 예는 락랑군의 령동 7현에 속하였던 고조선족이였다. 이 예로 불리워진 고조선 유민의 사회에 하호가 있었으며, 이는 한의 봉건 통치하에 예속되였던 것이다. 따라서 한4군 설치 이후 락랑군에 속하였던 예의 하호는 농노적 빈민이였다고 보아야 할 것이다. 그 관명을 보면 말단 행정 기구를 군현제에 의하여 편성하였고 촌락에는 《삼로》三老라는 향관鄕官을 임명하였던 것이다. 이 군현제에 의하여 행정 조직이 편성되고, 관리들에 의하여 통치된 하호를 공동체 성원이라고 볼 수는 없을 것이다.

예인의 사회에는 공동체적 잔여가 비교적 농후하게 잔존하였다. 《삼국지·예전》에 《그 풍속은 산과 강을 무겁게 여겨서 산과 강마다 구분이 있으므로 함부로 들어가지 않는다(其俗重山川, 山川各有部分, 不

得妄相涉入)》, 《읍락을 서로 침범하면 문득 서로 벌을 주는데, 산 사람이나 소나 말로서 책임지는데, 이를 책화라고 부른다(邑落相侵犯, 輒相罰責生口牛馬, 名之爲責禍)》라고 씌여 있고 《후한서·예전》에도 동일한 기사가 있다. 이에 의하면 예인의 사회에는 각 읍락이 서로 침범할 수 없었으며 침범하였을 경우에는 책벌로서 생구生口 우마를 내지 않으면 안되였으며, 또 각 읍락의 산천의 리용은 읍락 단위별 리용의 한계가 엄격하여 서로 타 읍락에 속하는 산천에 들어갈 수 없었다.

이 사실은 우선 읍락의 산천이 읍락의 공동 소유이였다고 볼 수 있는 근거를 준다. 그리고 읍락에는 그 밖에도 공동적인 리해관계로 얽혀져 있는 일정한 경제적인 뉴대도 있었다고 짐작할 수 있다. 그리나 우리는 이러한 사실만을 가지고서는 이 읍락을 아세아적 공동체라고 규정할 수 없는 것이다.

아세아적 공동체의 특성

우리는 여기서 맑스가 규정한 아세아적 공동체의 특성을 요약하여 상기할 필요가 있다. 필자는 아세아적 공동체의 특성을 대략 다음과 같이 요약해서 말할 수 있다고 생각한다.

① 토지의 사적 소유는 존재하지 않으며 토지는 공동체 소유이거나 점유로 되어 있다. 소집단 위에 솟아 있는 결합적 통일체가 최고의 소유자 혹은 유일한 소유자이다.

② 공동체적 소유가 전제주의의 기초로 되며, 공동체적 소유는 공동체 안에서의 농업과 수공업의 결합에 의하여 발생하였다.

③ 결합적 통일체가 종족적 가족의 한 사람의 가장에 의하여 대표되던가 혹은 가장 상호간의 결합이나. 이에 따라서 그 사회의 형태는

보다 전제주의적이거나 혹은 민주주의적이다.

④ 매 개인은 공동체의 일원으로서만 존재하며 공동체를 떠난 개인의 존재란 있을 수 없다.

⑤ 공동체의 잉여 로동 부분은 결국 한 사람의 형식으로 존재하는 최고의 집단에 귀속되며, 그것은 공물로서 납부되는 경우도 있고 또 현실적인 전제 군주 혹은 종족적 본체本体로 상상되고 있는 신을 위하여 봉사하는 집단적 로동의 형태로서 착취된다.

⑥ 노예제는 가내 노예제이며 동시에 총체적 노예제이다.

맑스는《자본주의적 생산에 선행한 제 형태》에서는 아세아적 소유 형태를 설명하면서 가내 노예제에 관해서는 한마디도 언급하지 않고《총체적 노예제가 존재하는 동방》이라고만 썼다. 그런 특성을 념두에 두고 예의 사회에 아세아적 공동체가 존재하였는가를 고찰하여야 한다.

《후한서·구려전》에는 현도군에 둔전제屯田制를 실시하였다는 사실을 기록하고 있다.

《**순제 양가 원년**(132) **현도군에 둔전 6부를 설치했다**(順帝陽嘉元年(132), 置玄菟郡屯田六部)》라는 기록이 그것을 설명해 준다. 우리는 이 사실에 근거하여 한이 4군을 통치함에 있어서 봉건적 통치를 실시하였음을 알 수 있다. 한 통치자들은 고조선 유민을 집단적 노예로 착취할 수 없었으며 봉건적 착취를 하였던 것이다. 둔전이란 것은 봉건적 토지 제도의 일종임은 설명이 요구되지 않을 것이다. 한이 현도군에 둔전제도를 실시하였을진대 락랑군에도 그것을 실시했으리라고 생각할 수 있을 것이다.

우리는 락랑군에서 그 령동 7현인 예濊의 지역에만 동방적 노예제를 실시할 수 있었다고는 상상할 수 없다.

우리는 같은 예인의 사회였던 옥저의 정형을 살펴봄으로써 예에 아세아적 공동체가 존재하지 않았다는 사실을 더욱 명백히 알 수 있다.

《삼국지·옥저전》에는 옥저인이 고구려 통치자들에게 조, 용, 조租, 庸,調를 착취당하고 있는 사실에 대하여 다음과 같이 기록하고 있다.

> 나라가 작고 큰 나라 사이에서 핍박을 받아 마침내 고구려에 신속臣屬하게 되었다. 고구려는 그 중에서 다시 대인大人을 설치해 사자使者로 삼아 서로 주관하게 시켰다. 또 대가大加를 시켜서 그 세금과 맥포貊布와 어염魚鹽과 바다에서 나는 식물을 모두 책임지워서 천 리를 져서 이르게 하고, 또 그 미녀를 보내게 해서 비첩으로 삼아 노복처럼 대우했다.
>
> 國小, 迫於大國之間, 遂臣屬句麗, 句麗復置其中大人爲使者, 使相主領. 又使大加統責其租賦, 貊布, 魚鹽, 海中食物, 千里負擔致之, 又送其美女以爲婢妾, 遇之如奴僕.

이에 의하면 고구려에 속한 옥저인(즉 예인)은 고구려 통치자들에게 조, 용, 조를 착취당하였음을 알 수 있다. 여기서《용》庸 즉 부역에 관해서는 명확히 기록하지 않고 있으나 그들이 조租와 조調를 바쳤으니 부역을 지지 않았을 수 없다. 나는 위에서 이미 언급했거니와 옥저인이 천 리 길을 가서 해산물을 져다가 고구려 통치자들에게 바친 것을 부역으로 해석할 수 있다고 생각한다.

고구려는 예인의 지역이였던 불내성에 천도하였던 것이다. 고구려가 이러한 봉건적 착취 제도를 실시한 사실을 생각할 때 고구려가 예인의 아세아적 공동체를 파괴하고 그 위에 실시했다고 상상하기는 곤난한 것이다. 고구려가 봉건적 착취 제도를 제정했다는 사실은 고조선 령역이였던 예인의 지역인 옥저와 예에 이미 봉건적 생산관계가 수립되여 있었기 때문이라고 보는 것이 타당할 것이다.

따라서 우리는 예인의 사회에 아세아적 공동체가 존재했다고 볼 수는 없다. 우리는 예인이 《그 풍속은 산과 강을 무겁게 여겨서 산과 강마다 구분이 있으므로 함부로 들어가지 않는다(其俗重山川, 山川各有部分, 不得妄相涉入)》, 《읍락을 서로 침범하면 문득 서로 벌을 주는데, 산 사람이나 소나 말로서 책임지는데, 이를 책화라고 부른다(其邑落相侵犯, 輒相罰責生口牛馬, 名之爲責禍)》 하였다는 자료를 공동체적 잔여가 농후한 현상으로 해석하여야 한다. 실지 이러한 현상은 그후 봉건 사회에도 있을 수 있는 일이라고 생각한다.

따라서 우리는 예인의 하호를 아세아적 공동체 성원으로 볼 수는 없다.

위만 이전 고조선 하호의 계급적 성격

그러면 기원전 3세기 말(즉 위만 이전) 고조선의 하호는 어떠한 계급이였는가? 필자는 이 시기 고조선 하호의 성격을 규정함에 있어서 다음 두 가지 전제를 결부시키려고 한다.

첫째, 부여와 삼한의 하호가 예농이며 그 대다수가 노예 소유자들에 의하여 노예적 착취를 당하였다. 즉 그들은 신분적으로는 노예는 아니였으나 노예적 착취를 당하였으며 그 대부분은 계급적으로는 역시 노예 계급에 속하였다. 그러나 그 일부는 토지 소유자들인 호민들에게 농노적으로 예속된 농노적 농민이였다.

둘째, 기원전 3세기 말 이전에 이미 호민 계층은 부여나 진국의 호민보다는 사회적 세력이 강하였으며 낡은 노예 소유자 귀족 계층을 반대하는 투쟁을 전개하였다.

필자는 이러한 두 가지 사실을 전제로 하여 고조선의 하호도 역시 부여나 진국의 하호와 큰 차이가 없으며 결코 아세아적 공동체 성원은 아니였다고 추단한다. 이 하호도 역시 신분적으로는 노예가 아니였다. 하호가 도적 행위를 하다가 법적 처벌을 받게 될 때 그들은 노예로 되었다. 노예 소유자 계급은 공동체적 잔여가 농후하게 잔존한 조건하에서 읍락민들을 용이하게 노예로 전락시킬 수는 없었으며, 하호의 평민의 신분을 그대로 인정하면서 노예적 착취를 하였다고 보여진다.

다시 말하면 공동체는 이미 파괴되였으나 아세아적 노예 제도의 유제는 강하게 작용하여 빈민인 하호는 본격적으로는 전제 군주의 《노예》로 되었다고 인정한다. 그러나 고조선에서는 위만이 정변을 일으킬 당시는 벌써 호민들의 사회적 세력이 일정하게 장성했던 것만큼 하호 계층도 그에 상응하며 노예적 처지에서 농노적 농민으로 전화된 사람들이 부여에서보다 많았다고 인정된다.

2. 고조선의 관제

관제官制는 해당 사회의 상부 구조이기 때문에 관제를 해명하는 것은 해당 사회의 경제 구성을 밝히는 주요한 방법의 하나로 된다.

고조선 관제에 관한 자료는 매우 결여되여 있으나 나는 몇 가지 단편적인 자료에 근거하여 고조선 관제의 성격을 고찰해 보려는 것이다.

우선 위씨 조선의 관제에 대하여 고찰하자.

국가의 최고 통치자로서 국왕이 있었고 그 밑에 비왕裨王이 있있다. 이 비왕은 곧 부왕副王인 것이다.

《한서》 55권 《위청전》衛靑傳에는 흉노 우현右賢왕의 비왕 10여 명이 있다는 기록이 있다. 《한서》의 저자 반고가 고조선 왕 준의 비왕이 있었다고 기록한 것을 보면 이 비왕의 개념은 전자와 동일한 것이라고 볼 수 있을 것이다. 물론 그 수의 차이는 있겠지만 비왕이 1명이 아니라는 것을 대체로 짐작할 수 있다.

국왕 밑의 비왕은 어떤 존재

그러면 고조선에서 이 비왕은 어떠한 존재이였는가를 생각해 볼 필요가 있다. 나는 위에서 부여나 진국에 모두 《한》(汗, 韓)이 있었음을 지적하였다. 그리고 부여를 론한 절에서 고조선에도 《진》眞, 《반》番, 《막》莫의 3개 한汗이 있었음을 지적하였다. 기술한 바와 같이 이 한국들은 고조선 왕국의 《속번》屬藩이였다. 나는 이러한 《한국》을 군사 민주주의 단계에서의 정치 제도의 잔재라고 인정하였으며, 이로 인하여 국왕의 전제 권력이 일정한 제약을 받았다고 생각한다.

그런데 고조선에서는 사미천이 《사기》를 편찬할 시기(기원전 1세기 초)에는 3개 한국이 없었다. 그는 《진한》, 《반한》이라고 기록하지 않고 《진반》이라고 기록하고 있다. 우리는 서광徐廣의 《진반》眞番에 대한 주석 《반은 다른 본에서는 막이라고 되어 있다(番一作莫)》란 기록과 후일의 료동군에 반한현番汗縣 또는 《만반한》滿潘汗이 있다는 기록에 근거하여 고조선에 3개 한국이 있었다는 것을 추단할 수 있다.

고조선에 3개 한국이 존재하였다는 것은 종래의 적지 않은 내외의 학자들이 인정하였으며, 이에 대해서는 종래의 설을 좇는 것이 타당하다고 인정된다.

사마천이 고조선에 3한이 있었음을 몰랐다는 사실은 곧 위씨 정권하에서는 《한국》이 존재하지 않았다는 것을 말하여 준다.

그렇다면 여기서 우리가 생각할 수 있는 문제는 위만이 정권을 장악하면서 한국汗國 제도를 폐지하고 그 대신 《비왕》제도를 실시하였다고 인정할 수 있는 것이다. 그 전의 《한》이 낡은 노예 소유자 귀족이였다는 것은 부여의 《가》, 삼한의 《한》과 동일할 것이 자명하다. 위만이 그 제도를 폐지하고 《비왕》제도를 실시하였다는 것은 왕 준을 비롯한 낡은 귀족 계급을 청산하였음을 의미한다고 생각할 수 있다. 위만의 부왕 중에는 혹 낡은 귀족이 있을 수 있었다고도 생각할 수 있으나 그러나 그것은 벌써 위만에게 복종한 자이다. 위만은 자기의 정권을 공고히 하기 위하여 자기의 측근자들을 《비왕》으로 하였을 것이 명백하다.

요컨대 위씨 정권의 《비왕》은 그 전 왕정 시기의 《한》과는 계급성이 다른 것으로 판단하는 것이 타당할 것이라고 나는 생각한다.

《사기·조선 렬전》 기록에 의하면 위씨 조선에서는 《상》相과 《대신》이 있었다. 이 관제는 분명히 중국의 관제와 비교하여 서술한 것이다. 위만이 한 정권에 복무하였던 자인 것 만큼 실지로 《상》, 《대신》 등의 명칭을 그대로 사용했다고 볼 수도 있으며 이렇게 생각하는 것이 오히려 자연스럽다고 생각된다. 왜냐하면 그는 낡은 관제를 개혁했을 것이 명백하며, 또 새 관제를 제정함에 있어서 그가 잘 리해하고 있었던 한의 관제를 도입했다고 볼 수 있기 때문이다.

〈상(相)〉은 어떤 관직인가?

그러면 《상》相이란 어떠한 관직인가를 살펴보자.

《한서·백공경표》漢書·百公卿表에 의하면 상국相國, 승상丞相은 진秦

나라에서 처음 설치한 관직이다. 진에서는 진시왕 이전 도무왕悼武王 대에 좌, 우 승상제를 실시하였고, 진시왕에 이르러 상국을 설치하였다. 상국은 1명으로서 종래의 승상의 직위보다 높다. 한 초에는 역시 상국을 두었다가 후에 승상제로 고쳤다. 그런데 여기서는 조정에는 물론 왕국에도 이를 설치하였다. 왕국이란 것은 군현제를 실시하지 않고 특정한 지역에 왕족과 측근자들을 봉하여 준 《후국》이였다.

고조선의 경우를 보면, 고조선에도 상相은 여러 사람이 있었던 것 같다. 《사기·조선 렬전》에는 《조선상》, 《니계상》尼谿相 등 지역 명칭이 첨가된 상과, 그렇지 않은 상相 한음韓陰과 로인路人의 명칭이 보인다. 이것은 분명히 조정에 상이 있었고 또 지방에도 상이 있었음을 말해준다. 무제의 침공을 방어한 왕검성 방어전에서 최후까지 수도를 고수하다 희생된 성기成己를 살해한 최最의 아비 로인은 조정에 있었던 상으로 인정된다. 적에게 투항하고 조국을 반역한 로인이 지방에 있었던 것으로는 생각하기 어렵다.

이러한 제도는 위만이 한에 복무하던 시기 한의 중앙 관제이였다. 따라서 위만은 자기 정치 제도를 수립함에 있어서 한초 한의 제도를 도입하였다고 인정된다. 즉 그는 각 지방에 후국을 설치하고 거기에 상을 두었다고 추단된다.

위씨 조선에는 상 외에 대신이 있었다. 성기成己는 대신이였다.

이 대신은 현대적 개념을 가진 대신이 아니다. 관직으로서의 《대신》은 청 대에 비로소 생긴 명칭이며 고대에는 《큰 관리》라는 뜻을 가진다. 따라서 이것은 《상》 밑에 위치한 고급 관리라고 인정된다.

고조선에는 또한 《장군》이란 무관이 있었다. 왕협王唊은 장군이였다. 한 대의 장군은 승상에 다음가는 지위였다.

위씨 조선에 그 전 왕조에 있었던 관직들이 계속 있었는지 알 수 없다. 우리는 《사기·조선 렬전》에 의하여 위씨 조선의 이상과 같은 관제의 일부를 알 수 있을 뿐이다.

이 관제는 대체로 한의 중앙 관제와 그 관제가 매우 복잡하고 완비된 것임을 알 수 있으며, 부여나 진국의 관제보다 발전된 것임을 알 수 있다. 이 관제는 한 봉건 정권의 관제를 다분히 도입한 것으로써 위씨 조선에서 한의 봉건 정권의 관제를 도입한 사실은 봉건적 사회 경제 제도를 유지하여야 하였기 때문이 아니겠는가?

위씨 정권 이전의 관제는 이미 위에서 언급한 바와 같이 《박사》, 《대부》가 있었고 《한》이 있었다는 것을 추단할 수 있는 정도이다. 이 관명을 통해 보아서 이 시대의 관제도 결코 원시적인 것이 아니고 상당히 발전한 관제이였다는 것은 기술한 바와 같다.

3. 사회 경제 구성

고조선의 사회 경제 구성에 관하여 나는 대체로 이상에서 기본적으로 언급하였다. 여기서는 이상에서 언급한 문제들을 종합하여 개괄해 두려고 한다.

고조선 사회의 생산력은 결코 중국보다 락후한 것이 아니였다. 철기는 늦어도 중국과 동일한 시기, 대체로 기원전 5세기에는 사용되였으며, 이 철기는 결코 중국으로부터 수입된 것이 아니였으며 고조선 인민이 자체로 창조한 것이였다.

필자는 고조선의 사회 경제 구성을 론단할 수 있는 직접적인 자료가 없는 조건하에 린접 국가인 중국의 사회 경제 구성과 비교할 필요가 있다고 생각한다. 중국에서는 이미 기원전 5세기 말부터는 봉건 제도가 노예제 사회 태내에서 발생 발전하고 있었다.

고조선은 중국 북방 제후국과 밀접한 경제 문화적 관계를 가지고 있었으며 호상 긴밀한 영향을 주고받고 있었다. 상술한 바와 같이 오랜 력사를 두고 수다한 한인들이 고조선으로 이주하여 귀화하였고, 고조선과 맥국의 인민들은 역시 많은 사람들이 연 지역에 머물러 연에 귀화하였던 것이다. 이미 기원전 4세기 말 진개秦開가 맥국에서 연으로 가서 연에 귀화한 사실로 미루어 보건대 호상 관계가 매우 밀접하였음을 알 수 있다. 기원전 4세기 후반기에는 조선 왕은 중국의 제후국 왕들과 완전히 동등한 지위에서 국교를 맺고 있었다. 이것은 단순히 정치적 지위의 평등만으로 볼 수 없는 것이며, 그 경제 제도도 상대방에 못지 않는 발전한 상태에 있었다는 것을 추단할 수 있다.

따라서 우리는 고조선의 노예 제도를 결코 가내 노예제에 머물러 있었다고 볼 수 없다.

기술한 바와 같이 고대 조선 제 국가들에서 아세아적 공동체가 존재했음을 증명할 수 있는 근거는 전혀 없다. 공동체는 유구한 옛날에 파괴되였으며 따라서 가내 노예제나 총체적 노예제가 변형된 행태로 있었다면 역시 아득한 옛날에 있었을 것이다. 물론 나는 우리나라 고대 사회에서 공동체의 잔재, 씨족제의 잔재가 경제, 정치제도, 풍습상에 오랜 기간 잔존하였음을 인정한다. 특히 고대 국가들에서 공동체 사회의 잔재인 《한》汗의 제도가 있었다는 사실은 동방적 공동체의 류형에 속하는 그 어떠한 공동체 잔재에 기초한 정치 제도였다는 것을 말하여 준다. 이 《한》은 본래 동방적 공동체 류형에 속하는 그 어떠한 공동체들을 결합한 하나의 통일체이였다고 보여진다. 그것이 생산력의 발전과 함께 점차로 파괴되여 나갔으나 그 제도는 내용을 달리하면서 그냥 잔존하였다고 생각된다. 즉 공동체를 결합한 통일체로서의 하나의 《작은 전제군주》이였던 《한》들이 국가의 최고 통치자의 지방 관리로 변하였다. 오늘 우리가 알 수 있는 《한》은 바로 이러한

《한》이였다. 부여에서도, 진국에서도 그러했고, 고리국에서도 그러했을 것으로 추단된다.

하호(빈민)을 노예로 전락시켜야 할 객관적 필연성

고조선 사회는 기타 제국의 사회보다 일보 선진하였으며, 봉건적 경제 제도는 기원전 3세기 후반기에는 발생 발전하고 있었다고 생각된다. 물론 봉건 지주가 봉건 지대를 농민들로부터 착취하였다는 직접적인 재료는 없다. 그러나 당시의 노예 제도는 이미 질곡에 빠졌으며 물건을 도적한 사람까지 노예로 만들지 않으면 안되였다. 이 사실은 곧 노예 소유자 귀족 계급의 노예의 원천이 얼마나 고갈되고 있었는가를 설명해 준다.

필자는 고조선의 하호도 역시 부여의 하호처럼 《모두 노복이 되었다(皆爲奴僕)》는 계층이였다고 인정하여야 할 것이라고 생각한다. 즉 노예 소유자들은 하호를 신분적으로는 《민》民으로 인정하면서 본질적으로는 노예로서 착취하였다.

그러나 그 하호를 노예 신분으로 만들기 위하여 부여보다 더욱 가혹한 법률을 실시하였다. 이 사정은 무엇을 말하여 주는가? 이것을 단순하게 고조선 노예 소유자들이 부여의 노예 소유자들보다 횡포했다는 데서 원인을 찾아서는 안 된다. 고조선의 노예 소유자들은 하호(빈민)가 도적질만 해도 노예로 전락시키지 않으면 안되였던 현실적인 객관적인 필연성이 있었다고 해석하여야 한다. 그 객관적 필연성이란 고조선의 노예 소유자들이 벌써 호민들을 모두 노예와 꼭 같이 본질적으로는 노예로서 착취할 수 없는 사회적 현실에 부닥쳤다는 사실에서 나오는 것이다.

다시 말하면 기원전 3세기 말 고조선의 하호는 모두가 노예 소유자들의 《노예》로 된 것이 아니라 일부는 노예로부터 농노에로 전변되고 있었다고 추단할 수 있다. 즉 호민과 하호 간에는 봉건적 생산 관계가 이루어지고 있었기 때문에 그 하호들은 더욱 노예 소유자 계급을 반대하여 투쟁한 것으로 생각된다. 우리는 고조선 형법에서 《도둑질한 자는 남자는 그 집의 남종으로 적몰했다(相盜者男沒入其家奴)》라는 조항에서 《도둑질한 자(相盜者)》를 결코 《도적》이라고만 해석할 수 없을 것이다. 필자가 위에서 마한 문제를 고찰할 때 언급한 바와 같이 봉건 사가들이 《절도(盜)》라고 칭한 것은 결코 《절도 행위》 뿐만은 아니며 통치자들을 반대한 일체 행동을 《盜》라고 칭했던 것이다.

우리는 이 자료에 근거해서도 하호가 노예 소유자들을 반대한 투쟁을 전개했고 하호가 노예적 처지에서 벗어날 수 있는 사회적 조건이 조성되고 있었다고 말할 수 있을 것이다.

호민은 토지의 사'적 소유자였다고 인정된다. 기술한 바와 같이 《호민》이란 명사 자체가 《부유한 민》이며, 고대 사회에서 부유한 민이라면 토지 소유자 아니고서는 생각할 수 없다. 더우기 그렇게 생각할 수 있는 것은 한漢나라의 봉건 지배 계급에 속하였고, 또 그 정권에 복무했던 위만이가 단기간 내에 정변을 일으켜 성공한 사실로써 고조선의 호민이 그와 계급적 처지를 같이한 계층이였다고 생각할 수 있기 때문이다.

어째서 이렇게 말할 수 있는가?

위만이 복무했던 한의 정권은 봉건 지주의 정권이였으며 낡은 노예 소유자 계급의 잔당들과의 계급 투쟁을 가렬하게 진행했던 것이다. 한 정권은 봉건 지주의 리익을 옹호하였고, 노예 소유자들 특히 대상인들을 억제하는 정책을 실시하였던 것이다. 위만은 바로 그러한 계급 투쟁에서 봉건 지주 편에 섰던 자이며, 봉건 지주를 지향하여 한 정권에 복무하였던 것이다. 그가 고조선으로 귀환한 사실로 미루어서 그의 계급적 처지는 역시 중, 소 지주이였다고 추단할 수 있을 것이다.

위만의 정변이 성공한 이유

만일 그가 고조선의 낡은 제도를 그냥 유지하고 다만 왕권王權만을 탈취하였다면 그는 결코 고조선 인민들의 지지를 받지 못했을 것이다. 그가 《진반, 조선 사람들과 연, 제의 망명자들을 역속役屬(복속)시켰다》라는 기록을 우리는 결코 소홀히 취급할 수 없다. 고조선 인민이 미개하기 때문에 아무러한 무력도 없었던 위만에게 역속되였다고 생각할 수 없으며 또 그렇게 생각해서는 안된다. 《役屬》이란 표현은 한인들의 표현이며, 실은 《결합》結合 혹은 《련합》聯合이라고 써야 사실과 맞을 것이다. 고조선 인민들이 그들의 리익을 침해하고 왕권을 빼앗는 위만의 쿠데타에 련합할 만한 미개한 인민은 아니였다. 위만이 정변을 일으킬 때 어찌 위만 한 사람만이 인민을 마음대로 롱락할 수 있는 지식을 가진 책사策士였다고 볼 수 있겠는가? 도저히 그럴수는 없다.

그와 함께 생각할 수 있는 것은 제와 연나라 봉건 사회에 거주하다가 피란해 온 망인들을 위만이 어찌 노예로 만들 수 있었겠는가? 만일 위만이 노예 제도를 실시하였다면 그들도 위만과 결합할 수 없었을 것이며 위만의 정변을 지지하지 않았을 것이다. 위만은 고조선 인민과 연, 제로부터 이주해 온 망명인들의 힘에 의해서만 그 정변을 성공할 수 있었던 것이다.

그리고 위만이 정권을 장악한 후 위씨 조선은 강성하여 갔다. 그 사실은 《사기·조선 렬전》에 이렇게 씌여 있다.

> 때마침 효혜제와 고후 때 이르러 천하는 처음으로 안정되었다. 이때 료동 태수遼東太守는 만滿과 외신外臣이 되기로 약속했는데 … 이 때문에 위만이 군사들의 위엄과 재물을 가지고 그 주변의 소국들을 침략하여 항복시키니 진반과 임둔도 와서 복속했고, 국토가 사방 수천 리가 되었다.
>
> 會孝惠, 高后時, 天下初定, 遼即約滿爲外臣[212), … 以故滿得兵威財物, 侵降其旁小邑, 眞番, 臨屯皆來服屬, 方數千里.

위만은 정권을 잡은 지 수년 후 병력을 강화하였으며 고조선의 전 령역을 장악하였다. 이 병력을 도대체 무엇으로써 강화할 수 있었겠는가? 그것은 한인들로써 강화했다고 볼 수는 도저히 없다. 왜냐하면 한漢을 반대하고 한과 적대 관계에 처해 있던 그가 한인으로써 자기 정권을 강화할 수 있었다고 생각할 수는 없기 때문이다. 그것은 불가능한 일이며 그는 오직 고조선의 인민들을 자기 군대로 편성할 수밖에 없었을 것이다. 그가 인민들의 지지를 받지 못하였다면 불과 수년 내에 고조선 전역을 장악하지 못하였을 것이다.

위만의 정변은 우리나라 고대 사회에서의 실로 일대 혁명이였다.

그러나 그렇다고 해서 위만이 결코 낡은 제도를 일시에 청산할 수는 없었을 것이며, 그는 일방 낡은 노예 소유자들과도 련합하면서 서서히 낡은 노예 제도를 봉건적 경제 제도로 개혁하였다고 보아야

212) 《사기》 〈조선 열전〉에 따라 신(臣)자 앞에 외(外)자를 삽입했다.

할 것이다. 따라서 위씨 조선은 낡은 노예제 경제 제도가 계속 강하게 잔존하는 과도적 사회였다고 인정된다. 위만 그 자신도 가내 노예를 소유하였다는 것은 설명을 요하지 않을 것이다.

준왕과 더불어 수천 명이 진국으로 도망하였다는 《후한서·한전》의 기록은 정확하다고 인정된다. 위만에 의하여 타도된 낡은 노예 소유자 귀족들과 그 추종자들이 《바다로 도망쳤다》는 기록은 위만정변의 성격을 설명해 준다. 위만의 지휘하에 궐기한 고조선의 하호와 노예의 폭동군 앞에서 륙로로는 도망칠 수 없었을 것이다.

나는 위만정변을 계기로 하여 우리 고대 사회의 일부인 고조선은 봉건 사회에로 이행하기 시작했다고 추단하여 결코 망설로 되지 않을 것이라고 생각한다.

우리는 인멸된 《고사》들에서 위만을 어떻게 취급했는지 알 수 없다.

그러나 오늘까지 위만이 이족으로서 고조선을 전복한 민족적인 원쑤로서 취급되여 왔다.

나는 지금 우리 조상들과 오늘 내외의 학자들이 위만을 한인漢人이라고 인정해 온 전통적인 설을 부정하게 되었다. 그리고 또 오랫동안 노예제 사회로도 인정되지 않았던 고조선을 위만 시기부터 봉건 사회라고 인정하게 되었다. 물론 나의 론거는 그리 충분하다고는 나 자신도 생각하지 않는다. 그러나 현존 자료로써는 이렇게 인정하지 않고서는 고조선에 관한 자료들을 합리적으로 설명할 수 없게 된다.

아세아적 공동체에 기초하지 않은 고조선 사회

여기서 다시 한 번 언급하여야 할 것은 이러한 것이다.

첫째로, 오늘 우리가 문헌 사료를 통하여 알 수 있는 범위에서는 고조선 사회가 아세아적 공동체에 기초했다고 주장할 근거가 전혀 없다는 사실이다. 그 형법은 분명히 개인을 상대로 한 법령이였다. 남에게 상처를 입혔을 때 곡물로써 배상했다는 사실 하나만으로써도 개체 경리가 지배하고 있었다는 사실을 충분히 증명할 수 있을 것이다. 고조선에는 우리가 알 수 있는 사료의 범위에서는 아세아적 공동체의 경리 형태가 존재했다고 볼 수 있는 근거가 없으나, 부여에서의 경우와 결부시켜 고려한다면 아세아적 공동체가 존재했던 시기의 상층 구조의 유제는 계속 보존되였을 것이라고 추리할 수 있다.

즉 다시 말하면 하호(빈민)는 개체 령리를 영위하였고, 그 신분은 노예는 아니였으나 그의 계급적 처지는 노예와 동일하였던 것으로 리해된다. 혹시 개체 경리와 아세아적 노예제의 유제와 모순된다고 생각할지도 모르나 그것은 그런 것이 아니며 상층 구조의 유제는 오랫동안 존속될 수 있는 것이다. 또 혹자는 아세아적 공동체가 봉괴되였을진대 그 사회는 노예제 사회로 인정할 수 없다고 생각할지도 모르겠으나 필자는 아세아적 고대 사회 발전 과정이 반드시 그러한 것이라고 인정할 수는 없다고 생각한다.

아세아적 공동체가 파괴되면 곧 봉건 사회로 이행하여야 한다고 주장할 어떠한 근거도 없다. 맑스는 아세아적 고대 사회가 봉건 사회에로 이행하는 과정에서의 아세아적 공동체의 붕괴 과정에 대하여 구체적으로 설명하지 않았다. 그러나 우리는 아세아적 공동체가 붕괴되면 곧 봉건 사회에로 이행한다고 주장할 근거도 없는 것이다. 아세아적 공동체적 소유 형태가 붕괴되였으나 그 대신 국가적 소유제가 보다 강화되고 그와 동시에 귀족 관료들의 사적 소유 제도가 보다 발달하게 된 기초 위에서 노예제가 유지될 수 있을 것이다. 그러면서 아세아적 공동체의 상층 구조의 유제가 강인하게 잔존할 수 있다고 생각할 수 있으며, 실지에 있어서 아세아적 공동체의 해체 과정이 그러한 과정을 경과하였다고 보는 것이 자연스럽지 않겠는가 생각된다. 요컨대 아세아적 고대 사회에서 아세아적 공동체가 붕괴되기만 하면 곧 봉건 사회에로 이행하게 된다는 주장이 반드시 정확하다고 인정할 수 없을 것이다.

둘째로, 우리가 만일 아세아적 공동체에 기초한 총체적 노예 제도가 일찌기 존재하였다는 추단을 승인할 수 있다면 고조선의 국가 형성을 기원전 5세기 이전으로 론단한 필자의 주장이 결코 망설로 되지 않을 것이다. 필자는 아세아적 공동체에 기초한 국가는 통일적인 국가 고조선에 선행하여 존재하였다고 추리하게 되며 이 문제를 학계에 제기하는 바이다.

결론적으로 말하면 현존 문헌 자료 상의 고조선 사회 경제 구성은 아세아적 공동체가 파괴되였으나 여전히 총체적 노예제의 유제가 강인하게 잔존한 노예 제도가 지배적 지위를 차지한 노예제 사회이였고, 위만 이후 점차적으로 봉건 사회에로 이행하였다고 인정한다.

맺는말

필자의 연구는 매우 미숙하나 다음 몇 가지 문제들에 대한 견해를 결론적으로 말하면서 문제를 제기하려고 한다.

1. 사료 취급에 대하여

고대 조선 제 국가에 관한 고대 문헌 사료를 근본적으로 정리하여야 할 과업이 긴급하게 제기된다. 특히 중국 정사正史에 기록된 자료에서 외곡되고 있는 부분을 검토하고 그 주해注解를 정확하게 하여야 할 것이다.

우리는 고대사를 연구함에 있어서 관계 사료를 다만 문법적으로 맞게만 해석해서는 문제를 해결할 수 없다. 례를 들어 고대 국가들에 관한 문헌 사료에서 계급 투쟁에 관한 직접적인 기록은 없다. 다시 말하면 사료를 문법적으로만 해석한다면 우리는 우리 고대 사회에서의 계급 투쟁에 대하여 한마디도 론할 수 없게 되며, 고대 조선 인민은 통치 계급에게 양처럼 순종한 무능한 인민으로 될 수밖에 없다. 그러나 우리는 맑스-레닌주의 방법론에 립각할 때 계급 투쟁이 없는 계급 사회를 상상할 수 없는 것이다. 그렇기 때문에 우리는 우리 고대 국가에서도 반드시 계급 투쟁이 있었다는 움직일 수 없는 사실을 현존 사료에서 밝혀 내여야 한다. 그러기 위하여서는 우리는 주어진 사료의 매개 글'자를 세심하게 분석하고 모든 현상을 련관시켜 고찰함으로써 음폐되고 외곡되여 있는 자료를 옳게 해석하여야 한다.

봉건 사가들이 아무리 력사적 사실을 음폐하고 외곡하려고 시도했더라도 그들은 력사적 사실을 완전히 숨길 수는 없었다. 필자는 위만의 정변을 고조선의 노예 소유자 귀족 계급을 반대한 광범한 인민 대중의 계급 투쟁과 관련된 력사적 정변이라고 론단하였다. 필자는 이러한 론단을 함에 있어서 위만과 관련된 모든 자료와 고조선 사회의 경제 제도와 정치 제도 및 계급 관계에 관한 자료들을 모두 결부시켜 분석함으로써 위만의 정변을 단순한 왕실의 교체라고 인정할 수 없게 되었다.

필자는 진국에서의 계급 투쟁을 론증하려고 시도하였다. 계급 투쟁은 계급 국가 발생 첫날부터 진행되는 것이다. 국가를 형성하는 과정에서 통치 계급은 자기들의 통치의 정신적 수단으로서 신비한 건국 신화를 조작한다. 그와 동시에 인민 대중은 그 건국 신화의 주인공과 투쟁하는 대립적인 주인공을 주제로 하는 신화를 만들어 내는 것이다. 혹자는 진국(삼한)에 무슨 계급 투쟁의 현상이 있을 수 있겠는가고 생각할지도 모르겠으나 그러한 관점은 착오이며 진국에도 상당히 가렬한 계급 투쟁이 있었던 것이다.

필자는 마한 인민들이 《도적질하기를 좋아했다(好作賊)》[213]는 자료를 결코 단순하게 《도적질을 잘하였다》라고 해석할 수 없으며 《통치 계급을 반대하여 빈번히 항거하는 행동을 하였다》고 해석하는 것이

---

213) 리지린의 원저는 《호작부(好作賦)》로 되어 있으나 《삼국지》 〈한전〉 등에 따라 《호작적(好作賊)》으로 바로잡았다.

력사적 사실에 부합되는 해석이라고 인정한다.

우리는 정사의 사료를 취급함에 있어서 그 필자들에 곡필曲筆 속에 숨어 있는 진리를 밝혀내여야 한다. 그와 함께 봉건 통치 계급들로부터 시작하여 부르죠아 사가들까지도 《믿을 수 없는 사료》라고 인정되여 온 문헌 사료들을 오늘 우리가 아무러한 고증도 없이 덮어놓고 믿을 수 없는 사료라고 인정해서는 안된다.

례를 들어 사가들은 흔히 《료사》遼史라던가 또는 어떤 개인의 저작(례하면 위략)은 사료적 가치가 없다고 하면서 그 사료를 리용할 수 없다고도 생각하나 필자는 그러한 태도가 바로 잘못이라고 인정한다. 경우에 따라서는 모든 정사에서는 다 잘못 쓴 것을 오직 《료사》나 《위략》만이 정확하게 쓴 부분도 있을 수 있는 것이다. 따라서 우리는 사료 리용에 있어서 관계 사료들을 모두 종합하여 소여의 문제를 합리적으로 설명할 수 있는 자료들을 결부시킴으로써 사료의 시비를 갈라야 한다.

《한서·지리지》는 한 대 지리를 연구함에 있어서 기본 사료이다. 그러나 그렇다고 해서 그것만을 가지고 한 대의 지리를 밝힐 수는 없는 것이다. 따라서 한 대 지리를 연구할 때는 한 대의 지리에 관한 일체 자료들을 종합하여야 한다. 혹자는 《한서·지리지》에 근거하여 한 대의 료동군을 오늘의 료하의 동쪽에 위치했다고 주장하나 사실은 그런 것이 아니였다. 한 대의 료수는 결코 한 줄기가 아니였고 세 줄기이였으며, 사마천은 자기 시대의 료동을 오늘의 료하 서쪽으로 잡았던 것이다. 전한 전반기 력사나 지리에 관한 《사기》의 자료는 《한서》보다 물론 정확한 것이다.

사료 취급에 있어서 더욱 신중한 주의를 돌려야 할 것은 봉건 사가들이 사실을 외곡하여 기록한 사료를 부르죠아 사가들이 리용할 때 더욱 외곡하여 리용했다는 사실이다. 그들은 심지어는 사료의 본질적인 부분을 떼놓고 자기들에게 유리하다고 보여지는 비본질적인 사료만을 인용하는 일이 흔히 있다. 그들은 고조선을 연구도 하지 않았거니와 고조선을 이야기할 때도 《위략》을 옳게 분석하고 리용하려고 하지 않았다.

요컨대 우리는 사료를 리용함에 있어서 어떠한 선입견을 가지고 대해서는 안 될 것이며 관계 사료를 다 분석하고 종합하여 합리적으로 설명할 수 있게 될 때에 비로소 사료의 시비를 판단할 수 있는 것이다.

2. 고조선의 위치에 대하여

필자는 고조선 위치에 관한 사료를 가능한 정도로 수집하여 종합한 결과 기원전 3세기 초까지는 료동, 료서, 우북평에까지 이르렀고, 기원전 3세기 초에 서방의 광대한 령역을 연에게 탈취당한 결과 오늘의 대능하(패수) 이동 지역으로 축소되였다고 인정하게 되었다. 력사지리 연구는 지리지만을 가지고서는 문제를 해결할 수 없으며, 해당 시대의 정치 경제 정세와 결부시켜 고찰할 때만이 정확한 결론을 얻을 수 있는 것이다.

고조선 서변과 린접하여 있던 중국의 연나라는 전국 시대 7국 중에서 가장 작은 나라이였다는 력사적 사실을 잊지 말아야 한다. 그러나 기원전 3세기 초 연이 고조선의 광대한 지역을 탈취한 후 연의 령토는 확대되였다. 그러므로 기원전 3세기 초를 전후하여 고조선과 연과의 접경은 자연 변동되지 않을 수 없었다. 이러한 력사적 사실을 고려하지 않고 고조선과 연과의 국경선을 기원전 3세기 전이나 이후를 물론하고 동일하였다고 볼 때는 벌써 문제 해명의 출발이 잘못된 것이다.

우리가 만일 고대의 료수를 오늘의 료하로만 인정한다면 연의 료동은 오늘의 료동으로 되며, 고조선은 태고 이래로 압록강 이남에만 거주한 것으로 될 수밖에 없다. 그리고 압록강이 태고 이래로 중국과의 국경선이였다면 오늘의 평안북도 지역은 기원전 3세기 초부터 6~7백 년간 중국의 지배하에 있었던 것으로 된다. 그러나 력사적 사실은 이런 것이 아니였다. 일찌기 봉건 사가들로부터 시작하여 오늘까지 한4군이 오늘 우리나라 령역 내에 위치했다고 주장하는 설이 있으나 필자로서는 그 설을 수긍할 수 없다. 고고학적 유물이 이를 증명해 준다고 주장하는 학자들도 있으나 필자는 그 고고학적 유물로써는 고조선의 위치를 밝힐 수 없다고 생각한다. 그 고고학적 유물이라는 것이 거의 전부가 후한 이후의 것이며 전한 대의 유물은 극히 적지 않는가?

우리는 문헌 사료를 통해서도 마한의 렴사읍이란 일부 지역이 락랑군에 속했다는 사실을 알 수 있다. 이 렴사읍은 결코 락랑군 령역은 아니였고 락랑군에 속한 지역이였다.[214] 이 지역에는 한식 유물이 얼마든지 있을 수 있는 것이다. 필자는 소위 《락랑 고분》에서 출토되는 유물을 이런 각도에서 재검토되여야 하겠다는 문제를 제기한다. 더우기 소위 《락랑 고분》에서 《락랑 태수》의 봉니封泥가 출토되였다는 사실은 이 지역을 결코 락랑군 지역이였다고 볼 수 없는 유력한 증거의 하나로 될 것이다. 이 《락랑 고분》이 있는 지역은 락랑군 태수의 지령을 받았던 지역이였다. 필자는 결코 고조선 위치 문제를 어떠한 편견에서 출발하여 력사주의 원칙을 무시하고 무리로 부회하려는 것은 결코 아니다. 필자는 력사주의 원칙에서 력사적 사실대로

214) 후한 광무제 시기인 서기 44년 후한 세력이 일시 렴사읍을 장악했던 적은 있다는 뜻이다. 리지린은 서기 44년 후한 세력이 일시 염사읍을 장악했으나 서기 121년 이전에 이미 쫓겨났다고 보고 있다.

밝혀야 한다는 립장을 견지하려는 것이다. 한4군이 아니라도 우리나라 령역 내에 한식 유물이 출토될 수 있는 력사적 조건을 반드시 고려하여야 한다.

그리고 필자는 《삼국지·예전》에 기록된 예의 위치를 압록강 하류 지역에서 료동 반도 동변에 걸치는 지역이였다고 인정하며, 옥저는 그와 린접하여 현 중국 료녕성 즙안(집안) 지역에 걸치는 지역이였다고 인정하여 이것을 문제로서 제기한다. 동옥저의 위치에 관해서는 종전의 설에 좇는다.

진국은 예와 북으로 접하였다. 다시 말하면 마한의 북변은 압록강까지 이르렀다고 주장하면서 문제로서 제기한다.

3. 고대 조선 종족에 대하여

고대 조선 종족은 기원전 천 년경에는 이미 예, 맥, 한의 세 개 종족을 형성하였는 바, 이 세 개 종족은 동일한 언어와 풍습을 가진 동일한 족속의 세 갈래이였다. 그러나 그 이전 원시 시대에는 조이鳥夷로 불리워진 원주민이 있었고, 예와 맥이 북방에서 남하하여 조이와 혼합하게 되었다고 인정한다. 그 시기는 대체로 기원전 2천 년 전이였다고 인정한다.

예족은 고조선과 진국을 형성하고, 맥족은 첫 국가로서 고리국槖離國을 형성하였고, 그 후신국으로서 부여와 고구려가 형성되였다. 따라서 필자는 부여와 고구려를 결코 원시 사회에서 계급 사회로 이행한 첫 국가가 아니라고 인정한다.

4. 사회 경제 구성에 대하여

고조선, 고리국, 부여, 진국은 모두 노예제 경제 제도가 주도적

지위를 차지한 노예 소유자 국가이였다. 이 고대 사회의 소유 형태는 역시 아세아적 고대 사회 형태 류형에 속한 것이였다. 필자는 맑스의 아세아적 고대 사회의 리론이 부인되여서는 안된다고 주장한다. 우리 고대 국가들에 있어서 아세아적 공동체가 존재했다는 것을 증명할 수 있는 자료는 없다. 그러나 그 노예제는 총체적 노예제의 유제였다고 인정되며 우리 고대 국가들은 어느 시기엔가 아세아적 공동체 류형에 속하는 공동체가 존재하였다는 것을 인정한다. 필자는 현존한 문헌 사료에 반영되여 있는 우리 민족의 고대 국가들은 아세아적 고대 사회로서는 이미 낡은 사회 제도를 가진 국가였다고 인정하며 결코 초기적인 노예 소유자 국가가 아니였다고 인정한다.

우리 고대 국가들의 《호민》豪民을 노예제 사회에 새로 대두한 봉건 지주로 인정하고 문제를 제기한다. 그리고 필자는 아세아적 사회의 소유 형태가 붕괴되고 봉건 사회에로 이행하는 과정은 상당히 장기간에 걸치는 것이라고 인정하며, 우리나라 봉건 사회는 아세아적 소유 형태가 붕괴된 기초 위에 형성된 것이라고 인정한다. 필자는 오늘 잔존한 문헌 사료에 반영되여 있는 우리 고대 국가들은 이러한 과도기에 처한 사회였다고 인정한다.

진국의 78개 국 중 큰 세력은 이미 기원 1세기 중엽부터는 진왕(진국왕)의 통제를 벗어나서 지방 세력으로 대두하기 시작하였다고 인정한다. 그리하여 그 《대국》의 통치자들은 《신지》(왕)로 자칭하게 되었다.

필자는 3국 이전 고대 국가들 내부에서 새로 장성하는 봉건 세력의 존재를 인정하며 이 연구는 후일의 과제로 민다.

5. 정치 제도의 특수성에 대하여

우리 고대 국가들의 정치 제도는 특수한 제도를 가지고 있었다.

고조선, 부여, 진국에는 모두 《한국》(汗, 또는 韓)제도가 있었다. 이 《한국》들은 현존 문헌 사료상에서는 국가의 지방 행정 단위였다고 보여지나, 그것은 본래의 《한국》이 변질된 형태이며 본래 《한》이라고 칭한 통치자는 아세아적 공동체의 결합체의 대표자로서의 《소전제군주》이였다고 인정된다. 아세아적 공동체의 붕괴와 함께 그 《한》은 국왕의 관리로 되었다. 본래 이 《한》들의 집단은 상당히 강력한 정치적 권력을 행사할 수 있었으나 그 《한》들의 경제적 사회적 기초가 무너진 후에 와서는 그 권력은 약화되여 다만 국왕의 전제 권력을 어느 정도 제약하는 정도로 되었다. 필자는 조선 고대 국가들에 귀족 민주주의 제도가 오랫동안 계속 실시되였다고 인정한다.

이러한 제도는 군사 민주주의 단계의 제도의 유제로서 아세아적 공동체에 기초한 고대 국가의 초기를 경과하여 말기까지 존속되였다고 인정한다. 필자는 이러한 제도가 어찌하여 장기간 우리 고대 사회에 잔존하였는가 하는 문제가 연구되여야 하겠다는 문제를 제기한다. 그리고 이러한 상층 구조의 반작용이 우리나라 고대 사회 발전에 어떠한 영향을 주었는가 하는 문제는 실로 중요한 문제로서 제기되여야 하겠다고 인정한다.

6. 필자는 고조선의 문화는 상당히 발전하였으며 철학, 력사, 지리, 천문학, 문학, 예술 등이 발달하였다고 인정하였다. 필자는 이러한 사실이 있었다는 것을 인정할 수 있는 근거를 들 수 있을 뿐이며 그 구체적 내용을 해명할 수는 없었다. 앞으로 이 문제를 전문적으로 연구하여야 하겠다는 것을 제기한다.

7. 필자는 력대로 위만을 중국 사람이며 위씨 조선은 중국인의

통치하에 있었던 국가이라는 종래의 설을 부인하고, 위만이 고조선 사람이라는 것을 론증하느라고 하였다. 이 문제는 반드시 우리 학계에서 토론되여야 할 문제라고 인정한다.

8. 고대사 연구에 있어서 고대 조선어 연구 특히 린접 종족들의 언어와 비교 연구하는 사업은 매우 중요한 의의를 가진다. 필자는 엥겔스가 독일 고대사를 연구함에 있어서 고대 게르만어를 리용하여 력사 지리를 해명한 방법을 도입해 보려고 시도하였다. 그러나 필자는 고대 조선어의 연구가 매우 천박하므로 고대 지명의 언어학적 해석을 아주 불원만하게 하였다. 우리 고대 국가들의 지명을 연구함에 있어서 주의하여야 할 점은 고조선, 고리국, 부여 등 국가의 령역들에는 잡다한 종족들이 번갈아 거주하게 되었기 때문에 그 본래의 지명들이 여러 종족들의 언어로써 개명되였을 수 있다는 사실이다. 그렇기 때문에 우리가 고대 국가들의 지명을 연구함에 있어서는 퉁구스어, 몽고어 계통의 고대 언어를 반드시 비교 연구하여야 할 과업이 제기된다. 오늘 우리는 고대 국가들의 지명을 언어학적으로 해석하는 연구 사업을 매우 불원만하게 진행하고 있다. 앞으로 이 문제도 반드시 전문적인 연구가 진행되여야 하겠다는 문제를 제기한다.

필자는 이상과 같이 미성숙한 견해를 내놓으면서 학계에 문제로서 제기하는 정도이며 필자의 주장이 결코 결론으로 될 수 없다는 것을 재삼 말해 둔다.

도 판

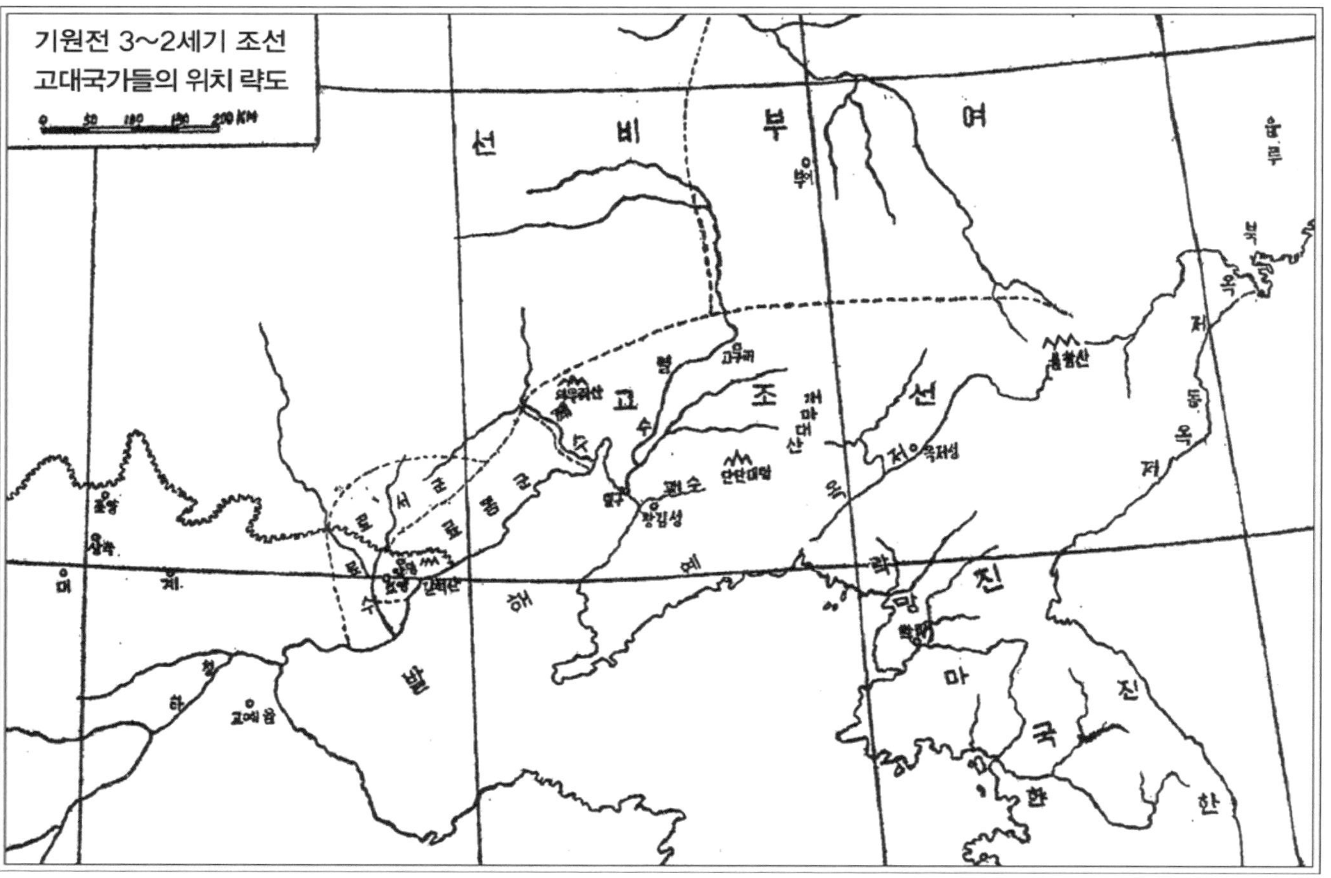
기원전 3~2세기 조선
고대국가들의 위치 략도
0 50 100 150 200 KM
선비
부여
고조선
옥저
북옥저
동옥저
예
맥
낙랑
진국
마한
진한
발해

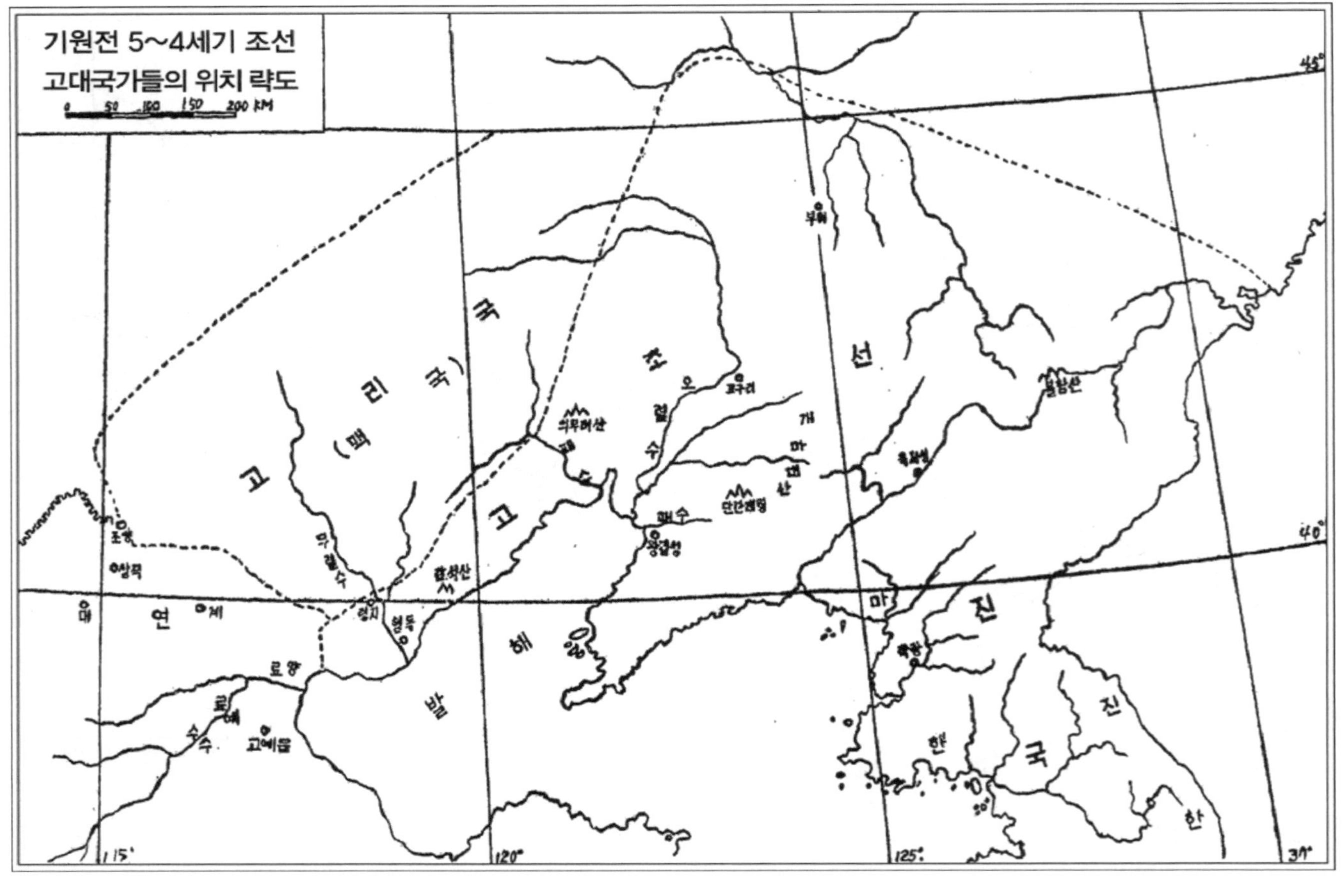
기원전 5~4세기 조선
고대국가들의 위치 략도
0 50 100 150 200 KM
고 (맥) 리 국
고 조 선
진 국
발 해
마 한
연
오 렬 수
개 마 대 산
의무려산
단단대령
패수
왕검성
료수
료양
고예읍
한석산
부여
불함산
45°
40°
39°
115°
120°
125°

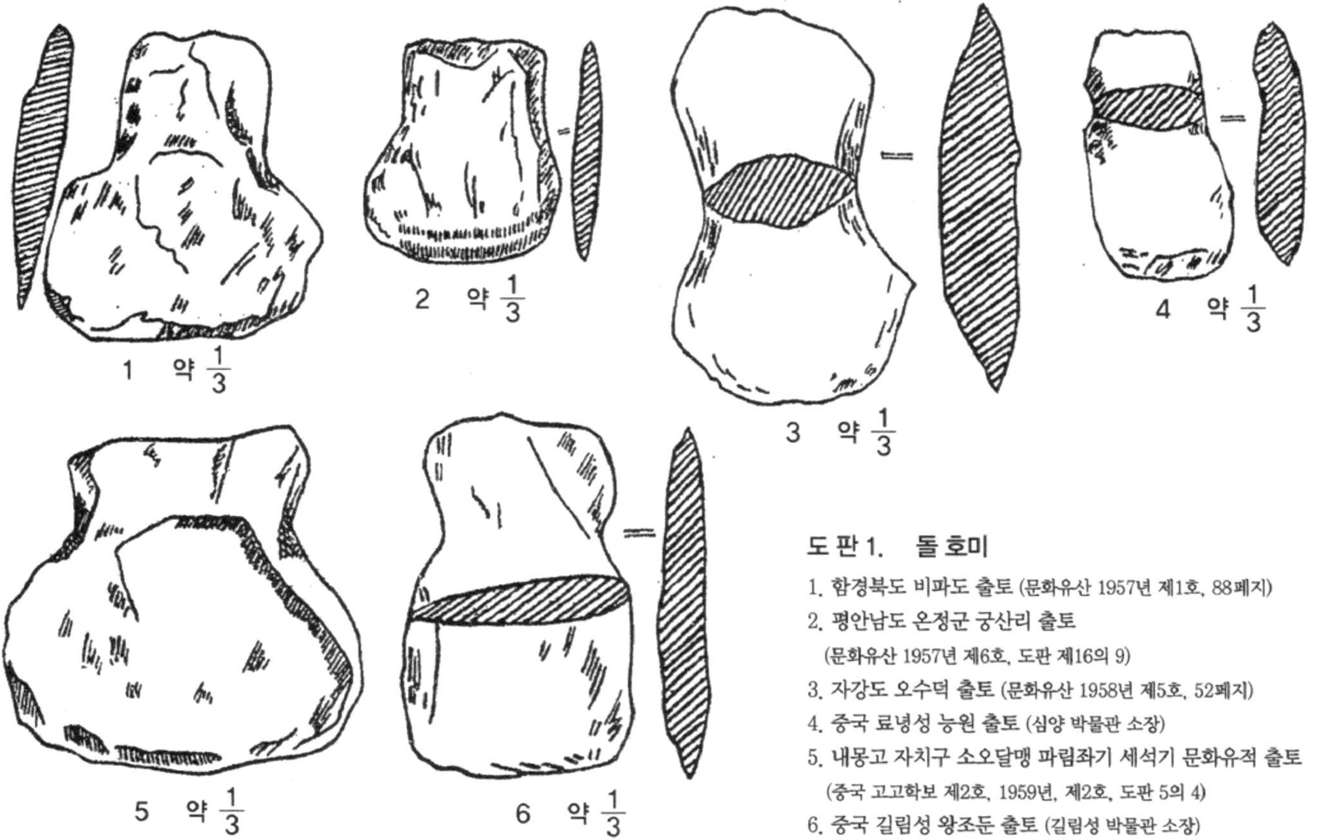

도 판 1. 돌 호미

1. 함경북도 비파도 출토 (문화유산 1957년 제1호, 88페지)
2. 평안남도 온정군 궁산리 출토
(문화유산 1957년 제6호, 도판 제16의 9)
3. 자강도 오수덕 출토 (문화유산 1958년 제5호, 52페지)
4. 중국 료녕성 능원 출토 (심양 박물관 소장)
5. 내몽고 자치구 소오달맹 파림좌기 세석기 문화유적 출토
(중국 고고학보 제2호, 1959년, 제2호, 도판 5의 4)
6. 중국 길림성 왕조둔 출토 (길림성 박물관 소장)

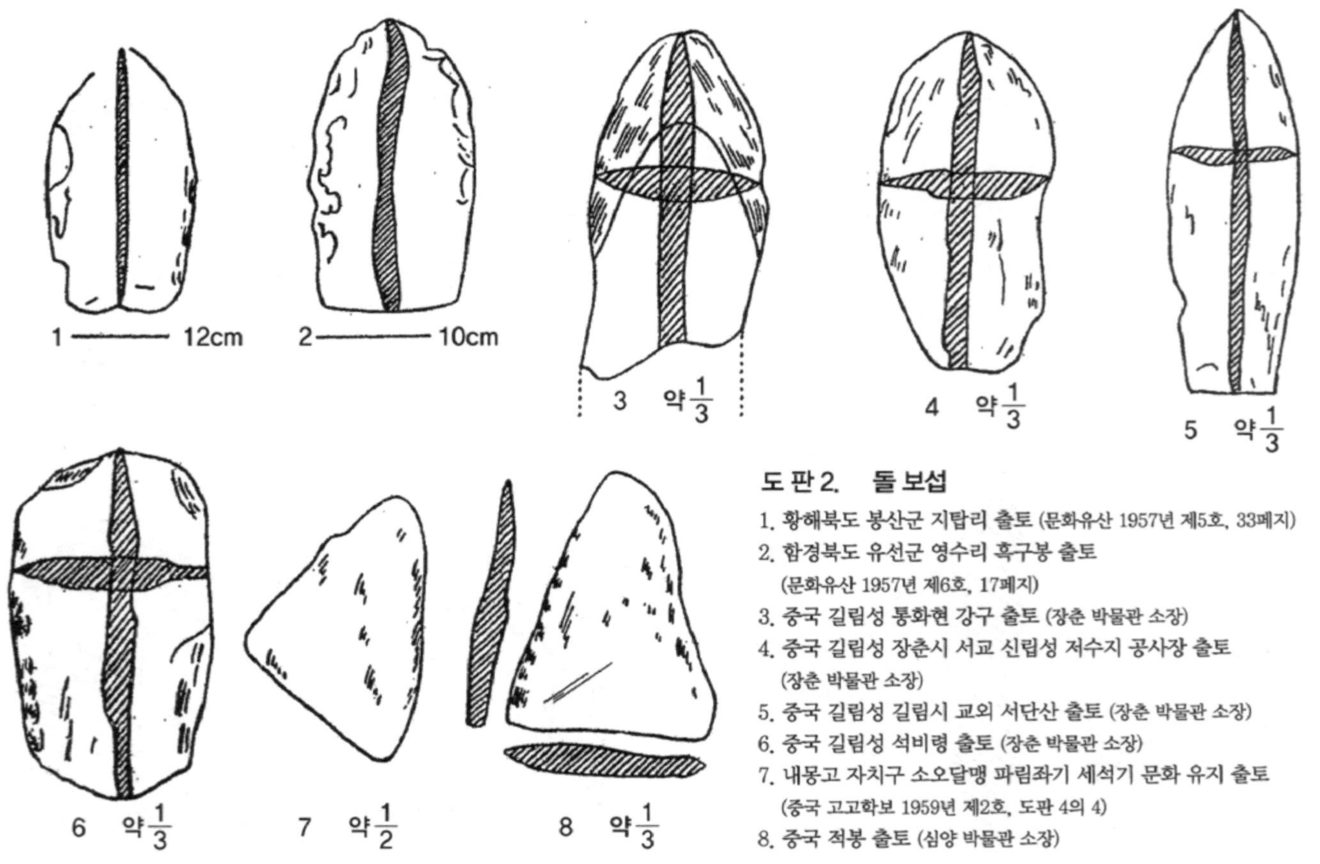

도 판 2. 돌 보섭

1. 황해북도 봉산군 지탑리 출토 (문화유산 1957년 제5호, 33페지)
2. 함경북도 유선군 영수리 흑구봉 출토 (문화유산 1957년 제6호, 17페지)
3. 중국 길림성 통화현 강구 출토 (장춘 박물관 소장)
4. 중국 길림성 장춘시 서교 신립성 저수지 공사장 출토 (장춘 박물관 소장)
5. 중국 길림성 길림시 교외 서단산 출토 (장춘 박물관 소장)
6. 중국 길림성 석비령 출토 (장춘 박물관 소장)
7. 내몽고 자치구 소오달맹 파림좌기 세석기 문화 유지 출토 (중국 고고학보 1959년 제2호, 도판 4의 4)
8. 중국 적봉 출토 (심양 박물관 소장)

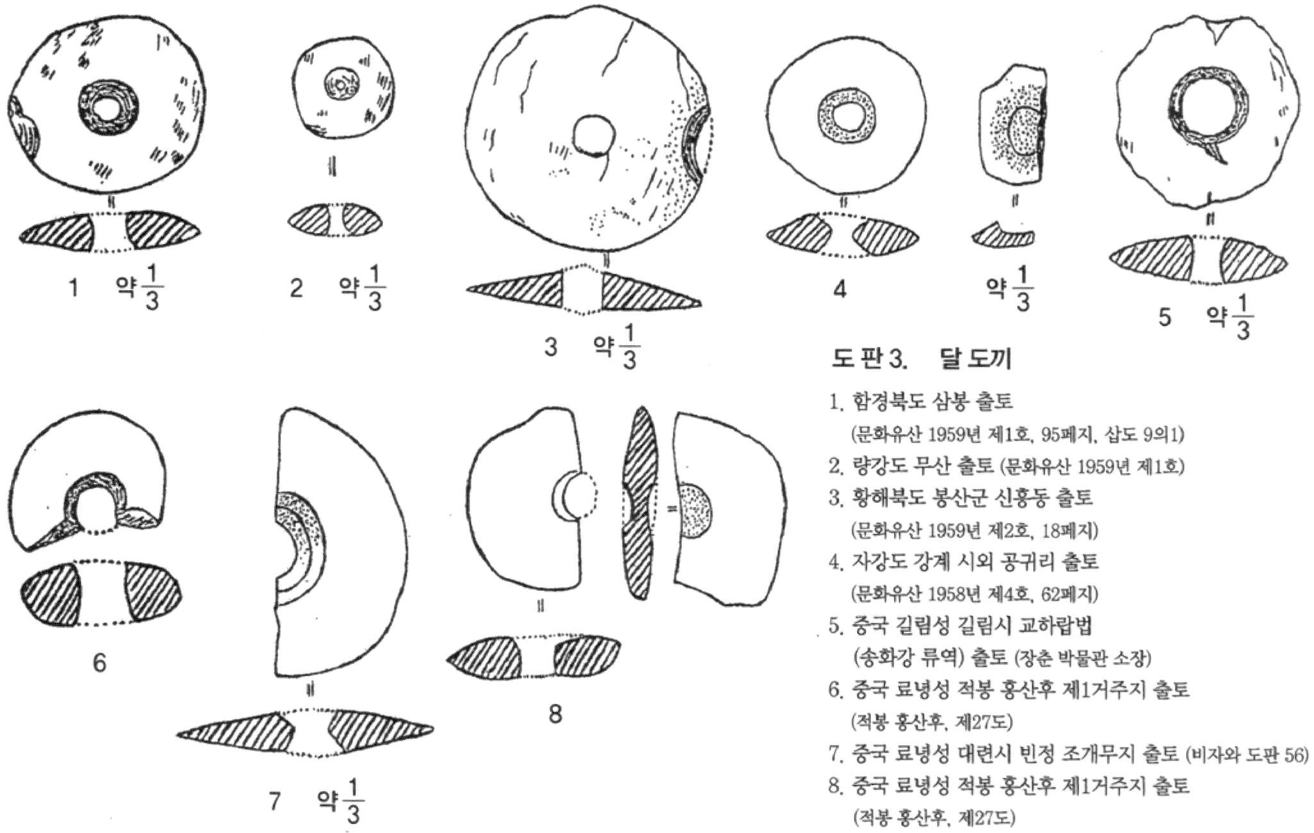

도 판 3. 달 도끼

1. 함경북도 삼봉 출토
(문화유산 1959년 제1호, 95페지, 삽도 9의1)
2. 량강도 무산 출토 (문화유산 1959년 제1호)
3. 황해북도 봉산군 신흥동 출토
(문화유산 1959년 제2호, 18페지)
4. 자강도 강계 시외 공귀리 출토
(문화유산 1958년 제4호, 62페지)
5. 중국 길림성 길림시 교하랍법
(송화강 류역) 출토 (장춘 박물관 소장)
6. 중국 료녕성 적봉 홍산후 제1거주지 출토
(적봉 홍산후, 제27도)
7. 중국 료녕성 대련시 빈정 조개무지 출토 (비자와 도판 56)
8. 중국 료녕성 적봉 홍산후 제1거주지 출토
(적봉 홍산후, 제27도)

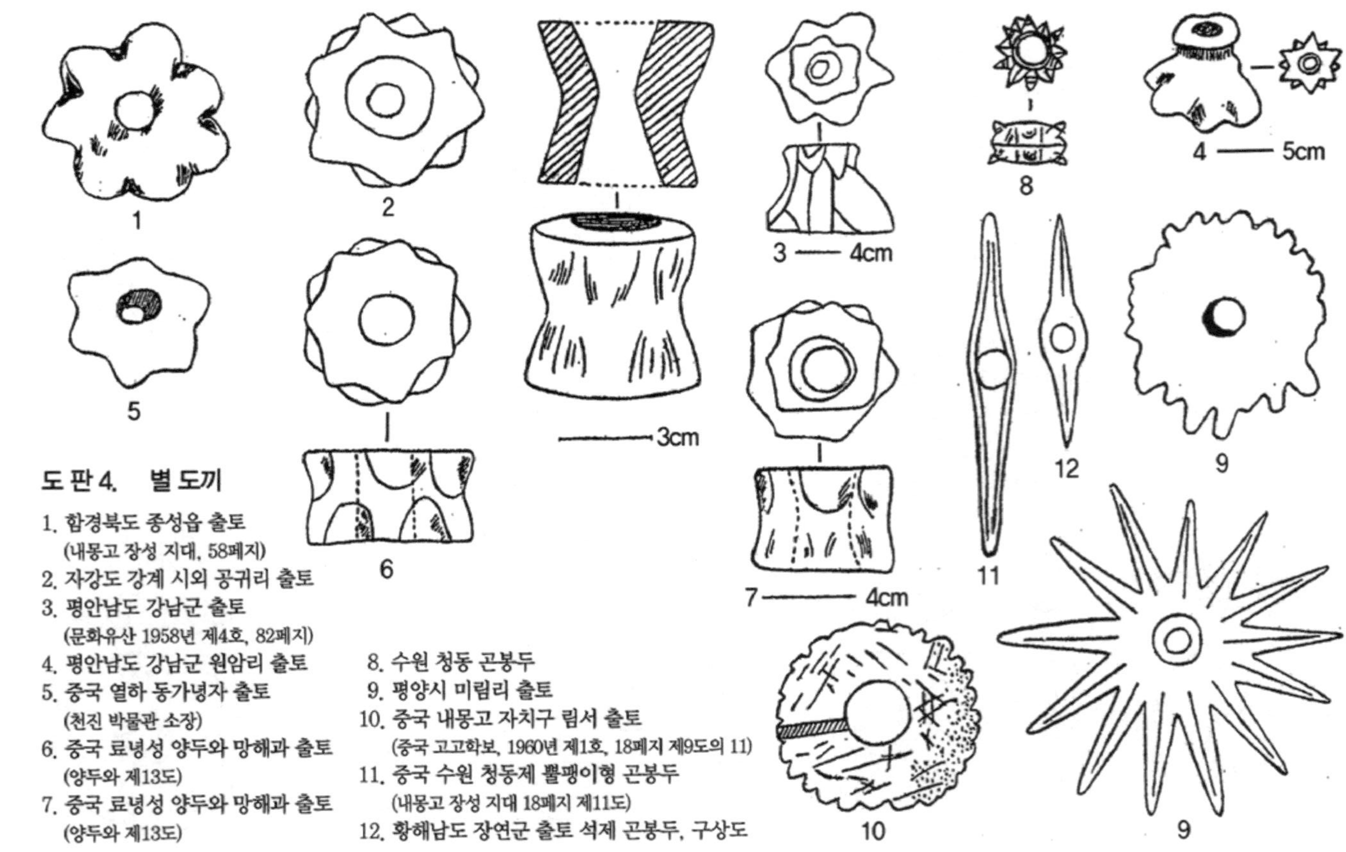

도 판 4. 별 도끼

1. 함경북도 종성읍 출토
   (내몽고 장성 지대, 58페지)
2. 자강도 강계 시외 공귀리 출토
3. 평안남도 강남군 출토
   (문화유산 1958년 제4호, 82페지)
4. 평안남도 강남군 원암리 출토
5. 중국 열하 동가녕자 출토
   (천진 박물관 소장)
6. 중국 료녕성 양두와 망해과 출토
   (양두와 제13도)
7. 중국 료녕성 양두와 망해과 출토
   (양두와 제13도)
8. 수원 청동 곤봉두
9. 평양시 미림리 출토
10. 중국 내몽고 자치구 림서 출토
   (중국 고고학보, 1960년 제1호, 18페지 제9도의 11)
11. 중국 수원 청동제 뿔팽이형 곤봉두
   (내몽고 장성 지대 18페지 제11도)
12. 황해남도 장연군 출토 석제 곤봉두, 구상도

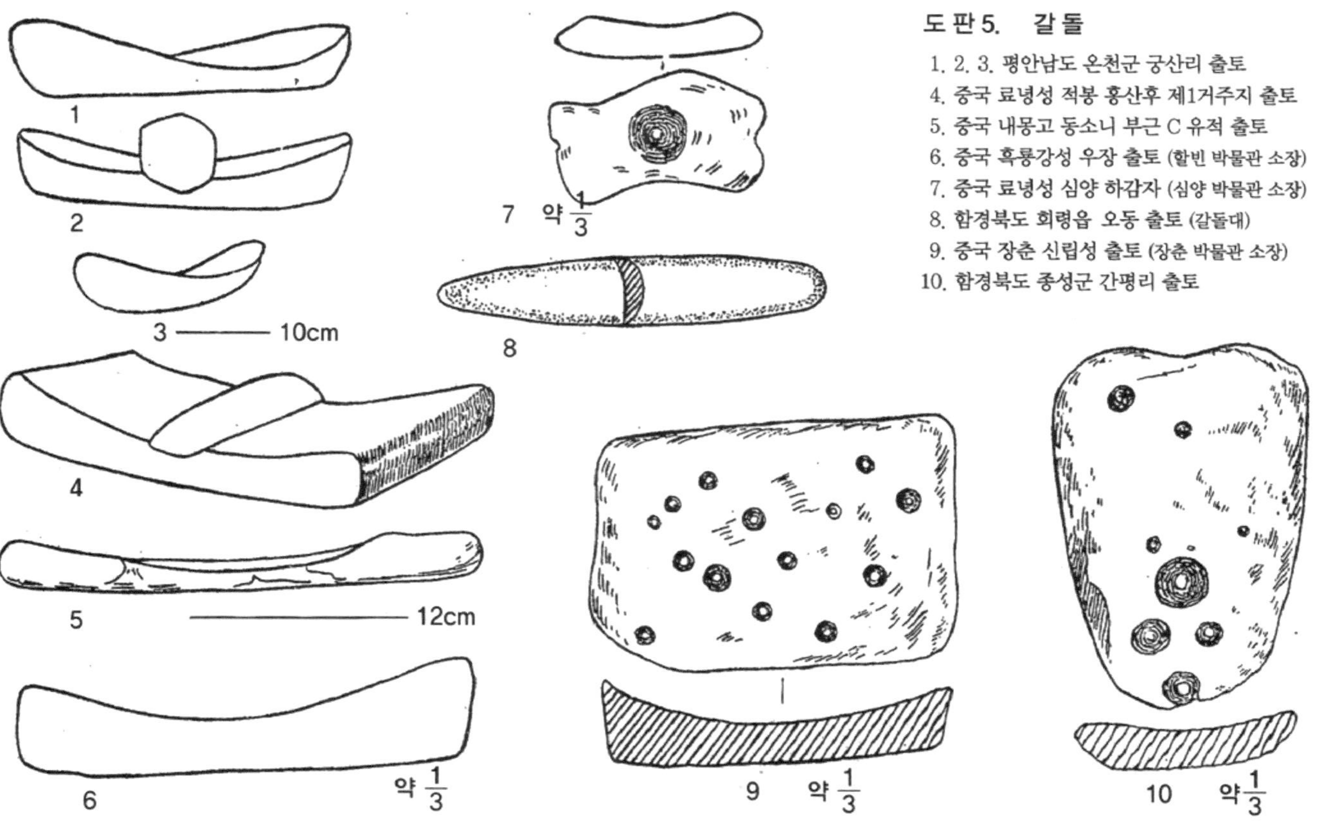

도판 5. 갈돌

1. 2. 3. 평안남도 온천군 궁산리 출토
4. 중국 료녕성 적봉 홍산후 제1거주지 출토
5. 중국 내몽고 동소니 부근 C 유적 출토
6. 중국 흑룡강성 우장 출토 (할빈 박물관 소장)
7. 중국 료녕성 심양 하감자 (심양 박물관 소장)
8. 함경북도 회령읍 오동 출토 (갈돌대)
9. 중국 장춘 신립성 출토 (장춘 박물관 소장)
10. 함경북도 종성군 간평리 출토

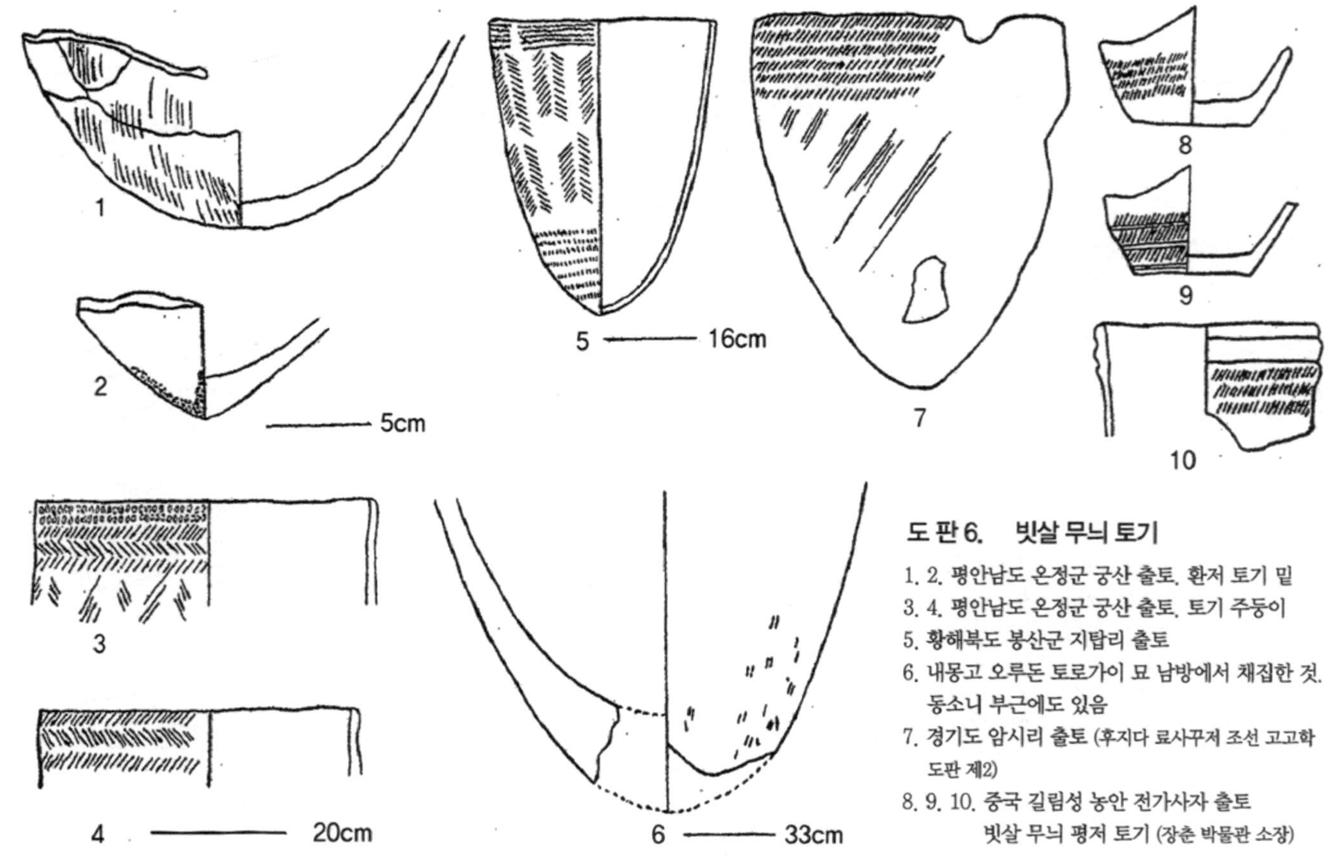

도 판 6. 빗살 무늬 토기

1. 2. 평안남도 온정군 궁산 출토. 환저 토기 밑
3. 4. 평안남도 온정군 궁산 출토. 토기 주둥이
5. 황해북도 봉산군 지탑리 출토
6. 내몽고 오루돈 토로가이 묘 남방에서 채집한 것. 동소니 부근에도 있음
7. 경기도 암시리 출토 (후지다 료사꾸저 조선 고고학 도판 제2)
8. 9. 10. 중국 길림성 농안 전가사자 출토 빗살 무늬 평저 토기 (장춘 박물관 소장)

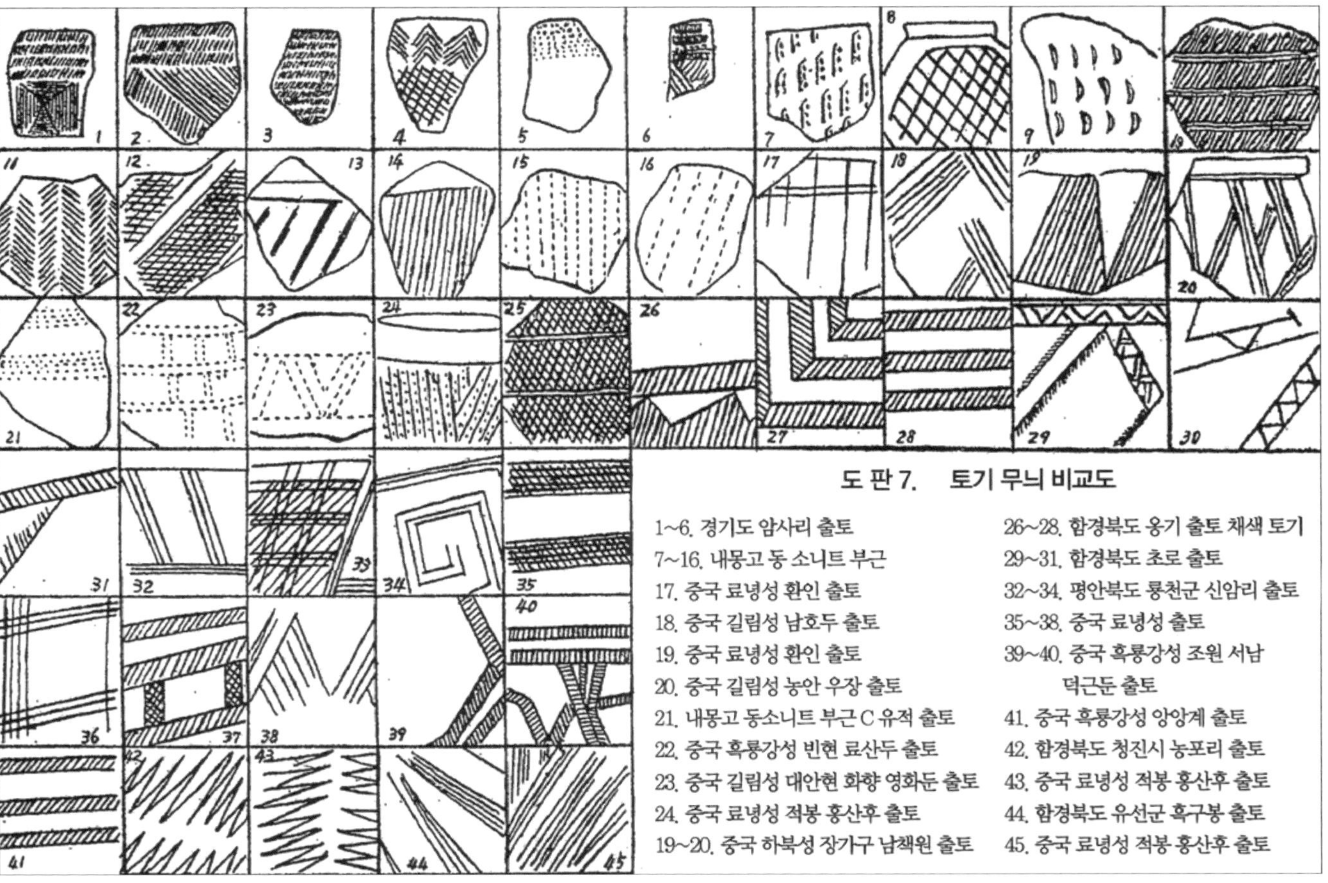

도 판 7. 토기 무늬 비교도

1~6. 경기도 암사리 출토
7~16. 내몽고 동 소니트 부근
17. 중국 료녕성 환인 출토
18. 중국 길림성 남호두 출토
19. 중국 료녕성 환인 출토
20. 중국 길림성 농안 우장 출토
21. 내몽고 동소니트 부근 C 유적 출토
22. 중국 흑룡강성 빈현 료산두 출토
23. 중국 길림성 대안현 화향 영화둔 출토
24. 중국 료녕성 적봉 홍산후 출토
19~20. 중국 하북성 장가구 남책원 출토
26~28. 함경북도 웅기 출토 채색 토기
29~31. 함경북도 초로 출토
32~34. 평안북도 룡천군 신암리 출토
35~38. 중국 료녕성 출토
39~40. 중국 흑룡강성 조원 서남 덕근둔 출토
41. 중국 흑룡강성 앙앙계 출토
42. 함경북도 청진시 농포리 출토
43. 중국 료녕성 적봉 홍산후 출토
44. 함경북도 유선군 흑구봉 출토
45. 중국 료녕성 적봉 홍산후 출토

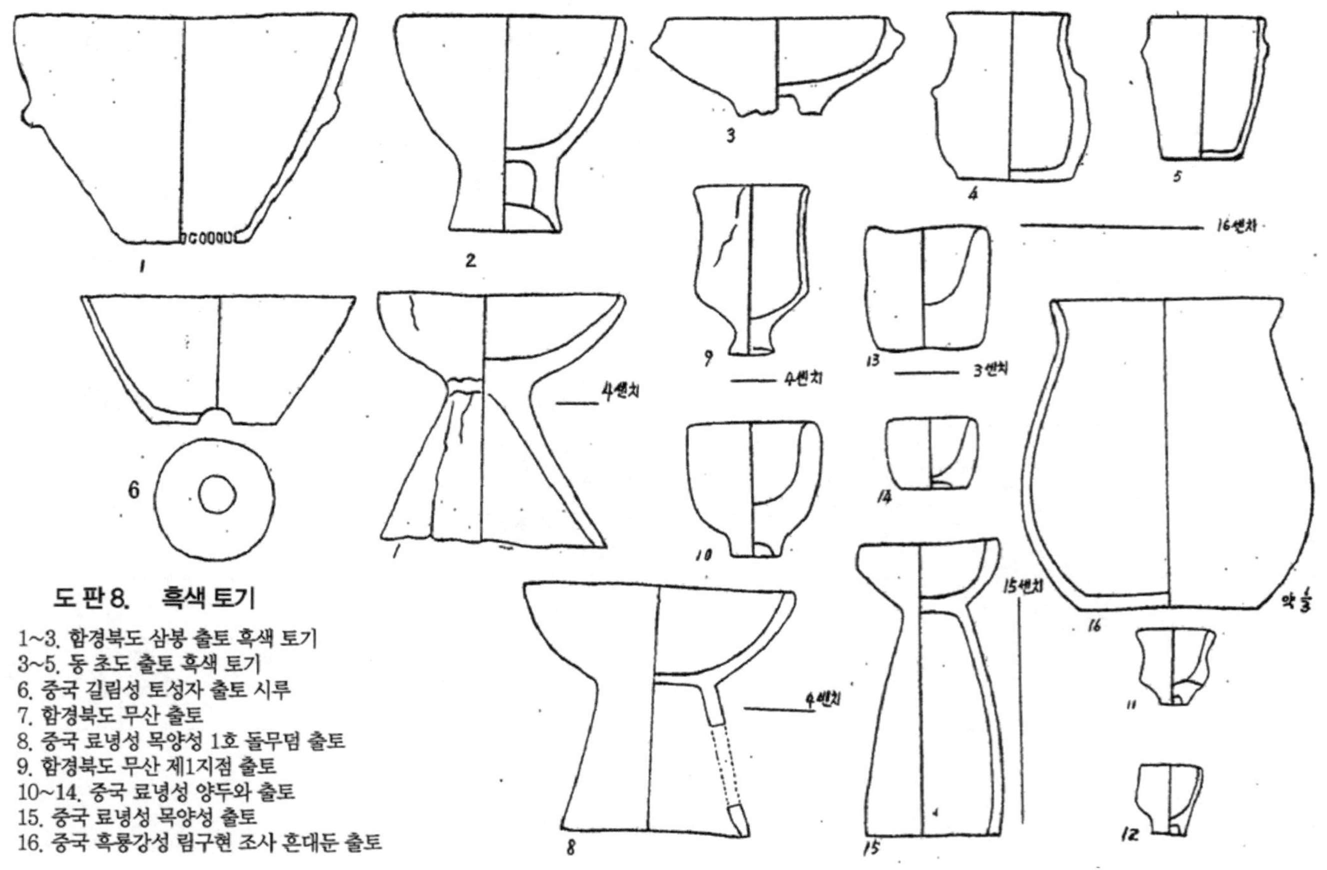

도 판 8. 흑색 토기

1~3. 함경북도 삼봉 출토 흑색 토기
3~5. 동 초도 출토 흑색 토기
6. 중국 길림성 토성자 출토 시루
7. 함경북도 무산 출토
8. 중국 료녕성 목양성 1호 돌무덤 출토
9. 함경북도 무산 제1지점 출토
10~14. 중국 료녕성 양두와 출토
15. 중국 료녕성 목양성 출토
16. 중국 흑룡강성 림구현 조사 흔대둔 출토

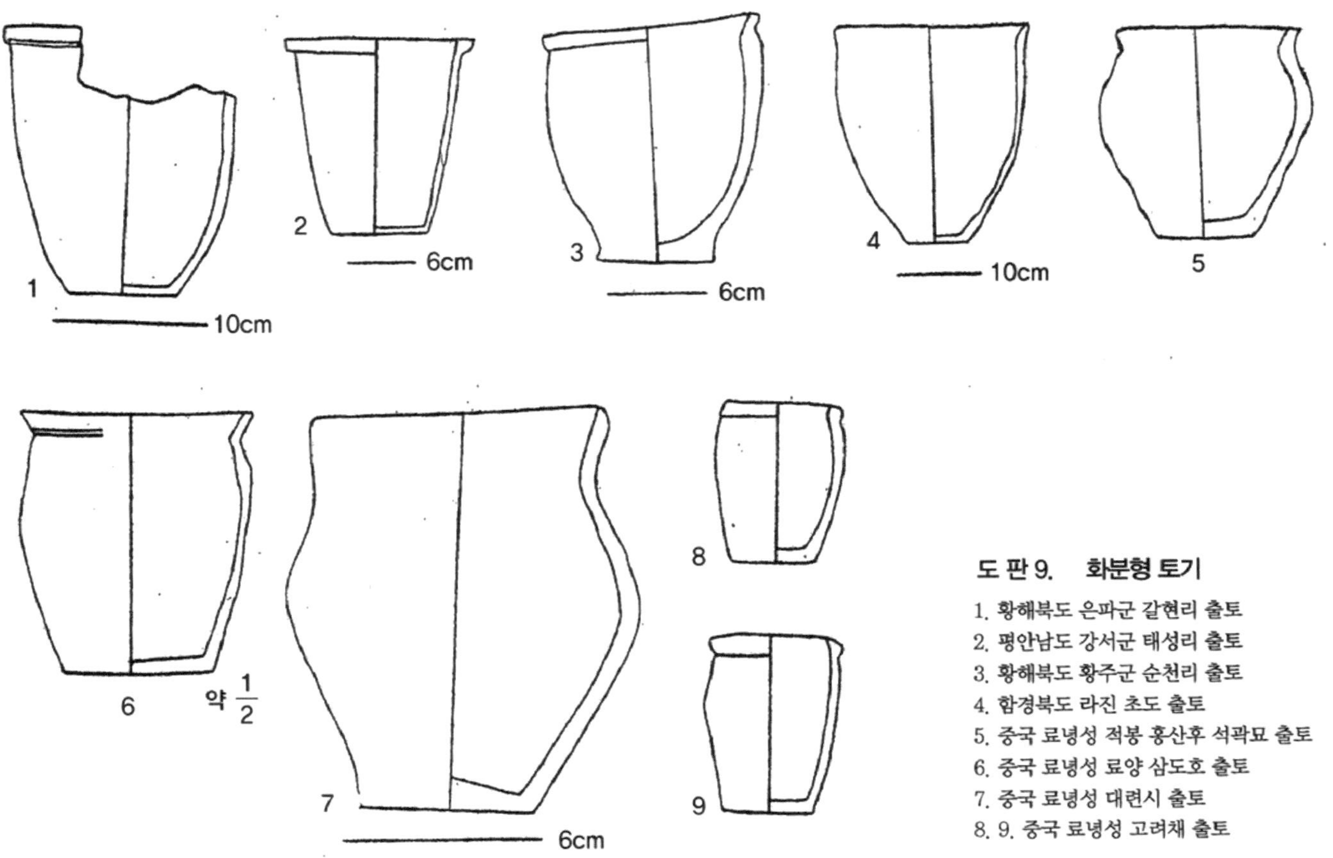

도 판 9. 화분형 토기

1. 황해북도 은파군 갈현리 출토
2. 평안남도 강서군 태성리 출토
3. 황해북도 황주군 순천리 출토
4. 함경북도 라진 초도 출토
5. 중국 료녕성 적봉 홍산후 석곽묘 출토
6. 중국 료녕성 료양 삼도호 출토
7. 중국 료녕성 대련시 출토
8. 9. 중국 료녕성 고려채 출토

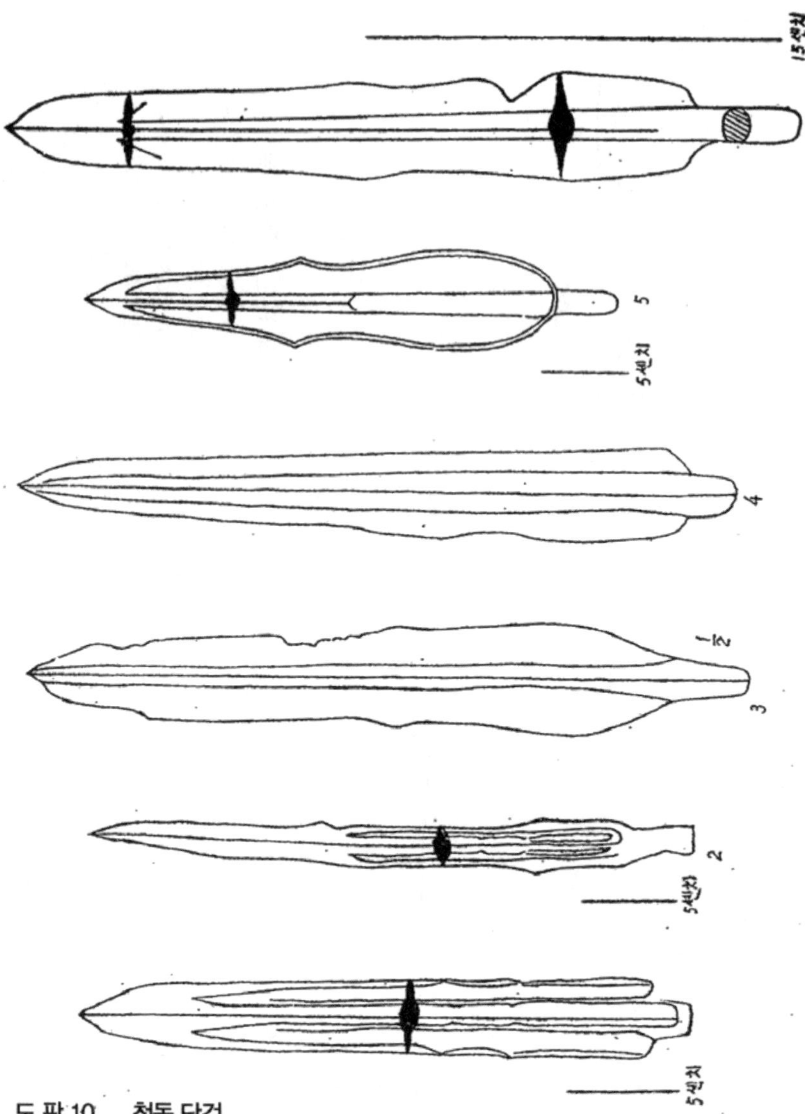

도 판 10. 청동 단검

1. 평안남도 강서군 태성리 토광 무덤 출토
2. 황해북도 봉산군 어지돈 출토
3. 평안남도 출토 (목양성 발굴 보고, 제31도)
4. 경상북도 경주 입실리 출토
5. 중국 료녕성 조양 12대 영자 출토
6. 중국 료녕성 목양성 출토

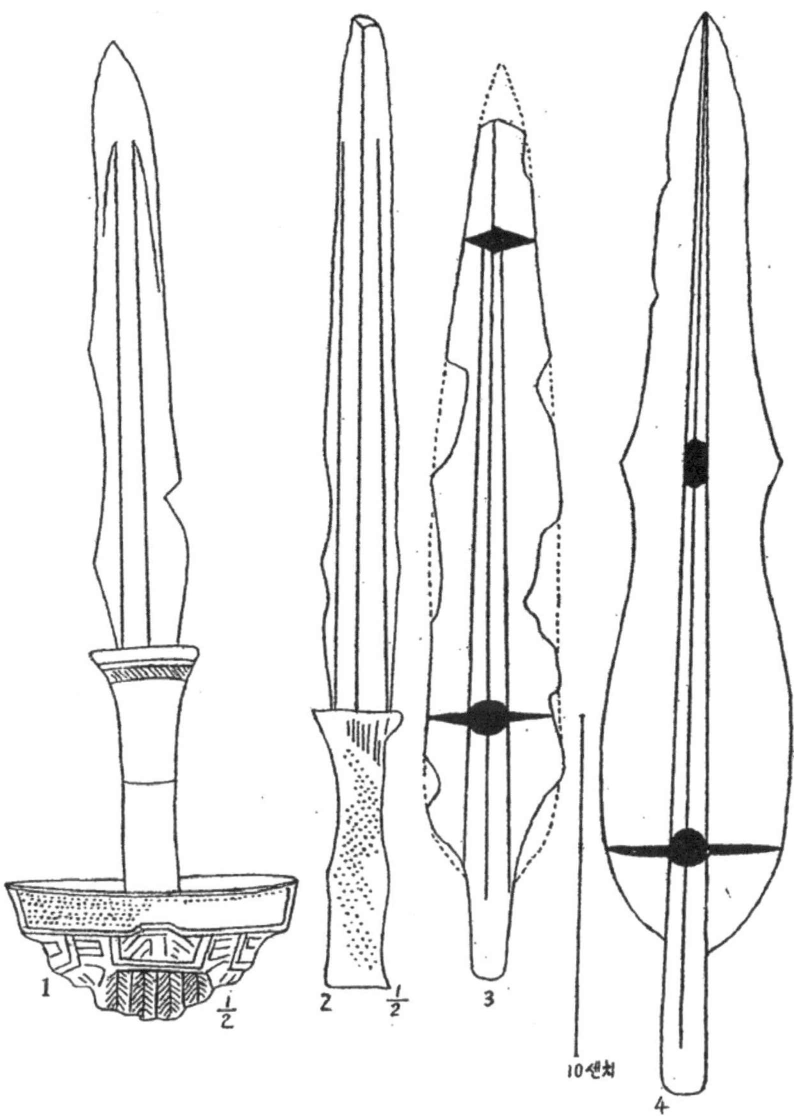

도 판 11. 청동 단검

1. 중국 료녕성 관둔자 출토
(동검과 검 자루, 목양성 발굴 보고서에는 이와 동일한 것이 평양 부근에서도 출토되였다고 기록됨)
2. 경상북도 경주 입실리 출토
3. 중국 료녕성 목양성 출토 (돌무덤에서 출토됨)
4. 중국 료녕성 목양성 출토 (돌무덤에서 출토됨)

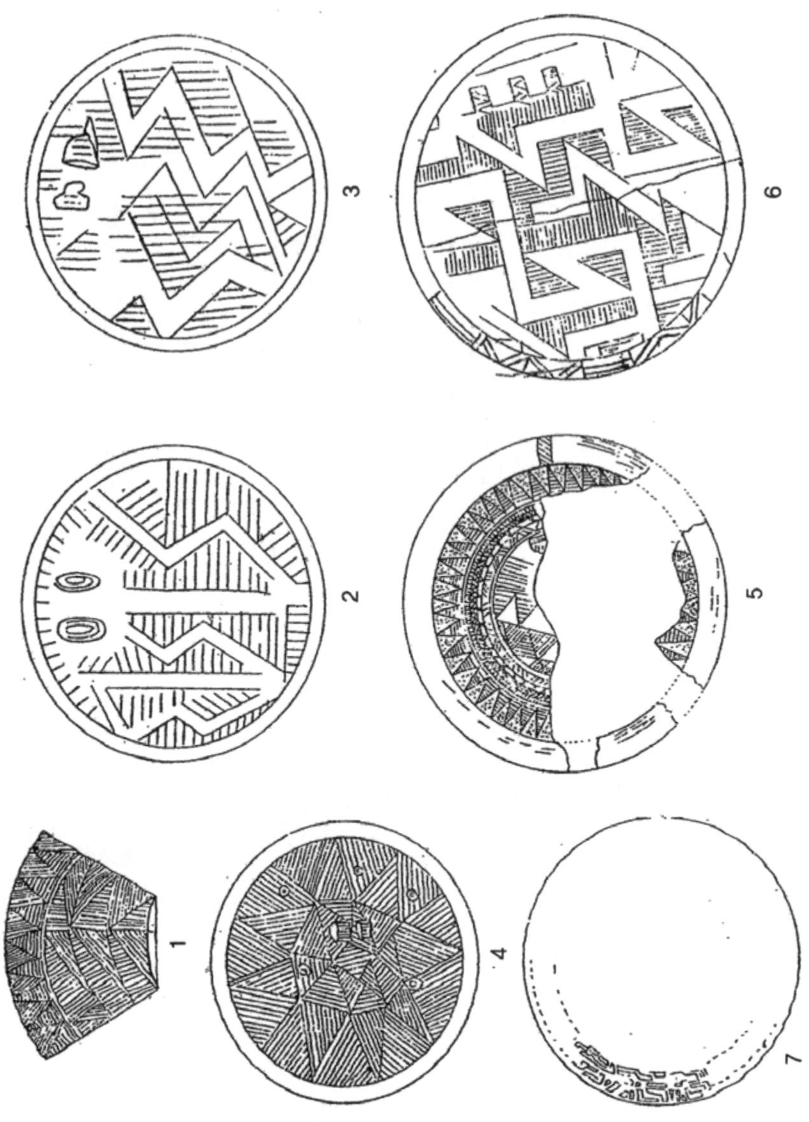

도 판 12. 청동 거울

1~4. 조선 출토

5. 황해북도 봉산군 어지돈 출토

6~7. 중국 료녕성 조양 12대 영자 출토

(중국 고대 학보 1960년 제1기, 69페지)

찾아보기

ㅇ

ㅈ

리지린의 고조선 연구

-대륙고조선을 찾아서

초판 1쇄 발행 | 2018년 10월 15일
초판 4쇄 발행 | 2021년 11월 8일

지은이 | 리지린
해　역 | 이덕일
펴낸이 | 최진섭
편　집 | 피플라인
펴낸곳 | 도서출판 말

출판신고 | 2012년 3월 22일 제2013-000403호
주소 | 인천광역시 강화군 송해면 전망대로 306번길 54-5
전화 | 070-7165-7510
전자우편 | dream4star@hanmail.net
ISBN | 979-11-87342-12-0(03910)

● 값은 뒤표지에 있습니다.
● 잘못된 책은 본사나 구입하신 곳에서 바꾸어 드립니다.